ROCCO PATERNOSTRO
ANDREA FEDI

PAOLO SEGNERI: UN CLASSICO DELLA TRADIZIONE CRISTIANA

ATTI DEL CONVEGNO INTERNAZIONALE
DI STUDI SU PAOLO SEGNERI
NEL 300° ANNIVERSARIO
DELLA MORTE (1694-1994)
NETTUNO
9 DICEMBRE 1994, 18-21 MAGGIO 1995

FILIBRARY pubblica i supplementi monografici di *FORUM ITALICUM*.

Questo volume è pubblicato con i contributi del Center for Italian Studies, della Presidenza della Facoltà di Lettere e Filosofia, Università La Sapienza, Roma, e della Banca di Credito Cooperativo di Nettuno.

Library of Congress Cataloging-in Publication Data
Paternostro, Rocco
Fedi, Andrea
ISBN 1-893127-15-X
1. Segneri, Paolo, 1624-1694. 2. Jesuits.

Copyright © 1999 by *FORUM ITALICUM* Inc.

All rights reserved.
Published by *FORUM ITALICUM* INC., Stony Brook, NY, 11794-3358

In copertina: « Forza sottoposta all'eloquenza » (Cesare Ripa, *Iconologia*)

A MO' DI PREFAZIONE

La mia non vuole essere un'introduzione che parli del valore scientifico di questi *Atti* e del relativo Convegno di studi che li ha prodotti. Più modestamente, ma più polemicamente, la mia vuole essere una breve nota che racconti la storia tormentata e difficile di questo volume, di come esso sia riuscito a vedere la luce nonostante i numerosi ostacoli incontrati nella sua gestazione. Questa introduzione è dunque un pretesto: il pretesto che io, approfittando del mio ruolo di curatore, offro a me stesso — non senza una forte vena di quella partigianeria che Gramsci, riprendendo Hebbel, raccomandava doversi sempre tenere nei fatti della vita — per dire, o meglio per accennare alle difficoltà e agli ostacoli che ho dovuto superare, ascrivibili per una buona parte al pletorico funzionamento della complessa, intricata e tortuosa macchina amministrativa, resa oggi ancora più difficile da governare da tutti quei lacci e laccioli giuridico-burocratici sopravvenuti, nella gestione della cosa pubblica, in seguito a quel fenomeno tutto italiano che è «mani pulite».

Insomma questa introduzione vuole essere il pretesto per far conoscere come una classe politica di provincia abbia cercato, con ogni mezzo, di ostacolare la pubblicazione di questo volume segneriano in nome di una politica culturale che, mettendo in sottordine gli avvenimenti scientifici dal carattere di eccezionalità, quale è appunto la celebrazione di un centenario, riteneva di dover privilegiare soprattutto eventi popolari quali le Kermesse pallonare e canzonettistiche, o le frequentatissime feste di Partito.

Mi ritorna in mente quando, ormai a fine Convegno, su un «giornaluccio» locale, apparve uno sgrammaticato e artatamente diffamatorio articolo-intervista dal titolo *Uno schiaffo alla memoria di Paolo Segneri*, in cui l'intervistato, un vanaglorioso, effimero neo-assessore, e l'intervistatore, un supponente e presuntuoso ignorante, per i quali Paolo Segneri era poco più che un nome, lanciavano ignominiose insulsaggini sul Convegno e su chi fortemente aveva operato per realizzarlo. Quell'offensivo articolo, aldilà del gratuito sproloquio, nascondeva un disegno molto preciso: il disegno politico-culturale di non finanziare — nonostante fosse già stato, da tempo, deliberato un contributo di otto milioni di lire — la pubblicazione degli *Atti* segneriani, preferendo la nuova classe politica nel frattempo sopraggiunta ad amministrare la cosa pubblica spendere i soldi per finanziare una sbiadita e insignificante paesana intrapresa dell'« effimero »: la così detta « estate nettunese ».

Ma nonostante tutto e a dispetto di tutti, gli *Atti* hanno visto la luce. Ciò grazie alla disponibilità e alla sensibilità culturale del direttore della rivista newyorchese « Forum Italicum », prof. Mario B. Mignone (Department of European Languages, Literatures, and Cultures, SUNY Stony Brook) e del preside della Facoltà di Lettere e Filosofia dell'Università La Sapienza di Roma, prof. Emanuele Paratore, che, in forme diverse, hanno garantito la quasi totale copertura economica della stampa di questo volume. Ma anche grazie alla disponibilità della Banca di Credito Cooperativo di Nettuno che ha stanziato per la pubblicazione degli *Atti* la somma di cinquecentomila lire.

Certamente questo volume vede oggi la luce anche per l'impegno profuso a suo tempo, ovvero a monte dell'intera operazione culturale, dall'ex sindaco di Nettuno, Giuseppe Monaco, e dall'ex assessore alla cultura Giuseppe Fiori, che insieme a me hanno fortemente voluto e creduto nel Convegno e quindi hanno indefessamente operato per la realizzazione di così alta e impegnativa iniziativa scientifica.

Questa, per altro, si è potuta configurare così come si presenta, di alto livello, grazie alle intelligenti, dotte e penetranti analisi esegetico-interpretative di prestigiosi studiosi italiani e stranieri, che hanno dato vita a quattro giornate di studio intensissime e indimenticabili per sapere, dottrina e umanità. A tutti costoro che in diverse forme e maniere hanno contribuito alla realizzazione di questo volume va il mio più profondo e sentito ringraziamento con una menzione particolare all'opera davvero preziosa e insostituibile di revisione e rilettura dei testi svolta da Andrea Fedi, con cui ho condiviso le fatiche della curatela del volume. Eppure, nonostante ciò, un grande rimpianto mi porto nel cuore: quello determinato da un'assenza, da una mancanza, ovvero il rimpianto di non poter annoverare tra i contributi scientifici quello di Mario Scotti che nella giornata conclusiva del Convegno indagò da par suo sulla presenza segneriana nell'opera di Manzoni.

Ora, a circa tre anni di distanza dalla celebrazione del Convegno, nel licenziare alle stampe questo volume non mi comporterò come di solito

A MO' DI PREFAZIONE 5

si comportano i prefatori perché non spenderò una sola parola in più sul suo valore scientifico; al contrario lascerò che sia il lettore in piena autonomia e libertà a giudicare, facendo mio, in tal senso, quanto nel lontano 1664 ebbe modo di scrivere lo stesso Paolo Segneri a proposito dell'arte della persuasione:

> Soglionsi gli Oratori comunemente procacciar la benevolenza, e lusingar la credulità di chi gli ode, con dissimulare per via di occulti artificj ciò ch'eglin'hanno o di speciale affezione, o di privata utilità nella causa, e con ispacciarsi tutti carità, tutti zelo. Ma lungi lungi da me precetti mal confacevoli a un cuor leale. Io mi dichiaro apertissimamente sì che ognun sappialo, di voler trattare una causa in cui son tutto passione, tutto interesse. [...] Però guardatevi di non prestar niuna fede, se non a quello, ch'io farò vedervi con gli occhi, e toccar con mano. Non havete a tenere in pregio veruno il peso della mia autorità, ma solamente il valor delle mie ragioni.

ROCCO PATERNOSTRO

Nettuno, 14 aprile 1998

AVVERTENZA

Questo volume è il risultato del lavoro paziente di due curatori, ciascuno dei quali ha svolto compiti diversi. Io ho lavorato alla scannerizzazione degli interventi, alla correzione e alla formattazione delle bozze; in più ho provveduto a un primo lavoro di *editing* e ho segnalato tutti i passi che richiedevano una verifica o una correzione. Rocco Paternostro ha letto più volte le bozze, fornito utilissimi consigli sul trattamento di riferimenti bibliografici, citazioni e note, e in parecchi casi è intervenuto a completare indicazioni che ancora restavano lacunose; inoltre, dato che sua era stata l'idea del Convegno, nonché la scelta degli studiosi invitati a Nettuno nel '95, egli ha continuato a occuparsi della corrispondenza epistolare con gli autori dei vari capitoli. Sostanzialmente suo è il piano del volume, che in molti casi va al di là di una semplice raccolta degli Atti del Convegno. A lui soprattutto va il merito di aver perseguito con pazienza e costanza la conclusione di questo progetto, a dispetto di qualsiasi problema incontrato nell'arco degli ultimi tre anni.

Una precisazione è d'obbligo: il titolo del libro nasce da un suggerimento contenuto nel capitolo di Mario Martelli, il quale proponeva di modificare così la definizione resa familiare dalla monografia di Giulio Marzot, intitolata *Un classico della Controriforma: Paolo Segneri*.

Mi associo a Rocco Paternostro nel ringraziare quanti hanno fornito un contributo finanziario per la pubblicazione di questo volume, primo fra tutti (e a me più vicino) Mario Mignone.

ANDREA FEDI

Stony Brook, 7 luglio 1998.

Sommario

I
Antonio Franceschetti, *La fortuna critica del Segneri*   p. 11

II
Gennaro Savarese, *Avventure segneriane tra Sette e Ottocento: Parini, Leopardi, De Sanctis*   p. 47

III
Quinto Marini, *Le biografie di Paolo Segneri*   p. 63

IV
Aulo Greco, *La spiritualità inquieta di suor Umilia Garzoni*   p. 105

V
Martino Capucci, *Paolo Segneri « recensito »*   p. 119

VI
Armando Guidetti S.I., *Paolo Segneri grande apologeta*   p. 129

VII
Valerio Marucci, *Paolo Segneri e le missioni rurali*   p. 141

VIII
Andrea Fedi, *Le* Lettere *di Paolo Segneri a Cosimo III de' Medici*   p. 155

IX
Lucia Strappini, *Esercizi dello spirito: qualche nota sul teatro dei Gesuiti tra fine Cinquecento e metà Seicento*   p. 243

X
Stefania Stefanelli, *Segneri e il Vocabolario della Crusca*   p. 279

XI
ROCCO PATERNOSTRO, *Il « maraviglioso » nei* Panegirici Sacri   p. 303

XII
DAVIDE CONRIERI, *Sulla struttura del* Quaresimale   p. 355

XIII
FULVIO PEVERE, *La retorica e la grazia: predicazione e persuasione in Paolo Segneri*   p. 379

XIV
MARIO MARTELLI, *La prosa di Paolo Segneri*   p. 401

XV
PÉTER SÁRKÖZY, *La letteratura religiosa italiana nel Settecento ungherese da Segneri a Muratori*   p. 419

XVI
KRZYSZTOF ŻABOKLICKI, *Segneri in Polonia nell'Ottocento e nel Novecento*   p. 439

XVII
MARIO ZANARDI S.I., *Per la biografia di Paolo Segneri: documenti dell'Archivio Romano della Compagnia di Gesù (ARSI)*   p. 453

Indice   p. 483

I
LA FORTUNA CRITICA DEL SEGNERI

A ripercorrere oggi quanto è stato scritto sul Segneri nel corso dei trecento anni successivi alla sua morte colpisce e sorprende innanzi tutto, e in maniera macroscopica, una situazione particolare. Con lui ci si trova di fronte a un fenomeno che, pur non essendo certo nuovo e non rappresentando un *unicum*, si manifesta nel suo caso in maniera più evidente di quanto non avvenga per altri autori della nostra tradizione letteraria. Non si tratta infatti solo di vedere chi lo ha ammirato e chi lo ha disprezzato, chi lo ha difeso e chi lo ha attaccato, e, tanto meno, i successivi approfondimenti nella valutazione della sua figura e della sua presenza nel contesto della seconda metà del diciassettesimo secolo; per il Segneri sembra che le interpretazioni e le letture date della sua opera nel complesso della letteratura del suo secolo siano affatto contrastanti, in quanto qualcuno l'ha vista, e qualcuno ancora la vede, come l'espressione caratteristica della peggiore prosa barocca, mentre altri segnalano lo scrittore come il primo, o uno dei primi, che si sarebbe liberato dai difetti tipici dei prosatori del Seicento e che avrebbe segnato un rinnovamento fondamentale nella storia di quella prosa — un precursore, in altre parole, di quello che gli scrittori dell'Accademia dell'Arcadia erano destinati a fare e a rappresentare nella storia della poesia e della prosa italiana fra Sei e Settecento.

Nell'ambito del tema annunciato nel titolo di questa relazione non intendo dunque soffermarmi sui vari dettagli della storia della fortuna critica di Paolo Segneri, sia per non ripetere il preciso panorama tracciato succintamente ma acutamente da Mario Scotti in anni recenti,[1] sia per non anticipare inutilmente e in maniera superficiale varie indagini particolari più approfondite che si possono vedere nelle relazioni e nelle

---

[1] Cfr. Mario Scotti, s.v. «Ségneri, Paolo», in *Dizionario critico della letteratura italiana*, dir. Vittore Branca, con la collaborazione di Armando Balduino, Manlio Pastore Stocchi, Marco Pecoraro, seconda edizione, 4 voll., Torino, UTET, 1986, vol. IV, pp. 153-55.

comunicazioni pubblicate in questi *Atti*. Mi limiterò soltanto ad indicare qualcuno dei nodi che a me sono parsi centrali nella storia di quella fortuna, lasciando ai lettori il compito di trarne le conclusioni e le conseguenze che giudicheranno più opportune.

Paolo Segneri: un nome che si è disperso nel nubifragio della critica antibarocca che ha dominato il panorama letterario assai a lungo, e che neppure oggi, in ultima analisi, possiamo dire concluso e placato del tutto. Un nome, vorrei aggiungere, che si è perso in parte finanche nella pronuncia, perché non sono pochi quelli che ancora lo chiamano piuttosto Paolo Segnéri. Eppure ai suoi tempi era un nome che tutti conoscevano, rispettavano ed ammiravano, un nome che diceva ed esprimeva molto, fino al punto che chi lo portava fu nominato da papa Innocenzo XII nel 1692 alla prestigiosa carica di Predicatore del Palazzo Apostolico a Roma; ma anche il Segneri, come tanti altri, è stato vittima della « alterna / onnipotenza delle umane sorti » di foscoliana memoria, che un giorno celebrano ed esaltano qualcuno, per deprimerlo e cancellarlo quando quella che sembra solo una moda fastidiosa ed antipatica è destinata a declinare e a scomparire.

L'accurata rassegna di Martino Capucci in questo volume delinea un quadro puntuale del progressivo affievolirsi dell'attenzione per l'opera e per la figura del Nostro nei giornali eruditi italiani ed europei tra il 1665 e il 1720 circa: un affievolirsi che si riflette anche negli scritti dei maggiori pensatori del tempo. Lo troviamo ricordato da Giovan Mario Crescimbeni in termini elogiativi, ma solo fuggevolmente, per la sua difesa di un sonetto, a esser sinceri abbastanza mediocre, di Alessandro Segni.[2] Nello stesso periodo di tempo Giusto Fontanini lo elenca, senza speciale menzione di altro genere, come autore del *Quaresimale* nella sezione sulla « Rettorica » fra gli « Oratóri sacri in lingua italiana », e del *Cristiano istruito* fra gli scrittori di « Morale e dottrina cristiana »;[3] ai due brevi riferimenti Apostolo Zeno, nelle ampie annotazioni che di

---

[2] Cfr. Giovan Mario Crescimbeni, *Comentarj... intorno alla sua Istoria della Volgar Poesia*, 6 voll., Venezia, Lorenzo Basegio, 1730-1731, vol. IV: il Segneri viene citato insieme ad Antonio Maria Salvini come uno di « due celebri Accademici [...] della Crusca » (p. 241) e come « famoso » (p. 242).

[3] Giusto Fontanini, *Biblioteca dell'eloquenza italiana... con le annotazioni del Signor Apostolo Zeno*, 2 voll., Venezia, Giambattista Pasquali, 1753, vol. I, p. 147 e vol. II, p. 441.

lui si leggono nell'edizione veneziana del Pasquali del 1753, non solo non avvertì la necessità di aggiungere nulla, ma per il *Quaresimale* lamentava che il Fontanini citasse in quel capitolo solo « sei o sette » autori, e denunciava il fatto come una delle « imperfezioni e mancanze di un buon catalogo letterario », dove « debbono aver luogo almeno i migliori »[4] — segno evidente che per lui il Segneri non doveva certo annoverarsi fra questi, o quanto meno di tali « migliori » non era uno dei più rappresentativi e dei più significativi. Dal canto suo Lodovico Antonio Muratori, uno dei più fervidi sostenitori fra i pensatori d'Arcadia della semplicità, della spontaneità, della chiarezza e della naturalezza nell'opera letteraria, e autore di un trattato significativamente intitolato *Dei pregi dell'eloquenza popolare*, pur ricordando il « grande obbligo » dovuto al Nostro, soprattutto per opera del quale ci si era liberati dal « pessimo Gusto » dominante « nel Secolo prossimo passato [...] di eccedere negli ornamenti »,[5] lo vede come esponente ai suoi tempi di quel tipo di « eloquenza » destinato alle persone colte che non rappresenta per lui l'ideale, e lo cita, con vari altri, proprio per la sua carica di Predicatore del Palazzo Apostolico:

> Per l'ordinario il magnifico Oratore fabbrica bensì per li dotti, ma non già per gl'ignoranti. Nobili Predicatori, insigni Prediche da gran tempo suole ascoltare il Palazzo Apostolico. [...] Bene sta a quel maestoso consesso, tutto composto di personaggi ornati di Letteratura e di menti elevate, l'apparato d'una Sublime Eloquenza. Siccome tutto è ivi adattato alla comprensione de gli Uditori, così niun periodo, niuna ragione vi si adopera, che non faccia o possa far colpo nel loro Intelletto. Ma indubitata cosa è, che Eloquenza tale, qualor si porga a teste ignoranti, non vi penetrerà.[6]

Poco dopo la metà del secolo appariva un'opera del padre Alessandro Bandiera sui *Pregiudizi delle umane lettere*, indirizzata, con intento esplicitamente didattico, a « chi le insegna », con lo scopo di mostrare ciò che si doveva fare o non fare nelle scuole, e ciò che si doveva o non

---

[4] *Ibidem*, vol. I, p. 147.
[5] Lodovico Antonio Muratori, *Dei pregi dell'eloquenza popolare, Colla giunta in questa edizione Napoletana delle Poesie dell'istesso Autore*, Napoli, Giuseppe De Bonis, 1750, pp. 17-18 (che segue, per i *Pregi*, la *princeps* veneziana dello stesso anno).
[6] *Ibidem*, pp. 23-24.

si doveva leggere nelle stesse.⁷ Nella terza parte del volume, in cui sono passati in rassegna una serie di autori e una serie di opere da usarsi o meno (sempre nelle scuole), attenzione particolare viene dedicata al *Quaresimale* del Segneri, del quale l'autore si prefigge di esaminare in un lungo capitolo « i pregj ed i difetti », partendo dal riconoscimento che « l'alta ed universale riputazione, che questo Scrittor possiede appresso di tutte le persone colte » era tale da far sì che il titolo stesso di quel capitolo avrebbe potuto infastidire ed apparire presuntuoso a molti dei suoi lettori. Tale scrupolo in ogni modo non lo arresta, e prosegue nel suo lavoro con una precisazione che risulta particolarmente interessante:

> Intendiam [...] che gli esposti pregi siano ad esaltazione dell'illustre soggetto, siccome nel Quaresimale trasfusi dall'elevato suo intendimento; e vogliamo all'incontro che i dimostrati difetti si rifondano nella letteraria corruttela del secolo, nel qual visse.

È infatti « malagevole » che qualsiasi

> scrittore, comecché dall'avvedimento suo aiutato, nello scrivere si dilunghi al tutto da' correnti vizj del suo secolo, e [...] non contraggane qualche parte: se ne potrebbe di ciò fare ampia dimostrazione con molti esempj.⁸

Appare qui in maniera affatto esplicita un motivo che diverrà caratteristico in tutta la storia della fortuna del Segneri, e che ritroveremo ripetuto innumerevoli volte fino in tempi vicinissimi a noi: la netta separazione fra quelli che sono i meriti e le buone qualità dell'uomo e dello scrittore da un lato, e dall'altro i difetti e le manchevolezze che si riscontrano nelle sue pagine per colpa non sua, ma del secolo in cui visse, il secolo dell'esecrato Barocco — senza, naturalmente, nessuna apparente consapevolezza che a contraddistinguere e a determinare i presunti difetti e le supposte manchevolezze del Barocco come tale fu anche il Segneri, in quanto scrittore che è di quel secolo, di quella cultura e di quella civiltà letteraria. Ci sono poi, è chiaro, diverse prospettive su quelli che meriti e difetti particolari possano essere, nel senso che

---

⁷ Alessandro M. Bandiera, *I pregiudizj delle umane lettere, per argomenti apertissimi dimostrati, spezialmente a buon indirizzo di chi le insegna...*, Venezia, Bettinelli, 1755.
⁸ *Ibidem*, pp. 200-01.

quanto alcuni, per gusto personale o per tendenza del momento in cui scrivono, annoverano fra i primi, appare piuttosto ad altri come uno dei secondi; ma l'atteggiamento fondamentale non muta per questo.

Per quanto riguarda specificamente il Bandiera (che, diversamente da quel che si crede, dedica varie pagine agli aspetti positivi che appaiono nel Nostro), i pregi sono numerosi, e spesso riconducibili più o meno direttamente ai principi teorici che caratterizzano la cultura arcadica della prima metà del secolo, informati ai suoi ideali di semplicità, di chiarezza, di ragionevolezza, di moderato impiego delle figure e degli artifici retorici, e via dicendo: « Il Segneri ha le idee chiare delle cose, che maravigliosamente quadrano al proposito, al quale sono per esso applicate »;[9] « sempre con chiarezza espone »;[10] « guida il raziocinio con maravigliosa condotta »;[11] « gli argomenti, onde conduce il raziocinio d'ordinario sono popolari ed i più veri »;[12] « fa diritto uso della Sacra Scrittura »;[13] « usa ingegnosi e naturali passaggi »; « ha gran maneggio di figure [...] pregio il più noto di questo Quaresimale »;[14] « muove opportunamente gli affetti ed efficacemente ».[15] Per quanto riguarda invece i difetti il Bandiera riprende innanzi tutto il motivo precedentemente indicato (« mettiamo in veduta il rovescio della medaglia, non a denigramento dello scrittore, ma ad imputazione del trapassato guasto secolo, alla cui letteraria corruttela attribuir si vuole ogni difetto, acciocché ad essi l'imitazion non s'inoltri »),[16] e passa quindi ad elencarli: « Il P. Segneri non usa il puro ed elegante Toscan linguaggio »,[17] perché « o [...] non ha giammai letto i buoni scrittori Toscani, e spezialmente il Boccaccio, delle cui graziose maniere appena nel suo scrivere rinviensi vestigio: o, se gli ha letti, non è giammai entrato nel gusto di nostra lingua »;[18] « alla penna non ha lo stile oratorio, quale si converrebbe, nell'elette decorose voci, nelle luminose maniere, nel co-

---

[9] *Ibidem*, p. 201.
[10] *Ibidem*, p. 202.
[11] *Ibidem*, p. 203.
[12] *Ibidem*, p. 204.
[13] *Ibidem*, p. 205.
[14] *Ibidem*, p. 206.
[15] *Ibidem*, p. 207.
[16] *Ibidem*.
[17] *Ibidem*, p. 208.
[18] *Ibidem*, p. 211.

struire armonico, e trasporto, come richiederebbe la maestà dell'orazione: ciò che si vuole inteso ancora de' Panegirici »;[19] « in diverse maniere fa abuso delle similitudini », o « perché le viene talora come ammassando »[20], o « non adoperando sempre le decorose, e le adatte ad oratorio e sostenuto discorso »,[21] o anche perché « talora la similitudine investe in forza d'argomento, che facilmente degenera in qualche falsità »;[22] « alcuna volta tratta argomenti del tutto o in parte inverisimili », e il Bandiera precisa trattarsi di « difetto [...] comune agli scrittori del secolo trapassato »;[23] e infine « abusa l'Erudizione profana » come facevano in genere « i predicatori nel trascorso secolo ».[24]

Forse minor indignazione avrebbero sollevato le censure del Bandiera, e maggior consenso il suo conclusivo riconoscimento che quei difetti « degni sono d'essere da chi compone le Prediche notati e fuggiti »,[25] se egli non avesse commesso l'imperdonabile ingenuità di esemplificarli dal punto di vista pratico, riportando alcune pagine fra le più note del Segneri con a fianco la propria trascrizione allo scopo di dimostrare come le stesse avrebbero dovute essere formulate idealmente secondo i principi dei « buoni scrittori Toscani » (e qui riscrive l'*exemplum* del nobile cavaliere che, in punto di morte, ripete ostinatamente: « Non posso » al confessore che lo esorta ad abbandonare la donna con cui ha una relazione illecita)[26] e secondo « il vero carattere dello stile Oratorio » (e a questo proposito rielabora l'inizio della predica in cui il Segneri annuncia drammaticamente agli ascoltatori il fatto che tutti, un giorno o l'altro, siamo destinati a morire).[27] È ben noto che, se criticare è semplice, rifare quanto hanno fatto gli altri migliorandolo è cosa assai più complicata, ed ebbe subito facile gioco il Parini a mostrare, in una lettera indirizzata all'abate Pier Domenico Soresi e pubblicata nel 1756, non solo la banalità della riscrittura, ma anche la presunzione e l'arro-

---

[19] *Ibidem*, p. 224.
[20] *Ibidem*, p. 232.
[21] *Ibidem*, p. 234.
[22] *Ibidem*, p. 233.
[23] *Ibidem*, p. 235.
[24] *Ibidem*, p. 237.
[25] *Ibidem*, p. 238.
[26] *Ibidem*, pp. 214-19.
[27] *Ibidem*, pp. 226-31. Nel *Quaresimale* i due brani si leggono, rispettivamente, nella seconda parte della predica undicesima e all'inizio della prima.

ganza del Bandiera nel compiere tale operazione, che sarebbe rimasta celebre, non del tutto giustamente, assai più delle altre sue osservazioni, alle quali tuttavia i critici successivi non avrebbero mancato di attingere e di rifarsi.[28]

L'atteggiamento polemico del Bandiera sembra per altro aver sortito l'effetto, verisimilmente affatto remoto dai suoi propositi, di richiamare e di risvegliare l'attenzione per il Segneri nella seconda metà del secolo, dove la sua presenza e l'interesse per la sua opera sono molto più vivaci di quanto non lo fossero stati nella prima. Un tono fondamentalmente negativo è riscontrabile innanzi tutto con il Denina, che, pur riconoscendogli il merito, condiviso con il Pallavicino e con il Bartoli (due nomi che troveremo in seguito sempre più frequentemente ricordati insieme a quello del Segneri), di non aver aspettato «esempj stranieri per iscrivere ordinatamente senza la diffusa eleganza de' *dialogisti*, e l'erudizione farraginosa de' chiosatori»,[29] lo coinvolge, sempre menzionandolo insieme a quei due scrittori, nella sua condanna globale dei prosatori barocchi:

> Quelli stessi che conoscevano l'inconvenienza delle maniere figurate e ricercate, [...] appena se ne guardavano essi stessi allorché parea loro, che l'argomento richiedesse qualche ornamento. Il Segneri sì andante, sì facile, e schietto nel Cristiano Instruito, perché credeva necessario di essere popolare in quei ragionamenti diretti all'instruzione del popolo, e che non è troppo lambiccato nella Manna dell'Anima, perché intese di fare riflessioni famigliari e piane, riuscì egli ancora ampolloso e gonfio nelle prediche destinate ad un più nobile teatro. Peggior è ancora lo stile de' suoi panegirici, perché veramente questa spezie di eloquenza non solo comporta, ma sembra esigere una dicitura più raffinata, e pomposa.[30]

Peggio di lui scrisse il Baretti, sempre così estremista e radicale nelle

---

[28] Cfr. *Due lettere intorno al libro intitolato I pregiudizj delle umane lettere*, Milano, Nella Regio-Ducal Corte, 1756: la prima è del Parini e la seconda del Soresi stesso (sempre in polemica con il libro del Bandiera, ma riguardo altri punti non concernenti il Segneri). Per l'atteggiamento del Parini rimando naturalmente in questi *Atti* alla relazione di Gennaro Savarese, *Avventure segneriane tra Sette e Ottocento: Parini, Leopardi, De Sanctis*.

[29] Carlo Denina, *Discorso sopra le vicende della letteratura*, 2 voll., Venezia, Palese, 1788, vol. II, p. 65. La prima edizione dell'opera è del 1760.

[30] *Ibidem*, p. 60.

sue valutazioni, che lo hanno reso celebre non tanto per la loro intrinseca validità critica, spesso assai discutibile, quanto per la carica polemica ed emotiva che le caratterizza. Nella sua globale condanna degli scrittori gesuiti italiani (a differenza di quelli francesi) egli ne fa un elenco, che inizia appunto con il Segneri, osservando: « Ve n'avesse pur uno, in quel tanto numero, che un gentiluomo dotato d'un po' di buon gusto potesse leggere senza tosto recere! »;[31] e altrove, parlando dell'Oliva e del Nostro, commenta che le loro opere « en punto de lengua toscana son bastante malditas, sin tomar en la cuenta las tantas sutilezas ridiculas y los frecuentes piojosos concetillos de ambas Sus Reverendissimas ».[32]

Ma la polemica iniziata dal Bandiera produsse anche altri frutti. All'impennata del Parini seguì di pochi anni quella di Giuseppe Malmusi, che nella sua *Analisi del Quaresimale del padre Paolo Segneri* (del 1768) parte affermando nella « Prefazione » che fra gli esempi più illustri dell'« arte oratoria [...] certamente si distingue, e serve di luminosissima guida » proprio l'opera del Nostro, il cui

> eccellente lavoro [...] si attrae l'universale applauso, e per il suo modo maraviglioso di provare, e per l'uso sceltissimo d'argomenti forti e popolari, e per la forza vivissima del continuo suo raziocinio, e pel suo naturale artifizio dei passaggi da un argomento all'altro, e per la bella disposizione, con cui sempre va avanti, e cresce l'orazione, e per l'arte grande d'amplificare, per cui comparisce di un'eloquenza straordinaria, e pel giudizioso maneggio delle figure, ed infine [...] per la somma perizia nella mozion degli affetti, in cui veramente si distingue, ed è prodigioso.[33]

Detto questo, appare subito tuttavia un'altra precisazione:

> Non devesi dissimulare, avere il quaresimale del Segneri i suoi nei, i

---

[31] Giuseppe Baretti, *La scelta delle lettere familiari*, a cura di Luigi Piccioni, Bari, Laterza, 1912, p. 252. L'opera fu scritta fra il 1777 e il 1778.

[32] Giuseppe Baretti, *Prefazione alla « Historia del famoso predicador fray Gerundio de Campazas, alias Zotes, escrita por el licenciado don Francisco Lobon de Salazar » (1787)*, in *Prefazioni e polemiche*, a cura di Luigi Piccioni, Bari, Laterza, 1932, p. 324.

[33] Giuseppe Malmusi, *Analisi del* Quaresimale *del padre Paolo Segneri*, Torino, Marietti, 1887, p. 3; il testo costituisce la seconda parte, pubblicata in volume separato, di un'edizione del *Quaresimale* stesso.

I: LA FORTUNA CRITICA DEL SEGNERI

> quali senza dubbio rifonder si debbono nella letteraria corruttela del secolo nel qual visse; ma questi sono tali, che punto non pregiudicano alla sua bellezza, giacché sono di un ordine, che viene come ad essere estrinseco alla sostanza del fare oratorio, come [...] si è il piccolo abuso dell'erudizione profana;[34]

e per quanto riguarda le censure del Bandiera leggiamo quanto segue:

> Non si debbono poi tener per difetti tutti quelli che vengono opposti dal p. Bandiera [...], mentre una gran parte di loro sono assolutamente insussistenti, come ho procurato di dimostrare di mano in mano a suo luogo nelle analisi, alle quali mi riporto [...]. E queste critiche tanto meno vi hanno luogo, se badisi essere il Segneri un grande oratore bensì, ma insieme popolare, a cui perciò non sarebbe stato bene lo stile e il linguaggio boccaccevole, giacché predicandosi al popolo, regolarmente si ha d'anteporre alla sublime la popolare eloquenza,[35]

con riferimento, per quanto riguarda quest'ultima, al trattato di Ludovico Antonio Muratori, *Dei pregi dell'eloquenza popolare*, dove, come abbiamo visto, il Nostro era ricordato invece fra coloro che non avevano abbracciato questo tipo di « eloquenza ». Ci troviamo così di fronte, anche nel caso del Segneri, a uno dei capisaldi più costanti della cultura settecentesca, ripetuto a proposito di molti altri scrittori del Seicento: da un lato si colloca la condanna globale per il Barocco (che diventa quindi quasi una categoria) e per quelli che sono considerati i suoi limiti e le sue lacune fondamentali, dall'altro il recupero del singolo autore che, pur non potendo evitarli del tutto, si è tuttavia innalzato al di sopra di quelli indicando ai contemporanei e ai posteri la giusta strada da seguire.

Poco più tardi, nel 1775 (siamo, si ricordi, a due anni dalla soppressione della Compagnia di Gesù per volontà di Clemente XIV, sotto le pressioni di Portogallo, Francia, Spagna e via dicendo), l'ormai ex-gesuita Saverio Bettinelli, nel *Risorgimento d'Italia negli studi, nelle arti e ne' costumi dopo il Mille*, ha parole di elogio per il Segneri, ma solo per quanto riguarda l'arte dell'eloquenza italiana, della quale riconosce in lui il fondatore « per comune opinione »;[36] egli si era opposto al pre-

---

[34] *Ibidem.*
[35] *Ibidem*, pp. 3-4.
[36] Saverio Bettinelli, *Risorgimento d'Italia negli studi, nelle arti e ne' costumi dopo il Mille*, a cura di Salvatore Rossi, Ravenna, Longo, 1976, p. 405.

giudizio di quanti erano convinti che « la buona eloquenza » imitata dai classici non stesse bene « per le cose sacre » e fosse anzi « profana e nemica della Fede ».[37] A proposito poi del « corrompimento » della lingua nella crisi del cattivo gusto del Seicento si legge questo commento:

> furono quasi soli alcuni eccellenti scrittori [...], come Segneri, Pallavicino, Mambelli, Bartoli ed altri, a' quali l'italiane lettere hanno immortali obbligazioni. Questi scrissero dottamente del pari che elegantemente in eloquenza, in istoria e molto più nel gusto del comporre in volgare dando insin leggi ed opere pregiatissime per la lingua, che da tutti i nostri scrittori si calpestava e corrompeva barbaramente.[38]

Si tratta di un'altra censura contro il Barocco che, già presente presso vari scrittori del Seicento stesso, aveva poi trovato consacrazione e conferma ai tempi dell'Accademia dell'Arcadia, ed era stata più volte ripetuta da un Gravina, da un Muratori, da un Maffei e via dicendo; mentre l'elogio del Segneri non tocca il contenuto della sua opera, ma solo l'aspetto esteriore e linguistico.

Più positivamente si sofferma sul Segneri Giovanni Andrés nel primo tomo del suo *Dell'origine, progressi e stato attuale d'ogni letteratura*, apparso nel 1782. Per lui il Nostro « può forse credersi l'unico, ed è certamente il primo oratore che la moderna Italia abbia dato alla luce »;[39] e poco più avanti, a proposito del « gusto moderno », nel capitolo sulla letteratura del Seicento, dopo aver accennato ad alcuni scrittori francesi, afferma che

> al tempo medesimo il Segneri combattendo valorosamente in Italia contro al depravato gusto de' suoi predecessori se non seppe dare le sa-

---

[37] *Ibidem*, p. 415 nota. Interessanti osservazioni sul diverso uso delle citazioni e dei riferimenti a scrittori latini da parte del Segneri e di un Gesuita ungherese coevo si possono ora vedere in Maria Teresa Angelini, *Aspetti comuni e differenze in due predicatori barocchi: Segneri e Pázmány*, in « Nuova Corvina. Rivista di italianistica dell'Istituto Italiano di Cultura per l'Ungheria », 2, 1994, pp. 7-12.

[38] Saverio Bettinelli, *Risorgimento d'Italia*, cit., p. 484.

[39] Giovanni Andrés, *Dell'origine, progressi e stato attuale d'ogni letteratura*, tomo I, Parma, Stamperia Reale, 1782, p. 410. Si avverta l'enfasi posta dallo studioso sulla « modernità » del Segneri, che lo porta ad anteporlo agli scrittori dell'aureo Cinquecento, dell'« epoca del Badoaro, e del Casa » (*ibidem*).

cre sue orazioni intieramente purgate da' difetti allora regnanti, lasciò però nondimeno monumenti d'una maschia e robusta eloquenza capace di formare eccellenti e degni oratori.[40]

Ritornando successivamente sullo stesso secolo nel terzo tomo del lavoro (apparso nel 1787), precisa innanzi tutto che il Segneri è « l'oratore, e lo scrittore più eloquente di tutta l'Italia, benché talvolta si risenta anch'egli del gusto allora regnante », e ne mette in rilievo la funzione emblematicamente esemplare, per la quale egli « trasse dietro di sé molti sacri oratori, e rimosse eziandio altri scrittori dal depravato gusto di quell'età »;[41] riprende quindi ed elabora i vari punti in alcune pagine del capitolo sull'« eloquenza sacra »:

> Il Segneri è l'oratore, che maggior onore ha recato al pergamo italiano; e le sue prediche tradotte e studiate dall'altre nazioni sono l'uniche, che hanno finora goduta la considerazione di classiche e magistrali. E in verità la copia di dottrina, e la forza ed espressione della dicitura, due cose molto essenziali nell'oratoria, in pochi predicatori si ritrovano sì pienamente, quanto nel Segneri. Egli, ricolmo il petto di scrittura, di santi padri, e d'ogni erudizione sacra e profana, la profonde con sì larga e liberal mano, che può a ragione essere accusato d'eccessiva prodigalità; ma certo quella sua abbondanza e ricchezza gli fa presentare molte ragioni, e comunemente sode e forti, e recare i testi più opportuni e più adattati alle cose che dice, senza bisogno, com'altri fanno, d'andarli mendicando meschinamente, e di stiracchiarli stentatamente e per forza. Il suo stile è nobile ed elegante, energico e forte: ogni sua parola per lo più propria, ogni frase la più espressiva, ogni periodo della più giusta misura, le espressioni significanti ed opportune, le figure ben maneggiate, e i lumi tutti della dizione adoperati con maestria, e con felicità. S'egli vi fa una narrazione, la dipinge co' più naturali e veri colori; se muove un affetto, l'incalza colla più viva ed ardente forza; se vuole amplificare un sentimento, lo presenta nel maggior lume, e colla più nobile dignità; e il suo stile risplende cogli ornamenti d'una naturale facondia, senza gli smisurati vezzi d'una studiata affettazione. [...] troppo era allora adulterato il pergamo italiano per potergli levare d'un tratto tutte le sue macchie, e dargli un sincero splendore. Il Segneri non si perde in vani concetti, e in puerili giuochi di parole, come allora si usava con applauso universale; ma non sa sempre schivare perfino l'appa-

---

[40] *Ibidem*, p. 420.
[41] Giovanni Andrés, *Dell'origine*, cit., tomo III, Parma, Stamperia Reale, 1787, p. 54.

renza di questo male, e talora potrà sembrare d'essersi lasciato condurre dal comun uso a qualche concetto men degno della gravità della sacra orazione. Egli non ischerza co' testi della scrittura, né profana i santi padri; ma abbonda alle volte fino all'eccesso nell'ammassare citazioni, spesso anche d'autori profani, e fiacca colla moltitudine dei testi la forza del discorso: la sodezza del suo spirito non ama i paradossi, né i sottili argomenti allora usati, più frivoli e puerili che ingegnosi; ma non sempre le sue ragioni sono assai ben fondate e concludenti, e talvolta s'appoggiano con poca sicurezza ad un fatto storico, ed anche soltanto ad un mitologico. L'uso della favola non conviene alla cattedra della verità; ed ancor quando convenisse, dovrebbe riprendersene nel Segneri la soverchia profusione. [...] è da dolere, che il Segneri con tanta facondia e dottrina non unisse ugualmente il fino gusto, e l'illuminato giudizio, che allora non conoscevasi, e che è troppo necessario per dare a tutte le opere la dovuta perfezione. Ma ad ogni modo restano al Segneri tanti pregj di vera e soda eloquenza, ch'egli dèe a ragione chiamarsi il riformatore del pergamo italiano, il principe della sua oratoria, e il maestro di tutti i posteriori predicatori.[42]

Altrettanto è possibile ricavare nelle pagine dedicate al Segneri da Girolamo Tiraboschi nella sua monumentale *Storia della letteratura italiana*, apparsa in prima edizione fra il 1772 e il 1782, e in seconda edizione « accresciuta » fra il 1787 e il 1794 — pagine nelle quali si osservi anche l'attenzione data dallo studioso al rapporto che si stabilisce dal punto di vista storico fra la situazione del Nostro e quella degli scrittori suoi contemporanei:

> Come verso al finir del secolo la Poesia italiana cominciò a risorgere all'antica sua maestà e bellezza, così lo stesso avvenne all'Eloquenza, e la gloria di aver avuto il coraggio prima di ogni altro di lasciare il sentiero per tanti anni battuto, e di tornare su quello, a cui la ragione e il buon senso richiamava i sacri Oratori, si dà per comune consentimento al P. Paolo Segneri Gesuita [...]. Gli Oratori de' secoli precedenti ci avean date omelie piuttosto che prediche [...]. Quelli del secolo XVII. voller fare maggior uso del raziocinio, ma essi invece ne abusarono; [...] innoltre pareva, che gli Oratori fosser più solleciti di ottener l'applauso degli uditori colla novità de' concetti e coll'arditezza delle immagini, che di convincerli colla forza degli argomenti, e di commuoverne con una robusta eloquenza gli affetti. Il P. Segneri conobbe, che non era quello il modo di maneggiare con decoro e con frutto la Divina

---

[42] *Ibidem*, pp. 247-49.

parola, e saggiamente credette, che quel genere d'eloquenza, che effetti sì prodigiosi avea già prodotti al tempo de' Greci e de' Romani Oratori, non dovesse essere meno opportuno, quando fosse rivolto agli argomenti della Cristiana Religione. Ei proccurò dunque di conformarsi a que' primi modelli; e si conosce chiaramente, che prese in ispecial modo a imitar Cicerone. Ei non ama molto le divisioni, come non le amavano gli antichi Oratori; ma stabilita la sua proposizione si accinge a provarla; e con tal ordine dispone gli argomenti, e con tal metodo li va incatenando fra loro, e stringendo con essi sempre più l'uditore, che questi alfin si trova convinto, e forza è, che si arrenda, persuaso dalle ragioni, e mosso dall'eloquenza, con cui l'Orator le promuove e le incalza. Egli sbandì dalla sacra eloquenza que' profani ornamenti, che l'ignoranza de' secoli precedenti vi avea introdotti: e che il reo gusto di quell'età avea smodatamente accresciuti; e la abbellì invece colla varietà delle figure e colla vivacità delle immagini. È vero, che qualche avanzo dell'infelice gusto del secolo vedesi nel P. Segneri, e forse egli non ardì di fare un'intera riforma dell'eloquenza, temendo, che non si potesse ciò eseguire tutto in un colpo, e che convenisse dar qualche cosa all'universale entusiasmo, con cui l'Italia correva perduta dietro alle metafore e a' contrapposti. Anzi da una lettera del Card. Noris al Magliabecchi da Pisa del 1677 [...] si raccoglie, che [il Segneri] ne' primi anni erasi mostrato anche più indulgente a' vizi del suo tempo; e che poi erasene egli stesso emendato.[43]

L'atteggiamento del Tiraboschi presenta un risvolto che non avevamo ancora visto nei confronti del Nostro: la suggestione del Barocco non si eserciterebbe in lui per colpa del tempo in cui visse, ma rappresente-

---

[43] Girolamo Tiraboschi, *Storia della letteratura italiana*, Seconda edizione modenese riveduta corretta ed accresciuta dall'autore, tomo VIII, *Dall'Anno MDC all'Anno MDCC*, parte I, Modena, Presso la Società Tipografica, 1793, pp. 516-18. Recentemente Maria Serena Sapegno ha scritto giustamente che il Tiraboschi, anche lui, ormai, ex-gesuita e colpito dalla soppressione dell'Ordine, « respinge [...] come infondata l'accusa ai Gesuiti di essere responsabili del cattivo gusto secentesco, rivendicando invece come primo campione della ripresa il Segneri » (*Storia della letteratura italiana di Girolamo Tiraboschi*, in *Letteratura italiana*, dir. Alberto Asor Rosa, *Le Opere*, vol. II, *Dal Cinquecento al Settecento*, Torino, Einaudi, 1993, p. 1175); trascura tuttavia di avvertire che, come abbiamo avuto modo di vedere, l'atteggiamento dello studioso modenese non costituisce una novità nel momento in cui scrive, e che la sua posizione è chiaramente riconducibile a quanto veniva scritto sul Nostro in quel periodo.

rebbe una sua scelta intenzionale (che lo studioso presenta tuttavia in forma ipotetica, moderandone la portata con quel « forse egli non ardì di fare un'intera riforma ») per la consapevolezza che sarebbe stato impossibile alterare radicalmente tutto in un colpo lo stile imposto dal gusto dei tempi.

A riflettere ora globalmente sugli interventi a proposito del Segneri nell'ultima fase del Settecento, se ne può riconoscere un'altra circostanza centrale nella storia della fortuna del Nostro: la condanna o la difesa della sua opera e della sua personalità sembrano condizionate a volte non tanto da criteri estetico-culturali e da considerazioni autonome riguardanti i suoi scritti e la sua figura, quanto piuttosto dalla sua appartenenza alla Compagnia di Gesù e dal relativo atteggiamento, da parte di chi ha espresso il giudizio, nei confronti di tale ordine religioso (con tutto quello che ciò implica necessariamente al momento in cui gli animi erano accesi dalle polemiche per la sua soppressione). Il fatto stesso di vedere il nome del Segneri, nelle sarcastiche stroncature del Baretti, abbinato a quello di Gian Paolo Oliva, Generale dell'ordine dal 1664 al 1682, e, nei commenti del Denina e del Bettinelli, al Bartoli e al Pallavicino, è di per sé abbastanza indicativo. Inutile aggiungere che un simile fattore, affatto esterno al fenomeno letterario, non ha nessuna ragione di sussistere né nel caso del Segneri, né in quello dei suoi confratelli.

Tracce ancor più evidenti di questa circostanza sono invece ben riconoscibili nella critica dell'Ottocento. Così ad esempio Pietro Giordani parla di « Bartoli, Pallavicini, Segneri » definendoli « tre giganti gesuiti del seicento, contemporanei, coetanei, quasi viventi insieme », e anche se « immensamente si distaccano l'uno dall'altro », pure ognuno di loro è « grandemente bello »;[44] e per il Nostro sottolinea « le somme ed eterne bellezze » e « gl'innumerabili e grandissimi pregi » che lo rendono « modello ammirabile ed efficacissimo e unico », anche se « quasi impossibile ad imitare », mentre sui suoi difetti « non è bisogno d'insister molto; perché facilmente appaiono a chiunque ha un poco di intelligenza: e sono più difetti di quel tempo che di quell'uomo ».[45] Altrettanto favorevole è il giudizio di Francesco Salfi, che mette in risalto

---

[44] Pietro Giordani, *Opere*, tomo XIV, Appendice pubblicata da Antonio Gussalli, Milano, Francesco Sanvito, 1863, pp. 452-53.
[45] *Ibidem*, p. 452.

l'impegno e la serietà del Nostro contro la superficialità e la vacuità degli altri predicatori, i quali, « non potendo farsi distinguere per l'importanza dei pensieri, [...] adottarono quello stile a pretensione, ampolloso, ridicolo, che era la mania e la vergogna del secolo »; ed aggiunge:

> Noi non avremmo rammentate le loro stravaganze, se esse non avessero servito a far conoscere ed apprezzare il merito del P. Segneri, il quale osò il primo imparare la vera eloquenza nei classici antichi, e far servire in qualche modo Cicerone medesimo a predicar le massime dell'Evangelio. Egli lottò durante qualche tempo coi pregiudizj del suo secolo, ma il suo metodo, la sua costanza, la sua morale, trionfarono finalmente di tutti gli ostacoli, e l'eloquenza evangelica fu ristabilita nei pergami. Penetrato dell'importanza delle verità, delle quali era l'apostolo, il P. Segneri usò la semplicità di uno stile puro e corretto per rialzare l'interesse e la forza dei suoi ragionamenti. Egli si occupò principalmente di dar loro un filo ed una progressione più decisa. Disgraziatamente egli volle più spesso convincere che persuadere, di modo che si mostra alle volte dissertatore anziché oratore. Qualche volta pure si dette ad un genere di erudizione e di ornamenti che non sono troppo d'accordo con la predicazione evangelica. Malgrado questo piccolo tributo che pagò al gusto ed alle prevenzioni de' suoi contemporanei, ei fece molto per i progressi dell'arte, e lasciò poco da fare ai suoi successori per terminar l'opera.[46]

Molto vicino al Giordani è Basilio Puoti:

> [...] nel decimo settimo secolo in mezzo alle arguzie, alle antitesi, alle metafore fiorirono tre scrittori di tanta eccellenza, che sarebbe gran torto di non proporli a studiare ai giovani. Questi sono il Segneri, il Pallavicino, ed il Bartoli, che vanno annoverati tra' più eloquenti scrittori d'Italia, e ponendo mente al loro altissimo valore ed alla miseria dei tempi in cui vissero, sembrano tre robustissimi giganti, che sorgono in mezzo ad una generazione di eunuchi e di nani.

Tuttavia « a tale giunse la corruzione del gusto a que' giorni, che non poterono al tutto guardarsene in alcune almeno delle loro scritture, neppur que' medesimi singolarissimi lumi dell'eloquenza toscana ».[47] An-

---

[46] Francesco Salfi, *Ristretto della storia della letteratura italiana*, 2 voll., Lugano, Ruggia, 1831, vol. II, pp. 85-86.

[47] Basilio Puoti, *Della maniera di studiare la lingua e l'eloquenza italiana. Libri due, coll'aggiunta di due Opuscoli del P. Ant. Cesari ed una Lezione del Prof. Francesco Ambrosoli*, Parma, Pietro Fiaccadori, 1853, pp. 24-25;

cora una volta, è la temperie culturale in cui vivono a determinare i limiti del Segneri come degli altri due, non si tratta di una scelta precisa e consapevole da parte dello scrivente. Per quanto riguarda poi in particolare il Nostro, cui « deesi dar lode di aver emendato e condotto a più nobile altezza l'eloquenza del pergamo », e che « non è secondo a verun altro, ma risplende solo tra' sacri oratori », il Puoti vede proprio nella sua appartenenza alla Compagnia di Gesù la componente che lo avrebbe condizionato nella missione di riformatore letterario:

> Paolo Segneri, che di buon'ora erasi renduto Gesuita, essendo stato allevato nelle scuole della Compagnia; le quali meglio che ogni altra si tennero lontane da' vizi del tempo, propostosi gli antichi, e segnatamente Cicerone ad esempio, emendò e ridusse a nuova e più nobil forma la sacra eloquenza, e le diè pulitezza e splendore. Ma quantunque egli con le sue prediche, che molto sono da commendare per la giustezza dell'invenzione, per il buon ordinamento delle parti, e per la purezza ed eleganza dello stile, si sforzasse di purgar l'arte del dire dagl'immensi e gravi difetti ch'eran tenuti allora rarissimi pregi; pur non poté al tutto guardarsi dal contagio del reo gusto di quell'infelice stagione, e leggendo nelle sue opere, ti avvedi talvolta ch'egli scriveva al tempo del Mascardi e del Tesauro. Laonde se i giovani procederanno con cautela e diligenza, trar potranno non leggiero frutto dalla lettura del Cristiano istruito, che è tra' suoi libri il più puro di favella ed il meglio castigato di stile, ed ancora più dal suo Quaresimale, che non negherò che sia la maggior opera di tal sorta che abbia la nostra Italia.[48]

Punto fermo nell'esaltazione dei Gesuiti è la figura del Segneri per Antonio Mirabelli, lo studioso che ha lasciato forse le pagine più vibranti e più nuove sul Nostro nella critica del secolo scorso. La sua posizione si caratterizza sia per la visione ciclica della letteratura, per cui il Segneri e i prosatori in generale occupano una posizione specifica nella storia del suo svolgimento, sia per la stretta connessione che egli viene a stabilire fra l'esperienza di vita dell'uomo e quella dello scrittore. Dopo una globale difesa dell'ordine e della sua lotta per l'affermazione dell'ortodossia cattolica contro il mondo protestante, il Mirabelli esordisce in questi termini: « [...] mentre rigoglioso il potere de' Gesuiti crescea e spendeasi a bene del Cristianesimo, dall'umile chiostro tuonava il Segneri a riformare i cristiani costumi ». E quindi prosegue:

---

la prima edizione dell'opera risale al 1837.
[48] *Ibidem*, pp. 25-26.

> Già con Dante e col Petrarca e col Boccaccio era nata e cresciuta la favella, già coll'Ariosto e col Tasso erasi ingrandita e renduta magnifica ed illustre, ma il cristiano pulpito non aveala accolta ancora a grande onore. Come prima vennero Omero ed Eschilo e Pindaro, da ultimo Demostene; come prima Ennio e Lucrezio, di poi Cicerone, [...] così dopo il fulgore de' poeti massimi che l'Italia produsse, ecco un oratore magnifico e solenne che il settimodecimo secolo domina e in sé riassume. Se nella poesia tutto è immaginazione, nell'oratoria è dominante l'elemento razionale, il quale più tardi nelle nazioni si svolge [...], e però il Segneri venir non potea in Italia prima del secolo predetto.[49]

Su quest'ultimo, il Mirabelli condivide le tradizionali censure del Settecento e del Romanticismo, estendendole ad accogliere un complessivo senso di totale decadenza non solo nella poesia, ma nella società tutta e nella vita morale — ed anzi, decadenza della poesia perché decadenza di ogni altro valore, come avvenne nella Roma antica dopo la morte di Augusto.[50] Da qui il fortissimo risalto che acquista la figura del Segneri, per il quale lo studioso non avverte nemmeno la necessità di spendere troppe parole nel ribattere le critiche consuete:

> Coloro che si adontano ad ogni parola men pura, che solo la leggiadria della favella ricercano, costoro menano pure alcun lamento per il Segneri. A me pare maraviglioso che in un secolo nel quale la vita d'Italia fosse sì guasta nelle midolle, e corrotta tutta nell'esterno vivere e nell'interno, pare dico maraviglioso che sia sorto un Segneri [...]. In mezzo allo splendore de' trionfi che il suo ordine riportava [...], ammirabilmente E' perorava, manifestando la religione essere unica per esser vera, essere essa la romana, l'apostolica, sostenuta da' successori di Pietro. Di santità pari a' molti fratelli, perseverante nel suo proponimento per convinzione e per fede, sfavillante di carità per il bene degli uomini, gli studî fatti ne' claustrali silenzî, a veggente dello Spirito Divino, il Segneri mette a prova contro il vizio e l'incredulità: *non potuerat quae*

---

[49] Antonio Mirabelli, *Istituzione di belle lettere per uso della sua scuola di letteratura*, 2 voll., 4 libri, Napoli, Salvatore de Marco, 1844-1845, vol. II, lib. I, *Filosofia delle lettere e letteratura comparata. Prosatori*, pp. 204-05.

[50] Per le idee del Mirabelli sul Seicento si veda in particolare nella stessa opera il vol. II, lib. II, *Filosofia delle lettere e letteratura comparata. Poeti*, pp. 244-56.

*audiverat non loqui.*⁵¹

C'è, per il Mirabelli, una perfetta corrispondenza fra la preparazione, la pratica della vita e la produzione letteraria del Segneri:

> [...] il luminoso ingegno [...] fu con incessanti cure coltivato, prima negli umani studî, poi ne' filosofici, e dopo questo insegnando tre anni interi amene lettere. [...] Ma la sapienza della mente non basta al pulpito senza una santa vita e costumi immacolati. E il Segneri la mente e il cuore avea educato al Vangelo, ed ardea dell'amore di Dio e del prossimo e dell'onore della sua chiesa. Quindi la sua vita era principalmente spesa nelle Missioni, alle quali usciva dopo Pasqua e ritornava quindi al novembre; ventisette anni fra gli altri consumò in questi nobilissimi esercizî, scorrendo le diocesi dell'Alta Italia e santificandole colla sua voce; al collegio di Firenze ritornava per diportarsi alquanto dopo le Apostoliche missioni; e quella beatissima terra del leggiadro parlare vedealo lavorare allora attesamente a que' volumi preziosi, in aureo italiano dettati.⁵²

Da questa esperienza immediata derivano le prediche del *Quaresimale*, nelle quali

> gli argomenti [...] sono i medesimi che ad ognuno può suggerire il Cristianesimo, perché tratta della sua essenza, e quello che abbiamo a credere, e quello che abbiamo a sperare, e quello che abbiamo ad evitare, e quello che abbiamo a seguire: Egli si governa non dissomigliantemente dagli altri oratori sacri o greci o latini che lo hanno preceduto; Egli come tutti gli altri oratori, insegna, diletta e muove, e per modo convince l'intelletto, che la volontà consentisce trasportata all'empito della sua facondia. [...] Se questo è il fondamento delle sue orazioni, egli mette altresì a guadagno tutte le storie sacre e profane per provare il suo subbietto, sicché nondimeno non si lasciasse tanto trasportare alla erudizione pagana da dimenticare la santità del suo ministerio, e vedesi che la Scrittura Sacra è la miniera inesausta donde cava sì nobil ricchezze. A questo aggiugnete un andar largo e maestoso di tutta la orazione, sicché disgradar possa la pomposa movenza o di Demostene o di Cicerone, e le acconce proporzioni in cui per tutte le parti è divisa l'orazione ordinatamente, e ciascuna parte per sé condotta e lavorata con fino magistero: da ultimo un correre forte alle commozioni, un accendersi di

---

⁵¹ Antonio Mirabelli, *Filosofia delle lettere e letteratura comparata. Prosatori*, cit., vol. II, lib. I, pp. 205-06.
⁵² *Ibidem*, pp. 206-07.

santo zelo, quanto dettavaglielo la giustizia della sua causa e la salute de' fratelli, rendono il Segneri il primo oratore sacro, che abbia l'Italia, e le quaranta prediche del suo Quaresimale [...] tutte risplendono qual più qual meno di sovrumane bellezze.[53]

L'esaltazione del Nostro si conclude con i panegirici, « i più belli [...] scritti in Italia », a parte « qualche concetto alquanto studiato », nei quali

> pieno di un nobile entusiasmo, il dicitore esalta il braccio di Dio operatore di prodigî singolari per mezzo de' suoi servi fedeli, e mentre conforta i credenti nella potenza divina, gl'invita ad imitare i costumi di que' taumaturghi.[54]

Nelle pagine del Mirabelli traspare, insieme all'esaltazione, lo sforzo di minimizzare, lasciandoli in penombra o trascurandoli affatto, gli aspetti negativi del Segneri indicati dagli studiosi precedenti; dal lato opposto si collocano invece gli interventi di altri critici che, ostili alla Compagnia di Gesù, insistono su quei lati e concedono molto poco agli aspetti positivi. Così negli stessi anni in cui scrive il Mirabelli appare la *Storia della letteratura italiana* dell'Emiliani Giudici, nella quale ben poco viene concesso al Nostro — come anche al Pallavicino e al Bartoli. Dopo aver tracciato un quadro tutto negativo della poesia del Seicento, il discorso prosegue in questi termini:

> La prosa, considerata generalmente, si mostrò infetta degli stessi vizii che lordarono la poesia. I professori di eloquenza, e i predicatori soprattutto, mostrarono vergogne rettoriche da fare sgomento. Fra il numeroso branco di costoro i critici vogliono eccettuato il Segneri, il quale è reputato eloquentissimo. Ch'egli abbia pregi e di molti, non nego; ma sia l'indole del genere, sia che l'Italia per non avere libera la parola, non potesse gloriarsi della vera eloquenza, come si vanta di ogni altra specie di scrivere, le scappatoie oratorie del Segneri non hanno nulla che adombri o l'impeto di Demostene o la dignitosa magnificenza di Cicerone, e molto meno il maschio e logico arringare de' moderni popoli costituzionali.[55]

---

[53] *Ibidem*, pp. 207-08.
[54] *Ibidem*, p. 209.
[55] Paolo Emiliani Giudici, *Storia della letteratura italiana*, Quarta impressione, 2 voll., Firenze, Le Monnier, 1865, vol. II, pp. 261-62. La prima edizione è del 1844.

Un atteggiamento ancor più opposto a quello del Mirabelli assume in seguito Ruggiero Bonghi, che sul Segneri si sofferma soprattutto nella nona delle sue *Lettere critiche* (datate dal 9 marzo al 3 agosto 1855). A ben poco si riducono per lui i pregi del Nostro: così in generale il « periodo », a confronto di quello degli altri oratori, « quantunque abbia talora un'armonia sconveniente alla prosa, pure l'ha varia », e la sua lingua che può essere presa a modello, sempre a confronto di quella « piena di ridondanze e di vanità [...] falsa [...] ed impropria e grossolana » impiegata dagli altri.[56] Ma nessun impegno, nessuna serietà morale e religiosa è riconoscibile nelle sue opere, che diventano anzi una stridente contraddizione con il suo modo di vivere: infatti, a differenza di quelli francesi, gli oratori italiani si affidano esclusivamente alla retorica a causa della

> scarsezza di vita nel sentimento religioso in Italia; scarsezza dipendente dall'esserci state poco contese e difese, in una lotta effettiva e rischiosa, le dottrine religiose officiali. [...] Da questo difetto di vita nel sentimento religioso comune è derivato un difetto di sentimento religioso ne' nostri oratori sacri, grandi e piccoli. Chi ha la riputazione del più grande, il Segneri, è appunto il più profano. A leggere le sue prediche, io mi fo di lui un concetto come d'un uomo a cui il Cristianesimo non paresse altro se non una cosa molto ingegnosa, che si prestasse bene a de' bei partiti di frase, e a degli argomenti arguti pro e contro. Dalle sue opere non avrei mai saputo cavare quello che poi ho sentito e letto; la santità della sua vita e la bontà del suo animo. A me sarebbe parso che la religione avesse dovuto rimanergli qualcosa di estrinseco, da esercitarvisi sopra come su un piano-forte per creare armonie agili e pronte.[57]

Di conseguenza anche nel Segneri, e spesso soprattutto in lui, trapelano i difetti caratteristici di tutti gli oratori sacri italiani: « punta finezza, né novità di osservazione », « l'eccesso dell'erudizione, ma d'un'erudizione volgare e raccogliticcia », « l'abuso delle citazioni, e la mancanza di critica », « punta delicatezza di mente e di animo », « l'abuso dell'immaginazione, facoltà di compenso, abbondante, facile e sterile »; e da questo complessivo « difetto nella materia della predicazione » derive-

---

[56] Ruggiero Bonghi, *Lettere critiche. Perché la letteratura italiana non sia popolare in Italia*, Milano, Francesco Colombo e Celestino Bianchi, 1856, p. 75.
[57] *Ibidem*, pp. 77-78.

rebbero « le continue leziosaggini della forma, e l'incapacità d'esprimere con semplicità ed affetto un vero sentito ».[58]

Al clima intemperante rappresentato dal Bonghi non parve opporsi in modo sostanziale l'atteggiamento dei pensatori cattolici che avrebbero dovuto, almeno idealmente, sentirsi più vicini e più legati dal punto di vista della religione e della morale all'opera e alla figura del Segneri. Il Tommaseo gli dedica varie pagine in una delle edizioni del suo *Dizionario estetico* (più di quante non siano riservate a volte ad altri autori meglio noti), ma anche se non gli si dimostra apertamente ostile, non per questo lo si può annoverare fra i critici favorevoli al Nostro. Significativo è l'avvio del suo « discorso »,[59] in cui il caso Segneri diventa emblematico di verità universali ed assolute:

> Pensando ai pregi ond'è distinta l'eloquenza del Segneri, e al secolo nel quale sorse, non gli si può certo negare stima d'ingegno potente; poi pensando ai difetti che i più saggi confessano in lui, non si può non riconoscere la forza ch'ha sopra le operazioni della mente e dell'animo, il tempo e la nazione in cui l'uomo nasce e viene educato.[60]

---

[58] *Ibidem*, pp. 78-80.

[59] « Dell'eloquenza del Segneri, Discorso » è il titolo con cui il Tommaseo fa riferimento alle pagine sul Nostro nella « Prefazione » all'edizione del 1852 del suo *Dizionario estetico* (Milano, Giuseppe Reina), elencando gli « scritti inediti » e gli « altri che sono o il sugo od il saggio di piucché cinquanta, tra brevi e lunghi, miei stampati lavori » aggiunti di nuovo rispetto all'edizione uscita « dodici anni » prima (p. VII). Queste stesse pagine non si leggono più invece nell'edizione del 1867 (*Dizionario estetico*, Quarta ristampa con correzioni e giunte molte di cose inedite, Firenze, Successori Le Monnier), dove ne rimane comunque occasionalmente l'eco: ad esempio, parlando di Gian Lorenzo Berti, dopo aver detto che « i passi della Bibbia torce talvolta a sensi strani », osserva che « tali abusi riscontransi più rari che nel Segneri, assai » (col. 118); o parlando di « due prediche italiane » di Elia Miniati commenta: « Senti il fare del Segneri, ma con libera emulazione seguito, non con cura servile imitato. Ch'anzi parecchi difetti della eloquenza del Segneri seppe il Miniati evitare: que' giuochi di parole e di concetti, quegli accenni inopportunamente profani, e, massimo difetto del grande Italiano, quel muovere contenzioso contro gli uditori a guisa di avvocato che tratta una causa, non a modo d'amico, di fratello, di padre » (coll. 663-64).

[60] *Ibidem*, p. 337.

Poco conta la restrizione che subito segue (« Se non che i pregi di questa eloquenza all'ingegno e all'animo del Segneri, i difetti al secolo in massima parte debbonsi attribuire »):[61] al Tommaseo

> pare che [...] e' sia il più delle volte incorso in que' difetti che con gli esempi di più sana eloquenza egli in modo tacito condannava: par ch'e' credesse non potere non dico piacere, ma giovare col bello, presentandolo tutto libero dalla maschera secentistica.[62]

Si direbbe anzi che per il Tommaseo non sia stata una consapevole reazione ai modi del Barocco a guidare il Nostro verso la riforma dell'oratoria sacra, ma piuttosto che quest'ultima sia stata determinata in lui dalla natura stessa della religione in cui credeva e che viveva profondamente, contro gli stimoli del gusto di cui condivideva nell'intimo le cadenze e le modalità più peculiari:

> Pieno il Segneri dello zelo di Dio, e conoscendo l'altezza della causa ch'e' veniva a trattare al tribunale degli uomini, non poteva non sentir vivamente l'inconvenienza dei modi oratorj d'allora. La rettitudine della rara sua mente poteva forse, in mezzo all'esempio comune, agli allettamenti della gloria vana, ai lacci che tende alla ragione un ingegno agile e ricco, falsarsi: ma il cuore acceso di Dio, doveva comandargli linguaggio più vero. La religione doveva metter lui sulla via della vera eloquenza, e vel mise. Questa maestra che gl'insegnò sì efficacemente a cansare tanti dei più ridicoli difetti del secolo, avrebbe liberato il suo stile da quelli pure che gli rimasero, se [...] non fosse paruto anche al Segneri debito di accorto zelo adulare alquanto il pregiudizio dei molti. E tanto è vero doversi più alla virtù che all'ingegno lo spirito che gli dettò a quando a quando la vera eloquenza del cristianesimo, che dove l'ingegno suo si abbandona a sé stesso, ivi il dire appare misero de' concetti che sono la trista proprietà di quel tempo.[63]

Tuttavia, anche se « l'amore della verità ch'egli annunzia » e « l'esemplare semplicità, compagna indivisibile della grandezza », derivano nel Segneri « dall'animo piuttostoché dall'ingegno », il Tommaseo riconosce che quest'ultimo

> dimostra tale fecondità, prontezza, intenzione, da rispettarsi anche in mezzo agli abusi. [...] negli stessi difetti di quel suo stile è non so che di

---

[61] *Ibidem.*
[62] *Ibidem.*
[63] *Ibidem*, p. 338.

diritto, di franco: i ragionamenti sono sovente involti d'esemplificazioni inopportune, di similitudini mendicate, ma quasi sempre luminosi, efficaci. E' li dispone con arte, sì che dal luogo stesso acquistin potenza. E soprabbonda l'affetto, come in parecchie delle seconde parti, quando l'artifizio non ha più campo in mezzo alla moltitudine dell'idee vere e importanti, che, stornate prima dalle forme, accorrano tutte quasi affollate alla fin della predica; allora l'ingegno apparisce nella sua libertà, gli affetti s'intrecciano mirabilmente cogli argomenti, ogni cosa prorompe con quella rapida varietà ch'è l'impulso del genio; allora il Segneri dà saggio di quel che potrebb'essere un vero oratore italiano.[64]

A questo si aggiungono vari altri pregi: « la conoscenza delle dottrine teologiche, delle Scritture, de' Padri, de' moralisti profani, dell'eloquenza antica »; « il modo, talvolta nuovo, d'allegare le parole e le idee della Bibbia »; « l'esemplare sicurezza della lingua, e certa scorrevolezza del numero che concilia al discorso un'armonia tutta agevole e popolare ».[65] Ma tutto il rimanente del « discorso » è occupato da un lungo elenco dei difetti con esempi esclusivamente ricavati dalla prima predica del *Quaresimale*, perché non sembrino, scrive il Tommaseo, « spigolati qua e là con maligna industria »: e si tratta di « artifizii da retore », di « ritrattazioni rettoriche », del « tono litigioso » degno di un avvocato « che vuol confondere l'ascoltatore », di « esclamazioni rettoriche », di « ripetizioni enfatiche », di « concetti falsi, o puerili », di « similitudini ricercate », di « esempi » infelici, di « citazioni od inutili o non convenienti », come le « allusioni mitologiche », e via dicendo.[66] L'entusiasmo porta quindi il Tommaseo a fornire « la serie degli argomenti » della stessa predica, suddivisa in dieci punti, e a proporne invece sei ricavati « non da altro oratore, [...] ma dalla considerazione del tema », mediante i quali « gli argomenti del Segneri », ristretti « in più breve spazio », acquisterebbero « quella efficacia che, così dilatati per la predica tutta quanta, non hanno ».[67] Se non si ricade in tal modo del tutto nell'ingenuità del Bandiera, è chiaro che ci siamo comunque molto vicino. Il « discorso » si conclude quindi con le lodi dello stile del presunto « grande oratore », nel quale « ognuno da sé può vedere [...] come la sincera facondia sia sempre congiunta a franchezza e a sempli-

---

[64] *Ibidem*, pp. 338-39.
[65] *Ibidem*, p. 339.
[66] *Ibidem*, pp. 339-42.
[67] *Ibidem*, p. 343.

cità » e come, essendo egli « profondamente persuaso delle verità che annunziava, si senta fin sotto agli artifizi rettorici quella forza incalzante, quella profonda e quasi lontana tenerezza che viene dall'affetto e tende ad ammansare più che a combattere, a compungere più che a convincere »:[68] uno stile che « la naturalezza *concilia* con l'eleganza, giacché, tranne pochi modi imitati dagli antichi e forse vivi al suo tempo, tutto il resto appartiene alla lingua parlata ».[69] Ma la pagina che segue è interamente occupata non da esempi di quelle buone qualità, sì dai suoi difetti, tanto che al lettore non può non giungere che come una sorpresa l'ultima frase del « discorso »: « Ma questi sono rari nèi. E lo stile del Segneri è de' più degni di studio, che la letteratura italiana vanti, povera (se d'eloquenza parliamo) nella sua tanta ricchezza ».[70]

Appare più moderata, ma si muove pur sempre sulla stessa linea la presentazione del Nostro nella *Storia della letteratura italiana* del Cantù:

> [...] di mezzo alle ampollosità del seicento, che non mostrano vigor d'intelletto ma sforzo d'ingegno, sorse Paolo Segneri romano gesuita [...], il miglior nostro predicatore, lo che non vuol dire perfetto, né pari ai grandi suoi contemporanei francesi Bossuet, Massillon, Bourdaloue. Ricco di dottrina, ne abusò talora, singolarmente nei panegirici; [...] abusa d'esempj, di similitudini, di narrazioni ed allusioni profane; stravolge i testi sacri, ovvero ne fa un cumulo indigesto; ricorre a tutte le figure retoriche di ripetizioni, di ritrattazioni, di sospensioni, di ominazioni; paga il suo misero tributo alle vanità del secolo, e sempre dà a vedere non la santità, che pur era tanta in lui, ma l'artifizio. Pure assaissimo è da impararvi. E prima quell'armonia tutta agevole e popolare, venuta dal franco maneggio della lingua natia. Ricchissimo di locuzioni, efficace nelle figure, evidente nelle narrazioni, cerca sempre la progressione del discorso: e sebbene miri a convincere più che a muovere, egli mostrasi compreso e passionato, donde gli derivano semplicità ed

---

[68] *Ibidem*, pp. 344-45.
[69] *Ibidem*, p. 345.
[70] *Ibidem*. L'interesse per la figura del Segneri e della sua opera, nonostante le scarse simpatie che alcuni studiosi nutrivano per entrambe, è comunque confermato in quel giro di anni dalla pubblicazione delle *Lettere inedite di Paolo Segneri al Granduca Cosimo terzo, tratte dagli autografi*, a cura di Silvio Giannini, Firenze, Felice Le Monnier, 1857, per le quali si veda in questi *Atti* l'intervento di Andrea Fedi, *Le Lettere di Paolo Segneri a Cosimo III de' Medici*.

evidenza qualora l'arte nol travia, e minor bisogno di ricorrere alla declamazione e alle metafore, neppur nel panegirico, che è il campo ove gli oratori più si credono permessa la gonfiezza,[71] dove sarà tuttavia da ammettere che, con l'elenco dei difetti subito seguito da quello dei pregi, rimane al lettore un'impressione complessivamente favorevole del Nostro.

Le censure del Bonghi erano invece destinate ad essere riprese, ampliate ed elaborate dal De Sanctis, che nella *Storia della letteratura italiana* (1870-1871) insiste sull'esteriorità degli scritti del Nostro, sulla mancanza di partecipazione emotiva a quanto viene scrivendo che sarebbe riconoscibile in lui:

> il padre Segneri [...] non ha altra serietà che letteraria, ornare e abbellire il luogo comune con citazioni, esempi, paragoni e figure rettoriche: perciò stemperato, superficiale, volgare e ciarliero. [...] se avesse veramente il sentimento della terrena infelicità, e delle gioie celesti, non mancherebbe ai suoi colori novità, freschezza, profondità. Ma non è che uno spasso letterario, un esercizio rettorico. Luogo comune il concetto, luoghi comuni gli accessori. Non mira efficacemente a convertire, a persuadere l'uditorio; non ha fede, né ardore apostolico, né unzione; non ama gli uomini, non lavora alla loro salute e al loro bene. Ha nel cervello una dottrina religiosa e morale di accatto ed ereditaria, non conquistata col sudore della sua fronte, una grande erudizione sacra e profana: ivi niente si move, tutto è fissato e a posto. La sua attività è al di fuori, intorno al condurre il discorso e distribuire le gradazioni, le ombre e la luce e i colori. Gli si può dar questa lode negativa, che se spesso stanca, non annoia l'uditorio, che tien sospeso e maravigliato con un « crescendo » di gradazioni e sorprese rettoriche; e talora piacevoleggia e bambineggia per compiacere a quello.[72]

Questa pagina tutta negativa (che segue l'altra, altrettanto negativa, sul Bartoli) si legge nel capitolo che prende il titolo dal nome del Marino, e che non è se non una lunga, insistita svalutazione di tutto il Seicento, il secolo nel quale, secondo il De Sanctis, « non solo la letteratura nelle sue forme e nel suo contenuto, ma è anche esaurita la vita religiosa, mo-

---

[71] Cesare Cantù, *Storia della letteratura italiana*, Seconda impressione, Firenze, Le Monnier, 1887, pp. 415-17; la prima è del 1865.
[72] Francesco De Sanctis, *Storia della letteratura italiana*, Firenze, Sansoni, 1965, p. 587. Sulla posizione del De Sanctis nei confronti del Nostro si veda in questo volume la relazione di Savarese.

rale e politica, quantunque ce ne fosse una seria apparenza comandata e servile ».[73] Se per lui dunque il Nostro costituisce una delle manifestazioni della decadenza collettiva dell'epoca del Barocco, è invece l'aspetto antigesuitico di quella decadenza che emerge dalle *Lezioni di letteratura italiana* nell'altrettanto radicale condanna del Settembrini; anche se dopo la lapidaria sentenza secondo la quale « i predicatori del Seicento non si leggono che per ridere delle loro stranezze », il tono sembrerebbe cambiare:

> Fra tanti strani e vuoti predicatori si distingue per senno e temperanza il gesuita Paolo Segneri [...], che ebbe bontà di animo e dottrina. Egli ha fama del più grande oratore nostro: perché? Sentimento cristiano egli ne ha pochissimo, quantunque fosse stato uomo di molta pietà; ma essendosi proposto d'imitar Cicerone nella forma dello stile, riesce pagano nella sostanza. A leggere il suo Quaresimale e le sue Prediche e Panegirici voi vedete che egli considera il Cristianesimo come una cosa tutta di mente, da spiegarla con argomenti arguti, ornarla con belle frasi, farne un esercizio d'ingegno. E qui cade un'osservazione: il gesuitismo annulla il volere, spegne l'affetto per modo che il cuore non palpita nemmeno per Gesù: nessun gesuita, neppure il Segneri, ha verità di sentimento, ma tutti hanno religione di testa, non di cuore. Sebbene in ogni oratore il sentimento sia tutto, pure passiamo innanzi. Ei non è un ragionatore robusto: basta aprire qualunque delle sue opere per vedervi un grande abuso di citazioni, mancanza intera di critica, argomenti più speciosi che veri, e un discorrere più con arguzie che con ragioni: cerca il nuovo nel paradosso, e così tiene desta la curiosità dell'uditore. Sentimento no, ragionamento no, perché dunque ha riputazione del più grande oratore? Perché fu canonizzato dagli Academici della Crusca, che lo citarono nel loro Vocabolario, e lo fecero testo di lingua. E siccome la lingua è stata per molto tempo il solo vincolo nazionale, e il grande affare degl'Italiani, i quali confondendo lingua e stile, e non badando al contenuto, hanno ciecamente adorato qualunque più scempia scritturella fatta in lingua pura; così trovando nel Segneri il meno reo dei predicatori, e vedendolo approvato dalla Crusca l'hanno riputato grande. Se pure non vogliate dire che i Gesuiti per dare spaccio ai loro scrittori li fecero bollare dalla Crusca. Paragonate le prediche del Segneri a quelle del Massillon, del Bourdaloue, del Bossuet, e vedrete che nei francesi c'è pensiero proprio, sentimento vero, stile efficace; nel Segneri nessuno affetto, molte citazioni, ed uno stile che non è sfrenato ed ampolloso ma artefatto di altro modo, a volte lisciato, a volte fiacco.

---

[73] Francesco De Sanctis, *Storia della letteratura italiana*, cit., p. 571.

[...] Né il Segneri dunque, né gli altri venuti di poi sino ai nostri giorni meritano il nome di oratori sacri, perché nessuno di essi ci ha data quella sacra eloquenza che acqueta la ragione, che vi solleva il sentimento [...].[74]

In verità, da chi aveva scritto il ben noto giudizio: « Che cos'è il Secentismo? È il Gesuitismo nell'arte »,[75] non era possibile aspettarsi molto di diverso; anche se meritano di essere comunque sottolineate le qualità positive che il Settembrini riconosce nell'uomo (« senno », « temperanza », « bontà d'animo », « dottrina ») e la serietà del suo impegno di vita come cristiano.

Contrariamente a quanto ci si potrebbe aspettare da un lettore attento e da un osservatore penetrante quale egli fu (un'attenzione e una penetrazione che lo hanno spesso portato a rovesciare i giudizi tradizionalmente espressi a proposito di molte personalità letterarie e di vari momenti culturali), non molto di nuovo hanno portato negli studi sul Segneri le pagine che gli ha dedicato in varie occasioni Benedetto Croce, al di là dell'ammirazione da lui espressa per il « discernimento della vita interiore » nelle lettere di guida e di conforto a suor Umilia Garzoni e nel parere sulla biografia di Giovanni Palafox, nel quale il Nostro aveva mostrato « la vanità del sant'uomo e le sue ipocrisie e false umiltà di autopanegirista »[76] — e questo nonostante l'esteriorità del Seicento e della sua religiosità in generale. Nel panorama dei predicatori italiani del suo secolo lo studioso sembra quasi aver fretta di liberarsi di lui, ripetendo in sostanza il giudizio del Tiraboschi:

Il Segneri, che fu tra i primi riformatori della sacra eloquenza, nelle sue prime prediche aveva anche lui inclinato ai concetti e allo stile fiorito. Se ne liberò poi, benché resti ancora intinto di altri vizî del tempo;[77]

e globalmente in modo ancor meno positivo viene riassunta la sua esperienza e la sua missione di credente:

---

[74] Luigi Settembrini, *Lezioni di letteratura italiana*, 2 voll., Firenze, Sansoni, 1964, vol. II, pp. 718-19; le lezioni furono stese fra il 1866 e il 1872.
[75] *Ibidem*, p. 579.
[76] Benedetto Croce, *Storia dell'età barocca in Italia. Pensiero - Poesia e letteratura - Vita morale*, Bari, Laterza, 1953³, p. 160.
[77] Benedetto Croce, *I predicatori italiani del Seicento e il gusto spagnuolo*, in *Saggi sulla letteratura italiana del Seicento*, Bari, Laterza, 1964⁴, pp. 177-78.

Nelle storie letterarie si suole segnalare Paolo Segneri come colui che riportò l'oratoria sacra alla gravità e schiettezza dello stile; ma fu una restaurazione, più che d'altro, di superficie, simile a quella onde alla prosa barocca si sostituiva la prosa di tradizione cinquecentesca; e non un'intrinseca rinnovazione. Un'oratoria sacra, davvero nuova e viva, avrebbe richiesto un'originalità di pensiero, o per lo meno di sentimento, che non si ebbe allora, e forse non mai più di poi, nella chiesa di Roma; onde l'assunto del Segneri par quello di persuadere i cattolici a prender sul serio ciò a cui essi professavano di credere senza restrizione alcuna, e a cui in concreto non si può dire che credessero davvero, appunto perché non lo prendevano sul serio e non lo traducevano in azioni; e l'effetto che fanno le sue prediche è l'opposto di quello che aveva di mira: lasciano intatta e aggravata la frigidezza spirituale, che vuol altro che prediche.[78]

Al che si potrebbe obiettare che, se dovessimo giudicare del senso e dell'interpretazione cristiana della vita di un Dante o di un Manzoni dall'effetto che produssero sui contemporanei la diffusione e la lettura della *Commedia* e dei *Promessi sposi*, dovremmo inevitabilmente considerare questi, come tanti altri capolavori, dei tentativi affatto fallimentari e abortiti.

Un tono molto favorevole è invece riconoscibile nelle pagine di Antonio Belloni, nonostante anche qui si trovino ripetuti e rielaborati alcuni dei consueti limiti indicati nel Segneri:

Non già ch'egli sia del tutto scevro dei vizî del tempo suo; là dove la parola gli viene non dall'anima ma dall'intelletto, dove le preoccupazioni del retore hanno il sopravvento sull'ardore, sullo zelo, sull'entusiasmo verace del servo di Dio, dove gli vien meno quello spirito che dà vita alle fredde leggi dell'arte; egli pure cade nei difetti comuni agli altri predicatori del Seicento; ma con la differenza che non se ne lascia irretire così da rimanerne schiavo, anzi sa rimettersi subito sulla buona via e ritrovare se stesso. Codeste concessioni al gusto dei tempi (ingegnosità, affettazione, ricercatezza, frondosità), sono dovute alla necessità e alla convenienza di assecondare il genio dell'uditorio, quando questo era formato dei ceti sociali più raffinati e l'ambiente richiedeva quella che, in contrapposizione all'eloquenza apostolica, potremmo chiamare eloquenza di lusso. Ma, pur con questi difetti, il Segneri resta

---

[78] Benedetto Croce, *Storia dell'età barocca in Italia*, cit., pp. 438-39.

sempre un predicatore e uno scrittore di prim'ordine [...].[79]

L'atteggiamento positivo del Belloni ci avvicina ai giudizi spesso assai più favorevoli che incontriamo sul Segneri nel corso del Novecento. La bella monografia che Giulio Marzot gli ha dedicato nell'ormai lontano 1950, anche se risente senza dubbio dei criteri critici del periodo e della sostanziale censura antibarocca che ancora dominava — significativa in questo senso una frase delle prime pagine del volume, dove, senza eccedere nel biasimo del Nostro, viene messa in rilievo l'idea che il Segneri « fu costretto a cedere all'andazzo del secolo e, senza assumere la 'maschera seicentesca', ne ritenne qualche colore, il gusto e non poco l'enfasi »[80] — questa monografia, dicevo, ha bisogno certo di essere rivista e aggiornata, senza nulla togliere ai pregi delle analisi ivi contenute, che sono molto spesso puntuali e penetranti, ma che meritano — omaggio dovuto a chi allora osava occuparsi a fondo di un simile autore — di essere riprese in considerazione secondo criteri più moderni. Dopo di lui i giudizi positivi si sono intensificati e fatti sempre più numerosi: nell'*Enciclopedia cattolica* Celestino Testore lo definisce « il principe degli oratori » italiani « per l'eloquenza rapida, calda, sovente polemica e impetuosa, per la logica serrata e progrediente dell'argomentazione, per la classicità della lingua e dello stile », e ne evidenzia « la reazione viva e quasi totale [...] al gusto pretenzioso, vaniloquente e mariniano dell'eloquenza sacra secentesca », pur rimarcando che « qualche abuso, tuttavia, dell'antitesi, della metafora, delle immagini colorite, della parola troppo studiata ancora rimane »;[81] Mario Scotti ha giudicato il *Quaresimale* « il capolavoro [...] dell'oratoria sacra barocca »;[82] Alberto Asor Rosa ha chiamato il Segneri « il maggior predicatore del secolo »[83] e ne ha tracciato un profilo rapido, ma fondamental-

---

[79] Antonio Belloni, *Il Seicento*, quarta ristampa della seconda edizione con supplemento bibliografico (1929-1954), a cura del prof. Aldo Vallone, in *Storia letteraria d'Italia*, Milano, Vallardi, 1955, p. 515.
[80] Giulio Marzot, *Un classico della Controriforma: Paolo Segneri*, Palermo, G.B. Palumbo, 1950, p. 7.
[81] Celestino Testore, « Segneri, Paolo », in *Enciclopedia cattolica*, vol. IX, Città del Vaticano, Ente per l'enciclopedia cattolica e per il libro cattolico, 1953, col. 239.
[82] Mario Scotti, « Ségneri, Paolo », cit., p. 154.
[83] Alberto Asor Rosa, *Daniello Bartoli e la prosa gesuitica*, in *La letteratura*

mente assai favorevole, scrivendo fra l'altro:

> il tipo di prosa equilibrato e sereno, abbastanza adorno ma non troppo, misto di vigile attenzione descrittiva e d'interna tensione spirituale, nel quale gesuiti come Bartoli e Segneri furono maestri, era fatto per colpire l'immaginazione e per attrarre un ceto intellettuale come il Nostro, per il quale una sana rettorica è stata sempre indispensabile al mestiere stesso dello scrittore,[84]

dove è il caso di osservare che molto di quanto era stato indicato come lato negativo del Segneri diventa in realtà componente ineliminabile del suo essere scrittore italiano, del suo appartenere a una tradizione letteraria nella quale quelli che sembrano difetti costituiscono invece aspetti caratteristici e condizionanti. Nella *Letteratura italiana* di Einaudi Giorgio Raimondo Cardona non esiterà a dare proprio l'esempio del Segneri fra i « predicatori di grande spicco e di grandi qualità letterarie e retoriche »;[85] e Lina Bolzoni gli dedicherà alcune pagine assai meditate e significative, dove viene fra l'altro messo in evidenza « quel nuovo modo di predicare destinato a lunga fortuna che il padre Segneri teorizza e attua in numerose 'missioni' fra il 1665 e il 1692 » e sottolineato quanto segue:

> Innegabili sono le novità dei suoi testi: uno stringente procedimento argomentativo, il ricorso al senso letterale della Scrittura (anzi, spesso a versetti che fanno da ritornello implacabile), *exempla* ben narrati e rigorosamente finalizzati, un'*elocutio* artificiosamente semplice.[86]

Ancora Sergio Bertelli, nella *Storia della letteratura italiana* di Garzanti, lo definirà « il più grande oratore sacro del tempo ».[87]

---

italiana, dir. Carlo Muscetta, vol. V, tomo II, *Il Seicento. La nuova scienza e la crisi del Barocco*, Roma-Bari, Laterza, 1974, p. 289.

[84] *Ibidem*, p. 319.

[85] Giorgio Raimondo Cardona, *Culture dell'oralità e culture della scrittura*, in *Letteratura italiana*, dir. Alberto Asor Rosa, vol. II, *Produzione e consumo*, Torino, Einaudi, 1983, p. 63. Il giudizio è tanto più significativo proprio perché si legge in un contesto che non riguarda in particolare né la letteratura del Seicento, né la storia dell'oratoria o della predicazione.

[86] Lina Bolzoni, *Oratoria e prediche*, in *Letteratura italiana*, dir. Alberto Asor Rosa, vol. III, *Le forme del testo*, tomo II, *La prosa*, Torino, Einaudi, 1984, pp. 1066-67.

[87] Sergio Bertelli, *Storiografi, eruditi, antiquari e politici*, in *Storia della let-*

In questo complesso di elogi particolarmente significativa per le precise, anche se non approfondite, messe a punto e per l'esatta prospettiva in cui viene collocata l'opera e la figura del Nostro nel panorama della cultura e della società del suo tempo è l'ariosa pagina di Ezio Raimondi nell'«Introduzione» all'antologia da lui curata *Trattatisti e narratori del Seicento*:

> Mentre il patetico bartoliano ha per sfondo un paesaggio esotico e vive nelle dimensioni luminose dei 'vastissimi spazi' ricreati dalla fantasia, quello del Segneri richiama piuttosto alla mente un oratorio saturo di incenso, un suono d'organo, di fanfare esultanti per le volte di una chiesa barocca. La retorica degli affetti, dell'emozione corale, della catarsi devota secondo gli schemi della psicologia e della propaganda gesuitiche, attinge nel Segneri una dignità severa, seppur macchinosa, svolgendosi, in contrasto con le spampanate eleganze della predicazione 'analogica', su di un registro drammatico ora nelle forme di una disputa affettuosa, ora nelle cadenze di un lirismo iperbolico, e trascrivendo il discorso biblico in un declamato teatrale che non è privo di forza. L'oratoria del Segneri è fastosa ma commossa, concitata ma densa, spettacolare ma sensitiva: scandita da un gesto nobile e ampio, che amplifica l'evidenza di una lingua plastica, schietta, essa nasce, oltre che dalle ragioni di un genere letterario e dal gusto di una civiltà, dalla coscienza di un cattolico austero. Si sente nel Quaresimale la forza della Controriforma, l'eco delle missioni portate per le campagne dell'Italia, in un mondo di contadini e di poveri che bisogna consolare con l'immagine di un cielo sfolgorante, popolato di angeli e di beati. Ma questo assiduo, faticoso contatto con il peccato quotidiano educa anche a una saggezza realistica, a una minuziosa esperienza di uomini e cose. Più che la novità degli argomenti, ciò che si apprezza nell'apologetica del Segneri è la ricchezza dell'osservazione, l'arguzia del narratore con certi movimenti che sembrano già manzoniani, e soprattutto l'analisi di costume, il gusto dell'ambiente contemporaneo, dalle guerre che hanno desolato l'Europa alla vita di un paese con il suo ballo domenicale. Così, la società del Seicento sfila dinanzi a un pulpito per essere giudicata da un moralista che ferma lo spettacolo del mondo nei colori disfatti della decadenza.[88]

---

teratura italiana*, dir. Emilio Cecchi e Natalino Sapegno, vol. V, *Il Seicento*, Milano, Garzanti, 1967, p. 377.

[88] *Trattatisti e narratori del Seicento*, a cura di Ezio Raimondi, Milano-Napoli, Ricciardi, 1960, pp. XV-XVI; si veda ora Ezio Raimondi, *Tra moralisti e*

Certo, non tutto è diventato sempre così roseo: anzi in alcuni casi si assiste ad un fenomeno che potremmo chiamare di retrocessione. Così ad esempio, se nella prima edizione, del 1938, del *Grande dizionario enciclopedico* della UTET Antonio Bozzone si esprimeva sul Segneri in questi termini:

> Egli aveva compreso quale fosse il difetto principale della predicazione del tempo: l'abuso della retorica, delle metafore, dell'enfasi; in sostanza quello che noi diciamo ora *secentismo*. Lo studio dei Padri, greci soprattutto, e degli oratori francesi gli indicò il rimedio[89]

(« rimedio » sul quale il Bozzone non scende comunque in particolari); nell'edizione più recente della stessa opera Luigi Vigliani, rifacendosi chiaramente al Croce, scrive invece che

> non è da cercarsi in lui né novità di pensiero, né slancio mistico, né fervore di fantasia; bensì zelo, dottrina, chiarezza e solidità di argomentazioni e sapiente preparazione letteraria. La riforma dell'oratoria sacra ch'egli promosse è quindi fatto di pura tecnica letteraria e non coincide con un rinnovamento spirituale.[90]

In conclusione, se gli ultimi giudizi favorevoli espressi sul Nostro sembrano avviare a una rinnovata e più equilibrata valutazione della sua opera e della sua figura nell'ambito del momento storico e culturale in cui egli visse e operò, è necessario tuttavia riconoscere che Paolo Segneri rimane una personalità assai poco conosciuta del mondo del secondo Seicento, e che non si può in buona fede parlare per lui (a differenza di quanto è avvenuto per altri autori della nostra tradizione letteraria) di un effettivo risveglio dell'attenzione e degli studi. Sono ancora vere purtroppo le parole scritte quasi quarant'anni fa da Domenico Mondrone:

---

narratori, in *I sentieri del lettore*, vol. II, *Dal Seicento all'Ottocento*, a cura di Andrea Battistini, Bologna, Il Mulino, 1994, pp. 101-02.

[89] Antonio Bozzone, « Sègneri, Paolo », in *Grande dizionario enciclopedico*, a cura del prof. Giovanni Trucco, con la collaborazione di numerosi noti specialisti, sotto la direzione di S.E. il prof. Pietro Fedele, vol. IX, Torino, UTET, 1938, p. 1337.

[90] Luigi Vigliani, « Sègneri, Paolo », in *Grande dizionario enciclopedico UTET*, fondato da Pietro Fedele, terza edizione interamente riveduta e accresciuta, vol. XVII, Torino, UTET, 1972, p. 43.

> Il Segneri è uno degli autori più discussi della nostra letteratura. Può darsi che abbiano esagerato i contemporanei nell'esaltarlo, come certamente eccedono i posteri nell'abbassarlo, fino a misconoscergli ogni merito di oratore e di scrittore. Pochissimi, però, son gli studiosi del Seicento che abbiano avuto l'ardire di non badargli. Ma l'impressione complessiva che si raccoglie dalla maggior parte di quanti se ne sono occupati è la tenacità, quasi concertata, con cui se ne deforma la fisionomia e l'opera. Di solito si tratta di comode ripetizioni di quanto ne avevano detto taluni demolitori più in vista. [...] e vi sono manualisti i quali dal modo come ripetono giudizi e pregiudizi danno a sospettare di non averne che scarsa conoscenza della vita e di aver letto ben poco delle opere.[91]

Sorte, quest'ultima, che il Nostro condivide con non pochi altri confratelli della repubblica delle lettere!

Non ha giovato al Segneri prima di tutto il genere letterario cui ha dedicato la maggior parte della sua vita, la predicazione religiosa, per la quale il laicismo della fine dell'Ottocento e del primo Novecento ha riservato quella forma di esecuzione capitale destinata al Nostro come a tanti altri scrittori insieme a lui. A questo si è aggiunto il periodo in cui è vissuto, quel corrotto e abominato Seicento in cui c'era assai poco da salvare e da recuperare. Così sono stati messi in discussione la sua serietà non solo di letterato, ma anche di religioso, come se i suoi lavori in questo campo fossero da compararsi a quelli di un parolaio che agiva e scriveva in tal modo solamente perché quello era quanto ci si aspettava da lui. Sono stati messi in dubbio il suo impegno e la sua sincerità di scrittore religioso, come se quello che usciva dalla sua penna non fosse la motivazione e lo stimolo del suo operato, ma soltanto l'ipocrita e menzognera attività scrittoria di un indifferente che tendeva esclusiva-

---

[91] Domenico Mondrone, *Paolo Segneri*, in *Letteratura italiana. I minori*, vol. III, Milano Marzorati, 1961, p. 1751 nota. Sorprendentemente, dopo un riconoscimento così lusinghiero, il Mondrone non evita poche pagine più avanti di riflettere i giudizi tradizionali scrivendo che « il *Quaresimale* è l'opera con la quale l'autore paga più del conveniente il suo tributo alla moda. La composizione risale agli anni che il Segneri, ancor giovine di esperienze, saturo delle recenti letture di Seneca, di Tito Livio e soprattutto di Cicerone, senza escludere i pochi oratori a lui contemporanei, non seppe difendersi tempestivamente dagli artifici dai quali era così infetta l'aria che respirava » (*ibidem*, p. 1755).

mente a un successo personale, a proiettare qualcosa in cui lui era il primo a non partecipare emotivamente, personalmente, individualmente. Mi duole scrivere della sua « fortuna » critica in questi termini; ma se vogliamo tracciare da un punto di vista storico l'itinerario di questa « fortuna », che è stata assai spesso « sfortuna », è inevitabile ripetere ciò che senza dubbio la maggior parte dei lettori conosce anche meglio di me.

Dire adesso che il Segneri è un autore tutto da riscoprire non significa guardare irrispettosamente a quanto è stato fatto e scritto su lui dalla fine del Seicento ad oggi, ma solo riproporre l'esame di un autore che merita assai più di quanto non gli sia stato concesso; ora, in un tempo in cui non solo le nuove interpretazioni del Barocco che si sono avvicendate negli ultimi decenni, ma anche le nuove prospettive metodologiche che si sono sviluppate nel corso del nostro secolo aprono diverse vie e diverse possibilità alla valutazione della vita e dell'opera di un personaggio che ha significato molto ai suoi tempi e proprio come tale molto può dirci e può spiegarci del periodo in cui ha operato e ha vissuto.

Uno dei problemi critici fondamentali per tale valutazione è senza dubbio la sua prolificità, la quantità delle opere che ci ha lasciato — un problema che non è certo solo suo e che condivide con molti altri autori, e non solo sempre minori, della nostra storia letteraria. Riaffrontare e rileggere tutta la sua opera per cercare di ricavarne delle conclusioni serie e convincenti è impresa non molto facile e tale da scoraggiare non pochi studiosi. Da questo punto di vista è assai significativo quanto su lui ha scritto Carmine Jannaco, pur non trascurandone limiti e deficienze:

> a lui manca quella ricchezza di fantasia [...] che è il requisito indispensabile del grande oratore. [...] Di fronte ai temi più impegnativi, il nostro padre Paolo, che ben ne conosce la difficoltà, sa che la sua orazione dovrebbe assurgere a tonalità più alte; ma l'impeto gli viene meno, sicché altro non sa trovare che esclamazioni; non mentite certo, ma enfatiche e quasi aggiunte dall'esterno alla predica.[92]

Lo studioso osservava però con esattezza:

> Effettivamente il Segneri è una personalità complessa e importante, una

---

[92] Carmine Jannaco, *Il Seicento*, con la collaborazione di Martino Capucci, in *Storia letteraria d'Italia*, Milano, Vallardi, 1963, p. 805.

delle pochissime di vero rilievo che abbia il Seicento italiano. Se nessuna delle sue numerose opere può dirsi di alto valore storico o artistico, tutta la sua produzione si fa apprezzare, in compenso, oltre che per i meriti particolari e diversamente graduabili delle singole opere, per il complessivo e sicuro carattere unitario.[93]

È probabilmente nelle visioni di oggi più nuove e più globali del Seicento e della religiosità barocca che il Segneri è destinato a ritrovare il suo posto e la sua collocazione più convincente. Non sta a me, nell'assunto del tema che sono stato invitato a illustrare in questa sede, cercar di portare una parola nuova e definitiva sull'opera, sulla personalità, sul ruolo che il Nostro occupa nel panorama letterario italiano. Ma una parola storica sì, perché la storia non si fa sulle impressioni e sui pregiudizi; si fa sui dati di fatto che lo studioso ha il dovere di cercar di raggiungere attraverso analisi e accertamenti. Che il Segneri sia uno di quei «minori» che merita l'attenzione degli studiosi è un dato di fatto che nessuno può mettere in dubbio ed esimersi dal prendere in considerazione. È questo certamente il contributo più considerevole delle giornate di lavoro in occasione del terzo centenario della sua morte, e il messaggio che gli *Atti* di questo convegno sono destinati a lasciare indelebilmente agli studiosi per il futuro.

ANTONIO FRANCESCHETTI
University of Toronto

---

[93] *Ibidem*, p. 803.

II
AVVENTURE SEGNERIANE
TRA SETTE E OTTOCENTO:
PARINI, LEOPARDI, DE SANCTIS

Il filo rosso che unisce le tre «avventure» indicate nel titolo è la prospettiva storico-critica di De Sanctis, che per chi scrive ha il vantaggio di fornire, sul caso Segneri, accanto all'innegabile forza di presa che hanno su uno studioso le voci evocanti gli anni del suo apprendistato, anche la possibilità di mettere in circuito tre scrittori che per varie circostanze, e in più riprese e prospettive, sono stati un po' come le pietre miliari dei suoi studi, quali che ne siano stati i frutti. Ma la messa in circuito del caso Segneri nella linea Parini-Leopardi-De Sanctis ha tanti legami interni di necessità storica tra i vari suoi elementi da far passare in secondo piano il principio di unità costituito dagli interessi critici di chi scrive: è proprio come se il caso Segneri si offrisse quasi naturalmente come un filo del vasto ordito che potrebbe essere una storia del gusto letterario tra Sette e Ottocento, nella quale i tre scrittori del titolo sono soltanto tre astri di prima grandezza, oltre i quali se ne intravedono molti altri minori.

Leggiamo dunque la «traccia» di queste avventure negli scritti di De Sanctis, a cominciare da Parini. Nella *Storia della letteratura italiana*, nel capitolo *La nuova letteratura*, alla sezione sui centri intellettuali («Milano, i Trasformati»), De Sanctis osserva: «[...] Si rideva a spese di Alessandro Bandiera, che voleva insegnar lingua e stile al padre Segneri, da lui tenuto non abbastanza boccaccevole, e di padre Branda, che levava al cielo l'idioma toscano e scriveva vituperi del dialetto» (1870-1871). Ma nel saggio *Giuseppe Parini* («Nuova Antologia», ottobre 1871) aveva scritto: «Nella scuola avea dovuto cercarvi [in Virgilio, Orazio, Plutarco, Dante, Berni e Ariosto] le frasi: così volevano il padre Branda, il padre Bandiera e il padre Soave, i pedanti del tempo». E poi: «Se biasimava il padre Branda e il padre Bandiera, spacciatori di frasi, non era meno severo verso Pietro Verri, che per fuggir pedanteria predicava licenza».

Su Leopardi leggiamo: « [...] Anche in questo tempo studiò alcune prose del Tasso e del Bartoli, e l'*Apologia* di Lorenzino de' Medici, le migliori prose italiane a giudizio del Giordani, di quel brav'omo che trovava molta vicinanza tra Segneri e Demostene ».[1]

Il completamento della traccia desanctisiana per queste tre «avventure» segneriane è, naturalmente, nel capitolo della *Storia* intitolato a Marino, che contiene anche i giudizi finali su Bartoli (« Il Marino della prosa ») e Segneri (« Stessa coltura e stesso contenuto nel padre Segneri [...] »): ma rinvio la citazione di questi, come pure dei passi pertinenti delle lezioni giovanili, alla parte finale di questo capitolo. E passo, per cominciare, al Segneri di Parini.

Senza stare a riscrivere per intero la storia della polemica di Parini col padre Bandiera («che — diceva appunto De Sanctis — voleva insegnar lingua e stile al padre Segneri»), basti qui ricordare che il libro di Alessandro Bandiera, *Dei pregiudizi delle umane lettere per argomenti apertissimi dimostrati specialmente a buon indirizzo di chi le insegna* (Venezia, Bettinelli, 1755) aveva provocato in risposta *Due lettere intorno al libro intitolato « I pregiudizi delle umane lettere »* (in Milano, nella regio-ducal corte, 1756), la prima di Parini a Pier Domenico Soresi, la seconda del Soresi a Parini: Parini alla sua aveva aggiunto passi del Segneri messi a confronto con i rifacimenti del Bandiera, per far risultare la presunzione e la ridicola affettazione del censore. Al contrario di quanto potesse pensare qualche contemporaneo testimone di questa polemica, essa, almeno per quanto riguarda Parini, non aveva nulla di meschinamente personale. Ineccepibile, a tal proposito, il giudizio di Dante Isella:

> Sono momenti essenziali di questa rimeditazione [della fede classicistica di Parini] le polemiche con i maestri: nel '56 con il Bandiera, quattro anni dopo con il Branda. Polemiche che vanno viste, al di sopra delle motivazioni personali, come affermazioni pubbliche di indipendenza dal classicismo accademico. Della bellezza non si danno ricette infondate: perché questioni nella fattispecie di stile, non di vocabolario, le accuse, mosse dal Bandiera al Segneri, di non avere mai letto « i buoni

---

[1] Francesco De Sanctis, *Studio su Giacomo Leopardi*, 1883, cap. IX.

scrittori toscani » o, quanto meno, di non essere mai « entrato nel gusto della nostra lingua »; ridicola poi la presunzione di migliorarlo, trasponendone alcune pagine, a titolo dimostrativo, in una astratta « scrittura » boccaccesca. Contro la soperchieria del precettismo retorico cui oppone l'eloquenza della parola giusta al posto giusto, il Parini, pure nell'ossequio alla tradizione, rivendica qui la libertà di ogni vero scrittore, l'indipendenza da qualsiasi ricalco degli esiti della poesia, da ricondurre sempre all'esercizio responsabile di quella libertà.[2]

Anche Ettore Bonora, escludendo ogni personalismo da parte del poeta nelle polemiche giovanili, aveva sostenuto che « gli scritti critici, dalla polemica col padre Bandiera alla polemica col padre Branda [...], servivano a meglio chiarirgli l'idea di un classicismo moderno, aperto alle sollecitazioni della cultura illuministica ».[3]

Ma vediamo con le parole stesse di Parini qualche punto di ordine generale, nonché qualche esempio particolare del suo contraddittorio con padre Bandiera, nel « ragionar di ciò ch'all'immortal Segneri appartiene [...] ». Argomento fondamentale, al quale si informa poi tutto il discorso pariniano, è il principio che, mentre non esclude i grandi autori dalla umana fallibilità, pone proprio nella loro grandezza l'insuperabile deterrente ad ogni tentazione di restauro:

[...] Egli è certo che tutti quanti gli autori, per illustri ch'e' si possan essere, han qualche difetto. Questo non si può negar per niuna maniera né d'Omero, né di Demostene, né di Vergilio, né del medesimo Cicerone; ma ad ogni modo non è lecito ad alcuno, senza taccia di solenne arroganza, di corregger l'opere altrui, e tanto meno le opere grandi, le quali, per le somme bellezze ch'esse contengono, hanno acquistato ragion di non esser tócche nemmeno nelle lor macchie: e per certo modo sacrilego dee riputarsi colui che a migliorar vuol porsi lo scritto d'un celebre autore [...]. Che se colui, che di migliorare intende alcuna cosa, la peggiora e la guasta in quella vece, vie più arrogante chiamar si dee; onde anche per questa parte da riprender sarebbe il padre Bandiera, il quale, cotal sopruso faccendo al padre Segneri, non pur migliorato non lo ha, ma renduto in iscambio peggiore in quel lato ch'e' lo prese ad emendare.

---

[2] Dante Isella, *Diagramma pariniano*, ne *I Lombardi in rivolta*, Torino, Einaudi, 1984, pp. 72-73.
[3] Ettore Bonora, *Parini e altro Settecento. Fra Classicismo e Illuminismo*, Milano, Feltrinelli, 1982, p. 16.

Tra gli esempi di maldestro intervento del revisore sul testo segneriano spiccano quelli attribuibili all'eccesso di « scrupolosità » tipico in scrittori che « non pensano che, per quanto aspra e volgare sia una voce, s'ingentilisce e nobile diventa per l'altezza del suo significato ». « Il Bandiera s'è vergognato [...] — nota a questo proposito Parini — d'usare i vocaboli di *scomunicato*, di *bestia*, di *letamaio*; invece de' quali, a onta d'ogni rettorica energia, ha scritto *reprobo dichiarato, animale*, e finalmente quello affettatissimo *mondezzaio* [...] ».

Anche sulla base di questi pochi elementi della polemica con padre Bandiera non ci è difficile intuire che nella teoria della letteratura che il giovane Parini andava formandosi doveva essere già entrato uno dei testi chiave della cultura letteraria europea tra Sei e Settecento, il trattato *Del sublime*. Quando più tardi Parini avrebbe scritto piani e principii per il suo insegnamento, il trattato dello Pseudo Longino avrebbe avuto un posto d'onore. Tra i grandi scrittori che ci hanno lasciato modelli, — avrebbe affermato nei *Principii delle belle lettere*, parte II — oltre a Platone, Senofonte e Marco Tullio

> ci piace di mentovare spezialmente Longino. Questi, nel suo trattato *Del sublime*, di mano in mano che la materia più o manco s'innalza, così va pigliando collo stile i colori di quella; talché ad un tempo con molto giudizio e bella fantasia istruisce la mente per mezzo de' precetti, e la infiamma e la solleva per mezzo dell'espressione che quelli accompagna e rinforza.

Così pure, nell'*Appendice circa il Piano dell'ordine e metodo con cui intende trattare le particolari materie della sua facoltà*, forse del 1770:

> La *Poetica* adunque e la *Retorica* d'Aristotile, l'*Oratore* di Cicerone, la *Poetica* d'Orazio, le *Istituzioni* di Quintiliano, il *Trattato del sublime* di Longino, sarebbero le opere degli antichi che egli proporrebbe.

Se ora, con la memoria ai passi della polemica segneriana sopra riportati, percorriamo il trattato *Del sublime*, sarà facile cogliere negli enunciati di Parini echi inequivocabili dello Pseudo Longino. Raccolgo qui di seguito i punti essenziali per questo raffronto.

Sulla freddezza e i difetti di Timeo:

> Ma perché prendersela con Timeo, quando perfino scrittori grandissimi, formati alla scuola di Socrate, come Senofonte e Platone, talvolta per

siffatte stupidaggini dimenticano chi essi sono?⁴

> Non è forse giusto definire, in generale, proprio tale questione: se si debba preferire, in prosa e in poesia, la grandezza con alcuni difetti o la mediocrità di una perfezione sempre a posto e senza cadute? [...] Io so che i grandi ingegni non sono affatto immacolati. Infatti l'esattezza pedante rischia di perdersi in piccolezze, mentre nelle grandi opere, come in un immenso patrimonio, è inevitabile che ci sia qualcosa di poco valore [...]. Le grandi nature cadono per la loro stessa grandezza.⁵

> [...] I grandi scrittori, benché siano lontani dall'essere infallibili, tuttavia sempre si sollevano sui poveri mortali [...].⁶

Circa la trivialità del lessico:

> [...] Nelle cose sublimi non bisogna mai incontrare parole sporche o oscene, a meno che non lo imponga l'argomento che stiamo trattando [...].⁷

Dal commento di Lombardo:

> Una perfezione senza grandezza o una grandezza senza perfezione? [...] I grandi, egli dice, aspirano temerariamente a vette incorrotte e pertanto, talvolta, cadono proprio per il rischioso cimento che li impegna [...]. La caduta, la mancanza sono le condizioni indispensabili all'ascesa e alla pienezza del sublime.⁸

E poi, sulla forma di Longino *scrittore*:

> In una forma stilistica che rappresenta, essa stessa, un esempio di ardita *compositio verborum*, Longino analizza [...].⁹

Dopo questa rapida, ma, credo, pertinente verifica di un precoce «longinismo» di Parini, c'è da chiederci: quali tracce restano dell'«immortal Segneri» negli scritti pariniani dopo il '56? Il nome del celebre predicatore non appare in quella che sarebbe stata la sede più appropriata, il capitolo V della parte II dei *Principii delle belle lettere*

---

⁴ Pseudo Longino, *Il sublime*, a cura di Giovanni Lombardo, Palermo, Aesthetica, 1987, p. 32.
⁵ *Ibidem*, p. 58.
⁶ *Ibidem*, p. 61.
⁷ *Ibidem*, pp. 65-66.
⁸ *Ibidem*, pp. 110-11.
⁹ *Ibidem*.

(« De' progressi della lingua italiana nel secolo decimosesto e ne' seguenti »), dove il « catalogo de' libri migliori da leggersi per la lingua », chiuso col primo Seicento sui nomi di Lorenzo Lippi e di Michelangelo Buonarroti il Giovane, passa poi immediatamente ai nomi di Benedetto Menzini, Francesco Redi, Alessandro Marchetti, Orazio Rucellai, Carlo Dati, Benedetto Averani, Lorenzo Bellini, Lorenzo Magalotti e Anton Maria Salvini, saltando i poeti e prosatori del Seicento più o meno compromessi col gusto barocco.[10] Nella migliore delle ipotesi la presenza di Segneri potrebbe annidarsi in quell'anonimo cenno ai pochi scrittori che l'Accademia della Crusca, anche negli anni più oscuri del « pessimo gusto » che aveva reso « ridicolosamente famosa » presso di noi l'eloquenza del Seicento, avrebbe alimentato « sempre col latte de' buoni modelli ».

Ma potrebbe anche non essere così. La sensibilissima attenzione di Parini alle intense e innovatrici vicende culturali della Milano teresiana, oltre che i suoi specifici nuovi impegni accademici, potevano averlo portato a mettere in discussione e rivedere alcune simpatie letterarie di gioventù; e l'immagine dell'« immortal Segneri » potrebbe essersi a poco a poco dissolta, fino quasi a scomparire del tutto dal canone dei suoi modelli letterari. Né si dimentichi, peraltro, che tra il 1770 e il 1773 il poeta aveva preso energicamente posizione contro le « scuole dei frati » (in primo luogo i Gesuiti), e contro la loro a torto esaltata eloquenza:

> I frati non hanno mai insegnato né insegnano la buona eloquenza, anzi non ne insegnano punto: perché non ne hanno essi medesimi convenevole idea; perché, anche avendola, essi hanno interesse di non insegnar rettamente; perché vengono scelti ad insegnarla quelli fra loro che sono manco abili a farlo; perché lo spirito di partito, che regna fra essi, rompe l'unità e la conformità della instituzione. Fino dal tempo del Castelvetro, vale a dire quasi fino dal rinascere dell'eloquenza in Italia, era conosciuto e messo in derisione lo stile da frati [...].[11]

---

[10] Se a Bonora sembra « significativa specialmente l'assenza del Bartoli », non meno lo è quella di Segneri, tanto più che al professore di Brera questo nome doveva ricordare la sua prima grande battaglia letteraria.

[11] Giuseppe Parini, *Delle cagioni del presente decadimento delle belle lettere e delle belle arti in Italia e di certi mezzi onde restaurarle*, scritto databile tra il 1770 e il 1773.

Anche qui, come si vede, Parini non fa nomi, e tanto meno quello di Segneri, né allusioni che portino a lui. Però a questo punto vien quasi naturale il domandarsi se la polemica col padre Bandiera fosse stata, a suo tempo, un episodio di « segnerismo », per così dire, o non piuttosto di « longinismo ». La fortuna e diffusione del trattato pseudo-longiniano nella cultura europea era un fatto ancora relativamente recente negli anni di formazione di Parini (l'avvio della fortuna europea di Longino era stato segnato dalla traduzione del *Perì úpsous* fatta da Boileau nel 1674), sicché per un letterato ancora agli esordi, qual era il Parini da poco accolto fra i Trasformati, l'essere in grado di adoperare, nell'analisi letteraria, uno strumento « retorico » nuovo come il trattato dello Pseudo Longino, rispetto ai più praticati e usuali Aristotele, Cicerone, Orazio e Quintiliano, finiva per essere un importante segno di distinzione in una società letteraria generalmente arretrata e conservatrice. Gli argomenti decisivi adoperati dal giovane polemista contro l'arrogante presunzione del padre Bandiera (i grandi scrittori non sono esenti da difetti, anzi proprio i più grandi sono i più esposti alle cadute; le grandi opere, per le somme bellezze che contengono, hanno acquistato il diritto di non essere toccate nemmeno nelle loro macchie; quando l'argomento lo impone, non c'è proscrizione che tenga contro « voci » aspre e volgari) erano, come si è visto, argomenti in sostanza « longiniani », o loro varianti e corollari. Contava molto, nell'occasione, per il Parini esordiente, richiamarsi a criteri di giudizio non proprio comuni nel contemporaneo dibattito letterario, e ciò non tanto per un esibizionismo del nuovo, fine a se stesso, quanto proprio nel senso che è stato detto all'inizio, di chiarimento dell'« idea di un classicismo moderno », di « rimeditazione della propria fede classicistica »:[12] anche se per compiere quest'utile operazione di metodo era necessario forzare le misure, e fare dell'autore del *Quaresimale* un pari grado di Demostene o di Cicerone, cioè di grandezze letterarie che erano le sole degne, secondo lo Pseudo Longino, di far da supporto alla teoria del sublime.

Un Segneri in compagnia del solo Demostene, o di Demostene e Cicerone insieme, ci si affaccia anche dalle pezze d'appoggio leopardiane adunabili sulla traccia desanctisiana di queste avventure letterarie. Da

---

[12] Ettore Bonora, *Parini e altro Settecento*, cit., p. 16; Dante Isella, *Diagramma pariniano*, cit., p. 72.

questo punto in avanti, anzi, ci sarà da tener conto di un'altra presenza essenziale, quella di Pietro Giordani, che come a memoria di De Sanctis sarebbe stato il « gran trombettiere » del Bartoli negli anni del suo tirocinio presso il Puoti, così ci appare esserlo stato anche del Segneri con il Leopardi, al tempo delle prime letture « italiane » del poeta. Come ha fatto osservare Bollati, Segneri appartiene allo strato più antico di queste letture di Leopardi, che nella biblioteca paterna poteva trovare quasi al completo il *corpus* segneriano, e precisamente: *Tutte le opere* (Roma, 1720); *Lettere sul probabile* (Colonia, 1732); *Esposizione del Miserere* (Firenze, 1692); *Manna dell'anima* (s.l.); *Il Parroco istruito* (Venezia, 1722); *Il confessore istruito* (Bologna, 1717); *Il cristiano, il parroco, il confessore e il penitente istruiti* (Roma, 1714); *L'incredulo senza scusa* (Firenze, 1690); *Prediche dette nel Palazzo Apostolico* (Roma, 1694); *Quaresimale* (Venezia, 1765); *Il devoto di Maria* (Venezia, 1758).

Seguiamo nell'epistolario del poeta la storia del suo interesse per il predicatore secentesco. Nella lettera a Pietro Giordani del 30 aprile 1817 egli scrive:

> [...] Bisogna sapere che qui tutto quello che non è brodo, o se è brodo non è tanto lungo, si chiama Dantesco; sì che il Salvini, p.e., è Dantesco; il Segneri, il Bartoli, e tutti i non cattivi sono Danteschi; ed oltre i non cattivi, fino la mia traduzione di Virgilio [...].

Il 10 giugno dello stesso anno Giordani gli scrive da Milano:

> Ella che ha letto Demostene e il Segneri, ha notato come la *maniera* della loro *eloquenza* è tutta tutta la stessa, benché io creda che il buon Segneri non sapesse punto di greco? Quel *tí esti toũto*, sì frequente in Demostene, è una maniera frequente del predicatore: e poi in tutto paiono gemelli.

E di nuovo Leopardi a Giordani il 21 novembre 1817:

> [...] Il vostro consiglio intorno alle prose che vanno lette, m'è arrivato opportunissimo, perché già quelle sue scolasticherie e sofisticherie [del Tasso] mi facevano dare indietro. Ve ne ringrazio, e me ne servirò. Ora sono con Demostene con Cicerone col Segneri e col vostro Tasso.

Occorre ricordare che proprio a riguardo del Tasso, in una lettera del 1° novembre, Giordani aveva scritto al poeta:

> Avete lette le sue prose? leggetele, per amor mio, e per vedere il meglio

che io conosca di italiana eloquenza. Ma non tutte; ché vi sono insopportabili noie in quelle sue spinosissime seccature e tenebre peripatetiche.

In una nota ad un pensiero dello *Zibaldone* dell'ottobre 1820 sugli accorgimenti difensivi degli animali, Giuseppe Pacella, dopo aver ricordato che considerazioni di quel genere si leggono sia nella *Circe* di Gelli che nell'*Incredulo senza scusa* di Segneri, si dichiara però incline a credere che Leopardi non avesse nel 1820 una conoscenza diretta delle opere segneriane, e che le coincidenze fossero « casuali oppure derivanti da acquisizione indiretta ».[13] Mentre confesso che non saprei trovare un motivo valido per dubitare dei dati della corrispondenza con Giordani che farebbero pensare ad una conoscenza diretta e precoce di Segneri nel giovane Leopardi, debbo ammettere che proprio il lungo e intelligente lavoro di Pacella intorno allo *Zibaldone* reca qualche nuovo, preciso contributo anche alla storia del rapporto Leopardi-Segneri. Così, ad esempio, nel pensiero datato 23 luglio 1821 sulle reazioni dell'animale « assalito o in se stesso, o nelle cose sue care », il passo che suona:

> V. il Gelli, *Circe*, nel Dial. dove parla della fortezza delle bestie, e il Segneri *Incredulo* dove parla delle loro guerre. È vergognoso che il calcolo ci renda meno magnanimi, meno coraggiosi delle bestie. Da ciò si può vedere quanto la grand'arte del computare, sì propria de' nostri tempi, giovi e promuova la grandezza delle cose, delle azioni, della vita, degli avvenimenti, degli animi, dell'uomo.[14]

Questo passo ora, grazie proprio al lavoro di Pacella, risulta essere un'aggiunta marginale del '27, che è quanto dire del tempo in cui Leopardi lavorava alla *Crestomazia* della prosa, nella quale non è perciò un caso che la sezione *Filosofia speculativa* accolga, l'uno di seguito all'altro, il passo dell'*Incredulo* (*Provvedimenti degli animali per difendersi dai loro nemici, o per assalirli*) e quello della *Circe* (*Fortezza d'animo delle bestie*).

Che il tempo di preparazione della *Crestomazia* prosastica, cioè all'incirca gli ultimi mesi del 1826 e i primi del 1827, rappresenti la fase

---

[13] Giacomo Leopardi, *Zibaldone*, a cura di Giuseppe Pacella, Milano, Garzanti, 1991, p. 288.
[14] *Ibidem*, p. 834.

più intensa del rapporto Leopardi-Segneri ci è anche attestato dagli appunti di carattere linguistico del 17 marzo di quell'anno (*Zibald.* 4257), tre dei quali riguardano un passo dell'*Incredulo senza scusa*, che evidentemente il poeta aveva sotto mano per le sue scelte antologiche. Uno di quegli appunti (« Caprea-capreolus ec. Caprio, cavrio / Segneri, ib. c. 13. § 1.\ — cavriuolo, capriuolo, capriatto ec. ») ha il suo riscontro proprio nel già ricordato brano segneriano della *Crestomazia*:

> I cervi, i cavrii ed i tori arruotano anch'essi ai tronchi le loro corna, e le pruovano e le ripruovano, prima di venire a duello con gli avversari.[15]

Alla parola *cavrii* Leopardi annota, secondo lo *Zibaldone*: « Cioè i capriuoli ».

Per numero e quantità di passi antologizzati Segneri è tra gli scrittori più presenti nella *Crestomazia*: circa venticinque pagine tratte da cinque opere, in undici brani distribuiti in quattro sezioni dell'antologia (*Descrizioni e immagini, Eloquenza, Filosofia speculativa* e *Filosofia pratica*). Dello studioso che finora ha dedicato all'argomento più intelligente attenzione, e del quale meriterebbero di essere riprese e proseguite le indagini su « come lavorava Leopardi » antologista, Giulio Bollati, ritengo che valga la pena di rileggere il passo dell'Introduzione alla *Crestomazia* nel quale, passando ad occuparsi del versante del barocco, constata in via generale che Leopardi, « pur accogliendone con onore alcuni rappresentanti, ne rifiuti l'essenza specifica », e così continua:

> Si veda il caso del Segneri, largamente impiegato a scopi morali (mai devoti), e spogliato senza riguardi di ogni fregio erudito o fantastico, trattenuto con mano ferma dai voli retorico-teologici, estinta in lui ogni virtuosistica esuberanza. Che altro cerca l'autore della *Crestomazia* se non di ridurlo a miglior lezione stilistica, depurato della corruzione che s'ingromma su strutture di perdurante e ancora utilizzabile classicità?[16]

Al lavoro di « riduzione-depurazione » (che Bollati paragona ad un « energico bucato »)[17] operato da Leopardi su una prosa segneriana, la IV della sezione *Filosofia pratica*, sull'*Importanza dell'educar bene i*

---

[15] Giacomo Leopardi, *Crestomazia italiana. La prosa*, a cura di Giulio Bollati, Torino, Einaudi, 1968, p. 323.
[16] *Ibidem*, p. LXIX.
[17] *Ibidem*, p. 580.

figliuoli, sempre Bollati dedica circa sette pagine della *Nota ai testi*, nelle quali si dimostra « quale limite di libertà possa toccare Leopardi nella rielaborazione di un testo », nel caso specifico con la « spregiudicata ricomposizione [...] di frammenti del "Ragionamento XIII" del *Cristiano istruito* ».[18] È vero che si tratta di un « caso estremo », come avverte il curatore stesso: ma resta il fatto che il brano segneriano della *Crestomazia*, dopo il lavoro di « bucato » e di forbici operato da Leopardi, risulta essere meno della metà del testo originale.

Il momento segneriano di Leopardi, oltre l'utile indicazione ricavatane da Bollati per un supplemento d'indagine su come lavorava Leopardi antologista, mi sembra suscettibile di sviluppi anche per un altro aspetto, che coinvolge più generali interessi culturali sia di Segneri che del suo antologizzatore, anche se più plausibilmente del primo che del secondo. Mi riferisco a talune scelte della *Crestomazia* (quali i passi *Costumi dei bruti circa la procreazione e la educazione dei figliuoli* e *Provvedimenti degli animali per difendersi dai loro nemici, o per assalirli*), capaci di tirar l'attenzione di chi legge su un Segneri nel quale le curiosità della storia naturale, già di competenza esclusivamente erudita in un Plinio il Vecchio e in un Gellio, divulgate poi dalla patristica come divine « meraviglie del mondo creato » (basterebbe ricordare per tutti l'*Hexaemeron* di Sant'Ambrogio), dopo aver fornito materia infinita ad una plurisecolare letteratura di *Physiologi*, bestiari, erbari, *Emblemata*, *Hieroglyphica*, imprese ed iconologie varie, avevano, negli anni di Segneri, fornito alla grande oratoria cattolica l'efficacissima risorsa dei « simboli trasportati al morale » (secondo il titolo e lo spirito dell'omonima opera del poco più anziano confratello di Segneri, Daniello Bartoli, la quale è del 1677), che avevano oltretutto il vantaggio, grazie alla loro attitudine a far « trasecolare di maraviglia », di conciliare l'ammirazione per la divina armonia del mondo col gusto barocco per la meraviglia.

Nei due brani segneriani della *Crestomazia* sopra ricordati si agita un copioso e variatissimo campionario di « bruti », uno zoo che va da rondine e usignolo fino a balena e rinoceronte. Il primo dei due brani ci offre questi esempi e casi da bestiario belli e pronti per entrare in iconologia:

---

[18] *Ibidem*, p. CVIII e sgg.

> [...] Come la volpe difende il suo covile da' lupi con l'erba squilla, da' lupi abborrita in estremo; così la rondinella il difende da certi vermini con le foglie dell'apio; e così le cicogne il difendono da' serpenti con la pietra detta lienite.[19]
>
> Le scimie dimestiche per le case, sono tanto impazzate de' lor figliuoli, che vanno incontro a chi entra, e glieli porgono a divedere, come la più bella cosa del mondo. La donnola, per gelosia che non le sieno rubati, gli trasporta più volte al giorno or di qua or di là; tanto che sembra ch'ella abbiali sempre in bocca. Il castore è della prole sì tenero, che essendo una volta chiuso lontan da essa; per ricercarla, rose co' denti l'uscio del suo serraglio, e fattasi larga strada, si gittò da un luogo altissimo in precipizio dietro di lei.[20]
>
> Il leone mai non combatte più intrepido, che quando abbia a difendere i suoi leoncelli [...].[21]
>
> [...] La balena ad ogni improvviso pericolo, gli nasconde dentro di sé tenendoli nell'intimo di una rocca, ben fortificata da orribile dentatura: e passato il rischio, gli torna lieta a rivomitare nell'acque [...].[22]
>
> La tigre, tanto efferata che ha dato in presto il suo nome alla crudeltà, è nondimeno sì smaniante ancor ella de' suoi tigretti, che una volta fu veduta, in Bengala, correre su la spiaggia ben trenta miglia, dietro una nave, che costeggiando a vele piene per l'alto, glieli portava via, senza remissione, su gli occhi di lei medesima.[23]

Seguono poi, come esempi dell'amore che « fa arditi » i bruti, « il rusignuolo », che per difendere il nido « non teme di azzuffarsi infin con la vipera »; come esempio di amore che « gli fa ingegnosi », i cammelli; il rinoceronte, come esempio di amore prudente; la rondinella, esempio di giusta distribuzione degli alimenti; il delfino, di amore che « gli fa costanti fino all'estremo », e così il pellicano e la cicogna. Invece l'« agnellino » e le « cagnuole » sono citati come esempi della legge naturale che, « diversificando i bruti dagli uomini, ha preteso in questi una educazione perpetua [...], in quegli una breve ».[24]

---

[19] *Ibidem*, p. 320.
[20] *Ibidem*.
[21] *Ibidem*.
[22] *Ibidem*.
[23] *Ibidem*, pp. 320-21.
[24] *Ibidem*, pp. 321-22.

Nel secondo brano, una variatissima campionatura dei « provvedimenti degli animali per difendersi dai loro nemici, o per assalirli », Segneri reca esempi da rosignuoli e sparvieri, airone e falchi, alce e lupi, aquila, cervi, capriuoli, tori, ardea e falcone, e ancora pellicano; storni, armenti e giumenti danno prova che gli animali, « dove manchi la forza, suppliscono con l'unione » contro i loro nemici; e come esempi di « bruti » che, « se non è pronto il soccorso, sanno [...] richiederlo con la voce », ecco l'upupa, che addita ai cani « la volpe ascosa tra l'erbe »; i cigni, le cicogne e le anatre, che sollecitano le compagne assenti contro l'aquila; o infine le bertucce, che « fanno contra i medesimi cacciatori, gridando forte, come se gridassero al ladro ».[25]

A schermirsi dai cacciatori, poi, vediamo che « tanto gli animali più imbelli, quanto i più forti, son destri al pari »: lepre, orso e leone, sia pure in maniere diverse, ne sono efficacissimi esempi. Il capitolo si chiude con altri elenchi di animali, che o « hanno qualche dote lor propria per la difesa » (scimmie, leone, cervi, seppie, polipo), o hanno questa o quell'« arte per assaltare » (donnola, icneumone, tigre, volpe, torpedine).

Se da questa rassegna emerge soprattutto l'eccezionale competenza « iconologica » di Segneri, non è da escludere che almeno un'ombra di confusa e inconsapevole simpatia per questo genere particolarissimo di *sapientia* finisca per stendersi anche sull'orizzonte della cultura leopardiana, se non altro grazie all'attento scrutinio che lo sguardo dell'antologizzatore doveva aver dedicato a queste, come a tutte le altre prose destinate ad entrare nella *Crestomazia*.

Per tornare adesso, per la via di Leopardi, al De Sanctis, assunto ad autore di questa traccia, non sarà forse inopportuno osservare che anche il celebre incontro col poeta nello studio del marchese Puoti respira una certa aria di casa con l'idea giordaniana e puristica della letteratura nella quale il caso Segneri ci ha immersi. Il Leopardi che, nell'« istantanea » scattata dalla memoria della *Giovinezza*, « posa » accanto a Puoti al tempo di un De Sanctis suppergiù diciottenne, è assai più quello delle note linguistiche dello *Zibaldone* su Segneri che non il poeta dell'*Infinito* o di *A Silvia*, stando almeno ai discorsi che a detta di De Sanctis si tennero allora nello studio del marchese. (Il poeta, com-

---

[25] *Ibidem*, pp. 322-24.

mentando l'intervento del giovane De Sanctis sul lavoro letto da uno degli « Anziani », disse: « Nelle cose della lingua si vuole andare molto a rilento », e « citava in prova *Il Torto e il Diritto* del padre Bartoli ».)

Era questo il clima nel quale l'immagine dello scrittore barocco aveva avuto il primo impatto con la memoria storicizzante di De Sanctis, il cui ingresso nella scuola di Puoti era avvenuto proprio quando questi aveva da poco allargato il canone veronese « sino a comprendervi gli scrittori del Cinquecento e il Segneri, il Pallavicini e il Bartoli del Seicento ».[26] Ancora nel 1868, ne *L'ultimo dei puristi*, De Sanctis avrebbe ricordato certe perplessità puotiane in materia secentesca: « Del Seicento permetteva di soli pochi lo studio, come il Bartoli e il Segneri e con le debite cautele ». Nei ricordi della *Giovinezza*, poi, questa cauta svolta avrebbe avuto perfino un'ipotesi di spiegazione, configurandosi come effetto di una revisione consigliata a Puoti anche dal desiderio di non contrastare troppo il gusto dei suoi allievi più maturi, gli « Eletti » e gli « Anziani », scalpitanti e insofferenti ormai dell'esclusivo primato dell'« aureo Trecento »:

> Cominciavano i trecentisti a esser messi in disparte; si venne al Quattrocento e al Cinquecento e anche un po' al Seicento [...]. Il Boccaccio e Dante e il Petrarca erano « serbati per le frutta », come diceva il marchese, e voleva dire che s'avevano a leggere in ultimo. Ma l'ordine era rotto; gli « Anziani » avevano preso la mano. Si lesse una predica del Segneri sul giudizio finale; una descrizione della chiocciola di Daniello Bartoli, per il quale sentiva il marchese un entusiasmo che non giungeva a comunicare: c'era qui il riflesso e l'eco di Pietro Giordani, gran trombettiere a quel tempo del Bartoli [...].

Il punto di vista di De Sanctis su Segneri, e su quanto a lui in un modo o nell'altro si richiamasse, rimase sostanzialmente, fino agli anni maturi, quello della fase puristico-puotiana della sua formazione, e immediati dintorni. Divenuto titolare di una sua scuola, De Sanctis infatti aveva avuto occasione di occuparsi a sua volta, e a più riprese, di Segneri. Le lezioni giovanili conservano traccia dello scrittore nel corso del 1840-41 su lingua e stile, una prima volta nella lezione terza sulla lingua, su *Come arricchir la lingua senza corromperla* (Segneri vi è ricordato tra quelli che « ciò fecero bene », in compagnia di Gelli, Caro,

---

[26] Maurizio Vitale, *La questione della lingua*, Palermo, Palumbo, 1978, p. 383.

Giacomini, Allegri e Redi), ed un'altra nella lezione quindicesima, nella sezione « Dello stile », questa volta però con segno negativo, anche se in compagnia di Dante (a proposito della « delicatezza », « a cui son contrari i pensieri ributtanti o indecenti, e l'espressioni analoghe », De Sanctis aggiunge: « In che incorre talora il Segneri e Dante, come glielo rimprovera il Casa »). È notevole, in questo stesso corso, nella lezione *Della scuola italiana* che fa corpo con la trentaduesima sullo *Sviluppo della letteratura italiana*, un rapido accenno a Segneri in una embrionale prospettiva storiografica, e ancora una volta all'ombra del nome di Giordani: « Il Giordani si può dire il primo oratore d'Italia; perocché tra gli antichi noi non abbiamo che il solo Segneri, e non sempre, ché spesso tien più del retore che dell'oratore ». I quaderni delle lezioni 1843-44 sull'estetica ci danno infine, sotto il titolo *Del genere oratorio*, un ulteriore inquadramento dello scrittore in una prospettiva storica più ampia, perché addirittura europea, ed è dove si discorre dell'eloquenza religiosa di Riforma e Controriforma, dei Gesuiti e del Bartoli: « Quanto all'Europa, la vivacità della discussione era attutita dalle formole scolastiche; e le prediche erano indirizzate solo al basso popolo. Degli oratori popolari Segneri è il capo ».

Il punto di arrivo del rapporto De Sanctis-Segneri è nella pagina della *Storia* dedicata al Padre gesuita, verso la fine del capitolo diciottesimo (*Marino*), e subito di seguito al giudizio su Daniello Bartoli, al quale si collega (« Stessa coltura e stesso contenuto nel padre Segneri [...] »). Che il punto di vista di queste pagine della *Storia* conservi fortissimi ricordi e impressioni del tirocinio puristico dell'autore ci è segnalato dall'ampia citazione dalla *Ricreazione del Savio*, la descrizione della chiocciola di Daniello Bartoli, oggetto di una lettura alla scuola del Puoti ancora memorabile, come si è visto, tra i ricordi della *Giovinezza*. Del resto i pochi elementi che non siano di stroncatura in questo giudizio finale su Segneri sono quelli di rilevanza linguistico-formale:

> Gli si può dar questa lode negativa, che se spesso stanca, non annoia l'uditorio, che tien sospeso e maravigliato con un « crescendo » di gradazioni e sorprese rettoriche; e talora piacevoleggia e bambineggia per compiacere a quello. Ancora è a sua lode che si mostra scrittore corretto, e non capita nelle stramberie del Panigarola, o nelle sdolcinature e affettazioni de' suoi successori.

Anche l'*accessus* di De Sanctis da me seguito come traccia al racconto delle due altre avventure segneriane, di Parini e di Leopardi, rimane nell'ottica dei suoi ricordi puristici e giordaniani. Quando, ad esempio, egli pensa al Parini della polemica segneriana col padre Bandiera, attribuisce anacronisticamente al poeta settecentesco i connotati di un apprendista del marchese Puoti. Da studente, egli dice, Parini aveva dovuto, nei classici, « cercare le frasi », come volevano i vari padre Branda e padre Bandiera, i « pedanti del tempo », « spacciatori di frasi »: e quello del dover cercare le frasi nei classici, per compilare i quaderni dei « gentili parlari » era, come si sa, il primo dovere degli allievi di Puoti. Allo stesso modo l'accesso all'avventura segneriana di Leopardi è stato propiziato, nel mio racconto, da una parentesi aperta da De Sanctis, nello *Studio su Giacomo Leopardi*, sui gusti letterari di quel « brav'omo » di Giordani. L'ottica desanctisiana, come pure si è visto, può giovare solo fino a un certo punto a fare un racconto delle avventure in epigrafe, se quella di Parini può tollerare il supplemento retorico-longiniano da me indicato e quella di Leopardi più di un aggiornamento di ricerche filologiche e di fonti culturali, fino sul terreno della « letteratura delle immagini ». Ma si sa che anche per De Sanctis, come per tutti i veri grandi maestri, vale il principio che una delle loro maggiori virtù pedagogiche è la generosità di lasciar qualcosa da fare anche a quelli che vengono dopo di loro.

GENNARO SAVARESE
Università di Roma, La Sapienza

III
LE BIOGRAFIE DI PAOLO SEGNERI

Spesso l'immagine dei grandi religiosi del passato (in particolare di quelli vissuti in un'età come quella barocca, dominata dal gusto della spettacolarità e delle grandiose apparenze) è affidata, più che ai documenti o ai fatti reali di una vita, a quanto ci hanno tramandato i biografi, appassionati e non sempre imparziali costruttori di personaggi, a volte di veri e propri miti. Miti che si sono continuati nel tempo, con l'intervento di altri biografi, non meno imparziali e non meno segnati dalle loro epoche e dalle loro personali visioni culturali.

Studiare le biografie di un personaggio significa fare la storia di un'immagine nei secoli e confrontarsi con i diversi modi di interpretare e di utilizzare tale personaggio, la sua vita, le sue opere. Ma significa anche compiere un primo passo per cogliere la complessità del personaggio stesso, al di là delle incrostazioni che la sua « fortuna » gli ha attribuito nel tempo.

Un'operazione di tal genere credo sia più che mai necessaria nei confronti di Paolo Segneri: l'immagine che di lui abbiamo è infatti ancora oggi sostanzialmente fondata sulla biografia, per così dire, ufficiale che ci lasciò manoscritta il suo confratello Giuseppe Massei poco prima di morire, nel 1698.[1]

---

[1] Il *Breve Ragguaglio della Vita del Venerabil Padre Paolo Segneri della Compagnia di Gesù* è contenuto nella prima parte (ff. 2v-112v) del manoscritto intitolato *Breve Ragguaglio della Vita del Venerabil / Pre' Paolo Segneri d.a Comp:a di Giesù / descritta dal P. Giuseppe Massei d.a med:ma Comp.a / coll'aggiunta dell'Espositione del Magnificat, che / compose lo stesso P. Segneri, e non poté / terminare, prevenuto dalla morte* conservato presso l'Archivio Romano della Compagnia di Gesù (Archivum Romanum Societatis Iesu, segnatura: *Vitae* 114). È stato da me pubblicato in un'edizione critica confrontata con la prima edizione a stampa uscita a Parma, per Alberto Pazzoni e Paolo Monti, nel 1701: Giuseppe Massei S.I., *Vita di Paolo Segneri*, a cura di Quinto Marini, Roma, Ugo Magnanti editore, 1995. All'Introduzione e alla Nota al testo di tale edizio-

Il *Breve ragguaglio della vita del venerabile servo di Dio, il padre Paolo Segneri della Compagnia di Gesù descritto dal padre Giuseppe Massei della medesima Compagnia*, che fu pubblicato da Monti e Pazzoni nel primo volume dell'*opera omnia* segneriana (Parma, 1701),[2] è il punto di partenza della lunga storia culturale del mito di Paolo Segneri. L'immagine del popolare missionario gesuita, con i suoi inconfondibili tratti ascetico-penitenziali, si diffuse di lì, spesso convivendo con le numerose ristampe dell'*opera omnia*,[3] ma non di rado vivendo anche autonomamente,[4] e costituì il riferimento fondamentale per altri ritratti segneriani che fiorirono un po' in ogni secolo, come semplici sintesi o come impegnativi rifacimenti.

È una storia interessante quella delle biografie di Paolo Segneri, una storia anche di censure e di casi straordinari, che val la pena di seguire

---

ne rinvio per notizie più dettagliate.

[2] *OPERE / DEL PADRE / PAOLO / SEGNERI / DELLA COMPAGNIA / DI GIESU, / Accresciute dall'Esposizione postuma del medesimo / SOPRA IL MAGNIFICAT, / E D'UN / BREVE RAGGUAGLIO DELLA SUA VITA; / DEDICATE / Alla Santità di Nostro Signore / PAPA / CLEMENTE / UNDECIMO / TOMO PRIMO / PARTE PRIMA / IN PARMA / Per Alberto Pazzoni, e Paolo Monti. / ALL'INSEGNA DELLA FEDE. / MDCCI / CON LICENZA DE' SUPERIORI, E PRIVILEGIO* (gli altri tre volumi sono datati MDCC), pp. 1-45.

[3] Dopo l'*editio princeps* del 1701 vi furono numerose edizioni del *Breve Ragguaglio* del Massei, che seguirono la straordinaria fortuna editoriale delle opere del Segneri. Tale fortuna interessò l'Italia e l'estero (con traduzioni in spagnolo, tedesco, francese, polacco, greco, turco e latino) per tutto il pieno Settecento — il privilegio Monti, che uscì ancora nel 1714 e nel 1720 con importanti edizioni in folio, fu praticamente travolto dal veneziano Baglioni, che stampò l'*opera omnia* in quattro volumi in 4° con incredibile frequenza (1712, 1716, 1728, 1733, 1741, 1754, 1758, 1766, 1773, 1776) — per riaccendersi nell'Ottocento con edizioni classiche (Marietti, Pomba) e popolari quali quella di Borroni & Scotti. Cfr. Carlos Sommervogel, *Bibliothèque de la Compagnie de Jésus*, tome VII, Bruxelles-Paris, Oscar Schepens, Alphonse Picard, 1896, s.v. «Segneri Paolo», coll. 1081-82.

[4] Il Sommervogel (*Bibliothèque de la Compagnie de Jésus*, tome V, Bruxelles-Paris, Oscar Schepens, Alphonse Picard, 1894, s.v. «Massei Giuseppe», coll. 706-07) elenca un nutrito gruppo di edizioni autonome del *Breve Ragguaglio* stampate tra il Settecento e l'Ottocento.

III: LE BIOGRAFIE DI PAOLO SEGNERI 65

nei dettagli sin dalle sue origini.

Quasi a preannunciare il destino di eccezionale e insieme complessa fortuna editoriale delle opere segneriane nei secoli, il *Breve ragguaglio della vita del padre Paolo Segneri* del Massei venne alla luce al centro di una serie di «miracolosi» avvenimenti capitati all'editore Paolo Monti di Parma.[5]

L'intraprendente editore, il 21 ottobre 1699, aveva ottenuto da Innocenzo XII (papa Pignatelli) il privilegio esclusivo di stampare l'*opera omnia* di Paolo Segneri, che, morto da cinque anni, non aveva ancora avuto un'edizione unica della sua vastissima produzione.[6]

A sostenere l'impresa editoriale di Paolo Monti (che si giovò della collaborazione dello stampatore Alberto Pazzoni) fu con ogni probabilità lo stesso cardinal Giovanni Francesco Albani che firmava il «breve» pontificio del prezioso privilegio: a lui, anzi, era stato originariamente dedicato il *corpus* segneriano previsto in due grossi volumi in

---

[5] Dell'editore Paolo Monti, che lavorò in società con Alberto Pazzoni dal 1691 al 1702, non si sa molto. Da ricerche svolte nell'archivio della Biblioteca Palatina di Parma, risulta che, oltre alle *Opere* del Segneri (1700-1701), stampò col Pazzoni altre opere di materia religiosa, come il *Parroco istruito* dello stesso Segneri (1692), *Origine, progressi e ruina del calvinismo in Francia* del Frescot (1693), *Riflessione sopra la costituzione LXXXIII d'Alessandro VII* di G. Giandemaria (1693), e di vario genere, tra le quali l'*Endimione* del Guidi (1696), un volume di poesie del De Lemene (1698) e le *Georgiche* (1702). Il Monti — che, come si evince dalla dedica e dall'introduzione delle opere segneriane, ebbe una funzione di promotore culturale e di editore, oltre che di stampatore — lavorò poi da solo, e col titolo di «Stampatore ducale», dal 1704 al 1727 (dal 1728 l'attività risulta continuata dagli «Eredi di Paolo Monti»): stampò un altro libro del Segneri, l'*Istruzione sopra le conversazioni moderne* (1712), ristampò il De Lemene (1711 e 1726) e fece un'edizione del Filicaia (1726, ristampata dagli eredi nel 1733). Qualche cenno su Paolo Monti e Alberto Pazzoni si trova anche nel contributo di Pietro Zorzanello, *La stampa nella provincia di Parma e Piacenza*, in *Tesori delle Biblioteche d'Italia: Emilia e Romagna*, Milano, Hoepli, 1932, pp. 533-58.

[6] Cfr. il privilegio di stampa, *Innocentius PP. XII ad futuram memoriam*, firmato da Io. Franciscus cardinalis Albanus, edito dal Monti nelle pagine introduttive, non numerate, del tomo I delle *Opere di Paolo Segneri*, cit., ora ristampato in appendice al volume da me curato Giuseppe Massei S.I., *Vita di Paolo Segneri*, cit., p. 97.

folio.⁷ Poi — racconta il Monti — l'opera era come lievitata sotto i torchi e, pur essendo composta col carattere piccolo, era stato necessario dividere entrambi i tomi in due parti, ottenendo ben quattro volumi, cioè il doppio di quanto concesso dal privilegio.⁸

Ma un caso ancor più straordinario accompagnò la stampa dell'*opera omnia* del Segneri, coinvolgendo anche il *Breve ragguaglio*. Come ancora ci informa la nota dello « stampatore a chi legge », mentre già si era a buon punto con l'edizione (il secondo, il terzo ed il quarto volume portano la data del 1700), un improvviso « accidente » fermò « per un poco le copie, che da ogni parte eran richieste con fretta ».⁹ Ed ecco che nel dicembre del 1700 quel cardinale Albani che proteggeva l'impresa crebbe « a segno di non poter in terra crescer di più »: fu infatti « coronato Pontefice » col nome di Clemente XI.¹⁰ E l'« umilissimo divotissimo et obbedientissimo servo » Paolo Monti poté così uscire l'anno dopo fregiando la sua opera con tanto di stemma pontificio, seguito da quattro fogli di lodi del « Beatissimo padre » che gli aveva permesso di far « risorgere dalle sue stampe il padre Paolo Segneri ».¹¹

Agli straordinari « accidenti » che accompagnarono l'impresa editoriale di Paolo Monti non fu estraneo il *Breve ragguaglio della vita del padre Paolo Segneri*, la cui pubblicazione fu addirittura determinata da un intervento dallo stesso Clemente XI. È questo un fatto di cui l'editore non ci informa; a riguardo del quale, anzi, prudentemente, cerca di depistarci con il racconto di un altro strano caso occorsogli: si era « raccomandato » per un « elogio dell'Autore da accompagnare un ritratto », ma quel « breve ragguaglio » della vita di Segneri, « cercandosene per comporlo i fatti », vide « delusa quell'arte con cui egli [il Segneri] vivendo li nascondeva », perché ne uscirono tanti « da formarne una vita ben competente ». Insomma, anche la *Vita* di Segneri aveva avuto una lievitazione analoga a quella dei suoi scritti, era diventata quasi una

---

⁷ Cfr. *Lo stampatore a chi legge*, in *Opere di Paolo Segneri*, tomo I, cit. (pagine non numerate). Ora anche in appendice a Giuseppe Massei S.I., *Vita di Paolo Segneri*, cit., p. 97.
⁸ *Ibidem*.
⁹ *Ibidem*.
¹⁰ *Ibidem*.
¹¹ Cfr. dedica *Beatissimo Padre* in *Opere di Paolo Segneri*, tomo I, cit., ristampata in appendice a Giuseppe Massei S.I., *Vita di Paolo Segneri*, cit., p. 96.

nuova opera, e il Monti ne aveva ottenuto il privilegio di stampa dal duca Francesco Farnese di Parma (estensione del privilegio del 13 ottobre 1699 per l'*opera omnia* segneriana),[12] nonché la specifica autorizzazione dallo stesso generale dei Gesuiti, padre Tirso González, datata 8 marzo 1701.[13]

In realtà, ben diversa è la storia di questo *Breve Ragguaglio*, che era già pronto per le stampe tre anni innanzi, nel 1698, ma che aveva subìto il veto proprio da parte della Compagnia di Gesù. A rivelarci questo retroscena è lo stesso manoscritto del padre Massei conservato nell'Archivio storico dei Gesuiti di Roma. La bella grafia con cui è scritto indica che probabilmente si trattava di una copia da consegnarsi ai revisori per l'autorizzazione della stampa (autorizzazione che doveva poi essere firmata dal Padre generale), ma una nota posta su un foglio aggiunto in data 7 settembre 1698 e siglata dal segretario della Compagnia di Gesù, Giacomo Willi, contiene un preciso divieto:

> Ex omnium Patrum Assistentium sententia, liber iste, de vita et virtutibus P. Pauli Segneri, hoc tempore, propter graves causas, nec Revisoribus censendus offerri, nec imprimi potest, sed differri debet, donec ali-

---

[12] Il privilegio di Francesco Farnese di Parma si estende per tutti i territori del ducato « per sex futuros annos » (cfr. introduzione alle *Opere di Paolo Segneri*, tomo I, cit., ora anche in appendice a Giuseppe Massei S.I., *Vita di Paolo Segneri*, cit., p. 98).

[13] « Thyrsus Gonzalez Praepositus Societatis Jesu. Cum librum, cui titulus: *Breve ragguaglio della vita del P. Paolo Segneri*, a P. Josepho Massei nostrae Societatis Sacerdote conscriptum, aliquot ejusdem Societatis Theologi recognoverint, et in lucem edi posse probaverint, facultatem facimus ut typis mandetur, si iis ad quos pertinet ita videbitur: cujus rei gratia has litteras manu nostra subscriptas et sigillo nostro munitas dedimus. Romae 8 martii 1701. Thyrsus Gonzalez » [« Tirso González, generale della Compagnia di Gesù. Poiché alcuni teologi della medesima Compagnia hanno esaminato il libro che si intitola *Breve ragguaglio della vita del P. Paolo Segneri*, scritto dal sacerdote della nostra Compagnia p. Giuseppe Massei, e hanno approvato che si possa pubblicare, noi diamo l'autorizzazione affinché sia dato alle stampe, se così è parso a coloro che ne hanno il compito: per la quale cosa abbiamo concesso questa lettera sottoscritta di nostra mano e munita del nostro sigillo. Roma, 8 marzo 1701. Tirso González »].

ter Deo placitum fuerit.[14]

Il *Breve Ragguaglio della vita di Paolo Segneri*, dunque, ben al di là della straordinaria storia di autogenesi che gli attribuiva l'editore Paolo Monti, era invece stato segnato nel suo nascere da una brutta vicenda di censura interna, con un intervento degli stessi confratelli del Segneri, assistenti del Padre generale. E per mandare alle stampe quell'opera fu addirittura necessario l'intervento di Clemente XI: questo ci rivela un'altra nota dello stesso foglio allegato al manoscritto, dove una mano anonima ha appuntato:

> Anno 1701: a persuasione del Sommo Pontefice Clemente Undecimo questa vita fu data alle stampe in Parma con tutte le opere del P. Paolo Segneri dedicate allo stesso Pontefice;

nota che corrisponde a quanto di fatto, abbiamo visto, avvenne con l'edizione dell'*opera omnia* segneriana del Monti.

Già in altra sede ho affrontato la questione della censura del *Breve Ragguaglio* e non è stato difficile concludere che la ragione principale del divieto (la più decisiva delle «gravi cause» cui accennava la nota del Willi) dovette essere l'ostilità esplicitamente manifestata dal Segneri nei confronti del generale Tirso González sulla materia del probabile.[15] Ritornare ancora su tale questione può essere utile per approfondire ulteriormente, in prospettiva di uno studio delle biografie del Segneri, un aspetto poco noto ma pure importante del personaggio.

Infatti, diversamente da quanto ci ha sempre prospettato tutta una tradizione agiografica quasi esclusivamente eroico-penitenziale (che fa capo proprio al *Ragguaglio* di padre Massei), Paolo Segneri ebbe un notevole interesse per le questioni teologiche e morali riguardanti il concreto esercizio della pietà e della vita dei religiosi.

Già nel 1680 aveva attaccato la dottrina quietista ed i sostenitori di Miguel de Molinos (tra i quali inizialmente vi fu lo stesso papa Odescalchi, Innocenzo XI) con un libro di straordinario equilibrismo teolo-

---

[14] «Secondo il parere di tutti i Padri assistenti, codesto libro della vita e delle virtù del p. Paolo Segneri, in questo tempo, per gravi cause, non può né essere presentato ai Revisori per la censura, né essere stampato, ma deve essere differito, finché a Dio non sarà piaciuto altrimenti».

[15] Cfr. Introduzione a Giuseppe Massei S.I., *Vita di Paolo Segneri*, cit., pp. 9-16.

gico — ma anche di radicale fermezza ideologica — *La concordia tra la fatica e la quiete*.¹⁶

Né si era lasciato intimidire dalla perentoria condanna dell'Indice, ma aveva continuato a combattere i molinisti, sostenendo l'importanza della meditazione razionale e l'impegno della volontà operativa. Forte del sostegno di alcuni illustri Gesuiti (il vecchio Daniello Bartoli, lo stesso generale della Compagnia, Gian Paolo Oliva, e i confratelli Giovanni Antonio Caprini, Giuseppe Agnelli e quel Martin de Esparza Artieda che a suo tempo aveva approvato la *Guìa espiritual* del Molinos), nel 1681 pubblicò la *Lettera di risposta al signor Ignazio Bartalini sopra l'eccezioni che dà un difensore dei moderni quietisti a chi ha impugnate le loro leggi in orare*, e quando questo scritto fu condannato dal Sant'Ufficio, nel 1682 fece stampare a Venezia, sotto il nome di Francesco Pace, il *Fascetto di vari dubbi intorno all'orazione detta di pura fede*, seguito, nel 1683, dai *Sette principi su cui si fonda la nuova orazione di quiete*. La sua battaglia contro il «quietismo» continuò fino al rovinoso declino del Molinos stesso, alla proibizione della sua *Guìa* (1685), alla condanna di sessantotto sue proposizioni e alla sua solenne abiura e incarcerazione, avvenute nel 1687, anno in cui l'Inquisizione liberò finalmente dal veto la *Concordia tra la fatica e la quiete*.¹⁷

Agli inizi degli anni Novanta, poi, il Segneri fu tra i più decisi avversari del «probabiliorismo» di padre Tirso González, il predicatore e teologo spagnolo voluto Generale della Compagnia di Gesù dall'austero papa Odescalchi, Innocenzo XI (che ne aveva indicato esplicitamente il nome alla XIII Congregazione generale del 1687), affinché com-

---

[16] Cfr. *La controversia quietista* in Joseph De Guibert S.I., *La spiritualità della Compagnia di Gesù*, edizione italiana a cura di Giandomenico Mucci S.I., Roma, Città Nuova Editrice, 1992, pp. 315-24.

[17] Ho potuto consultare personalmente una copia della *Concordia tra la fatica e la quiete nell'orazione* del 1680 conservata nella Biblioteca Franzoniana di Genova (segnatura: VIII. D. 178). Essendo priva di frontespizio, in quanto opera censurata dall'Indice, il nome dell'autore e i dati tipografici si possono trovare solo all'interno: al termine della dedica al cardinale Federigo Colonna («Di Firenze il dì 20 di Aprile 1680. Di V. Em. *Umilissimo e Divotissimo Servo Paolo Segneri*») e nell'ultima pagina del libro: «In Firenze MDCLXXX. Per Ipolito della Nave. Con licenza de' Superiori».

battesse il « lassismo » conseguente alla dottrina del « probabile ».[18] E le polemiche del focoso Generale spagnolo, già missionario rurale come il Segneri,[19] furono ben presto dirette contro i suoi stessi Gesuiti, tra i comprensibili disagi di tutti i confratelli, in particolare dei padri assistenti e dei teologi. Tanto che, in occasione dell'edizione del *Tractatus succinctus de recto usu opinionum probabilium*, che il González fece uscire a Dillingen nell'agosto-settembre 1691, la Curia romana della Compagnia, con in testa gli assistenti del Generale, arrivò al punto di chiedere l'intervento censorio dello stesso Innocenzo XII (papa Pignatelli, da poco salito al solio di Pietro, nel luglio del '91).[20]

Questo Pontefice, che conduceva le sue battaglie di moralizzazione del clero con maggior diplomazia di papa Odescalchi, non doveva avere molta simpatia per il rigorismo del González, del quale non poteva inoltre apprezzare i cordiali rapporti intrattenuti col Fenelon.[21] Fu proprio Innocenzo XII a chiamare a Roma il Segneri nel febbraio del 1692, perché predicasse la Quaresima nel Palazzo apostolico, e a Roma lo trattenne come teologo e consigliere spirituale.

Forte di questa prestigiosa posizione, nonché della sua indiscussa

---

[18] Sulla figura di padre Tirso González e sulla sua opera, anche in relazione alle sue polemiche teologiche, cfr. William V. Bangert S.I., *Storia della Compagnia di Gesù*, a cura di Mario Colpo S.I., Genova, Marietti, 1990, pp. 296-301.

[19] Nella sua *Storia della Compagnia di Gesù* l'Astráin introduce la polemica tra Segneri e il suo Generale sottolineando parecchie analogie tra i due personaggi (erano nati nello stesso anno, 1624, avevano entrambi esercitato la predicazione in varie diocesi rurali acquistando fama nella loro patria, erano animati dal medesimo credo apostolico, ecc.), per poi concludere ironicamente: « Parece que debieran entenderse perfectamente estos dos hombres, animados del mismo espiritu apostolico y ejercitados como nadie en el ministerio de procurar la salvacion de las almas. Sin embargo, sucedio todo lo contrario » (*Historia de la Compania de Jesùs en la Asistencia de Espana*, por el P. Antonio Astráin de la misma Compania, tomo VI, Madrid, Administracion de razon y fe, 1920, p. 252).

[20] William V. Bangert S.I., *Storia della Compagnia di Gesù*, cit., pp. 297-98.

[21] I rapporti tra Tirso González e il Fénelon (che fu condannato da Innocenzo XII nel 1699) sono comprovati anche da documenti epistolari pubblicati da Giuseppe De Luca: *Frammenti d'una corrispondenza tra Fénelon e Gonzalez (1698-1699)*, in « Rivista di Storia della Chiesa in Italia », III, 1949, pp. 415-29.

autorevolezza all'interno dell'Ordine, Paolo Segneri si sentì allora di intervenire contro il suo superiore, prima a voce e poi con una lettera consegnata a mano l'8 giugno 1692, dove, con umile deferenza ma col severo piglio dell'ammonitore, chiedeva un profondo mutamento della sua politica interna per evitare lo scandalo di una lite tra il Generale e i suoi « figliuoli », né perdeva occasione per contestare ancora una volta le tesi del « probabiliorismo ».[22] A questo « folio » il Segneri fece poi seguire altre tre *Lettere sulla materia del probabile*, che testimoniano l'energia della sua battaglia, condotta peraltro negli ultimi anni di vita.[23] Neppure in seguito si appianarono i contrasti fra i Gesuiti e Tirso González, il quale, pur tra mille intoppi, riuscì a pubblicare nel 1694 — proprio l'anno in cui morì il Segneri — il suo libro contro il « probabilismo » (sostituendolo per buona parte col testo del *Fundamentum Theologiae Moralis* che aveva scritto vent'anni prima e ammorbidendo alcune sue posizioni), ma incontrò una continua opposizione ai vertici della Compagnia, tanto che la sua morte (1705), a detta di William Bangert, « giunse a sollevare gli animi da un pesante fardello ».[24]

In tale contesto di tensioni c'era ben motivo che la biografia di uno dei maggiori avversari interni del González trovasse un ostacolo alla

---

[22] « Non pochi de' gesuiti poi sono pronti a divolgare fra gli esterni, co' quali trattano, i disturbi che abbiamo in casa. Onde in più corti si discorre già apertamente per Roma della discordia la quale è sorta a cagione di questo libro tra vostra paternità e noi suoi figliuoli: chi ama la compagnia, per difendere essa accusa vostra paternità: chi l'odia sostiene vostra paternità per dir male di essa. Ma frattanto più può in tali chiacchiere, se io non erro, scapitare vostra paternità, che la religione: concordando ogni uomo disappassionato in concedere almeno che un nostro generale ha da badare al governo, che è tanto vasto, non alle stampe [...]. È vero che il corpo ha da difendere il capo: ma non già, diranno essi, in quel caso ancora nel quale il capo se la pigli di proposito contro il corpo. E che scritture saranno queste! che scandali deplorabili! vedere armare contro il padre i figliuoli! » (*Al molto reverendo P. Tirso Gonzales preposito generale della Compagnia di Gesù*, in Daniello Bartoli e Paolo Segneri, *Prose scelte*, a cura di Mario Scotti, Torino, UTET, 1967, pp. 718-19).

[23] Dopo il « folio » dell'8 giugno 1692 Segneri scrive altre tre *Lettere sulla materia del probabile*, sotto lo pseudonimo di Massimo degli Afflitti, che però saranno edite postume a Colonia, la prima nel 1703, la seconda e la terza nel 1732.

[24] William V. Bangert S.I., *Storia della Compagnia di Gesù*, cit., p. 301.

sua pubblicazione. E, anche se non abbiamo per ora documenti espliciti in merito, non è improbabile che proprio il Generale dei Gesuiti spingesse i suoi assistenti a bloccare quella che era stata concepita come una vera e propria agiografia di Paolo Segneri (e forse il buon padre Massei puntava addirittura a farne una prima raccolta documentaristica per un futuro processo di beatificazione che, di fatto, poi non ebbe mai luogo).[25]

Ma chi era questo padre Massei che aveva avuto l'incarico di scrivere la biografia del famoso confratello e che non poté vedere la stampa della sua fatica poiché morì nello stesso anno (1698) in cui « ex sententia Patrum Assistentium » il *Breve Ragguaglio* fu congelato?

Sul gesuita Giuseppe Massei non esistono studi specifici, né tantomeno monografie. Le poche notizie che ho potuto raccogliere da alcuni documenti dell'Archivio storico della Compagnia di Gesù e da un volume di « Analecta Collegii Graecorum » (Massei fu superiore di questo Collegio, in Roma) non ci presentano un personaggio di particolare spicco intellettuale. Nato a Lucca nel 1626, si formò nel Collegio romano e fu poi a Terni, ad Ancona, a Firenze, a Perugia, insegnando grammatica, filosofia, teologia dogmatica e morale, prima di rientrare a Roma come lettore di teologia morale (1667-1672). Dal 1672 al 1677 fu rettore del Collegio greco di S. Atanasio, quindi padre spirituale nel Collegio tedesco e, dal 1684, rettore del Collegio di Macerata. Il suo necrologio lo ricorda come buon maestro e tenero superiore, paterno ed equilibrato nei giudizi, devotissimo allo Spirito Santo e con una speciale venerazione per i santi e i martiri della Compagnia.[26]

Giuseppe Massei non era nuovo a fatiche di carattere agiografico.

---

[25] Cfr. *Index processuum beatificationis et canonizationis, qui in Archivio Secreto Vaticano et in Archivio Sacrae Congregationis pro Causis Sanctorum asservantur (1588-1982)*, curavit p. Ivo Beaudoin, o.m.i., tabularius Sacrae Congregationis pro causis Sanctorum (dattiloscritto conservato presso l'Archivum Romanum Societatis Iesu, segnatura: *Hist. Soc.* III 111).

[26] Notizie sul padre Massei si possono trovare nell'Archivum Romanum Societatis Iesu (*Romana: Epist. Gener. 1670-1675, Catalogi Triennales 1693-1696, Defuncti 1670-1700, Necrologia 1698-1753*), nella citata *Bibliothèque de la Compagnie de Jésus* del Sommervogel (tome V, coll. 706-07) e nel profilo degli « Analecta Collegii Graecorum » curato da Antonis Fyrigos, *Il collegio greco di Roma. Ricerche sugli alunni, la direzione, l'attività*, Roma, Pontificio collegio di S. Atanasio, 1983, pp. 194-96.

III: LE BIOGRAFIE DI PAOLO SEGNERI

Prima di quella del Segneri, aveva scritto una biografia di Francesco Saverio ed una del teologo spagnolo Francesco Suarez. La *Vita di San Francesco Saverio* (1681) era stata ricavata, per esplicita dichiarazione dell'autore, dal primo tomo dell'*Asia* di Daniello Bartoli e da altre parti della sua monumentale *Istoria della Compagnia di Gesù*: incastrando come «gemma nel piombo» le notizie del grande Bartoli, il Massei aveva voluto compiere un'opera divulgatrice, «scrivere, o per dir meglio, raccorre una vita del santo, piena, succinta e usuale per ogni sorta di persone, rappresentando con tutte le sue parti un gigante in piccola tela».[27] E ad una sorta di uso vulgato era destinata anche la *Vita del venerabil servo di Dio ed esimio teologo p. Francesco Suarez* (1687), nella quale, oltre alla celebrazione dell'alto magistero svolto tra Spagna e Portogallo e delle battaglie in difesa della Chiesa contro Giacomo Stuart d'Inghilterra, trovava peraltro spazio una discreta serie di miracoli, raccontati con le opportune cautele.[28]

Se per la vita di San Francesco Saverio si era servito del Bartoli e per quella del padre Suarez denunciava nella prefazione una cospicua serie di biografi «suoi famigliari»,[29] per la vita del Segneri il Massei poteva trovare una traccia nella *Lettera al padre Rettore del Collegio di Firenze dal padre Giovanni Pietro Pinamonti sopra le virtù del padre Paolo Segneri*.[30]

---

[27] *Vita di S. Francesco Saverio della Compagnia di Gesù, Apostolo delle Indie, descritta dal padre Giuseppe Massei della medesima Compagnia*, in Roma, 1681, alle spese d'Ignazio de' Lazzeri, p. 6 (pp. numerate a matita dell'introduzione *A chi legge* della copia conservata nella Civica Biblioteca Berio di Genova, segnatura: Be. XVII. B. 259).

[28] *Vita del venerabil servo di Dio et esimio teologo padre Francesco Suarez della Compagnia di Gesù, scritta dal padre Giuseppe Massei della medesima Compagnia*, Roma, per Domenico Antonio Ercole, 1687 (un esemplare di questa stampa si trova nella Biblioteca Nazionale Braidense di Milano, segnatura: E. III. 210).

[29] *Ibidem, L'Autore a chi legge*, p. IV (pp. non numerate).

[30] A quanto risulta dalla bibliografia del Sommervogel (*Bibliothèque de la Compagnie de Jésus*, tome VI, Bruxelles-Paris, Oscar Schepens, Alphonse Picard, 1895, s.v. «Pinamonti Giampietro», coll. 775-76), la *Lettera* non ebbe fortuna editoriale, soprattutto in Italia. I passi qui citati sono tratti da un'edizione ottocentesca contenuta nelle *Lettere inedite del padre Paolo Segneri della Compagnia di Gesù*, raccolte e pubblicate a cura di Giuseppe Boero, Napoli, Nobile, 1848, pp. 7-28 (da me riprodotta in Appendice a

Questa *Lettera* era uno dei primi e più autorevoli documenti sulla vita del Segneri, redatto in Roma il 19 dicembre 1694 (ma 18, vedi Zanardi nota 62) — cioè solo dieci giorni dopo la sua morte — dal suo più fedele confratello. Giovanni Pietro Pinamonti aveva accompagnato il Segneri per ben ventisei anni di predicazione rurale, era stato suo confessore e consigliere spirituale, aveva collaborato alla redazione di quasi tutte le sue opere durante i riposi invernali nel Collegio fiorentino, aveva continuato le missioni rurali per tutto il tempo in cui Segneri era stato alla corte di Innocenzo XII e, dopo averlo probabilmente assistito nell'estrema malattia, se ne era tornato alla sue fatiche missionarie, morendo proprio durante una di queste, nei pressi di Orta.[31]

Scrivendo al Rettore del Collegio di Firenze la breve «memoria» destinata al granduca Cosimo III, dopo un ricordo commosso del compagno appena scomparso («Nella gran perdita che ho fatto in questi giorni per la morte del padre Paolo Segneri, può credere Vostra Reverenza che io non ho maggior consolazione che la memoria viva delle sue virtù»), il padre Pinamonti fa scorrere i fatti salienti di quella grande avventura che fu la vita di Paolo Segneri.

Ne nasce un profilo essenziale e misurato, un ritratto umanissimo, che comincia dalla ricostruzione dei fatidici esercizi spirituali di Perugia (quando Cristo strinse col Segneri il patto di «amarsi sempre» e gli indicò i fondamenti della sua vocazione religiosa: povertà, ritiramento, orazione, penitenza, esame), per poi passare alle terribili penitenze, affrontate secondo l'ideale di S. Gerolamo («il libro e il sasso»),[32] e alle varie pratiche di flagellazione, in cui è evidente il coinvolgimento dello stesso Pinamonti, tanto è vivo il ricordo di certi supplizi (i cilici meti-

---

Giuseppe Massei S.I., *Vita di Paolo Segneri,* cit., pp. 87-91). La relazione di Pinamonti è ristampata anche nell'edizione delle *Lettere inedite di Paolo Segneri al Granduca Cosimo terzo, tratte dagli autografi,* a cura di Silvio Giannini, Firenze, Felice Le Monnier, 1857, pp. XXXIX-LX.

[31] Sulla figura e sull'opera del Pinamonti sarebbe utile uno studio specifico, in mancanza del quale si rinvia, oltre all'appena citata bibliografia del Sommervogel, a Joseph De Guibert S.I., *La spiritualità della Compagnia di Gesù,* cit., p. 326, e alla voce di Giuseppe Mellinato S.I. nel *Dictionnaire de Spiritualité ascétique et mystique,* tome XIV, Beauchesne, Paris, 1990, coll. 1763-65.

[32] *Lettera al Padre Rettore del Collegio di Firenze dal Padre Giovanni Pietro Pinamonti sopra le virtù del Padre Paolo Segneri,* cit., p. 17.

colosamente descritti, lo smagliarino a spilli, i tuffi nei roveti o nella neve, il camminare scalzo sui sassi acuminati). Quindi sono descritte le virtù del Segneri, dalla «purità angelica» a quella «singolare umiltà» che rendeva ancor più grande la sua gloria ed il successo tra le folle acclamanti dei fedeli, così numerose da creare problemi di ordine pubblico (ma, probabilmente, le autorità paventavano anche il rischio di sommosse popolari).[33]

E, proprio a questo punto — siamo ormai nella parte conclusiva della *Lettera*, davanti ai grandi successi del Segneri, miracoloso «facitore di paci» — il Pinamonti ci propone alcune sue attente riflessioni. Egli, che era stato «lungamente spettatore di queste cose», si era fatto un'idea precisa della «virtù grande del padre Paolo», non già basata su una sorta di soprannaturale o taumaturgico potere, bensì sulla sua profonda esperienza della vita e del cuore degli uomini: «egli era uomo di tanto sapere, di tanto credito, di tanta esperienza in varii maneggi» che «non solo con la stima della sua persona, ma anche con partiti opportuni ag-

---

[33] Tracce di tali preoccupazioni si colgono anche da alcune lettere che Segneri invia al granduca Cosimo III dalle missioni genovesi del 1688. Il 29 aprile, ad es., Segneri scrive: «Dimani, a Dio piacendo, n'andremo a Chiavari per incominciar le fatiche nostre, bramate qui da questi signori all'ultimo segno. Si veggono le difficoltà di fare la Missione dentro le mura della città, onde si va pensando a un temperamento». Più esplicita la paura di insurrezioni o di scontri in un'altra lettera del 29 agosto, allorché al Segneri, appena sceso dai paesi montani del Genovesato, viene impedito di predicare a Sampierdarena per «rispetti politici» a riguardo della plebe in fermento: «Per ultimo a Vostra Altezza Serenissima debbo aggiungere come dalle montagne sono calato a rivedere e a ricorrere le riviere, dove il moto seguito fu già sì grande, che questi signori hanno detto essere già superfluo far più missione in San Pier d'Arena. Ma la verità è che i rispetti politici sono quelli che molto più l'hanno frastornata. Par che la plebe, la quale là concorrerebbe ogni giorno dalla città in numero così grande, potrebbe dar qualche soggezione alla nobiltà, o far qualche insulto; e così han giudicato scansarne il rischio. Io nondimeno credo tutto essere opera del demonio, il quale al tempo che la città facea da sé tante divozioni per paura del tremuoto, si aiutò a fare scorrere qualche voce poco prudente, cioè che la nobiltà faceva il male, e che poi toccava alla plebe di farne la penitenza» (*Lettere inedite di Paolo Segneri della Compagnia di Gesù al Granduca Cosimo terzo*, cit., pp. 109, 113).

giustava differenze lungamente tentate invano da altri ».[34]

La grandezza di Paolo Segneri, dunque, per Pinamonti consisteva nella sua particolare umiltà, cioè nella sua intensissima partecipazione alle miserie della terra, nella conoscenza del mondo. E con l'esaltazione di questa « mondanità » emergevano anche i tratti peculiari di un asceta che odiava i digiuni e non disdegnava il cibo (anzi, ne prendeva in abbondanza, « essendo di robusta complessione e di gran calore e facendo viaggi e predicando per due o anche tre ore al giorno »),[35] né temeva di cadere in discredito confessando ad alcune dame genovesi la sua riconoscenza per i « trattamenti signorili » ricevuti durante una missione: egli peraltro « era rimasto sommamente obbligato alla bontà d'uno di quei cavalieri il quale ne' caldi eccessivi di quella stagione l'aveva provveduto abbondantemente di neve ».[36]

Sulle tracce di questa grande, umanissima « umiltà », Pinamonti affronta infine il nodo cruciale della taumaturgia e della santità di Paolo Segneri valutando se « potessero essere vere alcune di quelle meravi-

---

[34] *Lettera al Padre Rettore*, cit., p. 23. A proposito di Segneri « facitore di paci » o « angelo della pace », nell'edizione di *Lettere inedite di Paolo Segneri della Compagnia di Gesù al Granduca Cosimo terzo*, cit., p. LXI, si riporta una curiosa *Nota di quello si è operato dal molto reverendo Padre Paolo Segneri Missionario Apostolico con l'assistenza del signor Tenente Colonnello Costa, Governator dell'armi della Banda per S.A.S.* [Cosimo III] *nell'infrascritte Missioni*. Si tratta di un vero e proprio elenco delle paci realizzate da Segneri in diverse missioni, distinte in varie specie (« Nella Missione di Monte Carlo: Paci di sdegni, rancori e risse n° 202; Paci d'omicidii rogate n° 4; Compromessi fatti n° 8; Nella Missione di Monsumano: Paci di sdegni, rancori e risse n° 330; Paci rogate di omicidii n° 7; Compromessi fatti e rogati n° 4; Nella Missione del Borgo: Paci di sdegni, rancori e risse n° 300; Paci d'omicidii rogate n° 14; Compromessi n° 3 [...] », per un totale di « Paci di rancori, sdegni e risse [...] n° 1060; Paci d'omicidii [...] n° 35; Compromessi [...] n° 17 »). Dell'argomento si è occupato anche Armando Guidetti, *Silvestro Landini e Paolo Segneri gesuiti per la pace nella Repubblica di Genova*, in *Atti del Convegno Internazionale di Studi « I gesuiti fra impegno religioso e potere politico nella Repubblica di Genova », Genova 2-4 dicembre 1991*, a cura di Claudio Paolocci, Genova, Quaderni Franzoniani, 2, V (1992), pp. 41-44.

[35] *Lettera al Padre Rettore*, cit., p. 25.
[36] *Ibidem*, p. 24.

glie che raccontano di lui».³⁷ Ma la straordinaria prudenza con cui parla dei miracoli del « padre santo » (come lo chiamavano le folle che già si contendevano le sue reliquie), sortisce ad uno straordinario effetto verità: se da una parte, infatti, era la « fede grande » della gente a muovere la misericordia del Signore, dall'altra era davvero impossibile negare la realtà di certi fatti di fronte a tante concordi testimonianze:

> I popoli aveano in lui una fede così grande, che non par da dubitarsi che il Signore non concorresse con essa a qualche effetto straordinario. E mentre in luoghi così diversi e così distanti s'accordavano le genti a riferire simili grazie, non pare possibile che tutte si accordassero, senza sapere l'una dell'altra, in una cosa falsa.³⁸

C'era, in questa *Lettera* di Giovanni Pietro Pinamonti, una trama più che adeguata perché il padre Massei — che pure non aveva frequentato a lungo il Segneri e che forse lo aveva appena conosciuto — potesse muoversi a comporre una vera e propria agiografia. Non era difficile fabbricare un santo, dilatando le linee di quella « breve notizia », arricchendola di dati e di fatti, superando quella rispettosa prudenza con prove testimoniali più consistenti e puntuali, non certo impossibili a reperirsi dietro una vita ormai diventata leggenda tanto tra gli umili popolani quanto tra i grandi.

Occorreva però costruire qualcosa di meraviglioso, in uno stile ben più alto rispetto ai toni dimessi di Pinamonti, secondo una materia tutta prestigiosa, dove anche l'umiltà, la più « segnalata » delle virtù segneriane, risultasse qualcosa di grandioso, di mirabile, di straordinario, di « non-umile », insomma. Un progetto che già di per sé si poneva al di fuori dei criteri di cautela che la Compagnia si era data per l'elogio dei suoi figli defunti, conformemente ai decreti un tempo emanati dalla sacra congregazione dell'Inquisizione e da Urbano VIII.³⁹

Ciò che colpisce subito leggendo il manoscritto di Giuseppe Massei — anche per l'evidente contrasto con la *Lettera* del Pinamonti che pure rimane il modello di riferimento citato in più passi — è la narrazione

---

³⁷ *Ibidem*, p. 27.
³⁸ *Ibidem*.
³⁹ A tali decreti, del 1625, 1631 e 1634, si fa riferimento nella *Protestatio Auctoris* che chiude il manoscritto, nonché in una nuova *Protestatio* che apre la prima edizione a stampa (cfr. ora in Giuseppe Massei S.I., *Vita di Paolo Segneri*, cit., pp. 72, 98).

alta, magniloquente, barocca, che ben si addice ad una *Vita* tutta spettacolare e « grande ».

Grande è l'infanzia di Paolo Segneri (capp. I-II), in una famiglia nobilissima, numerosissima, religiosissima, culla naturale della sua precoce ansia di combattere il demonio e i peccatori tramite la predicazione, passione che egli fin da bambino esercitava con i suoi amici, piccoli uditori tenuti spesso desti a suon di ceffoni. Grande la sua adolescenza (capp. III-VI): entrò nel noviziato nella festa di San Francesco Saverio, un anno prima del tempo prescritto e dopo un lungo conflitto con il padre. E grandi i suoi maestri, da Giovanni Paolo Oliva, a Vincenzo Carafa, a Sforza Pallavicino: tutti entusiasti dello zelo di questo giovinetto e sicuri che sarebbe stato il tanto atteso riformatore dell'eloquenza sacra.

Ma anche il « golfo dei suoi studi » è « trascorso » con grande fervore (capp. VI-VII): oltre alla Sacra Scrittura e ai Santi Padri, ci sono Famiano Strada (di cui tradusse la II deca del *De bello belgico*, per rassodare la sua lingua toscana) e le *Orazioni* di Cicerone, studiate « a fin d'apprendere i modi più forti da convincere l'intelletti e da muovere le volontà applicando al sacro gli argomenti profani di quel gran maestro dell'eloquenza ».[40] È un impegno talmente intenso che la testa s'infiacchisce e le « moleste flussioni » gl'indeboliscono l'udito: ma anche la sordità è accolta da questo uomo di Dio « per suo spiritual profitto », cioè per « renderlo tutto a Lui, e lasciare le vanità per aderire alla verità ».[41]

Miracolosi appaiono poi i fatti capitati al Segneri negli esercizi spirituali del 1660 (cap. VIII), quando « si sentì accendere il cuore da un ardente desiderio di sacrificarsi tutto al suo Signore, e parvegli di udire come in modo sensibile la dolcissima voce di Lui che gli diceva: — Voglio che noi ci amiamo insieme ».[42] Di qui comincia la sua vocazione missionaria (capp. IX-X), ma, anziché le Indie d'Oriente insistentemente richieste sognando il martirio tra gli infedeli, è spedito in « terre o castelli fuori delle città » dell'Italia, dalla Toscana in su, « a muover guerra campale all'Inferno » e a « seguitare le riverite vestigia » ancora di grandi e santi predicatori, Antonio da Padova, Vincenzo Ferreri,

---

[40] Giuseppe Massei S.I., *Vita di Paolo Segneri,* cit., p. 25.
[41] *Ibidem,* p. 26.
[42] *Ibidem.*

Bernardino da Siena.[43]

A questo punto il Massei si distende a descrivere meticolosamente (capp. XI-XXIX) il « metodo che dal padre si praticava » nelle sacre missioni: tempi, percorsi, pratiche varie di devozione, processioni, preghiere e canti, flagellazioni, roghi di carte da gioco, confessioni e comunioni generali, prediche con clamorosi espedienti teatrali (l'uso del teschio, del cappio al collo, del crocefisso, delle spine, e l'esibizione delle sue carni flagellate e sanguinanti) e infine i successi, con le pubbliche acclamazioni a Dio e alla penitenza, le solenni maledizioni dei peccatori, e le paci, che interrompevano antichi rancori e faide familiari inarrestabili per la giustizia civile. Per quasi venti capitoli Massei ci fa vivere dentro questa apoteosi generale del « padre santo », tra le suggestioni delle folle, di cui ci dà cifre impressionanti (fino a 70.000 persone), e incredibili conversioni di ladri, meretrici, ebrei, ma anche di « cavalieri principali » con « più di quaranta bravi »,[44] « abati mitrati »[45] e monache dall'« anima perduta ».[46] Quindi, dal capitolo XXX in poi, Massei ci introduce, circospetto quanto deciso (« per non togliere a Dio la gloria, e per non negargli la gratitudine da Lui meritata ») in quegli « avvenimenti che possono parer superiori all'ordine della natura ».[47]

Si apre a questo punto una fantasmagorica rassegna di miracoli, tutti registrati con dati e nominativi precisi di medici, sacerdoti, rettori, vescovi e alte personalità, « testimoni sommamente degni di fede, i quali han deposto le cose con lor giuramento nelle mani anche autorevoli di publico notaro ».[48]

Folle che escono miracolosamente salve da naufragi[49] o illese sotto crolli di muri;[50] vino che si moltiplica nelle botti;[51] tempeste sedate[52] e piogge miracolose;[53] guarigioni istantanee di cecità,[54] di « furiose schi-

---

[43] *Ibidem*, p. 27.
[44] *Ibidem*, p. 37.
[45] *Ibidem*.
[46] *Ibidem*, p. 35.
[47] *Ibidem*, p. 41.
[48] *Ibidem*.
[49] *Ibidem*, p. 43.
[50] *Ibidem*.
[51] *Ibidem*, p. 41.
[52] *Ibidem*, pp. 43-44.
[53] *Ibidem*, p. 46.

ranzie »,[55] di « focose risipile »,[56] di apoplessie,[57] di « atroci sciatiche »[58] ed emicranie;[59] gambe che si riattaccano,[60] e dita che riprendono a funzionare[61] per l'intercessione del « padre santo », il quale ora è visto « attorniato d'ogni intorno da una gran copia di splendori celesti »,[62] ora con « la faccia tutta luminosa » mentre celebra la messa,[63] ora, nel fervore di una predica, col volto « molto risplendente e che gli uscivano dappertutto raggi di luce ».[64] Più innanzi, infine, si attesta il suo spirito profetico, non solo nel predire la morte,[65] ma anche in una materia delicata come le future elezioni dei Pontefici.[66]

L'impeto agiografico del Massei è così forte da mettere addirittura in ombra l'importante e immensa produzione letteraria di Paolo Segneri (rapidamente sbrigata in un capitoletto riassuntivo, il XXXVII, e poi richiamata saltuariamente nella seconda parte della *Vita*) e da farlo tacere del tutto sulle sue battaglie teologiche. Ma a questo silenzio concorrono ovviamente anche motivi di prudenza e di politica interna della Compagnia di Gesù: parlare delle posizioni probabiliste del Segneri significa richiamare, oltre allo spiacevole contrasto con il generale Tirso González, l'annosa e allora ancora viva tensione creatasi all'interno dell'Ordine in conseguenza del rigorismo probabilioristico di quel superiore.

Per questo il Massei glissa rapidamente sui contenuti degli scritti segneriani e quando arriva a parlare del suo incarico di predicatore e teologo nel palazzo apostolico romano — è questo il momento in cui il Segneri rivolge i suoi energici richiami a Tirso González — non fa che ribadire il disagio del vecchio missionario rurale costretto a predicare in quell'« augusto teatro » ed insiste sulla sua tristezza (« sospirava di

---

[54] *Ibidem*, p. 44.
[55] *Ibidem*.
[56] *Ibidem*, p. 45.
[57] *Ibidem*.
[58] *Ibidem*.
[59] *Ibidem*.
[60] *Ibidem*.
[61] *Ibidem*, pp. 45-46.
[62] *Ibidem*, p. 46.
[63] *Ibidem*.
[64] *Ibidem*.
[65] *Ibidem*, p. 47.
[66] *Ibidem*.

continuo alle sue amate missioni », « scrisse a un suo confidente che dopo di esser stato rimosso dalle missioni non aveva mai goduto neppure una giornata di allegrezza »),[67] fino ad attribuirvi quasi la causa della sua mortale malattia:

> Parte la poca contentezza d'animo, parte questa nuova forma di vita senza quell'agitazione di corpo che aveva per tanti anni costumato nelle missioni, gli apportarono in lunghezza di tempo una grave infermità, che pian piano il condusse agli estremi e gli tolse affatto la vita.[68]

Le pagine successive s'impennano di nuovo per un epico racconto della morte di padre Segneri, anch'esso tutto intessuto di frasi celebri (« *Abyssus abyssum invocat: abyssus miseriae invocat abyssum misericordiae* »)[69] e di gesti grandiosi in cui si realizza la pratica della buona morte tante volte insegnata; quindi il *Ragguaglio* può riaprirsi ad una seconda lunga parte, di carattere squisitamente edificante, per « apportare a comun profitto qualche residuo delle insigni virtù » di « questo gran servo del Signore ».[70]

E per altri ventisei capitoli (XLVII-LXXII) Massei ci parla — ancora tra una selva di fatti, testimonianze e documenti — della « fervorosa carità » del Segneri, della sua « fiducia in Dio », dell'« esercizio dell'orazione », del « magnanimo disprezzo delle cose mondane » (nelle grandi città « non voleva vedere le curiosità più celebri »: un antibarocco per la « santa avarizia » dell'amor di Dio nel secolo delle stravaganze),[71] dell'umiltà, della « libertà di cuore », del « proprio disprezzo » e delle « penitenze », insistentemente cercate tra le più inusitate e dolorose: il cilicio con ben tremilaottocento punte, la cera bollente sul corpo, la sospensione alla trave.

Ed è proprio all'insegna della sofferenza e del sangue che si chiude la biografia di Massei, convinto che il tesoro più grande che i lettori debbono raccogliere dalla vita del « venerabile padre Paolo Segneri » (che, nel capitolo finale, egli vede ormai nella « gloria del cielo applaudito da eserciti di anime per suo mezzo salvate »)[72] sia essenzialmente

---

[67] *Ibidem*, pp. 48, 49.
[68] *Ibidem*, p. 49.
[69] *Ibidem*, p. 51.
[70] *Ibidem*, p. 53.
[71] *Ibidem*, p. 60.
[72] *Ibidem*, p. 71.

questo insegnamento di penitenza dei peccati e di mortificazione della carne, fondamenti di tanti successi che sarebbero rimasti nascosti se solo fosse dipeso dalla volontà del Segneri, secondo quella massima di San Gregorio che ammonisce ad « occultarsi sempre agli occhi degli uomini », perché « depredari desiderat qui thesaurum publice portat in via ».[73]

Il mito di Paolo Segneri, della sua eroica e umile santità, viene dunque costruito da Massei entro una formula ben precisa. Come un esempio di mortificazione della carne e di infuocata passione religiosa, che deve dire ad altri « servi di Dio », Gesuiti e no, che si può diventare santi anche senza le croci delle Indie d'Oriente, consumandosi in un martirio tutto nostrano attraverso le terre desolate d'Italia.

Là dove non giunge la giustizia terrena, può arrivare inesorabile la voce di Dio portata dal santo missionario, che si frusta a sangue, piange baciando le piaghe del crocefisso, e, brandendo il teschio, implora conversione, pentimento, pace: pace e ordine sociale, pace e concordia civile, pace e ubbidienza alle leggi di Dio e a quelle degli uomini.

In questa *Vita* di Paolo Segneri non vi è nulla di politicamente inquietante. Tutto è terribile e insieme confortante, per la violenza dei gesti, per il sangue vivo che continuamente sgorga dalle piaghe del missionario e inonda le pagine, più forte e persuasivo delle stesse parole: è con la retorica del sangue che il predicatore annuncia l'amore e i castighi divini, è col suo sangue che impone le « paci meravigliose », come quando — per citare uno dei tanti esempi — a un « maligno » che diceva di « non bramare veruna soddisfazione, fuorché lavarsi le mani nel sangue del suo nemico », « Orsù, disse il padre Segneri, giacché tu vuoi lavarti le mani nel sangue del tuo nemico, lavati pur le mani nel mio sangue [...] che io non lascerò mai di versarlo fino a tanto che tu ne sii sazio ».[74]

Conversione e perdono sono quasi imposti con violenza, una violenza che Giuseppe Massei ha certamente mutuato dai più importanti scritti del missionario gesuita. L'infuocata aggressività verbale di certe prediche del *Quaresimale*, o dell'*Incredulo senza scusa*, o del *Cristiano istruito nella sua legge* (un capolavoro nel suo genere, anche per la pre-

---

[73] *Ibidem*: « desidera essere derubato chi porta il suo tesoro pubblicamente per la strada » (San Gregorio Magno, *Omelie sui Vangeli*, Omelia 11ª).
[74] *Ibidem*, p. 38.

senza di quegli *exempla* morali così ossessionati dall'idea del peccato e dell'assoluta necessità di convertirsi e perdonare)[75] sembra prender corpo nel personaggio Segneri, incarnazione viva dei contenuti morali di quegli scritti dei quali, peraltro, in questo *Breve Ragguaglio* non v'è quasi traccia.

È infatti evidentissimo lo scarso interesse di Giuseppe Massei per gli scritti segneriani, e a leggere questa *Vita* sembra quasi che il grande missionario non si sia mai dedicato a quelle opere che occuparono i quattro volumi in folio dell'edizione di Parma del 1701, dai quali sarebbe discesa, nel corso dei secoli e con centinaia di stampe di vario genere, quella quasi incontrollabile fortuna del Segneri scrittore sacro.[76] Né, tantomeno, c'è nel *Ragguaglio* una qualche attenzione per il suo non irrilevante impegno polemico-dottrinale: in un unico passo Massei ricorda la polemica antiquietista legata alla *Concordia tra la fatica e la quiete*, ma lo fa senza entrare nel merito del problema teologico e solo per evidenziare ancora una volta la grande umiltà del Segneri, che non si lasciò tentare dall'orgoglio allorché, « scoperto il serpe che stava nascosto tra' fiori », fu tolta la censura indebitamente posta e quel libro « fu restituito al publico con molta sua gloria ».[77]

Che ne fu, nel corso dei secoli, del personaggio segneriano costruito da Massei? Che ne fu di questa perfetta immagine di santo, che — una volta liberata dal divieto imposto dalla Compagnia di Gesù — venne addirittura potenziata, proprio nel settore dei miracoli, con interpolazioni e puntuali attestazioni giurate?[78]

---

[75] Due raccoltine di tali *exempla*, che avevano avuto edizione autonoma nell'Ottocento, sono state recentemente pubblicate in Paolo Segneri, *Novelle morali eloquentissime*, introduzione e note di Quinto Marini, nota biografica di Mario Fois, Roma, Ugo Magnanti editore, 1993.

[76] Un sintetico panorama della fortuna editoriale di Segneri può essere offerto dalle ben quaranta colonne di bibliografia del Sommervogel (*Bibliothèque de la Compagnie de Jésus*, cit., coll. 1050-89), peraltro passibili di un'integrazione novecentesca.

[77] Giuseppe Massei S.I., *Vita di Paolo Segneri*, cit., p. 55.

[78] Gli interventi operati nel passaggio dal manoscritto del *Breve Ragguaglio* alla sua prima edizione a stampa furono di tre specie: a) ritocchi tecnici di ridistribuzione dei capitoli e di modeste variazioni testuali e grafico-lessicali; b) aggiornamenti di carattere storico riguardanti fatti accaduti dal

Nel Settecento spiccano due biografie di Paolo Segneri e ci incuriosiscono perché, scritte entrambe in un forbitissimo latino da un maestro e da un suo allievo, propongono due immagini diverse, per non dire opposte, del grande missionario gesuita.

La prima è contenuta nel *De vita et sancta conversatione septem venerabilium patrum e Societate Iesu* del gesuita pesarese Giuseppe Maria Mazzolari (1712-1786).[79] Si tratta di un'elegante sintesi della bio-

---

1698, data del ms., al 1701, data della stampa (come, ad es., la rettifica circa il cardinale Francesco Albani che, eletto papa nel dicembre del 1700, diventa nella stampa « Sommo Pontefice Clemente XI »); c) interpolazione di passi, non numerosi ma abbastanza estesi, e di note in corsivo nei vivagni delle pagine, tutti riguardanti i « miracoli » del Segneri. Questi, in sintesi, i fatti straordinari aggiunti nell'edizione a stampa: cap. XXXIII (= XXXV del ms.), guarigione da febbre terzana con una salvietta appartenuta al Segneri (episodio accaduto cinque anni dopo la sua morte, il 14 settembre 1699); cap. XXXIV (= XXXVI del ms.), le carni del Segneri, lacerate dalla flagellazione, guariscono istantaneamente; stesso cap., il Segneri è visto in preghiera alzarsi « quattro palmi da terra »; cap. XXXV (= XXXVII del ms.), il Segneri smaschera una infanticida che tentava di ingannarlo con una falsa confessione. Per i dettagli delle varianti e delle interpolazioni, cfr. comunque *Introduzione* e *Varianti dell'edizione a stampa* del mio Giuseppe Massei S.I., *Vita di Paolo Segneri*, cit.

[79] Iosephus Marianus Parthenius (pseud. di Giuseppe Maria Mazzolari), *De vita et sancta conversatione septem venerabilium patrum e Societate Iesu. I.) P. Paulus Segnerius senior*, in *Iosephi Mariani Partheni S.I. Commentarii et Elogia* [a cura di Giuseppe Boero S.I.], Romae, Typis Civilitatis Catholicae, 1855, pp. 11-28. La prefazione « lectori benevolo » (pp. 3-8) del p. Boero ci presenta un ritratto del Mazzolari, « vir graecis latinisque litteris excultus, praestans philosophus, poeta elegans, disertissimus orator » [« uomo colto sia di latino che di greco, filosofo eccellente, elegante poeta, oratore eloquentissimo »]. Nato a Pesaro nel 1712 da famiglia nobile, entra nella Compagnia nel 1733; insegna grammatica, retorica e teologia tra Firenze, Fermo e Roma, finché, nel 1751, si stabilizza nel Collegio romano per un lungo periodo, reggendo, dal 1765, la prefettura delle scuole inferiori. Alla soppressione dei Gesuiti (1773), rifiutata l'ospitalità dei potenti, si rifugia in casa dell'architetto Clemente Orlando, dove vive ritiratissimo in preghiera e studio (« [...] consortium fugio, colloquia vito [...] cubiculo meo clausus aut scribo, aut lego, aut dicto »; « [...] fuggo la compagnia, evito le conversazioni [...] chiuso nella mia cameretta o scrivo, o leggo, o detto »). La sua morte avviene nella casa professa romana il 13

grafia del Massei, che è seguita in tutte le sue fasi salienti — quindi anche nella descrizione dei fatti meravigliosi, i miracoli (con un'opportuna scelta esemplare) — ma con un non innocuo taglio nella parte in cui il *Breve Ragguaglio* insisteva sulle sofferenze patite nella vita romana: Mazzolari, dopo aver sottolineato che Paolo Segneri soddisfece « egregiamente e pienamente, secondo la sua singolare dottrina », ai nuovi incarichi affidatigli dal Papa (« quibus muneribus egregie pro sua singulari doctrina cumulateque satisfecit »),[80] attribuisce la malattia e la morte del missionario ad una sorta di esaurimento naturale delle sue forze, consumate da una vita troppo intensa:

> Sed iam homini tot laboribus perfuncto, ac paene confecto [così comincia il racconto della morte del Segneri nel cap. XIX] aeterna requies debebatur. Et sane gravi incommodo tentari coepit, quo admonitus mortem sibi in foribus adesse cognovit.[81]

Quindi, dopo aver raccontato — sempre sulla scia del *Ragguaglio* di Massei — i gesti e le frasi della « placidissima » morte del Segneri, nonché lo straordinario e qualificato concorso di grandi alle sue esequie e la commozione dello stesso Innocenzo XII (« aegre admodum eius mortem tulit, et virum sanctum atque angelum semel, iterum, tertio decessisse pronuntiavit »),[82] Mazzolari dedica un capitolo alla dottrina e agli scritti segneriani.

Oltre alla smisurata produzione letteraria, quasi incredibile in un uomo distratto da tante e tanto grandi preoccupazioni spirituali (« ut mirum sit, hominem tot tantisque pro salute animarum distractum occupationibus, tam multa tamque accurate et eleganter scribere potuisse »),[83] il biografo esalta la superiorità dello stile segneriano, che, come

---

settembre 1786.
[80] *Ibidem*, p. 26: « Ai quali incarichi soddisfece egregiamente e pienamente secondo la sua singolare dottrina ».
[81] *Ibidem*: « Ma ormai, ad un uomo che aveva adempiuto pienamente a tante fatiche e quasi sfinito da quelle, era dovuta l'eterna quiete. E cominciò proprio ad essere toccato da un grave disturbo, ammonito dal quale si rese conto che la morte gli stava alla porta ».
[82] *Ibidem*, p. 27: « prese con estrema sofferenza la sua morte ed esclamò una, due, tre volte che era morto un santo e un angelo ».
[83] *Ibidem*: « così da essere straordinario che un uomo distratto da tante e tanto grandi occupazioni per la salvezza delle anime, abbia potuto scrivere tante

una spada, non meno ferisce di punta di quanto col suo fulgore costringa i nemici a stringere gli occhi:

> Eius operum stilus maxime probatur a doctis, et facile propter insignem quandam perspicuitatem et numerum dignoscitur: quem quidem minime negligendum duxit, cum diceret, gladium non minus acie ferire, quam fulgore suo hostium oculos perstringere.[84]

Proprio da analoghi rilievi stilistici si muove l'altra biografia latina scritta sul finire del Settecento da un erudito che fu in gioventù allievo di Mazzolari nel Collegio di Roma e che, legatosi al circolo culturale del Bottari, assunse posizioni di rigorismo etico filogiansenistico che lo resero inviso ai Gesuiti. Si tratta di monsignor Angelo Fabroni[85] che,

---

opere e tanto accuratamente ed elegantemente ».

[84] *Ibidem*: « Lo stile delle sue opere è particolarmente apprezzato dai dotti e si riconosce facilmente per un'insigne limpidezza e per l'armonia: egli ritenne che non lo si dovesse affatto trascurare, poiché diceva che una spada non meno ferisce con la <sua> punta di quanto abbagli gli occhi dei nemici con il suo fulgore ».

[85] Angelo Fabroni, nato da nobile ma non ricca famiglia a Marradi nel 1732, aveva ottenuto un posto di convittore al Collegio « Bandinelli » di Roma riservato ai giovani del Granducato di Toscana. Gli allievi di tale convitto frequentavano le scuole del Collegio romano dei Gesuiti e qui il Fabroni seguì i cinque anni del corso secondario superiore. Nel biennio di Retorica (letteratura latina) 1750-51 e 1751-52 ebbe come insegnante Giuseppe Maria Mazzolari, del quale riportò un ottimo ricordo. Nel 1753 fu introdotto da P.F. Foggini nel circolo di G. Bottari, il facoltoso bibliotecario dei Corsini, attestato su posizioni filogiansenistiche e nettamente contrario ai Gesuiti. Diventato — dopo aver preso i voti — coadiutore del Bottari nel canonicato di S. Maria di Trastevere, collaborò ad un programma di divulgazione e traduzione di fondamentali testi giansenisti francesi, accattivandosi la stima non solo degli intellettuali del circolo, ma anche della famiglia Corsini. Dopo questa importante esperienza romana, Fabroni ritornò nella sua Toscana, al servizio dei Lorena, portandosi addosso quel marchio di filogiansenista che non riuscì più ad estinguere, anche se, specialmente negli ultimi decenni della sua vita (morirà a Pisa nel 1803), cercò di minimizzare i suoi giovanili entusiasmi, secondo un riscoperto spiritualismo ascetico che gli faceva porre la fede al di sopra di schieramenti ideologici o visioni dottrinali peculiari. Per questi e per altri aspetti della vita, delle opere e della bibliografia di Angelo Fabroni, rinvio alla recente voce di Ugo Baldini in *Dizionario biografico degli Italiani*, XLIV, Roma, 1994, pp. 2-12.

rientrato nella sua terra toscana dopo l'intensa avventura culturale romana, sotto la protezione del neogranduca lorenese Pietro Leopoldo e del suo successore Ferdinando III, dedicò la sua preparazione umanistica ed enciclopedica alla guida dello Studio di Pisa, al *Giornale de' Letterati*, che diresse dal '71 al '96, e alla compilazione di opere erudite, tra cui spiccano le vite dei grandi Medici, da Cosimo, a Lorenzo, a Leone X e, soprattutto, ad una ponderosa raccolta in venti libri di elogi di uomini illustri.[86]

Il XV volume delle sue *Vitae Italorum doctrina excellentium qui saeculis XVII et XVIII floruerunt*, uscito a Pisa nel 1792, si apre con il profilo di *Paullus Segnerius*, personaggio che ha peraltro avuto un notevole spicco nella stessa introduzione del volume quale campione dello stile oratorio e della pura lingua italiana nel solco della nostra migliore tradizione, latina (Cicerone) e toscana (Boccaccio).[87] E in tale direzione fondamentalmente accademico-letteraria sembra orientarsi questo medaglione segneriano.

Dopo un primo sintetico profilo dell'infanzia e della giovinezza ricavato dal Massei con estrema parsimonia (nessun cedimento ad aneddoti e tantomeno a miracoli), il Fabroni rileva subito di Paolo Segneri l'eccellenza dei suoi risultati stilistici, retorici e linguistici, nonostante i condizionamenti del depravato gusto barocco del suo secolo.

Non c'era nessun oratore sacro che si potesse imitare in quel tempo: tutti si erano allontanati dalla retta via, non approvando più nulla che

---

[86] Tra il 1766 e il 1774 uscirono a Roma i voll. I-IV delle *Vitae Italorum doctrina excellentium qui saeculo XVIII floruerunt* (ma già dal vol. II erano inclusi personaggi del XVII secolo, come M. Malpighi e nel vol. IV scomparve la dizione «saeculo XVIII»); nel 1775 uscì a Firenze il vol. V, dopo il quale Fabroni cominciò a lavorare ad una nuova edizione dell'opera, modificata e ampliata, che raggiunse venti volumi e che fu intitolata *Vitae Italorum doctrina excellentium qui saeculis XVII et XVIII floruerunt*: 18 volumi uscirono a Pisa tra il 1778 e il 1799, il XIX e il XX furono pubblicati postumi, a Lucca, nel 1804 e nel 1805.

[87] Cfr. *Vitae Italorum doctrina excellentium qui saeculis XVII et XVIII floruerunt*, Auctore Angelo Fabronio Academiae Pisanae curatore, Pisis, MDCCLXXXXII, apud Cajetanum Mugnainium, vol. XV, p. 5: «Multa arripuit, hausit, expressit a Cicerone, imitatus est etiam Boccacii venustatem [...]» [«Molte cose prese, attinse, ricavò da Cicerone, <e> imitò anche la piacevolezza di Boccaccio»].

non fosse « turgidum et inflatum ».[88] Ma il Segneri, prudentemente allettando le menti secondo i gusti moderni con uno stile « grande, copiosum, splendidum, admirabile, sensus et dolores habens et conspersum quasi verborum sententiarumque floribus »,[89] seppe ricondurre la sacra oratoria a quelle virtù sue proprie che erano state dimenticate, quasi come riportando alla loro dimora degli uomini erranti:

> Paullatim enim errantes homines quasi domum deducendi erant, invitandique iis orationis virtutibus, quae non longissime ab imperitorum intelligentia sensuque disjunctae essent.[90]

Perciò, non bisogna essere troppo severi con Segneri. « Si aliquando peccavit » (ripete Fabroni), fu « sui saeculi caussa » ed i vizi del suo stile possono esser colti soltanto da coloro che sono estremamente raffinati (« qui teretes aures, oculosque acres et acutos habent »).[91] E, del resto, per quanto riguarda l'eleganza e la pulitezza dell'orazione, non solo Segneri era « in verborum splendore elegans, sed in compositione aptus et numerosus, et facultate copiosus, eaque erat cum summo ingenio, tum exercitationibus maximis consecutus »,[92] e sapeva vedere acutamente, dividere in modo adeguato, né dimenticava quasi nulla che fosse opportuno per confermare o per respingere. E benché, anche in questa sua straordinaria abilità, peccasse nel contaminare eccessivamente il sacro con il profano, se avesse fatto un uso più parco degli esempi pagani a favore dell'autorità dei sacri scrittori, sarebbe stato il

---

[88] *Ibidem*, p. 10.
[89] *Ibidem*: « [...] grande, ricco, splendido, ammirabile, che aveva sentimenti e passioni, cosparso quasi dei fiori delle parole e delle sentenze ».
[90] *Ibidem*, pp. 10-11: « A poco a poco, infatti, quasi si dovevano condurre a casa degli uomini erranti, e attirarli con quegli allettamenti oratori che non erano lontanissimamente disgiunti dall'intelligenza e dalla sensibilità degli inesperti ».
[91] *Ibidem*: « [...] se talvolta peccò, fu per il gusto del suo tempo. A stento infatti appaiono i vizi quando abbondano i pregi, e come con gli strumenti a corda, se qualcuno stona un po', se ne può accorgere solo un esperto, così quelle pochissime cose che sembrano dette in modo imperfetto dal Segneri, saranno disapprovate soltanto da coloro che hanno fini orecchie ed occhi perspicaci e acuti ».
[92] *Ibidem*: « fu elegante nello splendore delle parole, ma anche abile ed armonioso nella composizione, e ricco di inventiva, ed aveva raggiunto quelle cose sia per il suo eccezionale ingegno, sia per il grandissimo esercizio ».

migliore non solo tra gli oratori italiani, ma anche tra gli stranieri, pur non avendo splendore nella voce né eleganza nei movimenti.[93]

Dopo una precisa critica sull'«immaturità» e sugli eccessi di certi *Panegirici sacri* («non omnes tamen eandem maturitatem habent [...] desiderat enim maturitatem aetatis, quae juvenilem quamdam dicendi impunitatem et licentiam reprimat, et quasi extra ripas diffluentem coerceat»), sempre ricondotti però ai vizi del secolo,[94] Fabroni ricorda la previsione del cardinale Sforza Pallavicino («hunc fore sacrae eloquentiae instauratorem [...] ac per eum tandem plane depulsam fuisse a suggestibus barbariem»)[95] e la vede pienamente realizzata nel *Quaresimale*, che diventò la «regola» per gli oratori sacri: «Tum fuit regula, ad quam eorum dirigerentur orationes, qui vellent eleganter, ornate et cum dignitate divinas exponere sententias».[96]

Ma la cosa ancor più straordinaria, nell'oratoria segneriana, fu la capacità di imitare pienamente la missione degli apostoli, sostenendo per ventisette anni le fatiche della predicazione rurale e parlando sempre «populariter», senza però cadere mai nella sciatteria («Etsi autem in his concionibus populariter loquabatur [*sic*], nemo tamen erat vel eruditissimus, qui eum non libentissime audiret, admiraretur etiam»).[97] Né questo fervido impegno missionario gli impedì di attendere alla composizione di quelle opere morali «quae omnem bene et christiane vivendi rationem continerent».

---

[93] *Ibidem*, pp. 12-13.
[94] *Ibidem*, p. 13: «non tutte [le orazioni] tuttavia hanno la stessa maturità [...] desidera infatti la maturità dell'età, che freni una certa giovanile impunità e licenza dell'eloquio, che la blocchi quando, per così dire, salta fuori dagli argini».
[95] *Ibidem*, p. 14: «[...] disse una volta al sommo pontefice Alessandro VII che costui sarebbe stato il restauratore dell'oratoria sacra e sembrava quasi dolersi di esser nato troppo tardi perché potesse vedere compiuto dall'affettuosissimo discepolo il rimanente cammino e una buona volta completamente espulsa dalle tribune la barbarie».
[96] *Ibidem*: «Allora ci fu la regola alla quale informassero le loro orazioni coloro che volevano esporre divine sentenze in modo elegante, ornato e con dignità».
[97] *Ibidem*, p. 15: «Ma, anche se in queste prediche parlava popolarmente, non c'era nessuno, anche eruditissimo, che non lo ascoltasse con estremo piacere, e lo ammirasse persino».

Parte di qui l'elogio del *Cristiano instruito nella sua legge*, che evidentemente Fabroni — sempre molto attento agli aspetti stilistici — preferiva allo stesso *Quaresimale* per la perfetta eleganza della sua lingua toscana, ma anche per la completezza dell'analisi morale. Le lodi dello stile s'intrecciano con quelle contenutistiche:

> Quam Etrusce, quam plane, quam ornate, quam ad id, quodcumque agit, apte congruenterque dicit! Quanta copia optimorum praeceptorum, earumque rerum omnium, quae majores nostri religione tuta nobis et sancta esse voluerunt! Nullam vitae partem reliquit, quam non sapientissimis consiliis moderaretur, nullam virtutem, quam non confirmaret, nullum aegri et labentis animi vitium, quod non sanaret;[98]

e ci troviamo per la prima volta davanti ad una vera e propria valutazione critica degli scritti segneriani (dei quali, diversamente dal suo maestro di Retorica e dallo stesso Massei, Fabroni sembra qui proporre una scelta antologica). Ma, dopo un ultimo importante rilievo accademico-letterario circa la partecipazione di Segneri all'Accademia della Crusca (le sue parole « omnia propria, mollia et plena urbanitatis atque leporis », e l'incondizionata stima del Redi, lo fecero arruolare tra gli estensori del Vocabolario),[99] Fabroni attua un'improvvisa svolta su un argomento assolutamente estraneo alle *Vite* segneriane del Massei e del Mazzolari, allorché passa a considerare l'impegno di Segneri nelle bat-

---

[98] *Ibidem*, p. 16: « Come parla toscano, chiaro, elegante, e come <si rivolge> in modo opportuno e congruente a qualunque cosa tratti! E che abbondanza di ottimi precetti e di tutte quelle cose che i nostri avi vollero che fossero per noi di sicura e santa fede! Non tralasciò nessuna parte della vita che non fosse moderata da sapientissimi consigli, nessuna virtù, che non rafforzasse, nessun vizio dell'animo malsano ed errante, che non sanasse [...] ».

[99] *Ibidem*, p. 17 nota 1: « Aliquid et ipse videtur ad Etruscum Lexicon conficiendum, ut ex litteris Josephi Segnii ad Redium conjicere potui. Elaboravit praesertim in littera *E* notans latina nomina dicendique modos, qui Italicis responderent » [« Come ho potuto congetturare dalle lettere di Giuseppe Segni al Redi, sembra che anch'egli avesse collaborato al Vocabolario della lingua toscana. Lavorò soprattutto alla lettera *E* raccogliendo i nomi latini e i modi di dire che rispondevano a quelli italiani »]. Per un'indagine sul ruolo di Segneri nell'Accademia della Crusca e sul suo lavoro per il Vocabolario, rinvio alla relazione di Stefania Stefanelli, *Segneri e il Vocabolario della Crusca*.

taglie teologiche.

A questo punto il discorso si fa estremamente interessante e merita di esser seguito passo per passo.

Fabroni inizia quasi in sordina ricordando che, fra le opere che Segneri compose « ad pietatem in Deum ac Sanctos fovendam », non si possono passare sotto silenzio quelle contro l'ateismo, definito non solo teologicamente, « teterrimum male », ma anche politicamente — con una puntuale citazione ciceroniana — « reipublicae pestis » e « struma civitatum »,[100] in relazione al pericolo incombente sulle istituzioni pubbliche (siamo, si ricordi, alla fine del Settecento e nella Toscana moderatamente riformista dei Lorena). Il riferimento letterario è indubbiamente all'*Incredulo senza scusa* (« Collegit itaque multa, ex quibus conficitur nullam esse posse tantae impietatis stultitiaeque excusationem [...] »), del quale vengono sottolineate — in contrapposizione con il metodo moderno basato su prove quasi « matematiche » — le argomentazioni « modo probabili » che Segneri sostenne con la solita eleganza oratoria (« [...] suoque more tractu orationis eleganti et aequabili illa perpolivit »).[101]

È un primo annuncio del modo di far teologia di Segneri, con qualche immediata scusante: « si quid deest Segneri operi, non minus illud suspicere debemus, et amare quidem cogimur hominem, qui omnia sua studia omnesque vitae actiones ad hominum utilitatem et salutem contulit ».[102] Dopo di che Fabroni ricorda la sua « inexhausta cupiditas » di

---

[100] *Ibidem*, p. 18: « [...] quod intelligebat, nisi haec reipublicae pestis, ac tamquam struma civitatum comprimeretur, ac si fieri potuisset, funditus deleretur, actum fore non de religione modo, sed etiam de imperiorum incolumitate » [« poiché capiva che, se quel tumore della repubblica, e quasi scrofola delle civiltà, non si fosse repressa o, se si fosse potuto, distrutta dalle fondamenta, si sarebbe trattato dell'incolumità non solo della religione, ma anche degli stati »]. In Cicerone, *Sest.*, 135: « [...] pestem aliquam tamquam strumam civitatis ».

[101] *Ibidem*: « Raccolse dunque molte argomentazioni dalle quali si conclude che non ci può essere alcuna scusa di una tanto grande empietà e stoltezza e, secondo il suo costume, le rifinì con un tratto elegante ed uniforme ».

[102] *Ibidem*, p. 19: « Se c'è qualche difetto nell'opera di Segneri, nondimeno dobbiamo apprezzarla, e siamo anzi costretti ad amare un uomo che consacrò tutti i suoi studi e tutte le azioni della sua vita all'utilità e alla salvezza degli uomini ».

percorrere campagne e città « ut agrestioribus lumen divinorum praeceptorum consiliorumque porrigeret atque tenderet »,[103] per sottolineare a buon diritto la sofferenza provocata dall'improvvisa interruzione di quella vita, allorché fu chiamato a predicare a Roma, nel Palazzo pontificio:

> Quare non potuit non dolere vehementer se Praepositorum suorum et Summi Pontificis Innocentii XII iussis coactum esse novum amplecti vitae genus, cum mandatum illi fuisset munus sacras habendi conciones in ipso Sacello Pontificio.[104]

Eppure anche questo faticoso incarico produsse splendide prediche e uno straordinario successo, che tuttavia Segneri non volle sfruttare utilitaristicamente, consapevole che gli onori e le dignità bramati dagli uomini sono cose « plena futilitatis summaeque levitatis »: egli si curava soltanto di servire la cristiana repubblica e sembrava aver intrapreso una perpetua guerra con se stesso, quale « domitor eximius cupiditatum omnium et implacabilis vitiorum castigator ».[105]

Proprio entro tale ufficio di implacabile moralista Fabroni colloca l'amore di Segneri per i suoi confratelli, esercitato con tanto zelo da farlo cadere nella colpa o nel sospetto di eccessiva indulgenza anche a riguardo di palesi errori:

> Magnum quoque in eo apparebat studium suorum Jesuitarum, atque utinam ut culpam, sic suspicionem nimiae in eos indulgentiae vitare potuisset.[106]

È qualcosa di cui Fabroni ha già fatto cenno scrivendo la *Vita* del

---

[103] *Ibidem*: « C'era in lui un'inesauribile bramosia di percorrere campagne e città per porgere e spiegare agli uomini meno colti la luce dei precetti e dei consigli divini ».

[104] *Ibidem*: « Per cui non poté non dolersi fortemente che, per ordine dei suoi superiori e del sommo pontefice Innocenzo XII, fosse stato costretto ad abbracciare un nuovo genere di vita, poiché gli fu affidato il compito di predicare nello stesso palazzo pontificio ».

[105] *Ibidem*, p. 20: « [...] sembrava avesse intrapreso una perpetua guerra con se stesso, come straordinario domatore di tutte le passioni e implacabile castigatore dei vizi ».

[106] *Ibidem*: « Grande inoltre appariva in lui l'amore dei suoi Gesuiti e volesse il cielo che avesse potuto evitare come la colpa, così il sospetto di troppa indulgenza verso di loro ».

cardinale Enrico Noris (dove è emersa per la prima volta questa inedita immagine di un Segneri polemista e teologo, peraltro legato al cardinale Francesco Albani),[107] ma che qui è rilevato quasi come un atto d'accusa: come allora contro Noris, tacciato di giansenismo per la sua *Historia pelagiana*, invidiosi detrattori si appoggiarono all'oratoria di Segneri, così adesso i suoi « praepositi » (cioè, forse, gli stessi assistenti del generale Tirso González) ottennero che difendesse con argomentazioni di straordinaria sottigliezza le tesi del « probabilismo »:

> Obtinuerunt etiam Praepositi illius, ut subtiliter nimis defenderet sententiam illam, cui Theologi *probabilismi* nomen imposuerunt, propterea quia id rectum et honestum esse putatur, cuius probabilis ratio reddi possit.[108]

È cioè evidentissima la tesi di Fabroni: Segneri fu uno strumento nelle mani di quei superiori gesuiti che difendevano il « probabilismo » contro la linea morale di padre Tirso González. L'intransigente Generale riteneva — e legittimamente, secondo Fabroni, almeno a quanto si intuisce dal tono qui usato — che si prestasse ad un certo « rilassamento della legge divina » quel genere di probabilità di cui si può rendere una ragione che abbia abbondante sicurezza, ma nei confronti della quale ci possano essere argomenti contrari ugualmente sicuri. Perciò si era battuto con fermezza per il « probabiliorismo », trasformando il governo della Compagnia in una continua battaglia rigoristica contro i suoi stessi Gesuiti, per togliere quella che egli riteneva — e a buon diritto, sembra sottolineare Fabroni — una « macchia » per tutto l'Ordi-

---

[107] *Vitae Italorum doctrina excellentium qui saeculis XVII et XVIII floruerunt*. Volumen VI, Auctore Angelo Fabronio, Academiae Pisanae Curatore, Pisis MDCCLXXX, s.v. « Henricus Norisius », p. 63: « Non solum ei disputandum erat cum ipsis Gallis, sed cum quibusdam Cardinalibus, ac praesertim Francisco Albanio, qui Segneri aliorumque Jesuitarum impulsu severitatem judicii nulla humanitate mitigandam suadebant » (« Non solo egli [Noris] doveva altercare con gli stessi Francesi, ma anche con certi cardinali <romani>, e soprattutto con Francesco Albani, che per la pressione di Segneri e di altri Gesuiti sostenevano che non si dovesse mitigare la severità di giudizio con nessuna benevolenza »).

[108] *Vitae Italorum*, Volumen XV, cit., pp. 20-21: « I suoi superiori ottennero anche che difendesse con grande sottigliezza quella dottrina a cui i teologi diedero il nome di *probabilismo*, per il fatto che si ritiene giusto e onesto ciò di cui si possa dare una spiegazione probabile ».

ne:

> [...] et quod *probabilismi* patrocinium non parum offensionis habere intellexit Tyrsus Gonzalesius, nihil non egit toto illo tempore, quo sedit ad Societatis Jesu gubernacula, ut ex illo ordine hanc maculam tolleret.[109]

Né mancarono teologi di gran fama a sostenere le ragioni di González e ad opporsi all'epistola con cui Segneri aveva esposto al Generale la sua opinione (anzi, l'« altrui », « alienam », soggiunge Fabroni con un tocco di malizia) sul probabile. Tali teologi, tra i quali Fabroni cita Pietro Bellarmino,[110] ritenevano con argomenti di gran peso che non una capziosa probabilità, ma una verità certa dovesse essere assunta come norma morale:

> [...] quod maxime salutis communis interesse putarunt, omnium humanarum actionum summam cautionem, atque unam provisionem esse, ut certa sint praecepta, quae non captiosa probabilitate, sed veritate ipsa percutiant animos.[111]

Ma, proprio nel bel mezzo del racconto di questo scontro teologico, Fabroni s'interrompe ed annuncia prima il disagio di Segneri in mezzo a tali tensioni, poi le sue richieste di esonero, infine la sua mortale malattia, a sottolinearne lo stretto collegamento, la conseguenza quasi, con lo sforzo dottrinale di un rude missionario di campagna non avvezzo a vivere nell'« aula ». È un passo lungo e sapientemente articolato, che vale la pena di seguire per esteso:

> Sive quod natura non esset factus Segnerius, ut in aula viveret, sive quod non posset diutius sustinere Concionatoris Apostolici, ut loquun-

---

[109] *Ibidem*, pp. 21-22: « [...] e poiché capì che la difesa del *probabilismo* non era di poco danno, Tirso González, per tutto il tempo che stette al timone della Compagnia di Gesù, non fece nulla che non fosse diretto a togliere questa macchia da quell'Ordine ».

[110] *Ibidem*, nota 1, Fabroni ricorda « tra gli altri scritti » in proposito una *Risposta alla lettera del P. Paolo Segneri sulla materia del Probabile* di Pietro Bellarmino, stampata a Verona nel 1735.

[111] *Ibidem*: « [...] poiché ritennero che importasse particolarmente alla comune salvezza che ci fosse una garanzia estrema di tutte le azioni dell'uomo e quasi un'unica precauzione, cioè che ci siano dei princìpi certi che tocchino gli animi non con una capziosa probabilità, ma con la stessa verità ».

tur, munus, etiam atque etiam a Pontifice petiit, ut exolveretur, quod ea condicione obtinuit, ut Theologi munere, quo antea auctus fuerat, saltem fungeretur in iis excutiendis quaestionibus, quae afferuntur ad Romanum Poenitentium forum, quaeque ad criminum expiationem pertinent. Aegre illi morem gessit, cum hoc unum se cupere dixisset, ut remotus ab oculis hominum atque vulgi sermonibus mortem in solitudine praestolaretur. Coeperat enim afflictari valetudinis incommodis [...].[112]

A qualcosa di simile aveva già alluso Giuseppe Massei, sottolineando nel *Breve Ragguaglio* la malinconia e il difficoltoso adattamento del missionario rurale alla vita sedentaria della curia pontificia; e Mazzolari l'aveva corretto, parlando di un naturale esaurimento psicofisico come causa della morte.

Ma qui l'erudito Fabroni, attento com'è agli aspetti non solo stilistico-letterari, ma anche propriamente ideologici di Paolo Segneri, ci dice che fu l'*aula* (ovvero la corte come luogo della pura dottrina) ad uccidere un predicatore straordinariamente abile a raggiungere il cuore dei suoi uditori — fossero essi umili popolani o personaggi altolocati — ma poco abituato a sostenere battaglie intellettuali, anche perché obiettivamente privo degli strumenti adeguati ad un tale arduo compito.

« Instaurator sacrae eloquentiae » e « concionator » veramente apostolico, fu dunque il *Paullus Segnerius* di Fabroni, ma non teologo e men che meno intellettuale autonomamente capace di sottili schermaglie dottrinali: una condizione questa che lo aveva appunto esposto alla strumentalizzazione dei « praepositi » della sua Compagnia.

Così, negli anni della rivoluzione e del crollo dell'*ancien régime* (e con un fondo di antigesuitismo che non gli era mai venuto meno, proprio in nome della sua prospettiva ideologica di cattolicesimo modera-

---

[112] *Ibidem*, pp. 22-23: « Sia che Segneri non fosse nato per vivere a palazzo, sia che non potesse più a lungo sostenere — come dicono — l'incarico di predicatore apostolico, chiedeva continuamente al Pontefice di esonerarlo, cosa che ottenne a condizione che mantenesse almeno l'ufficio di teologo al quale era stato prima promosso per esaminare quelle cause che sono portate al foro romano della Sacra Penitenzieria e che riguardano l'espiazione delle colpe. Egli ubbidì a quello [*scil.* il Pontefice] contro voglia, dal momento che aveva detto di desiderare una sola cosa, di poter attendere la morte in solitudine, lontano dagli occhi degli uomini e dalle parole della gente. Cominciava infatti ad esser tormentato dai fastidi della salute [...] ».

to-illumistico)[113] si esprimeva sulla vicenda esistenziale di Paolo Segneri il filogiansenista Angelo Fabroni. E la sua biografia segneriana ritornava curiosamente alle stampe in piena restaurazione, nel 1824, quale introduzione ai tredici volumi della *Manna dell'anima* pubblicati a Torino dal maggiore editore ottocentesco di Segneri, Giacinto Marietti.[114]

Ma il pur bravissimo anonimo traduttore della *Vita del padre Paolo Segneri tratta dal Fabroni* si concede più di una libertà.

Quando, dopo aver diffusamente seguito il testo originale per celebrare la « maschia ed elevata facondia »[115] di Segneri, arriva a parlare del suo impegno di predicatore apostolico « nel più luminoso teatro della Cristianità »,[116] si arresta all'inizio di quell'importante avventura romana (segnata dal « grave dolore <di> cangiare il suo metodo di vivere e frenar quello zelo che il portava a percorrere i villaggi e le castella onde porgere al più rozzo popolo e più bisognoso la luce delle eterne verità della Fede »),[117] e taglia drasticamente tutta la lunga ed importante disquisizione sulle battaglie teologiche, né ripropone le sottili insinuazioni del Fabroni circa la strumentalizzazione del grande predicatore da parte dei suoi « praepositi ». E questa *Vita del padre Paolo Segneri*, che pure assume un così grande spicco ad apertura di una delle prime grandi opere edite da Marietti, va poi a chiudersi — senza raccogliere gli aspetti più stimolanti del profilo di Fabroni — nella celebrazione dell'umiltà dimostrata all'interno del palazzo apostolico (« sfuggiva studiatamente onori e dignità ») e nella condanna della corte, responsabile però solo in parte della morte del missionario gesuita, spossato anche dalle estenuanti fatiche di una vita:

> Ma già, sia che fatto non si sentisse per vivere alla Corte, sia che per le lunghe fatiche declinar sentisse le forze, più e più volte domandò in

---

[113] Nel profilo del *Dizionario biografico degli Italiani*, cit., Ugo Baldini insiste a sminuire la portata polemica dello scontro tra i Gesuiti e Fabroni, specialmente dopo la sua partenza da Roma. Ma mi pare che proprio questo *Paullus Segnerius* dimostri la sottile persistenza dell'antigesuitismo fabroniano.

[114] *Vita del P. Paolo Segneri tratta dal Fabroni*, in *La manna dell'anima del P. Paolo Segneri, aggiuntovi il volgarizzamento de' passi latini*, 1824, Torino, presso Giacinto Marietti, librajo in Via di Po, vol. I, pp. III-XXI.

[115] *Ibidem*, p. XIII.

[116] *Ibidem*, p. XVII.

[117] *Ibidem*, p. XVIII.

grazia al Pontefice che liberare il volesse dal grave incarico.[118]

Il *Paullus Segnerius* di monsignor Angelo Fabroni godeva dunque di un significativo recupero, ma insieme subiva un'altrettanto significativa censura, e ad opera di uno dei principali responsabili editoriali della fortuna ottocentesca di Paolo Segneri. La direzione ampiamente ecclesiastica e popolare sulla quale Giacinto Marietti intendeva rilanciare la « devozione » segneriana consigliava di non addentrarsi in spinose questioni di Fede (né, tantomeno, di richiamare conflitti interni alla Compagnia di Gesù, ripristinata solo da un decennio), ma di puntare piuttosto sull'accattivante immagine letteraria del grande penitente e dello straordinario predicatore e trascinatore di popolo, che di lì a poco avrebbe avuto divulgazione anche nelle edizioni popolari di Borroni e Scotti e sarebbe stato stampato antologicamente in florilegi o piissimi doni di nozze.[119]

Che è poi l'immagine cui si affida anche un altro biografo segneriano di pieno Ottocento, Ferdinando Ranalli, nelle *Vite di uomini Illustri Romani*. La sua *Vita di Paolo Segneri* fu stampata e ristampata in testa ad una popolare edizione del *Quaresimale* ed è un elogio tutto articolato tra celebrazione della grande eloquenza del missionario rurale ed esaltazione delle sue eroiche virtù cristiane.[120]

---

[118] *Ibidem*, p. XIX.

[119] Sulla fortuna popolare delle opere di Segneri nell'Ottocento sarebbe interessante indagare. Per il momento mi limito ad osservare nella citata bibliografia di Sommervogel la straordinaria presenza delle edizioni Marietti (una ventina) seguite da quelle della Tipografia Salesiana; ma Segneri entra sia nei « Classici Pomba » che nelle edizioni popolari della tipografia milanese Borroni e Scotti e si stampa in città piccole e grandi di ogni parte d'Italia. Colpisce particolarmente la tendenza a ridurlo e sminuzzarlo in florilegi di prediche o « novelle » tratte dalle opere maggiori (cfr., ad es., le *Cinque novelle di P. Segneri tratte da' suoi Ragionamenti*, Bologna, 1870, tirato a 50 esemplari numerati « per le nozze Passano-Canepa » a cura di Francesco Zambrini, o le *Due novelle morali eloquentissime di P. Segneri*, Bologna, 1872, di soli 20 esemplari che un « affezionato amico » dedica « Al Cavaliere Giovanni Papanti, esimio bibliografo »).

[120] *Vita di Paolo Segneri scritta da Ferdinando Ranalli*, in *Quaresimale del P. Paolo Segneri della Compagnia di Gesù*, in Prato, per Ranieri Guasti, 1853 (cito da questa edizione, non avendo potuto rintracciare quella segnalata dal Sommervogel, *Bibliotèque de la Compagnie de Jésus*, cit., col. 1089, e

Classicista feroce, antimanzoniano e purista ad oltranza (l'« ultimo dei puristi » fu definito dal De Sanctis e dal Rossi), questo teramese professore di lettere a Pisa e a Firenze, che fu anche storico del Risorgimento e parlamentare della Destra, vede innanzitutto la grandezza di Segneri nella sua battaglia antibarocca: contro quel « secolo stranamente voglioso di fantasie e novità occhibaglianti », il grande predicatore gesuita, con la sua « semplice, vigorosa, persuasiva eloquenza », fondò « scuola di verace eloquenza sacra, cui non offendono declamazioni vane e fragorose: né barbarie di voci e di maniere oscure fa oltraggio alla nobile vivezza delle imagini, all'abbondante eleganza delle frasi, al tranquillo e maestoso procedere del discorso, somiglievole a Cicerone ».[121]

Diversamente dal Fabroni, però, Ferdinando Ranalli non affronta poi i contenuti delle opere segneriane (di cui fornisce uno scarno elenco in coda al suo profilo), né tantomeno si addentra in questioni di carattere teologico o nelle tensioni interne alla Compagnia di Gesù, limitandosi ad una velenosa frecciata antigesuitica nel momento in cui registra i successi di Segneri nella curia romana: avrebbe potuto aspirare legittimamente al cappello cardinalizio, ma « è da ammirare che in tanta prosperità di fortuna un gesuita mantenesse la stessa temperanza di appetiti, e non cercasse di brigare né per sé né per altri ».[122]

La celebrazione di questo campione dell'oratoria sacra è infatti tutta ricostruita sulla fondamentale traccia del *Breve ragguaglio* di Massei che Ranalli utilizza succintamente ma fedelmente, addirittura con citazioni letterali in qualche passo (la vocazione alle Indie, il ritratto del defunto), in altri riproponendolo con studiatissime sintesi retoriche. Così ad esempio riassume le fatiche e i travagli del Segneri, acceso dal « mantice dell'ardente suo zelo »:

> Lunghi e pericolosi viaggi, sempre a pie' scalzi, su montagne nevose: coprirsi di una lacera tonaca: albergare quando in un tugurio abbandonato e quando allo scoperto in una campagna, e benché sfinito e mal

---

contenuta in *Vite di uomini Illustri Romani dal risorgimento della Letteratura Italiana*, scritte da Ferdinando Ranalli, Firenze, presso Pasquale Pagni, 1838. Secondo il Sommervogel [col. 1068], questa vita fu ristampata nel 1841 dal Guasti di Prato).

[121] *Ibidem*, p. VII.
[122] *Ibidem*, p. IX.

concio della persona, far per ogni dove sembianze d'ilarità e di letizia, e in ciascuno che lo riguardava infondere affetti dolcissimi di non più provata divozione.[123]

E così registra il crescendo di gioiose esclamazioni del popolo festante che va incontro al « padre santo »:

> Ecco, dicevano, il padre santo; l'uomo inviato dal cielo a disacerbare le nostre afflizioni; a quietare le nostre coscienze, da ignoranti e da tristi tormentate; a sovvenire alle nostre povertà e incessanti miserie; ad attutare odii che ci parevano inestinguibili, perché nudriti da pessimi consigli; infine a rimetter la pace nelle famiglie, l'ordine nella città, la giustizia ne' magistrati, la religione ne' sacerdoti, il timor di Dio in tutti. Ecco il consigliatore della gioventù, il confortatore della vecchiezza, il consolatore di vedove e di pupilli, l'universal benefattore. Vero apostolo di carità, vero banditore della divina parola, che incomincia egli a fare quel che dice; che non ci predica la povertà, tuffato nelle ricchezze; la umiltà, stando in superbia; la parsimonia, sfoggiando in lautezze; la continenza, avvolgendosi in lussurie. Né c'infiamma alla virtù e alla cristiana perfezione con minacce e terrori, con insulti e vessazioni; ma bensì con preghiere e consolazioni, con tolleranza e dottrina.[124]

Così infine riassume le conquiste di Segneri « tanto più gloriose e solenni delle antiche, in quanto che non ricordano battaglie atrocissime, pestilenze orribili, città sforzate ed arse, campagne sozzate di sangue »:

> Le sue conquiste furono la pace, la prosperità, la quiete: le sue vittorie, la concordia, la beneficenza, il buon costume: la sua corona, le benedizioni dei popoli.[125]

In tanta infiammata retorica, coerentemente alla radice polemica che ispira questa *Vita* e che colpisce un po' tutte le istituzioni educative dell'Ottocento, dai precettori « barbari e ignoranti »,[126] ai responsabili della degenerazione dei costumi (gli ecclesiastici, innanzitutto), Ferdi-

---

[123] *Ibidem*, p. VI.
[124] *Ibidem*.
[125] *Ibidem*.
[126] *Ibidem*, p. III: « [...] il pueril desiderio di apprendere, il quale ordinariamente si spegne o si muta in una invincibile avversione agli studi in mano di que' neri ed accigliati pedanti, che vorrebbero far entrare nella testa dei ragazzi Virgilio e Cicerone a furia di gridori e sferzate. O barbari e ignoranti! ».

nando Ranalli risolve infine il nodo cruciale della morte di Segneri chiamando in causa i «negozi di stato». Fu insomma la politica ad uccidere Paolo Segneri, esclusivamente «uomo di studi e di chiesa»:

> Ma un uomo di studi e di chiesa non è possibile che prenda dimestichezza ed abito a vivere fra negozi di stato. E al Segneri fu cagione di crudele infermità che, logorandolo a poco a poco, il condusse a tale che dal luglio del 1694 la sua guarigione parve disperata.[127]

Più che soffermarci, però, a discutere su questa ulteriore versione delle cause della morte di Segneri (cause che, come si vede, mutano ad ogni stagione e per ogni biografo), giova qui considerare che con la *Vita di Paolo Segneri scritta da Ferdinando Ranalli* siamo di fronte ad un'autentica consacrazione letteraria del personaggio, secondo una prospettiva ormai tendenziosa e mistificatoria, ben lontana da oggettive volontà di storicizzazione.

Una prospettiva che si estenderà anche nel Novecento, senza rinnovarsi sostanzialmente, chiusa tra la difesa ad oltranza dei portabandiera della letteratura religiosa e gli attacchi ridimensionanti di una linea idealista che ebbe illustri detrattori di Segneri in Croce,[128] innanzitutto, e poi in Momigliano[129] e in Flora[130] (ma ben più feroce, si ricorderà, era stata nel secondo Ottocento, per ragioni anche ideologiche, la critica di Ruggero Bonghi,[131] di Luigi Settembrini[132] e dello stesso De Sanctis).[133]

---

[127] *Ibidem*, p. IX.

[128] Benedetto Croce, *Storia dell'età barocca in Italia*, Bari, Laterza, 1929, pp. 438-39.

[129] Attilio Momigliano, *Storia della letteratura italiana*, Milano-Messina, Principato, 1962^8, p. 297.

[130] Francesco Flora, *Storia della letteratura italiana*, Nuova edizione riveduta e ampliata, Milano, A. Mondadori, 1953, vol. III, pp. 369-73.

[131] Nella sua *Lettera nona* (Stresa, 27 maggio 1855) il Bonghi, affrontando il «genere oratorio», arriva a criticare duramente Segneri accusandolo addirittura di «difetto di sentimento religioso»: «Chi ha la riputazione del più grande, il Segneri, è appunto il più profano. A leggere le sue prediche, io mi fo di lui un concetto come di un uomo a cui il Cristianesimo non paresse altro se non una cosa molto ingegnosa, che si prestasse bene a de' bei partiti di frase, e a degli argomenti arguti pro e contro. Dalle sue opere non avrei mai saputo cavare quello che poi ho sentito e letto: la santità della sua vita e la bontà del suo animo» (cfr. Ruggero Bonghi, *Perché la letteratura italiana non sia popolare in Italia*, Varese, Sugarco, 1993, p. 119).

III: LE BIOGRAFIE DI PAOLO SEGNERI

Sicché, se in un certo senso gli studi sulle opere segneriane (in particolare quelle oratorie, con la preminenza del solito *Quaresimale*) hanno pur visto qualche consistente progresso, chi tra gli studiosi di Segneri s'è occupato anche della sua storia umana e della sua personalità, dal Risi,[134] al Minozzi,[135] al Marzot,[136] non hanno fatto che riproporre le notizie della biografia ufficiale di Giuseppe Massei, leggendola a volte senza la necessaria acribia storica e puntando su formule complessivamente ancora accademico-letterarie — «il principe dell'oratoria sacra», «un classico della Controriforma» — che poco aiutano ad una nuova, più efficace riscoperta del personaggio e della sua autentica umanità (un'umanità che — dobbiamo riconoscerlo alla fine di questo percorso — ci pare fugacemente balenata solo nel primo ritratto che di Segneri fece il suo compagno di vita, Giovanni Pietro Pinamonti).

---

[132] Nel cap. LXXI delle sue *Lezioni di Letteratura Italiana*, dopo una serie di accuse al «gesuitesimo» che «annulla il volere, spegne l'affetto» e forma una «religione di testa, non di cuore», attribuisce la fama di Segneri alla «canonizzazione» degli Accademici della Crusca, ma, paragonandolo a Massillon, Bourdaloue, Bossuet, conclude che, mentre «nei francesi c'è pensiero proprio, sentimento vero, stile efficace; nel Segneri nessuno affetto, molte citazioni ed uno stile che non è sfrenato ed ampolloso ma artefatto di altro modo, a volte lisciato, a volte fiacco. I Francesi combattevano Calvino, il Segneri esponeva le dottrine ufficiali a Roma» (cfr. Luigi Settembrini, *Lezioni di Letteratura Italiana*, Firenze, Sansoni, 1964, vol. II, pp. 718-19).

[133] Pesantissima la valutazione letteraria di De Sanctis (Segneri è «stemperato, superficiale, volgare e ciarliero»), ma ancor più pesante è il giudizio morale: «Non mira efficacemente a convertire, a persuadere l'uditorio; non ha fede, né ardore apostolico, né unzione; non ama gli uomini, non lavora alla loro salute e al loro bene. Ha nel cervello una dottrina religiosa e morale d'accatto, ed ereditaria, non conquistata col sudore della sua fronte, una grande erudizione sacra e profana: ivi niente si muove, tutto è fissato e a posto» (cfr. Francesco De Sanctis, *Storia della Letteratura Italiana*, a cura di Niccolò Gallo, Torino, Einaudi, 1966, vol. II, p. 731).

[134] Nicola Risi, *Il principe dell'eloquenza sacra in Italia, Padre Paolo Segneri. Note biografiche a ricordo del terzo centenario della nascita, 1624-1694*, Bologna, Stamperia de' Sordomuti, 1924.

[135] Giovanni Minozzi, *Paolo Segneri*, Amatrice, Tipografia dell'Orfanotrofio, 1949.

[136] Giulio Marzot, *Un classico della Controriforma: Paolo Segneri*, Palermo, G.B. Palumbo, 1950.

In tale panorama critico ci pare dunque più che giustificata la protesta che il gesuita Domenico Mondrone ha posto alla base del suo importante profilo letterario segneriano contro la « tenacità, quasi concertata, con cui si deforma la fisonomia e l'opera » di questo che è « uno degli autori più discussi della nostra letteratura ».[137]

È indiscutibile che Paolo Segneri, per una nuova e più oggettiva valutazione, debba essere « inquadrato — come aggiunge padre Mondrone — nelle condizioni storiche in cui visse ed operò », superando « certi adombramenti formali, e più di tutto le prevenzioni accumulate su di lui ».[138] A patto però di non ricadere in un'incondizionata celebrazione di parte, in nuove formule (« un maestro di prim'ordine »),[139] o, peggio ancora, in una valutazione delle opere letterarie esclusivamente connessa alla ripristinata santità di una vita che in realtà è ancora tutta fondata sull'antica agiografia del Massei.

Proprio perché — come dice ancora Domenico Mondrone nella nota d'apertura del suo profilo — « se c'è un autore del quale è indispensabile conoscere la vita prima di giudicare l'opera, è proprio il Segneri »,[140] sarebbe quanto mai opportuno avviare una ricostruzione storica della sua esperienza biografica, con ricerche d'archivio e documentazioni che permettano di superare definitivamente ogni tentazione mistificatoria, letteraria o agiografica che sia.

È una necessità che già Mario Scotti aveva sottolineato quasi trent'anni fa,[141] ma che non ha avuto molto seguito, a parte la scoperta dei *Ragionamenti per la missione* (una sorta di prontuario per le prediche delle missioni rurali) fatta da Valerio Marucci nell'Archivio centrale dei Gesuiti[142] ed a parte gli ultimi studi del padre Armando Guidetti sul

---

[137] Domenico Mondrone, *Paolo Segneri*, in *Letteratura italiana. I minori*, vol. III, Milano Marzorati, 1961.

[138] *Ibidem*, p. 1760.

[139] *Ibidem*.

[140] *Ibidem*, p. 1751 nota 1.

[141] « In realtà, nonostante i contributi particolari, manca una biografia documentata del Segneri. Pare che attendesse a questo lavoro il gesuita A.M. Casoli, che aveva radunato vasti materiali. Ma, morto il Casoli, nessun altro ha continuato l'impresa » (Daniello Bartoli e Paolo Segneri, *Prose scelte*, cit., p. 484).

[142] Valerio Marucci, *L'autografo di un'opera ignota: le missioni rurali di Paolo Segneri*, in « Filologia e critica », anno IV, fasc. I, gennaio-aprile

metodo missionario di Paolo Segneri.[143]

Se, come dice Scotti, una « biografia documentata » di Paolo Segneri « rappresenterebbe un contributo anche alla conoscenza della vita religiosa e sociale italiana del Seicento »,[144] più specificatamente e più modestamente a me pare che molti nodi dell'opera di questo grande e popolare Gesuita potrebbero esser sciolti a beneficio non solo di una più ampia e precisa valutazione critico-letteraria, ma anche della conoscenza di una complessa personalità di religioso e di uomo.

Conoscenza che sarebbe alla fine di non poca utilità all'immagine della Compagnia di Gesù, che potrebbe indubbiamente trarre vantaggio dalla riscoperta delle tensioni e dei vivaci interessi che s'incentrarono nel tempo sui suoi figli, particolarmente su quelli che — come « il venerabile servo di Dio, padre Paolo Segneri » — furono consegnati alla storia da biografi troppo appassionati.

QUINTO MARINI
Università di Genova

1979, pp. 73-92.
[143] Armando Guidetti S.I., *Il P. Paolo Segneri*, in *Le Missioni popolari. I grandi gesuiti italiani*, Milano, Rusconi, 1988, pp. 104-27.
[144] Daniello Bartoli e Paolo Segneri, *Prose scelte*, cit., p. 484.

IV

LA SPIRITUALITÀ INQUIETA DI SUOR UMILIA GARZONI

Già immagino che in alcuni di voi sorgerà il famoso dubbio: suor Umilia Garzoni, ma chi era costei? E che cosa mai rappresenta di fronte alla figura statuaria di Paolo Segneri, denominato non a torto il Cicerone cristiano? Il mio compito sarà quello di farvi intendere e conoscere, quanto meglio possibile, il personaggio e la figura spirituale di questa umile Suora del convento di San Nicola di Lucca, vissuta nel XVII secolo, e il suo rapporto con il grande predicatore padre Paolo Segneri.[1]

A proposito di Lucca, viene alla memoria il passo dantesco del canto dei barattieri (*Inf.*, XXI, 36-40): « [...] O Malebranche, / ecco un delli anzian di Santa Zita! / Mettetel sotto, ch'i' torno per anche / a quella terra che n'è ben fornita: / ogn'uom v'è barattier, fuor che Bonturo ». Quello che a noi qui più interessa non è tanto l'accento satirico dei versi danteschi, quanto il ricordo di Santa Zita. Santa Zita era vissuta fra il 1218 e il 1272, nata in un villaggio vicino a Lucca ben quattro secoli prima della Suora. La sua figura ascetica ebbe molte virtù spirituali simili a quelle della Garzoni: questo è il motivo del suo richiamo alla nostra memoria. Infatti un biografo ci riferisce fra l'altro che Santa Zita « digiunava rigorosamente tutto l'anno [...] camminava a piedi ignudi, dormiva sulla nuda terra, e talvolta per delizia sulla tavola, portava una fune, sì strettamente cinta alle reni, che dopo la morte si trovò la corda entrata due dita nella carne [...]. La sua umiltà [un tema questo su cui più tardi ritorneremo] corrispondeva alle altre sue virtù ».[2] Ma

---

[1] Cfr. *Lettere inedite del padre Paolo Segneri della Compagnia di Gesù*, raccolte e pubblicate a cura di Giuseppe Boero, Presso G. Nobile Libraio-Editore, Napoli 1848.

[2] *Biografia Sacra: Vita de' Santi distribuita per tutti i giorni dell'anno raccolta dagli Atti de' Santi pubblicati dai PP. Bollandisti e da altri autori. Opera di un P. della Congr. dell'Oratorio*, tomo IX, mese di aprile, giorno 27, s.v. « S. Zita », Roma, Gio. Batt. Recht editore, 1836.

l'identificazione da parte del Poeta della città di Lucca con la santa sta a indicare il suo sdegno per tanti peccatori, cittadini di grado elevato, di fronte alla semplicità e alla pietà religiosa di Zita, che aveva trascorso la sua vita nell'attività di umile fantesca. Per noi l'accostamento con la monaca lucchese nasce da quella somma di virtù che unì spiritualmente a tanta distanza di tempo le due pie donne. E se Zita si conquistò larga fama, Umilia appare una personalità nascosta, dimenticata, la cui memoria risulta un simbolo di umiltà e di mortificazione grazie proprio all'opera del padre Segneri, che ha lasciato un significativo ricordo di lei.

L'editore delle lettere dirette a suor Umilia, il padre Giuseppe Boero (che le pubblicò a Napoli, nel 1848, in una *Raccolta di Lettere inedite del Segneri*) riferisce che poco dopo la morte dell'Autore la monaca aveva fatto una scelta di quelle lettere, come riferiva in una missiva, che aveva inviato ad un personaggio a noi ignoto, con la preghiera che le fossero poi restituite «per darle alle persone che me le chiedono per divozione», aggiungendo di averne bruciate molte. In quella lettera ricordava anche: «Io avrei molto da dire di lui, come di avermi profetizzato molti anni avanti che sarei Superiora e che sarebbe morto avanti a me, e molte altre cose che si son avverate».[3] Le lettere giunte fino a noi sono una sessantina, e vanno dal 7 marzo 1665 al 16 maggio 1694, cioè fin quasi alla morte del Segneri, avvenuta a Roma il 19 dicembre 1694. Come ben si comprende, in sostanza il materiale delle lettere dirette alla Garzoni appare piuttosto scarso, se si tiene presente che molti documenti andarono perduti probabilmente nello stesso convento. Tuttavia l'esigua quantità dei testi superstiti già di per sé fa supporre che dovesse esistere un ampio carteggio nei trent'anni di corrispondenza fra i due personaggi.

Noi non sappiamo nulla dei primi passi della vita di suor Umilia, neppure della sua fanciullezza o dell'adolescenza, o dell'ingresso nel convento lucchese come novizia. E dal carteggio è possibile dedurre che il rapporto epistolare non fosse soltanto molto ricco, ma anche complesso, non formale. Anche se molte delle lettere di suor Umilia al Segneri fino ad ora risultano del tutto perdute, certamente la figura del

---

[3] Cfr. suor Umilia Garzoni, lettera datata Lucca, 27 febbraio 1695, in *Lettere inedite del padre Paolo Segneri della Compagnia di Gesù*, cit., pp. 64-65 nota 1.

grande predicatore rivela nell'incontro con l'umile sorella un aspetto meno conosciuto della sua attività. Infatti occorre tener presente che qui appare evidente non tanto il personaggio famoso del predicatore, quanto quello del direttore spirituale, con una natura profondamente umana, che si trova a colloquiare con un'anima, come quella della monaca, agitata e penata di continuo, in cerca di tranquillità, ma piena di dubbi sul percorso da tenere nella sua perfezione spirituale: le ansie, le contraddizioni, la speranza di avvicinarsi a Dio ne distinguono la personalità. E il Segneri appare un santo vivente, ma anche un uomo che comprende le cadute e le incertezze della Suora, sebbene talvolta — ma di rado — sembri come infastidito. Il grande predicatore, in quanto uomo proteso nella via della salvezza, non può nascondere le proprie debolezze o insofferenze. Singolare è l'inizio della lettera scritta a Firenze il 26 novembre 1680:

> [...] Voi vorreste sempre i Padri spirituali a la cintola, e questo non può ottenersi. Bisogna saper nuotare ancora da sé, né aver subito a spaventarsi se manchi chi vi sostiene. Non avete dentro di voi Gesù Cristo? e che cercar di più?[4]

Qui il Segneri si rivela più intimo e persuasivo, di animo schietto, sagace osservatore del cuore umano, confortatore, uno che in realtà conduce un discorso diretto non alle folle ora plaudenti, ora flagellanti dei numerosi ascoltatori (peccatori e non), ma ad un solo corrispondente, e tuttavia non manca anche un interesse per gli altri, specie per le altre monache, le sorelle forse meno turbate ma più disciplinate di suor Umilia. Qui l'ufficio non è tanto quello di portare le anime alla fede, quanto piuttosto di comportarsi come un consigliere esperto e intelligente. E Segneri non si propone di avviare la propria discepola ad una sorta di misticismo sterile, piuttosto di guidare un'anima travagliata attraverso il grande insegnamento dell'umiltà. È questa appunto l'essenza dell'esempio e dell'insegnamento del Segneri ispirato dalle parole dell'evangelista Luca: « Qui se humiliat exaltabitur » (14, 11; 18, 14).

Scorrendo i vari documenti nella loro sequenza cronologica avvertiamo subito la spiritualità inquieta della Suora, insieme alla parola consolatrice, profondamente umana, del Segneri, che nella lettera del 10

---

[4] *Lettere inedite del padre Paolo Segneri della Compagnia di Gesù*, cit., p. 137.

febbraio 1665 informava Umilia di aver pregato « davanti la tomba di S. Antonio » ed approfittava per chiedere come augurio che « fossero del tutto svanite quelle tentazioni di diffidenza che v'ingombrano », concludendo con questa metafora: « dopo un pò di nuvolo sarà tornato il sole ». « Sapete che in ogni tempo bisogna cercare Dio dal chiaro all'oscuro ».[5] Metafora a lui cara, che ritroviamo anche in una lettera del 17 novembre 1673: « dopo un po' di nuvolo sarà ritornato il sole, così dopo le nuvole viene il sole più luminoso, o almeno più accetto ».[6] Ma questa, che in realtà costituisce una semplice mossa dell'oratoria, doveva significare agli occhi di suor Umilia già il segno del trapasso della fastosità della retorica sentimentale dell'epistolografia secentesca (a volte anche narrativa e spontanea) in sostanza autobiografica, che informa di un carattere ben definito ciascuna lettera, e attraverso la forza espressiva denota la personalità dell'Autore, il quale nonostante gli slanci — qui misurati — della propria fede, comunica una insuperabile malinconia che occupa l'atmosfera del narrato e accompagna l'itinerario verso la tanto desiderata unione con il Dio infinito, quale premio della propria condotta.

Ed ecco riaffacciarsi alla mente il tema dell'umiltà, come nella vicenda di Santa Zita, senonché in questo caso l'uso di una lingua comune non può far ignorare i richiami all'ampia cultura sacra di Paolo Segneri, sia pure espressi in forma modesta: alla monaca egli dice che non è il caso di approfondire i problemi dello spirito, « perché non avete dottrina »,[7] ma solo di essere ubbidiente alla regola conventuale. Di qui l'« ammaestramento » che rappresenta un soccorso per colei che vuole mantenere un continuo colloquio con Dio, per cui egli afferma: « mi rallegro che il Signore sia tornato sì lieto nell'animo vostro »; e le ricorda che deve essere sempre presente l'annegazione, o meglio « l'annegamento » in Dio che è al tempo stesso una negazione della « volontà », qualcosa che è « la maggiore conquista che possa farsi ».[8]

Agli ammaestramenti si accompagnano le voci di moderazione dei

---

[5] *Ibidem*, pp. 64-65.
[6] *Ibidem*, p. 118.
[7] *Ibidem*, p. 96 (S. Chiara, 29 novembre 1667).
[8] Cfr. *ibidem*, pp. 90, 93, 96, 117, 141 (Milano, 16 febbraio 1667; Ciciana, 6 agosto 1667; S. Chiara, 29 novembre 1667; Pisa, 20 marzo 1673; Firenze, 7 febbraio 1682).

fervori mistici, che si concretano in inviti ad attendere, ad avere pazienza, ad avere la capacità tutta umana di « aspettare », un'attesa che consente — a chi attende il Bene — di rincuorarsi, ed evita l'avvilimento e la sfiducia, anche quest'ultima un sentimento tipicamente umano. Le inquietudini premono il cuore di Umilia; ora è dubbiosa se sia il caso di comunicarsi ogni giorno, ora non sa se deve affaticarsi nei lavori conventuali, che potrebbero impedirgli di mantenere un rapporto continuo con Dio per mezzo delle orazioni e delle contemplazioni, ora invece è in ansia per il suo futuro, ora teme le tentazioni del Demonio, « il nimico »[9] che con somma facilità può impossessarsi delle anime deboli. D'altra parte è anche vero che Dio, agli spiriti profondamente tormentati dall'amore per Lui, dona insieme gioie e pene; ne consegue che occorre rifugiarsi nelle « derelizioni »,[10] abbandonarsi completamente a Lui, nell'angoscia disperata della vana attesa. Ma spesso il colloquio impostato sulle disillusioni provate nel non poter raggiungere il Paradiso si fa più drammatico, mentre la parola profondamente umana del direttore spirituale insiste sull'opportunità « di aspettare che il Signore vi chiami », e suggerisce di « sottomettere in tutto la volontà alla disposizione divina ».[11] Le lezioni su questo argomento ritornano continue e insistenti, ma non ripetitive. Deve cercare Dio « al chiaro e allo scuro », accrescere l'unione spirituale con Lui, impegnare se stessa e tutte le Suore ad amare il Signore: « la vostra vita non ha altro da essere se non aspettare perpetuamente il Signore », e facendo un'eco lontana alla dottrina del probabilismo: « Se poi il Signore vi tira a sé è difficile ripugnarli, massimamente ch'io non credo che una tal quiete vi nuoca alla sanità ».[12] Ma ecco ancora la voce consolatoria e pacificatrice di uno spirito tormentato: « i due dubbi che vi angustiano sono fatti dal volere a tutti gli straordinari dar frutto di voi medesima ».[13] E ancora:

> della varietà che trovate nella vostra anima, ora consolata, ora afflitta, non dovete meravigliarvi. Dice Santa Teresa che il mal sarebbe quando l'anima stesse sempre a un modo, perché quello sarebbe un modo sospetto, altero, che, come nella natura ha voluto il Signore che vi sia

---

[9] *Ibidem*, p. 158 (Firenze, 9 novembre 1686).
[10] *Ibidem*, p. 110 (Piacenza, 10 maggio 1670).
[11] *Ibidem*, p. 146 (Missioni di Bologna, 20 maggio 1683).
[12] *Ibidem*, p. 118 (Parma, 17 novembre 1673).
[13] *Ibidem*, p. 149 (Firenze, 17 febbraio 1684).

giorno e notte, così è anco nella grazia.[14]

Attraverso queste lezioni avvertiamo che l'umanità del Segneri si rivela sempre in ogni momento composta ed equilibrata; la capacità di contemplare e giudicare gli atti umani nel quotidiano, giorno per giorno, si arricchisce e si varia andando incontro alla personalità dell'individuo che in lui si rifugia e confida.

Appare evidente come non sia mai assente, tuttavia, insieme ad una salda struttura logica, la capacità di rappresentare i dati della realtà psicologica, in queste prose, fenomeno che accade più spesso quando, sia pure sinteticamente, l'Autore si sofferma sulle pratiche ascetiche, tendenti a dominare gli impulsi almeno apparentemente disordinati di suor Umilia, in realtà sempre diretti alla perfezione spirituale, com'è nel caso delle mortificazioni.

Qui il discorso si appunta infatti sul principio che la prima cosa su cui dobbiamo mettere gli occhi, per mortificarla e sradicarla da noi, è proprio quella passione predominante che in certa misura fa deviare anche i fervori ascetici. È necessario, scrive Segneri, darsi « il torto in tutte le cose »,[15] mettendo in evidenza in qualche modo gli sforzi di suor Umilia, che va protestando per supposte ingiustizie commesse nei suoi confronti, per cui risulta utile soffrire le mortificazioni esterne, distinguendole da altre ricevute quotidianamente. Comunque occorre possedere un chiaro senso della vita scelta, particolarmente dalle persone spirituali, trattando con riguardo la propria salute fisica, che è appunto un dovere anche dell'individuo teso all'incontro sempre più stretto con Dio: « il corpo è servo, e però bisogna farlo faticare, ma sostenerlo; e bisogna tenerlo basso, ma non ucciderlo »,[16] concetti che non si riferiscono solo a Segneri, ma in primo luogo alla stessa corrispondente. E il padre ben conosce a quali fatiche e sofferenze sottopone se stesso, anche durante le Missioni, insistendo su quelle che chiama mortificazioni esterne che a volte si manifestano appunto attraverso supposte ingiustizie e patimenti, ricordando alla discepola « di dar sempre a voi torto, all'altre ragione, che però scusate ancora sempre quelle che disapprovano l'azioni o vostre o delle vostre compagne, né mai con chi vi sia vi scappi di bocca che vi perseguitano, che v'invidiano o altro somigliante vo-

---

[14] *Ibidem*, p. 154 (Firenze, 27 dicembre 1685).
[15] *Ibidem*, p. 90 (Milano, 16 febbraio 1667).
[16] *Ibidem*, p. 67 (Padova, 14 aprile 1665).

cabolo ».¹⁷ C'è in sostanza un discorso semplice, ma ricco di sapienza popolare, che deriva dall'esperienza ma anche dalla preparazione culturale del Gesuita, che parafrasa, spiega, commenta senza esplicitarle le testimonianze antiche e moderne da San Girolamo a San Giovanni della Croce, a San Vincenzo de' Paoli. Si avverte di conseguenza un rapporto costante fra l'esiguità delle pagine e il valore simbolico della loro significanza, senza quasi mai far apparire l'attrito fra la vita quotidiana e l'intensa aspirazione « a farsi santo ».¹⁸ Si attua così uno scambio ininterrotto di esperienze, segnalate indirettamente nei colloqui fra lei impegnata nella vita contemplativa e lui occupato con estremo fervore nelle sue Missioni a Milano, a Padova, a Piacenza, a Ferrara ed in tante altre piccole o grandi città, di lei che vive negli spazi ristretti e limitati di un convento, e di lui impegnato nelle prediche affollate di gente del mondo, di lei che vive i problemi di una piccola comunità, dove ciò che conta e che crea qualche diversivo sono « le avversioni delle altre »,¹⁹ la condizione di « serva di strapazzo »,²⁰ l'occasione di ricevere mortificazioni in qualunque luogo del convento come nel refettorio, l'assoggettamento completo alla volontà altrui.²¹ « Abbandonatevi in mano alla Superiora quale corpo morto » egli dice, « e sappiate che ciò più vale di tutte l'estasi, che forse in altre invidiate »,²² poiché questa è l'unica strada per farsi santa.

Insomma la lezione del direttore spirituale si sviluppa su tanti temi a guisa di diario, in una parafrasi continua delle Sacre Scritture, attraverso lo scindersi dei pensieri, i primi piani della figura del Cristo, le rappresentazioni delle inquietudini e delle consolazioni. Così in mezzo alle parole consolatrici ed esortatrici del Padre vengono alla luce gli oggetti del mondo, l'albero della fonte, l'aria della torre, i momenti del tempo, la notte oscura, l'aurora, ma anche gli animali come l'asinello che « per la debolezza non può più reggere al peso » che « non bisogna volerglielo fare tutto portare a sua marcia a forza, ma ristorarlo tanto che rinfranchi le forze »,²³ con un'immagine popolare che dà nuovo colore a

---

[17] *Ibidem*, p. 90 (Milano, 16 febbraio 1667).
[18] Cfr. *ibidem*, p. 104 (Mantova, 6 febbraio 1669).
[19] *Ibidem*, p. 111 (Piacenza, 3 luglio 1670).
[20] *Ibidem*, p. 93 (Ciciana, 6 agosto 1667).
[21] Cfr. *ibidem*, p. 131 (Lucca, 15 novembre 1677).
[22] *Ibidem*, p. 130 (Pisa, 10 aprile 1677).
[23] *Ibidem*, p. 145 (Firenze, 6 febbraio 1683).

questo umano insegnamento della virtù. In questa maniera l'ardore spirituale, il fuoco d'amore, l'esperienza mistica si incentrano in un'aura terrestre, nel tentativo di rendere più umana l'elevazione a Dio. Il predicatore che aveva dovuto ora con dolcezza ora con severità spronare i peccatori, dalla natura diversa e talvolta riottosa, doveva con suor Umilia tenere presenti le leggi claustrali, la regola, al di là della propria personale cultura, doveva dimostrare una preparazione spirituale e teologica, insistendo su argomenti fondamentali come quelli della perfezione o della mortificazione, o quello dell'umiltà, espresso, invocato e commentato, ripetuto con affermazioni in apparenza disperse e isolate, ma mai dimenticate o interrotte, che si accumulano nelle varie pagine, con semplici formule espressive, termini di confronto, voci di natura popolare. È qui che si fa palese l'esperienza mistica consapevolmente sofferta dei due personaggi, sempre nella ricerca dell'unione con Dio, attraverso una sapiente e delicata tonalità della narrazione, senza fronzoli o vacue preziosità lessicali. Proprio nelle affermazioni sull'umiltà, che richiamano maggiormente la nostra attenzione, si rivela una rigorosa concatenazione logica, nella quale emerge dapprima l'impulso, poi fa seguito l'anelito, ed appresso il fervore, spicca la matura introspezione, il severo riordinamento, l'indugio delle analisi, quindi lo stile e l'eco delle prediche riprendono voce in forma sintetica, con una più incisiva forza conoscitiva.

Aveva detto Sant'Agostino che l'umiltà è il fondamento di tutte le virtù, e più tardi San Bernardo aveva parlato lungamente dell'umiltà. La tradizione cristiana ne aveva fatto un principio fondamentale per il perfezionamento spirituale, tanto che Tommaso da Kempis aveva scritto che « le persone umili, che si tengono basse in se stesse ed amano esser tenute dappoco e disprezzate dagli altri, piacciono sommamente a Dio » con un tono mistico denso di affetto, che si fonda sull'amore e sulla grazia, per raggiungere uno stretto rapporto interiore con Dio. Volendo, potremmo ricordare uno stuolo di religiosi e di santi che hanno sperimentato la via dell'umiltà quale mezzo più idoneo a vincere passioni e dubbi. Segneri, seguendo in parte la tradizione, svolge con molto garbo il suo metodo persuasivo di fronte alle debolezze di suor Umilia, incitandola ad esercitare senza indugi l'umiltà, poiché è necessario, invece di affliggersi e lamentarsi inutilmente, conservare sempre una « cordiale umiltà »;[24] e cade a proposito l'occasione di sottolineare l'aggettivo « cordiale » in una prosa nella quale non abbondano gli aggettivi. « Cordiale » è una voce viva nel Trecento, ma più usata proprio nel Seicento e vale « di cuore, che viene dal cuore, affabile, commosso, sentito profondamente e intimamente »; quindi la « cordiale umiltà » è un sentimento che allo stesso tempo permette di frenare ogni grandezza e indica certe limitate facoltà umane. Nel Trecento a Faenza era vissuta una badessa, analfabeta, autrice di modeste opere spirituali, ed aveva condotto umilmente la propria vita, appunto operando con umiltà, così da acquistarsi il nome di Santa Badessa; ed Umilia doveva comportarsi nello stesso modo con le proprie sorelle, secondo quello che Segneri le scriveva: « Siate umile, facendo alle più vecchie tutti quegli atti di carità che potete, perché questo è adempire alla legge di Cristo ».[25] « Esaltandovi in prove di continua umiltà e di umiliazione, abbracciando volentieri quelle occasioni che Dio vi manda, potrete patire presso altri di qualche discredito ».[26] Ma ciò non conta; e Segneri insiste nel chiedere il rispetto della « cordiale umiltà » così interna che esterna. E ancora: « Fatevi santa » perché a ciò conviene aspirare, ma questa è una meta che può essere conseguita solo « umiliandosi ».[27] D'altra parte San Bernardo aveva pure detto che tutti quelli che hanno voluto veramente arrivare al possesso dell'umiltà si sono dati interamente all'esercizio delle umiliazioni, perché sapevano che quella era la via più spedita e più corta. E il Segneri avvertiva suor Umilia di tenersi sempre forte nell'umile cognizione di se stessa, ciò che è la base dell'edificio spirituale. E tali continue lezioni di umiltà sono l'essenza dell'arte di queste semplici prose.

Il modo di esprimersi di Segneri è sempre denso e conciso, con una tendenza evidente alla concentrazione e alla rapidità, ad un vigore espressivo che vuole nel felice tessuto prosastico riuscire persuasivo, ma breve. Non troviamo nelle lettere lungaggini o enfasi, né abbandoni o indulgenze nelle esortazioni o nelle esclamazioni ammirative. La sostanza dei discorsi riposa su opinioni ben meditate, non bisognose di commenti, dando origine a un dialogo fra due solitari che concordano

---

[24] *Ibidem*, p. 90 (Milano, 16 febbraio 1667).
[25] *Ibidem*, p. 105 (Ferrara, 25 marzo 1669).
[26] *Ibidem*, p. 65 (Padova, 10 febbraio 1665).
[27] *Ibidem*, p. 104 (Mantova, 6 febbraio 1669).

nel riconoscere che la via della santa umiltà è la strada da percorrere per raggiungere la beatitudine di servire e patire con Cristo.

Ma se è vero che l'umiltà è uno dei tratti distintivi dell'interiorità segneriana, è anche vero che altri motivi non meno interessanti, legati all'esperienza e all'attività dei Gesuiti, fanno spicco nelle lettere, come quelli dell'orazione, della penitenza, della salute fisica, della vita attiva di un convento di suore, o dell'opera di promozione dello stesso direttore spirituale. Né dobbiamo dimenticare l'equilibrio e la moderazione di questo severo ma umano sacerdote, che prosegue anche all'interno del convento la sua opera di missionario. Alla fine di ogni lettera domanda di pregare per lui, di aiutarlo a redimere i propri peccati, affinché con l'aiuto di Dio egli ottenga il profitto delle sue azioni spirituali: « Si avvicina per me il tempo delle fatiche » (cioè delle missioni); « Pregate Iddio che tutte debbano riuscire a sua gloria ».[28] « [...] Giacché voi dite che il Signore vi concede quanto voi gli sapete chiedere,[29] chiedetegli che mi faccia suo vero servo a dispetto della mia infedeltà, e della mia ingratitudine ».[30] « [...] Piuttosto vorrei che mi contentaste, tutto che da lontano, di aiutarmi presso il Signore, che vi concede tutto, non bramando altro che risorgere dalle mie iniquità ».[31] E di nuovo torna in modo incisivo il sentimento dell'umiltà, e l'invito a suor Umilia a pregare per lui « perché m'impetri che Dio mi dia luogo nella gloria del Paradiso ».[32]

Accanto a queste affermazioni ritornano gli ammaestramenti e le esortazioni fondamentali a dirigere la condotta di vita di suor Umilia. Cominciamo dall'esercizio della preghiera, individuale (o mentale) e collettiva: le orazioni. Si tratta di istruzioni ben precise, che guidano all'elevazione verso Dio, istruzioni che suor Umilia deve seguire, se vuole veramente raggiungere il fine di « farsi santa »,[33] ma anche in questo caso operando con discrezione, senza lasciarsi trascinare da pe-

---

[28] *Ibidem*, p. 65 (Padova, 10 febbraio 1665).
[29] Con queste parole Segneri si riferisce ai momenti della contemplazione e delle visioni. Cfr. *ibidem*, p. 109 (Missioni di Piacenza, 5 maggio 1670).
[30] *Ibidem*.
[31] *Ibidem*, p. 153 (Firenze, Sabato Santo del 1684).
[32] Cfr. *ibidem*, pp. 169, 189 (Firenze, 13 novembre 1689; Roma, 25 aprile 1693).
[33] Cfr. *ibidem*, pp. 104, 140 (Mantova, 6 febbraio 1669; Missioni di Bologna, 6 settembre 1681).

ricolose fantasie, seguendo piuttosto le norme stabilite dal Concilio Tridentino per non cadere in gravi errori: « E solo per vostro ammaestramento avvertite di non fondarvi nell'orazione, se non su quelle verità che son di fede e come tali assai note ».[34] D'altra parte nel vangelo di Luca si legge: « oportet semper orare et non deficere » (18, 1). È evidente che non esiste uno strumento migliore della preghiera, e pertanto dobbiamo concepirne stima grande e grande amore, ed usare ogni diligenza per farla bene. E Segneri fa eco all'evangelista quando scrive: « Desidero poi che mi diciate [...] le grazie che il Signore, come voi affermate, vi comunichi nell'orazione ».[35] Talvolta la natura di Umilia le fa sorgere dubbi e inquietudini, ma ecco che subito corre in aiuto il direttore spirituale, ammonendola: « solamente avvertite di non andare a bello studio ricercando nei libri se ritrovate i vostri modi conformi a quelli che si leggono di più anime sante, perché potete in ciò correre dei pericoli ancor grandi ».[36]

Fra i problemi che il Segneri dovette affrontare nelle *Lettere* fu anche quello delle penitenze, cioè quelle opere che giovano a raggiungere la perfezione spirituale attraverso l'espiazione del peccato e la repressione degli istinti peccaminosi. La parola penitenza indica per via di sineddoche un cordiglio fornito di nodi e usato quale rozza cintura o come cilicio.[37] Suor Umilia ha bisogno di essere guidata anche in questi esercizi di purificazione. D'altra parte delle pratiche penitenziali di Segneri ci riferisce ampiamente il padre Pinamonti nella sua *Lettera al Padre Rettore del Collegio di Firenze sopra le virtù del Padre Paolo Segneri, scritta dal Padre Giovanni Pietro Pinamonti per commissione di Cosimo III*,[38] in cui si legge:

> Quanto alle Penitenze, domandò allora al suo confessore la licenza di poterne far tante, quante egli stesso prudentemente giudicasse di poter sopportare senza pregiudizio delle forze necessarie per il suo impiego, e

---

[34] *Ibidem*, p. 96 (S. Chiara, 29 novembre 1667).
[35] *Ibidem*, p. 109 (Missioni di Piacenza, 5 maggio 1670).
[36] *Ibidem*, p. 136 (Firenze, 15 febbraio 1680).
[37] Cfr. *ibidem*, pp. 148, 157, 158 (Firenze, 27 novembre 1683; Firenze, 19 ottobre 1686; Firenze, 9 novembre 1686).
[38] *Lettere inedite di Paolo Segneri al Granduca Cosimo terzo, tratte dagli autografi*, a cura di Silvio Giannini, Firenze, Felice Le Monnier, 1857, pp. XXXIX-LX.

con questa licenza prese a farne molte, come dirò.³⁹

Apprendiamo infatti che « faceva d'ordinario più d'una volta il giorno la disciplina »⁴⁰ (cioè un fascio di funicelle, o cinghie o fili di metallo intrecciati usati per percuotere il corpo), e « su gli ultimi anni la faceva ogni dì tre volte, la mattina, il giorno e la sera »,⁴¹ ripetendo « in queste flagellazioni [...] le parole del *Dies illa* ».⁴² E il lettore, seguendo il racconto del biografo, scopre che questa disciplina era per il Segneri la più lieve, perché egli era solito seguire altre pratiche ben più dolorose.

Le lettere riecheggiano quei comportamenti, ma documentano anche le abitudini della Suora. E qui senza alcuna indulgenza a forme barocche, in un procedimento di condensazione di norme ben precise, nella preoccupazione di aderire alle richieste della Suora ricca di fervore, rigidamente decisa a percorrere la via della perfezione nella dedizione a Dio, senza dimenticare tuttavia che si trova di fronte a una persona dalla salute inferma, il rigido penitente Segneri, consapevole della durezza di certi esercizi, sceglie di raccomandare un indirizzo di condotta più umano. Con espressioni incisive e più idonee egli intende frenare e limitare le pratiche penitenziali, a tutela della salute fisica della Suora, a rischio di produrre risposte negative di suor Umilia o giudizi contrari da parte delle consorelle. Ecco che il confessore ha stabilito norme precise, e Segneri afferma che ha fatto bene « a non vi concedere di andare scalza in questi tempi freddi, perché questa penitenza è di natura contraria alla vostra disposizione di idropisia [...] ».⁴³ « Le discipline fatele, ma senza effusione di sangue ».⁴⁴ « Quanto alla penitenza il signor Primicerio fa bene a tenervi a briglia corta ».⁴⁵ « Alla brama che vi accende, [...] di far penitenza corporale, soddisfate con la disciplina solita d'ogni giorno, e state sana ».⁴⁶ Occorre però esortare la Suora con indicazioni convincenti, e così afferma pure che « le fatiche sono invece le

---

³⁹ *Ibidem*, p. XLI.
⁴⁰ *Ibidem*, p. XLII.
⁴¹ *Ibidem*.
⁴² *Ibidem*, p. XLIII.
⁴³ *Lettere inedite del padre Paolo Segneri della Compagnia di Gesù*, cit., p. 117 (Pisa, 20 marzo 1673).
⁴⁴ *Ibidem*.
⁴⁵ *Ibidem*, p. 132 (Firenze, 7 gennaio 1679).
⁴⁶ *Ibidem*, pp. 133, 136 (Firenze, 5 agosto 1679; Firenze, 15 febbraio 1680).

vere penitenze, e piacciono a Dio ».[47] « Rompete la vostra volontà negli eccessi a cui vi trasporta ad un fervore di penitenza inconsiderato ».[48] L'accenno alle « fatiche » ci introduce nella vita del convento, dove una Madre Priora segue Umilia, convinta anch'essa che le fatiche suppliscono le penitenze, e sono più care a Dio perché al confronto rappresentano un « debito d'ufficio ».[49] E viene ribadito spesso il medesimo concetto, con una particolare attenzione al rispetto della salute fisica, con un'esplicita volontà di convincere la corrispondente senza deluderne le attese, con una sottile descrizione del tipo di discipline e l'indicazione di quelle che suor Umilia non deve fare:

> [...] nelle penitenze lasciatevi regolare dal P. Confessore, ma anteponete a questa il far bene all'ufficio vostro, e però lasciate star quelle che ve lo impedirebbero, come sono il perder sonno la notte, ed altre cose tali. Il cilicio non è per voi, fate la disciplina, ma non a sangue. Se quella che già riceveste è già sì logora, è perché voi non l'avete incerata bene prima di porla in opera. Quelle di corde di liuto presto rompon le carni, e però non si possono adoprare continuamente.[50]
>
> Io ho consegnato tuttavia per voi al P. Pinamonti che vien costì, la disciplina tante volte richiestami di funicelle ritorte che meno offende [...].[51]

Ancora una volta ci troviamo di fronte a un'umile prosa, freddamente condotta, elementare nella sua rappresentazione, nuda e schietta, come si rileva dall'umano impulso di elevazione che le è sotteso.

Seguendo le lettere abbiamo potuto scrutare l'anima di suor Umilia Garzoni attraverso la testimonianza diretta del Segneri. Ci siamo serviti della storia di un'anima, senza le risorse di fonti letterarie. Tuttavia penso che qualcosa si possa ricavare da questo semplice materiale. Abbiamo visto come qui prevalga un discorso legato ad una lunga tradizione spirituale, di tono popolare; e abbiamo avvertito che quando di cultura si deve parlare bisogna riferirsi alle Sacre Scritture, alle biografie dei santi, alla tradizione ascetica della perfezione cristiana.

Dal lato umano l'arte della parola, spoglia e disadorna, ci mette di

---

[47] *Ibidem*, p. 137 (Firenze, 16 luglio 1680).
[48] *Ibidem*, pp. 137-38 (Firenze, 26 novembre 1680).
[49] *Ibidem*, p. 150 (Firenze, 17 febbraio 1684).
[50] *Ibidem*, p. 132 (Firenze, 5 agosto 1679).
[51] *Ibidem*.

fronte a due anime che vivono intensamente la loro vita spirituale, in una dimensione impenetrabile alla cultura moderna, mentre le operazioni divine che le impegnano suscitano una desolante nostalgia, e tuttavia per un attimo offrono alla vista uno spiraglio di salvezza e di pace per i nostri comuni affanni.

AULO GRECO
Custode generale dell'Arcadia

V

PAOLO SEGNERI « RECENSITO »

A una storia della fortuna del Segneri questa comunicazione offre non più di qualche postilla marginale per quella parte che riguarda i giornali eruditi italiani ed europei tra il 1665 e il 1720 circa.[1] La storia editoriale del Segneri coincide più o meno con quella dei giornali: nel 1664 escono i *Panegirici sacri*; nel '65 comincia il « Journal des Sçavans », che quell'opera recensirà[2] molto più tardi, nel 1704, nella versione latina di Maximilian Rassler S.I. e con l'occhio rivolto più al traduttore che all'autore.

Può sembrare inesplicabile che nessuno scritto segneriano sia segnalato o discusso nei giornali romani del Nazari e del Ciampini; e per quanto sta in noi, non tenteremo spiegazioni di sorta, salvo il rilievo della scarsa simpatia che i compilatori di questi periodici nutrirono per la Compagnia di Gesù. Nel bel libro di Jean-Michel Gardair sul gior-

---

[1] Lo spoglio (che è integrale per i giornali stranieri, nell'ambito di una esplorazione a tappeto della presenza che vi ha la cultura italiana) riguarda un nutrito gruppo di periodici. Segnalo con un asterisco quelli nei quali l'opera del Segneri ha lasciato tracce: il « Journal des Sçavans » (1655 e sgg. *), le « Philosophical Transactions » (1665 e sgg.), il « Giornale de' letterati » romano (1668 e sgg.), nelle due distinte serie del Nazari e del Ciampini e nella ripresa parmense e modenese (1686-1690 e 1692-1697) del padre Bacchini (*); gli « Acta Eruditorum » di Lipsia (1682 e sgg. *); le « Nouvelles de la Republique des lettres » (1684 e sgg.); la « Bibliothèque universelle et historique » (1686 e sgg.); l'« Histoire des ouvrages des savans » (1687 e sgg. *); la « Synopsis Biblica » (1692 e sg. *); la « Galleria di Minerva » (1696 e sgg. *); i « Memoires de Trévoux » (1701 e sgg. *); la « Bibliothèque choisie » (1703); il « Giornale dei letterati d'Italia » (1710 e sgg. *), la « Bibliothèque ancienne et moderne » (1714); la « Bibliothèque Italique » (1728 e sgg. *).

[2] Il termine di « recensione » si usa per pura comodità: esso non rende la varia tipologia degli articoli sei-settecenteschi e non appartiene comunque in nessun modo al lessico giornalistico del tempo.

nale romano[3] il nome del Segneri non compare in nessuno degli indici; e neppure viene registrato in un esemplare lavoro di Giorgio Panizza.[4]

La prima recensione è comunque italiana (e tempestiva): è del « Giornale de' Letterati » del Bacchini[5] e riguarda *Il Cristiano istruito nella sua legge. Ragionamenti morali*, opera stampata quell'anno stesso a Firenze nella Stamperia di Sua Altezza Serenissima. Segneri incarnava bene la sostanza ideale del programma letterario bacchiniano: il suo *Quaresimale* « può servir d'Idea della vera cristiana eloquenza ». Bacchini ama l'opera (mi si passi la formula) che non è solo un libro ma anche un'azione; e in tal modo va tracciando il disegno della esigua ma coerente biblioteca letteraria del cattolico, impegnato, certo, nella difesa e propagazione della sua fede ma anche, e non separatamente, nella verifica etica e intellettuale della qualità di quella fede.[6] Il libro del Segneri perfettamente rientra in un sistema primario di formazione dell'intellettuale cristiano, perché fornisce quelle cognizioni che tanto più dovranno apprezzarsi, « quanto più renderanno la Volontà innamorata del vero bene e nemica del vero male, scoprendo chiaro l'uno e l'altro all'Intelletto ». Queste sono le cognizioni degne del letterato cristiano, « perché più immediatamente dell'altre coll'erudire l'Ingegno, ammaestrano la Volontà ».[7] Ma l'accento posto sul ritrovamento di materie « gravi e cristiane », che è criterio centrale del giudizio letterario del Bacchini, nulla toglie all'esattezza e alla pregnanza del giudizio formale, che si potrà assumere come falsariga di tutte le successive valuta-

---

[3] *Le « Giornale de' Letterati » de Rome (1668-1681)*, Firenze, Olschki, 1984.

[4] Si tratta di una tesi di laurea: *Il « Giornale de Letterati » (1668-1681). Indagine sulla pubblicistica letteraria del '600*, Università di Pavia, a.a. 1979-80 (relatore Dante Isella).

[5] « Giornale de' Letterati », 1686, fasc. XI, pp. 165bis-167bis [ma 171-173].

[6] Per questa formula e per qualche ulteriore osservazione sul Bacchini recensore di letteratura mi permetto di rinviare a un vecchio articolo, *Letteratura e giornali dei letterati (1668-1710)*, nel miscellaneo *Scienza e letteratura nella cultura italiana del Settecento*, a cura di Renzo Cremante e Walter Tega, Bologna, Il Mulino, 1984, pp. 366-69.

[7] Nella trascrizione dei testi intervengo assai moderatamente: regolo lo scambio *u/v*, la *-ti-*, *-tti-*, elimino l'*h* superflua, normalizzo l'uso dell'accento e dell'apostrofo e intervengo sull'interpunzione. Non invece sull'uso delle maiuscole, che non è mai particolarmente esorbitante.

zioni giornalistiche:

> Lo stile è piano e intelligibile, ma però proporzionato alla Maestà delle materie che si trattano. Per non esser questi discorsi da Pulpito, ma Ragionamenti famigliari, in vece delle figure concitate & enfatiche, che sarebbero state poco a proposito, ha procurato di dare una tale vaghezza agli stessi Ragionamenti, con varie similitudini, con diversi essempi e con erudizioni, il che usato ne' luoghi proprij, serve d'alettamento per udire la verità.

Il giornale del Bacchini tornerà quattro anni dopo su una nuova opera del Gesuita, ma intanto Segneri entra in Europa attraverso il più sistematico e rigoroso periodico continentale, i lipsiensi « Acta Eruditorum » che nel gennaio 1687[8] danno un rendiconto puntigliosamente, se posso dire, fattuale della *Concordia tra la fatica e la quiete nell'orazione* nell'edizione bolognese di Giovanni Recaldini dell'81 (e si noti il forte, e comunque inusuale al giornale tedesco, scarto cronologico). L'estratto considera dapprima questioni di terminologia (*oratio*, *labor*, *quies* vanno letti secondo la nomenclatura dei mistici) e traccia un energico schizzo storico del rapporto Mistica-Scolastica, reso più difficile e conflittuale « post Reformationem religionis, ante annos hos centum & septuaginta » (e si va dritti alle novantacinque tesi di Wittenberg); essendo sospettosi i Protestanti (tra i quali peraltro non mancano teologi mistici come Taulero e altri, come Valentinus Weigelius, « ultra limites sobriae Theologiae evagati »), ed inclini invece i Cattolici a potenziare il discorso su meditazione e contemplazione, con la nota che le donne — e si fa il nome di Teresa del Carmelo — hanno emulato « industriam aut sanctimoniam » degli uomini. Conflittuali peraltro le posizioni anche all'interno del campo cattolico: l'opera del Segneri nasce in contrapposizione con la *Guida spirituale* del Molinos e il recensore ne nota l'estrema durezza: « Maxime vero c. 12 invehitur in audaciam scribentis: *quid opus est continuo pasci nos mysteriis, miraculis, verbis Jesu Christi? alimenta quidem illa sunt animarum, sed non vita* ». Il recensore (protestante) è evidentemente preoccupato di restare nei termini di un giudizio equanime, che però deve sembrargli possibile solo se il discorso sul libro vien inscritto in una complessa rete di relazioni.

Negli anni successivi gli « Acta Eruditorum » registrano due volte il

---

[8] Pp. 19-26.

nome del Segneri, segnalando, nei *Libri novi* dell'ottobre 1687,[9] *Il Cristiano instruito nella sua legge* nell'edizione veneziana del 1687 (del non nominato Baglioni?), libro che non verrà però recensito in seguito, e, tra i *Libri novi* del giugno 1690,[10] *L'incredulo senza scusa*. Quest'opera, uscita nel 1690 a Firenze per i tipi della Stamperia Granducale, suscita curiosità. Nell'unica menzione dedicata al Segneri, il giornale di Henri Basnage de Beauval, l'« Histoire des ouvrages des Savans », ne dà notizia negli *Extraits de diverses lettres*,[11] trascrivendo (e deformando nel punto più delicato) una comunicazione del Magliabechi: « Il Padre Seigneri hà quà dato in luce il seguente suo nuovo libro, l'*Incredulo senza senso*, dove si dimostra che non può non conoscere quale sia la vera Religione, chi vuol conoscerla, 1690, *in 4* ».[12] Nel marzo di quell'anno stesso ne aveva dato conto — con una apparenza di tempestività che forse non va esagerata: i fascicoli uscivano normalmente in ritardo — il « Giornale » del Bacchini.[13] La recensione è condotta sull'edizione bolognese di Giulio Borzaghi e il libro è dichiarato « ormai notissimo, come che subito uscito ristampato ben due volte & avidamente preso e letto ». Ancora una volta il Bacchini sembra interessato principalmente a un discorso sul metodo prima che sul merito: essendo il libro ottimo per la materia ma anche più per la *maniera* con cui si tratta il dogma. Il lettore può scorgere la *credentità* (« come la chiamano », postilla Bacchini con evidente presa di distanza) della fede cattolica, ma la vede esposta « con giudiciosa economia, con trascielta prudentissima degli argomenti & applicazione degli stessi agli stati diversi di persone con cui può parlarsi; con elocuzione forte e vigorosa; con istile limpido e nobile; e con proprietà e pulizia della Toscana favella ». Ancor si resta nell'ambito del metodo quando il recensore si sofferma sulla *ratio* concettuale che sottende il libro e ne governa l'argomentazione a favore della verità della confessione romana nel riscontro delle « tre maniere di infedeltà » (degli eretici, degli Ebrei, dei pagani, ai quali sono annessi i Turchi); e quando nota che « con sommo giudicio » l'autore sa scegliere gli argomenti, disponendo « con un ordine naturalissimo » i più

---

[9] P. 591.
[10] P. 319.
[11] P. 535.
[12] *Ibidem*.
[13] Pp. 57-59.

atti a persuadere, senza curarsi troppo di recarne di diversi da quelli già proposti, « poiché effettivamente il portarne riuscirebbe inutile, e forse pericoloso ». Nei limiti di questa rassegna, è probabilmente temerario voler interpretare quel « pericoloso », ma sembra giusto rilevarvi almeno la presa di distanza da un controversismo cavilloso e fallace, distanza che il benedettino avrebbe anche più decisamente marcato, ad esempio, dedicando ben sedici estratti delle ultime due annate del suo giornale (1696 e 1697) alla *Responsio* del padre Papenbroeck alle « acrimoniose censure » del P. Sebastien de Saint-Paul.

Che l'*Incredulo* fosse opera spigolosa, destinata a muover le acque, già si ricava dal pur equilibrato rendiconto bacchiniano, e se ne ha conferma, l'anno dopo, nell'estratto degli « Acta Eruditorum »,[14] che segue puntigliosamente l'ordito dell'opera segneriana, con sistematico rinvio di pagina marginale. Questa è la tecnica dell'articolo steso dal lettore che registra passo passo l'andamento del libro; ed è tecnica che, se in generale serve a garantire che il recensore ha letto il libro e lo ha letto per intero (costume al quale il giornalismo di ogni tempo deroga facilmente), in questo caso vale doppio, come attestato di onesta esattezza in un lettore che non vuole imputazioni di superficialità o falsità. Si tratta infatti di un lettore protestante che dà conto con precisione e per certi aspetti con esemplare misura di un libro che lo offende; e tuttavia la misura non gli impedisce in sede conclusiva una secca presa di distanza:

> Quantum vero roboris argumenta Autoris adversus Haereticos, quos vocat & acerbe satis insectatur, in recessu habeant, eorum, ad quos spectat, judicio relinquimus. Ex flosculis interim istis, quos excerpsimus, satis colligi potest, quantum fidei in factorum historia tribuendum sit illi, qui caetera minime indoctus tot putidas calumnias ineptasque fabulas, a nostratibus multoties refutatas & ab ipsis cordatioribus Pontificiis dudum explosas, in lucem denuo protrahere non erubuit. Quibus tamen qui delectantur, iisque putant veritatem Religionem, quam profitemur, everti posse, illis illustrissimi Seekendorffii nostri Historiam Lutheranismi supra jam indigitatam, diligenter legendam, & sepositis paulisper praejudiciis expendendam merito commendamus.

Il riferimento è ai tre libri del *Commentarius historicus & apologeticus de Lutheranismo* del Seckendorff, prossimo ad essere completato in tempi brevissimi con la terza parte. Delle prime due parti dell'opera gli

---

[14] Agosto 1691, pp. 380-88: la stampa è sempre la bolognese del Borzaghi.

« Acta » avevano dato conto nel 1688[15] e nel 1689.[16] Questo stesso fascicolo di agosto si apre appunto[17] con una lettera del Seckendorff che il giornale pubblica integralmente e che, a detta dell'autore, offre « sceleton quoddam operis ».

La recensione lipsiense è l'episodio più acceso di polemica giornalistica a cui dia adito uno scritto del Segneri. Noteremo (anche in questo caso senza inferirne deduzioni di sorta) che negli anni successivi gli « Acta eruditorum » non si occupano più, salvo errore, di scritti segneriani. Ancora per un quindicennio lo scrittore di Nettuno ha qualche presenza sui giornali europei: la « Synopsis biblica » (il singolare periodico che il francescano Pier Paolo Manzani pubblicò a Parma per due anni), nel quarto fascicolo del 1692,[18] riferisce estesamente le tesi dottrinali (che mostra di condividere) della *Concordia tra la fatica e la quiete nell'orazione* (Roma, D.A. Ercole, 1691) e ricorda l'*Esposizione del Miserere* (Firenze, Stamperia di S.A.S., 1692), ma l'opera che ottiene maggiore udienza è *Il Parroco instruito*. La *princeps* fiorentina del 1692 (« Nella Stamperia di S.A.S. ») è illustrata dal giornale bacchiniano[19] che vi coglie il germe di quella che oggi potremmo chiamare una religiosità muratoriana — positiva, concreta, misurata — segnalando la capacità del Segneri, non solo di istruire lo spirito, ma di servire di esemplare a una moralità cristiana sociale. Opere di questo genere paiono al recensore « inarivabili » perché congiungono due ordini di virtù, se non proprio antagonistiche, certo difficilmente conviventi: nobiltà, gravità e chiarezza dell'Idea per un verso, e per l'altro però facilità, naturalezza, forza di spiegarla. Giudizi di questo genere sono tra gli incunaboli della rivoluzione mentale prodotta dallo studio erudito come si espresse nell'opera del Muratori e nella grande erudizione del primo Settecento; ed è forse opportuno rilevare che tale mutamento profondo si giovava di scrittori ideologicamente molto pregiudicati da cui però ricavava impulsi intellettuali e letterari nuovi. I valori didattici del libro sono anche al centro del resoconto che ne dà il « Journal des Sçavans »

---

[15] Gennaio, pp. 1-6.
[16] Giugno, pp. 301-02.
[17] Pp. 345-57.
[18] Pp. 66-68.
[19] « Giornale de' Letterati », 1692, fasc. IV, pp. 110-12.

del 22 febbraio 1694:[20] non a caso si sottolinea la grande pratica del Segneri nelle missioni e del libro si parla come di un buon manuale a cui possiamo affidarci con piena fiducia; e tuttavia il recensore non ha forza di oggettivazione, capacità di iscrivere il libro in un sistema di rapporti. Ovvia attenzione riscuote in Francia qualche anno dopo la traduzione dell'opera prodotta dal p. Buffier S.I., *La pratique des devoirs des Curez*:[21] se ne occupano, a distanza di pochi mesi, il « Journal des Sçavans » e il periodico della Compagnia di Gesù, i « Memoires de Trévoux ». Il giudizio del primo[22] è telegrafico ed esemplare (« Cet Ouvrage contient des instructions utiles sur les devoirs & sur les fonctions des Curez. Il est écrit avec vivacité, plein de pensées brillantes & de comparaisons ingenieuses. On y trouve aussi quantité de belles sentences de l'Ecriture sainte & des Peres. La Morale en est pure & éloignée du relâchement. Il semble n'avoir rien perdu de sa beauté dans la traduction »); quello dei « Memoires »[23] appare più articolato ma, a conferma del dominante interesse della Compagnia per la qualità del linguaggio e la pedagogia devozionale, esposta appena la struttura del libro, ne è colta soprattutto la qualità comunicativa: le cose vi sono esposte « d'une maniere si sensée, & en même tems si ingenieuse, qu'elles pourraient être lües avec plaisir, independemment du grand fruit qu'elle doivent produire ».

Sullo scorcio del secolo dunque, scomparso il Segneri, l'attenzione verso la sua opera si affievolisce. Solo una volta — nei suoi sette tomi corposi — la « Galleria di Minerva » si occupa di una sua opera, *Il Cristiano instruito* nell'edizione Baglioni 1697, nel tomo I (1696, evidentemente uscito in ritardo),[24] ma il giudizio finale, tanto enfatico quanto confuso, è lo specchio di una inconcludenza in cui si riflette anche una caduta di impegno critico.[25] L'interesse dei giornali volge altrove. Il

---

[20] Pp. 103-05.
[21] *La pratique des devoirs des Curez*, Lyon, Laurent Bachelu, 1702.
[22] 17 luglio 1702, p. 486.
[23] 1702, novembre e dicembre, pp. 159-68.
[24] Pp. 280-81.
[25] « Se dovessi formar giudicio d'un'opra di tanto nome, al quale mi dichiaro ineguale a fatto, direbbe che tutto vero il prenarrato, si conosce esser diretta questa instruzione di intenzione primaria ai Rettori sagri. Benché letta possi giovare ancora ad ogni altro, di qualunque grado egli sia non solo superiore, ma ancora sudditto, alla guisa che le Carte da navigare sono disse-

« Journal des Sçavans »[26] segnala i *Panegyrici sacri ex postrema editione Italica Latine redditi a R.P. Maximiliano Rassler S.J.*, Dilingae, apud Joannem Casparum Bencard, 1703, ma l'interesse del recensore va ai testi del Rassler posti in appendice, a difesa del principio della sovranità e infallibilità del Papa nel governo della Chiesa, contro gli attacchi del Pufendorf. Sono ancora opere tradotte e ristampate dal Rassler (la *Concordia quietis & laboris in oratione*, le esposizioni del *Miserere* e del *Magnificat*) che attirano l'attenzione del « Journal des Sçavans »,[27] ma anche in questo caso nella breve notizia l'accento batte sul valore esemplare della biografia segneriana premessa dal Rassler alla raccolta. Nel 1710 il nome del Segneri compare del tutto incidentalmente nei « Memoires de Trévoux »[28] quando vengono menzionate le opere del Pinamonti; e del tutto marginali anche le presenze dello scrittore nel « Giornale dei Letterati d'Italia » degli Zeno: una breve notizia della stampa Baglioni delle *Opere*;[29] la segnalazione di due traduzioni francesi: del Conte di Montalant per la *Manna dell'anima* ovvero *Meditations sur les passages choisis de l'Ecriture Sainte pour tous les jours de l'année*[30] e del p. Croiset per *Le chretien instruit de ses devoirs*;[31] un brevissimo cenno all'*Incredulo senza scusa*[32] ricordato come uno dei testi esemplari nella polemica contro il calvinismo.

Il nostro mini-inventario finisce qui, al 1719, con questa menzione del tutto tangenziale. Per gli anni successivi, in pur estesi assaggi parziali, non abbiamo ritrovato nei periodici il nome del Segneri, anche se non escludiamo naturalmente che possa esserci. Basta però una veloce noticina della « Bibliothèque Italique »[33] per dare il senso di un valore

---

    gnate principalmente per li nochieri, e pure non è disdetto a' semplici naviganti di andar più d'una volta a fissarvi i guardi, e a riscontrarle, e a rivoglierle per minuto. In somma è tutto per tutti, e principalmente sarà di grande profitto a quei Oratori, che la sapranno auvvivare col loro fiato, quasi languidi tizzi in accese facci ».

[26] 18 febbraio 1704, pp. 99-100.
[27] 30 aprile 1708, pp. 255-56.
[28] Gennaio 1710, pp. 180-81.
[29] X, 1712, pp. 535-36; XV, 1713, pp. 474-75.
[30] XIII, 1713, p. 471.
[31] XIV, 1713, p. 388.
[32] XXXII, 1719, p. 101.
[33] VI, sett.-dic. 1729, pp. 253-55.

ormai acquisito: Segneri è ricordato, con Francesco Maria Casini, come esempio sommo per l'eloquenza sacra: « il est sûr qu'aucun autre n'a reüni plus heureusement la force, l'élégance & la pureté, qu'il l'a fait dans ses Sermons ».

MARTINO CAPUCCI
Università di Bologna

VI

PAOLO SEGNERI GRANDE APOLOGETA

Permettete che rievochi, a me e a voi, il mio primo incontro con Paolo Segneri. Avevo tra i quattordici e i quindici anni, e studiavo nel Venerabile Seminario Abbaziale di Nonantola, frequentando la quarta ginnasiale. Mi venne fra le mani il volume *Esempi di bello scrivere in prosa ed in poesia* di Luigi Fornaciari, notissimo in quel tempo. M'imbattei nell'esordio celeberrimo della predica sul Paradiso del Segneri, predica X del *Quaresimale*. Ne rimasi entusiasta e la lessi e rilessi varie volte.

Qualche giorno dopo, in classe, nei minuti d'intervallo tra le lezioni di italiano e di greco, cercando di superare il vociare dei compagni, montai su un banco ed incominciai a gridare: « Al cielo, al cielo, fedeli miei divotissimi, al cielo, al cielo. Evvi alcuno tra voi, il qual sia vago di ascendere a tanta gloria? Che più curarci di questa valle di pianto? » (intanto si era fatto un silenzio sovrano). « Qui dovunque ci rivolgiamo, non udiam altro che singhiozzi, che strida; non vediam altro che malvagità, che miserie. Si duole il ricco del povero, il povero del ricco, il servo del padrone, il padrone del servo; [...] ».

In quel momento s'aperse la porta dell'aula, e comparve, signorile, cinquantenne, col volto dotto e sereno, il professore di greco. Tutti ritornarono ai loro posti, io discesi dal pulpito e tacqui, in attesa di qualche tempesta. Invece, sommessa, chiara, ben pronunciata, s'udì la voce del mons., cav. grand'ufficiale, canonico, professore Augusto Corradi: « [...] e niun vive pienamente contento della sua sorte. È bella Rachele, verissimo; ma si affligge di non esser feconda siccome è Lia. È feconda Lia, ma si accuora di non essere bella com'è Rachele. Possiede Naman copiose ricchezze; ma che gli vagliono, se schifosa lebbra il ricuopre? È potente Augusto, ma non ha successione: è temuto Tiberio, ma non ha amici ». Percorso il breve tratto tra i banchi, salì sulla cattedra antica, sedette e continuava: « E neppur quel poco di bene che in terra godesi, si può possedere con pace. Insidiano alla potenza de' principi i ribelli con le armi; alla quiete dè' favoriti i cortigiani con le persecuzioni; [...] ».

E continuò, a memoria, senza errare una sillaba, fino alla fine dell'esordio sul Paradiso: « Attendete, e vedrete quant'io promettami non dalla forza del dire, ma dalla grandezza dell'argomento ».[1] Poi, a noi attoniti, esaltò il Segneri, il suo stile, la sua oratoria vigorosa, la sua efficacia eloquentissima; parlò della sua vita, del suo tempo, dei suoi studi, delle sue opere, e per un'ora intera, lasciato da parte il greco, udimmo l'apologia del Segneri, altrettanto perfetta che improvvisata.

Mons. Augusto Corradi era di una cultura formidabile: all'Università di Bologna Giovanni Pascoli gli aveva detto: « Se tu non avessi quest'abito » (e accennò all'abito ecclesiastico) « mi potresti succedere alla cattedra ».

Questo fu il mio primo incontro col Segneri. Veniamo ora al tema del mio intervento: Paolo Segneri, il grande apologeta. Io lo chiamo grande apologeta, perché, mi sembra, egli lo è sempre: non soltanto, come nell'*Incredulo senza scusa* — opera certamente e direttamente in difesa della fede — ma anche in tutte le altre opere. La ragione è questa: Paolo Segneri, di qualsiasi argomento scriva, è apologeta in quanto la sua stessa scrittura è talmente chiara, evidente, efficace, che non solo difende ciò che scrive, ma lo rende accettabile per la luce, spesso abbagliante, con cui si esprime. Nell'introduzione di quella mirabile opera, *Il Cristiano istruito nella sua legge*, miniera d'oro teologico e morale, dice, acutamente, che vi sono due modi di risvegliare chi dorme, ossia due modi di fare apologetica:

> [...] due maniere vi sono, se ben si guarda, a destar chi dorme. Una è lo strepito, che è la maniera tenuta da i Camerieri già di Oloferne, quando essi credendolo addormentato nel padiglione, mentre era morto, gli stavano sulla soglia eccitando ad arte un'insolito romorio. *Ante ingressum cubiculi perstrepentes, excitandi gratia, inquietudinem arte moliebantur, ut non ab exultantibus, sed a sonantibus Holofernes evigilaret* [*Iudith* 14, 9]. L'altra maniera da destare chi dorme (migliore forse dello strepito) è il lume, il quale, se ci entri in camera vivo vivo, con una somma soavità ci risveglia. Questa fu la maniera, che tenne l'Angelo a trar dal sonno San Pietro nella prigione: colmargliela di una luce inaspettatissima, è [*sic*] così obbligarlo a destarsi.[2]

---

[1] *Quaresimale del Padre Paolo Segneri della Compagnia di Gesù*, Torino, Marietti, 1850, pp. 101-02.

[2] *Il Cristiano instruito nella sua legge. Ragionamenti morali dati in luce da*

Ora il Segneri, in ogni sua opera, anche in quella mirabile opera di meditazioni quotidiane su un testo biblico, *La manna dall'anima*, è facilmente illuminante nel modo in cui insieme propone e difende la verità che dice: la illumina con tale chiarezza, che non la si può contraddire, arte somma degli apologeti. Ma altrettanto grande apologeta è quando batte colpi forti per fare accettare verità difficili e contrastate. Non dimentica, anche in questi casi, il fulgore che illumina le menti.

Desidero presentare, brevemente, tre esempi. Il primo riguarda il discorso *In onore insieme e in difesa de' venerabili ordini religiosi*; il secondo, *In onore della Cattedra di S. Pietro*, (ambedue nel volume dei *Panegirici*); il terzo si trova nel celebre *Quaresimale*, predica XX (nel giovedì dopo la terza domenica).[3]

Non sono riuscito a scoprire la ragione per cui pronuncia, a Piacenza, nobilissima città allora sotto il dominio dei Farnese, il polemico discorso in onore e difesa degli Ordini religiosi. Una ragione senza dubbio ci fu. Nell'esordio, dopo aver dimostrato, con testi evangelici, che su Gesù c'era una corrente a lui favorevolissima e un'altra altrettanto contraria nella stima e valutazione, procedeva a dire che tale doppia e contraddittoria opinione si è ripetuta nei seguaci di Gesù, nei Santi, e non fa meraviglia che si ripeta negli Ordini religiosi, che fra tutti i Cristiani, sono coloro che maggiormente sono impegnati nella imitazione di Cristo. « Hanno essi [i Religiosi] dentro lor genere assai di grande, e perciò non è punto strano, che si com'hebbero sempre di sommi amici, i quali gli difesero a spada tratta, così havesser semper [*sic*] di sommi persecutori, che gl'impugnarono a battaglia finita ». E prosegue: « Che dissi, havessero? Non è gran fatto che questa istessa mattina, nella quale io quì vengo a trattar di loro, sia necessitato trattarne in un Uditorio, ripartito ancor esso in due gran fazioni, l'una verso lor favorevole, l'altra avversa ».

« Con tuttociò » prosegue « non crediate ch'io sbigottisca. Perciocché, si come da' favorevoli mi prometto cortese audienza, così dagli

---

[3] *Paolo Segneri della Compagnia di Giesù*, Parte I, In Bologna, Per Giulio Borzaghi, MDCLXXXX, p. n.n.
Secondo il compendio di detta predica, ecco cosa si propone Segneri: « Per riportare una compendiosa vittoria di tutti insieme i nemici di nostra fede, si sforzano, quanti sono, a dover concedere, in virtù del puro lume medesimo naturale, questa proposizione, che Cristo è Dio » (*Quaresimale*, cit., p. 455).

avversi, di cui potrei più temere, spero anche bene [...] ». E perché? « [...] non potendo io persuadermi che non sien tali, più per sinistra immaginazion d'intelletto, che per contumace malizia di volontà ». E conclude: « Siavi dunque in grado di porgermi tutti orecchie, che vi avvedrete non voler io, se non quello ch'è di ragione ».[4]

Più avanti, da gran maestro sicuro del successo della causa, aggiunge: « Anzi perché più possiate di me fidarvi, mirate a che voglio giugnere. Voglio io stamane fin giugnere a discoprirvi un avvedimento scaltrissimo di quell'arte, che anch'io professo. Soglionsi gli Oratori comunemente procacciar la benevolenza, e lusingar la credulità di chi gli ode, con dissimulare per via di occulti artifici ciò ch'eglin'hanno ò di speciale affezione, ò di privata utilità nella causa, e con ispacciarsi tutti carità, tutti zelo. Ma lungi lungi da me precetti mal confacevoli a un cuor leale ». E proclama: « Io mi dichiaro apertissimamente sì che ognun sappialo, di voler trattare una causa in cui son tutto passione, tutto interesse. Provar vi voglio, che a qual si sia Religioso portar conviensi un'altissima riverenza ».[5]

Mette sull'attenti gli uditori: « Però guardatevi di non prestar niuna fede, se non a quello, ch'io farò vedervi con gli occhi, e toccar con mano. Non havete a tenere in pregio veruno il peso della mia autorità, ma solamente il valor delle mie ragioni. Questo vi richieggo io ben sì, che s'elleno ben mirate vi appagheranno, non vogliate pure star fissi a prezzarle meno, perch'elle vengon di bocca d'un Religioso, che se le udiste dalla lingua di un Laico ».[6]

Il *corpus* della dimostrazione subito s'indirizza verso il passato. Premesso che egli, padre Segneri, presuppone che i suoi uditori siano Cattolici veri, tali cioè che godono di tutto ciò che esalta la santa Chiesa (altrimenti non dovrebbero odiare nessuno quanto i Religiosi), incomincia ad elencare le nazioni europee, tutte evangelizzate da Religiosi (e riferisce i nomi), e i popoli lontani del Nord, del Giappone e della Cina. Poi afferma: degli otto grandi Dottori della Chiesa (quattro della

---

[4] Panegirico IX, *La causa de Religiosi al foro de' Laici, Panegirico in onore insieme e in difesa de' venerabili ordini regolari detto in Piacenza*, in *Panegirici di Paolo Segneri della Compagnia di Gesù In questa nuova impressione accresciuti*, in Firenze, per Piero Matini, MDCLXXXIV, pp. 269-70.

[5] *Ibidem*, p. 270.

[6] *Ibidem*, pp. 270-71.

Chiesa orientale greca e quattro di quella occidentale latina), ben sei sono Religiosi. I più grandi teologi sono Religiosi; gli interpreti della Sacra Scrittura, i maestri di vita spirituale, gli oppositori agli errori sono tutti Religiosi; anzi, tutti gli Ordini sono sorti per opporsi a eresie, scismi, errori, che travagliavano la Chiesa. I Religiosi hanno fatto onore ai privilegi di cui sono stati onorati dalla Santa Sede; i quindici Cardinali onorati come Santi, tranne quattro, sono tutti Religiosi. Tra i Sommi Pontefici, almeno cinquanta sono Religiosi insigni per santità e opere a difesa della Chiesa e dei popoli (cosa che non si può affermare di tutti i Pontefici non appartenenti a Istituti religiosi). A questo punto raccoglie una tacita obbiezione: gli oppositori degli Ordini religiosi non hanno nulla da dire, anzi onorano i Religiosi antichi; sono i moderni, gli attuali, degni di biasimo, perché o scandalosi o inutili. Non seguirò il Segneri nella risposta; la sua dialettica rincorre l'obbiezione, la scopre nelle sue radici, la mostra o insussistente o troppo generalizzata o contraddittoria. Il suo trionfo è pieno.

Passiamo all'altro discorso, in cui fa l'apologia del Papato. Fu detto a Bologna, la cui cattedrale è dedicata a S. Pietro, ma non è l'elogio direttamente di S. Pietro, è un discorso *In onore della cattedra di S. Pietro*, che è quanto dire in onore dell'insegnamento magisteriale e dell'insegnamento pastorale del Sommo Pontefice. Più precisamente ancora, vuole essere l'elogio dell'autorità del Pontefice, quando parla e decide di qualsiasi problema spirituale o temporale, come è testimoniato, dice Segneri, dalla storia di ormai sedici secoli. La sopravvivenza di questa cattedra, o trono, non è artificio o opera umana: tutti gli altri troni sono caduti o cadono in rovina; solo questo ha resistito e resisterà perché sostenuto da sapienza celeste: perciò « per pagare oggi un tributo di giusto ossequio, non ad un Pietro solo, ma a tutti quei, che sono a lui succeduti in tal principato, mi è caduto nell'animo di mostrarvi con chiare pruove, che il Trono del Vaticano è il Trono di Dio fra gli huomini: ch'è quanto dire è quel Trono, benché terreno, dove in persona degli huomini siede Dio ».[7]

E così continua: questa verità è « necessarissima » ai fedeli perché « presso alcuno talora più sono in credito le frenesie di un Filosofo deli-

---

[7] Panegirico XVII, *Il Trono di Dio fra gli huomini collocato nel Vaticano. Panegirico In onore della Cattedra di San Pietro detto in Bologna*, in *Panegirici*, cit., p. 540.

rante, ò le temerità di un Teologo licenzioso, che gli Oracoli usciti di quella bocca, per cui la Verità favella a' mortali ». Inoltre, afferma, non gli sarà difficile dare piena verità ed autorità a persone così alte: « Perché se mai si poté parlare de' Pontefici con franchezza, questo certamente credo essere il tempo vero, quando né ciò che di loro lode si dica, può recar taccia di adulazione affettata (mercé l'aperta bontà di quel ch'oggi regna) né ciò che debba per avventura toccarsi di loro nota, può dar suspicione di satira irriverente ».[8]

Certo, a inoltrarsi nella storia di tanti Papi ci si dovrà incontrare con persone tutt'altro che degne; Segneri affronta apertamente questa forte difficoltà quando dice: « Una sola cosa io non voglio dissimulare, perché vediate con quanto rara sincerità vi ragiono. Ed è che talora nel Vaticano han seduto alcune persone, non solamente difettose, ma empie: persone avare, ambiziose, impudiche, vendicative, Signor sì ».[9]

La conoscenza storica del Segneri in questo panegirico è vastissima; conosce tutto dei singoli Papi: conosce i venti Papi che più che assunti al Pontificato vi furono trascinati; e ne fa i nomi in nota. Conosce i trenta antipapi, e come furono largamente trattati dai Pontefici, una volta pentiti; come sono stati solleciti di eretici e avversari; otto Pontefici orientali (Giovanni V, Conone, San Sergio I, Giovanni VII, Sisimio, Costantino, San Gregorio, San Zaccaria), che eletti per opera di Imperatori o di Esarchi per rendere soggetta la Chiesa latina a quella greca, seppero opporre fortemente l'onore di Dio a quello della Patria; la vicenda di papa Vigilio, narrata con un racconto efficacissimo dimostra la protezione di Dio sui Papi in maniera prodigiosa.

È comprensibile che il Segneri, per stendere un panegirico come questo, pieno di fonti storiche, ricercate, sottoposte a critiche, coordinate e rese comprensibili agli uditori, esigesse di averne l'invito e l'incarico un anno prima. Ma dove l'arte, la scienza, il genio e l'originalità del Segneri appare somma è, mi sembra, nel terzo discorso citato, e si trova come ho detto, nel *Quaresimale*, predica XX. Il grande oratore si propone di difendere tutta la fede cristiana da tutti gli errori e da tutti gli avversari; e fissa la verità fondamentale che distingue il Cristianesimo dall'Ebraismo, dall'Islamismo, dagli increduli di ogni tipo e di ogni ideologia. Tale verità è la divinità di Gesù Cristo: dimostrata questa, è

---

[8] *Ibidem*, pp. 540-41.
[9] *Ibidem*, p. 553.

confutata sostanzialmente ogni altra religione che la nega o non l'ammette, ogni ragione o sofisma intellettuale che ne dubita; è dimostrato vero il culto cristiano, la Chiesa cattolica, i suoi dogmi, la legge morale che propone, la sua autorità, infallibile in materia di fede e di morale, la persistenza indistruttibile della Chiesa nel mondo.

La verità della divinità di Gesù Cristo la dimostra non per via di fede al Vangelo o per via di somme autorità umane, come i grandi teologi e filosofi cristiani che l'hanno fermamente creduta, ma solo in forza del raziocinio: tutti devono concedere, in virtù della sola luce dell'intelligenza, questa proposizione, che Gesù di Nazareth è Dio, non solo uomo, ma Dio, non un essere divino, ma Dio, l'unico vero Dio, il creatore del cielo e della terra. Il Segneri espone il suo assunto in maniera paradossale: o Gesù è l'uomo più perduto, perverso del mondo, oppure è Dio. Le sue parole sono bellissime:

> Prima però che noi venghiamo in questo modo alle prese, come dichiarati nemici,[10] io voglio chiedervi in grazia una proposizione, ma così ragionevole e così giusta, che se voi negherete di darmela per amore, io mi dichiaro ch'espugnerolla per forza. E qual è ella? Ascoltate. Che quel Gesù venerato da noi cristiani non sia stato l'uomo il più perduto, il più perfido, il più nefando, che abbia sostenuto la terra. Mi concedete voi ciò? Certa cosa è che neppure i suoi malevoli stessi ne sentono sì empiamente; [...]. Ma io non richieggo tanto da voi. Mi basta, che solamente mi concediate, ch'egli non fosse l'uom più scellerato del mondo. Mel concedete? Orsù dunque, guardate che n'inferisco. Adunque egli è Dio: adunque vera è la sua fede: adunque vera è la sua legge: adunque tutti o maomettani, o idolatri, o ebrei, o novatori, piegate le ginocchie, chinate il capo, e adoratelo tutti; perché mentre un Dio solo dee darsi al mondo, come da principio dicemmo,[11] Cristo è un tal Dio.[12]

Il Segneri coglie subito il segreto pensiero degli uditori:

> Piano un poco, piano, direte, ché questo sembra un voler cantare il trionfo innanzi alla zuffa, non che prima della vittoria. E qual conseguenza più stravagante di questa? Cristo non è l'uom più scellerato del mondo, adunque egli è Dio. Non si dà forse mezzo tra una somma bontà e una somma malizia; tra una somma perfezione e una somma mal-

---

[10] Aveva detto in precedenza: «Figuratevi dunque di sostenere per questa volta le parti degli avversarj» (*Quaresimale*, cit., p. 209).
[11] L'oratore lo aveva dimostrato brevemente nell'esordio: cfr. *ibidem*, p. 208.
[12] *Ibidem*, p. 209.

vagità? Si dà mezzo, ma non in Cristo; e perché s'io dimostro tal verità, guadagno la causa, ascoltatemi attentamente, che udirete forse argomento di sommo peso.[13]

Io non voglio togliervi la sorpresa che avrete nel leggere l'argomentazione e tutto il seguito del bellissimo discorso: è vero che la lettura non è sufficiente a tutti a mostrare in pieno la varietà, i toni, le ironie, le scene quasi drammatiche dell'oratore; la predica è un genere letterario non indirizzato prima di tutto all'occhio, ma, come avverte sapientemente il Segneri stesso nelle ultime righe di prefazione, è ordinato all'udito. Ma aggiunge: «Non tengo io dunque per regola così certa, come par forse ad alcuni, che ciò ch'è grato ad udire, non sia grato a leggere. Basta che chi legge figurisi di non leggere, ma di udire».[14]

Abbandonati questi capolavori, passerei all'opera più ampiamente e direttamente apologetica del Segneri: *L'incredulo senza scusa*. Ma non vorrei che si dimenticasse un'altra predica apologetica, forse di amara attualità per certi politici amministratori dello Stato: è la XXXIII (nel venerdì dopo la domenica di Passione), che egli stesso così compendia: «A confusione di quegli iniqui politici che a' dì nostri pervertono tante menti si fa vedere che non è mai utile quello che non è onesto: onde nessuno si dia follemente a credere che per essere felice giovi esser empio».[15]

L'opera in cui Paolo Segneri appare grande e forte apologeta è senza dubbio *L'incredulo senza scusa*. Come sottotitolo, e come spiegazione del titolo, l'autore aggiunge: *Dove si dimostra Che non può non conoscere quale sia la vera Religione, chi vuol conoscerla*. Dedicata al Serenissimo Principe Gian Gastone de' Medici, l'opera è divisa in due parti, cioè:

> per non tralasciare veruna difficoltà, che qual Piazza nimica, rimasta alle spalle, porga a' Miscredenti occasion di fortificarvisi a loro danno; noi ci faremo da capo, con provar ciò, che sarebbe noto da i termini (come sono i primi principj) se i termini si apprendessero con chiarezza, ed è, che v'è un Dio, unico, universale, Prima Cagione di tutto l'esser Creato. Appresso noi mostreremo, che di tal'esser Creato ha Dio

---

[13] *Ibidem*.
[14] *Ibidem*, p. 6.
[15] Per il compendio, cfr. *ibidem*, p. 456; la predica XXXIII si trova alle pp. 351-62.

Provvidenza: ma che speciale egli l'ha ancora dell'Huomo, la cui Anima faremo poi veder di proposito che è immortale. E quindi conchiuderemo la prima parte dell'Opera col dedurre, che dunque su la Terra vi sia qualche Religione, e Religion vera, sotto cui conviene arrolarsi. Nella seconda parte ci avanzeremo a manifestare, che questa Religion vera, altra non può essere al certo, che la Cattolica: il che perché meglio apparisca, non faremo altro, che metterla al paragone con quelle Religioni, che a lei fan guerra.[16]

Segneri svolge tutto con estrema chiarezza. Con quale stile? « Ho desiderato », dice, « di formare lo stile, ove mi riesca, più tosto culto, che nò; perciocché io non ho capito mai che la ruggine giovi all'armi. Che se ne' Fulmini temiamo ancora del Lampo, chi riputerà che certa energia di dire sia nelle cause meno opportuna a far colpo, perché lo fa balenando? ».[17] « Infin l'armonia del numero io loderei, dove ella somigliasse il batter de' Fabbri, musica insieme, e lavoro ».[18]

Forse questa è la ragione principale per cui il Carducci stimava moltissimo il Segneri, e spesso portava sulla cattedra l'*Incredulo senza scusa* o la *Manna*, e ne leggeva lunghi tratti, commentando ed entusiasmandosi.[19]

Innumerevoli sarebbero le riflessioni da farsi, passo passo, su quanto il Segneri magistralmente espone nei 33 capitoli della prima parte e nei 29 della seconda. Ho accennato sopra al fatto che l'apologetica è scienza, ma anche arte. L'apologeta oltre che presentare filosoficamente o, se si vuole, scientificamente le sue argomentazioni, può talvolta con artificio intelligente prendere l'avversario in una rete da cui non può districarsi. Segneri usa questa tecnica con quegli ateisti, induriti e ciechi, che non temono di affermare che Dio non è se non « una Chimera », « un'Ombra vana », « un mero sogno ».[20] E prosegue bellamente con

---

[16] *L'incredulo senza scusa. Opera di Paolo Segneri della Compagnia di Giesù Dove si dimostra Che non può non conoscere quale sia la vera Religione, chi vuol conoscerla*, In Firenze, Nella Stamperia di S.A.S., MDCLXXXX, pp. 4-5.
[17] *Ibidem*, p. 10.
[18] *Ibidem*.
[19] Cfr. Nicola Risi, *Il principe dell'eloquenza sacra in Italia, Padre Paolo Segneri. Note biografiche a ricordo del terzo centenario della nascita, 1624-1694*, Bologna, Stamperia de' Sordomuti, 1924, p. 108.
[20] Paolo Segneri, *L'incredulo senza scusa*, cit., pp. 109-10.

una pagina che va ponderata attentamente:

> Ma adagio un poco: che qui è dove voglio io cavare la Talpa, se mi riesce, malgrado suo di sotterra a mirar la luce, con valermi di questo dilemma acuto. Voi dite, che Dio non v'è. *Non est Deus*. Ora bene. Giacché non v'è, è possibile almeno che egli vi sia, ò non è possibile? Non è gran fatto che a prima giunta voi mi concediate la sua possibilità: da che ad alcuni darebbe lieve noia il sapere che Dio sia possibile, purché si assicurassero che egli non fosse in atto. Ma piano, piano, che a risponder così, voi restate di subito nella rete, mentre non vedete fra voi, che alla prima Cagion di tutte le cose non si può concedere mai la possibilità, senza insieme concederle l'esistenza. Il Sole, i Mari, i Monti, l'Huomo vivente, e tutte le altre Creature, possono essere quando ancor di fatto non sono. Ma Dio non può. Se è possibile, egli è parimente in atto. Conciossiaché fingete che egli possa essere, ma non sia. Adunque vi ha una Cagione che può produrlo: non sapendo la mente nostra né pure apprendere, che parto alcuno possa uscir mai da i cupi Abissi del Nulla, ed uscirne di virtù propria. Se n'esce, conviene che vi sia di necessità chi nel tragga fuora, comunicandogli quella esistenza, di cui qualsivoglia effetto, infino a tanto che è meramente possibile, non è per anche arrivato a pigliar possesso. Questa Cagione adunque, in vigor di cui sarebbe possibile, che Dio, dal non essere attualmente, passasse all'essere; questa Cagion, dico, sarebbe in sé più perfetta, che non sarebbe il termine prodotto da lei con sì grande azione, mentre non solo lo agguaglierebbe in tutte le prerogative di potenza, di sapienza, di scienza, di bontà, e di altre tali, che a lui donasse in produrlo, ma di più lo precederebbe, per quella priorità almeno, che appellasi di natura, se non per quella di tempo: e però questa Cagione medesima sarebbe Dio prima dell'effetto prodotto. Ella conterrebbe nel seno suo la sorgente di tutto l'essere, avanti di trasferirla nel seno altrui: e così ella più veramente sarebbe la Cagion prima. Mirate dunque, come con illazione necessarissima si deduce, che se si dà per possibile il primo Essere, non può all'ora stessa non darsi per esistente. Qui l'Ateista indurato non può fare altro, che ritrattarsi, e dire che egli errò nel concedere Dio possibile. Dovea dire anzi, che egli è impossibile affatto, e così finire ogni lite. Ma ecco lo sventurato in peggior viluppo. Perché io dunque mi rimarrò dall'argomentare più oltra contro di lui, per lasciare a lui la fatica non poco grave, di provare sì bell'assunto. Io per me so, che secondo i Filosofi, possibile è tutto ciò, che se si riducesse all'atto, non recherebbe veruno inconveniente con esso sé. Dica dunqu'egli, quale inconveniente con esso sé può recare la convenienza medesima, la pura perfezione, la pura probità, il puro essere in atto, che è quanto intendiamo

> noi, nominando Dio? Troppo in questa battaglia mostrerei nondimeno di haver timore, se io volessi meramente schifarla, quasi da un'alto colle, e non attaccarla. Argomento dunque così. Tutte le creature stan situate, quasi fra due estremi contrarj, tra l'essere, e il non essere. E però, partecipando anche tutte dell'uno e dell'altro estremo, in parte sono ricche, in parte son povere, che è quanto dire, portano ad ogni loro bene congiunta la imperfezione. Ora io qui chieggovi. Perché son'esse imperfette? Perché loro manchi un bene fantastico, favoloso, impossibile, di cui niuno potrebbe divenir vago senza follia? No certamente: mentre il mancare di qualsisia bene falso, non debbe ascriversi a povertà, ma a ventura. Adunque non è impossibile il bene, che loro manca. Ma il bene, che loro manca, è un bene infinito, potendosi tosto dire quel bene che hanno, ma non potendosi mai finire di dire quel che non hanno. Dunque un bene infinito non è impossibile. E tale è Dio. [...] Su, sia così: non sia possibile Dio. Miriamo un poco quali inconvenienti ad un tratto ne seguiranno. Tutti gl'immaginabili di ogni guisa, sian fisici, sian morali: i fisici, mancando il primo Principio; i morali, mancando l'ultimo Fine.[21]

Nel capitolo IX della prima parte risponde a chi attribuisce erroneamente il nome di Natura alla *natura naturata* (alle realtà naturali), e il nome di *natura naturans* alla stupenda opera operatrice delle cose naturali, nome che equivale a quello di Dio. E, per rendere evidente l'opera della *natura naturans*, ci invita in una pagina di grande bravura di letterato, di filosofo e di botanico a prendere in mano una rosa, a osservarla e riflettervi:

> Pigliate in mano una Rosa, e dimandate costoro se sanno dirvi chi le lavorò sì gentilmente quel manto, cui cede lo Scarlatto ancora Reale, e chi segue già, da tanti Anni che il Mondo dura, a lavorargliene ogni Primavera un novello? La Terra è cieca, e non s'intende di colori, di vistosità, di vaghezza, di proporzioni: cieche sono le spine, onde pullula sì bel fiore, cieche le radiche, ciechi i rami: cieche son le rugiade ch'ella ha per latte: e cieco il Sole, che le apre sul mattino la boccia su cui pompeggia, e che glie l'adugia alla sera, per figurare, a quanti vogliano attendervi de' Mortali, la vanità delle loro ambite bellezze. *Magna admonitione hominum, quae spectatissime florent, citissime arescere* [Plin., I, 21, c. I]. Conviene pur adunque trovare a Parto sì vago una Madre più bella, che non è la Terra, le spine, le radiche, i rami, l'umore, il Sole, e gl'influssi che piovono dalle Stelle. Convien trovare chi

---

[21] *Ibidem*, pp. 106-09.

mai fu, che vi seppe dispor sì bene il vermiglio di quella porpora, diminuendolo a poco a poco dalle foglie più intrinseche alle più estrinseche, senza svario. Convien trovare chi v'innestò sì profondamente l'odore, che esse diffondono con pari soavità da qualunque lato. Conviene trovare chi vi dispose quelle venette che vi scorrono dentro, e insieme vi ripartiscono l'alimento per tante vie, quante la Notomia loro propia ne ha già scoperte. Convien trovare chi collocò tutte quelle foglie a suo luogo, chi le torse con tanto garbo, chi le agguagliò con tanta misura, chi le attondò con tanta maestria; chi vestì ciascuna di un doppio velo, finissimo più che il bisso; chi le coperse come di una lanugine dilicata, quasi a testificarne la giovinezza; e chi finalmente vi compilò tanto di stupori in un guardo, che la vita di un'huomo sarebbe corta, se gli dovesse trascorrere ad uno ad uno. Tutto questo dovea di necessità essere artificio di una Cagion sapientissima [*S. Th.*, I.2 qu. I ar. 2 in c.], la quale si valesse della materia variamente disposta, della terra, delle spine, delle radici, de' rami, delle rugiade, del calor solare, e degli altri influssi, come lo Scultore si vale del marmo, degli scarpelli, delle seste, e di ogni suo ferro, a perfezionare il disegno di quella Statua, che egli divisò nella mente: onde vano è per questo Vocabolo di Natura, nel caso nostro, intendere altro che Dio, primo Autore delle opere naturali.[22]

Devo finire, e termino con una confessione: se le mie parole hanno trascurato e posto sotto silenzio difetti e manchevolezze del nostro Segneri, esagerazioni di stile, invettive feroci contro seguaci di altre religioni e culti, tratti di dottrina severa oggi sorpassati o che si devono addolcire e intendere meglio, il Segneri emerge nonostante tutto come un gigante del suo tempo, e maestro di eloquenza efficace anche per noi. Le sue opere, ristampate e tradotte perfino in arabo, sono palesi valori da non dimenticare.

ARMANDO GUIDETTI S.I.
Casa dei Gesuiti, San Fedele, Milano

---

[22] *Ibidem*, pp. 51-52.

VII

PAOLO SEGNERI E LE MISSIONI RURALI

Un Gesuita, un intellettuale quarantenne che è già predicatore famoso, che padroneggia, assieme a un'ampia cultura devota, una non minore, approfondita conoscenza della cultura classica; che ha fatto l'insegnante di grammatica nei collegi dell'Ordine e che più tardi, nell'ultimo quindicennio della sua vita, darà prova di competenza e rigore in opere di istruzione devota, riflessione morale, dottrina e polemica teologica, mentre pur attende a organizzare la politica culturale — e forse la politica *tout court* — del Granducato di Toscana e partecipa con vivacità inesausta ai problemi teorico-pratici della Compagnia e alla sua raffinata diplomazia internazionale;[1] quest'uomo, questo dotto, attorno al 1665 e continuatamente fino ai primi anni '90, condusse missioni rura-

---

[1] Per la biografia di Paolo Segneri occorre tuttora rivolgersi ai testi antichi, che insistono soprattutto sulla sua attività di predicatore e di missionario: cfr. Giovan Pietro Pinamonti, *Lettera al Padre Rettore del Collegio di Firenze sopra le virtù del Padre Segneri*, in Paolo Segneri, *Opere*, Torino, Marietti, 1855, vol. IV, pp. 387 e sgg.; Giuseppe Massei, *Breve ragguaglio della vita del p. Paolo Segneri*, in Paolo Segneri, *Opere*, Parma, Pazzoni e Monti, 1701-1720, vol. I, pp. 1-45; Angelo Fabroni, *Vitae Italorum doctrina excellentium*, Pisa, 1792, tomo XV, p. 8; Angelo Giovanni Tononi, *Missioni del padre Paolo Segneri nei ducati di Piacenza e di Parma ed affari di essi da lui trattati (1664-1691)*, in « Rassegna Nazionale », anno XVII, 16 dic. 1895; Dante Biagiotti, *Il padre Segneri in Valdinievole*, in « Bollettino di ricerche e di studii per la storia di Pescia e di Valdinievole », anno II, fasc. II, 4 nov. 1928, pp. 51-58. Moderne notizie biografiche in Daniello Bartoli e Paolo Segneri, *Prose scelte*, a cura di Mario Scotti, Torino, UTET, 1967, pp. 483-84. Sull'attività missionaria rurale porta qualche nuova luce il mio *L'autografo di un'opera ignota: le missioni rurali di Paolo Segneri*, in « Filologia e critica », anno IV, fasc. I, gennaio-aprile 1979, pp. 73-92; su quella politico-diplomatica e teologica degli ultimi anni, ancora il mio *La teologia dell'invettiva: una pasquinata contro Paolo Segneri*, in « Filologia e critica », 1985, anno X, pp. 87-97.

li:[2] meglio, ne inventò la forma, ne curò l'organizzazione, le condusse e le perfezionò con un'attenzione acuta e protratta che basta da sola a negare una funzione marginale o secondaria delle missioni stesse nell'ambito di una pratica di vita intellettuale, come quella di Paolo Segneri, che nella sua vastità e varietà di intenti e di intraprese appare però sempre riconducibile a un nucleo definito e certissimo di valori forti, di obiettivi determinati.

Da molti decenni la Compagnia di Gesù inviava in missione — quella «classica», in terre da cristianizzare oltremare — i suoi figli migliori, i più solidi nel fisico e nella dottrina, i più consapevoli della necessità primaria di essere elastici e fermi, sicuri negli obiettivi e genialmente creativi negli strumenti: ma perché in Italia? Non era forse questa terra cattolica, non vi erano forse stati sradicati per sempre i polloni d'eresia che erano nati dalla crisi del secolo precedente? Chi poteva aver bisogno di missioni, in Italia?

Eppure, chi avesse bisogno di educazione cattolica in Italia risalterà con evidenza qualche decennio più tardi agli occhi di Francesco di Geronimo,[3] evangelizzatore delle campagne meridionali chiuse ai missionari secenteschi dalla colonizzazione spagnola e dall'Inquisizione di Spagna, gelosa delle proprie prerogative: i bovari illetterati delle colline dietro Battipaglia, interrogati su chi fosse Dio, davano risposte di tipo animistico — il cielo, il sole — o addirittura identificavano un dio nel missionario, così diverso da loro e dalla loro vita.

Le campagne non saranno certo state tutte in quest'estremo di *deficit* culturale indotto e aggravato dalla crisi economica nazionale che percorre il secolo; ma certamente le campagne e le montagne del centro-nord, fuori dalle ordinarie vie di comunicazione, prive di servizi e di scuole, depresse da una condizione economica agghiacciante sulla quale nessuno Stato o Staterello riesce a intervenire, mentre le produzioni agricole si sviliscono, cresce il pascolo brado e diminuiscono gli abitanti, non dovevano trovarsi in condizioni molto migliori.[4]

Anche la Chiesa e la sua cultura, nell'Italia delle città, è cittadina;

---

[2] Cfr. il mio *L'autografo*, cit.

[3] Cfr. Francesco Di Geronimo, *Conciones* (1702-1712): mss. giacenti nell'Archivio della Compagnia di Gesù, a Roma, segnati *OPP. NN.* 43 e 46.

[4] La condizione delle classi rurali in Europa fra Cinque e Seicento è ben descritta in Hans Kamen, *Il secolo di ferro*, Roma-Bari, Laterza, 1975.

come lo Stato, le cui ordinanze e « grida » cessano di aver valore fuori delle mura e lontano dalla portata degli sbirri, la rete delle parrocchie rurali, spesso poverissime, talvolta abbandonate a se stesse, non basta a raggiungere una popolazione ancora numerosa e dispersa, vittima delle peripezie di una lenta consumazione neo-feudale.

Ecco allora l'idea della « missione »: non stabile luogo fisico di occupazione-evangelizzazione, come nelle Terre d'Oltremare, ma itinerante, intenso cammino di risveglio dei valori della fede, della pratica della vita cristiana. Otto giorni, al più dieci: un campo base in un centro maggiore, visite lampo, in genere processionali, alle località viciniori dotate di chiesa; la sera e la mattina, predica e/o processione, accompagnata da canti corali, il pomeriggio, confessioni, istruzioni al clero locale, colloqui miranti al patteggiamento di faide e liti o a più precise indicazioni a proposito di locali necessità, fornite da informatori attendibili. Per fare tutto questo, un predicatore, un aiutante — con funzioni precipue di confessore — e la collaborazione del clero stanziale e delle eventuali congregazioni o confraternite.

Nei cinque o sei mesi in cui le strade sono ben praticabili si possono condurre una quindicina o più di queste missioni: durante l'inverno, mentre si attende ad altro, si può organizzare la campagna missionaria successiva.[5]

La formula segneriana, apparentemente così semplice, ottenne lo sterminato successo che tutti sappiamo e che tutti i biografi, da subito, ci segnalano, e aprì la strada a una maniera di pastorale che ha avuto ed ha vita ininterrotta presso svariati ordini religiosi: per i Gesuiti, che presto seguirono l'esempio di Paolo, costituì sempre un modello di riferimento e un termine di paragone inarrivabile quanto esemplare.[6]

---

[5] La prassi organizzativa di Segneri si ricava in prevalenza da Pinamonti, *Lettera*, cit., pp. 393-97, ma anche da spunti offerti dalle *Lettere inedite di Paolo Segneri al Granduca Cosimo terzo, tratte dagli autografi*, a cura di Silvio Giannini, Firenze, Felice Le Monnier, 1857.

[6] Lo dimostrano, oltre alle biografie succitate, le tracce residue della predicazione rurale gesuitica postsegneriana in *Copia / delle dottrine del Rev.do Padre / Pietro Pinamonti della Comp.ia / di Giesù, fatte sentire / nelle sue missioni / che egli andava prati- / cando*, ms. nell'Archivio del Gesù segnato Fondo Gesuitico (*Mss. selecta*, XX 62); e soprattutto l'opera teorico-pratica di Antonio Baldinucci, *Avvertimenti / a chi desidera impiegarsi nelle / Missioni*. Il ms. autografo è nell'Archivio del Gesù, segnato *OPP*.

Che gli Stati secenteschi e le diocesi vescovili abbiano accolto con soddisfazione e consenso l'iniziativa segneriana, lasciandoci univoche testimonianze di esaltazione e di lode, si capisce facilmente: gli uni, incapaci di gestire non dico una «politica sociale», ma spesso la più ovvia politica interna, ben contenti che qualcuno si prendesse carico dell'educazione delle masse ai valori del lavoro, della famiglia, del rispetto dell'autorità e delle leggi morali; le altre in genere soddisfatte che le misere reti dei loro pescatori d'anime fossero rinforzate, irrobustite da una fiammata di devozione convinta, austera ma affascinante.

Ciò che può stupire di più è l'autentico successo della missione rurale presso i suoi destinatari, esempio raro di efficace accostamento alle masse più indotte da parte di un intellettuale riconosciuto e apprezzato dalle *élites* culturali del suo tempo: il concorso di folla è enorme, le prenotazioni e le richieste sono così tante che Segneri non può soddisfarle neanche in più anni; mucchi di dadi, di carte da gioco, di «vanità» vengono regolarmente bruciati in ogni tappa, faide antiche, incanaglite dai puntigli e dall'«onore» secentesco, si esauriscono durevolmente.[7]

Non è esagerazione dei biografi, se è vero che uno di questi, Gian Pietro Pinamonti,[8] era stato il suo compagno di missione e sarà uno dei suoi principali continuatori, fino alla morte; se è vero che Segneri fu da quel successo spinto a protrarre la sua attività fino agli estremi della sua salute fisica, e soprattutto se l'Ordine promosse e favorì l'ampliamento

---

NN. 299, e ne esiste pure una accurata trascrizione calligrafica, che pare di fine Ottocento-primi del Novecento, segnata *OPP. NN.* 97. A proposito di Baldinucci e delle sue opere, sarà utile chiarire che il ms. segnato *OPP. NN.* 96, intitolato *Missioni / del Venerabile Padre / Antonio Baldinucci / della Comp.a di Gesù* è in realtà la moderna trascrizione, sempre dei primi del nostro secolo, delle Missioni segneriane presentate dal ms. *OPP. NN.* 211. A qualcuno in passato — e ne restano tracce in un biglietto anonimo inserito tuttora nel ms. segneriano: «ma per me è del r. p. Baldinucci» — deve esser piaciuta l'idea di attribuire quelle Missioni al più giovane beato; ma il confronto grafico del ms. segneriano con l'autografo di Baldinucci (*OPP. NN.* 299) e con una sua lettera fa cadere quest'ipotesi, del resto già discussa e rifiutata nel mio *L'autografo*, cit., pp. 76-80.

[7] Cfr. *Lettere inedite di Paolo Segneri al Granduca Cosimo terzo*, cit., p. LXI, e Giuseppe Massei, *Breve ragguaglio*, cit., pp. 12-23.

[8] Cfr. le note 1 e 6 di questo capitolo.

e l'incremento dell'attività missionaria in Italia per opera del citato Pinamonti, del nipote di Paolo, Paolo iuniore,[9] del beato Antonio Baldinucci,[10] evangelizzatore specialmente del Lazio meridionale, dalla Ciociaria ai Lepini alla piana di Fondi.

Noi siamo in grado di seguire la fama e la fortuna, ma anche di indagare la struttura della missione rurale segneriana, di valutarne appieno la forza captativa e quindi di misurarne obiettivi, strumenti e finalità non soltanto dalle testimonianze dei biografi, compagni e continuatori, ma anche, fortunatamente e da non moltissimi anni, da una fondamentale attestazione diretta: il manoscritto autografo delle missioni rurali, conservato nell'Archivio della Casa generalizia della Compagnia di Gesù, a Roma.[11]

È un libro, ma certo è un libro *sui generis*; è un libro da leggersi, si direbbe, per diritto e per traverso, in cui l'impianto in qualche modo tradizionale della scrittura *sulla* pagina ha subito continue aggiunte, modificazioni, varianti, avvertimenti a se stesso, inserti ed *excursus* finché il margine e i bordi superiore e inferiore, oramai colmi, non richiedessero un foglio in più o divenissero illeggibili per successive cancellature e ripensamenti.

Non è questa la sofferta testimonianza di un poeta alla ricerca della parola, dell'armonia più sublime o del termine più ricercato e sonoro; è piuttosto il risultato del continuo lavoro di chi vuole fissare sulla carta non solo il testo della predica, ma l'intero programma della missione; e poi modificarlo nel tempo, per adattarlo a nuove situazioni, a pubblici particolari, a effetti speciali, in modo che tutto nella missione sembri spontaneo e tutto sia attentamente, astutamente corrispondente a un programma predefinito.

In una carta iniziale, dopo il titolo dell'opera, Segneri scrive:

---

[9] Dell'omonimo nipote di Segneri, oltre alle numerose lettere giacenti all'Archivio del Gesù, si veda il ms. 2128 della Biblioteca Casanatense di Roma, che contiene alcune sue prediche.

[10] Cfr. la nota 6. Baldinucci morì il 7 novembre 1717, mentre Pinamonti era morto già nel 1703. Cfr. *Ménologe de la Compagnie de Jesus*, a cura di p. Elesban De Guilhermy, *Assistance d'Italie* I, Paris, Schneider, 1893, pp. 717-19 e II, 1894, pp. 473-75.

[11] È il ms. segnato *OPP. NN.* 211 già citato alla nota 6, intitolato *Ragionamenti per le missioni*, descritto e discusso a lungo ne *L'autografo*, cit., pp. 73-80.

> I Ragionamenti sono più che lunghi in carta; ma non tutto lo scritto si ha da dire in ogni predica, che non deve passare un'ora. Il molto serve per provare una spezie in un luogo, un'altra in un altro, per un poco di varietà. La maggior parte di questi ragionamenti è un aggregato di varie spezie e di vari affetti, piuttosto che un discorso ben tessuto. Io giudico che, per convertire popoli nelle missioni, più giovi battere la fantasia e la volontà, che l'intelletto. A priori tanto, e non più. Il far viaggio in una predica con molte ragioni è simile al corso dell'onde nei fiumi: un'onda caccia l'altr'onda; così una ragione caccia l'altra dalla mente di uditori rozzi, che sempre sono i più. Quella Verità, quella massima cristiana più s'imprime in essi, che si va ripetendo con varie spezie sensibili. Un popolo non ci tiene dietro, ci perde di vista, in un discorso non popolare; e parte dalla missione tale, quale è venuto.[12]

Il libro si precisa così non tanto come un libro di prediche, quanto come il luogo di raccolta di *possibili* prediche, caratterizzate tutte dalla tecnica della ripetizione di concetti semplici e dell'accumulo di « spezie sensibili »: esempi palmari, luoghi dell'evidenza che eccitano la fantasia e stimolano la volontà.

Consigli non dissonanti da questa impostazione, del resto, Segneri rivolgerà ai parroci nella sua più tarda operetta a loro dedicata,[13] polemizzando con la tendenza ad astrarre le « verità utili, ma sottili » e a evitare, rispettando supinamente l'obbligo imposto dall'educazione letteraria, che aborre dalla ripetizione, la pratica della replicazione continua di « Verità fondamentali »: « Lo spianargli [al popolo] la strada si fa col rimuovere dal discorso tutta quell'arduità e tutta quell'altezza che impedirebbegli la pronta cognizione del vero ».

Ma questa linea di disponibilità « popolare », benché assai netta ed esplicita in Segneri, non costituisce un motivo originale per chi si sia occupato con qualche attenzione di pastorali popolari, dalle iniziative antichissime del Concilio di Tours, via via fino ai predicatori domenicani del Due-Trecento, ai grandi esempi quattrocenteschi di Bernardino da Siena, fino alle polemiche sull'educazione e la partecipazione religiosa delle masse scaturite dalla Riforma.[14] Altrove, mi pare, poggia la

---

[12] *Ragionamenti*, cit., c. 5r.
[13] Paolo Segneri, *Il Parroco istruito*, in *Opere*, cit., pp. 831-906, a p. 832.
[14] Sull'atteggiamento generale della Chiesa nei confronti della predicazione popolare, si veda almeno Vittorio Coletti, *Parole dal pulpito*, Torino, Marietti, 1983, con utili rimandi bibliografici in calce; sulla predicazione do-

forza dell'invenzione segneriana: e questa forza, questa efficacia non va a collocarsi quasi mai *nel* testo della predica, ma ai suoi margini, nei suoi complementi.

Segneri appare, in abito semplice da penitente, scalzo e con piccolissimo seguito, alle porte del paese centro della missione, la sera, sul far della notte; i popoli, avvertiti da tempo tramite avvisi a stampa firmati dal Vescovo[15] — perentoriamente richiesti dall'organizzatore della missione — e guidati dai loro parroci, gli vanno incontro, cantano il *Veni creator*, poi una lauda in volgare; subito dopo, il Gesuita si sottrae a ogni familiarità: « [...] dirittamente mi porto alla Canonica, senza parlar con alcuno. Non è questo tempo di complimenti ».[16]

Mentre parla, si aiuta con pochi ma essenziali strumenti: un crocifisso, qualche stampa — almeno un'immagine della Madonna, una del Sacro Cuore di Gesù e una, orribile e paurosa, di un dannato tormentato dai diavoli. Oltre ciò, la fune del penitente, la sferza e un particolare strumento che pare — a detta dei suoi biografi — da lui stesso inventato: lo *smagliarino*,[17] grosso tappo di sughero incastrato in un recipiente e irto di aghi, corti ma numerosi — più di cinquanta, dice un biografo. Con esso, in determinati momenti della missione, Segneri si batte il petto, aggiungendo alla pena corporale il grande effetto visivo del sangue che scorre abbondante: è il culmine della violenza emotiva richiesto da peccatori troppo ostinati o da famiglie riottose alla pacificazione proposta loro dal missionario.

Segneri non parla mai per più di un'ora, ma, almeno tre volte negli otto giorni, parla di notte, prima, dopo o durante una processione, penitenziale o no, alla luce delle torce, accompagnato e seguito da canti devoti, mentre si raccolgono e poi si bruciano i simboli impuri del peccato.

Il beato Antonio Baldinucci, nei suoi *Avvertimenti a chi desidera impiegarsi nelle Missioni* (*post* 1709-1717),[18] ricorda espressamente la

---

menicana e sugli *exempla* si veda l'*Introduzione* di Guido Baldassarri (pp. XIII-LX) in *Racconti esemplari di Predicatori del Due e Trecento*, a cura di Giorgio Varanini e Guido Baldassarri, 3 voll., Roma, Salerno ed., 1993.

[15] Antonio Baldinucci, *Avvertimenti*, cit., c. 17v.
[16] *Ragionamenti*, cit., c. 9r.
[17] Per esso cfr. Giuseppe Massei, *Breve ragguaglio*, cit., c. XIII, e il mio *L'autografo*, cit., p. 77.
[18] Cfr. la nota 6. Il ms., diviso in XV capi, discute rapidamente ma con acuto

pratica delle processioni notturne organizzate da Segneri più di vent'anni prima, sostenendo che «il p. Segneri ricusava quanto poteva quelle Missioni nelle quali non avesse avuto libertà di farle [le processioni] nella forma sua consueta».[19] Mentre era dunque tanto convinto dell'efficacia emotiva della notte — come sfondo necessario agli effetti luministici delle torce, alle grida dei penitenti, ai roghi delle vanità e alle sue suggestive invocazioni — da rinunciare addirittura alla missione, se motivi d'ordine pubblico o difficoltà organizzative gli avessero impedito di strutturarla secondo i suoi piani, egli si preoccupava di non disperdere la concentrazione dei partecipanti e di non mescolare *altre* emozioni a quelle che voleva indurre: così, vieta la partecipazione alle processioni di figuranti in costume, anche di scene devote tradizionali, e proibisce le nudità durante le penitenze.

Se pacifica liti in pubblico (1112 in Valdinievole, in più missioni, secondo il notarile resoconto del governatore militare di quella regione a Cosimo III),[20] lo fa solo quando è ben sicuro che siano durevoli e non diano scandalo: così, pacifica di preferenza capifamiglia, che assicurano la disciplina dei loro consorti, ma risolve in privato tutte le altre controversie, specie quelle fra sacerdoti e quelle fra donne.[21] Non confessa donne fuori vista di testimoni né parla con loro in privato. Nel complesso, non lascia margini a sorprese per se stesso, mentre ne organizza di continuo al suo pubblico.

La sequenza canto-predica-canto-penitenza-canto, intervallata da istruzioni a bambini o a sacerdoti, a colloqui propedeutici alle pacificazioni, alle confessioni e alle catechesi ordinate dal padre Pinamonti, riempie la giornata dei fedeli di tensioni convergenti: ma l'emozione straripa quando il missionario, facendo avanzare un gruppo di bambine con mazzi di fiori, chiude la predica sul peccato (VI) rivolgendosi direttamente, *ex abrupto*, a loro e gridando: «Coltivate per Maria codesti fiori!»; oppure: «Ditelo voi [alla Madonna], con santa allegrezza, o

---

  realismo le condizioni umane, fisiche e psicologiche, religiose e organizzative, degli aspiranti missionari, rinviando assai spesso — e in tre capi diffusamente — al modello segneriano.

[19] *Ragionamenti*, cit., c. 13*r*.

[20] Cfr. la nota 7. Per una parziale trascrizione di quel resoconto si legga, in questo volume, Quinto Marini, *Le biografie di Paolo Segneri*, p. 76 nota 34.

[21] Antonio Baldinucci, *Avvertimenti*, cit., c. 15*r*.

vergini innocenti: cara Madre, mai vi ho passato il cuore, mai ve lo passerò!».[22] O quando, commentando le prime parole del *Pater*, esclama, in persona di Dio: «Padre nostro?! E chi è che mi chiama padre? [...] Non ti contenti di aver bestemmiato il mio nome in quel giuoco? [...] Non ti contenti [...]?».[23] E si lascia al margine della pagina spazi di nuove sequenze invettive, «conforme le notizie che si ricevono o dai sig.ri curati o da altri».[24]

Quando descrive la vita dell'uomo — con tipica metafora manierista e barocca — come un mare in tempesta, e addita in Cristo l'unica salvezza, sola zattera per l'uomo in procinto di annegare, annota a lato: «Tengo il Crocifisso disteso e, con decoro, lo muovo come se galleggiasse».[25] Nel finale della predica *Contra l'impurità* (IX) preseleziona un infante, lo pone in vista di tutti e gridando «Bambino/bambina, prendi!», oppure «Candida l'hai da conservare!», oppure ancora «Avrai in premio l'eterna vita in Paradiso, con il tuo Dio,», lo copre con una bianca veste battesimale. Sotto, scrupoloso, annota: «Un sacerdote, in genocchio sul palco, con modo decoroso tiene sopra una fruttiera o altro recipiente un bianco pannolino».[26]

In altri momenti organizza perdoni collettivi ai figli posti in scandalo da parte di genitori imprudenti, o fa sì «che i padri e le madri benedicano i figliuoli».[27] A un tratto, chiede al pubblico: «Si formi qui un coro di vergini!», e annota di lato come alcune fanciulle vestite di bianco, prima scelte e ammaestrate, debbano allora salire sul palco e cantare: «Lodato sempre sia — il nome di Gesù e di Maria».[28]

Ho già citato altrove,[29] ma qui giova ripetere, la cura con cui Segneri organizza anche la fustigazione, sua e collettiva, studiando le reazioni dei gruppi alle invocazioni e alle anafore di incoraggiamento: «Questo moto è di maggior commozione»;[30] «È di maggior commozione prima

---

[22] *Ragionamenti*, cit., cc. 58r e v.
[23] *Ibidem*, c. 62r.
[24] *Ibidem*, c. 134r.
[25] *Ibidem*, c. 74v.
[26] *Ibidem*, c. 84r.
[27] *Ibidem*, c. 94r.
[28] *Ibidem*, c. 102v.
[29] *L'autografo*, cit., pp. 84-86.
[30] *Ragionamenti*, cit., c. 38v.

le donne ».³¹

Nella comunione finale, modifica il paesaggio campestre innalzando dietro al palco una scenografia di chiesa e facendo costruire balaustre, come ringhiere d'altare; ad ogni *muta* che s'accosta per comunicarsi, il Gesuita rivolge brevi e calde allocuzioni, appositamente preparate.³²

Se, in questo quadro animato di azioni e di espedienti emotivi, la parola sembra assumere addirittura un'importanza secondaria, l'esame ravvicinato del testo e delle sue varianti ci fa scoprire invece un impegno non meno costante alla ricerca di un'oratoria nuova e diversa da quella in cui Segneri è riconosciuto maestro della sua età. Dalla stessa struttura fisica del manoscritto sembra anzi di poter riconoscere che, ad ogni correzione, variante o innovazione, Segneri faccia un passo avanti nella scoperta di un linguaggio semplice e diretto, nell'uso sempre più frequente di esempi tratti dalla realtà umile dell'ambiente e nell'individuazione specifica, fra gli uditori, di un gruppo d'ascolto « speciale », di un interlocutore diretto che possa sentirsi, e di fatto sia, personalmente coinvolto nel dialogo pastorale.

Qui, fra rozzi e semplici, non solo si può, ma si deve parlare di cose innominabili nelle chiese cittadine d'Italia: l'aborto, l'infanticidio e la problematica sessuale sono affrontati direttamente, senza troppe perifrasi e fin nei minuti particolari del comportamento:

> Padri, madri, intendetemi, e mi basta che voi soli mi intendiate. Come mandate una figliuola semplice, una putta nubile, un figliolo in cui la curiosità è la prima fonte de' suoi peccati, come gli mandate ad assistere ad una bestia? Che sarà a loro maestra d'iniquità? Perché non andate voi, in cui e l'età, e le altre circostanze rendono meno pericoloso un tale oggetto? Perché alla rinfusa unite ne' pascoli fanciulli e fanciulle, senza divisione e di siti e d'armenti?³³

> Vi accorgete, o padre, o madre, che certo modo di vivere in casa, che certa libertà di conversare, di prendere il fresco, apre gli occhi al male negli innocenti di vostra famiglia, e con tutto ciò volete vivere così, volete una libertà sì dannosa?³⁴

---

³¹ *Ibidem*, c. 102v.
³² *Ibidem*, cc. 199v-200v.
³³ *Ibidem*, c. 91v.
³⁴ *Ibidem*, c. 88r.

Co' giovanotti parli, o donna maritata, di oscenità?[35]

Mariti e mogli, che siete legati insieme solamente per rodervi, è questa carità coniugale?[36]

Quella figliuola senza particolare aspirazione di Dio, non deve vivere sempre celibe in casa. O monisterio, o matrimonio: deh, non vi acciechi l'interesse! Non tradite l'anima d'una figliuola per avere una serva stabile senza salario. Come stanno le pecorelle chiuse fra le rete? Tengono il muso rivolto al prato. Regolarmente parlando, come stanno in casa le figliuole nubili? Col cuore, col volto rivolto al prato. Intendetemi bene, o padri: oh, di quanti peccati dovrete rendere conto a Dio![37]

Che fa il padre in quella casa? Dorme. E la figliuola ov'è? Fa all'amore nell'orto. Ecco il peccato in casa.[38]

Vi raccomando, o madri, i depositi di Dio che portate nelle vostre viscere. Custoditeli bene. Guai a voi se, per colpa vostra, muoiono non battezzati![39]

Appare ormai chiaro che la missione segneriana si costruisce, e nel tempo si precisa alla mente del suo stesso inventore, all'interno della complessa categoria della teatralità: anzi, a ben vedere, essa è tutta intessuta di espliciti riferimenti alle strutture portanti della tragicommedia devota, per mezzo della quale i Gesuiti fin dalla prima metà del secolo avevano tentato di concorrere con lo straordinario successo del teatro profano, di esercitare gli alunni dei propri collegi in un intrattenimento « istruttivo » e devoto e di autocelebrare i propri santi e martiri presso il pubblico delle città.[40]

Inizio austero e tragico, svolgimento in forma di peripezia « maravigliosa » e ardua, anche sanguinosa; e scioglimento finalmente felice, fra

---

[35] *Ibidem.*
[36] *Ibidem*, c. 108v.
[37] *Ibidem*, c. 137v.
[38] *Ibidem*, c. 57r.
[39] *Ibidem*, c. 29v.
[40] Sul teatro gesuitico, utili indicazioni e bibliografia in Franca Angelini, *Poesia e letteratura tragica*, in *La letteratura italiana*, dir. Carlo Muscetta, vol. V, tomo II, *Il Seicento. La nuova scienza e la crisi del Barocco*, Roma-Bari, Laterza, 1974, pp. 203-11; in questo volume, cfr. Lucia Strappini, *Esercizi dello spirito: qualche nota sul teatro dei Gesuiti tra fine Cinquecento e metà Seicento.*

canti di giubilo e promesse di conferma della ritrovata purezza. Linguaggio diretto, spesso incline a simulare il dialogo, l'appello, la conversazione con tutto o con parte del pubblico presente; movimenti drammatici, innovazione e sovraccarico dei significati della parola tramite continuo e pertinente ricorso a tratti sensibili, visivi e uditivi.[41] Ma Segneri è andato ben oltre i limiti di quel teatro, di tutto il teatro professionale o dilettantesco del suo secolo.

Già Bernardino Stefonio,[42] la più spiccata personalità del teatro gesuitico all'inizio del secolo, aveva ben capito che musica, danza, canto monodico e corale, oratoria ben composta e commovente formano un impasto da cui nessun petto, per quanto ferreo, può salvarsi. Se questi elementi captativi, fusi nella drammaticità sorprendente dell'azione missionaria, escono dal luogo teatrale propriamente detto, se coloro che lì sarebbero stati semplici spettatori divengono attori inconsapevoli, anche se soltanto comprimari, di una grande *actio* collettiva sapientemente organizzata da un regista che è anche il protagonista, e che paga in prima persona il sacrificio della fatica, delle battiture, dell'autocontrollo sui sentimenti che pur mira a indurre nei presenti, chi potrà resistere, chi non si scioglierà in lagrime, chi non confesserà le proprie colpe e non mirerà al proprio ravvedimento?

Se il teatro secentesco è il luogo magico in cui il concorso delle arti seduce, incanta e intrattiene gli animi su una finzione che simula la realtà, l'azione missionaria è piuttosto una realtà di penitenza e di ravvedimento dai contenuti semplici, assiomatici e ripetuti, il cui significato è indotto tramite l'applicazione estremistica e di massa degli strumenti seduttivi della finzione — oggi si potrebbe dire, assecondando fino in fondo la « natura » del mezzo di trasmissione. L'importante, come capiranno benissimo compagni e prosecutori dell'opera segneriana, è che la tensione non venga meno, che tutto proceda secondo le intenzioni verso la massima concentrazione di affetti e di volontà, comunque eccitati: secondo una metafora, a quanto pare, meno ardita di quanto può sembrare — quella con cui Antonio Baldinucci richiama i missionari alla cura organizzativa prima e durante l'*actio* — « mai sce-

---

[41] Sull'impostazione drammatica delle prediche di Paolo Segneri si veda, in questo volume, Davide Conrieri, *Sulla struttura del* Quaresimale.
[42] Bernardino Stefonio, *Crispus tragoedia*, Roma, 1620, prefazione, c. n.n.

na vota ».[43]

Ingannare a buon fine, come sapeva bene già Torquato Tasso,[44] non è colpa; è, anzi, altissimo merito trovare e applicare forme di persuasione che cancellino l'errore e portino alla verità; ed è questo compito precipuo del sacerdote, tanto più se si tratta di un sacerdote che è anche un raffinato intellettuale, cosciente dei problemi dell'educazione popolare quanto del fatto che ogni anima salvata o dannata, di re o di bracciante, è uguale di fronte a Dio.

Sorretto da una fede certa, consapevole tanto della fragilità umana quanto delle cose meravigliose che l'uomo può operare sulla terra, suo transitorio ma ricchissimo regno, Segneri pensa anche al dopo-missione: tornerà, o tornerà qualche suo confratello, dopo quattro o cinque anni; i curati locali saranno nel frattempo stati corroborati dalle sue istruzioni; ma, ancora una volta, il Gesuita vuole esplorare tutte le possibilità insite nell'inedito « protagonismo » delle masse rurali, nella consapevolezza inebriante quanto illusoria dei contadini di essere stati a lungo soggetti e attori della missione. Così, al momento di congedarsi, partono per prime le chiese più lontane,[45] raccolte dai curati sotto gli stendardi delle loro congregazioni, e dal palco Segneri le saluta, chiamandole per nome e additandole agli altri.

Come in un moderno *talk show*, in cui le vittime del conduttore entrano o escono al suono del loro nome, fra uno scrosciare di applausi, i rurali se ne vanno inorgogliti e festanti, perché l'uomo di Dio ha parlato proprio con loro e a loro, li ha chiamati per nome; e per l'ultima volta si sentono un po' più importanti, al centro dell'attenzione dei loro vicini, attori di un lieto congedo; inconsapevoli di essere, come sempre, ancora agiti, al margine di un meditato foglio, dalla sapiente scenografia devota di Paolo Segneri.

VALERIO MARUCCI
Liceo Scientifico Statale Primo Levi, Roma

---

[43] Antonio Baldinucci, *Avvertimenti*, cit., c. 8v.
[44] Torquato Tasso, *Gerusalemme Liberata,* a cura di Lanfranco Caretti, Torino, UTET, 1971, canto I, ott. 3.
[45] *Ragionamenti*, cit., c. 122r.

VIII

Le *Lettere* di Paolo Segneri a Cosimo III de' Medici

I. « *Frugando in questi mirabili emporii delle Biblioteche fiorentine* »[1]
Silvio Giannini,[2] nel dedicare all'amico monsignor Pirro Tausch[3] la sua

---

[1] *Lettere inedite di Paolo Segneri al Granduca Cosimo terzo, tratte dagli autografi*, a cura di Silvio Giannini, Firenze, Felice Le Monnier, 1857, p. I. Tutte le citazioni dalle lettere di Segneri, ove non sia diversamente indicato, provengono dall'edizione di Giannini. Il sistema adottato per tali citazioni è il seguente: il primo numero si riferisce al numero d'ordine della lettera nell'edizione a stampa; seguono il luogo e la data di stesura, e il numero di pagina. Quando una lettera non rechi in calce la data o il luogo della sua redazione, la data e il luogo presunti (secondo le mie congetture, perché il curatore ottocentesco di solito non azzarda ipotesi) sono accompagnati da un punto interrogativo, racchiuso tra parentesi quadre.

[2] Finora non sono riuscito a trovare informazioni di rilievo su Silvio Giannini. La mia ricerca ha portato alla luce solamente un altro testo sicuramente scritto da lui, il sonetto « Alla viola del pensiero. Commiato », che chiude una raccolta curata da anonimo (forse lo stesso Giannini) e pubblicata nella collana « Miscellanea di Letteratura e Morale »: cfr. *La viola del pensiero. Ricordo pel MDCCCXLII. Anno terzo*, Livorno, Al Gabinetto Scientifico Letterario (pei tipi di Giulio Sardi), 1841, p. 335.

[3] Pirro Tausch aveva scritto varie opere di contenuto religioso o moraleggiante, tra cui la *Novena in onore di S. Giulia vergine e martire protettrice della città e porto di Livorno*, Livorno, Tip. E. Pozzolini, 1842, e la *Istoria apologetica della prodigiosa immagine di Maria Santissima di Montenero*, Livorno, Tip. Antonelli Antonelli e C., 1845. Di lui si può leggere anche una *Benedizione data da Monsignor Pirro Tausch Roth nella Chiesa Parrocchiale di S. Miniato a Signa la Domenica in Albis 1856*, Firenze, Tip. Birindelli, 1856: si tratta di una pubblicazione non rilegata, di poche pagine, che contiene una predica nella quale Tausch, a un certo punto, rievoca e cataloga con uno stile non troppo dissimile da quello di Segneri una lun-

edizione delle lettere di Paolo Segneri[4] al granduca Cosimo III,[5] non

---

    ga serie di sciagure (guerre, disastri naturali ecc.), che hanno afflitto l'umanità nei due decenni precedenti (un catalogo simile si trova nella predica XV del *Quaresimale del Padre Paolo Segneri della Compagnia di Gesù*, Torino, Giacinto Marietti, 1850, pp. 157-60). La famiglia Tausch, nobile, di origine boema, si stabilì in Toscana, dove alcuni dei suoi membri svolsero compiti di rappresentanza per conto del governo austriaco. All'inizio dell'800 i Tausch ereditarono titolo e patrimonio da Gianfranco Mastiani Brunacci, nobile pisano, e si iscrissero alla nobiltà di Fiesole: cfr. Vittorio Spreti *et al.*, *Enciclopedia storico-nobiliare italiana*, vol. IV, Milano, Ed. Enciclopedia Storico-Nobiliare italiana, 1931, p. 486.

[4] Sulle lettere di Segneri a Cosimo III non si trovano che scarsi e superficiali riferimenti, nella bibliografia critica segneriana: cfr. Giulio Marzot, *Un classico della Controriforma: Paolo Segneri*, Palermo, G.B. Palumbo, 1950, p. 22; Domenico Mondrone, *Paolo Segneri*, in *Letteratura italiana. I minori*, vol. III, Milano, Marzorati, 1961, pp. 1758-59; Carmine Jannaco e Martino Capucci, *Storia letteraria d'Italia. Il Seicento*, Milano, Vallardi, 1966, p. 647; Daniello Bartoli e Paolo Segneri, *Prose scelte*, a cura di Mario Scotti, Torino, UTET, 1967, p. 479; Ezio Bolis, *L'uomo tra peccato, grazia e libertà nell'opera di Paolo Segneri sj (1624-1694). Emblema di un approccio « pratico-morale » alla teologia*, Roma, Pontificio Seminario Lombardo; Milano, Glossa, 1996, p. 93 e nota 165. Sull'edizione curata dal Giannini si veda la lunga recensione-articolo che apparve anonima sulla *Civiltà Cattolica*, nella sezione « Rivista della Stampa italiana »: *Lettere inedite di* Paolo Segneri *d. C. d. G. al Gran Duca Cosimo III. tratte dagli Autografi*, in « Civiltà Cattolica », s. III, vol. VIII, 1857, pp. 454-69. L'anonimo autore era Carlo Maria Curci, primo direttore della rivista. È da notare, tra l'altro, che nemmeno Curci sembra conoscere troppo bene il curatore dell'edizione Le Monnier, che chiama, con sprezzo evidente, « un Silvio Giannini » (*ibidem*, p. 455); a corto di dettagli su di lui, e alla ricerca di un precedente che giustifichi e inquadri la pubblicazione delle *Lettere*, Curci appunta i suoi strali polemici sull'editore Felice Le Monnier, istigatore di un pericoloso « *Italianismo* » che segue la « maniera degli ammodernati » (*ibidem*, p. 454 e nota 1).

[5] Lo studio più esteso (anche se non il più approfondito) sulla figura e i tempi di Cosimo III resta ancora oggi quello di Giuseppe Conti, *Firenze dai Medici ai Lorena. Storia - Cronaca aneddotica - Costumi (1670-1737)*, Firenze, Bemporad, 1909 [ristampato in anastatica, s.l., Giunti Marzocco, 1993], che dedica al Granduca la parte più cospicua del testo, pp. 1-767. Alla figura di Cosimo III è dedicata la maggior parte del libro di Harold Acton, *The last Medici*, s.l. [U.S.A.], Thames and Hudson, 1980[3] [prima e-

esitava a definirle un « notevole documento di Storia e di Letteratura ».[6]

---

dizione, 1932; seconda edizione riveduta, 1958]; nel testo di Lord Acton si incontrano anche due riferimenti a Segneri, di cui uno (*ibidem*, p. 163) è ripreso parola per parola da Giuseppe Conti, *Firenze dai Medici ai Lorena*, cit., p. 94, e l'ultimo è collegato proprio all'epistolario con il Granduca (Harold Acton, *The last Medici*, cit., p. 198): Acton traduce e riunisce nella stessa citazione, senza rispettarne l'ordine cronologico, alcuni passi su Gian Gastone tratti dalle lettere n. 190 (Roma, 3 marzo 1691, p. 146), n. 191 (Roma, 10 marzo 1691, pp. 147-48), n. 193 (Roma, 28 marzo 1691, p. 151). Furio Diaz nel suo saggio intitolato *Il Granducato di Toscana. I Medici* (Torino, UTET, 1976) dedica alcune pagine a Cosimo III (pp. 465-522): cita anche Segneri (pp. 494-96 [non pp. 490-92, come reca l'indice analitico], 505), e fra le altre cose indica alcune lettere di Segneri a Cosimo III che non sono comprese nella raccolta di Giannini e che si trovano presso l'Archivio di Stato di Firenze. Su Cosimo III si può consultare utilmente anche la storia di Firenze scritta da Piero Bargellini, *La splendida storia di Firenze*, vol. III, *Da capitale di Granducato a capitale di Regno*, Firenze, Vallecchi, 1967 (spec. le pp. 107-42, 149-53), compilazione aneddotica e talora romanzata, ma ricca appunto di informazioni su quei fatti di cronaca minuta a cui spesso allude Segneri nelle lettere; tra l'altro Segneri vi è menzionato brevemente (pp. 112, 125); cfr. anche Antonio Panella, *Storia di Firenze*, Firenze, Le Lettere, 1984, pp. 254-69. Per una fonte ufficiale e più vicina ai fatti storici discussi nelle *Lettere*, cfr. Riguccio Galluzzi, *Istoria del Granducato di Toscana sotto il governo della Casa Medici*, tomi IV-V, Milano, Cisalpino-Goliardica, 1974 [riproduzione anastatica dell'edizione stampata a Firenze, Gaetano Cambiagi stampatore granducale, 1781]; è spesso solo una sintesi delle notizie fornite dal Galluzzi l'opera di Francesco Inghirami, *Storia della Toscana compilata ed in sette epoche distribuita*, s.l., Poligrafia Fiesolana, 1843 (su Cosimo III si veda il tomo X, *Storia della Toscana. Epoca 6. Dall'anno 1530 al 1737 dopo G. Cr. Dei tempi medicei*, pp. 470-550). Tra gli studi più recenti, cfr. *La Toscana nell'età di Cosimo III: atti del convegno, Pisa-San Domenico di Fiesole (FI), 4-5 giugno 1990*, a cura di Franco Angiolini, Vieri Becagli, Marcello Verga, Firenze, EDIFIR, 1993.

[6] *Lettere inedite di Paolo Segneri al Granduca Cosimo terzo*, cit., p. I. Alla fine della Prefazione Giannini ritorna sul concetto del valore storico che va ascritto alla raccolta: « [...] ritratto migliore di Cosimo è in questo Libro, dal quale come si rivelano importanti particolari della vita dello Scrittore [...], così si diffonde gran luce sulla storia sincrona della Toscana » (*ibidem*, p. XVI).

L'anno, registrato alla fine della Dedicatoria, era il 1857,[7] cosicché pare addirittura scontato, nel contesto del nascente Positivismo, che l'interesse destato da quei « due volumi di Lettere inedite di Paolo Segneri », rinvenute « frugando » nei « mirabili emporii delle Biblioteche fiorentine », si rivestisse dei termini di una deferenza quasi obbligata, imposta più che altro dalla « antichità » di quel manoscritto (assimilato infatti ad altri « cimelii »)[8] e dal rispetto che ancora si doveva ai corrispondenti di quell'epistolario.[9]

Senonché il ricorso ad una categoria oggettiva come quella del « documento », tanto cara alla scuola positivistica, produce oggi un effetto pressoché contrario a quello che si prefiggeva l'illuminato curatore, allorquando si sforzava di accentuare l'autorità storica dei manoscritti che dava alle stampe e prometteva al dedicatario l'opportunità di osservare, per il loro tramite, un lacerto di sicuro valore per i cultori della maggiore storia e letteratura. È proprio quella pretesa di considerare l'epistolario segneriano alla stregua di un asettico contenitore di informazioni, quell'intenzione manifesta di adoperarlo come strumento di indagine storiografica prima ancora di vagliarne la genesi e la natura, che si traduce, a distanza di oltre cent'anni, in un limite per la ricerca. Lungi dall'essere estranee ad un processo creativo cosciente, molte delle lettere di Segneri a Cosimo III si collocano esattamente al nodo che lega la testimonianza storica con il veicolo narrativo e stilistico che organizza e interpreta gli eventi mentre li racconta.

Del resto è sufficiente ripensare alla presenza così numerosa di riferimenti storici maggiori e minori, attinti da fonti classiche e moderne, che si rintraccia nelle prediche del *Quaresimale* (dedicate per l'appunto a Cosimo),[10] per ammettere che non si può intraprendere l'esame del-

---

[7] *Ibidem*. La « Lettera di Silvio Giannini intorno alla pubblicazione di questo volume » fu ristampata senza modifiche in una rivista letteraria che non sono ancora riuscito a identificare: l'informazione è contenuta in *Lettere inedite di* Paolo Segneri *d. C. d. G. al Gran Duca Cosimo III. tratte dagli Autografi*, cit., p. 469.

[8] *Lettere inedite di Paolo Segneri al Granduca Cosimo terzo*, cit., p. I.

[9] Molteplici sono le attestazioni di rispetto disseminate nelle pagine della Prefazione (*ibidem*, pp. II, VI-VII, X-XI, XV), sebbene le lodi cedano qua e là il passo a osservazioni critiche sui due personaggi, imbevute di un moralismo di marca prettamente risorgimentale (*ibidem*, pp. XII, XVI).

[10] Cfr. la lettera dedicatoria, intitolata « Serenissimo Granduca » e datata Fi-

l'epistolario segneriano, e specialmente di quelle parti dedicate agli avvenimenti politici contemporanei, senza impegnarsi a ricercare i segni e le fasi di quel metodo che fa dello stile un agente consapevole di mediazione fra la realtà della vita sociale e la pagina scritta, fra le convenzioni della forma e le ragioni della verità storica.[11]

---

renze, 5 aprile 1679, che segue le pagine dell'« Autore a chi legge »: *Quaresimale del Padre Paolo Segneri della Compagnia di Gesù*, cit., p. 6. Per una serie di riferimenti alla storia contemporanea della Polonia, tutti databili tra il 1655 e il 1672, cfr. in questo volume il capitolo di Krzysztof Żaboklicki, *Segneri in Polonia nell'Ottocento e nel Novecento*.

[11] Non va dimenticata, come testimonianza essenziale di quell'interesse costante per la storiografia che Segneri nutrì fino dagli esordi giovanili, la traduzione dal latino della seconda deca del *De Bello Belgico*, scritto dal confratello Famiano Strada: *Della Guerra di Fiandra: Deca seconda composta da Famiano Strada della Compagnia di Gesù e volgarizzata da Paolo Segnere della medesima Compagnia*, Roma, Corbelletti, 1648 (cfr. Giuseppe Massei S.I., *Vita di Paolo Segneri*, a cura di Quinto Marini, Roma, Ugo Magnanti editore, 1995, p. 24; ristampata più volte: *Fatti d'arme del principe Alessandro Farnese all'assedio d'Anversa*, Torino, Giacinto Marietti, 1829; *Fatti d'arme del principe Alessandro Farnese all'assedio di Anversa volgarizzati da Paolo Segneri*, a cura di Carlo Cordié, Milano, Istituto Editoriale Italiano, 1947). Sul *De Bello Belgico* cfr. Sergio Bertelli, *Storiografi, eruditi, antiquari e politici*, in *Storia della Letteratura Italiana*, vol. V, *Il Seicento*, dir. Emilio Cecchi e Natalino Sapegno, Milano, Garzanti, 1967, p. 386; Carmine Jannaco e Martino Capucci, *Storia letteraria d'Italia. Il Seicento*, cit., p. 689; sulla concezione che Strada aveva della storiografia, cfr. *ibidem*, pp. 658-59; Eric W. Cochrane, *Historians and historiography in the Italian Renaissance*, Chicago, University of Chicago Press, 1981, p. 489. Sullo Strada cfr. anche Girolamo Tiraboschi, *Storia della letteratura italiana*, tomo VIII, parte II, Firenze, Molini, Landi e Co., 1812, pp. 414, 416-20. Sulla traduzione di Segneri, cfr. Giulio Marzot, *Un classico della Controriforma: Paolo Segneri*, cit., pp. 210-12; Daniello Bartoli e Paolo Segneri, *Prose scelte*, cit., p. 461; Mario Scotti, s.v. « Segneri, Paolo », *Dizionario critico della letteratura italiana*, dir. Vittore Branca, vol. III, Torino, UTET, 1973, p. 367; Ezio Bolis, *L'uomo tra peccato, grazia e libertà nell'opera di Paolo Segneri sj*, cit., p. 37. La traduzione è rammentata anche dal Giannini (*Lettere inedite di Paolo Segneri al Granduca Cosimo terzo*, cit., pp. XIII-XIV), ma solo in margine alla questione del cognome esatto del Gesuita, in quella stampa indicato più volte come « Segnere »: Giannini la liquida come un errore, ma la forma « Se-

Ovviamente Giannini non ignorava con quale sofisticata preparazione Segneri affrontasse l'atto della scrittura, e gliene rende ampio merito: il Gesuita fu « egregio *scrittore* »,[12] « scrittore meraviglioso pel tempo in cui visse »;[13] fra gli estimatori del suo stile si annoverano « uomini insigni » come Giuseppe Parini e Pietro Giordani;[14] nelle sue lettere « risplende la proprietà delle voci, la concisione dello stile, la schietta semplicità, l'eleganza, la forza, l'evidenza del dire ».[15] Dalla somma di questi giudizi, però, risulta chiaro che lo stile appare agli occhi del

---

gnere » compare anche in alcune lettere autografe (cfr. in questo volume Mario Zanardi, *Per la biografia di Paolo Segneri: documenti dell'Archivio Romano della Compagnia di Gesù [ARSI]*, p. 462 nota 35).

[12] *Lettere inedite di Paolo Segneri al Granduca Cosimo terzo*, cit., p. VI. Il corsivo è nell'originale.

[13] *Ibidem*, p. IX (un giudizio simile si legge anche a p. X).

[14] *Ibidem*, p. VI. Il fatto stesso che Giannini avvertisse l'esigenza di intraprendere la difesa dello stile di Segneri, nella sua introduzione, la dice lunga sull'effetto che centosessant'anni di cultura e di letteratura avevano avuto sulla ricezione dell'opera segneriana. Tra gli autorevoli personaggi citati a favore di Segneri vi sono anche Giuseppe Massei, gesuita, autore di una biografia del religioso nettunese (*Breve Ragguaglio della Vita del Venerabil Padre Paolo Segneri della Compagnia di Gesù*: su quest'opera si veda l'ampia analisi condotta dallo stesso Marini in questo volume, pp. 63-83), Antonio Maria Meneghelli e Giulio Perticari. Tra i detrattori si cita solamente il padre servita Alessandro Bandiera, alfiere del purismo arcaicizzante, contro il quale si era schierato il Parini: si leggano in proposito, all'interno di questo volume, alcuni passi dei capitoli scritti rispettivamente da Antonio Franceschetti (*La fortuna critica del Segneri*, pp. 13-19) e Gennaro Savarese (*Avventure segneriane tra Sette e Ottocento: Parini, Leopardi, De Sanctis*, pp. 47-53). Giannini definisce gli attacchi del padre Bandiera « ridicoli » (cfr. *Lettere inedite di Paolo Segneri al Granduca Cosimo terzo*, cit., p. VI); salvo che, poi, egli stesso si impegna in una polemica lunga e pesante (cfr. *ibidem*, pp. VII-IX) contro la presenza nelle lettere, accanto ad « elettissimi modi e bene appropriati vocaboli » (*ibidem*, p. IX), di un certo numero di locuzioni e termini ricalcati sul francese, che da lui vengono additati come gravi « peccati per gl'Italiani » (*ibidem*, p. VIII).

[15] *Lettere inedite di Paolo Segneri al Granduca Cosimo terzo*, cit., p. V. Cfr. anche il giudizio riportato poco più avanti: « è certo che il Segneri fu non meno infaticabile Missionario e operoso Gesuita, che grande Oratore, e studiosissimo dei Classici nostri e della nostra bellissima lingua » (*ibidem*, pp. VI-VII).

Giannini come un fatto puramente accessorio, affatto incapace di lasciare un'impronta nella sostanza documentaria racchiusa nelle lettere. « Storia » e « Letteratura » sono sì presenti e ben documentabili all'interno di questa raccolta, ma le due categorie si mantengono perfettamente distinte, impermeabili l'una all'altra: si potrà leggere l'epistolario alla ricerca di dati storici oppure di esempi del bello scrivere, ma il sospetto che possano verificarsi interferenze o reazioni tra analisi dei fatti e scrittura non entra mai nella mente (o nella cultura) del curatore. La scrittura resta per lui un gesto puramente formale, esornativo, che solo più tardi si aggiunge alla catena delle osservazioni e dei pensieri, piuttosto che modellarla e nascere insieme con essa. Perfino quando Giannini ha finito di elencare le buone qualità retoriche dello stile di Segneri, e passa ad affermare che « davvero i moderni Diplomatici e Segretarii potrebbero apprender molto da questo volume »,[16] il contesto indica apertamente che il rimando alla diplomazia deve essere interpretato in chiave circoscritta, con riferimento all'ornato piuttosto che al metodo o alla sostanza della corrispondenza epistolare diplomatica.

Se lì si arrestava il giudizio critico di Giannini, l'intento della ricerca da me intrapresa (di cui il presente lavoro costituisce soltanto una parte) è proprio quello di rivendicare le pagine del carteggio segneriano ad un'analisi storiografica che porti alla luce in quelle lettere la transizione, che avviene tra Cinque e Seicento, dalla *historia* intesa tradizionalmente come genere letterario (*opus oratorium maxime*, secondo la nota classificazione quintilianea), ad un genere storico che si sforza di illustrare le ragioni dell'agire politico secondo la logica intrinseca di quel mondo. Mi preme altresì di correggere il tiro per quel che riguarda un'altra questione proposta dal Giannini. È fin troppo facile sgombrare il campo dell'indagine dalle accuse di cortigianeria e di machiavellismo che echeggiano severe nella Prefazione alla stampa ottocentesca, secondo le quali nelle lettere si riconoscerebbe « l'arguzia dell'uomo esperto dei mondani negozii; la destrezza di un faccendiere; [...] l'operosità infaticabile di un Direttore di Polizia: vedrai [...] il devotissimo servo di un tristo Principe, il frate cortigiano (e peggio che cortigiano) ».[17]

---

[16] *Ibidem*, p. V.
[17] *Ibidem*, p. X. Il passo citato si conclude con un'accorata apostrofe che il curatore indirizza al Gesuita: « Oh Padre Segneri! [...] prostituire così la Religione cristiana a me pare bruttissimo sacrilegio! » (*ibidem*); per una

Smessi gli abiti del moralista, che poco si confanno allo scettico lettore moderno, sarà tuttavia possibile ripercorrere le tracce di un'assimilazione della dottrina machiavelliana che avviene entro uno spettro culturale più ampio di quanto non appaia a prima vista, dalla sfera morale a quella politica, dallo stile della narrazione storica al metodo stesso dell'interpretazione e dell'analisi degli eventi.[18]

II. « *Di V.A.S.ma Umiliss.o Divotiss.o Obblig.mo Servitore Paolo Segneri* »[19]

Prima di affrontare l'esame delle pagine d'interesse storico e politico, conviene fermarsi a considerare la natura composita dell'epistolario. Occorre precisare infatti che non siamo qui in presenza di una scrittura *pro posteritate*, nella quale l'autore abbia pesato o rielaborato parole e

---

critica sferzante della teatrale reazione di Giannini, cfr. *Lettere inedite di Paolo Segneri d. C. d. G. al Gran Duca Cosimo III. tratte dagli Autografi*, cit., pp. 455, 459. Va detto comunque, a parziale difesa del Giannini, che le sue accuse sono rivolte a Segneri in uno spirito che appare in certi momenti più laicista (ispirato alla logica di una auspicata separazione fra Stato e Chiesa), che anticlericale (*ibidem*, pp. X-XII). Cfr. in particolare p. XII: « ogni savio lettore giudicherà se nelle mie parole sia intemperanza di passione, e falso giudizio; o se non piuttosto sia in questi documenti una prova di più, che male si congiungono gli uffici e gl'intenti della Religione cristiana con quelli del Governo civile, e colle sollecitudini delle temporali bisogne ».

[18] Sulla sopravvivenza e la fortuna di Machiavelli nel Seicento, cfr. Sergio Bertelli, *Storiografi, eruditi, antiquari e politici*, cit., pp. 388-90 *et passim*; Victoria Kahn, *Machiavellian rhetoric from the Counter-Reformation to Milton*, Princeton, Princeton University Press, 1994, spec. pp. 68-69, 93-131, 144-65, 171-84. Capita di frequente in testi politici e religiosi del Seicento, in Inghilterra, che si accusi la Compagnia di Gesù di essere una vera e propria « scuola di machiavellismo »; sull'associazione tra Machiavelli e i Gesuiti cfr. Felix Raab, *The English face of Machiavelli. A changing interpretation 1500-1700*, Londra, Routledge & Kegan Paul; Toronto, University of Toronto Press, 1965, pp. 59, 77 (nota 4), 107, 230-31 (di particolare interesse la nota 3, a p. 230), 238-39; cfr. anche *ibidem*, pp. 3, 69. In quel periodo il dibattito sui rapporti tra politica e religione è generalmente influenzato dalle idee di Machiavelli: cfr. *ibidem*, pp. 77-101.

[19] Così, secondo il costume corrente all'epoca sua, si firmava Segneri nella prima lettera dell'epistolario (Firenze, 19 dicembre 1679, p. 2).

contenuti in vista di una consapevole esposizione al pubblico del proprio operato. Le banalità della vita quotidiana, i tratti di un'amicizia non sempre ruffiana o di convenienza,[20] i lamenti e le preghiere di un anziano religioso formano una parte non esigua del carteggio, insieme ad altri elementi concernenti la biografia di Segneri, come le tappe delle Missioni, la concezione e la pubblicazione delle opere, il suo stato di salute. Ho creduto pertanto opportuno censire tutte quelle informazioni, di vario genere, che sono incluse nelle lettere raccolte nell'edizione del 1857; censimento ancor più necessario perché molti dei riferimenti in esse contenuti sono indiretti o velati, e appaiono impenetrabili o perlomeno ambigui a una lettura superficiale.

L'edizione ottocentesca si fonda su due codici che Giannini trovò nella Biblioteca Magliabechiana di Firenze.[21] Giannini descrive i documenti raccolti nei codici (oltre alle lettere da lui pubblicate) e ricostruisce sommariamente la storia del carteggio:[22] le lettere di Segneri « conservate, come cosa di famiglia, nel gabinetto segreto di quella Corte »,[23]

---

[20] Non ha alcun dubbio sulla sincerità e il disinteresse di quell'amicizia l'autore della recensione di « Civiltà Cattolica » (cfr. *Lettere inedite di* Paolo Segneri *d. C. d. G. al Gran Duca Cosimo III. tratte dagli Autografi*, cit., pp. 458, 465, 468), il quale aggiunge che tra i religiosi « Segneri per oltre a tre lustri tenne un precipuo luogo nell'animo di Cosimo e forse il precipuo » (*ibidem*, p. 467).

[21] Alla Magliabechiana fino al 1874, i due codici si trovano ora all'Archivio di Stato di Firenze (Mediceo del Principato 1131 a-b).

[22] *Ibidem*, pp. II-V. Il carteggio è certamente incompleto, come Giannini si premura di sottolineare: « È da credersi che gran parte di questo Carteggio andasse perduta prima che le Lettere che ne rimangono fossero riunite nei detti volumi » (*ibidem*, p. II).

[23] *Ibidem*, p. II. Almeno una parte delle lettere edite dal Giannini era conservata presso il Collegio di San Giovannino, e ne vennero ricavate, prima del 1773, delle copie, che oggi si trovano nell'Archivio Romano della Compagnia di Gesù (ARSI, *Hist. Soc.* 5c, ff. 285-291r, *Notizie sopra il libro del P. Tirso Gonzalez e le cose accadute nella insorta controversia tra lui e la Compagnia, cavate dalle lettere originali scritte dal P. Paolo Segneri all'Alt. Ser.ma di Cosimo III Gran Duca di Toscana*): cfr. in questo volume Mario Zanardi, *Per la biografia di Paolo Segneri: documenti dell'Archivio Romano della Compagnia di Gesù (ARSI)*, p. 475 nota 65. Non sembra che sia questa la copia a cui avrebbe fatto ricorso Curci (l'autore della recensione delle *Lettere* apparsa su « Civiltà Cattolica »), per verificare la cor-

furono raccolte dallo stesso Cosimo III, passarono quindi dalle mani dei Medici a quelle dei Lorena, loro successori, finché nel novembre del 1785 furono donate alla Magliabechiana dal granduca Pietro Leopoldo. Riguardo alla natura e alla qualità dell'edizione del Giannini mi limiterò qui ad osservare che essa sembra aderire a principi rigorosamente conservativi, come attestano alcune delle note editoriali.[24] Non infrequenti sono gli errori di stampa o di trascrizione, quantunque il senso originale non risulti mai travisato grossolanamente.[25]

Il volumetto curato da Giannini contiene in totale 333 lettere del padre Segneri, scritte tra il 19 dicembre 1679[26] e il 4 dicembre 1694 (cin-

---

rettezza della trascrizione di Giannini.

[24] Si consideri ad esempio la nota 1 a p. 22, dove Giannini giudica strana la costruzione latineggiante « in missione Montepulciano », ma si astiene comunque da qualsiasi intervento; di analoga natura anche le osservazioni che si leggono alle pp. 41 nota 1, 105 nota 1, 161 nota 2, 168 nota 1, 184 nota 1, 282 nota 1.

[25] Oltre ai tre citati nell'« Errata Corrige » che completa il volume (*Lettere inedite di Paolo Segneri al Granduca Cosimo terzo*, cit., p. 327), altri passi contengono errori: « Papa ||dopoli » anziché « Papa-||dopoli » (n. 31, Firenze, 17 marzo 1684, p. 26); « mirabilisime » per « mirabilissime » (n. 45, Firenze, 17 dicembre 1685, p. 54); « Astudilli » invece che « Astudillo » (n. 49, Missioni di Piacenza, 6 settembre 1685, p. 40); « (in età già di 22 anni » senza la parentesi di chiusura (n. 67, Firenze, 8 gennaio [?] 1686, p. 52); « provedimento » anziché « provvedimento » (n. 280, da Roma, 14 marzo 1693, p. 261); « Verò è » anziché « Vero è » (n. 231, Roma, 29 marzo 1692, pp. 191-92); « puo » invece di « può » (n. 247, Roma, 23 agosto 1692, p. 211); « Non creda » per « Non credeva » (n. 314, Roma, 24 ottobre 1693, p. 299); « avrano » per « avranno » (n. 319, Roma, 14 marzo 1694, p. 307). Quando vengono citati in questo intervento, i suddetti passi sono stati corretti come sopra. Per ciò che concerne le altre citazioni tratte dal Giannini sono stati modificati gli accenti da gravi a acuti, quando necessario secondo l'uso corrente. Altri errori di trascrizione sono identificati dall'autore della recensione di « Civiltà Cattolica », sulla base di una « copia accuratissima » da lui rinvenuta a Roma: cfr. *Lettere inedite di* Paolo Segneri *d. C. d. G. al Gran Duca Cosimo III. tratte dagli Autografi*, cit., p. 456 e nota 1 (della copia usata dal recensore non v'è traccia nell'Archivio della Compagnia di Gesù: cfr. in questo volume Zanardi, pp. 459-60 nota 17).

[26] Il 1679 è l'anno in cui Segneri stabilisce la sua dimora presso il Collegio di San Giovannino a Firenze.

que giorni prima della morte); in merito a tale cronologia va rimarcato che la distribuzione della corrispondenza nell'arco dei quindici anni indicati è diseguale, con una netta concentrazione sugli ultimi cinque: 21 lettere risalgono al 1690, 37 al 1691, 45 al 1692, 48 al 1693, 18 al 1694, mentre si ha 1 sola lettera per il 1679, ancora 1 per il 1680, 5 per il 1681, 2 per il 1682, e con la lettera n. 63 siamo già all'inizio del 1686.[27]

Oltre alle lettere di Segneri ed all'introduzione di Giannini, l'edizione del carteggio contiene le *Notizie su Cosimo III e sui personaggi della sua famiglia, ai quali si accenna frequentemente nel carteggio del Segneri, tratte dalla rara opera di Pompeo Litta « Famiglie celebri d'Italia »*,[28] e una copia della *Lettera al Padre Rettore del Collegio di Firenze sopra le virtù del Padre Paolo Segneri, scritta dal Padre Giovanni Pietro Pinamonti*[29] *per commissione di Cosimo III*;[30] quest'ultima

---

[27] Va aggiunto che mentre in certi casi intercorrono settimane o mesi tra una lettera e l'altra, parecchie volte (prima ovviamente del trasferimento di Segneri a Roma) capita di trovare due o anche tre messaggi mandati nell'arco della stessa giornata, a causa della loro urgenza e importanza, o semplicemente per l'estrema familiarità di Segneri con Cosimo: cfr. le lettere n. 54 (Firenze, 17 dicembre 1685, pp. 44-45), n. 55 (Firenze, 17 dicembre 1685 [?], p. 45), e n. 56 (Firenze, 17 dicembre 1685 [?], p. 46); n. 57 (Firenze, 22 dicembre 1685, pp. 46-47) e n. 58 (Firenze, 22 dicembre 1685, p. 47); n. 73 (Firenze, 29 gennaio 1686, p. 57) e n. 74 (Firenze, 29 gennaio 1686, pp. 57-59); n. 93 (Firenze, 14 maggio 1686, p. 76) e n. 94 (Firenze, 14 maggio 1686, pp. 76-77); n. 106 (Firenze, 5 ottobre 1686, p. 82) e n. 107 (Firenze, 5 ottobre 1686, pp. 82-83). Capita però una volta anche da Roma: cfr. le lettere n. 273 (Roma, 7 febbraio 1693, pp. 253-54) e n. 274 (Roma, 7 febbraio 1693, pp. 254-55).

[28] *Lettere inedite di Paolo Segneri al Granduca Cosimo terzo*, cit., pp. XVII-XXXVIII. L'opera a cui si riferisce il Giannini è la seguente: Pompeo Litta, *Famiglie celebri italiane. Medici di Firenze*, Milano, Dalla Tipografia del Dottore Giulio Ferrario, MDCCCXXIX; a Cosimo III ed alla sua famiglia è dedicata la Tavola XVI, riprodotta, sotto lo stesso numero, in Id., *Famiglie celebri toscane*, tomo II, s.l., s.d.

[29] Sulla relazione del padre Pinamonti si legga l'Introduzione di Quinto Marini in Giuseppe Massei S.I., *Vita di Paolo Segneri*, cit., p. 10; in questo volume cfr. Mario Zanardi, *Per la biografia di Paolo Segneri: documenti dell'Archivio Romano della Compagnia di Gesù (ARSI)*, p. 474 nota 62; copia della relazione è riprodotta in appendice al testo di Massei, pp. 87-

è una relazione scritta a pochi giorni di distanza dalla morte di Segneri, e, a dispetto della definizione di « panegirico » attribuitagli impropriamente da Giannini,[31] pare un documento composto per avviare un eventuale processo di canonizzazione.[32] Una curiosa appendice, proveniente

---

91. Il padre Pinamonti, pistoiese, era legato a Segneri da una profonda amicizia che risaliva ai tempi in cui appartenevano entrambi al Collegio dei Gesuiti a Pistoia, intorno al 1653 (cfr. Giuseppe Massei S.I., *Vita di Paolo Segneri*, cit., p. 25; *Trattatisti e narratori del Seicento*, a cura di Ezio Raimondi, Ricciardi, Milano-Napoli, 1960, p. 653; Daniello Bartoli e Paolo Segneri, *Prose scelte*, cit., p. 478). Per molto tempo il Pinamonti ha accompagnato Segneri nelle missioni rurali, e le lettere portano ampia testimonianza della sua presenza a fianco del nostro Autore; dopo che Segneri fu assegnato alla corte pontificia, con vari incarichi, Pinamonti continuò, da solo e con altri religiosi (come il padre Fontana), l'opera missionaria in terra d'Italia (cfr. le lettere n. 237, Roma [?], 17 maggio 1692, p. 199; n. 320, Roma, 20 marzo 1694, p. 309). Segneri in una lettera annuncia a Cosimo l'invio di « cinquanta di questi libriccini *dell'Umiltà* stampati dal Padre Pinamonti » (n. 115, Firenze, 18 gennaio 1687, p. 87); in un'altra afferma: « Il Padre Pinamonti stampa ora un libro ordinato alla conversion degli Ebrei » (n. 316, Roma, 8 gennaio 1694, p. 304); e il libro più tardi è inviato a Cosimo (n. 325, Roma, 24 luglio 1694, p. 315; n. 326, Roma, 31 luglio 1694, p. 316). Nella lettera n. 124 (Roma, 26 aprile 1687, p. 94), Segneri annuncia che ritarderà il suo rientro a Firenze espressamente per trattenersi una settimana a Monte Cavallo (tra l'Umbria e le Marche?) « per conferire con esso lui varie cose ». Sulla figura e l'opera del Pinamonti cfr. Joseph De Guibert S.I., *La spiritualità della Compagnia di Gesù*, edizione italiana a cura di Giandomenico Mucci S.I., Roma, Città Nuova Editrice, 1992, p. 326, e la voce redatta da Giuseppe Mellinato S.I. per il *Dictionnaire de Spiritualité ascétique et mystique,* tome XIV, Beauchesne, Paris, 1990, coll. 1763-65. Un interessante ritratto del Pinamonti e dei suoi rapporti di collaborazione con Segneri (nelle missioni così come nella stesura delle opere) si legge in Vittorio Capponi, *Biografia pistoiese, o Notizie della vita e delle opere dei pistoiesi illustri*, Pistoia, Tipografia Rossetti, 1878. Cfr. anche *Il compagno del p. Segneri nell'apostolato missionario*, in Vigenio Soncini, *Il p. Paolo Segneri (1624-94) nella storia dei Farnese a Parma, con lettere inedite e documenti*, Torino, Soc. E. Internazionale, 1925, pp. 35-50.

[30] *Lettere inedite di Paolo Segneri al Granduca Cosimo terzo*, cit., pp. XXXIX-LX.

[31] *Ibidem*, p. XI.

[32] Infatti la relazione del padre Pinamonti ricalca i luoghi comuni della lette-

dal primo dei due codici magliabechiani, è collocata alla fine dell'introduzione: si tratta di una « Nota di quello si è operato dal Molto

> ratura agiografica: prende le mosse da un'esperienza mistica di Segneri, occorsa « circa l'anno 1662, oppure 63 » (*ibidem*, p. XXXIX), durante la quale egli « sentì nel suo cuore una di quelle voci del Signore che fanno liquefar l'anima [...]. La voce del Signore fu questa: *Voglio che ci amiamo insieme* » (*ibidem*, p. XXXIX; corsivo nell'originale); passa poi a raccontare le penitenze e le privazioni che Segneri si infliggeva, per concluderne che « anche tra i Santi rari sono quelli, che, come San Girolamo, abbiano tenuto il libro ed il sasso, e con una mano abbiano atteso a scrivere e con l'altra a percuotersi » (*ibidem*, p. XLIX); rammenta quindi che l'attività missionaria gli aveva guadagnato presso il popolo il titolo di « *Padre Santo* » (*ibidem*, pp. LII, LIV, LV, LVIII), ed allude in più passi al fatto che i fedeli riservavano a Segneri il trattamento che spetta a una persona in odore di santità (*ibidem*, pp. LII-LV, LVIII-LIX), compresa l'usanza di conservare tutto ciò che era appartenuto a lui come una reliquia. A chiusura della relazione, infine, Pinamonti mostra di ritenere verisimili alcuni dei miracoli di guarigione attribuiti a Segneri, sebbene non fornisca i dettagli di nessun caso specifico (*ibidem*, p. LX). Quinto Marini trova la stessa intenzione nella biografia di Massei: « forse il buon padre Massei puntava addirittura a farne una prima raccolta documentaristica per un futuro processo di beatificazione » (*Le biografie di Paolo Segneri*, p. 72 e nota 25); infatti Massei scrive, quasi alla conclusione della sua *Vita*, che « un porporato di gran fama, esaminato alla lunga il tenor del suo vivere, non dubitò di asserire ad un nostro religioso che s'egli fosse Papa dopo la morte del padre Segneri dispenserebbe a tutte le bolle de' suoi antecessori e presto presto lo metteria sugli altari » (Giuseppe Massei S.I., *Vita di Paolo Segneri*, cit., p. 63; circa i segni che proverebbero la santità del Gesuita, cfr. *ibidem*, pp. 41-47, 63, 64, 67-68, 71, 78, 79; cfr. anche l'Introduzione di Quinto Marini, *ibidem*, pp. 13, 15-16 [note 56, 61]). Comunque alla fine dell'opera Massei aggiunge, per rispetto verso l'autorità della Chiesa, una « Protestatio Auctoris » in cui afferma di non aver voluto incoraggiare con il suo scritto « cultum, aut venerationem aliquam [...], vel famam aut opinionem sanctitatis » (*ibidem*, p. 72; sulla « Protestatio » cfr. *ibidem*, pp. 84, 98, e l'Introduzione di Marini, *ibidem*, p. 13; una « Dichiarazione » non dissimile si trova all'inizio di Vigenio Soncini, *Il p. Paolo Segneri (1624-94) nella storia dei Farnese a Parma*, cit., p. n.n., dove si avverte: « valore esclusivo di forma ha il titolo di santo »). Nella « Civiltà Cattolica » Curci non esitava a definire Segneri « uno dei più santi uomini del suo tempo » (cfr. *Lettere inedite di* Paolo Segneri *d. C. d. G. al Gran Duca Cosimo III. tratte dagli Autografi*, cit., p. 457; cfr. anche *ibidem*, p. 461).

Reverendo Padre Segneri Missionario Apostolico con l'assistenza del signor Tenente Colonnello Costa Governator dell'armi della Banda per S.A.S. nell'infrascritte missioni »,[33] che riporta incolonnate e sommate le cifre esatte delle « paci di sdegni, rancori e risse », delle « paci d'omicidi » e dei « compromessi » conclusi (o da concludersi, pendente l'approvazione finale di Cosimo) ad opera del padre Segneri nel corso di alcune missioni in Valdinievole e nel Pesciatino,[34] una stravagante partita doppia del perdono su cui si esercita nella Dedicatoria lo scetticismo del Giannini.[35]

---

[33] *Lettere inedite di Paolo Segneri al Granduca Cosimo terzo*, cit., p. LXI.

[34] Le missioni a cui si riferisce il documento potrebbero essere quelle di cui si ragiona alle lettere n. 20 (Firenze, 15 dicembre 1683, p. 20) e n. 34 (Monsummano Terme, 29 aprile 1684, p. 28); infatti poco più avanti Segneri, per una missione che farà a Pontremoli a settembre del medesimo anno, invoca da Cosimo gli « ordini che diede già al signor Colonnello Costa per le Missioni di Pescia » (n. 36, Piacenza, 9 agosto 1684, p. 30; cfr. anche la lettera n. 35, Borgo Val di Taro, 2 giugno 1684, p. 29). Le missioni di Pescia sono rammentate anche nelle lettere n. 195 (Roma, 7 aprile 1691, p. 153), n. 261 (Roma, 22 novembre 1692, p. 237). Sulle missioni predicate da Segneri in Valdinievole e nel Pesciatino negli anni 1665 (che secondo quanto ricorda Pinamonti fu il primo anno in cui Segneri si dedicò « stabilmente » alle missioni: cfr. la *Lettera al Padre Rettore del Collegio di Firenze sopra le virtù del Padre Paolo Segneri*, in *Lettere inedite di Paolo Segneri al Granduca Cosimo terzo*, cit., pp. XLI-XLII) e 1684, cfr. Dante Biagiotti, *Il padre Segneri in Valdinievole*, in « Bollettino di ricerche e di studii per la storia di Pescia e di Valdinievole », anno II, fasc. II, 4 nov. 1928, pp. 51-58. Il Biagiotti, già curato di Montevettolini (Monsummano Terme), eseguì una ricerca in molti casi fruttuosa presso le biblioteche, gli archivi parrocchiali, comunali e delle confraternite situate nei luoghi limitrofi. Integrò poi le informazioni trovate con quelle fornite dalle *Lettere inedite di Paolo Segneri al Granduca Cosimo terzo*.

[35] *Ibidem*, pp. XI-XII. Per una diversa opinione si leggano i commenti del Pinamonti sulle « innumerabili paci » concordate da Segneri durante le Missioni (*Lettera al Padre Rettore del Collegio di Firenze sopra le virtù del Padre Paolo Segneri, ibidem*, pp. LV-LVI). Per un riscontro delle « infinite paci » concluse a Pescia grazie a Segneri, cfr. la trascrizione di un passo contenuto in un manoscritto di anonimo (Biblioteca Comunale di Pescia), che si legge in Dante Biagiotti, *Il padre Segneri in Valdinievole*, cit., p. 57 (dal testo si ricava che l'anonimo redattore della cronaca della missione pesciatina era un nobile del luogo, che ospitò in casa sua Segneri e gli altri

Le informazioni di maggior rilievo contenute nelle lettere di Segneri a Cosimo III si possono raggruppare sotto tre categorie: 1) riferimenti alla vita privata del Gesuita, alla sua opera missionaria, alla carriera ecclesiastica e alla professione di scrittore; 2) notizie concernenti la storia dei Gesuiti e la storia della Chiesa; 3) indizi del complesso ruolo assunto da Segneri in rapporto a Cosimo e alla sua strategia di governo, un insieme di funzioni che vanno dall'intermediazione fra singoli individui e la corte medicea, alla raccolta di informazioni confidenziali (di carattere privato o anche politico), alle consulenze in materia di amministrazione dello stato e di gestione delle relazioni con gli altri stati italiani e con le potenze europee.[36]

Padri al suo seguito); Biagiotti cita a più riprese il documento sulle « paci » riprodotto dal Giannini: cfr. pp. 53, 54, 57. Di una « pace » che Segneri stava trattando, con il coinvolgimento di Cosimo, a Raggiolo (un paese del Casentino) si parla nella lettera n. 1 (Firenze, 19 dicembre 1679, pp. 1-2); cfr. anche la lettera n. V, al Padre N.N. (s.l, s.d.), in Paolo Segneri, *Opere*, volume IV, *Lettere varie*, raccolte da Giuseppe Boero, Torino, Giacinto Marietti, 1856, pp. 396, 397; e le lettere n. XIX, al signor N.N. (Lucca, 15 agosto 1665: non autografa), *ibidem*, pp. 405-06; n. CIX, Molto ill.stre e molto rev. sig. pad. mio sing. (Marina di Diano, 17 giugno 1690), *ibidem*, p. 429 (cfr. anche *ibidem*, pp. 429-30 nota 1). Sull'argomento delle « paci » cfr. inoltre Giuseppe Massei S.I., *Vita di Paolo Segneri*, cit., pp. 29, 37-40, 65; Giulio Marzot, *Un classico della Controriforma: Paolo Segneri*, cit., p. 13. Nell'epistolario di Segneri particolare rilievo assume la cronaca delle trattative da lui condotte per sedare « le discordie di Treppio » (n. 6, Missioni di Bologna, 3 settembre 1681, p. 6), un paese dell'appennino tosco-emiliano, fra Pistoia e Bologna; se ne trova menzione nelle lettere n. 5 (Missioni di Bologna, 16 agosto 1681, p. 5), n. 6 (Missioni di Bologna, 3 settembre 1681, p. 6), n. 7 (Missioni di Bologna, 22 settembre 1681, pp. 7-8), n. 20 (Firenze, 15 dicembre 1683, pp. 19-20), n. 24 (Firenze, 11 gennaio 1684, p. 22), n. 29 (Firenze, 7 marzo 1684, p. 25), n. 37 (senza luogo né data, presumibilmente agosto o settembre 1684, p. 31). Il *Ragionamento vigesimosecondo* del *Cristiano instruito* è intitolato *Sopra il dar la Pace a' Nimici*, e Segneri vi riporta l'esempio di una pace da lui ottenuta, durante una missione, tra un « Soldato » e il suo « Oltraggiatore » (*Il cristiano instruito nella sua legge. Ragionamenti morali dati in luce da Paolo Segneri della Compagnia di Giesù*, Parte I, In Firenze, Nella Stamperia di S.A.S., MDCLXXXVI, pp. 326-27).

[36] Per comprendere quanto fosse diretta e costante la collaborazione tra Segneri e Cosimo, basterà leggere il seguente passo: « Io vivo molto mortifi-

È proprio in quest'ultima categoria che l'analisi dell'epistolario produce apporti significativi all'indagine, illuminando un lato della complessa figura di Segneri che finora è rimasto in ombra[37] rispetto al lavoro di predicazione (analizzato dal punto di vista formale), o al servizio missionario (considerato in una chiave genericamente sociale e civile, come attenzione rivolta alle campagne italiane più povere, trascurate dall'apparato centrale degli stati). Quel più diretto impegno a fianco del governo mediceo, anziché suscitare studi e approfondimenti, ha fornito talora il pretesto per ironie preconcette e polemiche antigesuite di bassa lega, secondo le quali nella corte fiorentina Segneri avrebbe messo in mostra soprattutto la propria attitudine servile, e si sarebbe adoperato esclusivamente nella cura degli interessi personali e di quelli della Compagnia di Gesù. Soltanto attraverso un'equa valutazione dei dati

---

cato dentro me stesso, mentre io considero che da che sono in Roma, che sono già da sei mesi, non ho potuto servire V.A.S. in cosa alcuna. Ma sì come V.A.S. non me ne ha né anche data alcuna occasione, così non ho potuto passare verun ufficio in particolare a pro della sua persona, ma solo in universale » (n. 246, Roma, 16 agosto 1692, p. 209). Per simili attestazioni cfr. anche le lettere n. 247 (Roma, 23 agosto 1692, p. 212), n. 248 (Roma, 30 agosto 1692, p. 213), n. 295 (Roma, 6 giugno 1693, p. 277), n. 321 (Roma, 6 giugno 1694, p. 309).

[37] L'esempio massimo di tale sottovalutazione mi pare quello citato e analizzato da Quinto Marini, nelle pagine del suo intervento su *Le biografie di Paolo Segneri* (pp. 97-100): un biografo ottocentesco, Ferdinando Ranalli, nella sua *Vita di Paolo Segneri* arriva al punto di identificare nella politica la causa principale della morte del Gesuita, perché « un uomo di studi e di chiesa non è possibile che prenda dimestichezza ed abito a vivere fra negozi di stato » (citato in Quinto Marini, p. 100). Non sarebbe però corretto affermare che manchi oggi fra gli studiosi più attenti un riconoscimento del ruolo politico svolto da Segneri durante il suo tempo. Ad esempio, Valerio Marucci, ad apertura del capitolo da lui scritto per questo libro, afferma che Segneri « attende a organizzare la politica culturale — e forse la politica *tout court* — del Granducato di Toscana e partecipa con vivacità inesausta ai problemi teorico-pratici della Compagnia e alla sua raffinata diplomazia internazionale » (*Paolo Segneri e le missioni rurali*, p. 141; cfr. anche Valerio Marucci, *La teologia dell'invettiva: una pasquinata contro Paolo Segneri*, in « Filologia e critica », anno X, 1985, p. 87). Manca tuttavia un tentativo coerente e oggettivo di ricostruire le modalità e le premesse dell'agire politico segneriano.

che emergono da questo carteggio si possono comprendere le premesse culturali di un'attività che si svolse in settori diversi della politica, fra teoria e prassi della cosa pubblica, fra osservazione e scomposizione dei grandi eventi contemporanei.

1. *Riferimenti alla vita e alle opere di Segneri*

Il primo posto tra i riferimenti alla vita di Segneri spetta naturalmente alle missioni,[38] le quali, occupando il Gesuita per buona parte dell'anno,

---

[38] Cfr. soprattutto le lettere n. 4 (Bologna, 29 luglio 1681, p. 4), n. 8 (Firenze, 19 marzo 1682, pp. 8-9), n. 14 (Castelvetro, 18 giugno 1683, p. 14), n. 16 (montagne di Modena, 2 agosto 1683), n. 20 (Firenze, 15 dicembre 1683, p. 20), n. 22 (Firenze, 28 dicembre 1683, p. 21), n. 34 (Monsummano Terme, 29 aprile 1684, p. 28), n. 35 (Borgo Val di Taro, 2 giugno 1684, p. 29), n. 36 (Piacenza, 9 agosto 1684, p. 30), n. 37 (senza luogo né data, presumibilmente agosto o settembre 1684, p. 31), n. 38 (Missioni di Piacenza, 21 settembre 1684, pp. 31-32), n. 44 (Missioni di Piacenza, 10 giugno 1685, p. 36), n. 48 (Missioni di Piacenza, 27 agosto 1685, p. 39), n. 50 (Piacenza, 27 settembre 1685, p. 41), n. 73 (Firenze, 29 gennaio 1686, p. 57), n. 89 (Firenze, 16 aprile 1686, p. 72), n. 75 (Firenze, 5 febbraio 1686, p. 59), n. 127 (Piacenza, 19 maggio 1687, p. 97), n. 128 (Missioni di Piacenza, 10 giugno 1687, p. 98), n. 129 (Missioni di Piacenza, 4 luglio 1687, p. 99), n. 130 (Borzonasco, 2 agosto 1687, p. 100), n. 131 (Missioni di Piacenza, 16 agosto 1687, pp. 100-01), n. 132 (Piacenza, 17 settembre 1687, p. 102), n. 133 (Piacenza, 20 settembre 1687, p. 102), n. 134 (Parma, 1 ottobre 1687, pp. 102-03), n. 139 (Firenze, 29 marzo 1688, p. 107), n. 140 (Firenze, 6 aprile 1688, p. 108), n. 141 (Genova, 29 aprile 1688, p. 109), n. 142 (Missioni di Genova, 5 giugno 1688, p. 110), n. 143 (Missioni di Genova, 18 luglio 1688, pp. 111-12), n. 145 (Missioni di Genova, 29 agosto 1688, p. 113), n. 155 (Loreto, 16 aprile 1689, p. 120), n. 156 (Missioni di Fermo, 7 maggio 1689, p. 121), n. 159 (Gubbio, 16 ottobre 1689, p. 124), n. 179 (Genova, 8 aprile 1690, p. 136), n. 180 (Sanremo, 18 maggio 1690, pp. 136-37), n. 181 (Genova, 25 luglio 1690, p. 138), n. 182 (Missioni di Genova, 18 agosto 1690, pp. 138-39), n. 183 (Missioni di Genova, 4 settembre 1690, p. 139), n. 184 (Missioni di Genova, 26 settembre 1690, p. 140), n. 185 (Chiavari, 15 ottobre 1690, p. 141), n. 189 (Roma, 24 febbraio 1691, pp. 144-45), n. 192 (Roma, 17 marzo 1691, p. 150), n. 195 (Roma, 7 aprile 1691, p. 153), n. 201 (Firenze, 2 maggio 1691, p. 159), n. 203 (Serravezza, 19 maggio 1691, p. 161), n. 204 (Massa, 25 maggio 1691, pp. 163-64), n. 207 (Casola, 22 giugno 1691, p. 166), n. 208 (Soliera, 29 giu-

compaiono spesso sullo sfondo delle lettere, solitamente sotto forma di brevi accenni[39] ai contatti con le autorità civili ed ecclesiastiche, agli spostamenti, ai risultati conseguiti ed agli sforzi fatti per pacificare fa-

---

[39] gno 1691, p. 167), n. 209 (Bagnone, 7 luglio 1691, pp. 169-70), n. 210 (valle di Zeri, 13 luglio 1691, p. 171), n. 212 (Barbarasco, 28 luglio 1691, p. 172), n. 213 (Barbarasco, 3 agosto 1691, p. 173), n. 214 (Caprigliola, 10 agosto 1691, p. 174), n. 215 (Vezzano, 18 agosto 1691, p. 175), n. 216 (Calice, 24 agosto 1691, p. 176), n. 217 (Lerici, 14 settembre 1691, p. 177), n. 218 (Sarzana, 7 ottobre 1691, p. 178), n. 219 (Firenze, 20 ottobre 1691, p. 179), n. 220 (Firenze, 24 ottobre 1691, pp. 179-80), n. 226 (Firenze, 10 febbraio 1692, p. 185). Sull'attività missionaria di Segneri, cfr. Valerio Marucci, *L'autografo di un'opera ignota: le missioni rurali di Paolo Segneri*, in « Filologia e critica », anno IV, fasc. I, gennaio-aprile 1979, pp. 73-92; Armando Guidetti S.I., *Il P. Paolo Segneri*, in *Le Missioni popolari. I grandi gesuiti italiani*, Milano, Rusconi, 1988, pp. 104-27.
Rare sono le occasioni in cui Segneri si dilunga a descrivere nei dettagli ciò che avviene nel corso delle missioni. Oltre al caso delle « discordie di Treppio », che ho citato alla nota 35, Segneri dedica uno spazio di qualche rilievo alle difficoltà insorte durante una missione in Liguria (cfr. la lettera n. 145, Missioni di Genova, 29 agosto 1688, p. 113). In questa lettera Segneri spiega le vere ragioni, politiche e di ordine pubblico, che gli hanno impedito di predicare la missione a San Pier d'Arena; osserva, fra le altre cose: « Pare che la plebe la quale là concorrerebbe ogni giorno dalla città in numero così grande, potrebbe dar qualche soggezione alla Nobiltà » (*ibidem*). Sui problemi verificatisi nel Genovesato, cfr. Giuseppe Massei S.I., *Vita di Paolo Segneri*, cit., pp. 12, 15 (nota 51); sulle missioni « dell'una e dell'altra riviera di Genova » si sofferma, per le difficoltà incontrate, anche il Pinamonti nella sua *Lettera al Padre Rettore del Collegio di Firenze sopra le virtù del Padre Paolo Segneri*: cfr. *Lettere inedite di Paolo Segneri al Granduca Cosimo terzo*, cit., pp. LIV-LV, LVII. Problemi analoghi Segneri incontrò anche in territorio veneziano: cfr. Ezio Bolis, *L'uomo tra peccato, grazia e libertà nell'opera di Paolo Segneri sj*, cit., p. 27 nota 82. Che le missioni di Segneri richiamassero un grande numero di persone (fino a trentamila, e forse anche di più a Pescia) lo confermano le relazioni locali citate da Dante Biagiotti, *Il padre Segneri in Valdinievole*, cit., pp. 53, 54, 56-57; Biagiotti cita anche una deliberazione della Comunità di Pescia che deputa otto cittadini per soprintendere all'organizzazione delle varie funzioni. Trentamila è la cifra che si fa anche nella lettera n. LVII, Al medesimo [al P. Gio. Paolo Oliva generale], Roma (Missioni di Brescia, 10 giugno 1676), in Paolo Segneri, *Opere*, volume IV, *Lettere varie*, cit., pp. 418-19.

zioni avverse nelle località attraversate. Quando Segneri si stabilisce a Roma, poi, l'attività missionaria diventa oggetto di nostalgia e termine di paragone costante negli astiosi giudizi che colpiscono l'ambiente romano:

> il Papa sta bene; due ore mi ha tenuto questa mattina con esso sé, presente il Cardinale Albani; ma io assicuro V.A.S. che molto più volentieri sarei andato questa mattina col Padre Pinamonti e col Padre Fontana alle Missioni di questo anno [...]. Il Signore per i miei peccati me ne ha privato.[40]

> Per li miei peccati Iddio mi ha discacciato dalle Missioni, e mi ha confinato qui, donde, umanamente parlando, bramerei d'essere esule mille miglia.[41]

Il trasferimento a Roma segna una svolta nella carriera ecclesiastica di Segneri, e le lettere ci danno puntuale notizia degli incarichi che gli vengono assegnati presso il Vaticano; dopo la nomina a Predicatore

---

[40] Lettera n. 283 (Roma, 31 marzo 1693, p. 264).

[41] Lettera n. 303 (Roma, 8 agosto 1693, p. 287). In merito all'insofferenza di Segneri per le pratiche dell'ambiente romano, si legga anche la lettera n. 256 (Roma, 25 ottobre 1692, p. 228): « Il signor Abate [Vaiani] pensò di far bene quando tanto cooperò alla mia chiamata a Roma. Ma se egli avesse indovinato il disgusto che egli mi dovea dar con ciò, non lo avrebbe fatto ». E così Segneri comunica a Cosimo la notizia del conferimento di nuove cariche da parte del Papa: « Frattanto a V.A.S. do questo avviso, ma con dolore, perché mi veggo fermato in Roma sino alla morte » (n. 265, Roma, 15 dicembre 1692, p. 242). Cfr. anche le lettere n. 241 (Roma, 21 giugno 1692, p. 204): « Ora le mie opere saranno venute a fine, perché questa vita non mi permette la libertà da me goduta una volta »; n. 290 (Roma, 9 maggio 1693, p. 272): « dove sto, sto malissimo volentieri »; n. 295 (Roma, 6 giugno 1693, p. 277): « Nello stato in cui sono, una sola cosa mi dà qualche sollievo, ed è che per forza vi venni, e per forza anche vi dimoro: atteso che se domani io potessi tornar costì, domani vi tornerei »; osservazioni simili si ripetono nelle lettere n. 297 (Roma, 27 giugno 1693, pp. 280-81), e n. 318 (Roma, 20 febbraio 1694, p. 306). Affermazioni analoghe Segneri faceva all'amico Pinamonti: cfr. la *Lettera al Padre Rettore del Collegio di Firenze sopra le virtù del Padre Paolo Segneri*, in *Lettere inedite di Paolo Segneri al Granduca Cosimo terzo*, cit., p. XLII. Cfr. anche Giuseppe Massei S.I., *Vita di Paolo Segneri*, cit., p. 49.

Apostolico,[42] Segneri annuncia il conferimento dei titoli di « Teologo della Penitenzieria », « Esaminatore dei vescovi » (carica poi assegnata ad un altro Gesuita, su insistenza di Segneri), « Qualificatore » del Santo Uffizio, « Procuratore » della Compagnia di Gesù.[43] Da Roma Segneri comunica a Cosimo anche alcuni dettagli in merito ai tempi e ai modi della composizione delle sue prediche, nonché talvolta rapidi commenti sulle reazioni che esse hanno suscitato nell'uditorio:

> [...] io non ho mai predicato a braccia, sempre ho dette Prediche composte, e il comporle mi han [sic] portato comunemente da un mese l'una.[44]

> Ho cominciato dal fare l'ultima Predica, che è quella della Passione, e in otto giorni col favore divino l'ho terminata. Ne vorrei fare almeno un'altra [...]: di più non èmmi possibile che mi aggravi, attesa la necessità di mandarle a mente.[45]

> Nella predica [...] solo peccai, per quanto mi han detto poi, di troppo possesso. Vero è, ch'io dalla mia parte avea messa ogni diligenza per tenerla bene a memoria, come per favor divino mi riuscì.[46]

> In tutte le dette prediche mi studio più che posso di discendere sempre ai particolari, perché so che in questo sta il frutto: non sapendo chi ode, o non volendo applicare a sé la dottrina universale, qual pezza intera, se

---

[42] Cfr. le lettere n. 225 (Firenze, 10 febbraio 1692, p. 184), n. 226 (Firenze, 10 febbraio 1692, pp. 185-86), n. 227 (Firenze, 12 febbraio 1692, pp. 186-87), n. 228 (Roma, 19 febbraio 1692, pp. 187-89), n. 229 (Roma, 1 marzo 1692, p. 189).

[43] Cfr. le lettere n. 265 (Roma, 15 dicembre 1692, pp. 242-43), n. 266 (Roma, 20 dicembre 1692, pp. 243-45), n. 269 (Roma, 10 gennaio 1693, pp. 249-50), n. 282 (Roma, 28 marzo 1693, p. 263), n. 287 (Roma, 18 aprile 1693, p. 268).

[44] Lettera n. 225 (Firenze, 6 febbraio 1692, p. 184). Sulla fatica di comporre le prediche cfr. anche la lettera n. 228 (Roma, 19 febbraio 1692, p. 189).

[45] Lettera n. 229 (Roma, 1 marzo 1692, p. 189). Sulla memorizzazione delle prediche cfr. anche la lettera n. 228 (Roma, 19 febbraio 1692, p. 188).

[46] Lettera n. 231 (Roma, 29 marzo 1692, pp. 191-92). Massei riporta nel cap. LXIII della *Vita* un passo in cui Segneri dichiara di voler offrire a Dio, come sacrificio e mortificazione estrema, « lo scordar*si* bruttamente in qualche predica » (Giuseppe Massei S.I., *Vita di Paolo Segneri*, cit., p. 64).

non gli è tagliata al suo dosso.[47]

Nelle lettere scritte durante il soggiorno romano si moltiplicano altresì, per ovvi motivi, i segnali del deterioramento delle condizioni di salute di Segneri; nel complesso dell'epistolario è nell'ultima parte infatti che si concentrano le descrizioni di sintomi e la discussione sui possibili rimedi.[48]

Abbracciano un arco di tempo maggiore i riferimenti all'edizione, la stampa e la circolazione di molte delle opere di Segneri, che si susseguono per tutto il carteggio. I testi che vengono citati a questo riguardo

---

[47] Lettera n. 264 (Roma, 13 dicembre 1692, p. 241). Sulle prediche di Segneri cfr. anche le lettere n. 230 (Roma, 15 marzo 1692, pp. 190-91), n. 232 (Roma, 5 aprile 1692, pp. 192-93), n. 233 (Roma, 18 aprile 1692, p. 194), n. 262 (Roma, 29 novembre 1692, pp. 238-39), n. 263 (Roma, 6 dicembre 1692, p. 240), n. 266 (Roma, 20 dicembre 1692, pp. 243-45), n. 273 (Roma, 7 febbraio 1693, pp. 253-54), n. 275 (Roma, 14 febbraio 1693, p. 256), n. 276 (Roma, 21 febbraio 1693, p. 257), n. 277 (Roma, 28 febbraio 1693, p. 258), n. 280 (Roma, 14 marzo 1693, p. 261), n. 281 (Roma, 21 marzo 1693, p. 262), n. 308 (Roma, 12 settembre 1693, p. 291).

[48] Problemi di salute sono rammentati specialmente nelle lettere n. 15 (Firenze, 15 luglio 1683, p. 15): per guarire da una febbre « terzana » Segneri beve « acqua benedetta con le reliquie di Sant'Ignazio <e> di San Francesco Saverio infusevi dentro » (Pinamonti riferisce che Segneri portava con sé nelle missioni una « reliquia di San Francesco Saverio » con la quale era solito « benedire gl'infermi »: cfr. *Lettera al Padre Rettore del Collegio di Firenze sopra le virtù del Padre Paolo Segneri*, in *Lettere inedite di Paolo Segneri al Granduca Cosimo terzo*, cit., p. LVI; su questo particolare cfr. Giuseppe Massei S.I., *Vita di Paolo Segneri*, cit., cap. XXXIII, p. 44; su come Segneri si fosse procurato la reliquia, cfr. la lettera n. XLIV, al P. Torquato Parisiani della compagnia di Gesù, Goa [Mantova, 4 aprile 1671], in Paolo Segneri, *Opere*, volume IV, *Lettere varie*, cit., p. 415); n. 121 (Firenze, 22 marzo 1687, pp. 91-92): soffre di un « male [...] in capo » che attribuisce all'« applicazione al tavolino continua di un anno e mezzo »; n. 203 (Serravezza, 19 maggio 1691, p. 161), n. 218 (Sarzana, 7 ottobre 1691, p. 178), n. 325 (Roma, 24 luglio 1694, pp. 314-15), n. 326 (Roma, 31 luglio 1694, pp. 315-16), n. 328 (Tivoli, 25 settembre 1694, p. 318), n. 330 (Roma, 6 novembre 1694, p. 320), n. 331 (Roma, 12 novembre 1694, pp. 321-22), n. 332 (Roma, 20 novembre 1694, pp. 322-23), n. 333 (Roma, 4 dicembre 1694, p. 323).

sono: la *Manna dell'anima*,[49] la *Lettera di risposta al signor Ignazio Bartolini*,[50] il *Penitente istruito*,[51] il *Cristiano istruito*,[52] l'*Incredulo senza scusa*,[53] la *Concordia fra l'orazione di quiete e l'orazione di fatica*,[54] il *Confessore istruito*,[55] il *Parroco istruito*,[56] il *Miserere*,[57] la *Divozione di cinque venerdì in ossequio di S. Maria Maddalena de' Pazzi*,[58] le

---

[49] Cfr. la lettera n. 19 (Firenze, 9 novembre 1683, p. 19). Dieci anni più tardi Segneri rinvia Cosimo a un passo della stessa opera perché ne ottenga sollievo da una sua « croce »: cfr. la lettera n. 292 (Roma, 23 maggio 1693, pp. 274-75); un caso simile anche nella lettera n. 320 (Roma, 20 marzo 1694, p. 308), scritta a meno di due settimane di distanza dalla morte della granduchessa Maria Vittoria, madre di Cosimo, avvenuta il 6 marzo: cfr. Riguccio Galluzzi, *Istoria del Granducato di Toscana sotto il governo della Casa Medici*, cit., tomo IV, pp. 317-18; Giuseppe Conti, *Firenze dai Medici ai Lorena*, cit., p. 457; erroneamente G.F. Young (*The Medici*, vol. II, New York, E.P. Dutton, 1930, pp. 471-72) data la morte della Granduchessa al 1693.

[50] Cfr. la lettera n. 84 (Firenze, 23 marzo 1686, p. 68).

[51] Cfr. le lettere n. 85 (Firenze, 31 marzo 1686, p. 69), n. 217 (Lerici, 14 settembre 1691, p. 177).

[52] Cfr. le lettere n. 115 (Firenze, 18 gennaio 1687, p. 87), n. 118 (Firenze, 1 marzo 1687, p. 89), n. 121 (Firenze, 22 marzo 1687, p. 92).

[53] Cfr. la lettera n. 182 (Missioni di Genova, 18 agosto 1690, p. 138).

[54] Cfr. le lettere n. 183 (Missioni di Genova, 4 settembre 1690, pp. 139-40), n. 184 (Missioni di Genova, 26 settembre 1690, p. 140), n. 189 (Roma, 24 febbraio 1691, p. 144), n. 192 (Roma, 17 marzo 1691, p. 149), n. 195 (Roma, 7 aprile 1691, p. 153). In un passo di quest'ultima lettera si allude anche ad un'altra opera, un « nuovo libro [...] dato a rivedere amichevolmente al Padre Trueses, e al Padre Giattini » (*ibidem*). Sulla *Concordia*, cfr. anche Pietro Tacchi Venturi, *Lettere inedite di P.S., Cosimo III, Giuseppe Agnelli intorno alla condanna dell'opera segneriana « La concordia »*, in « Archivio Storico Italiano », s. 5, 31 (1903): pp. 127-65.

[55] Cfr. la lettera n. 217 (Lerici, 14 settembre 1691, p. 177).

[56] Cfr. la lettera n. 223 (Firenze, 17 gennaio 1692, p. 181).

[57] Cfr. le lettere n. 223 (Firenze, 17 gennaio 1692, pp. 181-82), n. 224 (Firenze, 26 gennaio 1692, p. 182), n. 240 (Roma, 14 giugno 1692, p. 204), n. 241 (Roma, 21 giugno 1692, p. 204).

[58] Lettera n. 268 (Roma, 3 gennaio [?] 1693, p. 247): Segneri annuncia l'invio a Firenze, insieme ad una lettera diretta a Cosimo, di « una scrittura originale spettante ai Venerdì di Santa Maria Maddalena de' Pazzi ch'egli [« il Marchese degli Albizi »] brama darsi alle stampe ». L'opera fu pub-

Prediche dette nel Palazzo Apostolico.[59]

Se poco veniamo a conoscere della fase creativa dell'ampia produzione segneriana, e qualcosa di più sulla storia editoriale delle singole opere, è possibile comunque trarre dall'epistolario alcune informazioni utili circa le letture fatte da Segneri e l'opera di promozione culturale da lui svolta a Firenze.[60] Il tramite di tali informazioni sono di solito le

---

blicata soltanto nel 1856: cfr. Ezio Bolis, *L'uomo tra peccato, grazia e libertà nell'opera di Paolo Segneri sj*, cit., pp. 67, 235 (dove però la data di pubblicazione è indicata come 1853-1855); non dà informazioni precise sulla pubblicazione Carlos Sommervogel, *Bibliothèque de la Compagnie de Jésus*, tome VII, Bruxelles-Paris, Oscar Schepens, Alphonse Picard, 1896, col. 1081, n. 21. Di un « libretto » ristampato da Segneri « ad istanza del signore marchese degli Albizi » si parla nella lettera n. CXXXI, al P. Cristoforo Segneri, Ancona (Roma, 27 giugno 1693), in Paolo Segneri, *Opere*, volume IV, *Lettere varie*, cit., p. 435.

[59] Cfr. le lettere n. 283 (Roma, 31 marzo 1693, p. 265), n. 308 (Roma, 12 settembre 1693, p. 291). Un'« opera da stamparsi », non meglio precisata, di cui si invia la prima parte a Firenze, è rammentata nella lettera n. 46 (Piacenza, 26 luglio 1685, p. 37); in un'altra occasione Segneri scrive: « Ho consegnato al Gualtieri il corpo dell'opera da indirizzare al signor Cardinale Barbarigo, perché col mezzo del signor Bassetti o di altri lo faccia capitare a V.A.S. » (n. 109, Firenze, 10 novembre 1686, p. 84); altrove accenna ad una « opera nuova » che intende spedire al conte Marescotti, dopo che è stata rivista dal Padre Assistente di Germania e dal padre Giovanni Giuliani « confessore e teologo del signor Cardinale d'Este » (n. 157, Missioni di Fermo, 30 maggio 1689, p. 122); infine in alcune lettere del 1693, in cui difende la correttezza del probabilismo contro la posizione del González, Segneri allude ad una sua « scrittura » sull'argomento, inviata a Cosimo: cfr. le lettere n. 311 (Roma, 3 ottobre 1693, pp. 294-95), n. 312 (Roma, 10 ottobre 1693, pp. 295-96); cfr. anche Vigenio Soncini, *Il p. Paolo Segneri (1624-94) nella storia dei Farnese a Parma*, cit., lettera n. 67 (indirizzata probabilmente a Lelio Boscoli, Roma, 3 luglio 1694, p. 163), e p. 164 nota 3. Potrebbe trattarsi in questo caso delle *Lettere sulla materia del probabile*: cfr. in questo volume Mario Zanardi, *Per la biografia di Paolo Segneri: documenti dell'Archivio Romano della Compagnia di Gesù (ARSI)*, pp. 476-77 nota 68.

[60] Un capitolo a parte, nella politica culturale fiorentina, meriterebbe l'interessamento di Segneri al Vocabolario della Crusca, e alla preparazione di una nuova edizione. Per un approfondimento teorico rimando il lettore all'articolo di Stefania Stefanelli che compare in questo volume. Mi limito

richieste di libri (specialmente testi di autori stranieri)[61] che egli rivolge al Granduca, o i doni che di tanto in tanto gli invia.

Ad esempio nel 1687 Segneri si fa aiutare da Cosimo a reperire le opere di Antonietta Bourignon, « inventrice di nuova setta che abusa

---

[61] qui a riportare i passi delle lettere a Cosimo che contengono riferimenti alla Crusca: « Trovo il Padre Assistente suddetto [della Germania] aspettare impazientemente il Vocabolario nuovo della Crusca » (n. 153, Roma, 5 marzo 1689, p. 118). Sei mesi più tardi, dopo aver avuto un colloquio con il Redi, Segneri incoraggia Cosimo a riunire l'Accademia per un'accurata revisione del Vocabolario, che prevenga ogni critica: « È venuto il signor Redi a trovarmi; e veduto che abbiamo insieme come la cosa è di considerazione non ordinaria, abbiamo dopo lunga consultazione conchiuso ancora non parervi rimedio più decoroso, se non che questo: che V.A.S. dica aver lei saputo come in Francia si prepara al Vocabolario una critica rigorosa, e di ciò il signor Redi fa certa fede, e simil critica potere apprestarsi ancora da altri, come avvenne alla primiera edizione: e che però, a non aspettar l'avversario, quando lo possiam prevenire, par giusto che prima di dar fuori questa edizione novella, si raduni l'Accademia con la dovuta pienezza; si ripartiscano a ciascuno degli Accademici una o due lettere dell'alfabeto per uno, come sarà giudicato; si oda sopra quelle il loro giudizio su le difficoltà che potrebbono quivi addursi, e si provegga poi di concerto a quanto accadesse secondo che sarà giudicato su questo ancora. Quando il signor Redi venga da V.A.S., può ella dirne a lui pure qualche parola, e udire il suo senso. Certo è che varie cose, così come stanno, sarebbono da decidersi, e dall'altro lato con poco si potrà provvedere a molto, sì che l'opera aspettata con tanta avidità esca fuori più pura che sia possibile. Ho giudicato di non tardare a dare a V.A.S. questa risposta, perché il rimedio porta seco alquanto di tempo » (n. 163, Firenze, 19 novembre 1689, pp. 126-27).

[61] Dalle testimonianze dei suoi collaboratori risulta che Cosimo fece venire dall'estero un buon numero di libri, tra cui ad esempio un dizionario latino, lituano e polacco, una grammatica russa e *Paradise lost* di Milton (di cui Magalotti tradusse i primi 234 versi): cfr. Harold Acton, *The last Medici*, cit., pp. 192-93. Tuttavia Antonio Magliabechi, bibliotecario di Cosimo, più volte si lamentò con visitatori stranieri dello stato di abbandono in cui giacevano i manoscritti raccolti nella biblioteca granducale: cfr. *ibidem*, p. 194. Dell'amore di Cosimo per la cultura e degli sforzi da lui fatti per accrescere le collezioni di varie biblioteche toscane parla a lungo Girolamo Tiraboschi, *Storia della letteratura italiana*, cit., tomo VIII, parte I, pp. 15-16, 75-76 (sui Medici e la promozione della cultura nel XVII secolo, cfr. anche *ibidem*, pp. 6-7, 10, 39-40, 55-58).

l'amor divino ».⁶² In un'altra occasione prega Cosimo di inviargli « un libro dato fuori novellamente da un Predicante di Brandeburgo sopra la divinità di Cristo »;⁶³ durante il medesimo anno ricerca presso di lui « il tomo di Ugone Cardinale in Psalmos »,⁶⁴ e poi « gli opuscoli di San Tommaso », « perché il suo testo è migliore un pezzo del nostro ».⁶⁵ Più avanti si fa prestare dal Granduca il « tomo primo del Peringh », di cui espone nell'*incipit* di una lettera il paragrafo che chiarisce quale siano i termini della « giurisdizione del Legato ».⁶⁶

A sua volta nel 1686 Segneri manda a Cosimo tre copie di una antologia di « piccole poesie [...], tutte di autori insigni italiani », stampata

---

⁶² Lettera n. 113 (Firenze, 12 gennaio [?] 1687, p. 86). Le opere ricercate sono « quelle [...] stampate in Amsterdam [*sic*] dopo l'anno 1679 sino al presente », e Segneri le richiede a nome di padre Domenico Brunacci, come risulta dalle lettere n. 118 (Firenze, 1 marzo 1687, p. 89), n. 120 (Firenze, 8 marzo 1687, p. 91), n. 122 (Firenze, 30 marzo 1687, pp. 92-93). Cfr. in proposito anche la lettera n. 121 (Firenze, 22 marzo 1687, p. 92). Antoinette Bourignon de La Porte (1616-1680), visionaria, nemica dichiarata del Cattolicesimo, operò soprattutto in Germania e in Olanda. Si credeva chiamata a resuscitare la semplicità e la purezza primitiva del Vangelo; fu accusata di eresia e stregoneria. I suoi scritti furono pubblicati in 19 volumi (*Toutes les Oeuvres de Mlle Antoinette Bourignon*, Amsterdam, 1679-1686) da Pierre Poiret, che vi premise una biografia e una prefazione apologetica: è questa l'edizione a cui si riferisce Segneri. Proprio nel 1687 i testi della Bourignon furono messi all'Indice (v'era stato a questo riguardo un primo decreto nel 1669, e un altro fu emesso nel 1757). Su di lei, cfr. Anselmo Musters, s.v. « Bourignon, Antoinette de La Porte », *Enciclopedia cattolica*, dir. Mons. Pio Paschini, vol. II, Città del Vaticano, Ente per l'enciclopedia cattolica e per il libro cattolico, 1950, coll. 1990-91; *Lettere inedite di Paolo Segneri al Granduca Cosimo terzo*, cit., p. 86 nota 1.

⁶³ Lettera n. 157 (Missioni di Fermo, 30 maggio 1689, p. 122).

⁶⁴ Lettera n. 161 (Firenze, 6 novembre 1689, p. 125). Il testo è il seguente: Ugonis de S. Charo, *Opera omnia in universum Vetus et Novum Testamentum*..., Venetiis, apud Sessas, 1600, opera stampata più volte nel Cinque e Seicento (ad es. Parigi, 1532-45; Colonia, 1621; Lione, 1645); in tutte le edizioni citate il II tomo è *In Psalterium universum Davidis*.

⁶⁵ Lettera n. 162 (Firenze, 11 novembre 1689 [?], p. 126).

⁶⁶ Lettera n. 187 (Firenze, 9 febbraio 1691, p. 142). In un'altra lettera (n. 297, Roma, 27 giugno 1693, p. 281) Segneri ringrazia Cosimo « del carattere conceduto per lo risarcimento di alcuni Quaresimali », che si impegna a cedere al Collegio di San Giovannino.

a Venezia dal Baglioni, e contenente, tra le altre, cinque « canzoni » di Chiabrera « in lode di alcuni personaggi spettanti alla serenissima Casa Medici », e « la satira di Monsignor Azzolino contra la lussuria ».[67] Un anno e mezzo più tardi gli spedisce « molte rime del signor Maggi »,[68] probabilmente per la stampa fiorentina a cui si allude nella lettera precedente.[69]

2. Notizie sulla storia della Chiesa e della Compagnia di Gesù

Piuttosto numerosi, come è da aspettarsi, sono i luoghi in cui Segneri discute questioni e fatti che riguardano direttamente la Compagnia di Gesù, in particolare le elezioni e le nomine,[70] le riunioni periodiche della Congregazione Generale e di quelle Provinciali,[71] le proposte di rifor-

---

[67] Lettera n. 80 (Firenze, 23 febbraio 1686, pp. 64-65): l'antologia descritta da Segneri è *Scelta di poesie italiane non mai per l'addietro stampate de' più nobili avtori del nostro secolo*, Venezia, P. Baglioni, 1686; contiene una Lettera dedicatoria di Francesco Baglioni alla Regina di Svezia, e poesie di vari autori, tra cui, oltre ai già citati Chiabrera e Azzolino, anche Sforza Pallavicino. I tre esemplari mandati a Firenze erano destinati a Cosimo, al fratello di lui Francesco Maria e a Gian Gastone, quantunque Segneri temesse che la satira dell'Azzolino potesse essere lettura sconsigliabile per un adolescente (alla data della lettera Gian Gastone non aveva ancora compiuto quindici anni).

[68] Lettera n. 132 (Piacenza, 17 settembre 1687, p. 101).

[69] Lettera n. 131 (Missioni di Piacenza, 16 agosto 1687, pp. 100-01): « ho animo di fare [...] una breve scorsa sino a Milano [...] per trattare col signor Carlo Maria Maggi intorno a quelle sue tanto nobili poesie, che egli volea sotto la mia direzione stampar costì ». L'edizione a cui allude Segneri, con tutta probabilità, è la seguente: *Rime varie di Carlo Maria Maggi*, In Firenze, Nella Stamperia di S.A.S., 1688. Per l'invio a Cosimo di una canzone del Maggi, cfr. anche n. 137 (Firenze, 16 novembre 1687, p. 106).

[70] Cfr. ad esempio le lettere n. 123 (Roma, 19 aprile 1687, p. 93) e n. 129 (Missioni di Piacenza, 4 luglio 1687, pp. 99-100).

[71] Nella lettera n. 119 (Firenze, 5 marzo 1687, pp. 90-91), Segneri prima di partire per Roma, per la Congregazione Provinciale, chiede a Cosimo un appuntamento per ricevere da lui eventuali istruzioni (così fa anche nella lettera n. 227, Firenze, 12 febbraio 1692, pp. 186-87). Cfr. anche le lettere n. 287 (Roma, 18 aprile 1693, p. 268), n. 315 (Roma, 31 ottobre 1693, pp. 300-02), n. 322 (Roma, 19 giugno 1694, pp. 311-12).

ma dell'ordine,[72] accusato da più parti di condurre oscure manovre per il tramite dei confessori di corte.[73] Segneri tiene al corrente Cosimo delle vicissitudini di Miguel de Molinos, il teologo spagnolo alfiere del Quietismo, attaccato da lui nella *Concordia* e infine condannato per eresia dall'Inquisizione il 20 agosto 1687, dopo due anni di prigione.[74] Ringrazia il Granduca per avergli inviato notizie intorno ai Quietisti,[75] e discute la differenza tra Quietisti e Cattolici in materia di confessione, con un rimando al suo

---

[72] Cfr. la lettera n. 290 (Roma, 9 maggio 1693, pp. 271-72).

[73] Sugli «affari» dei Gesuiti cfr. anche le lettere n. 302 (Roma, 1 agosto 1693, p. 285), n. 310 (Roma, 26 settembre 1693, p. 293), n. 316 (Roma, 8 gennaio 1694, pp. 303-04), n. 317 (Roma, 6 febbraio 1694, pp. 304-05), n. 318 (Roma, 20 febbraio 1694, p. 306).

[74] Sessantotto proposizioni tratte dalla sua *Guìa espiritual* (1675) vennero riprovate come eretiche. Esse riguardavano i benefici della cosiddetta «via interna», metodo che riconduce l'anima a Dio attraverso l'annullamento della volontà umana (prop. 1) e l'abbandono totale all'azione di Dio (prop. 7-13), alle pulsioni naturali (prop. 14-17), e perfino alle tentazioni (prop. 41-52). Le idee quietiste trovarono in Italia un acceso sostenitore in Pietro Matteo Petrucci, vescovo di Jesi (dal 1681), nominato cardinale da Innocenzo XI nel 1686. Contro il Petrucci si schierò Segneri, con la sua *Lettera di risposta* (Venezia, 1681), e la controversia alla fine ebbe come risultato un'inchiesta da parte dell'Inquisizione, in seguito alla quale cinquantaquattro proposizioni tratte da otto scritti del Petrucci furono condannate, nel 1688. Sul Molinos cfr. anche il commento di Giannini, *Lettere inedite di Paolo Segneri al Granduca Cosimo terzo*, cit., pp. 101-02 nota 1, e, in questo volume, l'intervento di Quinto Marini, *Le biografie di Paolo Segneri*, cit., pp. 68-69. Al Molinos si riferiscono anche le lettere n. 63 (Firenze, 1 gennaio [?] 1686, p. 49: invia a Cosimo una copia dell'«editto di Spagna sopra la Guida del Dottor Molinos»), n. 68 (Firenze, 11 gennaio 1686, p. 53), n. 119 (Firenze, 5 marzo 1687, p. 91), n. 132 (Piacenza, 17 settembre 1687, pp. 101-02: annuncia con malcelato entusiasmo di aver saputo a Milano «la strepitosa condannazione dell'infelice Dottor Molinos»), n. 133 (Piacenza, 20 settembre 1687, p. 102). Su Segneri e il quietismo, cfr. Henry C. Lea, *Molinos and the Italian Mystics*, in «The American Historical Review», vol. XI, No. 2. (Genn. 1906), pp. 253-54; Daniello Bartoli e Paolo Segneri, *Prose scelte*, cit., pp. 472-74, 480; Ezio Bolis, *L'uomo tra peccato, grazia e libertà nell'opera di Paolo Segneri sj*, cit., pp. 79-93, 185-86, 194-95, 202-07, 228-29.

[75] Lettera n. 118 (Firenze, 1 marzo 1687, pp. 89-90).

« Ragionamento XVI della terza parte del *Cristiano istruito* ».[76]

Le numerose lettere a Cosimo scritte negli anni della permanenza a Roma permettono di seguire da vicino e con una certa ricchezza di particolari anche le dispute sul probabilismo, che vedono Segneri schierato insieme ad altri[77] contro il padre generale Tirso González e le sue tesi

---

[76] Lettera n. 121 (Firenze, 22 marzo 1687, p. 92).

[77] La lettera n. 305 (Roma, 22 agosto 1693, p. 288) descrive una voce proveniente dalla Spagna, secondo la quale Segneri e La Chaize avrebbero unito le forze per « far cadere » González; non si tratta di un caso isolato: anche la pasquinata del manoscritto casanatense proclama che Segneri « fa la spia al Padre delle scese » (Valerio Marucci, *La teologia dell'invettiva: una pasquinata contro Paolo Segneri*, cit., p. 94). Che la calunnia iberica sia vera o no, resta il fatto che Segneri aveva inviato poco tempo prima una lettera al padre La Chaize, consigliere spirituale e poi confessore di Luigi XIV, e ne aveva ricevuto risposta nel giro di poche settimane: cfr. le lettere n. 293 (Roma, 26 maggio 1693, p. 275), n. 299 (Roma, 11 luglio 1693, p. 282), n. 301 (Roma, 25 luglio 1693, p. 284). Tuttavia l'oggetto della missiva poteva essere l'affare delle Bolle di cui si occupava Segneri in quel periodo o addirittura la condotta della granduchessa, Margherita Luisa d'Orléans, che dal 1675 viveva a Parigi, separata dal marito: in più di un'occasione La Chaize fu sollecitato ad intervenire e a mediare tra i coniugi o, a turno, tra uno di loro e il Re di Francia, cugino di Margherita Luisa (cfr. Harold Acton, *The last Medici*, cit., pp. 170-71, 196; Riguccio Galluzzi, *Istoria del Granducato di Toscana sotto il governo della Casa Medici*, cit., tomo IV, pp. 279-80, 307, 309; Giannini, *Lettere inedite di Paolo Segneri al Granduca Cosimo terzo*, cit., p. XXIV). Va notato però che mai nelle lettere Segneri cita la Granduchessa (un'assenza di per sé significativa); ogni volta che nel carteggio compare il termine « Granduchessa », senza altre specificazioni, Segneri si riferisce chiaramente alla madre di Cosimo, Maria Vittoria della Rovere: cfr. le lettere n. 134 (Parma, 1 ottobre 1687, p. 103), n. 211 (Pontremoli, 20 luglio 1691, p. 172), n. 220 (Firenze, 24 ottobre 1691, p. 179), n. 223 (Firenze, 17 gennaio 1692, p. 182), n. 288 (Roma, 25 aprile 1693, p. 269), n. 319 (Roma, 14 marzo 1694, p. 307). In ogni caso Cosimo, il quale « sapeva scovare i gesuiti e i frati dappertutto » (Giuseppe Conti, *Firenze dai Medici ai Lorena*, cit., p. 120), trovò davvero in La Chaize un prezioso alleato: per esempio, secondo Galluzzi il confessore del Re nel 1687 « procurò di ristabilire alla Corte di Francia la reputazione del G. Duca già decaduta per le antecedenti diffamazioni e ridicolezze sparse dalla G. Duchessa » (Riguccio Galluzzi, *Istoria del Granducato di Toscana sotto il governo della Casa Medici*, cit., tomo IV, pp. 279-80; cfr. Giuseppe

probabilioriste. Segneri informa Cosimo circa il decreto emanato dal Re di Spagna sui Gesuiti, a tutela di González.[78]

---

[78] Conti, *Firenze dai Medici ai Lorena*, cit., pp. 308, 323-28, 330). E appunto sotto l'anno 1692, una data abbastanza vicina a quella dei riferimenti contenuti nell'epistolario segneriano, Galluzzi scrive che Cosimo « avea saputo guadagnarsi la confidenza del Gesuita la Chaise » (*ibidem*, tomo IV, p. 305). Su François d'Aix de La Chaize, cfr. *Dictionnaire de Biographie Française*, dir. M. Prevost, Roman D'Amat, H. Tribout de Morembert, J.-P. Lobies, fasc. 108, Parigi, Letouzey et Ané, 1994, coll. 1481-83; sui suoi contatti con Segneri, cfr. Valerio Marucci, *La teologia dell'invettiva: una pasquinata contro Paolo Segneri*, cit., pp. 95-96.
Su González e Segneri si leggano le pagine di Quinto Marini, *Le biografie di Paolo Segneri*, cit., pp. 69-72; Ezio Bolis, *L'uomo tra peccato, grazia e libertà nell'opera di Paolo Segneri sj*, cit., pp. 53-57; su González cfr. William V. Bangert S.I., *Storia della Compagnia di Gesù*, a cura di Mario Colpo S.I., Genova, Marietti, 1990, pp. 296-301. Sull'elezione di Tirso González al generalato cfr. le lettere n. 127 (Piacenza, 19 maggio 1687, p. 97), n. 129 (Missioni di Piacenza, 4 luglio 1687, p. 100), n. 130 (Borzonasco, 2 agosto 1687, pp. 99-100). Circa il *Tractatus succinctus de recto usu opinionum probabilium*, « fatto stampare furtivamente » dal González per sfuggire alla censura ecclesiastica, cfr. le lettere n. 278 (senza indicazioni di luogo e data, ma annessa a una lettera scritta da Roma, 28 febbraio 1693, p. 259), n. 284 (Roma, 4 aprile 1693, pp. 265-66), n. 303 (Roma, 8 agosto 1693, pp. 286-87), n. 309 (Roma, 15 settembre 1693, p. 293), n. 312 (Roma, 10 ottobre 1693, p. 296), n. 313 (Roma, 17 ottobre 1693, pp. 297-98), n. 314 (Roma, 24 ottobre 1693, pp. 299-300). Per una descrizione delle opposte posizioni tattiche e teologiche in seno alla Compagnia, cfr. le lettere n. 290 (Roma, 9 maggio 1693, pp. 271-72), n. 311 (Roma, 3 ottobre 1693, pp. 294-95), n. 312 (Roma, 10 ottobre 1693, pp. 295-96). Un foglio scritto da Segneri in merito alla convocazione della Congregazione Generale per risolvere la disputa si legge in appendice alla lettera n. 315 (Roma, 31 ottobre 1693, pp. 300-02); sul medesimo argomento cfr. anche la lettera n. 322 (Roma, 19 giugno 1694, pp. 311-12). González e le divisioni createsi all'interno della Compagnia sono rammentate brevemente anche nelle lettere n. 286 (Roma, 11 aprile 1693, p. 267), n. 287 (Roma, 18 aprile 1693, p. 268), n. 288 (Roma, 25 aprile 1693, p. 269), n. 289 (Roma, 2 maggio 1693, p. 270), n. 318 (Roma, 20 febbraio 1694, p. 306), n. 323 (Roma, 26 giugno 1694, pp. 312-13), n. 324 (Roma, 3 luglio 1694, p. 313), n. 326 (Roma, 31 luglio 1694, p. 316), n. 327 (Roma, 7 agosto 1694, pp. 317-18). Un suo colloquio con Segneri su un possibile accordo matrimoniale fra i Medici e la Casa di Spagna è citato nella lettera n. 154 (Roma,

Da Roma naturalmente Segneri invia a Firenze notizie e voci di corridoio sull'elezione del nuovo Papa, dopo la morte di Alessandro VIII (1 febbraio 1691), sull'andamento del Conclave e l'esito previsto; descrive a Cosimo le condizioni di salute dei Cardinali papabili, e il favore di cui godono presso il Conclave, a seguito di conversazioni con il cardinale Colonna e con altri religiosi.[79] Impegnato in frequenti colloqui con il nuovo Papa, come predicatore e teologo, Segneri aggiorna fedelmente il Granduca non solo sui temi discussi, ma anche sullo stato di salute e l'umore del Pontefice.[80]

Allusioni costanti ma più scarne e a volte prive di dettagli precisi si leggono nelle lettere dei primi anni '90, a proposito delle trattative tra i Cardinali di Francia e papa Innocenzo XII, condotte per il tramite di Segneri, sul problema del Gallicanesimo.[81] Altri riferimenti che appar-

---

19 marzo 1689, p. 119); altri « abboccamenti » su questioni inerenti il Collegio di San Giovanni sono riferiti nelle lettere n. 189 (Roma, 24 febbraio 1691, pp. 144-45), n. 190 (Roma, 3 marzo 1691, pp. 145-47); per la questione della nomina di Segneri a Predicatore Apostolico, cfr. le lettere n. 225 (Firenze, 6 febbraio 1692, p. 184), n. 226 (Firenze, 10 febbraio 1692, p. 185). Sul decreto del Re di Spagna in favore di González, cfr. le lettere n. 304 (Roma, 15 agosto 1693, pp. 287-88), n. 305 (Roma, 22 agosto 1693, p. 288), n. 312 (Roma, 10 ottobre 1693, pp. 296-97), n. 315 (Roma, 31 ottobre 1693, pp. 301-02), n. 321 (Roma, 6 giugno 1694, pp. 310-11).

[79] Cfr. le lettere n. 189 (Roma, 24 febbraio 1691, p. 144), n. 190 (Roma, 3 marzo 1691, pp. 145-46), n. 191 (Roma, 10 marzo 1691, p. 149), n. 192 (Roma, 17 marzo 1691, p. 150), n. 193 (Roma, 28 marzo 1691, pp. 150-51), n. 194 (Roma, 31 marzo 1691, p. 152), n. 195 (Roma, 7 aprile 1691, p. 153), n. 207 (Casola, 22 giugno 1691, p. 166), n. 211 (Pontremoli, 20 luglio 1691, p. 171). Sulle manovre dei Medici in occasione della scelta dei Papi, durante il regno di Cosimo III, cfr. Riguccio Galluzzi, *Istoria del Granducato di Toscana sotto il governo della Casa Medici*, cit., tomo IV, p. 291; per l'elezione di Innocenzo XII, cfr. *ibidem*, p. 304; per quella di Clemente XI, cfr. Giuseppe Conti, *Firenze dai Medici ai Lorena*, cit., pp. 580-82.

[80] Cfr. ad esempio la lettera n. 234 (Roma, 26 aprile 1692, p. 195). Va sottolineato che quelli erano esattamente i dettagli che all'epoca erano richiesti agli ambasciatori o agli informatori residenti presso una corte straniera.

[81] Cfr. le lettere n. 238 (Roma, 31 maggio 1692, p. 201), n. 267 (Roma, 27 dicembre 1692, p. 246), n. 269 (Roma, 10 gennaio 1693, p. 250), n. 272 (Roma, 31 gennaio 1693, p. 252), n. 277 (Roma, 28 febbraio 1693, p. 258), n. 281 (Roma, 21 marzo 1693, p. 262), n. 282 (Roma, 28 marzo 1693, p.

tengono più genericamente alla storia della Chiesa sono le notizie sulla *Romanorum decet Pontificem*, la «Bolla del Nepotismo» emanata da Innocenzo XII, sulla sua redazione e la sua accoglienza,[82] e i ragguagli

263), n. 283 (Roma, 31 marzo 1693, p. 264), n. 284 (Roma, 4 aprile 1693, p. 265), n. 285 (Roma, 7 aprile 1693, p. 266), n. 286 (Roma, 11 aprile 1693, pp. 266-67), n. 287 (Roma, 18 aprile 1693, p. 268), n. 288 (Roma, 25 aprile 1693, p. 269), n. 289 (Roma, 2 maggio 1693, p. 270), n. 290 (Roma, 9 maggio 1693, p. 272), n. 291 (Roma, 16 maggio 1693, p. 273), n. 292 (Roma, 23 maggio 1693, p. 274), n. 293 (Roma, 26 maggio 1693, pp. 275-76), n. 295 (Roma, 6 giugno 1693, pp. 277-78), n. 297 (Roma, 27 giugno 1693, p. 280), n. 298 (Roma, 4 luglio 1693, p. 281), n. 299 (Roma, 11 luglio 1693, pp. 282-83), n. 301 (Roma, 25 luglio 1693, pp. 284-85), n. 305 (Roma, 22 agosto 1693, p. 288), n. 307 (Roma, 5 settembre 1693, p. 290). La questione, com'è noto, nacque dalla *Declaratio cleri Gallicani* del 1682, voluta da Luigi XIV, il quale aveva convocato un'assemblea dei Vescovi e dei rappresentanti del clero francese perché lo appoggiasse nel contrasto con la Santa Sede a proposito della regalia (l'amministrazione regia delle diocesi vacanti). Già Innocenzo XI aveva espresso la sua riprovazione per le decisioni dell'Assemblea dell'82, e Alessandro VIII nel 1690 pubblicò la condanna dei quattro articoli gallicani nei quali si affermava la superiorità del Concilio sul Papa: Innocenzo XII giunse ad un accordo con Luigi XIV ed ottenne la revoca dell'obbligo, per i Vescovi francesi, di insegnare i quattro articoli (cfr. Michele Maccarrone, s.v. «Gallicanesimo», *Enciclopedia cattolica*, vol. V, cit., 1950, coll. 1898-1900; per una recente rivisitazione dei principii gallicani, in favore dell'autonomia dei vescovi, si leggano le parole di Klaus Schatz nell'intervista di Marco Politi, *Il primato del Papa? Un gesuita lo mette in forse*, in «La Repubblica», 5 dicembre 1997, p. 42). Non è un caso che, nel bel mezzo della disputa con i Cardinali francesi, Segneri annunci una predica «sopra il pregiudicio che porta fra gli ecclesiastici lo spirito nazionale» (n. 272, Roma, 31 gennaio 1693, p. 252), la quale, pronunciata, procura un po' di scompiglio per la natura delicata dell'argomento (cfr. anche la lettera n. 273, Roma, 7 febbraio 1693, pp. 253-54).

[82] Cfr. le lettere n. 232 (Roma, 5 aprile 1692, p. 193), n. 235 (Roma, 3 maggio 1692, p. 197), n. 239 (Roma, 7 giugno 1692, p. 202), n. 240 (Roma, 14 giugno 1692, p. 203), n. 241 (Roma, 21 giugno 1692, pp. 204-05), n. 249 (senza indicazioni di data e luogo, probabilmente del 28 giugno 1692, scritta ovviamente a Roma, pp. 214-15: cfr. *Lettere inedite di Paolo Segneri al Granduca Cosimo terzo*, cit., p. 214 nota 1): la Bolla venne promulgata il 28 giugno 1692, secondo gli *Annali* del Muratori, citati nella nota del Giannini, o il 22 giugno, secondo quello che reca l'*Enciclopedia catto-*

circa un provvedimento papale contro i Giansenisti.[83]

A conclusione di questa parte mi pare essenziale rilevare che nella Curia romana, così come già nel Granducato toscano, Segneri svolge un ruolo che non è esclusivamente intellettuale o mistico-teologico, né si limita alla cura della politica maggiore. Coerentemente con quanto accade negli altri versanti della sua esistenza il Gesuita si cala anche a Roma negli aspetti più pratici della realtà che lo circonda e vi agisce in modo incisivo (quasi eroico, secondo la rappresentazione delle lettere). È questo il caso di una vicenda che si dipana tra il 1692 e il 1693: con abilissime manovre Segneri aiuta papa Innocenzo XII a smascherare un traffico di nomine false (con l'aggiunta di pensioni e benefici mai autorizzati dal Pontefice), all'interno della Dateria.[84] Un ruolo attivo e va-

---

lica (Roberto Palmarocchi, s.v. « Innocenzo XII », vol. VII, cit., 1951, coll. 25-27); la Bolla vietava ai Papi di arricchire nipoti e parenti. Sulla riforma della Chiesa intrapresa da papa Innocenzo XII, contro « il Nepotismo, e la Venalità », cfr. anche le lettere n. 252 (Roma, 27 settembre 1692, p. 223), n. 254 (Roma, 11 ottobre 1692, pp. 225-26), n. 255 (Roma, 18 ottobre 1692, pp. 227-28), n. 258 (Roma, 8 novembre 1692, p. 232), n. 260 (Roma, 15 novembre 1692, p. 235), n. 261 (Roma, 22 novembre 1692, pp. 236-37), n. 271 (Roma, 24 gennaio 1693, p. 251). Un accenno al Nepotismo si trova nella lettera prefatoria *Beatissimo Padre* (datata 20 maggio 1693), in Paolo Segneri, *Prediche dette nel Palazzo Apostolico, e dedicate alla Santita* [sic] *di Nostro Signore Papa Innocenzo Duodecimo*, In Roma, A Spese di Gio: Giacomo Komarek, MDCXCIV, senza numero di pagina.

[83] Cfr. la lettera n. 295 (Roma, 6 giugno 1693, p. 278). A proposito dei Giansenisti, vale la pena di ricordare che in una lettera precedente Segneri aveva riferito d'aver incontrato personalmente « l'insigne Padre Decamps, martello de' Giansenisti », di passaggio da Piacenza diretto a Roma (n. 127, Piacenza, 19 maggio 1687, p. 97). Altri brevi riferimenti ai Giansenisti e alle loro dottrine si leggono nelle lettere n. 314 (Roma, 24 ottobre 1693, p. 299), n. 330 (Roma, 6 novembre 1694, p. 321).

[84] Segneri, indignato, parla di questi imbrogli come di « porcherie » (n. 259, Roma, 9 novembre 1692, p. 234), e aggiunge con tono drammatico: « Se il Papa stesso è ingannato in questa maniera, V.A. ben vede a che tutti i Principi sian soggetti » (*ibidem*). Sui falsi cfr. anche le lettere n. 260 (Roma, 15 novembre 1692, p. 235), n. 261 (Roma, 22 novembre 1692, pp. 235-36), n. 262 (Roma, 29 novembre 1692, p. 238), n. 263 (Roma, 6 dicembre 1692, pp. 239-40), n. 279 (Roma, 7 marzo 1693, p. 260), n. 280 (Roma, 14 marzo 1693, p. 261), n. 302 (Roma, 1 agosto 1693, p. 285). Nello spirito pratico che lo contraddistingue, Segneri comporrà anche una predica ispirata al-

riegato, questo di Segneri in rapporto alla Chiesa, legato a responsabilità di diverso valore, ma che a pieno titolo si affianca alla varietà di compiti da lui svolti per conto di Cosimo III. Diventa motivato, in questo contesto, l'orgoglio con cui Segneri, verso la fine del suo primo difficile anno a Roma, traccia il bilancio del suo operato: « Per altro forse il Signore mi ha voluto qui per qualche servizio spettante alla Religione, che Dio sa come sarebbe andato senza di me: e pur era di gran rilievo. [...] ed io credo di avere sagrificato al ben pubblico il ben privato ».[85]

3. *Segneri a servizio del Granduca: mediatore, informatore, consigliere*

La tradizione ci ha consegnato un'immagine completamente negativa di Cosimo III, dipingendolo come l'incarnazione della decadenza che porta alla scomparsa della dinastia medicea.[86] Storici e letterati si sono ac-

---

la vicenda, sulla « fedele amministrazione delle entrate ecclesiastiche » (n. 275, Roma, 14 febbraio 1693, p. 256).

[85] Lettera n. 256 (Roma, 25 ottobre 1692, p. 229). Altrettanto fiero è Segneri della sua opera di mediazione tra il Vaticano e il clero francese dopo le dichiarazioni dell'82: « V.A. sia certa che tutta la superazione delle difficultà seguíta finora, che è stata grande, si può dire [...] dovuta a me, più che a qualunque altro » (n. 267, Roma, 27 dicembre 1692, p. 246); cfr. anche la lettera n. 269 (Roma, 10 gennaio 1693, p. 250). Sull'attività politica, diplomatica e teologica svolta a Roma dal Segneri, cfr. Valerio Marucci, *La teologia dell'invettiva: una pasquinata contro Paolo Segneri*, cit.

[86] Cfr. Giuseppe Conti, *Firenze dai Medici ai Lorena*, cit., p. 3: « Il principato mediceo, che con Ferdinando II iniziò insensibilmente il periodo della sua decadenza, sotto il mal governo di Cosimo III s'incamminò fatalmente alla sua completa rovina »; il concetto è ovviamente ripetuto nel corso dell'opera (cfr. ad esempio *ibidem*, pp. V, 84, 453), e sembra aver ispirato la scelta del detto collocato in epigrafe alla prima parte: « *Non più Medici... tutti sani!* » (p. 1; corsivo nell'originale). Così scrive, all'inizio del capitolo dedicato a Cosimo III, G.F. Young (*The Medici*, cit., p. 459): « Down the steep path from degradation to degradation go the Medici » [« Giù per la china di degradazione in degradazione procedono i Medici »]; Young di seguito afferma che il regno di Cosimo incarna, per l'osservatore moderno, la morte di tutti i sentimenti più alti e generosi, la fine della potenza e della forza di carattere, l'annullamento di ogni talento; e aggiunge che mentre grandi cose avvenivano in Europa, in Toscana c'erano solo decadenza e rovina (*ibidem*). Il ritratto che Young fa della personalità del Granduca è fe-

caniti contro i suoi difetti: l'esagerata devozione (sulla quale ironizzava perfino la consorte),[87] la sciocca superstizione, la presunta ottusità nella scelta dei membri della corte.[88] Galluzzi nella sua *Istoria del Grandu-*

---

rocemente negativo, oltreché superficiale dal punto di vista del giudizio storico (*ibidem*, pp. 462-64). Furio Diaz intitola uno dei paragrafi su Cosimo « Cosimo III: depressione e oscurantismo di un regno senza prospettive » (*Il Granducato di Toscana. I Medici*, cit., p. 466), e usa senza risparmio termini come « decadenza », « tramonto », « crisi » (*ibidem*, pp. 466-67), accanto a espressioni come « degradazione dello Stato » (*ibidem*, p. 499).

[87] Così gli scriveva infatti da Parigi, con mordacità popolaresca: « La vostra devozione non vi servirà di niente, e potete fare quello che volete perché siete un fior di ruta, Dio non vi vuole e il Diavolo vi rifiuta » (Riguccio Galluzzi, *Istoria del Granducato di Toscana sotto il governo della Casa Medici*, cit., tomo IV, p. 255; Giuseppe Conti, *Firenze dai Medici ai Lorena*, cit., p. 61). Anche altrove Galluzzi riporta l'accusa a Cosimo di essere « un falso devoto » (*Istoria del Granducato di Toscana sotto il governo della Casa Medici*, cit., p. 263); cfr. anche Giuseppe Conti, *Firenze dai Medici ai Lorena*, cit., pp. 9, 11, 34-35, 193, 283.

[88] Anche il Giannini cita a proposito di Cosimo le parole denigratorie usate da Antonio Zobi per descriverlo (« *caparbio, fiero e ridicoloso santoccio* » [corsivo nel testo]), e sia lui che Conti riportano quattro versi satirici scritti sul Granduca, attribuiti a Benedetto Menzini (1646-1704): cfr. *Lettere inedite di Paolo Segneri al Granduca Cosimo terzo*, cit., pp. XV-XVI; Giuseppe Conti, *Firenze dai Medici ai Lorena*, cit., p. 280; il « fiele del satirico poeta Menzini » è rammentato anche da Galluzzi, quando afferma che la Toscana divenne sotto Cosimo oggetto di derisione: cfr. Riguccio Galluzzi, *Istoria del Granducato di Toscana sotto il governo della Casa Medici*, cit., tomo IV, p. 262 (sul Menzini, cfr. Girolamo Tiraboschi, *Storia della letteratura italiana*, tomo VIII, parte II, cit., pp. 471-72; Mario Saccenti, s.v. « Menzini, Benedetto », *Dizionario critico della letteratura italiana*, vol. II, cit., pp. 595-98). Le stesse pagine di Pompeo Litta che Giannini riproduce al termine della Dedicatoria contengono una serie interminabile di critiche rivolte al Granduca, soprattutto per la sua « mal regolata divozione » (*ibidem*, pp. XVIII, XXV); e ciò a dispetto del fatto che Litta era sembrato al Giannini « lo storico più temperante e discreto fra quanti altri scrissero della famiglia medicea » (*ibidem*, p. XV). Sui giudizi di Litta e Galluzzi, cfr. *Lettere inedite di* Paolo Segneri d. C. d. G. *al Gran Duca Cosimo III. tratte dagli Autografi*, cit., pp. 457-58. Viceversa, per una difesa letteraria degli ultimi Medici, venata da un'ironia paradossale e ammiccante, si legga la conclusione di *Toscana immaginaria* di Curzio Malaparte,

cato di Toscana a più riprese denuncia il « trionfo della ipocrisìa »,[89] il « trionfo dei Frati » e la « debolezza » di Cosimo III;[90] Romolo Caggese parla di un Cosimo « credente fino al bigottismo più ridicolo », intollerante e stolido;[91] e l'inglese Maurice H. Hewlett, autore di romanzi sto-

---

che comincia con l'esclamazione « Sapienza dei Granduchi! » (Curzio Malaparte, *Toscana immaginaria*, in *Il dorato sole dell'inferno etrusco e altre prose*, introd. di Luigi Testaferrata, Firenze, Franco Cesati Editore, 1985, p. 21); Malaparte si riferisce ai Medici con espressioni quali « Zii d'America », « Paterni Granduchi », « cari parrucconi » (*ibidem*).

[89] Riguccio Galluzzi, *Istoria del Granducato di Toscana sotto il governo della Casa Medici*, cit., tomo IV, pp. 262. Anche Stendhal, nell'*Abbesse de Castro*, scrive che fra i « tiranni » che si impadronirono dell'Italia dopo il Medioevo i Medici furono « les moins belliqueux et les plus hypocrites de tous » (M. de Stendhal, *L'abbesse de Castro*, Bruxelles, Société Belge de Librairie Hauman et cᵉ., 1840, p. 3).

[90] Riguccio Galluzzi, *Istoria del Granducato di Toscana sotto il governo della Casa Medici*, cit., tomo IV, pp. 261, 410 *et passim*; cfr. anche *ibidem*, tomo IV, p. 210: « i Frati disponevano di tutto, e nulla si risolveva senza il loro consiglio ». Anche Young rammenta « Cosimo's subordination to priestly influence » [« la sottomissione di Cosimo all'influenza dei preti »] (*The Medici*, cit., p. 460); cfr. Giuseppe Conti, *Firenze dai Medici ai Lorena*, cit., p. 291. Sul grande numero di religiosi presenti nella città di Firenze, insieme a una schiera di « Penitent whores, renegade Turks and converted Jews » [« prostitute pentite, Turchi rinnegati e Ebrei convertiti »], insiste Harold Acton (*The last Medici*, cit., p. 169), riprendendo liberamente le parole di Giuseppe Conti (*Firenze dai Medici ai Lorena*, cit., pp. 120, 121-22). Acton tuttavia ha un atteggiamento generalmente moderato nei confronti di Cosimo (con alcune eccezioni: *The last Medici*, cit., pp. 173, 184, 187-88, 197, 211), mentre rivolge attacchi più pesanti e diretti ai suoi collaboratori (*ibidem*, pp. 169, 181, 186, 191, 201) e ai figli (*ibidem*, pp. 164, 169, 172, 198, 209, 217-18). Sul controllo dell'istruzione da parte dei Gesuiti, cfr. *ibidem*, pp. 192, 206.

[91] Romolo Caggese, *Firenze dalla decadenza di Roma al Risorgimento d'Italia*, vol. III, *Il Principato*, Firenze, Bemporad, s.d., p. 25. Di bigotteria ridicola parlano anche Galluzzi (*Istoria del Granducato di Toscana sotto il governo della Casa Medici*, cit., tomo IV, p. 318), Conti (*Firenze dai Medici ai Lorena*, cit., pp. 291-92), Young (*The Medici*, cit., p. 462), Acton (*The last Medici*, cit., p. 197), Diaz (*Il Granducato di Toscana. I Medici*, cit., pp. 493, 494, 495-96, 501-02), J. Lucas-Dubreton (*La vita quotidiana a Firenze ai tempi dei Medici*, trad. Rosanna Pelà, Milano, Rizzoli, 1996, pp. 362, 363-64). Perfino in un recente articolo sulla nuova leva di comici

rici ambientati in Italia e di cronache di viaggio che hanno per oggetto varie parti della Toscana, ce lo descrive come una marionetta nelle mani dei Gesuiti.[92]

---

toscani, Alberto Asor Rosa trova modo di parlare, per il passato della Toscana, di una fase di « bigotteria » e di un « Granducato [...] triste » (*Che ridere siamo toscani. Benigni, Pieraccioni & Co.*, in « La Repubblica », 20 maggio 1998).

[92] Così si esprime Hewlett nel suo *The road in Tuscany*, un'opera in due volumi che narra un viaggio da lui compiuto nel 1902, a piedi e in carrozza, e che si colloca a metà strada tra la guida turistica e la cronaca romanzata: « [...] the Medici power [...] fell to powder when the blood was mixed, and frittered out with Cosimo III, and Giovanni Gastone, the first a Jesuit, the second a dreary frip » [« [...] il potere dei Medici [...] cominciò a dissolversi quando il loro sangue si mescolò, e si ridusse a nulla con Cosimo III e Giovanni Gastone, il primo un Gesuita, il secondo un noioso fronzolo »] (Maurice H. Hewlett, *The road in Tuscany. A commentary*, Londra-New York, Macmillan, 1904, vol. I, p. 34). Poco più avanti, tracciando di nuovo la parabola della decadenza di Firenze dopo il Quattrocento, Hewlett, che aveva letto non solo Machiavelli e Guicciardini, ma anche Galluzzi (*ibidem*, pp. 3-4), afferma: « There were the Spaniards to come after that, and the Grand Dukes, Alessandro the black satyr, and Cosimo with his iron club [Cosimo I], and the Jesuits, and the *cicisbei*, and the Academy » [« arrivarono gli Spagnoli, dopo, e i Granduchi, Alessandro il satiro nero, e Cosimo con il suo pugno di ferro, e i Gesuiti, e i cicisbei, e l'Accademia »] (*ibidem*, p. 36). E ancora: « Cosimo Terzo [sic], haunted by Jesuits » [« Cosimo III, perseguitato dai Gesuiti »] (*ibidem*, p. 166; cfr. anche *ibidem*, p. 151); per converso Hewlett rileva come un singolare pregio il fatto che Lucca sia stata immune, a suo dire, dall'intrusione dei Gesuiti (*ibidem*, p. 382). Un simile giudizio su Cosimo, completamente in mano ai religiosi, è ripetuto da vari personaggi del romanzo storico di Hewlett che ha per titolo *The fool errant; being the memoirs of Francis-Antony Strelley, esq., citizen of Lucca*, 2 voll., Leipzig, Bernhard Tauchnitz, 1906: cfr. vol. I, pp. 243, 268. Maurice Henry Hewlett (1861-1923), membro della Royal Society of Literature, dopo avere iniziato una carriera legale, e dopo avere ricoperto per pochi anni la carica di Keeper of Land Revenue Records and Enrollments, lavorò per gran parte della sua vita come *lecturer* di arte medievale alla South Kensington University. Nel 1898 pubblicò *The forest lovers*, un romanzo che ha per sfondo l'Inghilterra medievale e che ebbe un grande successo di vendite, rendendo l'autore immediatamente famoso. Hewlett scrisse molti altri romanzi storici, tra cui alcuni dedicati all'Italia, come ad esempio i testi raccolti nel volume *Little Novels of Italy*, London, Chapman

Il fatto che ad assistere Cosimo in varie circostanze importanti ci fosse un Gesuita come padre Segneri ha dunque fornito ai detrattori dell'uno e dell'altro la possibilità di affermare una perfetta corrispondenza tra la stupidità del Granduca e la furbizia o l'ambizione del religioso, secondo la tipologia già indicata all'inizio del Seicento da Ferrante Pallavicino, in una lettera del *Corriero svaligiato*,[93] e di cui sembra appropriarsi anche Giannini, il quale afferma con tono sarcastico: « Degni l'uno dell'altro erano al certo il religioso e il reale corrispondente ».[94] In sostanza l'accostamento di questi due argomenti polemici

---

& Hall, 1899. Alla Toscana, oltre ai testi già ricordati, dedicò *Earthwork out of Tuscany*, con illustrazioni di James Kerr Lawson, New York, G.P. Putnam, 1899 [prima edizione, Londra, 1895].

[93] Cfr. Ferrante Pallavicino, *Il corriero svaligiato*, a cura di Armando Marchi, Parma, « Progetto Archivio Barocco », 1984. Una delle lettere è appunto diretta ad illustrare le trame dei Gesuiti: « Conchiusero d'udire questa lettera al vedere ch'era d'un Padre Giesuita. "Conterrà in sé — disse il Barone — alcun interesse de' Principi, spiato da questo buon Padre nell'anticamera d'alcun Grande". "E perché non nel suo proprio Gabinetto? — soggiunse il Cavaliere —. Rassembra bene che siate poco esperto de' costumi di questi tali, e massime dell'ordinaria proprietà d'ambire la privanza de' Principi, più forse che quella di Christo" » (*ibidem*, pp. 42-43). Su Pallavicino e i Gesuiti, cfr. Antonio Ricci, *Ferrante Pallavicino, the* Incogniti, *and the Print Revolution*, in « McLuhan Studies », 1 (1993), p. 215. Sovviene il motto pascaliano « les grands ont souhaité d'être flattés; les Jésuites ont souhaité d'être aimés des grands » (Pascal, *Oeuvres complètes*, a cura di Jacques Chevalier, Gallimard [« Bibliothèque de la Pléiade »], s.l., 1969, *Fragments divers, Sur la casuistique et la probabilité*, p. 1063). Giuseppe Conti imposta su tale modello della corrispondenza di maliziosi affetti il rapporto tra La Chaize e Luigi XIV: cfr. *Firenze dai Medici ai Lorena*, cit., p. 330.

[94] *Lettere inedite di Paolo Segneri al Granduca Cosimo terzo*, cit., pp. X-XI. Gli stessi Fiorentini, nel 1716, fecero circolare nella città diverse copie di un'immagine che ritraeva Clemente XI, Cosimo III e un Gesuita mentre si inchinavano l'uno di fronte all'altro davanti alle porte dell'Inferno, facendo strada ognuno al compagno (e il diavolo poi li spingeva dentro tutti e tre simultaneamente): cfr. Harold Acton, *The last Medici*, cit., pp. 262-63. Giuseppe Conti dirige tutto il suo disprezzo contro « la bieca oscurità dell'animo loiolesco di Cosimo III » e il suo « gesuitismo » (*Firenze dai Medici ai Lorena*, cit., pp. 148, 272). Anche Raimondi insinua che la relazione tra Cosimo e il Gesuita avesse poco a che fare con il talento politico,

(la pretesa inettitudine di Cosimo e la supposta ipocrisia del Gesuita) ha finito per ridurre, indirettamente, il valore dell'apporto di Segneri alla politica del Granducato, trasformando la questione in un problema di natura morale.

Se del destino di Cosimo e della sua fama presso i posteri poco ci importa in questa sede (fatta salva la constatazione che intorno alla sua corte si muovevano non solo religiosi ipocriti, come vorrebbe la tradizione, ma anche persone capaci come Segneri),[95] è invece più utile e urgente ricostruire la somma di funzioni che Segneri svolse per conto del Granduca, misurare pregi e limiti dei suoi interventi e dare un senso alle sparse indicazioni che emergono dalle lettere, a quei dettagli spesso marginali, se considerati isolatamente, ma che motivano nel loro insieme l'ipotesi di un Segneri non « servo » bensì collaboratore del governo granducale, uomo di Stato in senso lato, politico *sui generis*.

A far comprendere l'importanza del ruolo multiforme di Segneri basterebbero da soli i continui richiami alla segretezza che sono ripetuti nel carteggio. In un passo scritto in relazione a don Livio Odescalchi, nipote di papa Innocenzo XI, Segneri accenna a una « cifera », cioè una

---

quando descrive Segneri come un « consigliere devoto, e perciò ascoltato, del granduca Cosimo III » (*Trattatisti e narratori del Seicento*, cit., p. 654).

[95] Una strenua difesa di Cosimo III, condotta a partire proprio da quel che di lui si apprende leggendo l'epistolario segneriano, è contenuta nella recensione di « Civiltà Cattolica » al volume di Giannini: cfr. *Lettere inedite di Paolo Segneri d. C. d. G. al Gran Duca Cosimo III. tratte dagli Autografi*, cit., pp. 455, 456-57, 459, 460, 462-65, 469. Ribaltando la formula adottata dal Giannini, il recensore si dichiara convinto che « le lettere [...] mostreranno *il vecchio Segneri ed un nuovo Cosimo* » (*ibidem*, p. 457; corsivo nell'originale), cioè un Cosimo ben diverso da quel bigotto tiranno che la tradizione ha voluto farne. Negli ultimi anni un accenno di revisione della figura di Cosimo III e della sua politica religiosa è stato tentato da Ezio Bolis, *L'uomo tra peccato, grazia e libertà nell'opera di Paolo Segneri sj*, cit., pp. 25-26. Più impegnativo e sistematico il tentativo di Jean-Claude Waquet (*Le Grand-duché de Toscane sous les derniers Médicis: Essai sur le système des finances et la stabilité des institutions dans les anciens états italiens*, Roma, Ecole française de Rome, 1990); ma il suo giudizio positivo delle strategie amministrative del Granduca non è sembrato interamente convincente agli occhi di alcuni recensori: cfr. R. Burr Litchfield, « The American Historical Review », vol. XCVII, No. 4. (Ott. 1992), p. 1244.

lettera in cifra, che egli ha ricevuto o comunque letto;[96] e, secondo quanto riporta il Giannini, alcune parole in cifra (sotto forma di codice numerico) si leggono in un'altra lettera della raccolta magliabechiana.[97] Frequenti inoltre sono le attestazioni circa la natura confidenziale e politicamente delicata di certi scambi epistolari: « Gratissimo a Nostro Signore [=al Papa] è stato quel viglietto che a lei rimando, e glielo lessi appunto l'altro jeri. Egli m'inculcò tenerlo segreto ».[98] In una missiva

---

[96] Lettera n. 109 (Firenze, 10 novembre 1686, p. 84). È difficile capire se l'Odescalchi fosse l'autore del messaggio cifrato (dato che lo spunto del riferimento è una sua lettera, pervenuta in un secondo momento nelle mani di Segneri), oppure ne fosse l'oggetto. L'esigenza di mantenere la segretezza a copertura di questi contatti era chiara fino dall'inizio: « Egli [l'Odescalchi] desidera che la notizia richiesta non esca fuori da V.A. e da me » (n. 53, Firenze, 14 dicembre 1685, p. 44); e in quell'occasione Segneri suggeriva a Cosimo di dargli una risposta a voce, che egli poi avrebbe trasmesso all'Odescalchi.

[97] Lettera n. 238 (Roma, 31 maggio 1692, p. 201: cfr. *ibidem*, p. 201 nota 1). Nel testo della lettera qualcuno ha aggiunto la spiegazione sopra alle cifre. La presenza e le caratteristiche del codice cifrato usato da Segneri riflettono abitudini consuete a quell'epoca (se ne vedono esempi numerosi nel carteggio tra Paolo Sarpi e l'ambasciatore inglese a Venezia, Sir Dudley Carleton: cfr. Paolo Sarpi, *Il carteggio con l'ambasciatore inglese Sir Dudley Carleton*, in *Opere*, a cura di Gaetano e Luisa Cozzi, *La letteratura italiana. Storia e testi*, vol. XXXV, tomo I, *Storici, politici e moralisti del Seicento*, Milano, Ricciardi, 1969, pp. 635-719).

[98] Lettera n. 300 (Roma, 18 luglio 1693, p. 283). Cfr. anche le lettere n. 76 (Firenze, 9 febbraio 1686, p. 61): « Della mossa di V.A. a suo tempo stia pur certissima che non dirò nulla a niuno »; n. 78 (Firenze, 12 febbraio 1686, p. 63): « Dacché V.A.S. mi ha imposto silenzio al resto [...] »; n. 97 (Firenze, 8 luglio 1686, p. 78): « [...] premendo a me bensì che rimanga occulto il nome di chi lo scrive »; n. 160 (Firenze, 6 novembre 1689, p. 125): « Amerò di udire da V.A.S. il suo sentimento: tanto più che ponendolo ancora in carta, *lo può con facilità porre in modo che io solo intenda* » (corsivo mio); n. 191 (Roma, 10 marzo 1691, p. 148): « Nel resto V.A.S. sia certa che io terrò il tutto segretissimo a chi che sia »; n. 194 (Roma, 31 marzo 1691, p. 152): « V.A.S. si prometta pure da me tutta la segretezza desiderabile in questo affare »; n. 256 (Roma, 25 ottobre 1692, p. 229): « Il Padre Alamanni ne ha qualche poco d'informazione, perché non era di cosa facile a porsi in carta ». Di « segreti » e azioni occulte si parla anche nelle lettere n. 107 (Firenze, 5 ottobre 1686, pp. 82-83), n. 190 (Roma, 3 marzo

del 1692 Segneri annuncia a Cosimo di essere in possesso di informazioni che non sarebbe prudente « mettere in carta con chiari termini », e chiede quindi al Granduca come sia meglio procedere.[99] In un'altra occasione lo invita a bruciare o a rimandare indietro sigillato un foglio aggiunto a una lettera, di cui ignoriamo il contenuto;[100] e mentre in un caso Segneri affida a Cosimo la responsabilità di decidere se « sia spediente squarciar la copia della risposta qui acclusa »,[101] in un'altra circostanza può affermare con disinvoltura: « La lettera è già bruciata, onde l'A.V. su questo può star sicura ».[102]

A giudicare dalle lettere in nostro possesso, la natura delle informazioni che Segneri si premura di trasmettere a Cosimo III è varia: si va dagli sviluppi della politica italiana o europea, alla discussione di eventuali partiti per i figli del Granduca, ad avvenimenti che riguardano il mondo della cultura e dell'arte. Il fattore costante è che il Gesuita non si limita a fare da osservatore per il suo corrispondente, e appare di solito ampiamente coinvolto, o per iniziativa personale o per istigazione di altri, negli eventi che si prospettano sulle pagine delle lettere: nel corso del tempo emerge e trova conferma proprio il suo atteggiamento pragmatico nei confronti della politica interna ed estera del Granducato, che tuttavia non è mai disgiunto dalla sua concezione della religione.[103]

1691, p. 147).
[99] Lettera n. 234 (Roma, 26 aprile 1692, p. 195).
[100] Lettera n. 168 (Firenze, 21 gennaio 1690, p. 129).
[101] Lettera n. 70 (Firenze, 15 gennaio 1686, p. 54).
[102] Lettera n. 258 (Roma, 8 novembre 1692, p. 232). Questi particolari potrebbero dare ragione, almeno in parte, delle ampie lacune dell'epistolario; senonché le lettere raccolte nei due codici magliabechiani sono più numerose proprio in corrispondenza degli anni politicamente più travagliati. Sicché alla distruzione di lettere eseguita direttamente dai due corrispondenti si può imputare solo in parte la mancata integrità dell'epistolario.
[103] D'altronde la teologia segneriana esibisce allo studioso moderno una natura eminentemente « pratica »: su tale concetto si fonda il volume di Ezio Bolis, *L'uomo tra peccato, grazia e libertà nell'opera di Paolo Segneri sj*, cit.: cfr. soprattutto le pp. 19-20, 102-04, 116, 131, 219-27; cfr. anche la prefazione di Angelo Bertuletti allo stesso volume (spec. p. VIII). Forse si riferiva a questo anche Marzot, quando individuava nella « morale guerriera ed eroica [...] l'aspetto saliente del gesuitismo e dell'opera del Segneri » (Giulio Marzot, *Un classico della Controriforma: Paolo Segneri*, cit., p. 21; cfr. anche p. 56).

Il coinvolgimento di Segneri si manifesta con chiarezza fin dall'inizio dell'epistolario. In risposta ad una sollecitazione di Cosimo, Segneri traduce subito nella richiesta di un provvedimento concreto (accompagnata perfino da considerazioni di bilancio) quella che era una semplice osservazione sul mantenimento dell'ordine pubblico in un paese dell'alto Mugello, nata probabilmente nel corso dei viaggi e delle missioni in cui era impegnato in quel periodo:

> [...] io crederei che Marradi, per esser luogo dove la confinanza di Stato altrui dà maggior animo a commettere dei delitti, sarebbe forse necessario che avesse un ufficiale per suo governo di grazia, e non di quelli i quali toccano a caso. E con sopprimere forse qualch'altra carica, non così necessaria, si potrebbe trovare da mantenerlo.[104]

È evidente che Segneri crede nella necessità di uno «Stato forte» ed assegna interamente alle istituzioni pubbliche la responsabilità di garantire la retta condotta dei cittadini. Al tempo stesso non si può fare a meno di sottolineare, nel passo appena riportato, il tono deciso e quasi di rimprovero nei confronti di chi trascura i bisogni delle zone periferi-

---

[104] Lettera n. 3 (Missioni di Bologna, 7 giugno 1681, p. 3). Sembra che a causa delle condizioni economiche delle campagne il brigantaggio fosse in aumento intorno a Firenze, proprio all'inizio degli anni Ottanta del Seicento, almeno a giudicare dal numero di condanne eseguite: cfr. Giuseppe Conti, *Firenze dai Medici ai Lorena*, cit., pp. 451-52; Harold Acton, *The last Medici*, cit., p. 201; (Galluzzi sposta però l'acuirsi del fenomeno al 1693, nel pieno della crisi internazionale e sotto il peso delle contribuzioni richieste dall'Imperatore: cfr. Riguccio Galluzzi, *Istoria del Granducato di Toscana sotto il governo della Casa Medici*, cit., tomo IV, pp. 315-16). Che la criminalità a Marradi fosse comunque un problema più serio che in altri luoghi lo confermerebbe anche un proverbio toscano, a volergli dar credito: «*A Marradi seminano fagioli e nascon ladri*» (Carlo Lapucci, *Proverbi e motti fiorentini*, Firenze, SP 44 Editore, 1993, p. 167). Senz'altro la vicinanza di Marradi al confine del Granducato, in epoche in cui l'estradizione era una pratica relativamente rara, fornisce al proverbio una spiegazione più seria rispetto all'aneddoto dantesco citato da Lapucci, che peraltro ribadisce la cattiva nomea di quel paese (*ibidem*, p. 89). Non si può ignorare, tuttavia, che l'epiteto di ladri è un'offesa comune nei proverbi toscani, che colpisce anche gli abitanti di altri paesi, primi fra tutti quelli di Campi Bisenzio (cfr. *ibidem*, pp. 53, 260; Curzio Malaparte, *Maledetti toscani*, Milano, Leonardo, 1994, pp. 111 e sgg.).

che dello Stato; e non è questa l'unica volta che Segneri esprime il suo parere in merito alla scelta di pubblici funzionari dell'amministrazione medicea, o riguardo all'opportunità di un loro avanzamento.[105]

La posizione di Segneri in materia di ordine e giustizia si concilia comunque con la sua visione cristiana dell'uomo. Egli è pessimista per ciò che concerne l'onestà della creatura umana[106] e perciò dubita della

---

[105] « [...] io poi godei molto di conoscere un cavaliere di sì belle parti qual è quel signor commessario Astudillo, e mi rallegro che V.A. abbia in esso un ministro in fiore » (n. 38, Missioni di Piacenza, 21 settembre 1684, p. 32; su questa lettera, cfr. *Lettere inedite di* Paolo Segneri *d. C. d. G. al Gran Duca Cosimo III. tratte dagli Autografi*, cit., p. 461, dove erroneamente si fa del suggerimento di Segneri un caso unico); l'Astudillo ebbe un ruolo di primo piano nelle trattative sui confini con Parma. Per un episodio simile, cfr. la lettera n. 205 (Fivizzano, 8 giugno 1691, p. 164): « [...] questo signore Auditore Bucci [...] mi è riuscito un giovane impareggiabile, e spero di verità dover lui fare un'ottima riuscita in qualunque genere »; cfr. anche le lettere n. 143 (Missioni di Genova, 18 luglio 1688, p. 112), n. 145 (da Genova, 29 agosto 1688, pp. 112-13), n. 236 (Roma, 10 maggio 1692, p. 198), n. 320 (Roma, 20 marzo 1694, p. 308), n. 321 (Roma, 6 giugno 1694, pp. 310-11), n. 325 (Roma, 24 luglio 1694, p. 315), n. 326 (Roma, 31 luglio 1694, p. 316), n. 327 (Roma, 7 agosto 1694, p. 317). In un'altra lettera Segneri riporta giudizi negativi intorno all'operato di un Cancelliere: cfr. la lettera n. 85 (Firenze, 31 marzo 1686, p. 69). Esagera però Galluzzi quando afferma che i religiosi erano divenuti sotto Cosimo « i dispensatori delle cariche » e « l'unica efficace mediazione tra il Principe e i sudditi » (Riguccio Galluzzi, *Istoria del Granducato di Toscana sotto il governo della Casa Medici*, cit., tomo IV, p. 261; l'argomento è ripreso in chiave risorgimentale da Giuseppe Conti, *Firenze dai Medici ai Lorena*, cit., p. 142). Bolis accusa Segneri e altri missionari di avere avuto una « mentalità fissista », che impediva loro di promuovere « fermenti o critiche nei confronti dei poteri e delle autorità locali » (Ezio Bolis, *L'uomo tra peccato, grazia e libertà nell'opera di Paolo Segneri sj*, cit., p. 33).

[106] Ad esempio in un *post scriptum* della lettera n. 7 (Missioni di Bologna, 22 settembre 1681, p. 8) Segneri si compiace dell'imparzialità dell'auditore Capponi, che sta trattando la pacificazione di due parti avverse, ma la deduce solo dalla « diffidenza » che entrambe le fazioni dimostrano nei suoi confronti. Lo stesso ragionamento, che gli deve parere di grande forza logica, applicherà a se stesso, dodici anni più tardi: « gli Spagnuoli mi stimano francese, ed i Francesi spagnuolo, onde io confido di non essere però né l'uno né l'altro » (n. 295, Roma, 6 giugno 1693, p. 278). Con tono enfatico

VIII: LE *LETTERE* DI PAOLO SEGNERI A COSIMO III DE' MEDICI

capacità del singolo cittadino di trattenersi, con le sue sole forze, dal commettere il male; così commenta infatti la solidità di una tregua, che ha promosso lui stesso, tra fazioni rivali nell'appennino tosco-emiliano:

> Io dico bene che questo è un fuoco grandissimo, e che ci vuole acqua grande per ismorzarlo. Frattanto le parti mi hanno ambe data parola di non offendersi; e quantunque ciascuna sta su la sua, ciò è solo a ragione di buona guardia.[107]

E giacché una pace vera e propria tra le parti non è stata ancora conclusa, il Missionario acconsente (contro il suo costume) che alcuni membri delle due fazioni portino in spalla l'archibugio quando si recano ad ascoltare le sue prediche.[108]

Infine, dopo aver elogiato la proposta (fatta da altri) di introdurre in Toscana il Sant'Uffizio, e dopo avere accennato all'Inquisizione, Segneri racchiude il suo pensiero in una massima politica che esprime con chiarezza il suo modo di concepire i rapporti tra governo, religione e società civile:

> [...] al buon governo de' popoli si provvede eminentemente con tenere

---

Bolis indica come precipua nella visione segneriana la « gravità del peccato, che stende la sua ombra nefasta su ogni aspetto dell'esistenza umana » (Ezio Bolis, *L'uomo tra peccato, grazia e libertà nell'opera di Paolo Segneri sj*, cit., p. 5; sull'« uomo peccatore » cfr. anche *ibidem*, pp. 122-34, 210-12, 228).

[107] Lettera n. 6 (Missioni di Bologna, 3 settembre 1681, p. 6). L'uso della forza è invocato e giustificato anche in un caso di minore importanza, quando « alcuni scorretti giovani » arrecano disturbo al seminario di Borgo San Sepolcro; Segneri afferma: « come i molestatori son tutti alcuni giovani sregolati, con le buone è difficile che si vincano » (n. 30, Firenze, 9 marzo 1684, p. 26). E nella lettera n. 34 (Monsummano Terme, 29 aprile 1684, p. 28), il Gesuita nettunese invoca la pronta espulsione dal Granducato di « una vecchia zinghera, per nome Maria, che in questo Comune ha fatta strage di più d'una agnelletta ch'ella mettea in bocca ai lupi »; ritorna poi sul medesimo caso più avanti, per informare Cosimo circa l'attuale residenza della zingara e per insistere sulla necessità e la ragionevolezza del provvedimento punitivo già richiesto: cfr. n. 35 (Borgo Val di Taro, 2 giugno 1684, p. 29).

[108] Lettera n. 7 (Missioni di Bologna, 22 settembre 1681, pp. 7-8). Sull'abitudine di portare le armi in chiesa, cfr. la predica XXIII del *Quaresimale del Padre Paolo Segneri della Compagnia di Gesù*, cit., p. 248.

in essi forte quel freno[109] che più di tutto fa starli a segno, che è il timore, non solamente di Dio, ma del suo Principe.[110]

Questa formula segneriana del « buon governo » è ricca di implicazioni e si raccorda al nocciolo del dibattito politico coevo. Occorre tuttavia sgombrare il terreno da un possibile equivoco: Segneri non intende proporre una distinzione rigida fra potere dello Stato (rappresentato dalla Legge e dai suoi tutori) e potere della religione (che agisce principalmente per via etica o psicologica), e nemmeno vuol negare ogni validità al principio machiavelliano della religione come *instrumentum regni*;[111] è lo Stato, piuttosto, che ha il dovere, per la natura stessa delle sue funzioni, di istituzionalizzare la legge sancita dalla morale religiosa. È lo Stato, dunque, che diventa semmai strumento della religione, che ne difende e ne promuove la causa. Sostenere il primato del « timore del

---

[109] Il freno compare spesso nell'*Iconologia* del Ripa, soprattutto per rappresentare il controllo delle passioni e dei sensi, ma anche in relazione al governo, al rispetto delle leggi e alla religione: cfr. ad esempio Cesare Ripa, *Iconologia, overo Descrittione d'Imagini delle Virtù, Vitij, Affetti, Passioni humane, Corpi celesti, Mondo e sue parti*, In Padova per Pietro Paolo Tozzi, MDCXI, Nella Stamparia del Pasquati, pp. 126-27 (« *DOMINIO DI SE STESSO* »), 145-46 (« *ETICA* »), 256 (« *INUBIDIENZA* »), 388 (« *Obedienza* »), 425 (« *PIACERE HONESTO* »), 446 (« *PUNITIONE* »), 447 (« *Punitione* »), 450 (« *RAGIONE* »), 450-52 (« *RAGIONE* »), 452 (« *Ragione* »), 455-56 (« *RELIGIONE VERA CHRISTIANA* »), 508 (« *TEMPERANZA* »), 526 (« *EOLO RE DE VENTI* »); per un elenco completo dei luoghi dell'*Iconologia* in cui è citato il freno si rimanda, piuttosto che alle « Tavole » che accompagnano alcune edizioni secentesche (non sempre accurate), a Yassu Okayama, *The Ripa Index. Personifications and their attributes in five editions of the Iconologia*, Doornspijk, Davaco, 1992, pp. 347-48.

[110] Lettera n. 174 (Firenze, 8 febbraio 1690, p. 133). Per un breve commento del passo citato, cfr. Giulio Marzot, *Un classico della Controriforma: Paolo Segneri*, cit., p. 89: a Marzot il passo pare perfettamente in linea sia con con le idee di Machiavelli che con quelle di Botero.

[111] Di diverso avviso è Giulio Marzot, *ibidem*, p. 90. Il pensiero di Machiavelli su religione e politica (su cui cfr. Emanuele Cutinelli-Rendina, *Chiesa e religione in Machiavelli*, Pisa-Roma, Istituti Editoriali e Poligrafici Internazionali, 1998) venne ripreso ed approfondito da Giovanni Botero: cfr. Victoria Kahn, *Machiavellian rhetoric from the Counter-Reformation to Milton*, cit., pp. 73-74.

Principe » sopra il timor di Dio, nel « buon governo de' popoli », non significa per Segneri affermare la laicità della politica a detrimento della religione; il suo è solo un riconoscimento dell'autorità e del prestigio di cui godono storicamente il sovrano e tutti coloro che agiscono a suo nome. Lo scopo del Gesuita, quindi, è indirizzare tale forza naturale (o sociale) al servizio della fede, come risulta anche da un altro passo che mi sembra perfettamente speculare rispetto alla massima politica contenuta nella lettera sopra citata.

Nella conclusione della predica XII del *Quaresimale* Segneri si chiede quale sia il modo più efficace di prevenire il « male [...] per l'avvenire », quando si sia già fatto ammenda dei peccati commessi; e risponde:

> Il maggior mezzo a mio parere sarà, che quegli, presso a cui risiede qualunque parte di pubblica autorità, porti innanzi i virtuosi, li rimeriti, li rimuneri, e tenga indietro risolutamente i malvagi. Allora ognuno per vantaggiarsi procurerà, quando ancora egli avesse vita da empio, di aver fama da pio. [...] e il desiderio della grazia di un uomo potrà ottenere quel che non può ottenere il timore della disgrazia di un Dio. Oh se sapessero i principi, tanto secolari, quanto ecclesiastici, con quanto poco potrebbon essi santificare la faccia di una loro città, d'un loro clero, stupirebbono della loro potenza![112]

Chiesa e Stato, quindi, lavoreranno fianco a fianco per estirpare il peccato; ma ciò che è più notevole è che entrambe le istituzioni possono avvalersi dello stesso mezzo, cioè la loro autorità naturale, il loro peso sociale.[113] Non a caso Segneri dopo una missione predicata a Fivizzano (in Lunigiana) raccomanda a Cosimo un funzionario locale, l'auditore Bucci, il quale « è stato qui il primo a dare esempio agli altri in ogni atto, o fosse di pietà, o fosse di penitenza ».[114] È questo il genere di interventi che Segneri sollecita dalle istituzioni pubbliche: il pio funzionario

---

[112] *Quaresimale del Padre Paolo Segneri*, cit., p. 133. Anche Marzot mette a confronto il passo della lettera n. 174 con alcuni luoghi della predica XII del *Quaresimale*: cfr. Giulio Marzot, *Un classico della Controriforma: Paolo Segneri*, cit., pp. 89-90.

[113] Una simile interpretazione dei rapporti tra Stato e Chiesa, a partire dalla predica XII, si legge in Giulio Marzot, *Un classico della Controriforma: Paolo Segneri*, cit., p. 92.

[114] Lettera n. 205 (Fivizzano, 8 giugno 1691, p. 164).

che con il suo comportamento indirizza la comunità all'ossequio della religione costituisce un esempio tanto più potente quanto è maggiore il prestigio della carica che egli ricopre. Pienamente consapevole della lezione machiavelliana, Segneri non pretende che un pubblico ufficiale mantenga quello stesso atteggiamento nell'esercizio di altre funzioni, dove un'eccessiva *pietas* sarebbe addirittura di ostacolo al raggiungimento dei fini imposti dalla politica.[115] Ecco perché nel fornire informazioni in merito al futuro ambasciatore dell'Ordine di Malta presso la corte spagnola, « il signor Balì Segili Majorchino », Segneri aggiunge in margine al suo profilo morale queste illuminanti parole: « Si confessa e si comunica ogni mattina, ma la divozione non lo rende niente men franco a qualunque sorta di negoziato ».[116]

---

[115] A conclusione di una lettera in cui allude in maniera coperta ad una questione importante e delicata (tanto che invita Cosimo a bruciare la missiva o a rimandargliela sigillata), Segneri inserisce un'interessante riflessione, che ha tutta l'aria di un adattamento in chiave religiosa e morale del machiavellismo: « Bisogna molto bene fermare in coscienza quello che si può fare e si debbe fare, e di poi procedere con intera risoluzione, perché Dio vede l'intimo del cuor nostro, e sa se le opere nostre hanno fine buono » (n. 168, Firenze, 21 gennaio 1690, p. 129); alla stessa questione va riferita la lettera successiva (n. 169, Firenze, 29 gennaio [?] 1690, p. 130), in cui i personaggi implicati nella faccenda sono descritti enigmaticamente come « l'amico », il « seniore », lo « juniore ». Per un diverso parere circa la lettera n. 168, cfr. *Lettere inedite di* Paolo Segneri *d. C. d. G. al Gran Duca Cosimo III. tratte dagli Autografi*, cit., p. 464.

[116] Lettera n. 289 (Roma, 2 maggio 1693, p. 270). Il medesimo personaggio, citato con il nome di « Balì Seralta » o « Balio di Seralta », è rammentato di nuovo alle lettere n. 290 (Roma, 9 maggio 1693, p. 272), n. 291 (Roma, 16 maggio 1693, p. 273), n. 292 (Roma, 23 maggio 1693, p. 275), n. 311 (Roma, 3 ottobre 1693, p. 295), n. 312 (Roma, 10 ottobre 1693, p. 296), n. 313 (Roma, 17 ottobre 1693, p. 297). Segneri afferma di aver visto « le lettere da lui scritte, anzi stampate al Gran Maestro di Malta, e a più altri, che son da santo » (n. 311, Roma, 3 ottobre 1693, p. 295), e così ribadisce che spregiudicatezza politica e potenza dell'esempio morale possono convivere e offrire frutti tangibili alla società. È grazie a tale ottica che Segneri si eleva al di sopra della tradizione moraleggiante in materia di governo e religione, di cui offre un ampio catalogo (e un'imperturbabile celebrazione) il Discorso II della *Piazza universale di tutte le professioni del mondo*, in Tommaso Garzoni, *Opere*, a cura di Paolo Cherchi, Ravenna, Longo, 1993, pp. 547-64, spec. pp. 558-59.

Naturalmente i fini, almeno quelli, dovranno essere buoni e moralmente giusti, mentre per i mezzi valgono senz'altro le leggi naturali della politica. Stato e Chiesa, in quanto organismi che agiscono nella storia, condividono almeno in parte certi aspetti e metodi secolari. Anche senza invocare castighi divini, colui che rappresenta Cristo può aiutare la causa della giustizia e dell'ordine sociale, così come il Principe, quando pure non sia interamente virtuoso,[117] può favorire con le sue scelte la diffusione di una condotta morale, consona ai dettami della religione. Non insiste Segneri su un rapporto servile o strumentale che si venga a stabilire fra potere civile e potere religioso, perché non scorge alcuna contraddizione tra promozione umana ed evangelizzazione,[118] tanto è vero che in un altro passo del *Quaresimale* ribadisce con un esempio non casuale (ispirato ad uno degli esercizi ignaziani)[119] la tesi

---

[117] « S'egli [« un signor pubblico »] ricerchi ne' suoi la virtù, ancor quando non l'abbia in sé, farà più per pubblico benefizio, che se l'avesse in sé, ma non la ricercasse ne' suoi » (*Quaresimale del Padre Paolo Segneri*, cit., p. 133).

[118] Con le debite cautele mi approprio qui della terminologia messa in voga da un dibattuto convegno della Chiesa italiana, intitolato « Evangelizzazione e promozione umana » (1976). Nelle *Prediche dette nel Palazzo Apostolico*, nella Predica undecima, Nel Venerdì dopo la Domenica di Passione, Segneri usa i termini « giurisdizione temporale » e « giurisdizione spirituale » per ribadire che entrambe appartengono alla Chiesa (Paolo Segneri, *Prediche dette nel Palazzo Apostolico*, cit., p. 234; cfr. anche *ibidem*, p. 136); a suo avviso si tratta semplicemente di trovare il giusto equilibrio tra l'esercizio del potere politico e di quello spirituale. E dunque il Gesuita predica contro « l'arte infelice di un'Ecclesiastico, il quale procuri di promovere la sua giurisdizion temporale, per altro giusta, col pregiudizio della spirituale, sì più stimabile »; tuttavia Segneri pretende di non trovare nei « presenti tempi » nessun « bersaglio », nessun esempio su cui indirizzare le sue critiche (*ibidem*, p. 234).

[119] Si tratta del primo esercizio della seconda settimana: « El llamamiento del Rey temporal ayuda a contemplar la vida del Rey eternal ». Ignazio invita a considerare il caso di un Re temporale rispettato ed obbedito dagli uomini e dagli altri Principi; se un simile Re invitasse i propri sudditi a intraprendere una crociata contro gli infedeli, chi non rispondesse a quella chiamata incorrerebbe nelle critiche del mondo. La seconda parte della meditazione ignaziana invita a confrontare il caso appena delineato con la situazione del cristiano; se il cristiano è disposto a seguire gli ordini di un Re giusto e stimato, tanto più potente deve essere l'effetto della chiamata di Gesù, re

della perfetta equipollenza tra l'azione del Principe e quella della Chiesa — esagerando semmai, con la sua *vis* polemica, l'efficacia attribuita

> eterno: cfr. Ignacio de Loyola, *Obras completas*, a cura di Ignacio Iparraguirre S.I., Madrid, Biblioteca de autores cristianos, 1963, par. 91-98, pp. 218-20 (per un commento del passo ignaziano, cfr. *The Spiritual Exercises of Ignatius of Loyola*, trad. e commento a cura di W.H. Longridge, M.A., Londra, Robert Scott, 1922, pp. 76-84, 230-42, 310-14; Alexandre Brou S.I., *Ignatian methods of prayer*, trad. William J. Young S.I., Milwaukee, Bruce, 1949, pp. 49-53, 142-43, 153; circa i possibili modelli storici del buon re, cfr. *Ignatius of Loyola. The* Spiritual exercises *and selected works*, a cura di George E. Ganss S.I., con la collaborazione di Parmananda R. Divarkar S.I., Edward J. Malatesta S.I., Martin E. Palmer S.I., New York, Paulist Press, 1991, pp. 400-01; il ragionamento di Ignazio mi sembra affine ai capp. XVI-XVIII del V libro del *De civitate Dei*, in cui Sant'Agostino introduce l'idea che le gesta dei Romani, compiute per amore della gloria e per il bene comune, dovrebbero ispirare i Cristiani, motivati dal desiderio di raggiungere la città eterna, ad imprese ancora maggiori: cfr. Sancti Aurelii Augustini episcopi, *De civitate Dei libri XXII, rec.* Bernardus Dombart *et* Alfonsus Kalb, vol. I, lib. I-XIII, Stutgardiae in aedibus B.G. Teubneri, MCMLXXXI, pp. 221-28). Una situazione molto simile ricorre anche nella seconda aggiunta agli esercizi della prima settimana, in cui il peccatore è invitato a sentirsi come un cavaliere che ha offeso il suo Re, da cui aveva ricevuto in passato grazie e favori: cfr. Ignacio de Loyola, *Obras completas*, cit., par. 74, p. 215 (su cui cfr. *The Spiritual Exercises of Ignatius of Loyola*, cit., pp. 70-71). La grande familiarità di Segneri con questi passi degli *Esercizi* ignaziani è confermata da una lettera che riporta Giuseppe Massei S.I., *Vita di Paolo Segneri*, cit., pp. 57-58: in essa Segneri dichiara di trattare con Dio ogni giorno sotto una forma diversa, « il lunedì [...] come giudice, il martedì come re, il mercordì come medico, il giovedì come sposo, il venerdì come redentore, [...] il sabbato come fratello, [...] la domenica come glorificatore »; e dichiara, nella stessa lettera di raccomandarsi a Dio « or come reo, or come suddito, or come infermo » (*ibidem*, p. 58; cfr. anche *ibidem*, p. 54). Il parallelo tra questo passo di Massei e l'itinerario delle quattro settimane degli *Esercizi spirituali* di Sant'Ignazio è suggerito da Ezio Bolis, *L'uomo tra peccato, grazia e libertà nell'opera di Paolo Segneri sj*, cit., pp. 59-60 nota 72; cfr. anche *ibidem*, pp. 148-49 nota 33. Un *exemplum fictum* simile a quello ignaziano, basato su un episodio della vita dell'imperatore Costantino, si legge nel *Cristiano istruito*: in questo caso si tratta del dilemma morale che scaturirebbe dall'ordine paradossale impartito per salvare un altro Re terreno molto amato e ammirato dai sudditi (cfr. *ibidem*, p. 220 nota 2).

all'autorità politica:

> Se un principe non facesse altro, se non che pigliare di peso questo testo medesimo dell'apostolo, e riscrivendolo tutto di proprio pugno, il facesse affiggere sopra i principali cantoni delle vie pubbliche con quest'unica varietà, che dove l'apostolo dice *regnum Dei non possidebunt*, egli cancellasse quel *regnum Dei*, e vi scrivesse in vece, *amicitiam meam non possidebunt*: non dicesse, non possederanno il regno di Dio, ma dicesse, non possederanno la mia grazia, non possederanno i miei carichi, non possederanno i miei guiderdoni; quanto maggiore emendazione del pubblico si vedrebbe in ciascuno di que' delitti?[120]

Una società ordinata e rispettosa delle leggi non è tutto; certamente non basta ad assicurare la salvezza, come Segneri si sforza di dimostrare nel prosieguo della predica XII. È comunque un buon punto di partenza e diventa addirittura un requisito essenziale per chiunque voglia porre in atto una strategia di conversione fondata su dati storici, sulla realtà concreta della natura umana e sui meccanismi che regolano azioni e reazioni della collettività.[121] La lezione della politica aggiunge insomma una dimensione effettuale alla trattazione della teologia. E la storia, anche nei suoi aspetti meno edificanti, non si può rinnegare: al contrario, dopo averla studiata, occorre farne un punto di forza. Al massimo sarà dunque « un argomento di nostra giovevolissima confusione » il fatto che « un'amicizia umana » possa più di quella divina, che « un signor temporale » abbia più potere di « un celeste »,[122] e la predica allora si chiude su una nota fortemente negativa, di fronte alla constatazione di un'apparente supremazia dei valori e delle signorie terreni: « si corre il rischio di dubitare, se della fede altro più si ritruovi sopra la terra, che il

---

[120] *Quaresimale del Padre Paolo Segneri*, cit., p. 134.
[121] Per una discussione più approfondita di questi temi, cfr. Ezio Bolis, *L'uomo tra peccato, grazia e libertà nell'opera di Paolo Segneri sj*, cit., pp. 103, 225.
[122] *Quaresimale del Padre Paolo Segneri*, cit., p. 134. La stessa idea è ribadita nel finale della predica XX, dove un « cavaliere » che si è armato per andare a vendicarsi di un nemico, non si arresta di fronte a chi gli ricorda le leggi cristiane, e invece si ferma e acconsente alla pace e al perdono per « l'ordine del suo principe » (*ibidem*, pp. 217-18). All'opposto, nel racconto inserito dentro la predica XXI, due cortigiani dell'imperatore Teodosio passano per fortuita ispirazione celeste dalla condizione di *amici Imperatoris* a quella di *amici Dei* (*ibidem*, pp. 221-22).

suo cadavero ».[123]

Ma Segneri non può concludere una predica tanto pragmatica e che tanto spazio dedica ai temi dell'inganno e della simulazione senza chiamare in causa ancora una volta lo spettro di messer Niccolò, per dare forma con le idee del Segretario fiorentino ad una possibile obiezione del suo uditorio: « Ma voi mi direte, che [...] per aver fama di buono, basta parere, non è necessario di essere ».[124] E tuttavia mentre si premura di smentire Machiavelli (principalmente col dimostrare che « l'ipocrisia è il più difficile vizio che si possa praticare »),[125] Segneri ne abbraccia sostanzialmente il credo, sia perché ribadisce che anche un'ipocrita adesione a certe norme di condotta produce un risultato non indifferente, in quanto apporta conseguenze positive nella società (e questo gli sembra già importante), sia perché si preoccupa di scendere dai pulpiti della teologia per invocare un atteggiamento pragmatico nei confronti del peccato, una soluzione che tenga nel giusto conto quel « parere », quella questione d'immagine e d'opinione pubblica che tanto stava a cuore all'autore del *Principe*: il peccato « segreto », commesso « in casa a portiere calate ed a porte chiuse », per quanto sia un atto esecrabile e contrario alla legge divina, potrà anche essere perdonato, mentre il peccato « pubblico » subirà invece un castigo certo e durissimo.[126]

---

[123] *Ibidem*, p. 134.

[124] *Ibidem*, p. 133. Viceversa Botero aveva ammonito i principi ricordando loro che « la riputazione dipende dall'essere, non dal parere »: cfr. Victoria Kahn, *Machiavellian rhetoric from the Counter-Reformation to Milton*, cit., pp. 74-77. « Essere » e « parere » sono oggetto di commento anche nella lettera n. 294 (Roma, 30 maggio 1693, p. 277). Contro le accuse di « ipocrisia » e di « machiavellismo », in relazione a questa predica, cfr. quanto scrive Mario Scotti in Daniello Bartoli e Paolo Segneri, *Prose scelte*, cit., p. 471.

[125] *Quaresimale del Padre Paolo Segneri*, cit., p. 133. Anche Aristotele nel I capitolo del II libro dell'*Etica* aveva affermato che si diventa onesti facendo azioni oneste, e che il buon legislatore crea buoni cittadini inducendoli a comportarsi onestamente (ribadisce il concetto nel IV capitolo dello stesso libro): sulle applicazioni di queste idee alla dottrina politica del Cinquecento cfr. Victoria Kahn, *Machiavellian rhetoric from the Counter-Reformation to Milton*, cit., p. 65.

[126] *Quaresimale del Padre Paolo Segneri*, cit., p. 131; su ciò che a Firenze costituiva oggetto di scandalo in materia di corteggiamento, cfr. anche Furio

Quanto il pensiero di Segneri appaia qui influenzato dalle teorie sulla ragion di Stato lo si può comprendere leggendo un illuminante passo di Anthony Ascham (ambasciatore inglese a Madrid), tratto dal suo *Discourse, wherein is examined, what is particularly lawfull during the Confusions and Revolutions of Government* (Londra, 1648): « reason of state is not busied so much about inward piety and vertue, as it is about

---

Diaz, *Il Granducato di Toscana. I Medici*, cit., pp. 496, 497. J. Lucas-Dubreton a proposito del governo di Cosimo III parla di « un regime austero, che sotto certi aspetti può ricordare i tempi remoti del Savonarola », e aggiunge esempi simili (*La vita quotidiana a Firenze ai tempi dei Medici*, cit. p. 364). Nell'ottica del pragmatismo appena citato sarà da vedere anche il caso in cui Segneri chiede ed ottiene un posto di soldato a Livorno per nascondere e proteggere un « giovane nobile da Fermo, [...] a cagione di un omicidio da lui commesso, a sangue caldo, nella persona d'un proprio contadino », « fino a tanto che potesse aggiustare le cose sue » (n. 173, Firenze, 7 febbraio 1690, p. 132; sulla vicenda cfr. anche la lettera n. 176, Firenze, 14 febbraio 1690, p. 134; è degna di nota l'omissione chiaramente partigiana che si verifica in *Lettere inedite di* Paolo Segneri *d. C. d. G. al Gran Duca Cosimo III. tratte dagli Autografi*, cit., p. 466: si cita l'interessamento di Segneri, ma il particolare dell'omicidio è taciuto; sul giovane fermano cfr. anche Giulio Marzot, *Un classico della Controriforma: Paolo Segneri*, cit., pp. 12-13). Segneri non intende certo negare la responsabilità personale del giovane per la violenza commessa; tuttavia sarà stato convinto che le circostanze consentissero un trattamento diverso del problema: sia perché il servizio militare, compiuto a tutela del bene pubblico, costituisce di per sé un'ammenda del crimine commesso (secondo un caso tipico della ragion di Stato esemplificato dal Ripa: cfr. Cesare Ripa, *Iconologia*, cit., « *RAGIONE DI STATO* », p. 454); sia perché si può presumere che il nobile indennizzerà con discrezione i parenti della vittima, una volta che si sia placato lo scandalo destato dal crimine. Anche altrove, mentre sollecita l'intervento di Cosimo in una lite testamentaria in cui è coinvolto un religioso, e lo invita ad usare il suo « arbitrio [...], da che non vi è causa ch'ella non possa da qualsisia tribunale avvocare a sé con far sopra quella una deputazione speciale » (n. 42, da Firenze [?], 27 novembre 1684, p. 34), Segneri lamenta soprattutto lo scandalo generato dalla lite, poiché l'altra parte, il marchese Guadagni (esecutore di quel testamento) « in altre maniere molto più quiete, e molto men dispendiose, può ottenere ciò che fia giusto » (*ibidem*). Circa la necessità di evitare scandali in situazioni simili, cfr. anche la lettera n. 90 (Firenze, 17 aprile 1686, p. 73).

publique quiet and repose [...] *malus homo potest esse bonus civis* ».[127] La tutela dell'ordine (e dunque del potere), in Ascham così come in Segneri non esige l'invocazione del timore di Dio e la conversione sincera dei cittadini; saranno sufficienti il timore del Principe e la salvaguardia di « publique quiet and repose ». D'altra parte la logica della ragion di

---

[127] « La ragion di stato non si preoccupa tanto della pietà interiore e della virtù, quanto della quiete pubblica e della tranquillità ». Ricavo la citazione di Anthony Ascham da Victoria Kahn, *Machiavellian rhetoric from the Counter-Reformation to Milton*, cit., p. 162. La « quiete pubblica » è un'idea centrale in molte opere sulla ragion di Stato: cfr. ad esempio Giovanni Botero, *Della ragion di stato libri dieci, con Tre libri delle cause della grandezza, e magnificenza delle citta di Giouanni Botero Benese*, In Venetia, Appresso i Gioliti, 1589; Giovanni Antonio Palazzo, *Discorsi del governo e della ragion vera di Stato*, Venezia, presso Gio. Antonio e Giacomo de' Franceschi, 1606 (una prima edizione di quest'opera apparve sotto il titolo *Del governo e della ragion vera di Stato*, Napoli, G.B. Sottile, 1604); su questo tema cfr. Gianfranco Borrelli, *Ragion di Stato. L'arte italiana della prudenza politica*, Atti della mostra bibliografica dell'Istituto Italiano per gli Studi Filosofici e dell'Archivio della Ragion di Stato (luglio 1994), Napoli, Istituto Italiano per gli Studi Filosofici, 1994. Proprio della « quiete e tranquillità di ciascheduna città subalterna » si preoccupava il Domenicano che perlustrava il Granducato per conto dell'Inquisizione (Giuseppe Conti, *Firenze dai Medici ai Lorena*, cit., p. 142; cfr. più avanti la nota 147). Su Anthony Ascham e il suo *Discourse* cfr. Felix Raab, *The English face of Machiavelli. A changing interpretation 1500-1700*, cit., pp. 158-59; Victoria Kahn, *Machiavellian rhetoric from the Counter-Reformation to Milton*, cit., pp. 159-65. È bene tuttavia far notare come il risalto che Segneri dà all'ossequio esteriore della morale, giustificato dal bene pubblico, sia contenuto alla resa dei conti nei limiti di un atteggiamento pragmatico sì, ma rispettoso comunque dell'individuo; ad esempio egli si rifiuta di raccomandare ad ogni costo il matrimonio riparatore nel caso di una giovane « disonorata », e pare preoccupato più della sostanza che della forma, quando scrive: « Tutto è però che il Balì dica davvero, perché sposarla e non trattarla, sarebbe peggio assai che non lo sposare. [...] come il Balì l'avesse a sposar per forza (cosa che non è da curarsi), meglio sarebbe il cavare da esso una buona dote » (n. 75, Firenze, 5 febbraio 1686, p. 59). Segneri aveva comunque raccomandato in questo caso che il giovane passasse un periodo « chiuso in una buona prigione », a meditare sull'« error fatto »: cfr. la lettera n. 74 (Firenze, 29 gennaio 1686, pp. 58-59). Sulla vicenda, cfr. anche la lettera n. 76 (Firenze, 9 febbraio 1686, p. 61).

Stato può venire applicata agevolmente all'azione della Chiesa perché l'ordine e la tranquillità diventano davvero, più che il contesto in cui realizzare con maggior facilità la penetrazione della religione nella società,[128] il cardine (o almeno uno dei cardini) di ogni strategia di evangelizzazione.[129]

Tanto più complessa è pertanto l'ideologia di Segneri rispetto alle

---

[128] Se così fosse, vale a dire se ci si limitasse a immaginare una società ben governata come premessa alla diffusione della fede, si ricadrebbe in quella concezione medievale (espressa da Dante con le parole di Giustiniano, nel VI canto del *Paradiso*) che vedeva la *Pax Romana* e l'unificazione del Mediterraneo sotto l'Impero come eventi voluti dalla Provvidenza per preparare la cristianizzazione del mondo. Il ragionamento di Segneri invece presuppone una relazione sincronica e dialettica tra Chiesa e Stato (in maniera non troppo dissimile da come Botero concepiva gli esperimenti dei Gesuiti in Sudamerica: cfr. Giovanni Botero, *Della ragion di stato*, cit., pp. 296-97); solo indirettamente tale ragionamento si inquadra nel processo di sostegno e di rafforzamento dell'Inquisizione. « La religione era l'Inquisizione »: così sintetizza la situazione del Granducato toscano Giuseppe Conti, con evidente semplificazione (*Firenze dai Medici ai Lorena*, cit., p. 141); e non mi pare che valga per Segneri la seguente affermazione di Mario Cavalli: « I Gesuiti, che con Lainez e Bellarmino avevano proclamato il principio della sovranità popolare e il diritto di rivolta, sono ora i più strenui difensori del dispotismo e si servono della Fede come di uno stromento di dominazione » (Mario Cavalli, *Degli scrittori politici della seconda metà del sec. XVII*, Bologna, Zanichelli, 1903, p. 9).

[129] L'immagine di Segneri difensore dell'ordine è trapassata in certe sue biografie; cfr. *Vita di Paolo Segneri scritta da Ferdinando Ranalli*, in *Quaresimale del P. Paolo Segneri della Compagnia di Gesù*, Prato, Ranieri Guasti, 1853, p. VI: « Ecco, dicevano, il padre santo; l'uomo inviato dal cielo [...] a rimetter la pace nelle famiglie, *l'ordine nella città*, la giustizia ne' magistrati, la religione ne' sacerdoti, il timor di Dio in tutti »; « Le sue conquiste furono *la pace*, la prosperità, *la quiete*: le sue vittorie, *la concordia*, la beneficenza, *il buon costume* » (corsivi miei; traggo la citazione da Quinto Marini, *Le biografie di Paolo Segneri*, p. 99). L'importanza di certe idee nella cultura della Chiesa arriva almeno fino alla *Rerum Novarum* di Leone XIII (1891), dove si legge, al n. 29: « Ora, interessa il privato come il pubblico bene che sia mantenuto l'ordine e la tranquillità pubblica » (*Rerum Novarum*, Lettera enciclica di S.S. Leone XIII, Paoline Editoriale, Milano, 1996, p. 19); e al n. 30: « Oggi specialmente [...] bisogna che le popolazioni siano tenute a freno » (*ibidem*, p. 20).

sbrigative interpretazioni che parecchi studiosi del passato hanno offerto ogniqualvolta si trattava di analizzare il modo in cui egli concepiva il rapporto tra il Granducato e la Chiesa. È stato ritenuto sufficiente, per molto tempo, subordinare l'immagine di Segneri a quella di un Cosimo « *persuaso che la religione più che le leggi fosse efficace a sottomettere* i popoli alla sua volontà, e che i frati fossero il mezzo più opportuno per questo effetto ».[130] È facile anzi notare che questa citazione di Conti, tratta da un paragrafo intitolato sarcasticamente « Frati e sempre frati », è l'esatto contrario del passo di Segneri sul « buon governo de' popoli », ciò che se non altro prova che egli conosceva a menadito le trappole e le insidie politiche inerenti alla questione dei rapporti tra Stato e Chiesa, e di conseguenza non è mai stato un semplice « mezzo » nelle mani di Cosimo, docile e manipolabile.

A guardar bene, una conferma decisiva della natura prettamente ideologica della riflessione segneriana nella predica XII proviene dal fatto che perfino in questa sede, nel corso della meditazione quaresimale, Segneri non rinuncia a suggerimenti di politica spicciola, quando, dopo aver rinnovato la sua condanna contro gli effetti nocivi che si hanno allorché è permesso non solo « esser malvagio », ma anche « appetire » il male,[131] aggiunge: « Questa sarebbe una pratica ch'io più distesa-

---

[130] Giuseppe Conti, *Firenze dai Medici ai Lorena*, cit., p. 302 (il corsivo è nell'originale); Conti qui sta citando una fonte non precisata, probabilmente il Galluzzi; comunque ne sottoscrive il giudizio senza riserve. Aderendo ad una visione altrettanto limitata dei rapporti tra governo e religione in Toscana, Young scrive: « Theology became a substitute for statesmanship » [« la teologia venne a sostituire l'arte politica »] (*The Medici*, cit., p. 461). Nel caso di Segneri dovremmo piuttosto dire che teologia e dottrina dello Stato si intrecciano e si spiegano a vicenda.

[131] Si riferisce evidentemente, come già aveva fatto in apertura di predica, all'attenzione nociva che si concede alle « malvagità » nei circoli dei benpensanti, nei testi poetici e nel teatro (*Quaresimale del Padre Paolo Segneri*, cit., p. 124). Una simile condanna è ripetuta più avanti, con l'inclusione della pittura nel novero dei veicoli di nequizia (*ibidem*, pp. 131, 132). È da rilevare, come segno forse di un diverso atteggiamento maturato nei confronti del rapporto tra religione e società, che il Malmusi, nella sua analisi di questa porzione della predica XII si limita a indicare il concetto esposto da Segneri (ossia che l'ipocrisia aiuta a evitare i pericoli che nascono dagli scandali), e tralascia del tutto l'invito a metterlo in pratica all'interno dello Stato (*Analisi del Quaresimale del P. Paolo Segneri d. C. d. G. date in luce*

mente darei, quando fosse bisogno darla; e il darla toccasse a me. Ma noi non siamo nel caso ».[132]

Insomma, se ne avesse il potere, Segneri vorrebbe intervenire concretamente contro le occasioni di scandalo,[133] per imporre un rispetto anche solo formale del bene e della giustizia. Se da un lato è ovvio come egli stia pensando ad azione censorie più incisive da demandare allo Stato o al Sant'Uffizio e all'Inquisizione, dall'altro conviene ricordare chi sia l'interlocutore principale a cui si rivolge il predicatore in quel punto, chi è che veramente ha l'autorità di porre in esecuzione quel proposito: è lo stesso Cosimo III, che non solo è il dedicatario di questo *Quaresimale*, concepito e pubblicato a Firenze, ma che, si badi bene, è stato anche l'attento ascoltatore di quelle prediche, per due anni e in due città diverse del suo Granducato[134] (con tutta probabilità Firenze e

dal Sac. Dott. Giuseppe Malmusi, in *Quaresimale del Padre Paolo Segneri*, cit., p. 51).

[132] *Quaresimale del Padre Paolo Segneri*, cit., p. 134.

[133] Non si tratta di un caso isolato; anche altrove Segneri invia segnali indiretti, solo leggermente velati, all'autorità pubblica: nel *Ragionamento trigesimoprimo* del *Cristiano instruito* (Paolo Segneri, *Il cristiano instruito nella sua legge*, Parte III, cit., pp. 460-81), egli ricorda ai lettori che Aristotele raccomandò ai « Legislatori » di vietare « alla Gioventù l'assistere alle Commedie » (*ibidem*, p. 471). La strategia politica di Segneri viene poi alla luce in una lettera al Segretario di Stato dei Farnese, con la quale è annunciato l'invio a Parma di un esemplare del *Cristiano instruito*: « Nella terza parte troverà un ragionamento sopra le commedie scorrette. Havrei caro che lo leggesse per prendere qualche stimolo di opporsi a quelle che forse costì si fanno, con qualche eccesso di libertà, dai commedianti venali » (Vigenio Soncini, *Il p. Paolo Segneri [1624-94] nella storia dei Farnese a Parma*, cit., lettera n. 46, probabilmente indirizzata a Lelio Boscoli, Firenze, 17 dicembre 1686, p. 144).

[134] Tutto questo si fa premura di sottolineare l'autore nella lettera dedicatoria, insistendo appunto sul fatto che per ben due volte Cosimo ha ascoltato tali prediche « con tanta assiduità e con tanta attenzione » (*Quaresimale del Padre Paolo Segneri*, cit., p. 6). Circa gli esiti delle ricorrenti raccomandazioni di Segneri a Cosimo, Lord Acton ricorda che nel 1691 il Granduca emanò un editto che vietava espressamente ogni comportamento improprio in materia di amore e di corteggiamento, con il proposito manifesto di prevenire i gravi effetti (violenze, aborti e infanticidi) di atteggiamenti immorali e scandalosi: veniva proibito, tra l'altro, di amoreggiare in prossimità di porte e finestre (*The last Medici*, cit., p. 184), un provvedimento che

Pisa).[135]

Ecco dunque motivati e inquadrati ideologicamente non solo il riferimento al Sant'Uffizio e al « buon governo de' popoli », ma anche tante altre minute questioni sollevate da Segneri di fronte al Granduca, come quando sollecita da lui un'indagine sui preti di Foiano (un paese vicino a Cortona), la maggior parte dei quali « tengono la concubina »,[136] o quando spedisce a Cosimo copia di una « grida pubblica » che contiene la proibizione dei « balli in giorni solenni », che il Gesuita auspica di veder applicata anche in Toscana (ciò che infatti puntualmente avverrà);[137] ed è sempre in quest'ottica che Segneri caldeggia l'espul-

---

sembra riecheggiare letteralmente le parole di Segneri nella predica XII! Per altri provvedimenti presi da Cosimo contro l'immoralità, cfr. *ibidem*, pp. 199-200, 202, 203-04; Giuseppe Conti, *Firenze dai Medici ai Lorena*, cit., pp. 35, 141-43, 154-71, 334-37, 366-72, 436-37. Incapace di comprendere le ragioni di questa politica, Galluzzi si limita in proposito a superficiali attacchi contro « i Frati divenuti gli inquisitori dei costumi dei laici » (Riguccio Galluzzi, *Istoria del Granducato di Toscana sotto il governo della Casa Medici*, cit., tomo IV, p. 262; cfr. anche *ibidem*, tomo IV, p. 287); il passo di Galluzzi è citato anche in Giuseppe Conti, *Firenze dai Medici ai Lorena*, cit., p. 86 (cfr. anche *ibidem*, p. 454).

[135] O Pisa e Siena, secondo l'elenco dato da Ezio Bolis, *L'uomo tra peccato, grazia e libertà nell'opera di Paolo Segneri sj*, cit., p. 25.

[136] Cfr. la lettera n. 74 (Firenze, 29 gennaio 1686, p. 58). Segneri agisce allo stesso modo con il governo di Parma, quando scopre che il « sig. Arciprete di Trave, [...] nella casa sua parrocchiale unita alla chiesa, tien figliuoli e figliuole con tal possesso ch'è di stupore »: cfr. Vigenio Soncini, *Il p. Paolo Segneri (1624-94) nella storia dei Farnese a Parma*, cit., lettere n. 12 (probabilmente indirizzata a Lelio Boscoli, Piacenza, 14 luglio 1683, p. 117), n. 13 (probabilmente indirizzata a Lelio Boscoli, Piacenza, 16 luglio 1883 [ma 1683: l'edizione di Soncini presenta una gran quantità di refusi], p. 119).

[137] Lettera n. 128 (Missioni di Piacenza, 10 giugno 1687, pp. 97-98); secondo quello che dice Segneri, nel provvedimento (o nella sua copia) erano inserite anche regole particolari riguardo alle prostitute, promosse dal Pinamonti. La lettera successiva, tra l'altro, reca traccia della volontà di Cosimo di introdurre anche in Toscana leggi simili (n. 129, Missioni di Piacenza, 4 luglio 1687, p. 98; per un riscontro di tali notizie cfr. Vigenio Soncini, *Il p. Paolo Segneri [1624-94] nella storia dei Farnese a Parma*, cit., lettera n. 60, indirizzata probabilmente a Lelio Boscoli, Missioni di Piacenza, 4 luglio 1687, p. 157), con la possibilità di estendere le proibizioni alle

sione da Siena di un « Apostata » francese, e ringrazia Cosimo quando la ottiene, mettendo in chiaro il principio politico che governa un simile atto: « Prudentissimamente la S.A.V. avrà detto già a quel Francese ch'ella non entra a giudicare s'egli sia Apostata, o se non sia: ma che frattanto egli si contenti di andare altrove, mentre la Religione pretende che sia, e la presunzione è a favor della Religione ».[138] Lo Stato deve rispettare l'autonomia della Chiesa, e pertanto non può entrare nel merito della questione di apostasia;[139] ma non può nemmeno tollerare la pre-

---

veglie: ma Segneri si mostra scettico sull'opportunità di limitare le veglie. Un editto contro « i balli attorno alle chiese » era stato già emesso in Toscana il 14 maggio 1686, e la proibizione fu rinnovata ed estesa proprio nel 1687, contro i balli fatti « al coperto [...] ne' giorni delle Feste solenni »: cfr. Giuseppe Conti, *Firenze dai Medici ai Lorena*, cit., pp. 164-66; Furio Diaz, *Il Granducato di Toscana. I Medici*, cit., pp. 495-96, 497. Poiché quest'ultimo bando contiene diversi paragrafi sulle meretrici, pare certa la sua identificazione con i provvedimenti sollecitati da Segneri e Pinamonti. Di « buoni ordini [...] contra i balli de' dì solenni e contra le donne che tenevansi nelle osterie » Segneri tratta nella lettera n. 12, probabilmente indirizzata a Lelio Boscoli (Piacenza, 14 luglio 1683): Vigenio Soncini, *Il p. Paolo Segneri (1624-94) nella storia dei Farnese a Parma*, cit., p. 118; cfr. anche *ibidem*, lettera n. 23 (probabilmente a Lelio Boscoli, Modena, 1 novembre 1684, p. 127). Si riferisce sicuramente all'episodio citato il seguente passo di Giuseppe Massei S.I., *Vita di Paolo Segneri*, cit., p. 60: « Servissi [...] del favore de' grandi per impedire diversi scandali, come appunto gli accadde col serenissimo Ranuccio duca di Parma, dal quale ottenne alcuni editti molto salutari, che furono anche abbracciati da altri prencipi con notabile miglioramento della pietà e de' costumi ». Contro i balli discorre il *Ragionamento vigesimonono* del *Cristiano instruito* (Parte III, cit., pp. 429-43); ad un certo punto Segneri specifica che « questi medesimi disordini si praticano più che mai ne' giorni di Festa » (*ibidem*, pp. 440-41).

[138] Lettera n. 241 (Roma, 21 giugno 1692, p. 204). Cfr. anche le lettere n. 239 (Roma, 7 giugno 1692, p. 202), n. 240 (Roma, 14 giugno 1692, p. 203), n. 249 (senza indicazioni di data e luogo, probabilmente del 28 giugno 1692, scritta ovviamente a Roma, p. 215).

[139] È nell'ambito di una simile norma che Segneri inquadra la risposta del Consiglio di Spagna a « un tale Frà Diaz, spagnuolo, francescano degli Osservanti » il quale invocava un provvedimento contro il Gesuita nettunese: « Il Consiglio ha risposto con gran saviezza di non vedere come in tali materie entri né il Consiglio né il Re » (n. 295, Roma, 6 giugno 1693, p. 278; il Diaz compare di nuovo nelle lettere n. 314, Roma, 24 ottobre 1693, pp.

senza di un individuo già condannato dalla Chiesa, giacché i due poteri, civile ed ecclesiastico, agiscono nella società con piena armonia di intenti, formando una naturale alleanza:[140] ignorare il giudizio dato contro

---

299-300; n. 321, Roma, 6 giugno 1694, pp. 310-11; n. 322, Roma, 19 giugno 1694, p. 312). E sulla stessa base Segneri liquida anche la pretesa del Segretario di Stato spagnolo di far valere nella Congregazione Provinciale il fatto che Tirso González « era sotto la protezione del Re » (n. 303, Roma, 8 agosto 1693, p. 286): un monarca può bene assecondare o contrastare una decisione presa dalla Compagnia di Gesù, ma non gli è consentito intromettersi nel processo che conduce a quella decisione (cfr. la lettera n. 321, Roma, 6 giugno 1694, p. 310), a meno che non sia in grado di fornire un contributo strettamente religioso e non politico. Come si legge in un'altra lettera, « che il Re di Spagna sia quello che dia leggi alla Religione è cosa da portare disturbi sommi » (n. 312, Roma, 10 ottobre 1693, p. 297); e nella stessa lettera Segneri lamenta che l'Ambasciatore spagnolo a Roma « sia divenuto già nostro Superiore » (*ibidem*; cfr. anche la lettera n. 314, Roma, 24 ottobre 1693, pp. 299-300), giacché quello ha chiesto e ottenuto l'allontanamento del padre gesuita Giovanni di Caneda, ostile al González (cfr. la lettera n. 313, Roma, 17 ottobre 1693, p. 297). E più avanti Segneri, di fronte alle rinnovate pressioni dell'Imperatore e del Re di Spagna a favore di González scrive: « questo è per la Religione un pessimo esempio, perché è spogliarla della sua libertà » (n. 327, Roma, 7 agosto 1694, p. 317). Sulle ripercussioni internazionali della politica spagnola nei riguardi della Compagnia, cfr. la lettera n. 315 (Roma, 31 ottobre 1693, p. 302).

[140] Tale idea si vede riflessa nella formulazione di leggi e bandi emessi per ordine di Cosimo: Giuseppe Conti tra le pp. 152 e 153 del suo *Firenze dai Medici ai Lorena*, cit., riproduce il facsimile di un « Bando contro i vagabondi e birboni e accattoni » del 22 giugno 1688, nel quale si imputa loro non solo di commettere « indegnità e delitti » e di arrecare « fastidio a' Popoli », ma anche di portare « impedimento al Culto Divino »; e non si fa alcuna differenza, nel Bando, tra l'ultima colpa e le altre. Del resto in un passo assai rilevante della predica XXXIII (*Quaresimale del Padre Paolo Segneri della Compagnia di Gesù*, cit., pp. 355-56), Segneri aveva esaltato le « belle arti » con cui l'imperatore Onorio governava lo Stato, muovendo guerra agli eretici ogniqualvolta i barbari si avvicinavano ai confini; proprio perché Onorio sosteneva la religione e la proteggeva dalle « ingiurie » dei donatisti, il suo potere si manteneva saldo: « allora più sicura trovavasi la repubblica, quando per la religione esponevasi a più cimenti » (*ibidem*, p. 356; cfr. Giulio Marzot, *Un classico della Controriforma: Paolo Segneri*, cit., p. 92); la logica di quest'esempio ricorda le riflessioni di Sant'Agostino nei capp. XXIV-XXV del V libro del *De Civitate Dei* (cfr. Sancti Au-

l'apostata, e non trasformarlo in provvedimento pubblico, equivarrebbe, per Segneri, a disconoscere il ruolo che la Chiesa e la Compagnia di Gesù hanno in quanto agenzie sociali e istituzioni politiche.[141]

Sotto la stessa rubrica si iscrivono anche considerazioni che a prima vista appaiono più discoste da religione e morale e tutte legate invece alla ragion di Stato, ma che costituiscono, a ben guardare, l'altra faccia della stessa medaglia, e non possono essere liquidate frettolosamente e in modo moralistico come una semplice contraddizione o un segno del cinismo machiavellico di Segneri. È il caso di una lettera del 1693, in cui egli racconta di aver elogiato di fronte al Pontefice « la prudenza mostrata da V.A. nel negare il suo Palazzo della Trinità de' Monti a chi l'avea chiesto », e affianca alla presunta inimicizia fra il papa Innocenzo XII e la persona, non nominata, che intendeva affittare il palazzo, un giudizio di carattere eminentemente pratico, militare, che suggella la decisione di Cosimo: « E veramente è da lodarsi che V.A. mai non lo conceda a veruno, perché quivi è facile l'armarsi come in fortezza ».[142]

Non è lecito accusare Segneri di doppiezza, solo perché sembra mescolare il suo interesse per la religione con motivi politici; e neppure si

---

relii Augustini episcopi, *De civitate Dei libri XXII*, cit., pp. 236-38), e una massima del *De Regimine Principum* di San Tommaso d'Aquino, che è citata e commentata in San Francisco Borja, *Tratados Espirituales*, a cura di Candido De Dalmases S.I., Barcelona, Juan Flors, 1964, cap. V, p. 179: « *Quod omnes reges soliciti ad reverentiam Dei habuerunt felicem exitum, qui autem neglexerunt fuerunt infelices* » (per un concetto analogo, cfr. la conclusione del cap. I, *ibidem*, p. 169). Le opere del Borgia, generale della Compagnia di Gesù dal 1565 al 1572, furono tradotte sia in latino che in italiano e stampate più volte: cfr. ad esempio *Tutte l'opere spirituali dell'illustrissimo S.D. Francesco Borgia, duca di Gandia et marchese di Lombaio, diuise in 8 trattati, e tradotte dal loro uolgar castigliano, per l'eccellente medico M. Vincenzo Buondi Mantouano...*, In Vinegia, Appresso Gabriel Giolito de' Ferrari, 1561.

[141] Infatti nella lettera n. 241 (Roma, 21 giugno 1692, p. 204), Segneri sottolinea che perfino il « Padre Generale [...] vive su questo affare in qualche sollecitudine ».

[142] Lettera n. 300 (Roma, 18 luglio 1693, p. 283). Si tratta ovviamente di Villa Medici, che ospitava abitualmente, nel Seicento, i Cardinali di quella famiglia, o il Granduca, quando si recava a Roma (cfr. Harold Acton, *The last Medici*, cit., p. 222). Napoleone se ne impadronì e vi trasferì l'Accademia di Francia.

può parlare di ambivalenza del suo ruolo, perché quei due elementi sono congiunti da un legame che è filosofico quanto ideologico. Il Segneri informatore e consigliere del Granduca è la stessa persona che si preoccupa delle necessità più impellenti dei territori che attraversa durante le missioni;[143] e d'altra parte agisce in tal senso giacché è convinto che le autorità civili e la Chiesa abbiano pari interesse (sia pure con finalità talora divergenti) alla cura della società. È questa la premessa a partire dalla quale è possibile spiegare l'intreccio di diplomazia e politica sociale che caratterizza certi riferimenti contenuti nelle lettere, come quelli che alludono alle relazioni sullo stato e i bisogni dei paesi da lui visitati, che Segneri indirizzava a Cosimo o al suo segretario Apollonio Bassetti[144] dai luoghi di missione:

---

[143] Oltre a quanto già detto fin qui si considerino i commenti di Segneri sulla difficoltà del vivere nei paesi di montagna: cfr. le lettere n. 129 (Missioni di Piacenza, 4 luglio 1687, p. 99), n. 159 (Gubbio, 16 ottobre 1689, p. 124).

[144] Apollonio Bassetti, figlio del cocchiere del cardinale Giovan Carlo de' Medici, fu canonico del Capitolo di San Lorenzo (cfr. la lettera n. 217, Lerici, 14 settembre 1691, pp. 176-77), segretario « intimo », consigliere e direttore di coscienza di Cosimo III, amico del Magalotti, e scrittore. Nella Biblioteca Riccardiana di Firenze si conservano di lui un manoscritto intitolato *Memorie delle occorrenze del viaggio intrapreso dal Ser.mo Principe Cosimo di Toscana per Alemagna et Olanda il di 22 ottobre 1667*, e un « volume di Lettere » (*I manoscritti della Biblioteca Moreniana*, vol. II, fasc. 12, p. 448; lettere sue al Magliabechi si trovano nella Biblioteca Nazionale Centrale di Firenze, *Magliab*. Cl. VIII, 425). Godeva fama di intellettuale raffinato e di politico esperto; da molti è considerato « il migliore, se non l'unico, buon servitore » di Cosimo (Roberto Cantagalli, s.v. « Bassetti, Apollonio », *Dizionario biografico degli Italiani*, dir. Alberto M. Ghisalberti, vol. VII, Roma, Istituto della Enciclopedia Italiana, 1965, p. 118); sulla figura e la vita di Bassetti cfr. anche *ibidem*, p. 117; *Lettere inedite di Paolo Segneri al Granduca Cosimo terzo*, cit., p. 241 nota 1; Giuseppe Conti, *Firenze dai Medici ai Lorena*, cit., p. 147, 282-84, 307 (indicato sempre con il nome di « Basetti »); Harold Acton, *The last Medici*, cit., p. 189; Furio Diaz, *Il Granducato di Toscana. I Medici*, cit., p. 495 nota 2. Come segretario della Cifra, carica che ricoprì da quando Cosimo divenne Granduca fino alla morte (1699), tra i suoi compiti c'era appunto quello di occuparsi della corrispondenza più delicata, « con le Corti e con i personaggi qualificati » (Giuseppe Conti, *Firenze dai Medici ai Lorena*, cit., p. 283). Segneri scrive a Cosimo di averlo « amato e apprezzato ad o-

VIII: LE *LETTERE* DI PAOLO SEGNERI A COSIMO III DE' MEDICI

Oltre a ciò che io scrivo al signor Bassetti intorno al luogo ove noi siamo, ho giudicato nell'annessa carta esporre a V.A.S. quello che mi par di più espressa necessità.[145]

Ora, se si tiene presente che la regione da cui Segneri scriveva queste righe era stata al centro di una controversia diplomatica con lo stato di Parma, per una questione di confini, non è difficile ipotizzare l'invio a Firenze di due relazioni diverse, una più strettamente politica o politico-sociale, indirizzata direttamente all'amministrazione («ciò che io scrivo al signor Bassetti intorno al luogo ove noi siamo»),[146] e un'altra

---

gni gran segno» (n. 320, Roma, 20 marzo 1694, p. 308). È a lui che Segneri fa riferimento quando ha bisogno di informazioni riservate: cfr. le lettere n. 81 (Firenze, 2 marzo 1686, p. 65), n. 258 (Roma, 8 novembre 1692, p. 232): nella lettera n. 279 (Roma, 7 marzo 1693, p. 261), Segneri riferisce di aver avuto notizia proprio da Bassetti della morte del marchese Coppoli, e delle reazioni nella corte fiorentina. È a lui che Segneri invia relazioni più dettagliate sulle persone per le quali ha invocato l'aiuto di Cosimo (cfr. le lettere n. 13, Firenze, 2 marzo 1683, p. 14; n. 24, Firenze, 11 gennaio 1684, p. 22), ed è con lui che definisce alcuni particolari delle Missioni compiute in terra toscana e ne riporta gli esiti (cfr. le lettere n. 22, Firenze, 28 dicembre 1683; n. 205, Fivizzano, 8 giugno 1691, p. 164; n. 208, Soliera, 29 giugno 1691, p. 167; n. 213, Barbarasco, 3 agosto 1691, p. 173); era il Granduca, del resto, che pagava le spese affrontate da Segneri nel corso di quelle missioni, come prova, nel caso di Pescia, Dante Biagiotti, *Il padre Segneri in Valdinievole*, cit., p. 57. Lo tiene anche informato circa i suoi spostamenti, quando va fuori dal Granducato (cfr. le lettere n. 39, Missioni di Piacenza, 8 ottobre 1684, p. 33; n. 179, Genova, 8 aprile 1690, p. 136), e fa riferimento a lui quando ha problemi o favori da chiedere per la stampa delle sue opere (cfr. le lettere n. 46, Piacenza, 26 luglio 1685, p. 37; n. 84, Firenze, 23 marzo 1686, p. 68; n. 109, Firenze, 10 novembre 1686, p. 84). Trasferitosi a Roma, infine, Segneri gli scrive a proposito delle prediche da lui dette e degli onori ricevuti dal Papa: cfr. le lettere n. 232 (Roma, 5 aprile 1692, pp. 192-93), n. 238 (Roma, 31 maggio 1692, p. 201), n. 264 (Roma, 13 dicembre 1692, p. 241).

[145] Lettera n. 210 (valle di Zeri, 13 luglio 1691, p. 171).

[146] Anche altrove Segneri allude ai risultati positivi di una missione, e afferma che informerà dei particolari il Bassetti: cfr. la lettera n. 37 (senza luogo né data, presumibilmente agosto o settembre 1684, p. 31). Riferimenti generici al Bassetti si trovano nelle lettere n. 2 (Firenze, 5 marzo 1680, p. 2), n. 5 (Missioni di Bologna, 16 agosto 1681, p. 5), n. 11 (Firenze, 13 febbraio 1683, p. 11), n. 19 (Firenze, 9 novembre 1683, p. 19), n. 26 (Firenze, 27

(l'«annessa carta») incentrata sui problemi di ordine sociale e diretta personalmente a Cosimo affinché egli si prendesse cura di persona di quelle «necessità» che l'amministrazione ordinaria sembrava ignorare o trascurare.[147]

Alla luce di quanto è stato detto finora assumono un senso anche tutte quelle lettere in cui Segneri interviene su questioni inerenti i rapporti fra giurisdizione ecclesiastica e civile all'interno del Granduca-

---

gennaio [?] 1684, p. 24), n. 44 (Missioni di Piacenza, 10 giugno 1685, p. 36), n. 45 (Piacenza, 11 luglio 1685, p. 37), n. 82 (Firenze, 5 marzo 1686, p. 67), n. 89 (Firenze, 16 aprile 1686, p. 72), n. 92 (Firenze, 11 maggio 1686, p. 74), n. 100 (Firenze, 20 luglio 1686, p. 79), n. 145 (da Genova, 29 agosto 1688, p. 113), n. 147 (Firenze, 7 dicembre 1688, p. 114), n. 157 (Missioni di Fermo, 30 maggio 1689, p. 122), n. 162 (Firenze, 11 novembre 1689 [?], p. 126), n. 195 (Roma, 7 aprile 1691, p. 153), n. 233 (Roma, 18 aprile 1692, p. 193), n. 234 (Roma, 26 aprile 1692, p. 195), n. 243 (Roma, 19 luglio 1692, p. 206), n. 255 (Roma, 18 ottobre 1692, p. 227), n. 270 (Roma, 17 gennaio [?] 1693, p. 251), n. 273 (Roma, 7 febbraio 1693, p. 254), n. 275 (Roma, 14 febbraio 1693, p. 256), n. 311 (Roma, 3 ottobre 1693, pp. 294-95), n. 325 (Roma, 24 luglio 1694, p. 315).

[147] Del resto abbiamo già visto il caso dell'intervento di Segneri a favore di Marradi, in cui il Gesuita dichiarava di scrivere su precisa sollecitazione di Cosimo: «Ora perché V.A. mi aggiugne con la pregiatissima sua sotto i 3 di questo, che potrebbe farsi a pro di quel paese, io crederei che Marradi [...]» (n. 3, Missioni di Bologna, 7 giugno 1681, p. 3). Da quello che Segneri scrive dopo una missione a Pontremoli appare evidente che anche le comunità da lui visitate erano pienamente consapevoli del suo ruolo di mediazione e del suo potere: «La Comunità, in ultimo, fu pregarmi che io la volessi raccomandare a V.A.S. Dimandai ai rappresentanti di essa, se desideravano nulla in particolare; mi risposer di no, ma che bastava ch'io la raccomandassi soltanto in genere» (n. 38, Missioni di Piacenza, 21 settembre 1684, p. 32). Anche altri religiosi, in quel periodo, inviavano relazioni a Cosimo sul territorio e su possibili riforme da attuare: «Un religioso domenicano nativo di Volterra — si legge nei "Fatti attenenti all'Inquisizione" particolarmente in Toscana — scorreva ogni anno con magnifico equipaggio e plenipotenza per varie provincie del granducato ad oggetto d'informarsi dell'osservanza della religione, dei costumi de' sudditi, e della quiete e tranquillità di ciascheduna città subalterna, terra o castello, proponendo al Sovrano al suo ritorno quelle riforme che giudicava opportuno eseguirsi» (Giuseppe Conti, *Firenze dai Medici ai Lorena*, cit., p. 142).

VIII: LE *LETTERE* DI PAOLO SEGNERI A COSIMO III DE' MEDICI   217

to,[148] sull'immunità tradizionalmente accordata ai criminali nei luoghi sacri,[149] o quelle con cui accompagna la sua funzione di intermediario e latore di missive tra Cosimo III e don Livio Odescalchi,[150] impegnato in « trattati altissimi »[151] per sfruttare la posizione di vantaggio offertagli

---

[148] Non di sole liti si tratta, ma anche di iniziative condivise dalle autorità ecclesiastiche e civili, come nel caso delle « proposizioni » di cui si richiede « la qualificazione a pubblico ammaestramento in queste gran difficultà che or vi sono su l'orazione » (lettere n. 117, Firenze, 15 febbraio 1687, p. 88; n. 118, Firenze, 1 marzo 1687, p. 90). Cfr. anche le lettere n. 52 (Firenze, 24 novembre 1685, p. 43), n. 53 (Firenze, 14 dicembre 1685, p. 44), n. 62 (Firenze, 28 dicembre 1685, p. 49), n. 66 (Firenze, 6 gennaio 1686, p. 51), n. 68 (Firenze, 11 gennaio 1686, pp. 53-54), n. 69 (Firenze, 12 gennaio [?] 1686, pp. 53-54), n. 72 (Firenze, 26 gennaio 1686, p. 56), n. 73 (Firenze, 29 gennaio 1686, pp. 56-57), n. 74 (Firenze, 29 gennaio 1686, pp. 58-59), n. 76 (Firenze, 9 febbraio 1686, p. 61), n. 89 (Firenze, 16 aprile 1686, p. 72), n. 90 (Firenze, 17 aprile 1686, p. 73), n. 92 (Firenze, 11 maggio 1686, p. 74), n. 96 (Firenze, 25 maggio 1686, pp. 77-78), n. 153 (Roma, 5 marzo 1689, p. 118), n. 166 (Firenze, 15 gennaio 1690, p. 128), n. 168 (Firenze, 21 gennaio 1690, p. 129), n. 243 (Roma, 19 luglio 1692, p. 206), n. 244 (Roma, 2 agosto 1692, p. 207), n. 245 (Roma, 9 agosto 1692, p. 208), n. 246 (Roma, 16 agosto 1692, p. 209), n. 247 (Roma, 23 agosto 1692, p. 211), n. 248 (Roma, 30 agosto 1692, p. 212), n. 258 (Roma, 8 novembre 1692, p. 232).

[149] Cfr. le lettere n. 272 (Roma, 31 gennaio 1693, pp. 252-53), n. 273 (Roma, 7 febbraio 1693, p. 254), n. 279 (Roma, 7 marzo 1693, pp. 260-61). Questioni penali sono discusse anche nella lettera n. 6, al Duca di Parma (Firenze, 8 agosto 1679): Vigenio Soncini, *Il p. Paolo Segneri (1624-94) nella storia dei Farnese a Parma*, cit., p. 112.

[150] Su di lui cfr. anche *Lettere inedite di Paolo Segneri al Granduca Cosimo terzo*, cit., p. IV, dove è narrato un aneddoto che lo riguarda; una lettera dell'Odescalchi a Segneri (e la relativa risposta del Gesuita) sono incluse nel primo dei due codici magliabechiani. Anche nel caso della corrispondenza con l'Odescalchi (così come farà con il Duca di Parma: cfr. più avanti), Segneri si sforza talora di nascondere il fatto di aver concordato i contenuti delle sue risposte con Cosimo: ad esempio scrive di voler mandare l'indomani stesso la sua risposta, « perché dalla celerità il signor Livio arguisca non aver io con V.A.S. potuto conferire ciò che gli rispondo » (n. 87, Firenze, 12 aprile 1686, p. 71).

[151] Così Segneri definisce le manovre di Don Livio nella lettera n. 107, nella quale addirittura il Gesuita chiede (tanto alta appare la posta in gioco) di « munirsi di una opportuna cautela », per tutelarsi nel caso che i « trattati »

dalla sua parentela col Pontefice.

Sul versante della politica « estera » Segneri invia al Granduca pareri e informazioni attinenti alle trattative diplomatiche, economiche e politiche intraprese dal governo o dalla famiglia regnante toscana, con particolare riguardo a quelle inerenti i contratti di matrimonio in corso di stipulazione fra i Medici ed altre case reali italiane e straniere, negoziati importanti per i giochi di alleanze politiche che passavano attraverso quelle unioni matrimoniali,[152] e tanto più vitali in quanto di lì a poco la dinastia dei Medici si sarebbe estinta.

Fra tutte, la trattativa che si dispiega ai nostri occhi con maggior dovizia di particolari, stante il ruolo non secondario giocatovi da Segneri, è quella condotta con la casa di Parma.[153]

In una lettera dell'autunno 1685 Segneri scrive di essersi adoperato per portare a buon fine un contratto di matrimonio, secondo le istruzioni ricevute da Cosimo; afferma che, almeno per quanto riguarda l'Italia, non esiste un partito « né pur eguale »; chiede infine come procedere

---

giungano a conoscenza del Pontefice: invia a Cosimo una postilla che vorrebbe aggiungere alla lettera per l'Odescalchi, in cui dichiara di « tener per fermo » che il Papa è « consapevole » dei « segreti » di cui Segneri è stato fatto partecipe (n. 107, Firenze, 5 ottobre 1686, pp. 82-83). Infatti più avanti l'Odescalchi discute con Segneri il suo « desiderio della scoperta in congiuntura opportuna » (n. 109, Firenze, 10 novembre 1686, p. 84). Su questi « trattati » cfr. le lettere n. 53 (Firenze, 14 dicembre 1685, p. 44), n. 54 (Firenze, 17 dicembre 1685, pp. 44-45), n. 56 (Firenze, 17 dicembre 1685 [?], p. 46), n. 87 (Firenze, 12 aprile 1686, pp. 70-71), n. 88 (Firenze, 14 aprile 1686, p. 71), n. 106 (Firenze, 5 ottobre 1686, p. 82), n. 109 (Firenze, 10 novembre 1686, p. 84), n. 272 (Roma, 31 gennaio 1693, p. 252).

[152] È questo l'aspetto su cui insiste maggiormente il Galluzzi, in tutta la sua opera, quando affronta la descrizione di una trattativa per il matrimonio di uno dei Medici.

[153] Su Segneri e i negoziati matrimoniali tra Medici e Farnese, cfr. Vigenio Soncini, *Il p. Paolo Segneri (1624-94) nella storia dei Farnese a Parma*, cit., pp. 82-102, e (oltre a quelle citate nelle note successive) due lettere probabilmente indirizzate a Lelio Boscoli: n. 16 (Piacenza, 13 novembre 1683, p. 121) e n. 34 (Firenze, 16 aprile 1686, p. 136). Sull'importanza e il potere di chi nelle corti « accozzava i matrimonî e formava i parentadi dei principi », cfr. Giuseppe Conti, *Firenze dai Medici ai Lorena*, cit., p. 147.

per il futuro.[154] Non v'è alcun richiamo diretto a Parma, all'interno della lettera; è evidente tuttavia, dalla data (vicina a quella della lettera n. 67, in cui i riferimenti sono espliciti) e dalle parole usate da Segneri, che si tratta di un possibile accordo matrimoniale con i Farnese. Segneri caldeggiava la conclusione di un accordo tra Medici e Farnese, per fare sposare il principe Ferdinando con l'infanta Margherita, e la principessa Anna con il principe Odoardo; tuttavia sono passati poco più di due mesi dalla prima lettera quando, all'inizio del 1686, Segneri riferisce a Cosimo di aver trasmesso per iscritto al Duca di Parma il cortese rifiuto dei Medici su entrambe le unioni.[155] Nonostante questo il Gesuita con-

---

[154] Cfr. la lettera n. 51 (Firenze, 22 ottobre 1685, p. 42), da mettere a confronto con Vigenio Soncini, *Il p. Paolo Segneri (1624-94) nella storia dei Farnese a Parma*, cit., lettera n. 26 (probabilmente indirizzata a Lelio Boscoli, Firenze, 23 ottobre 1685, p. 130). Sui progetti di Cosimo legati al matrimonio di Ferdinando, che giunsero a maturazione appunto nel corso del 1685, cfr. Riguccio Galluzzi, *Istoria del Granducato di Toscana sotto il governo della Casa Medici*, cit., tomo IV, pp. 270-71; Giuseppe Conti, *Firenze dai Medici ai Lorena*, cit., p. 90. Erano cinque i partiti vagliati a Firenze: «l'Infanta unica figlia ed erede presuntiva del Portogallo, una Principessa di Baviera, due figlie dell'Elettor Palatino, e una Principessa di Parma» (Riguccio Galluzzi, *Istoria del Granducato di Toscana sotto il governo della Casa Medici*, cit., tomo IV, p. 270; senza avvertirne il lettore, Acton traduce letteralmente il passo del Galluzzi appena riportato ed altre frasi che lo introducono: cfr. Harold Acton, *The last Medici*, cit., p. 162). Galluzzi sostiene che alla corte portoghese «un complotto di Gesuiti» mirava ad ottenere «un doppio matrimonio con la Casa Medici», di Anna con il Re Pietro II e dell'Infanta, già promessa nel 1681 a Vittorio Amedeo Savoia, con Ferdinando: sulle trattative con il Portogallo cfr. le lettere n. 67 (Firenze, 8 gennaio [?] 1686, p. 52), n. 71 (Firenze, 23 gennaio 1686, p. 55); Vigenio Soncini, *Il p. Paolo Segneri (1624-94) nella storia dei Farnese a Parma*, cit., lettere n. 16 (probabilmente indirizzata a Lelio Boscoli, Piacenza, 13 novembre 1683, p. 121), n. 53 (al Duca di Parma, Firenze, 4 febbraio 1687, p. 151), n. 55 (al Duca di Parma, Firenze, 25 marzo 1687, pp. 153-54), n. 56 (al Duca di Parma, Piacenza, 22 maggio 1887 [ma 1687], p. 154); Riguccio Galluzzi, *Istoria del Granducato di Toscana sotto il governo della Casa Medici*, cit., tomo IV, pp. 253, 270-75; Giuseppe Conti, *Firenze dai Medici ai Lorena*, cit., pp. 90-93; Harold Acton, *The last Medici*, cit., pp. 162, 165. Naturalmente ogni partito aveva i suoi sostenitori nella corte di Firenze.

[155] Cfr. la lettera n. 67 (Firenze, 8 gennaio [?] 1686, pp. 51-52). Già in una let-

tinua a sperare in una soluzione positiva e si dà da fare in tal senso, tanto è vero che informa il padre Federico Cusani, il quale già aveva agito come intermediario e latore di messaggi per il Duca,[156] che un « confidente » del principe Ferdinando si sta recando a Milano e potrebbe sostare a Parma per « pigliare nel suo passaggio qualche contezza intorno alle qualità di tal Principessa ».

Sembra quasi che Segneri si sforzi di persuadere sia il duca di Parma Ranuccio II sia Cosimo che un'intesa è ancora possibile, a dispetto delle apparenze.[157] E si espone a tal punto che, a febbraio del 1686, nel biglietto che accompagna una lettera per Cosimo proveniente dalla corte di Parma (e che ha nuovamente per oggetto piani di matrimonio), Segneri si scusa con il Granduca, chiede di nuovo istruzioni e cerca di dissimulare il ruolo fin troppo attivo che ha avuto nella vicenda. Esordisce scrivendo: « Il signor Duca di Parma mi tien da troppo, mentre m'impiega in affari che sono ancora sopra la mia intelligenza »; e cautamente allude persino ad una nuova trattativa da lui intrapresa: « Ho stimato bene di metterle tutto in mano: perché mentre V.A. per sua bontà mi dona così immediata corrispondenza, non sapea s'ella avesse caro che io tenessi col signor Marchese Ferroni trattato alcuno ».[158]

---

tera di poco antecedente Segneri alludeva a dei « trattati matrimoniali » (n. 54, Firenze, 14 dicembre 1685, p. 45), che affermava di aver tenuto nascosti durante i suoi contatti con don Livio Odescalchi; e in due lettere dell'inizio di gennaio 1686 (n. 65, Firenze, 4 gennaio [?] 1686, p. 50; n. 66, Firenze, 6 gennaio 1686, p. 51) parlava di una lettera del Duca di Parma inviatagli tramite padre Cusani.

[156] Padre Cusani è rammentato anche nelle lettere n. 67 (Firenze, 8 gennaio [?] 1686, p. 51), n. 71 (Firenze, 23 gennaio 1686, p. 55). Per notizie su di lui, cfr. anche Vigenio Soncini, *Il p. Paolo Segneri (1624-94) nella storia dei Farnese a Parma*, cit., lettere n. 47 (al Duca di Parma, Firenze, 24 dicembre 1686, p. 145), n. 50 (al Duca di Parma, Firenze, 31 dicembre 1686, p. 148).

[157] Cfr. la lettera n. 71 (Firenze, 23 gennaio 1686, p. 55). Sul viaggio a Milano del confidente di Ferdinando, Giovan Battista Pennegalli, cfr. anche la lettera n. 73 (Firenze, 29 gennaio 1686, p. 57), e Vigenio Soncini, *Il p. Paolo Segneri (1624-94) nella storia dei Farnese a Parma*, cit., lettera n. 30 (al Duca di Parma, Firenze, 29 gennaio 1686, p. 134).

[158] Cfr. la lettera n. 79 (Firenze, 14 febbraio 1686, pp. 63-64). Era già avvenuto poco tempo prima che Segneri fosse contattato privatamente sui trattati in corso, tanto è vero che egli si era premurato di rispondere subito, af-

Cosimo dà a Segneri indicazioni circa la risposta da dare al Duca di Parma,[159] e a marzo del 1686 traspare dal contenuto di una lettera che, se anche esiste una possibilità di accordo tra le due case, questa al momento riguarda Anna e non più Ferdinando.[160] Tuttavia Segneri appare in questa fase ansioso di uscire dal campo ormai rischioso della trattativa ufficiosa, condotta per suo tramite; desidera sottrarsi a quella posizione estremamente ambigua, che lo vede amico segreto di Parma e al tempo stesso informatore (ma quanto sincero?) di Firenze, e dichiara che ha risposto seccamente al Duca, a stretto giro di posta, che non può « intercedere » per lui, e nemmeno vuole « rappresentarlo » ufficialmente.[161]

Forse la risposta di Segneri sarà stata meno brusca di quanto egli non voglia far sembrare scrivendo a Cosimo, al quale il Gesuita non invia la copia (con la solita scusa che non c'è abbastanza tempo per fargliela leggere in anticipo). Certo è che il favore di cui Segneri gode alla corte di Parma non si affievolisce, se a distanza di un paio di settimane il Duca lo interpella ancora su una delicata questione monetaria, perché lo aiuti ad ottenere che la valuta parmense circoli legalmente in Toscana.[162] Ma Segneri ormai è consapevole di aver fatto un passo falso con Cosimo, perché nei mesi seguenti, quando deve mandare risposte fuori Firenze, su ogni genere di questioni, mostra una cautela ed uno spirito di obbedienza addirittura esagerati:

---

finché non si pensasse che aveva consultato Cosimo (a cui peraltro mandava copia della risposta già inviata, chiedendogli se in futuro non dovesse piuttosto differire la risposta, in casi analoghi): cfr. la lettera n. 70 (Firenze, 15 gennaio 1686, pp. 54-55); per una simile premura, cfr. anche le lettere n. 82 (Firenze, 5 marzo 1686, p. 67), n. 94 (Firenze, 14 maggio 1686, p. 77). E nell'esordio, ambiguo, della lettera n. 74 (Firenze, 29 gennaio 1686, pp. 57-58) Segneri pare consultarsi appunto con Cosimo sugli sviluppi di tale trattativa privata. Considerato il tono apologetico della lettera n. 79, tuttavia, sembra che Segneri non abbia saputo gestire al meglio il doppio canale di comunicazione, quello privato e ufficioso con Parma, e l'altro, confidenziale e segreto, con Cosimo.

[159] Cfr. la lettera n. 80 (Firenze, 23 febbraio 1686, p. 64): Segneri però non ci fornisce alcun indizio circa il tenore della risposta inviata a Parma; si limita a comunicare che ha risposto così come voleva Cosimo.
[160] Cfr. la lettera n. 81 (Firenze, 2 marzo 1686, p. 65).
[161] Cfr. la lettera n. 82 (Firenze, 5 marzo 1686, p. 67).
[162] Cfr. la lettera n. 83 (Firenze, 19 marzo 1686, pp. 67-68).

Ecco a V.A.S. la risposta al signor Principe Rinaldo conforme io l'ho concepita. Muti, cancelli, aggiunga, com'ella giudica [...]. E quando questa non piacciale, si degni farne stendere una al signor Bassetti, perché, non avendo io altro desiderio che di servire V.A.S., la copierò, e la manderò come mia.[163]

---

[163] Lettera n. 92 (Firenze, 11 maggio 1686, p. 74; la risposta di Segneri è riportata alle pp. 75-76). Le stesse dichiarazioni di umiltà e fedeltà si ripetono a distanza di pochi giorni nella lettera n. 93 (Firenze, 14 maggio 1686, p. 76). Vero è che Segneri non doveva conoscere nei dettagli la questione discussa con Rinaldo d'Este (si tratta di una « strada », che i sudditi del Granduca « dimandano di ridurre [...] all'antica forma »); infatti già in precedenza, prima di mandare un'altra risposta a Rinaldo, chiedeva lumi su una « controversia » di cui non era al corrente (lettera n. 81, Firenze, 2 marzo 1686, p. 65). Rinaldo d'Este è rammentato in altre lettere: nella n. 3 (Missioni di Bologna, 7 giugno 1681, p. 3), Segneri scrive che Rinaldo gli ha fatto visita durante le missioni; nella n. 4 (Bologna, 29 luglio 1681, p. 4), prega Cosimo di intervenire a favore del Principe d'Este in una causa « che pende in Roma tra il medesimo signor Principe e il Vescovado di Ferrara nella collazione d'un Beneficio » (che Rinaldo si sia rivolto a Segneri anziché al Granduca prova non solo i buoni rapporti che intercorrevano fra il Gesuita e la casa d'Este, ma anche e soprattutto la fama di potente di cui Segneri godeva); nella n. 5 (Missioni di Bologna, 16 agosto 1681, p. 5) trasmette a Cosimo i ringraziamenti che Rinaldo aveva rivolto a lui, per la causa romana. Segneri lo incontra ancora due anni dopo (cfr. la lettera n. 14, Castelvetro, 18 giugno 1683, p. 14). Nella lettera n. 29 (Firenze, 7 marzo 1684, p. 25), Rinaldo usa ancora Segneri come tramite per una richiesta indirizzata a Cosimo (desidera avere una lettera di raccomandazione per un Conte). Rinaldo è citato per la suddetta « controversia » o per altre questioni non sempre bene identificabili anche nelle lettere n. 76 (Firenze, 9 febbraio 1686, pp. 61-62), n. 85 (Firenze, 31 marzo 1686, p. 69), n. 86 (Firenze, 8 aprile 1686, p. 70), n. 88 (Firenze, 14 aprile 1686, p. 71), n. 89 (Firenze, 16 aprile 1686, p. 72), n. 91 (Firenze, 3 maggio 1686, p. 74), n. 93 (Firenze, 14 maggio 1686, p. 76), n. 95 (Firenze, 20 maggio 1686, p. 77), n. 99 (Firenze, 15 luglio 1686, p. 79), n. 100 (Firenze, 20 luglio 1686, p. 79), n. 101 (Firenze, 3 agosto 1686, p. 80), n. 102 (Firenze, 11 agosto 1686, p. 80), n. 103 (Firenze, 26 agosto 1686, pp. 80-81), n. 104 (Firenze, 31 agosto 1686, p. 81). Divenuto cardinale nel 1686, Rinaldo è rammentato in tale veste nella lettera n. 127 (Piacenza, 19 maggio 1687, p. 96), a seguito di un lungo incontro con Segneri, e nella lettera n. 164 (Firenze, 20 dicembre 1689, p. 127). Più avanti Segneri discute l'assunzione

VIII: LE *LETTERE* DI PAOLO SEGNERI A COSIMO III DE' MEDICI   223

La medesima prudenza traspare da una lettera della fine di settembre 1686, in cui si torna a parlare distesamente del negoziato interrotto con Parma; sebbene Segneri sia ancora in primo piano nella vicenda (Ranuccio ha indirizzato personalmente a lui una nuova lettera), è possibile notare quanto egli stavolta sia preoccupato di specificare e limitare il suo ruolo, a scanso di ogni equivoco: avverte Cosimo che è stato il Duca a riprendere i contatti (« in questo corso di lettere fu egli il primo a scrivere, non fui io »), definisce quasi superflua una sua replica, e anziché invocare l'urgenza di una risposta — come aveva fatto più volte in passato affinché questa apparisse sincera e non concordata —, prega il Granduca di consigliarlo, « massimamente per essere più sicuro di non mi dipartir dalla sua intenzione su questo affare ».[164] Dalle prime righe di questa lettera veniamo anche a scoprire che il Duca di Parma insiste sul matrimonio di Anna, e che Cosimo recalcitra adducendo come scusa i negoziati ancora in corso con il Re del Portogallo; il Duca replica che ha notizia di un accordo quasi concluso « di Portogallo con Neoburgo », e Segneri si incarica di rispondergli che « non sol non era concluso, ma più tosto vi s'incontravano gravi ostacoli ».[165]

---

del Ducato da parte del cardinale Rinaldo d'Este, nel 1694, e se questi lascerà o meno la carica ecclesiastica per procurare un erede al titolo, cosa di cui Segneri dubita fortemente (sbagliando): cfr. la lettera n. 328 (Tivoli, 25 settembre 1694, pp. 318-19). Rinaldo, divenuto Duca, sposò Carlotta Felicita Brunswick-Lüneburg, da cui però non ebbe l'agognato erede; la vicenda interessava a Cosimo, forse perché presagiva che lo stesso avrebbe dovuto fare Francesco Maria, suo fratello: questi infatti nel 1709 rinunciò al Cardinalato e sposò Eleonora Gonzaga, figlia del Duca di Guastalla, nella vana speranza di assicurare un successore alla dinastia medicea.

[164] Lettera n. 105 (Firenze, 30 settembre 1686, pp. 81-82). Se qui il tono di Segneri è volutamente umile, e il suo intervento appare quasi ottenuto a forza dal Duca, contro la sua volontà, in un'occasione precedente egli si era mostrato ben altrimenti deciso, e pareva quasi orgoglioso di essere stato chiamato in causa: « Ricevera V.A.S. annessa qui la risposta del signor Duca di Parma, il quale ha desiderato assai ch'io la vegga, e però l'ha prima trasmessa nelle mie mani » (n. 17, Bologna, 25 settembre 1683, pp. 16-17).

[165] Lettera n. 105 (Firenze, 30 settembre 1686, p. 81). Cfr. Vigenio Soncini, *Il p. Paolo Segneri (1624-94) nella storia dei Farnese a Parma*, cit., p. 91, e le lettere n. 40 (al Duca di Parma, Firenze, 17 settembre 1686, p. 140), n. 41 (al Duca di Parma, Firenze, 21 settembre 1686, p. 141), n. 42 (al Duca

Dopo tre settimane Segneri riceve una nuova lettera da parte del Duca, e la trasmette a Cosimo perché ne faccia partecipe la principessa Anna, un fatto che di per sé indurrebbe a pensare che un accordo è di nuovo possibile.[166] Comunque da questo punto in poi di matrimoni non si parla più nelle lettere, e il silenzio dura quasi un anno,[167] finché, scrivendo da Piacenza, Segneri, reduce da un viaggio a Milano, afferma di aver raccomandato a San Carlo « i due matrimonii, cui mi son figurato che V.A. si trovi al presente intenta ». Ma si capisce, dall'uso del verbo « figurarsi » e del congiuntivo, che Segneri è fuori dal gioco di quei negoziati, e perfino la ricerca della protezione del Santo è fatta passare per un'iniziativa giustificata, cautamente, da un'ispirazione quasi divina,

---

di Parma, Firenze, 29 ottobre 1686, p. 142).

[166] Cfr. la lettera n. 108 (Firenze, 25 ottobre 1686, p. 83); si noti però che Segneri usa il termine « Serenissima », senza alcun nome proprio o altri titoli, e in teoria potrebbe quindi riferirsi non ad Anna, bensì alla madre di Cosimo. Vi si legge tra l'altro: « L'apprensione che i trattati con Modena si vadano avanzando a gran passi, veggo esser quella che rende a un'ora solleciti tutti gli altri ». Sul trattato matrimoniale con Modena, caldeggiato da Giacomo II (al quale andava altrettanto bene un'unione con Parma) e da Luigi XIV, cfr. Vigenio Soncini, *Il p. Paolo Segneri (1624-94) nella storia dei Farnese a Parma*, cit., lettere n. 45 (al Duca di Parma, Firenze, 14 dicembre 1686, p. 144), n. 47 (al Duca di Parma, Firenze, 24 dicembre 1686, p. 145); Riguccio Galluzzi, *Istoria del Granducato di Toscana sotto il governo della Casa Medici*, cit., tomo IV, pp. 276-77; Giuseppe Conti, *Firenze dai Medici ai Lorena*, cit., p. 112; Harold Acton, *The last Medici*, cit., p. 182. È probabile che a tale trattativa si riferisse, almeno in parte, il fitto scambio di messaggi tra Segneri e Rinaldo d'Este.

[167] Con eccezioni solo apparenti dal lato di Parma: cfr. Vigenio Soncini, *Il p. Paolo Segneri (1624-94) nella storia dei Farnese a Parma*, cit., lettere n. 43 (al Duca di Parma, Firenze, 19 novembre 1686, p. 143), n. 44 (al Duca di Parma, Firenze, 10 dicembre 1686, p. 143), n. 47 (al Duca di Parma, Firenze, 24 dicembre 1686, pp. 145-46), n. 49 (al Duca di Parma, Firenze, 31 dicembre 1686, p. 148), n. 50 (al Duca di Parma, Firenze, 31 dicembre 1686, pp. 148-49), n. 53 (al Duca di Parma, Firenze, 4 febbraio 1687, pp. 151-52), n. 55 (al Duca di Parma, Firenze, 25 marzo 1687, p. 154), n. 56 (al Duca di Parma, Piacenza, 22 maggio 1887 [ma 1687], p. 154). In queste lettere a Ranuccio II Segneri non fa che ribadire la sua ignoranza e la volontà di tirarsi fuori da negoziati ai quali afferma di poter contribuire ben poco.

che ha fatto nascere in lui quello « speciale impulso ».[168]

I due matrimoni saranno, a quella data, quello di Ferdinando con la principessa Violante di Baviera, sorella della Delfina di Francia, e di Anna con un Principe d'Este o Farnese.[169]

Ritroviamo Segneri attivo nel promuovere il matrimonio di Anna nel 1689, quando descrive a Cosimo un colloquio che ha avuto con Tirso González, nel quale il nettunese ha esposto al Padre Generale i « vantaggi » che il Re di Spagna avrebbe conseguito scegliendo la Principessa toscana, e lo invita a scrivere a Madrid in suo favore.[170] E quando anche le trattative con la casa di Spagna si arenano, Segneri chiama in causa le vie misteriose della Provvidenza divina,[171] alla quale si affida oltre un anno più tardi mentre allude ai nuovi « trattati accesi intorno alla Serenissima Principessa » con Giovanni Guglielmo, Principe elettore palatino e fratello dell'Imperatrice e delle Regine di Spagna e Portogallo.[172]

---

[168] Cfr. la lettera n. 132 (Piacenza, 17 settembre 1687, p. 101).

[169] Infatti sotto l'anno 1687 Riguccio Galluzzi (*Istoria del Granducato di Toscana sotto il governo della Casa Medici*, cit., tomo IV, pp. 276-77) ancora parla di Farnese ed Este come di partiti attuali, rifiutati però dalla stessa Anna che avrebbe aspirato a « maggiori grandezze » (*ibidem*, p. 277).

[170] Cfr. la lettera n. 154 (Roma, 19 marzo 1689, p. 119). Galluzzi, secondo il suo solito, inquadra le trattative di Cosimo con Carlo II nel contesto dello scacchiere politico europeo, ma analizza anche le ragioni private e personali che portarono la corona spagnola a rifiutare quel partito: cfr. Riguccio Galluzzi, *Istoria del Granducato di Toscana sotto il governo della Casa Medici*, cit., tomo IV, pp. 285-86; come fa spesso, Harold Acton traduce e in qualche punto riassume il passo di Galluzzi appena indicato (*The last Medici*, cit., p. 165). Cfr. anche Giuseppe Conti, *Firenze dai Medici ai Lorena*, cit., pp. 237-38.

[171] Cfr. la lettera n. 158 (Missioni di Fermo, 2 luglio 1689, p. 123). Sull'argomento si legga la breve nota di Giannini, *Lettere inedite di Paolo Segneri al Granduca Cosimo terzo*, cit., p. 123 nota 1.

[172] Lettera n. 184 (Missioni di Genova, 26 settembre 1690, p. 141). Sul matrimonio di Anna con Giovanni Guglielmo, « consigliato più dalla necessità che dalla elezione », cfr. Riguccio Galluzzi, *Istoria del Granducato di Toscana sotto il governo della Casa Medici*, cit., tomo IV, pp. 295-97; Francesco Inghirami, *Storia della Toscana. Epoca 6. Dall'anno 1530 al 1737 dopo G. Cr. Dei tempi medicei*, cit., pp. 487-89; Giuseppe Conti, *Firenze dai Medici ai Lorena*, cit., pp. 243-45, 248-51; G.F. Young, *The Me-*

Ma Segneri segue la cosa dall'esterno, e poco traspare dall'epistolario circa l'andamento delle trattative.[173] Rientra in gioco soltanto quando si tratta di scegliere un confessore, e allora discute a lungo le caratteristiche dei candidati proposti da lui stesso e da Cosimo, il padre Giovan Battista Freligh o Frelich, che era venuto l'anno prima a Firenze « ad insegnar la lingua tedesca a cotesti Serenissimi Principi »,[174] e i padri gesuiti Pier Antonio degli Alberti (per il quale propende chiaramente Segneri),[175] e Luigi Goti, che aveva una cattedra di Scolastica al Collegio Romano.[176] Anche in questa faccenda Segneri mette in luce la sua

---

dici, cit., p. 471; Harold Acton, *The last Medici*, cit., pp. 181-83 (ancora una volta si tratta in gran parte di una traduzione pressoché fedele del passo di Galluzzi).

[173] Cfr. le lettere n. 192 (Roma, 17 marzo 1691, p. 149), n. 193 (Roma, 28 marzo 1691, p. 150), n. 196 (Roma, 14 aprile 1691, p. 155), n. 198 (Firenze, 24 aprile 1691, p. 157), n. 199 (Firenze, 27 aprile 1691, p. 158). L'unico dato interessante fornito da queste lettere è una conferma dei problemi che Cosimo incontrò nel trattare con il Principe d'Heiderseim, inviato a Firenze in qualità di « Ambasciatore Plenipotenziario per l'effettuazione degli sponsali », poi sostituito a causa dei contrasti col Granduca: cfr. Riguccio Galluzzi, *Istoria del Granducato di Toscana sotto il governo della Casa Medici*, cit., tomo IV, pp. 296-97; Giuseppe Conti, *Firenze dai Medici ai Lorena*, cit., pp. 248-49.

[174] Lettera n. 175 (Firenze, 13 febbraio 1690, p. 133).

[175] Sebbene Segneri non lo dica subito, il candidato per il quale egli parteggia è quello stesso « P. Alberti [...] gesuita » che secondo il manoscritto della Biblioteca Comunale di Pescia lo accompagnò durante la missione del 1684, impegnandosi soprattutto nel ruolo di confessore: su di lui cfr. Dante Biagiotti, *Il padre Segneri in Valdinievole*, cit., pp. 55, 56, 57. Inizialmente Segneri non indica nessun legame con l'Alberti, poi ammette soltanto che ha con lui « qualche amicizia », ma più superficiale che con il Goti (n. 194, Roma, 31 marzo 1691, p. 152); infine a sostegno dei suoi giudizi rivela di aver « trattato col Padre Alberti nella Mission di Pescia », nonché a Roma (n. 195, Roma, 7 aprile 1691, p. 153).

[176] Sulle caratteristiche dei due candidati e sulla scelta da fare cfr. le lettere n. 191 (Roma, 10 marzo 1691, p. 148), n. 192 (Roma, 17 marzo 1691, pp. 149-50), n. 194 (Roma, 31 marzo 1691, pp. 151-52), n. 195 (Roma, 7 aprile 1691, pp. 153-54), n. 196 (Roma, 14 aprile 1691, pp. 154-55), n. 197 (senza luogo né data, presumibilmente dell'aprile 1691, p. 156), n. 198 (Firenze, 24 aprile 1691, p. 157), n. 216 (Calice, 24 agosto 1691, p. 176). Anche nel caso di Violante di Baviera, secondo una lettera indirizzata da A-

concezione pragmatica dei rapporti tra politica e religione; tracciando una distinzione tra i due Padri italiani suscita lo sdegno di Giannini, il curatore dell'epistolario, perché scrive:

> quando ella abbia caro che il Confessore si adoperi ne' maneggi ancora di corte, è forse migliore il primo [=Goti]: ove abbia caro ch'egli si contenga ne' limiti dell'ufficio, è senza dubbio più sicuro il secondo [=Alberti].[177]

Fondamentale, a intendere bene pregi e difetti del pragmatismo segneriano, è fermarsi a considerare che Segneri, con buona pace di Giannini, parteggia per Alberti, ossia il candidato più spirituale, definito addirittura « alieno dalle corti »;[178] e se alla fine Segneri convince anche Cosimo che Alberti è la scelta migliore, questo risultato l'ottiene non senza fatica, grazie a raccomandazioni cortesi e insistenti, dopo aver smontato con pazienza tutte le eccezioni mossegli dal Granduca.[179]

Per quel che riguarda la principessa Anna e il suo matrimonio, il resto dei riferimenti nelle lettere appartiene semplicemente alla cronaca: veniamo informati del viaggio di Anna verso la Germania e della sua accoglienza a Düsseldorf,[180] leggiamo, mescolate alle generiche speran-

---

pollonio Bassetti al Vicario Generale degli Agostiniani a Monaco, padre Francesco Benfatti, il Granduca aveva cercato un confessore gesuita: cfr. Giuseppe Conti, *Firenze dai Medici ai Lorena*, cit., pp. 147-48, 151.

[177] Lettera n. 194 (Roma, 31 marzo 1691, p. 152). Per l'ovvia quanto superficiale reazione del Giannini a questo passo cfr. *Lettere inedite di Paolo Segneri al Granduca Cosimo terzo*, cit., p. X. Per una difesa di Segneri, in relazione a questo episodio, cfr. *Lettere inedite di* Paolo Segneri *d. C. d. G. al Gran Duca Cosimo III. tratte dagli Autografi*, cit., p. 460.

[178] Lettera n. 197 (senza indicazioni di luogo e data, presumibilmente dell'aprile 1691, p. 156).

[179] La scelta del padre Alberti ha tanto più valore se è vero quanto afferma Conti a proposito dell'uso che faceva Cosimo dei confessori « per scoprire, indagare e spiare » (*Firenze dai Medici ai Lorena*, cit., p. 308); e forse è per questo motivo che l'obiezione più frequente che Cosimo rivolge a Segneri circa l'Alberti è che egli « patisca di scrupoli » (n. 196, Roma, 14 aprile 1691, p. 154; n. 197, senza indicazioni di luogo e data, presumibilmente dell'aprile 1691, p. 156).

[180] Cfr. le lettere n. 191 (Roma, 10 marzo 1691, pp. 147-48), n. 203 (Serravezza, 19 maggio 1691, p. 161), n. 205 (Fivizzano, 8 giugno 1691, p. 164), n. 206 (Comano, 14 giugno 1691, pp. 165-66). Su tale viaggio, iniziato il 6

ze che ella dia presto alla luce un erede, gli accenni alle gravidanze credute o concepite ma non portate a compimento (forse a causa della sifilide che ella aveva contratto dal nobile sposo).[181]

Quel che conta è rilevare il diverso peso che Segneri ha avuto finché le trattative con Parma erano attuali. Lo stesso mutamento di ruolo avviene per il matrimonio di Ferdinando con Violante di Baviera: quando Segneri ne parla di nuovo, il matrimonio è ormai « concluso »[182] e infatti la cerimonia nuziale sarà celebrata all'inizio del 1689, pochi mesi

---

maggio 1691 (le nozze erano state celebrate per procura a Firenze il 29 aprile), cfr. Riguccio Galluzzi, *Istoria del Granducato di Toscana sotto il governo della Casa Medici*, cit., tomo IV, p. 297; Giuseppe Conti, *Firenze dai Medici ai Lorena*, cit., pp. 250-51; Harold Acton, *The last Medici*, cit., pp. 182-83.

[181] Cfr. le lettere n. 236 (Roma, 10 maggio 1692, p. 198), n. 238 (Roma, 31 maggio 1692, p. 201), n. 240 (Roma, 14 giugno 1692, p. 203), n. 249 (senza indicazioni di data e luogo, probabilmente del 28 giugno 1692, scritta ovviamente a Roma, p. 215); cfr. su questo Giuseppe Conti, *Firenze dai Medici ai Lorena*, cit., p. 251.

[182] Cfr. le lettere n. 142 (Missioni di Genova, 5 giugno 1688, p. 111), n. 143 (Missioni di Genova, 18 luglio 1688, p. 111): l'accordo per il matrimonio era stato firmato il 24 maggio 1688 a Monaco (cfr. Harold Acton, *The last Medici*, cit., p. 170), e quindi possiamo dire che se non altro il Gesuita ne è stato informato tempestivamente (basti pensare che l'annuncio ufficiale al Senato è solo del 2 agosto 1688: cfr. *ibidem*, p. 171; Giuseppe Conti, *Firenze dai Medici ai Lorena*, cit., pp. 152-53). Sui trattati matrimoniali con l'elettore Ferdinando di Baviera, cfr. Riguccio Galluzzi, *Istoria del Granducato di Toscana sotto il governo della Casa Medici*, cit., tomo IV, pp. 275-76, 280; Francesco Inghirami, *Storia della Toscana. Epoca 6. Dall'anno 1530 al 1737 dopo G. Cr. Dei tempi medicei*, cit., pp. 483-84; Giuseppe Conti, *Firenze dai Medici ai Lorena*, cit., pp. 94-96, 146-51; Harold Acton, *The last Medici*, cit., pp. 163, 170-71. Galluzzi sostiene che il gesuita La Chaize fu quello che sollecitò tali trattati e li mise in buona luce presso Luigi XIV (*Istoria del Granducato di Toscana sotto il governo della Casa Medici*, cit., tomo IV, pp. 279-80; cfr. anche Giuseppe Conti, *Firenze dai Medici ai Lorena*, cit., p. 120). E forse è proprio La Chaize l'« altissimo personaggio » che a Parigi aiuta i Medici in varie trattative matrimoniali, secondo quanto riferisce Segneri nella lettera n. 53 (al Duca di Parma, Firenze, 4 febbraio 1687): Vigenio Soncini, *Il p. Paolo Segneri (1624-94) nella storia dei Farnese a Parma*, cit., p. 151.

dopo gli accenni delle lettere.[183] L'unico riferimento che segue è incentrato ovviamente sulle speranze di una « successione opportuna », espresse a Segneri dalla stessa Violante (che avrebbe perfino letto le opere del Gesuita): una testimonianza chiara della considerazione nella quale Segneri era tenuto, a dispetto di ogni circostanza, da tutta la corte fiorentina.[184]

Il notevole grado di coinvolgimento di Segneri nelle trattative matrimoniali con i Farnese non stupisce considerati i precedenti: la traduzione del *De Bello Belgico* (opera scritta su invito di Alessandro Farnese), le missioni predicate a Parma, l'interessamento del Gesuita in una controversia circa un tratto di confine che divideva lo stato toscano da quello parmense, pressappoco nel punto in cui si incontrano Liguria, Toscana ed Emilia.[185] Parlare dei legami tra Segneri e Parma, inoltre, riconduce

---

[183] Sull'arrivo della principessa Violante a Firenze e le nozze, cfr. Riguccio Galluzzi, *Istoria del Granducato di Toscana sotto il governo della Casa Medici*, cit., tomo IV, pp. 281-83; Giuseppe Conti, *Firenze dai Medici ai Lorena*, cit., pp. 151-54, 173-88, 193; G.F. Young, *The Medici*, cit., p. 466; Harold Acton, *The last Medici*, cit., pp. 171-73.

[184] Cfr. la lettera n. 196 (Roma, 14 aprile 1691, p. 155). D'altronde il Gesuita aveva un contatto costante, affidato a più di un canale, con la corte fiorentina; oltre a Bassetti, Segneri menziona spesso anche Lorenzo Gualtieri, prima staffiere e poi dispensiere di corte, uno dei favoriti di Cosimo: cfr. le lettere n. 109 (Firenze, 10 novembre 1686, p. 84), n. 181 (Genova, 25 luglio 1690, p. 137), n. 182 (Missioni di Genova, 18 agosto 1690, p. 138), n. 188 (Firenze, 11 febbraio 1691, p. 144), n. 220 (Firenze, 24 ottobre 1691, p. 180), n. 227 (Firenze, 12 febbraio 1692, p. 187), n. 228 (Roma, 19 febbraio 1692, p. 187), n. 240 (Roma, 14 giugno 1692, p. 204), n. 241 (Roma, 21 giugno 1692, p. 204), n. 330 (Roma, 6 novembre 1694, p. 320), n. 331 (Roma, 12 novembre 1694, p. 321), n. 332 (Roma, 20 novembre 1694, p. 322). Sul Gualtieri, cfr. Giuseppe Conti, *Firenze dai Medici ai Lorena*, cit., pp. X-XI; un incidente di viaggio da cui escono miracolosamente illesi Gualtieri e Segneri è narrato da Giuseppe Massei S.I., *Vita di Paolo Segneri*, cit., p. 55.

[185] Il territorio conteso era quello della Valle di Zeri, a Ovest di Pontremoli: cfr. le lettere n. 14 (Castelvetro, 18 giugno 1683, pp. 14-15), n. 44 (Missioni di Piacenza, 10 giugno 1685, p. 36), n. 45 (Piacenza, 11 luglio 1685, pp. 36-37), n. 46 (Piacenza, 26 luglio 1685, p. 37), n. 47 (Piacenza, 6 agosto 1685, p. 38), n. 48 (Missioni di Piacenza, 27 agosto 1685, p. 39), n. 49

il discorso sulla molteplicità di ruoli e di campi in cui egli era impegna-

(Missioni di Piacenza, 6 settembre 1685, pp. 40-41), n. 85 (Firenze, 31 marzo 1686, p. 69), n. 89 (Firenze, 16 aprile 1686, p. 72), n. 127 (Piacenza, 19 maggio 1687, pp. 96-97). Tale è la gravità del problema che la Repubblica di Venezia interviene a mediare tra i due stati, inviando sul posto un Senatore: cfr. la lettera n. 129 (Missioni di Piacenza, 4 luglio 1687, pp. 98-99). Alla stessa contesa si riferiscono probabilmente certi accenni a Parma, brevi oppure vaghi, contenuti in altre lettere: n. 17 (Bologna, 25 settembre 1683, pp. 16-17), n. 40 (Firenze, 14 novembre 1684, p. 33), n. 41 (Firenze, 19 novembre 1684 [?], p. 33), n. 92 (Firenze, 11 maggio 1686, p. 74). Sulla questione dei confini e il coinvolgimento di Segneri, cfr. Giuseppe Micheli, *I confini tra Borgotaro e Pontremoli*, Parma, Fiaccadori scuola tip. salesiana, 1899; Vigenio Soncini, *Il p. Paolo Segneri (1624-94) nella storia dei Farnese a Parma*, cit., pp. 51-71, 81-82, e le lettere n. 13 (probabilmente indirizzata a Lelio Boscoli, Piacenza, 16 luglio 1883 [ma 1683], pp. 118-19), n. 17 (probabilmente a Lelio Boscoli, Firenze, 11 dicembre 1688, p. 122), n. 24 (probabilmente a Lelio Boscoli, Missioni di Piacenza [?], 10 giugno 1685, p. 128), n. 25 (probabilmente a Lelio Boscoli, Firenze, 16 ottobre 1685, pp. 129-30), n. 26 (probabilmente a Lelio Boscoli, Firenze, 23 ottobre 1685, p. 130), n. 27 (probabilmente a Lelio Boscoli, Firenze, 27 novembre 1685, pp. 131-32), n. 29 (probabilmente a Lelio Boscoli, Firenze, 27 novembre 1685, p. 133), n. 35 (probabilmente a Lelio Boscoli, Firenze, 27 aprile 1686, p. 137), n. 36 (probabilmente a Lelio Boscoli, Firenze, 30 aprile 1686, p. 137), n. 37 (al Duca di Parma, Firenze, 19 giugno 1686, pp. 138-39), n. 38 (al Duca di Parma, senza luogo né data, p. 139), n. 39 (al Duca di Parma, Firenze, 27 agosto 1686, p. 140), n. 50 (al Duca di Parma, Firenze, 31 dicembre 1686, pp. 148-49), n. 68 (al senatore Maggi, Bologna, 17 agosto 1683, p. 165), n. 75 (al senatore Capponi, Missioni di Piacenza, 2 giugno 1685, p. 171), n. 76 (a Cosimo III, Missioni di Piacenza, 3 luglio 1685, p. 172), n. 77 (al senatore Capponi, Piacenza, 12 luglio 1685, p. 173), n. 78 (a Cosimo III, Piacenza, 16 luglio 1685, pp. 173-74), n. 79 (al senatore Capponi, Piacenza, 22 luglio 1685, p. 174), n. 80 (al senatore Capponi, Piacenza, 30 luglio 1685, p. 175), n. 81 (indirizzata probabilmente al senatore Capponi, Piacenza, 6 agosto 1685, p. 176), n. 82 (indirizzata probabilmente al senatore Capponi, Missioni di Piacenza, 8 agosto 1685, pp. 176-77), n. 83 (al senatore Capponi, Missioni di Piacenza, 19 agosto 1685, p. 178), n. 84 (a Cosimo III, Missioni di Piacenza, 6 settembre 1685, p. 179). In altre missive per Cosimo compaiono accenni a Parma di cui resta difficile determinare la natura: cfr. nell'edizione del Giannini le lettere n. 92 (Firenze, 11 maggio 1686, p. 74), n. 93 (Firenze, 14 maggio 1686, p. 76), n. 222 (Firenze, 23 dicembre 1691, p. 181).

to sul fronte della politica. Nelle sue lettere Segneri affronta temi di ordine economico, come la partecipazione dei mercanti fiorentini alle « fiere di cambii » che si svolgevano a Piacenza,[186] e la circolazione della valuta parmense nello stato mediceo;[187] persino per trovare un accordo su quest'ultimo problema il Duca di Parma reputa opportuno ricorrere alla mediazione di Segneri, dopo aver ricevuto una risposta negativa, per giunta « mal sussistente »,[188] da parte del marchese Ferroni. Infine, in anni cruciali per i trattati matrimoniali sopracitati, Segneri si adopera presso il Granduca perché accetti la dedica di un'opera scientifica scritta dal padre Paolo Casati, personaggio di un certo rilievo, molto vicino ai Farnese in quanto confessore della duchessa Maria d'Este, moglie di Ranuccio II.[189]

---

[186] Cfr. le lettere n. 49 (Missioni di Piacenza, 6 settembre 1685, p. 40) e n. 50 (Piacenza, 27 settembre 1685, p. 41).

[187] Cfr. la lettera n. 83 (Firenze, 19 marzo 1686, pp. 67-68). Sui rapporti tra Segneri e il Ducato di Parma e Piacenza, cfr. Angelo Giovanni Tononi, *Missioni del P. Paolo Segneri nei ducati di Piacenza e di Parma ed affari di essi da lui trattati (1664-1691). Memoria su documenti inediti*, Estratto dalla « Rassegna Nazionale », Pistoia, tip. Flori e Biagini, 1895. Sul ruolo di Segneri nella soluzione dei problemi relativi alle fiere e alla moneta parmense, cfr. Vigenio Soncini, *Il p. Paolo Segneri (1624-94) nella storia dei Farnese a Parma*, cit., pp. 74-81, 134 nota 5, e le lettere n. 15 (probabilmente indirizzata a Lelio Boscoli, Firenze, 12 ottobre 1683, p. 120), n. 29 (probabilmente a Lelio Boscoli, Firenze, 27 novembre 1685, p. 133), n. 36 (probabilmente a Lelio Boscoli, Firenze, 30 aprile 1686, p. 137).

[188] Cfr. la lettera n. 83 (Firenze, 19 marzo 1686, p. 67).

[189] Cfr. la lettera n. 43 (Bologna, 11 maggio 1685, p. 35): « mando a V.A.S. la lettera dedicatoria che il padre Paolo Casati Provinciale desidera di prefiggere al suo libro *Su la natura del fuoco*, conforme la licenza ch'io già le chiesi in nome di lui ». L'anno dopo Segneri promette di inviare a Cosimo una lettera dello stesso Padre, non appena riceverà da Venezia una copia del libro con la dedica (n. 72, Firenze, 26 gennaio 1686, p. 56: Casati è indicato qui come « Casari »; l'errore è citato anche in *Lettere inedite di Paolo Segneri d. C. d. G. al Gran Duca Cosimo III. tratte dagli Autografi*, cit., p. 456 nota 1, dove tuttavia l'autore legge erroneamente « Cesari » e non « Casari », prima di intervenire a correggere in « Casati »). Paolo Casati, piacentino, entrò nella Compagnia di Gesù nel 1634. Insegnò retorica, filosofia, teologia e infine matematica nel Collegio Romano. Nel 1651 fu inviato a Stoccolma, con padre Francesco de Malines per esaminare la regina Cristina di Svezia, che intendeva convertirsi al Cattolicesimo. Nel 1677 si

E tuttavia il panorama degli interventi di Segneri non è limitato alla politica maggiore di Firenze o all'economia e alla giustizia. Regolarmente egli si propone come intermediario per un certo tipo di corrispondenza ordinaria, di carattere amministrativo, quasi fosse per Cosimo una sorta di segretario: a lui indirizza richieste di raccomandazione di religiosi a cariche varie e parrocchie,[190] e a lui si rivolge costantemente, nel corso degli anni, per ottenere favori per conto di terzi, pensioni o doti, doni e condoni per persone meritevoli, ringraziando puntualmente per ogni aiuto ricevuto;[191] e in questo quadro si inseriscono i

---

trasferì a Parma, dove fu insegnante e rettore di quell'università per circa trent'anni. L'opera dedicata a Cosimo III, a cui si riferisce Segneri nelle lettere, è *De igne* (parte prima: Venetiis, 1686, Lipsiae, 1688; parte seconda: Parmae, 1694): si tratta di tredici dialoghi sulla natura dei corpi, di impostazione aristotelica, giudicati « arretrati » rispetto alla scienza del tempo (Augusto De Ferrari, s.v. « Casati, Paolo », *Dizionario biografico degli Italiani*, dir. Alberto M. Ghisalberti, vol. XXI, Roma, Istituto della Enciclopedia Italiana, 1978, pp. 265-67). Su Casati e Parma cfr. Vigenio Soncini, *Il p. Paolo Segneri (1624-94) nella storia dei Farnese a Parma*, cit., pp. 52-53; Casati è rammentato da Segneri anche nelle lettere n. 10 (al Duca di Parma, Firenze, 22 dicembre 1682, *ibidem*, p. 115), n. 11 (probabilmente indirizzata a Lelio Boscoli, Firenze, 21 aprile, 1683, *ibidem*, p. 116).

[190] Cfr. ad esempio le lettere n. 10 (Firenze, 23 gennaio [?] 1683, p. 10), n. 221 (Firenze, 12 novembre 1691, p. 180), n. 235 (Roma, 3 maggio 1692, p. 196), n. 236 (Roma, 10 maggio 1692, p. 197), n. 237 (Roma [?], 17 maggio 1692, pp. 198-200), n. 242 (Roma, 5 luglio 1692, p. 205), n. 243 (Roma, 19 luglio 1692, p. 206), n. 245 (Roma, 9 agosto 1692, p. 208), n. 250 (Roma, 6 settembre 1692, p. 216), n. 258 (Roma, 8 novembre 1692, p. 233), n. 306 (Roma, 29 agosto 1693, p. 289).

[191] Cfr. ad es. le lettere n. 2 (Firenze, 5 marzo 1680, p. 2), n. 4 (Bologna, 29 luglio 1681, p. 4), n. 5 (Missioni di Bologna, 16 agosto 1681, p. 5), n. 6 (Missioni di Bologna, 3 settembre 1681, pp. 6-7), n. 7 (Missioni di Bologna, 22 settembre 1681, p. 8), n. 9 (Firenze, 25 dicembre 1682, p. 9), n. 11 (Firenze, 13 febbraio 1683, p. 11), n. 16 (montagne di Modena, 2 agosto 1683), n. 18 (Firenze, 2 novembre 1683, p. 18), n. 19 (Firenze, 9 novembre 1683, p. 19), n. 24 (Firenze, 11 gennaio 1684, p. 22), n. 27 (Firenze, 3 febbraio 1684, p. 24), n. 39 (Missioni di Piacenza, 8 ottobre 1684, pp. 32-33), n. 43 (Bologna, 11 maggio 1685, p. 35), n. 55 (Firenze, 17 dicembre 1685 [?], p. 45), n. 57 (Firenze, 22 dicembre 1685, pp. 46-47), n. 59 (Firenze, 25 dicembre 1685 [?], p. 47), n. 60 (Firenze, 25 dicembre 1685 [?], p. 48), n. 82 (Firenze, 5 marzo 1686, p. 67), n. 111 (Firenze [?], 9 dicembre 1686, p.

VIII: LE *LETTERE* DI PAOLO SEGNERI A COSIMO III DE' MEDICI

riferimenti dell'epistolario ai finanziamenti e all'avanzamento dei lavori di restauro del Collegio di San Giovannino a Firenze, le nomine all'interno del Collegio e le sue vicende.[192]

---

85), n. 116 (Firenze, 5 febbraio 1687, pp. 87-88), n. 124 (Roma, 26 aprile 1687, p. 94), n. 126 (Firenze, 8 maggio 1687, p. 96), n. 128 (Missioni di Piacenza, 10 giugno 1687, p. 98), n. 135 (Firenze, 1 novembre 1687, p. 103), n. 137 (Firenze, 16 novembre 1687, p. 106), n. 139 (Firenze, 29 marzo 1688, p. 107), n. 144 (Missioni di Genova, 23 luglio 1688, p. 112), n. 145 (da Genova, 29 agosto 1688, pp. 112-13), n. 146 (Firenze, 4 dicembre 1688, p. 114), n. 158 (Missioni di Fermo, 2 luglio 1689, p. 123), n. 160 (Firenze, 6 novembre 1689, pp. 124-25), n. 170 (Firenze, 31 gennaio 1690, p. 130), n. 182 (Missioni di Genova, 18 agosto 1690, p. 138), n. 211 (Pontremoli, 20 luglio 1691, p. 171), n. 214 (Caprigliola, 10 agosto 1691, p. 174), n. 215 (Vezzano, 18 agosto 1691, p. 175), n. 216 (Calice, 24 agosto 1691, p. 176), n. 218 (Sarzana, 7 ottobre 1691, p. 178), n. 220 (Firenze, 24 ottobre 1691, pp. 179-80), n. 224 (Firenze, 26 gennaio 1692, pp. 182-83), n. 231 (Roma, 29 marzo 1692, p. 191), n. 238 (Roma, 31 maggio 1692, p. 201), n. 253 (Roma, 4 ottobre 1692, pp. 224-25), n. 255, Roma, 18 ottobre 1692, pp. 226-27), n. 256 (Roma, 25 ottobre 1692, pp. 228, 230), n. 257 (Roma, 1 novembre 1692, p. 231), n. 258 (Roma, 8 novembre 1692, p. 232), n. 261 (Roma, 22 novembre 1692, pp. 237-38), n. 268 (Roma, 3 gennaio [?] 1693, pp. 248-49), n. 270 (Roma, 17 gennaio [?] 1693, pp. 250-51), n. 271 (Roma, 24 gennaio 1693, p. 251), n. 273 (Roma, 7 febbraio 1693, p. 254), n. 277 (Roma, 28 febbraio 1693, p. 258), n. 296 (Roma, 13 giugno 1693, p. 279), n. 297 (Roma, 27 giugno 1693, p. 280), n. 299 (Roma, 11 luglio 1693, p. 283), n. 300 (Roma, 18 luglio 1693, p. 283), n. 307 (Roma, 5 settembre 1693, p. 290), n. 308 (Roma, 12 settembre 1693, p. 291), n. 314 (Roma, 24 ottobre 1693, p. 300), n. 317 (Roma, 6 febbraio 1694, pp. 304-05), n. 318 (Roma, 20 febbraio 1694, p. 306), n. 319 (Roma, 14 marzo 1694, pp. 307-08), n. 325 (Roma, 24 luglio 1694, pp. 314-15). Sulle grandi somme di denaro spese da Cosimo in opere pie, pensioni per i convertiti e doni o aiuti a singole chiese, cfr. Riguccio Galluzzi, *Istoria del Granducato di Toscana sotto il governo della Casa Medici*, cit., tomo IV, pp. 286-87; Giuseppe Conti, *Firenze dai Medici ai Lorena*, cit., p. 34.

[192] Cfr. le lettere n. 9 (Firenze, 25 dicembre 1682, p. 9), n. 11 (Firenze, 13 febbraio 1683, p. 11), n. 12 (Firenze, 17 febbraio 1683, pp. 12-13), n. 13 (Firenze, 2 marzo 1683, pp. 13-14), n. 129 (Missioni di Piacenza, 4 luglio 1687, p. 99), n. 130 (Borzonasco, 2 agosto 1687, p. 100), n. 139 (Firenze, 29 marzo 1688, pp. 107-08), n. 140 (Firenze, 6 aprile 1688, p. 108), n. 142 (Missioni di Genova, 5 giugno 1688, p. 110), n. 157 (Missioni di Fermo, 30 maggio 1689, p. 122), n. 181 (Genova, 25 luglio 1690, p. 137), n. 183

Il Granduca da parte sua chiede a Segneri di redigergli lettere destinate specialmente a religiosi e istituzioni ecclesiastiche (alcuni testi di tali missive sono inclusi nel carteggio);[193] invoca più volte il parere di Segneri quando insorge il caso di Lorenzo Magalotti, a seguito della crisi religiosa che lo vide entrare in convento nel 1691, iniziare il noviziato nell'ordine degli Oratoriani di San Filippo Neri e poi ritornare allo stato laicale nel giro di pochi mesi.[194] Una volta che Segneri è nominato

---

(Missioni di Genova, 4 settembre 1690, p. 139), n. 188 (Firenze, 11 febbraio 1691, p. 144), n. 191 (Roma, 10 marzo 1691, p. 147), n. 202 (Lucca, 11 maggio 1691, p. 160), n. 211 (Pontremoli, 20 luglio 1691, p. 171), n. 213 (Barbarasco, 3 agosto 1691, p. 173), n. 214 (Caprigliola, 10 agosto 1691, p. 174), n. 246 (Roma, 16 agosto 1692, p. 210), n. 248 (Roma, 30 agosto 1692, p. 213), n. 250 (Roma, 6 settembre 1692, p. 216), n. 267 (Roma, 27 dicembre 1692, pp. 246-47), n. 268 (Roma, 3 gennaio [?] 1693, pp. 247-49), n. 269 (Roma, 10 gennaio 1693, p. 250), n. 274 (Roma, 7 febbraio 1693, p. 255), n. 277 (Roma, 28 febbraio 1693, pp. 257-58), n. 297 (Roma, 27 giugno 1693, pp. 280-81), n. 318 (Roma, 20 febbraio 1694, p. 306). Sulla storia del Collegio di San Giovannino, cfr. *Lettere inedite di Paolo Segneri al Granduca Cosimo terzo*, cit., p. 216 nota 1: concesso ai Gesuiti nel 1557 con un lascito di Bartolomeo Ammannati e della moglie Laura Battiferri, dopo la soppressione della Compagnia di Gesù in Toscana, nel 1775, il Collegio andò agli Scolopi, che ancora vi risiedono. Segneri avrebbe voluto ritirarvisi « se non a vivere molto, almeno a morire » (cfr. la lettera n. 297, Roma, 27 giugno 1693, p. 280). Cfr. anche *Lettere inedite di Paolo Segneri d. C. d. G. al Gran Duca Cosimo III. tratte dagli Autografi*, cit., p. 468.

[193] Cfr. ad esempio le lettere n. 12 (Firenze, 17 febbraio 1683, p. 12) e n. 90 (Firenze, 17 aprile 1686, p. 73).

[194] Sul pensiero religioso di Lorenzo Magalotti e sul suo noviziato cfr. *Lettere inedite di Paolo Segneri al Granduca Cosimo terzo*, cit., p. 163 nota 1. Furio Diaz, che dedica varie pagine all'argomento (*Il Granducato di Toscana. I Medici*, cit., pp. 506-09) parla di una « vocazione [...] di paura e di comodo », indotta dalle persecuzioni che l'Inquisizione scatenò nel 1690 contro gli « ateisti » (*ibidem*, p. 507). Informazioni più dettagliate sull'episodio si trovano in Eric Cochrane, *Florence in the forgotten centuries: 1527-1800. A history of Florence and the Florentines in the age of the Grand Dukes*, Chicago, Chicago University Press, 1973, pp. 295-313; Cochrane ammette di essersi basato, per alcune pagine del cap. VI, sulle notizie fornite da Segneri nelle lettere a Cosimo III (p. 541), ma quando presenta il Gesuita sulla scena della vita religiosa fiorentina (p. 299) si limita a

Predicatore Apostolico, inoltre, Cosimo gli domanda con una certa frequenza di intervenire presso il Papa a favore di altri ecclesiastici vicini alla corte fiorentina.[195]

Da Roma, oltre a inviare informazioni di valore politico, Segneri tiene Cosimo al corrente delle novità nel mondo dell'arte: annuncia l'inaugurazione degli affreschi di Andrea Pozzo sulla volta della chiesa di Sant'Ignazio a Roma;[196] rammenta di aver visto un quadro di Annibale Carracci lasciato in eredità al Papa dal cardinale Chigi.[197]

---

riecheggiare e fare oggetto di superficiale ironia alcuni particolari di quella relazione che il padre Pinamonti, aveva scritto per i suoi superiori dopo la morte del confratello, concentrandosi — per scelta propria o per la natura e la destinazione del documento — più sulle pratiche penitenziali e la mortificazione della carne che sullo spirito e la dottrina di Segneri. Cfr. anche Giulio Marzot, *Un classico della Controriforma: Paolo Segneri*, cit., pp. 15-17. Le lettere in cui Segneri parla del Magalotti sono le seguenti: n. 190 (Roma, 3 marzo 1691, pp. 145-46), n. 191 (Roma, 10 marzo 1691, pp. 148-49), n. 192 (Roma, 17 marzo 1691, p. 150), n. 196 (Roma, 14 aprile 1691, p. 155), n. 198 (Firenze, 24 aprile 1691, p. 157), n. 199 (Firenze, 27 aprile 1691, pp. 157-58), n. 200 (Firenze, 1 maggio 1691, p. 158), n. 202 (Lucca, 11 maggio 1691, pp. 159-60), n. 203 (Serravezza, 19 maggio 1691, pp. 160-61), n. 204 (Massa, 25 maggio 1691, pp. 161-63), n. 205 (Fivizzano, 8 giugno 1691, p. 164), n. 206 (Comano, 14 giugno 1691, p. 165), n. 207 (Casola, 22 giugno 1691, p. 166), n. 208 (Soliera, 29 giugno 1691, pp. 167-69), n. 209 (Bagnone, 7 luglio 1691, p. 169), n. 210 (valle di Zeri, 13 luglio 1691, pp. 170-71), n. 211 (Pontremoli, 20 luglio 1691, p. 171), n. 212 (Barbarasco, 28 luglio 1691, p. 172), n. 213 (Barbarasco, 3 agosto 1691, p. 173), n. 214 (Caprigliola, 10 agosto 1691, p. 174), n. 215 (Vezzano, 18 agosto 1691, p. 175), n. 219 (Firenze, 20 ottobre 1691, p. 179).

[195] Cfr. ad esempio le lettere n. 261 (Roma, 22 novembre 1692, pp. 236-37), n. 263 (Roma, 6 dicembre 1692, p. 240), n. 264 (Roma, 13 dicembre 1692, p. 241), n. 267 (Roma, 27 dicembre 1692, pp. 245-46), n. 296 (Roma, 13 giugno 1693, p. 279), n. 298 (Roma, 4 luglio 1693, pp. 281-82), n. 303 (Roma, 8 agosto 1693, p. 286).

[196] Cfr. la lettera n. 326 (Roma, 31 luglio 1694, p. 316). Segneri si riferisce al *Trionfo di Sant'Ignazio* affrescato dal confratello sulla volta della chiesa. Per una lettera di Cosimo al Pozzo, del 21 dicembre 1694, cfr. Mario Zanardi *Per la biografia di Paolo Segneri: documenti dell'Archivio Romano della Compagnia di Gesù [ARSI]*, pp. 471 e 473 nota 60.

[197] Cfr. la lettera n. 309 (Roma, 15 settembre 1693, p. 292). A Cosimo il me-

Infine non si può fare a meno di documentare gli scambi materiali tra Segneri e il Granduca di cui resta traccia nell'epistolario. Il loro rapporto crea un intenso traffico di oggetti, che include lo scambio di reliquie[198] e la reciproca spedizione di doni, come libri (dei quali ho già trattato), orologi,[199] immagini sacre,[200] ma anche limoni,[201] cacao[202] e vi-

---

desimo Cardinale lascia invece un « insigne suo Crocifisso » (*ibidem*).

[198] Cfr. le lettere n. 250 (Roma, 6 settembre 1692, pp. 219-21): Segneri chiede a Cosimo, a nome di altri, « di quella manna che si cava in Amalfi dalle ossa di Santo Andrea Apostolo »; n. 291 (Roma, 16 maggio 1693, p. 273); n. 292 (Roma, 23 maggio 1693, p. 274): afferma che cercherà di ottenere, per conto di Cosimo, « una copertina delle tinte col sangue del glorioso San Niccola da Tolentino » (sull'esito della cosa, cfr. le lettere n. 292, Roma, 23 maggio 1693, p. 274, n. 294, Roma, 30 maggio 1693, p. 276). Circa la grande quantità di denaro che Cosimo avrebbe speso in reliquie, cfr. Harold Acton, *The last Medici*, cit., p. 187; sull'interesse del Granduca per il Volto Santo, conservato a Roma, cfr. *ibidem*, pp. 222-23; *Lettere inedite di Paolo Segneri al Granduca Cosimo terzo*, cit., p. 303 nota 1; Giuseppe Conti, *Firenze dai Medici ai Lorena*, cit., pp. 539-44 (per altre reliquie, cfr. *ibidem*, pp. 549-50). In una lettera Segneri ringrazia Cosimo per aver donato « al corpo di San Francesco Saverio un anello di tanto pregio » (n. 143, Missioni di Genova, 18 luglio 1688, p. 111). Ad una reliquia di Bagnarea della quale Cosimo cerca di ottenere a tutti i costi una « piccola parte » alludono le lettere n. 151 (Firenze, 1 febbraio 1689, p. 116), n. 152 (Viterbo, 18 febbraio 1689, pp. 116-17), n. 153 (Roma, 5 marzo 1689, pp. 117-18), n. 154 (Roma, 19 marzo 1689, pp. 119-20).

[199] Cfr. la lettera n. 3 (Missioni di Bologna, 7 giugno 1681, pp. 3-4). Nella lettera n. 57 (Firenze, 22 dicembre 1685, p. 46) Segneri richiede « qualche oriuolo a suono [...], o [...] a dondolo » da inviare all'Imperatore cinese per il tramite di un Padre missionario gesuita. Cosimo gli propone la scelta tra un orologio che può « dietro di sé avere il lume la notte », e un secondo che « è dotato di tante curiosità » e che sembra a Segneri « più stimabile » e « molto eccedente » (lettera n. 58, Firenze, 22 dicembre 1685, p. 47), « degno al certo di andare in mano all'Imperator della China » (lettera n. 60, Firenze, 25 dicembre 1685 [?], p. 48); cfr. anche la lettera n. 61 (Firenze, 26 dicembre 1685, pp. 48-49). Della passione dei Medici per gli orologi reca una traccia evidente la collezione di esemplari oggi raccolti ed esposti presso il Museo della Scienza di Firenze (cfr. Maria Luisa Righini Bonelli, *Il Museo di Storia della Scienza a Firenze*, Milano, Electa, 1968). Segneri stesso « s'interessava assai di orologi » (Vigenio Soncini, *Il p. Paolo Segneri [1624-94] nella storia dei Farnese a Parma*, cit., p. 150 nota 2).

no;[203] a dimostrazione che siamo di fronte a una relazione variegata, per

> Sull'interesse di Cosimo per la Cina, cfr. anche le lettere n. 55 (Firenze, 17 dicembre 1685 [?], p. 45), n. 56 (Firenze, 17 dicembre 1685 [?], p. 46), n. 59 (Firenze, 25 dicembre 1685 [?], p. 47), n. 162 (Firenze, 11 novembre 1689 [?], p. 126), n. 331 (Roma, 12 novembre 1694, p. 321); una mascherata del carnevale fiorentino del 1704 rappresentava « il Re della China e la sua Corte "con infinite nazioni" » (Giuseppe Conti, *Firenze dai Medici ai Lorena*, cit., p. 108). Sul gran trattamento riservato a Palazzo Pitti ai missionari che arrivavano dall'Asia, cfr. Harold Acton, *The last Medici*, cit., p. 194.
>
> [200] Cfr. la lettera n. 77 (Firenze, 10 febbraio 1686, p. 62), con la quale Segneri invia a Cosimo cinque copie di « un'Immagine di San Francesco Saverio disegnata da Ciro Ferro ». Ciro Ferri era allievo del famoso Pietro da Cortona, e aveva lavorato con il maestro agli affreschi e alle decorazioni di Palazzo Pitti, intorno al 1659, mentre ancora regnava il granduca Ferdinando II, padre di Cosimo. Nel 1679 Ciro Ferri disegnò il frontespizio per la prima edizione del *Quaresimale*, che fu poi realizzato dall'intagliatore Cornelio Bloemaert: cfr. la lettera n. 5 al Duca di Parma (Firenze, 23 aprile 1679), in Vigenio Soncini, *Il p. Paolo Segneri (1624-94) nella storia dei Farnese a Parma*, cit., pp. 110-11 (su Ferri e Bloemaert, cfr. *ibidem*, p. 111 nota 5).
>
> [201] Cfr. la lettera n. 180 (Sanremo, 18 maggio 1690, pp. 136-37).
>
> [202] Cfr. le lettere n. 18 (Firenze, 2 novembre 1683, p. 18), n. 64 (Firenze, 2 gennaio 1686, p. 50). Il cacao e la cioccolata erano a quell'epoca ancora una novità, essendo entrati nel costume popolare da non molto. In Italia la cioccolata era stata fatta conoscere da Emanuele Filiberto di Savoia, dopo il 1577 (cfr. Gianni Mura, *C'era una volta il cioccolato*, in « la Repubblica », 23 ottobre 1997, pp. 1, 15), ma a Firenze era stata introdotta solo nel 1668, e « aveva preso gran voga » appena negli anni '90: cfr. Giuseppe Conti, *Firenze dai Medici ai Lorena*, cit., p. 380.
>
> [203] Segneri, molto malato, ne fa richiesta a Cosimo, per « aggiustare lo stomaco », e specifica che i vini toscani li preferisce « non [...] punto gagliardi, ma bensì leggieri, amabili, ed abboccati » (n. 330, Roma, 6 novembre 1694, p. 320); il pronto arrivo di abbondante « vino eletto » è preannunciato e poi notificato nelle lettere successive, n. 331 (Roma, 12 novembre 1694, p. 321) e n. 332 (Roma, 20 novembre 1694, p. 322). Sull'episodio, cfr. *Lettere inedite di* Paolo Segneri *d. C. d. G. al Gran Duca Cosimo III. tratte dagli Autografi*, cit., p. 468. Litta ricorda che Cosimo « studiava ogni modo di aver vini rarissimi, co' quali era vano di regalare le persone più distinte » (*Lettere inedite di Paolo Segneri al Granduca Cosimo terzo*, cit., p. XX; conferma questa abitudine Harold Acton, *The last Medici*, cit., pp.

nulla riducibile all'incontro di « due canizie » di manzoniana memoria.

III. « *Una maliziosa ragion di stato* »[204]

Fino ad oggi chi ha tentato di condensare in una formula la collaborazione di Segneri al governo del Granducato toscano ha peccato di parzialità o di genericità. Ad un estremo sta lo spirito polemico di un Giannini, a quello opposto la cauta neutralità di un Pinamonti (« ha goduto sì lungamente i favori de' Principi grandi »),[205] o la semplificazione di un Biagiotti: « del Segneri, così pio, mortificato e di retta intenzione, se ne volle fare un uomo di politica... Chi sfugge al dente aspro di certa gente? ».[206] Si avvicinava di più alla verità Raffaello Fornaciari, quando proprio nelle *Lettere* al Granduca intravedeva un unico movente dietro le strategie politiche e quelle religiose,[207] un punto di vista a cui forniscono sostegno e riscontro (per altre vie e a partire da altri testi) sia Mario Scotti, il quale ha saputo cogliere con grande acume la natura pervasiva e dominante dell'« impegno ideologico » nel Segneri scrittore, predicatore e missionario,[208] sia Ezio Bolis, con il suo recente tentativo di unificare sotto la cifra del pragmatismo gli ideali teologici e religiosi del Gesuita.

Il punto cruciale, in questa fase della ricerca, non è il risarcimento della fama di Segneri o il chiarimento dei dettagli oggettivi di certi suoi interventi:[209] tali obiettivi sono a portata di mano. Il vero traguardo è la

---

188, 193); Litta aggiunge che solitamente Cosimo spediva in dono, insieme ai « fiaschi », una copia del Vocabolario della Crusca (*Lettere inedite di Paolo Segneri al Granduca Cosimo terzo*, cit., p. XX).

[204] *Quaresimale del Padre Paolo Segneri della Compagnia di Gesù*, cit., p. 351.

[205] *Lettere inedite di Paolo Segneri al Granduca Cosimo terzo*, cit., p. XL; cfr. anche *ibidem*, p. LVIII.

[206] Dante Biagiotti, *Il padre Segneri in Valdinievole*, cit., p. 52.

[207] « Il suo carteggio con Cosimo III ce lo mostra altresì cortegiano accorto, sempre però per gl'interessi religiosi » (*Disegno storico della Letteratura Italiana*, Firenze, Sansoni, 1902, p. 180). Citato anche da Dante Biagiotti (*Il padre Segneri in Valdinievole*, cit., p. 52), il quale ha giustamente colto nel giudizio del Fornaciari qualcosa di più del solito accenno ai giochi di potere, dato che lo definisce « sereno ».

[208] Daniello Bartoli e Paolo Segneri, *Prose scelte*, cit., pp. 453, 455.

[209] Non è più che un semplice complimento quello al quale si limita Furio

ricostruzione della cultura storico-politica di Segneri. Si tratta adesso di individuare e catalogare i principii e gli strumenti che governavano le sue analisi di certi eventi contemporanei,[210] le sue decisioni, perfino i presunti « raggiri » e gli occasionali inviti alla simulazione.[211]

Gli indizi finora puntano tutti nella direzione delle teorie sulla ragion di Stato e della lezione machiavelliana rivista alla luce della Con-

---

Diaz, quando definisce Segneri « più elastico del bigotto granduca » (*Il Granducato di Toscana. I Medici*, cit., p. 494).

[210] Commenti e informazioni riguardanti la politica italiana e quella europea si incontrano con una certa frequenza nelle lettere di Segneri a Cosimo: per evidenti motivi di spazio riservo il loro esame ad un prossimo lavoro.

[211] Segneri raccomanda a Cosimo la simulazione, nel trattare con un altro religioso: « avendo V.A. tanta confidenza e comunicazione col Padre Serra, può parere strano che a lui non abbia partecipato niente il suo desiderio. Però rimetto al suo giudizio, se le par bene dargliene qualche cenno in simil tenore, o non glielo dare. Se glielo dà, *la prego a parlar come di desiderio nato in cuor suo, non come suscitato da altri* » (n. 12, Firenze, 17 febbraio 1683, p. 13; corsivo mio). Per una situazione simile, si veda anche la lettera n. 94 (Firenze, 14 maggio 1686, pp. 76-77), in cui Segneri sottopone all'approvazione di Cosimo la risposta che egli ha scritto a proposito di una questione che rimane oscura, e consiglia al Granduca di fare in fretta, per tenere celata tale consultazione: « Se questa [risposta] è buona, o con poca correzione è abile ad esser tale, V.A. può rimandarmela così corretta, ché io la invierò questa sera, *per mostrar di parlare da me medesimo* » (corsivo mio); casi analoghi riportano anche le lettere n. 195 (Roma, 7 aprile 1691, p. 154), n. 196 (Roma, 14 aprile 1691, pp. 154-55). Per i « raggiri », cfr. la lettera n. 78 (Firenze, 12 febbraio 1686, p. 63): « Resta una difficoltà, ed è che il favore si potrà ricevere, e non si potrà dire, per non pregiudicare a quel fine che muove V.A.S. a farlo *con quel raggiro di cui sarà mezzano il Mannucci* ». Sarebbe moralistico criticare per questi episodi del tutto secondari il Gesuita, o far rimarcare a suo carico le pubbliche professioni contro un comportamento siffatto: nella cultura controriformista sono l'intenzione e il fine che determinano il valore morale di un'azione, specialmente quando l'azione ha un risvolto politico (cfr. Victoria Kahn, *Machiavellian rhetoric from the Counter-Reformation to Milton*, cit., pp. 90-92, 163). Simulazione, dissimulazione e riserva mentale sono oggetto di discussione continua nella casuistica tra Cinque e Seicento, e sono spesso collegati alla prassi della ragion di Stato: cfr. *ibidem* pp. 65-67, 90-92, 267 nota 22.

troriforma.[212] Proprio contro la «maliziosa ragion di stato» si scaglia Segneri nel primo paragrafo della predica XXXIII del *Quaresimale*,[213] dove il Gesuita intende dimostrare che, soprattutto in politica, «non è mai utile quello che non è onesto»;[214] e se la prende con «quegli iniqui

---

[212] Una superficiale discussione dei legami tra il pensiero politico di Segneri e le idee di Machiavelli e Botero si trova in Giulio Marzot, *Un classico della Controriforma: Paolo Segneri*, cit., pp. 88-96. Nel caso di Botero, però, Marzot nota solo «qualche superficiale riscontro» tra lui e Segneri (*ibidem*, p. 89), e, quanto a Machiavelli, Marzot è troppo impegnato a difendere la validità del suo sistema filosofico (e la purezza originaria, contro le distorsioni del machiavellismo), per poter considerare la possibilità di un travaso di contenuti e di impostazione che arrivi fino a Segneri (*ibidem*, pp. 90, 91-92). In conclusione, Marzot si dichiara convinto che Segneri «non era né per Machiavelli né per Botero» (*ibidem*, p. 90); solo che non si trattava per il Gesuita di prendere posizione a favore dell'uno o dell'altro, quanto di rielaborare e far propria (nel contesto della prassi quotidiana) la lezione di entrambi, un'alternativa che Marzot scarta già in partenza, nell'*incipit* del capitolo in questione, quando afferma che le «idee politiche» di Segneri non erano «né molte né originali» (*ibidem*, p. 89).

[213] *Quaresimale del Padre Paolo Segneri della Compagnia di Gesù*, cit., p. 351: alla «maliziosa ragion di stato» e ai «malvagi consigli» Segneri contrappone «le ragioni sincere della giustizia»; di «ragioni di stato» si parla anche a p. 358. Su tale predica e «la machiavellica ragion di stato» cfr. Giulio Marzot, *Un classico della Controriforma: Paolo Segneri*, cit., pp. 91-92. Anche nella lettera n. LVI, al P. Gio. Paolo Oliva generale, Roma (Missioni di Brescia, 4 giugno 1676), Segneri ammette che una sua missione è stata definita «contraria alla buona ragion di stato» da «qualche nobile veneziano», a causa del consueto problema degli «eccessivi concorsi» (Paolo Segneri, *Opere*, volume IV, *Lettere varie*, cit., p. 418). Un intero paragrafo dell'*Incredulo senza scusa* è dedicato alla ragion di Stato, che apre la strada all'ateismo: cfr. *L'incredulo senza scusa. Opera di Paolo Segneri della Compagnia di Giesù Dove si dimostra Che non può non conoscere quale sia la vera Religione, chi vuol conoscerla*, In Firenze, Nella Stamperia di S.A.S., MDCLXXXX, parte II, capo XIII, par. III, pp. 318-20. (Queste pagine dell'*Incredulo senza scusa* sono sufficienti per Marzot a smentire ogni serio legame ideologico tra Segneri e Botero: cfr. Giulio Marzot, *Un classico della Controriforma: Paolo Segneri*, cit., pp. 90-91.)

[214] *Quaresimale del Padre Paolo Segneri della Compagnia di Gesù*, cit., p. 352; cfr. anche *ibidem*, p. 359. Un tema simile è discusso nel *Ragionamento duodecimo* del *Cristiano instruito*, intitolato *Il Peccato fa l'huomo mise-*

statisti » e certi « politicastri »²¹⁵ (che non nomina), spostando il contesto storico della discussione ai tempi del Nuovo e del Vecchio Testamento o dell'impero romano, ma conducendo una polemica inequivocabilmente moderna e attuale, all'interno della quale infatti non si discorre genericamente di peccati, bensì di un sistema di comportamenti, di strategie, di « arti malvage ».²¹⁶ Con mirabile coerenza la prima parte di questa predica sfocia in un attacco indiretto contro Machiavelli (di cui ovviamente non si fa il nome) e contro « questi odierni sconsigliatissimi consiglieri »,²¹⁷ cosicché si trovano riuniti in un unico luogo i bersagli polemici di Segneri, e i suoi parametri culturali. Non è difficile pensare che, mentre si affaticava a neutralizzare certi aspetti delle dottrine machiavelliane e postmachiavelliane, Segneri si appropriasse del loro insegnamento in materia di politica e di stile.²¹⁸

E non stupisce, d'altra parte, che il suo interlocutore Cosimo sembri richiamarsi ai suggerimenti di Botero quando sollecita l'appoggio di Segneri per ottenere il parere e l'aiuto del padre Giovanni Maria Baldigiani, della Compagnia di Gesù, il quale si era recato in Francia a studiare i rimedi adottati in quel paese contro il problema dei poveri e dei mendicanti.²¹⁹ I cittadini più poveri, ammoniva Botero, rappresentano

---

ro ancora temporalmente: Segneri si impegna a dimostrare che non giova fare il male per ottenere il bene (Paolo Segneri, *Il cristiano instruito nella sua legge*, Parte II, cit., pp. 159-75).

²¹⁵ *Quaresimale del Padre Paolo Segneri della Compagnia di Gesù*, cit., p. 354.

²¹⁶ *Ibidem*, p. 352. Nella stessa accezione politica il termine « arte » e il suo plurale « arti » ricorrono più volte nella predica: cfr. *ibidem*, pp. 352, 353, 355, 359; per altri esempi simili, cfr. Paolo Segneri, *Prediche dette nel Palazzo Apostolico*, cit., pp. 68, 233, 234.

²¹⁷ *Quaresimale del Padre Paolo Segneri della Compagnia di Gesù*, cit., p. 359.

²¹⁸ Non dubita della frequentazione di Machiavelli da parte di Segneri e dei suoi confratelli l'anonimo autore del *pamphlet* della Casanatense scoperto da Marucci: « del Macciavello non vi è dubbio nella Compagnia, perché hanno giurato *in verbum sui magistri* » (cfr. Valerio Marucci, *La teologia dell'invettiva: una pasquinata contro Paolo Segneri*, cit., p. 92).

²¹⁹ Cfr. le lettere n. 216 (Calice, 24 agosto 1691, p. 176), n. 256 (Roma, 25 ottobre 1692, pp. 228-29), n. 257 (Roma, 1 novembre 1692, p. 231), n. 260 (Roma, 15 novembre 1692, p. 236), n. 261 (Roma, 22 novembre 1692, p. 237), n. 262 (Roma, 29 novembre 1692, p. 239), n. 263 (Roma, 6 dicembre

un pericolo per la stabilità sociale perché, non avendo niente da difendere, non hanno alcun interesse concreto a mantenere la « quiete pubblica ».[220]

Ciò che comunque appare acquisito è che la collaborazione tra Paolo Segneri e Cosimo III non rappresentò un episodio secondario, né all'interno della storia toscana né dentro la biografia e l'opera segneriana. I provvedimenti granducali ispirati da Segneri e la natura dei negoziati in cui egli si trovò coinvolto sono un segno chiarissimo della sua potenza, e posti nel contesto delle relazioni inviate dai luoghi di missione (insieme con i giudizi sui funzionari locali) confermano la qualità intellettuale del suo operato, la profondità con la quale egli seppe esplorare il nesso tra potere politico e religione, un tema la cui attualità non sfugge a nessuno.[221]

ANDREA FEDI
University of Stony Brook

1692, p. 240), n. 264 (Roma, 13 dicembre 1692, p. 241), n. 267 (Roma, 27 dicembre 1692, p. 245), n. 328 (Tivoli, 25 settembre 1694, p. 319). Il padre Baldigiani è rammentato anche nella lettera n. 319 (Roma, 14 marzo 1694, p. 307). Un manoscritto della Biblioteca Nazionale di Firenze (II, V, 125) contiene numerose lettere di Cardinali e nobili italiani e stranieri, indirizzate al Baldigiani fra il 1695 e il 1699 (cfr. Giuseppe Mazzatinti e Fortunato Pintor, *Inventari dei manoscritti delle biblioteche d'Italia*, vol. XI, Firenze (R. Biblioteca Nazionale Centrale, Forlì, Luigi Bordandini, 1901, p. 138): una riprova che l'interessamento di Cosimo era qualcosa di più di un occasionale slancio di carità. Sulla curiosità di Cosimo per gli usi e costumi delle nazioni europee, cfr. Harold Acton, *The last Medici*, cit., p. 192.

[220] Cfr. Giovanni Botero, *Della ragion di stato*, cit.: un attento esame della questione si trova in Gianfranco Borrelli, *La necessità della congiura nelle scritture italiane della ragion di Stato*, in « Bollettino dell'Archivio della Ragion di Stato », 2 (1994), pp. 75-86.

[221] Si consideri ad esempio quello che Fidel Castro ha dichiarato nel novembre del 1997 di fronte a settanta rappresentanti delle chiese evangeliche cubane: « Se la crescita delle chiese significa che le persone fanno propri i valori religiosi: non rubare, non uccidere, questo può solo far bene alla società » (*Pax Christi denuncia « Cuba isola degli abusi »*, in « La Repubblica », 29 novembre 1997, p. 18). E risale a poco tempo fa la polemica sugli interventi del Papa e dei Vescovi contro la condotta del governo Prodi in materia di politiche per la famiglia: cfr. Giorgio Bocca, *Non siamo una terra di missione*, in « La Repubblica », 29 giugno 1998, p. 1.

IX
ESERCIZI DELLO SPIRITO: QUALCHE NOTA SUL TEATRO DEI GESUITI TRA FINE CINQUECENTO E METÀ SEICENTO

> Le théâtre ne doit se priver d'aucune des sorcelleries du théâtre. Exactement de la façon dont, pendant la Contre-Réforme, operaient les Jésuites. Ces Jésuites qui ont été les maîtres de nos amis communistes.
> (Jean Paul Sartre, 1955)

I. « Je demande si le Théâtre peût être une École capable de former les moeurs: et je réponds simplement, Par sa nature il peût l'être; par notre faute, il ne l'est pas »:[1] è un passaggio del discorso che il gesuita padre Porée pronunciò al Collegio Louis-le-Grand, nel 1732, davanti ad un uditorio che comprendeva, insieme agli alunni e ai professori del Collegio, vari Cardinali e insigni prelati; la domanda e la risposta, retoricamente ben formulate e costruite, sintetizzano in modo efficace i termini del problema relativo alla moralità del teatro, così come l'avevano impostato e risolto i Gesuiti da quasi due secoli. Per un verso infatti avevano fatto diventare il teatro parte integrante del programma educativo disciplinato dalla *Ratio studiorum*,[2] e dunque l'avevano piena-

---

[1] *De spectaculis*. Il testo fu tradotto in francese dal padre Pierre Brumoy e pubblicato l'anno seguente (Paris, 1733). La citazione è in Pierre Peyronnet, *Le théâtre d'éducation des Jésuites*, in « Dix-huitième siècle », Numéro spécial, *Les Jésuites*, n. 8, 1976, p. 108.

[2] Il testo definitivo si può leggere in *Ratio studiorum et Institutiones Scholasticae Societatis Iesu*, a cura di Michel Pachtler, Berlin, A. Hofmann, 1887, tomo II. La bibliografia sulla funzione della *Ratio* è piuttosto consistente sia sotto il versante della drammaturgia che sotto quello pedagogico. Tra i molti contributi, mi limito a segnalare: *La « Ratio studiorum ». Modelli*

mente legittimato sul terreno pragmatico come su quello teorico, essendo la sua «natura» adatta all'opera energicamente pedagogica che aveva segnato la novità della Compagnia di Gesù. Contemporaneamente venivano mantenute le riserve relative ai suoi effetti sul pubblico e sui recitanti, frutto dell'imperfezione di coloro che di quello strumento si servivano.

Anche su questo terreno, come si vede, veniva applicata brillantemente quella logica del doppio binario che è stata individuata da tanti come la vera cifra della cultura gesuitica nella sua interezza, consistente nella capacità, fin dalle origini, di coniugare in modo spregiudicato un vigoroso spirito militante con la più ampia duttilità ambientale. Una cultura, del resto, quella prodotta dai Gesuiti in età controriformistica e per tutto il Seicento, sulla quale ha pesato a lungo, ed è ben noto, il giudizio o pregiudizio negativo che ha coinvolto quasi tutte le manifestazioni del barocco letterario e artistico; a maggior ragione il pregiudizio negativo ha pesato sul teatro scritto e rappresentato all'interno dei collegi nei quali i Gesuiti formavano le classi dirigenti dei vari paesi in cui operavano.

Questa produzione drammaturgica ha infatti condiviso con l'intera produzione teatrale secentesca italiana la valutazione restrittiva che quasi ininterrottamente si è prolungata dal Settecento fino ai giorni nostri ed ha inoltre subíto, ancora prima di un qualunque giudizio di me-

culturali e pratiche educative dei Gesuiti in Italia tra Cinque e Seicento, a cura di Gian Paolo Brizzi, Roma, Bulzoni, 1981, e, in particolare, Gian Mario Anselmi, *Per un'archeologia della «Ratio»: dalla «pedagogia» al «governo»*, pp. 11-42; dello stesso Gian Paolo Brizzi, *Caratteri ed evoluzione del teatro di collegio italiano (secc. XVII-XVIII)*, in *Cattolicesimo e lumi nel Settecento italiano*, a cura di Mario Rosa, Roma, Herder, 1981, pp. 177-204; François De Dainville, *L'éducation des Jésuites (XVI-XVIII s.)*, Paris, Ed. de Minuit, 1978; Jean-Marie Valentin, *Le théâtre des Jésuites dans les pays de langue allemande (1554-1680). Salut des âmes et ordre des cités*, 3 voll., Bern-Frankfurt am Main-Las Vegas, Peter Lang, 1978; Marc Fumaroli, *Eroi e oratori. Retorica e drammaturgia secentesche*, Bologna, Il Mulino, 1990; Mario Scaduto, *Il teatro gesuitico*, in «Archivum Historicum Societatis Iesu», vol. XXXVI, 1967, pp. 194-215; Id., *Pedagogia e teatro*, ibidem, vol. XVIII, pp. 353-67; Bruna Filippi, *«...Accompagnare il diletto d'un ragionevole trattenimento con l'utile di qualche giovevole ammaestramento...». Il teatro dei Gesuiti a Roma nel XVII secolo*, in «Teatro e Storia», IX/1994, pp. 91-128.

rito, una sorta di ostracismo preventivo: è stato così in sostanza dimenticato, cioè non conosciuto e comunque liquidato come fenomeno di soggezione della cultura a intenzioni pedagogiche e parenetiche così pervasive da inficiarne la natura e il valore. Tanto più ripugnante il fenomeno all'idea « pura » e « disinteressata » della cultura, in quanto diffusamente percepito come frutto del dominio dello scolasticismo religioso, lontano perciò dalla sensibilità moderna e schiacciato sotto il peso soverchiante della retorica e del didascalismo. Ancora una trentina di anni fa veniva ribadito il giudizio che « la pièce jésuite est un sermon qu'illustre une action dramatique ».[3]

Dunque il teatro dei Gesuiti, come più in generale il teatro di collegio, è stato isolato, emarginato rispetto all'andamento del teatro nel suo insieme; e anche quando (raramente) è stato preso in considerazione, è stato sottoposto a valutazioni sommarie e liquidatorie. Può valere, per tutte, la trattazione che ne diede Bertana nel suo volume sulla tragedia di circa un secolo fa[4] che ha certamente il merito. di avere dedicato un consistente spazio a quel tipo di produzione teatrale, senza tuttavia riconoscergli alcun valore ed originalità: il teatro gesuitico, scriveva Bertana, « non ha unità se non estrinseca, e non ha fisionomia costante né una tecnica sua particolare ».[5] Un giudizio, per inciso, non del tutto

---

[3] Maurice Gravier, *Le Théâtre des Jésuites et la tragédie du salut et de la conversion*, in *Le Théâtre tragique*, a cura di Jean Jacquot, Paris, C.N.R.S., 1962, p. 120.

[4] Emilio Bertana, *La tragedia*, Milano, Vallardi, 1900. Ma anche a proposito del teatro dei Gesuiti in Francia è stato osservato che « C'est une habitude de minimiser l'importance du théâtre néo-latin en France, sous le prétexte que les représentations scolaires ne touchaient qu'un public restreint et puéril, que le latin était un obstacle a une réelle communication entre auteur et public, que les sujets retenus, en général hagiographiques, méconnaissaient la véritable nature du tragique, et que d'ailleurs, si l'on conserve d'innombrables mentions des spectacles offerts, les auteurs n'ont pas jugé utile de fournir le texte de leurs tragédies » (André Stegmann, *Le Rôle des Jésuites dans la dramaturgie française du debut du XVII siècle*, in *Dramaturgie et société*, a cura di Jean Jacquot, Elie Konigson, Marcel Oddon, Paris, C.N.R.S., 1968, p. 445-56 [445]).

[5] Emilio Bertana, *La tragedia*, cit., p. 175. E proseguiva: « Tutti i caratteri che in esso si son voluti avvertire come speciali, non appaiono solo in esso come cose nuove, delle quali, nel teatro laico anteriore o contemporaneo non si diano esempi; ma i soggetti sacri necessariamente furono dai gesuiti

immotivato, come si vedrà in seguito, purché se ne cambi il segno. Ma quello che intanto conviene registrare è la scarsezza di ricerche, di documentazione e di analisi relativa al teatro prodotto nei collegi dei Gesuiti (mi riferisco sempre specificamente all'Italia);[6] e dunque la neces-

molto spesso trattati, e trattati anche (in Italia meno che altrove) con una libertà che, in certo modo, avvicina la tragedia gesuitica — disse il Colagrosso — al dramma inglese e spagnuolo. Vero è, però, che i gesuiti né creano né divulgano una poetica drammatica diversa dalla corrente; i più famosi di quelli venuti dopo, su per giù, s'attennero alle norme dettate da uno dei loro più antichi precettisti: quel Jacopo Spanmuller, che si ribattezzò umanisticamente in Pontanus» (*ibidem*).

[6] Oltre i testi già citati di Gian Paolo Brizzi, Marc Fumaroli, Mario Scaduto, Emilio Bertana e Bruna Filippi (della quale si può consultare anche la tesi di dottorato, *La scène jésuite. Le théâtre scolaire au Collège Romain au XVII siècle*, École des Hautes Etudes en Sciences Sociales, Paris, 1994), si possono ricordare almeno i seguenti studi specificamente rivolti alla dimensione italiana (essendo invece la bibliografia relativa ad altre realtà europee notevolmente più ricca, specialmente quella di area francese e tedesca): Luigi Ferrari, *Appunti sul teatro tragico dei gesuiti in Italia*, in «Rassegna bibliografica della letteratura italiana», vol. VIII, 1899, pp. 124-30; Francesco Colagrosso, *Saverio Bettinelli e il teatro gesuitico in Italia*, Firenze, Sansoni, 1901; Gualtiero Gnerghi, *Il teatro gesuitico ne' suoi primordi a Roma*, Ed. Officina Poligrafica, 1907; Attilio Simioni, *Per la storia del teatro gesuitico in Italia*, in «Rassegna critica della letteratura italiana», n. 7, lug.-ag. 1907, pp. 145-62; Benedetto Soldati, *Il Collegio mamertino e le origini del teatro gesuitico*, Torino, Loescher, 1908; Victor R. Yanitelli, *The Jesuit Theatre in Italy*, New York, Fordham University, 1945; Riccardo G. Villoslada, *Storia del Collegio Romano dal suo inizio (1551) alla soppressione della Compagnia di Gesù (1773)*, Roma, Università Gregoriana, 1954; S. Gosset, *Drama in the English College. Roma 1591-1660*, in «English Literary Renaissance», vol. III, n. 1, 1973, pp. 60-93; Michelino Grandieri, *Della moderazione onesta. Introduzione al teatro dei gesuiti in Italia*, in «Storia dell'arte», gen.-apr. 1978, pp. 59-70; Michael Williams, *The Venerable English College, Rome. A History 1579-1979*, London, Associated Catholic on Behalf of the College, 1979; *I Gesuiti e i primordi del teatro barocco in Europa*, a cura di Maria Chiabò e Federico Doglio, Roma, Centro Studi sul teatro medievale e rinascimentale, 1995 (che contiene, tra gli altri, contributi relativi all'Italia). Esistono, inoltre, numerose tesi di laurea discusse presso l'Università cattolica del S. Cuore di Milano che, pur non essendo di agevole consultabilità, possono presentare qualche motivo di interesse. Tra le altre: Maria Pia Falletti, *Il*

sità di aprire, per questo settore, un filone di indagini (o, meglio, più filoni di indagini), senza le quali si rischia facilmente di cadere in approssimazioni, superficialità e genericità, o di arrivare, comunque, a conclusioni parziali, e non del tutto convincenti, come capita, mi sembra, a qualche studioso che a questo tema si è dedicato negli ultimi anni.

Se si pensa, infatti, al numero davvero rilevante di collegi tenuti dai Gesuiti sparsi in tutta Italia (oltre che in ogni paese europeo), all'abitudine diffusa di organizzare almeno due rappresentazioni all'anno (una nel periodo di carnevale ed un'altra, di agosto, per la conclusione dell'anno scolastico e la consegna dei premi), ci si rende conto facilmente della grandissima quantità di testi scritti e utilizzati per le rappresentazioni, una piccolissima parte dei quali è oggi conosciuta e documentabile, e una porzione ancora minore è considerata e analizzata precisamente.

Secondo alcuni, buona parte dei testi scritti per gli spettacoli nei collegi andò dispersa, se non distrutta quando, nel 1773, la Compagnia venne sciolta; certo è che esistono alcuni (relativamente pochi) testi a stampa che riproducono tragedie scritte e rappresentate tra la fine del XVI secolo e la metà del XVIII, esistono manoscritti (in un numero maggiore, ma non facilmente quantificabile), che raccolgono altri testi di questo genere; ma, intanto, manca un repertorio di tutta questa produzione e, di conseguenza, i saggi e gli studi disponibili hanno prevalentemente carattere monografico, in riferimento ai tre più significativi autori tragici italiani (ovvero Bernardino Stefonio, Stefano Tuccio e

---

teatro italiano dei gesuiti nei secoli XVI-XVII-XVIII (1941); Mario Riposati, *Bernardino Stefonio e le teorie drammatiche del classicismo* (1956); Pier Luigi Scanu, *Il teatro dei gesuiti e le sue ripercussioni in Sardegna* (1964); Giuseppe Danesi, *Il teatro didascalico dei gesuiti in Italia* (1976); alle quali si possono aggiungere Flaminia Cardarelli, *La tragedia di Bernardino Stefonio* (Università di Roma, 1967); Cathérine Faivre, *Traduction et commentaire d'une partie de la Flavia du p. Stefonio,* (Università di Parigi, Sorbonne, 1973); Flamina Guadagni, *Il teatro dei gesuiti a Gorizia alla metà del '600* (Università di Bologna 1983); Giuliano Damiano, *Il teatro gesuitico a Milano nei secc. XVI e XVII. Il Collegio di Brera e la tragedia di Emanuele Tesauro* (tesi di dottorato, Università cattolica, Milano, 1993); Sandra Bianco, *Traduzione e commento del Crispus di B. Stefonio* (Università della Basilicata, 1996).

Ortensio Scammacca — ma si tratta, per gli ultimi due, di studi risalenti a circa un secolo fa),[7] piuttosto che un carattere storico-critico, come certamente la materia richiederebbe. Perché in una ricerca di questo genere non ci si può proporre tanto di scoprire ipotetici capolavori drammaturgici fin qui sconosciuti, quanto piuttosto di individuare elementi tematici, drammaturgici e ideologici tali che possano illuminare l'intera

---

[7] Cfr. su Stefonio, oltre i testi già citati, Camilla Avanzi, *Un classicista nella tragedia italiana (Ortensio Scammacca)*, Verona, Ed. Soc. Coop. tipografica, 1907. Si era imbattuto nel *Crispus* di Stefonio anche Benedetto Croce, all'interno di un'indagine sulla poesia latina del XVII secolo, che concludeva con una valutazione complessivamente negativa, Stefonio compreso: « C'è, in tutta questa farragine, da raccogliere alcun fiore di schietta poesia? Ho letto o scorso buon numero di questi volumi e non ho incontrato tale fortuna. Il che non vuol dire che, allora, e nei circoli in cui nascevano, non piacessero e, talvolta, veramente commovessero » (*Nuovi saggi sulla letteratura italiana del Seicento*, Bari, Laterza, 1949, p. 150). Su Tuccio (o Tucci) cfr. Giorgio Calogero, *Stefano Tuccio poeta drammatico latino del secolo XVI*, Pisa, Ed. presso il Municipio, 1919; Id., *Stefano Tuccio*, Milano-Roma-Napoli, Ed. Dante Alighieri, 1925. Su Scammacca cfr. Luigi Natoli, *Hortensio Scammacca e le sue tragedie*, Palermo, s.e., 1884; Aida Beatrice D'Agata, *Le tragedie di Ortensio Scammacca*, Siracusa, Ed. Tipografia dell'Eco della Provincia, 1910; Michela Sacco Messineo, *Il martire e il tiranno. Ortensio Scammacca e il teatro tragico*, Roma, Bulzoni, 1988. Altri interventi, alcuni dei quali di notevole interesse, sono stati dedicati ad autori diversi dai tre sopra segnalati, come Tommaso Aversa, Anton Maria Prati, Simon Maria Poggi, ecc., ma anche alla presenza educativa e teatrale dei Gesuiti in zone geografiche e culturali determinate (il Trentino, il Veneto, Genova, ecc.). Tra questi ultimi, mi limito a segnalare: Franco Vazzoler, *Note su alcune rappresentazioni teatrali nel Collegio genovese (1686-1739)*, in *I gesuiti fra impegno religioso e potere politico nella Repubblica di Genova, Atti del Convegno internazionale di studi. Genova 2-4 dic. 1991*, a cura di Claudio Paolocci, Genova, Scuola Tip. Sorriso francescano, 1992, pp. 151-57; Amedeo Savoia, *Il teatro dei gesuiti a Trento fra XVII e XVIII secolo. Analisi di alcuni drammi manoscritti*, in *Mappe e letture. Studi in onore di Ezio Raimondi*, a cura di Andrea Battistini, Bologna, Il Mulino, 1994, pp. 185-97; Nicola Mangini, Giovanni Morelli, Emilio Sala, Armando Fabio Ivaldi, *Sul teatro gesuitico a Venezia*, in *I gesuiti e Venezia. Momenti e problemi di storia veneziana della Compagnia di Gesù. Atti del Convegno di studi, Venezia 2-5 ott. 1990*, a cura di Mario Zanardi, Padova, Gregoriana, 1994, pp. 589-625.

estensione di un'attività che ha potentemente contribuito all'affermazione della cultura cattolica controriformistica in Italia, passando per un canale, come quello teatrale, che vive di regole e di conformazioni che rispondono anche ad impulsi ideologici, ma sono originate primariamente dai motivi peculiari, anche tecnici, del fare teatrale; motivi che strutturano ed esprimono precisamente quegli impulsi mascherandoli, trasfigurandoli e travestendoli nelle forme più varie.

Del resto l'aveva notato già, con grande acutezza, proprio Segneri, con una connotazione tutta negativa; nel *Cristiano istruito nella sua legge* sosteneva infatti che «i recitanti sono tanti maghi delle coscienze» e «gli ascoltatori sono tanti maleficiati nell'anima; sicché finalmente quei che paiono trattenimenti di burla, sono vere malie della volontà affatturata, sono *facinatio nugacitatis*, o pure, come altri legge, più chiaro al mio intendimento, *fascinatio nugantium*, tanto essi oscurano ogni bene di virtù nella mente, e tanto rapiscono ad ogni male di vizio la concupiscenza, benché non ancora guasta ».[8] Certo, Segneri avvertiva che non intendeva riferirsi a tutto il teatro, ma solo a quello sconcio, disonesto; e tuttavia è facile, leggendone la requisitoria, rendersi conto che sotto accusa è precisamente quella forma di seduzione dello spettatore della quale Segneri sapeva cogliere precisamente i caratteri specifici:

> contuttociò mai non riescono gli occhi nostri al demonio più adatti al suo fine che ne' teatri, dove i libri sono vivi, le pitture sono vocali, la vista è congionta alle parole, le parole sono animate da gesti, da applausi, da cetre, da canti, da sinfonie: sicché tutto ciò che il Signore ci ha dato per servir lui, viene ivi rivoltato dal demonio in istrumento da offenderlo.[9]

---

[8] Paolo Segneri, *Il cristiano istruito nella sua legge. Ragionamenti morali*, Venezia, 1742, vol. III, p. 295 (*Ragionamento trigesimo primo. In detestazione delle commedie scorrette*). Cfr. su questo punto e, in genere, sulla tradizione di critica negativa al teatro, Ferdinando Taviani, *La Commedia dell'arte e la società barocca. La fascinazione del teatro*, Roma, Bulzoni, 1969.

[9] Paolo Segneri, *Il cristiano istruito nella sua legge*, cit., p. 301. Un secolo circa più tardi ritroviamo in un anonimo *Trattato de' giochi e de' divertimenti permessi o proibiti ai cristiani* (Roma, Presso M.A. Barbiellini, 1768: in copertina, a penna, segnato come opera del padre Andosilla, filip-

Il segno è qui del tutto negativo, anzi nefasto, ma si vede bene che gli elementi sottoposti ad esame sono gli stessi, che vengano valutati positivamente o negativamente: sono precisamente quelle componenti dello spettacolo che, a ragione proclamava Segneri, possono produrre la « grande magia » (per usare una espressione canonica), ovvero possono esercitare sugli spettatori una forza di suggestione ad arte costruita, che li stacca dalla loro condizione, li *distrae* nel senso più pieno del termine dalla normalità, dall'abitudine, da quella meccanicità delle percezioni e delle sensazioni che, in un Novecento che qualcuno vide molto affine al Barocco, i futuristi si proposero per primi di frantumare, come i formalisti russi che là proprio colsero il carattere precipuo dell'automatismo al quale solo il linguaggio della poesia si contrappone.

È un potere quello del teatro e dei teatranti che contiene un potenziale diabolico e può essere esorcizzato vietandone ogni manifestazione, ma anche, in alternativa, sottoponendolo a una trasformazione così radicale che ogni componente funesta rovesci il proprio segno nell'esatto contrario. « Faire d'une fable pernicieuse une fable morale, voilà donc le but avoué du père Folard »:[10] la favola alla quale si allude qui è quella di Edipo in una versione, quella appunto del gesuita padre Folard, che recupera la figura mitica con tutto il carico semantico accumulato nei secoli ma ne rovescia esattamente la prospettiva: è Edipo l'artefice pieno del proprio destino, dunque peccatore consapevole di fronte agli dei incolpevoli. È solo un esempio della tendenza ben presente nella drammaturgia dei Gesuiti a misurarsi con i soggetti e le te-

---

pino), considerazioni del tutto analoghe, a conferma di una continuità non solo di posizioni, ma anche di argomenti: « Non si è mai inteso che un peccatore si sia convertito per aver appreso qualche massima eterna dai buffoni e dai musici del teatro. E la ragione si è che i difetti e le passioni degli uomini non si fanno comparire sulla scena nel loro naturale e vergognoso aspetto, come farebbe un predicatore, ma si adornano così nobilmente e con tale artificio, che si rendono amabili e gustose agli spettatori. E se non fossero con quest'arte ricoperte ed abbellite, la commedia o la tragedia diverrebbe nojosa e stucchevole » (p. 113).

[10] Nicole Fouletier-Smith, *Œdipe pêcheur: une perspective chrétienne*, in « Les lettres romanes », n. 2, 1982 (t. XXXVI), p. 119. La *pièce* alla quale si fa riferimento è l'*Œdipe* del padre Folard, appunto, del 1722, su cui si può consultare l'informatissima rassegna di Guido Paduano, *Lunga storia di Edipo Re*, Torino, Einaudi, 1994, pp. 317-21.

matiche più trasgressive per compiere su di esse il più radicale intervento di bonifica, di cristianizzazione. Per operazioni di questo genere è evidente che il ruolo dello spettacolo diveniva decisamente più influente di quello del testo scritto e dunque, sotto questo profilo, gli spettacoli erano altrettanto e per certi versi maggiormente significativi dei testi letterari. Assume anche in questo caso particolare rilievo la distanza, sempre sensibile e spesso straordinariamente accentuata, tra il testo scritto, il testo letterario e quello che si è soliti designare con il nome di « testo spettacolare », l'insieme, cioè, delle indicazioni relative alla scenografia, ai costumi, alla coreografia, alla musica, alla recitazione, ecc., che fanno appunto di un testo letterario solo la base, sia pure importante, dello spettacolo come viene di volta in volta allestito e rappresentato. Questo divario era del resto massimamente operante proprio nel caso delle rappresentazioni teatrali in età barocca, quando, e non solo nel teatro, venivano esaltati al massimo grado proprio gli elementi spettacolari.

Un esempio di questa divergenza o di questo doppio binario, con riferimento al teatro dei Gesuiti è offerto indirettamente da Marc Fumaroli, che è certamente uno degli studiosi più attenti negli ultimi anni della cultura gesuitica anche drammaturgica. In un ampio e ricco saggio sulle due tragedie più note e interessanti di Bernardino Stefonio, che sono *Crispus* e *Flavia*,[11] Fumaroli analizza le circostanze delle prime rappresentazioni delle due tragedie. Per quanto riguarda *Crispus*, ricorda che la prima rappresentazione ebbe luogo a Roma nel 1597 al Collegio Romano, durante il Carnevale; nel 1603 fu replicata a Napoli alla presenza dell'autore. Per l'analisi dello spettacolo Fumaroli si serve di alcune lettere manoscritte che il padre Stefonio scrisse al padre Valentino Mangioni da Napoli, in occasione appunto dell'allestimento napoletano della sua tragedia, di due programmi del *Crispus* (uno, conser-

---

[11] Marc Fumaroli, *Le « Crispus » et la « Flavia » du P. Bernardino Stefonio, s.j. Contribution à l'histoire du théâtre au Collegio Romano (1597-1628)*, in *Les Fêtes de la Renaissance*, tomo III, « Colloque international d'études humanistes, Tours, 10-22 Juillet 1972 », Paris, C.N.R.S., 1975, pp. 505-24; Id., *Théâtre, Humanisme et Contre-Réforme à Rome (1597-1642): l'oeuvre du P. Bernardino Stefonio et son influence*, in *Actes du IXe Congrès de l'Association Guillaume Budé*, Paris, Les Belles Lettres, 1975, pp. 399-412; ora, entrambi leggibili, in traduzione italiana, nel già citato *Eroi e oratori*.

vato alla Biblioteca Vaticana datato 1628 e l'altro conservato all'Arsenal di Parigi non datato), oltre che delle illustrazioni relative alla coreografia stampate nella edizione napoletana della tragedia del 1604.

L'analisi di Fumaroli, interessante per molti versi, si sviluppa su vari aspetti della coreografia e della drammaturgia dello spettacolo di Stefonio, soffermandosi in particolare sulla funzione del coro e degli intermezzi nel due programmi esaminati e sul nesso tra le evoluzioni di danza del coro e la teoria sull'origine della tragedia che il padre Tarquinio Galluzzi, allievo di Stefonio e suo estimatore, espose in un trattato sul quale tornerò più avanti. C'è, però, qualcosa da osservare subito. Innanzitutto appare piuttosto singolare che Fumaroli, passando in rassegna i documenti che dicevo, non ritenga opportuno metterli a confronto con il testo a stampa del *Crispus*, pubblicato la prima volta nel 1601, quando l'autore era ancora in vita (Stefonio era nato nel 1560 e morì nel 1620) Eseguendo questo esame si verifica facilmente che nel testo a stampa non esistono intermezzi come non esistono indicazioni di carattere coreografico. Mentre tutte e due queste integrazioni sono riscontrabili nei « testi spettacolari » che venivano, generalmente, denominati *argomento*. Si tratta di pubblicazioni a stampa comprendenti poche pagine e destinate ad illustrare in italiano la trama e l'azione del testo che si andava a rappresentare, oltre che le canoniche indicazioni dei personaggi e degli interpreti, delle ambientazioni delle diverse scene, delle coreografie degli eventuali intermezzi. La principale funzione di questi *Argomenti* era legata all'obbligo previsto dalla *Ratio studiorum* di rappresentare solo testi in latino (obbligo rispettato generalmente in Italia, almeno fino alla metà del XVII secolo),[12] e alla necessità perciò

---

[12] La prima versione della *Ratio studiorum*, 1586, conteneva già precise indicazioni: « Quoniam vero Tragoediae nec ubique, nec semper, nec frequenter agi possunt, ne in nimiam desuetudinem abeat exercitatio, sine qua poesis pene omnis friget ac iacet, non parum expedit, ter aut quater in anno privatim in Scholis Humanitatis et Rhetoricae sine scaenico ornatu a pueris mutuo colloquentibus recitari ab ipsis compositas Eclogas, Scaenas, Dialogos, quorum partes ita Magister disponet ac dividet paulo provectioribus scribendas, ut coniunctae postea unum corpus coagmentent » (*Ratio studiorum et Institutiones Scholasticae Societatis Iesu*, cit., tomo II, p. 176). Divieto ripetuto e ribadito nelle versioni successive (1591 e 1599). È tratto dalla *Ratio* del 1599 il seguente passo che riassume le fondamentali proibizioni: « Tragoediarum et comoediarum, quas nonnisi latinas ac rarissimas

di favorire la comprensione dell'intreccio sulla scena a tutte le componenti del pubblico, anche quelle per nulla avvezze al latino. Nella nostra prospettiva odierna questi testi di servizio si presentano come uno strumento prezioso per la ricostruzione degli spettacoli nei collegi che, come appunto risulta dagli *argomenti*, erano spesso molto diversi dai testi drammaturgici scritti e pubblicati, finanche nella lingua: latina nei testi scritti, italiana (o delle diverse nazionalità) nelle rappresentazioni.

Proprio del *Crispus* ci sono arrivati numerosi *argomenti*; uno di questi è appunto denominato *Argomento del Crispo. Tragedia latina composta dal p. Bernardino Stefonio della Compagnia di Giesù. Da recitarsi nel Seminario romano. Con una breve espositione atto per atto, scena per scena di quanto in essa si tratta. Disteso dal conte Giovanni Vistarino, convittore del Seminario romano*,[13] e contiene la descrizione

---

esse oportet, argumentum sacrum sit ac pium, neque quicquam actibus interponatur, quod non latinum sit et decorum; nec persona ulla muliebris vel habitus introducatur» (Regulae Rectoris n. 13, in *Ratio studiorum et Institutiones Scholasticae Societatis Iesu*, cit., tomo II, p. 272). Le forme e i modi attraverso i quali, nei singoli Paesi e nelle specifiche situazioni, le trasgressioni divennero così abituali da configurare un vero e proprio sistema alternativo, senza che tuttavia venisse mai abolito il rispetto formale delle regole generali della Compagnia: tutto ciò è verificabile sostanzialmente negli studi riferiti alle varie realtà nazionali. Molti elementi, comunque, si riscontrano nelle ricostruzioni storiche complessive del teatro gesuitico. Tra le altre vanno segnalate (in aggiunta ai testi già ricordati): Ernest Boysse, *Le théâtre des Jésuites*, Paris, H. Vaton, 1880 (ristampa, Genève, Slatkine, 1970); L.V. Gofflot, *Le théâtre au Collège du Moyen Âge à nos jours*, Paris, Librairie H. Champion, 1907; Willi Flemming, *Das Ordens Drama*, in *Barokdrama*, II, Leipzig, Philipp Reclam, 1930; Edna Purdie, *Jesuit Drama*, in *The Oxford Companion to the theatre*, Oxford, V. Ridler, 1967, pp. 508-15; Nigel Griffin, *Jesuit School Drama*, 2 voll., London, Grant and Cutler, 1976; Ruprecht Wimmer, *Jesuitentheater*, Frankfurt am-Main, Vittorio Klostermann, 1982; William H. McCabe, *An Introduction to the Jesuit Theatre*, St. Louis, the Institute of Jesuit Sources, 1983.

[13] A questo *Argomento*, databile secondo alcuni 1617, si affiancano vari testi analoghi dovuti ad altri convittori che si incaricarono di questo genere di impegno in occasione di rappresentazioni della tragedia stefoniana (in latino o in italiano). Tra gli estensori di questi *argomenti* e *scenari* si possono ricordare: Ansaldo Grimaldi (1628), Giacomo Mascardi (1628), Lodovico Pallavicino (1644), Ignatio de' Lazari (1665), ai quali si deve anche la de-

e il riassunto, oltre che della trama, di un *Prologo in lingua nostra aggiunto per introduzzione al suggetto della tragedia* e dei quattro *Intermezzi* collocati, com'era norma, tra un atto e l'altro.[14]

Risulta allora piuttosto chiaro (e questa è la seconda osservazione al saggio di Fumaroli) che il divario, piuttosto consistente, tra il testo a stampa e le rappresentazioni, riscontrabile con facilità sempre, tutte le volte almeno che queste siano in qualche modo documentabili, diviene tanto più sistematico e in qualche misura obbligato in riferimento alle rappresentazioni nei collegi (dei Gesuiti, come di altri ordini religiosi); la finalità principale degli spettacoli non era, infatti, almeno intenzionalmente, di ordine ludico, ma sempre tendenzialmente assoggettata

---

scrizione degli intermezzi e dei balli che spesso arricchivano la rappresentazione e la trascrizione della musica che accompagnava, a volte, lo spettacolo. Naturalmente è del tutto plausibile che esistano in archivi e biblioteche pubbliche e private molti altri testi di questo genere, legati alle diverse occasioni spettacolari.

[14] La lettura del Prologo e dei quattro Intermezzi può illustrare nel modo, credo, più chiaro la natura e la funzione di queste addizioni. Prologo: « Scende dal Cielo la Sapienza con la comitiva delle Scienze più gravi per diporto nel suo giardino e è dal choro delle Virtù alla Poesia e belle lettere appartenenti ricevuta. Quivi deliberandosi qual trattenimento poetico si debba scegliere, allegro, ò grave, si dà la prerogativa al Tragico; poi desiderandosi per suggetto un giovane di ottima educatione da fanciullo, di singolar fortezza nelli incontri militari, e di incomparabil honestà, e modestia nelli Studi della pace, per opra della fortuna guidata dalla Sapienza, viene dall'urne di secoli cavato à richiesta di ciascheduna Virtù il nome di Crispo, nipote di Santa Helena, vincitore delle principali parti del Mondo; il quale havendo sortito una Fedra per matrigna, e un Theseo per Padre, si portò da Hippolito veramente Christiano ». Intermezzi: primo: « Essendo la tragedia composta sopra un Personaggio guerriero si fanno intermezzi di guerra. Il primo dunque è un combattimento di fanciulli con spade e pugnali che fanno li Signori Convittori di minore età, ed è come apparecchio del trionfo di Crispo »; secondo: « Il Tevere in un trono maritimo invita i Tritoni à Cavallo sopra Delfini alla guerra de Caroselli, e ad altri giuochi tra di loro per allegrezza nel trionfo di Crispo »; terzo: « Un giuoco di Spadoni à Tempo di suono seguitando a far festa per cagione del prossimo trionfo di Crispo non sapendo ancora che l'allegrezze di esso si turbavano »; quarto: « Si apre l'inferno e vien posta Fedra da Demoni in un trono, e se le fanno quelli honori del trionfo che si dovevano a Crispo come quella che era stata cagione della ruina di lui ».

IX: ESERCIZI DELLO SPIRITO: QUALCHE NOTA SUL TEATRO DEI GESUITI   255

le esigenze pedagogiche e propagandistiche che imponevano, ad esempio, che partecipasse all'azione il maggior numero possibile di allievi (alterando, perciò, secondo necessità, il numero dei personaggi in scena), che si inserissero o abolissero vari generi di azioni sceniche di contorno (combattimenti, tornei, duelli, ecc.), a seconda del carattere del pubblico, del luogo di rappresentazione, della cultura e delle capacità del *choragus*, ecc., insomma che si piegasse qualunque ragione artistica ed espressiva alla destinazione rigorosamente extraestetica delle prove.

Del resto gli stessi drammaturghi gesuiti erano ben consapevoli della distanza tra il testo scritto e i vari «testi spettacolari». Può valere a titolo d'esempio la dichiarazione di Stefonio di essere stato spinto a pubblicare il suo *Crispus* dalla volontà di ristabilire la correttezza di un testo che nelle numerose rappresentazioni era stato in tanti modi alterato fino alla storpiatura.[15] Ancora, la piena consapevolezza dei due diversi registri è del tutto manifesta in Nicola De Avancini che è considerato concordemente il più grande uomo di teatro di area gesuitica, anche se viene ritenuto invece «poeta scarsamente dotato».[16]

---

[15] «Accipio: exemplum erat Crispi pessime descriptum ex malo. fateor: vulneraverunt oculos meos scripturae foedissima passim vulnera. cernebam verba non mea temere inculcata pro meis: versus spurios: sententiarum lacunas: carminis hiatus, Fabulae partibus aliis inversis, aliis amputatis. dolebam, miserum iuvenem non meliore conditione mortuum esse, quam vivus fuisset ut nihilo clementius Librariorum studiis, quam odiis Novercae haberetur. Quidam homines sunt, qui facilius plausus repudiare, quam irrisiones sustinere possint. Itaque ego ille, qui nullam unquam sermonis auram ex hac Poetarum amoenitate captassem, alienas labes aspergi mihi, cum inquinatissima scripta promulgari cernerem pro meis, equidem stomachabar. Itaque nihil aliud tum quam sensum silentio pressi: mox accuratius coepi mecum ipse cogitare, num aliqua posset inveniri tam foedis huius Fabulae vulneribus medicina. Consilium unum erat, ut publicis proeli litteris, quod Amici postulabant, meum ipsius exemplum consignaretur» (Bernardino Stefonio, Introduzione a *Crispus*, Roma, s.e., 1601, p. 5).

[16] Umberto Gandini, *Il teatro barocco di Nicola De Avancini, gesuita trentino alla Corte degli Asburgo*, in «Studi trentini di scienze storiche», n. 1, 1973, pp. 30-68. (La prima parte dell'interessante ricerca di Gandini è pubblicata, con lo stesso titolo, sulla medesima rivista, n. 4, 1972, pp. 421-41.) Lo stesso Gandini riporta il seguente passo tratto dal *Poesis dramatica* di Nicola De Avancini: «So qual differenza possa essere fra lo stile di chi lavora per un'ora di palcoscenico e di chi scrive per l'eternità del

Queste considerazioni avvalorano ulteriormente la necessità di procedere alla raccolta sistematica dei testi scritti letterari assieme a tutti quei testi documentari (lettere, diari, resoconti, stampe, disegni, ecc.) che permettano di ricostruire, *in forma integrata*, il fenomeno teatrale dei collegi dei Gesuiti, in modo analogo, direi, all'impostazione che qualche decennio fa dette Ludovico Zorzi alla ricerca relativa ai testi e ai documenti della cosiddetta commedia dell'arte. Nella consapevolezza, in quel caso come in questo, che molto sia andato ormai e definitivamente perduto e che molto, quindi, non potrà che essere affidato alla ricostruzione ipotetica e quanto è più possibile documentata; senza tuttavia trascurare quanto è già a nostra disposizione, solo che vogliamo interrogarlo: ossia i testi scritti, a stampa o manoscritti, che, evidentemente, sono altrettanto interessanti dei « testi spettacolari » e, in buona misura, essenziali per afferrarne la pienezza di intenti e di esiti. Per non correre insomma il rischio che, dopo avere tanto a lungo appiattito sul solo terreno letterario o paraletterario tutte le potenzialità del fatto teatrale, si ecceda ora nel senso opposto, emarginando o addirittura espellendo dall'analisi e dalla riflessione le componenti non direttamente tradotte nel fenomeno spettacolare.

II. Tenendo conto dello sfondo così sommariamente delineato, mi propongo di concentrare l'attenzione su un testo specifico, e cioè quella tragedia *Crispus* di Bernardino Stefonio della quale ho già detto qualcosa; ricordando, accanto ad essa, alcune altre tragedie con lo stesso titolo o, comunque, con lo stesso soggetto. Questo abbozzo di analisi comparata potrà forse contribuire a dare un inizio di risposta a un quesi-

---

mondo poetico. Nel primo caso l'apparato scenico, il piacere dell'udito, le lusinghe degli occhi, l'arguzia e la destrezza dell'attore assecondano il diletto; nell'altro caso, mancando ogni esteriore attrattiva, ciò avviene solo con lo svolgimento del tema, con la trattazione di inattesi risvolti, con la varietà delle invenzioni, coll'espressione acuta e sentenziosa, con la varietà ed il numero dei metri; per gli uni ha valore il giudizio pubblico, per gli altri varrà la riflessione del singolo. Infatti quanto accade sulla scena è animato e vivo, mentre ciò che si legge è scarno ed inanimato [...]. La recitazione che scorre velocemente toglie il tempo alla meditazione; quanto è invece affidato alla carta (come le cose venali) è accuratamente analizzato; e facilmente accade che avanzi verso migliori giudizi ciò che è stato vituperato; e che sia respinto ciò che era stato lodato » (p. 65).

to che mi pare interessante sul terreno storiografico e critico e che potrebbe formularsi in questo modo: esiste ed è definibile una specificità della ideologia gesuitica relativamente alla riflessione sul teatro e alla sua produzione? Ed ancora, esiste ed è configurabile una uniformità od omogeneità del teatro gesuitico, sul terreno tematico e drammaturgico?

A questo punto conviene riandare alle conclusioni di Bertana il quale, appunto, negava valore al teatro dei Gesuiti in quanto registrava l'assenza di unità, di fisionomia costante, di tecnica peculiare. Rovesciando il senso negativo di quelle considerazioni, resta il rilievo di un fenomeno pienamente identificabile proprio in virtù del carattere poliedrico e differenziato delle sue manifestazioni, e tuttavia riconducibile ad alcune costanti che sovrastano perfino i confini delle lingue e delle culture nazionali.

Come nel pensiero teologico e nella pratica pastorale, i Gesuiti si sono differenziati, anche sul terreno pedagogico e specificamente su quello teatrale, per la straordinaria duttilità e adattabilità alle situazioni, ai paesi, alle culture, alle occasioni più diverse, mantenendo ferma la finalità del loro operare e ad essa, contemporaneamente, subordinando e conformando ogni mezzo. Detto altrimenti, la loro attività e produzione presenta due facce: la prima, immediatamente percepibile, dominata dalla massima variabilità delle forme e delle espressioni, al limite del magmatico; la seconda, su uno strato più profondo, nella quale sono riconoscibili le costanti ideologiche, tematiche e culturali che hanno fatto del gesuitismo uno degli assi della vita europea nell'età postrinascimentale non soltanto della vita religiosa, ma della piena vita culturale e sociale, con una capacità di suggestione di gran lunga più ampia di molte altre scuole e movimenti, cattolici o laici. Il loro teatro è, in questo senso, solo una delle manifestazioni o, si potrebbe dire, uno degli indizi della doppia natura del gesuitismo.

Si impone perciò anche nell'analisi di quel fenomeno un duplice versante, quello della riflessione teorica e ideologica e quello della produzione dei testi e degli spettacoli, versanti, del resto, che a volte (come proprio nel caso del *Crispus*) si intrecciano. La tragedia di Stefonio fu rappresentata, come già dicevo, alla fine dell'anno 1597 la prima volta « non con molto apparecchio di scena, né con molta pompa di robba, e di habiti sontuosi, ma con Attori e Recitanti sì rari che bisognò più volte ad istanza de' Principi ritornarla in palco », essendo particolarmente apprezzata la messinscena per « grado di grazia, di espressione, di portamento, di movenza, di voce, di maestà »:[17] così scriveva il già ricordato padre Tarquinio Galluzzi, nella sua *Difesa del Crispo*, un trattato che pubblicò nel 1633, assieme alla *Rinovazione dell'antica tragedia*, per rispondere alle critiche che si erano addensate sulla tragedia di Stefonio, parallelamente allo straordinario successo che ovunque riscuoteva. È sempre infatti Galluzzi a sottolineare, prima di esaminare scrupolosamente le critiche, che, nei trentasei anni intercorsi dalla prima rappresentazione, « non si è quasi mai tolta di scena né in Italia, né di là da' monti; cagionando sempre ne' spettatori nuova maraviglia doppo che l'hanno ancora tante volte udita e veduta, che molti si trovano, li quali coll'uso di udirla e di vederla già ne ritengono a memoria la maggior parte ».[18]

Del resto la fama di Stefonio fu davvero molto ampia, all'epoca, come diretta risultante dell'eccezionale accoglienza riservata alle sue tragedie, rafforzando il prestigio dell'oratore e del maestro di retorica. Ne sono testimonianza, oltre le vicende biografiche (nel 1618 fu chiamato alla corte di Modena per l'istruzione del principe Alfonso d'Este), le attestazioni di stima da parte di Tasso e soprattutto Marino, che gli dedicò il seguente sonetto:

---

[17] Tarquinio Galluzzi, *Rinovazione dell'antica tragedia e Difesa del Crispo*, Roma, Stamperia Vaticana, 1633, p. 83. Lo stesso Stefonio scriveva nell'Introduzione al testo a stampa (cit., pp. 3-4): « Neq: vero me multum movere debuit spectatorum illa flebilem Actorum vocem consequuta collacrymatio. lacryma nihil facilius exprimitur, nihil citius aresct: & mihi tam amicus ipse non sum, quin intelligam sensum illum commiserationis acerbum exarsisse vehementer, non tam meo, quo commotus esset stylo, quam Sodalium vestrorum, quo exulceratus est gestu. Multum (quod vos eruditissimi iuvenes non fugit) multum ardoris, & dignitatis habet illa Theatri lux. omnia maiora facit scenicus ad motum compositus omnis apparatus, & illae praeclarae non per aures solum, sed etiam per oculos ad animum traiectae rerum imagines. Quod pectus ita ferreum est, ut non illud expugnet Orchestra, Logaeum, Thymele, choragium, emmelia, parodos, exodus, numerus, concentus, eiulatio, conquestio, comploratio, fletus, ipsa iam humanitatis exulceratione iucundior, tum, cum omnis inflammata gestu, tamquam amentata vehementius intorquetur oratio? Multorum adeo recordor ingenia, cum ad caveam Histrionum opera pulcherrime stetissent, extra caveam, Actoris calore refrigerato, turpissime concidisse. ut nunc demum accipiam Platonem in Politia scenicos ludos e Rep. submoventem ».

[18] Tarquinio Galluzzi, *Rinovazione*, cit., p. 84.

> E la penna, e la lingua hai sparsa e piena
> Di dolcezza, e di gratia e questa e quella
> O se scrive, Stefonio, o se favella,
> Di par si mostra a noi cigno e sirena.
> L'una Apollo sostien e con tal vena
> Muove; che già per te men chiara e bella
> I dorati cothurni a la novella
> Cede l'antica homai tragica scena:
> Nell'altra poi che da Mercurio è retta
> Mirabil Dea, possente Dea s'asconde,
> Che dolcemente fulmina e saetta:
> E mentre in note oltre ogni stil faconde
> Hor n'insegna, hor n'infiamma, et hor n'alletta
> Stilla miel, piove latte, oro diffonde.[19]

Al successo ottenuto in teatro dal *Crispus* va affiancato quello editoriale; alla prima pubblicazione nel 1601 seguirono numerosissime edizioni a stampa[20] anche queste diffuse sul territorio europeo. La straordinaria fortuna di questa *pièce*, a quanto risulta la più ampia per una tragedia scritta da un Gesuita, è certamente dovuta a un insieme di fattori concorrenti a quell'esito; e il primo fra tutti non può che essere il soggetto.

---

[19] Il sonetto di Marino è riportato nella *Prefazione* a *Posthumae Bernardini Stephonii e S.J. Prosae* (Roma, s.e., 1658), nella quale sono illustrati con dovizia di particolari i meriti di Stefonio.

[20] Per le edizioni a stampa cfr. Carlos Sommervogel, *Bibliothèque de la Compagnie de Jésus*, tomo VII, *Bibliographie*, Bruxelles, Oscar Schepens, Alphonse Picard, 1896 (pp. 1527-31), che segnala dieci ristampe della tragedia in volume singolo dopo la prima pubblicazione del 1601, nonché numerose presenze in volumi collettanei. Ma il successo editoriale è strettamente connesso con l'apprezzamento per la *pièce* stefoniana diffuso nei collegi italiani ed europei. Per l'area tedesca cfr. Jean-Marie Valentin, *Le théâtre des Jésuites dans les pays de langue allemande: repertoire chronologique des pièces représentées et des documents conservés (1555-1773)*, Stuttgart, Anton Hiersemann, 1983, che elenca otto rappresentazioni dal 1612 al 1766 (Paderborn 1612, Landshut 1662, Mindelheim 1667, Eichstatt 1739, Lucerne 1742, Augsbourg 1744, Landshut 1759, Straubing 1766); per l'area francese cfr. L.V. Gofflot, *Le théâtre au Collège*, cit., Ernest Boysse, *Le théâtre des Jésuites*, cit., che ricordano rappresentazioni a Pont-a-Mousson (1603), a Lyon (1604, 1609), a Anvers (1608), Rouen (1610), Troyes (1622), ecc.

La vicenda che viene qui rappresentata è sostanzialmente quella dell'*Ippolito* di Euripide e soprattutto della *Fedra* di Seneca, vicenda che, per quanto riguarda i luoghi e i nomi dei personaggi (come anche per qualche altro tratto), viene trasposta nella storia romana, con l'imperatore Costantino al posto di Teseo, Fausta, sua moglie, al posto di Fedra, Crispo, figlio di Costantino e della sua prima moglie Minervina, al posto di Ippolito, e così di seguito per altri personaggi di contorno.[21]

La filiazione del soggetto dal modello antico è dichiarata esplicitamente nella esposizione dell'argomento (« Quo crimine Crispus innocentissimus, Caesar, tertium consul, victor, triumphalis per summam iniuriam oppressus, iudicii genere par Hippolyto, sanctitate morum, rebus gestis, mortis contemtione superior, Faustam Phaedrae, Constantinum Theseo simillimos expertus est »),[22] come anche nel testo che affida il prologo all'ombra di Fedra e al demonio. Inoltre ci informa Galluzzi che l'autore « in prospettiva di scena »

> fec'ergere una tavola come per manifesto e protestazione di quello ch'egli intendeva di fare con questa bellissima iscrizzione, letta ed ammirata da tutti come elegante, ingegnosa, e rassomigliante lo stilo de gl'antichi secondo ch'era sua costume di fare in ogni suo componimento: Iulius Flavius Crispus Caesar / Flavij Constantini Augusti filius / Ex Alemannico bello victor / Tertium consul / Foris parta pace, domi bellum offendit. / Cum fortiter cadere, quam turpiter / Facere malvisset, / Faustam novercam Phaedrae, patrem Theseo / Simillimos est expertus. / Hippolyto ipse constantior ». E in un cartello più sintetico si leggeva « Crispus tragoedia, gemina cum Hippolyto.[23]

Dunque è aperta la ripresa della favola di Ippolito e Fedra nel territorio educativo confessionale dei collegi gesuitici ed è tanto voluto il

---

[21] Cfr. Corrado Zacchetti, *La leggenda di Crispo e di Fausta* (nel volume dello stesso, *Di palo in frasca*, Torino, Paravia, 1899), che ripercorre la tradizione popolare e i dati storici di questa leggenda, richiamando temi analoghi. Di « a christianized version of the Phaedra theme » ha scritto Victor R. Yanitelli, *Heir of the Renaissance. The Jesuit Theatre*, in « The Jesuit Educational Quarterly », vol. XIV, n. 3, gen. 1952, pp. 133-47 (144), e, poi, Marc Fumaroli in *Eroi e oratori*, cit.

[22] Bernardino Stefonio, *Crispus*, cit., pp. 11-12.

[23] Il testo del cartello riportato da Galluzzi si può leggere, con minime varianti, nel testo a stampa del *Crispus* già citato (p. 12) come *argomento* più breve. La citazione da Galluzzi è alle pp. 109-10.

richiamo alla classicità, da essere esibito nella forma più palese. Del resto si tratta di una delle applicazioni di quell'opera di ripristino delle forme classiche alla quale si dedicò Stefonio come drammaturgo e come *choragus*, perfettamente in linea con una certa ispirazione umanistica che si prolungò dalla cultura laica (e, in parte, da quella protestante) rinascimentale fino a certe zone controriformistiche.[24] La prima diretta motivazione della scrittura teatrale di Stefonio rimanda, così, all'esigenza già diffusamente avvertita e da lui ottimamente realizzata di « normalizzare », riformandole, le rappresentazioni nei collegi, dal momento che queste occasioni comportavano un duplice inconveniente da quando si era iniziato a realizzarle,[25] riconducibile, peraltro, a ragioni interconnesse: gli spettacoli infatti attiravano una massa imponente di pubblico popolare, rozzo e ineducato, che facilmente trascendeva in comportamenti giudicati contrari alla decenza e alla moralità; mentre, d'altra parte, era la stessa natura degli spettacoli a suscitare un così grande interesse nel pubblico cittadino, arricchiti com'erano da ogni tipo di strumento scenico e drammaturgico atto a produrre meraviglia, sorpresa, diletto, indipendentemente dal carattere sacro dei soggetti e delle tematiche rappresentate.

L'operazione di Stefonio si può così intendere come il corrispettivo, sul terreno drammaturgico, delle norme che erano state dettate, nella *Ratio studiorum*, sul terreno pedagogico religioso. Di qui il riferimento obbligato al modello classico e a quello senecano in particolare[26] come

---

[24] Cfr. Edith Weber, *Le Théâtre humaniste protestant a participation musicale et le théâtre jésuite: influences, convergences, divergences*, in *Les Jésuites parmi les hommes aux XVI et XVII siècles*, Faculté des Lettres et Sciences Humaines de l'Université de Clermont-Ferrand II, fasc. 25, 1987, pp. 445-60.

[25] Secondo alcuni si erano verificati gravi tumulti a Roma nel 1566 (data incerta, comunque), in occasione della rappresentazione al Collegio Germanico di una tragedia sul martirio di S. Caterina, in seguito ai quali si cominciarono ad elaborare ed imporre le norme restrittive all'attività teatrale nei collegi che vennero quindi formalizzate nella *Ratio studiorum* (cfr. Riccardo G. Villoslada, *Storia del Collegio Romano*, cit., p. 69; Alessandro Ademollo, *Il carnevale di Roma nei secoli XVII e XVIII*, Roma, A. Borzi, 1967, p. 55; e Gualtiero Gnerghi, *Il teatro gesuitico ne' suoi primordi*, cit., in particolare le pp. 4-8).

[26] A proposito dell'imitazione stefoniana di Seneca e allargando, di qui, lo

il più noto e apprezzato in area umanistica per quanto riguarda la forma e l'ordine strutturale della tragedia, in tutto rispondente alle regole fissate da Aristotele, almeno secondo la lettura che di esse si faceva nella cultura rinascimentale.

Con tutto ciò, siamo appena all'inizio di una spiegazione, perché va ancora chiarito (ed è il punto più interessante) il motivo della scelta dello specifico soggetto di Ippolito e Fedra tra tutte le tragedie di Seneca pervenute all'età moderna.

---

sguardo alla cultura coeva, Marc Fumaroli (*Eroi e oratori*, cit., p. 210) sottolinea il ruolo della « prima grande sintesi teorica gesuita nell'ordine drammaturgico, il *Syntagma tragoediae latinae* di padre Martin Del Rio (1593), che accompagnava la sua monumentale edizione commentata di Seneca ». Una influenza non solo molto consistente, ma anche duratura: nel 1634 veniva pubblicata (Antwerpiae) una antologia dal titolo *Selectae Patrorum Societatis Iesu Tragoediae*, in due volumi, il primo dei quali comprendeva cinque tragedie, due di Stefonio (*Crispus* e *Flavia*) e altre tre di autori diversi (precisamente *Svevia* di Alessandro Donato, *Sedecia* di Carlo Malaperti, *Sisara* di Dionisio Petavio); nella *Prefazione* il « Typographus » sottolineava che i cinque testi venivano stampati assieme « ut quemadmodum eae multis olim voluptati fuere spectantibus, ita legentibus vobis sint utilitati. Et quamquam non dubitabam fore quosdam, qui laborem hunc meum non probarent; qui unum Senecam volvi volunt a tragoediae studiosis, praeterea neminem: opera tamen pretium facturum me existimavi, si non tam fastidiosorum hominum, novaque omnia improbantium judicio, quam commodis vestitis servirem. Et vero etsi L. Annaeus Seneca, uti Latinorum Tragicorum fons est ac princeps, ita praecipuo quodam studio legi debet ab omnibus », continuando poi su questa linea per proporre i cinque testi selezionati come modelli drammaturgici. Sulla presenza di Seneca nella cultura cinque-secentesca cfr. *Les tragédies de Sénèque et le théâtre de la Renaissance*, a cura di Jean Jacquot, Paris, C.N.R.S., 1964; George Williamson, *Senecan Amble*, Chicago, University of Chicago Press, 1966. Specificamente per l'area gesuitica cfr. Jean-Marie Valentin, *Le théâtre des Jésuites*, cit., p. 239 e sgg.; André Stegmann, *Les metamorphoses de Phèdre*, in *Actes du Ier Congrès International racinien*, Uzes, Ed. H. Peladan, 1962, pp. 43-52, il quale attribuisce ai Gesuiti l'iniziativa dell'introduzione sulle scene del soggetto di Crispo e sottolinea come l'antologia del 1634 fosse divenuta un classico, servendo da modello a vari autori europei, tra i quali il francese François Grenaille, autore dell'*Innocent malheureux* (1639) che dichiarava esplicitamente Stefonio come sua fonte.

Va considerato intanto che la cospicua mole della produzione tragica dei Gesuiti si può raccogliere sostanzialmente in tre filoni: ai soggetti tratti dalla storia romana, infatti, si affiancano temi ispirati alle Sacre Scritture e alle vite dei santi (in misura decisamente più consistente), proponendosi, per ultimo, un filone ispirato a eventi e personaggi storici più recenti; per quanto mi risulta, sono piuttosto rare le tragedie gesuitiche di soggetto mitologico, almeno nell'area italiana, dal momento che nei paesi di lingua tedesca, per esempio, è documentato qualche esemplare del genere.[27] D'altra parte anche la produzione tragica cinque-secentesca di natura non religiosa, che pure si ispirava in maniera più diffusa di quella gesuitica ai temi della tragedia classica greca e latina, manifestò una decisa predilezione per il soggetto di Ippolito e Fedra costituendo una vera e propria linea che conduce per passaggi in qualche misura collegati al capolavoro raciniano di fine secolo e com'è noto anche oltre, fino all'età nostra.[28]

Certo un motivo plausibile del fascino esercitato da questo tema

---

[27] Ad esempio Giasone, Narciso, Tieste, come risulta dai titoli elencati da Jean-Marie Valentin nel suo *Le théâtre des Jésuites dans les pays de langue allemande. Repertoire bibliographique*, I parte, 1555-1728, Stuttgart, Anton Hiersemann, 1983. Ha tentato una sorta di classificazione dei temi delle tragedie gesuitiche, in prospettiva cronologica, James A. Parente jr, il quale in *Tyranny and Revolution on the Baroque Stage: the Dramas of Joseph Simons* («Humanistica Lovaniensia», vol. XXXII, 1983, pp. 309-24), ha sostenuto che, mentre nella seconda metà del XVI secolo si avrebbe una prevalenza di temi e personaggi che simboleggiano la lotta con gli eretici e i barbari (come Costantino o Goffredo di Buglione), con l'inizio del nuovo secolo prevarranno personaggi (come i «bizantini» Ermenegildo o Teodorico) riconducibili al tema del potere, della ragion di Stato, della ribellione. Ma va sottolineato che l'ottica di Parente è piuttosto ridotta, essendo limitata al Simons e all'area anglosassone.

[28] Già diversi studiosi hanno proposto ricostruzioni del percorso della favola di Fedra dall'età antica alla moderna, ma, nonostante la finezza di molti tra questi lavori, continuano a rimanere delle lacune a motivo della veramente straordinaria fioritura di testi dalla medesima radice. Cfr. André Stegmann, *Les metamorphoses de Phèdre*, cit.; *Atti delle giornate di studio su Fedra*, a cura di Renato Uglione, Torino, Regione Piemonte, 1985 (con interventi, tra gli altri, di Marziano Guglielminetti, Francesco Giancotti, Daniela Dalla Valle); per le riprese più recenti, cfr. il mio *L'onta e la gloria*, in *Scrittori e critici di fine Ottocento*, Potenza-Milano, Il Salice, 1992, pp. 39-59.

consiste nel fatto che, sia nel trattamento di Euripide come in quello di Seneca, presenta tratti del tutto singolari, con una particolare accentuazione dei due elementi, quello passionale, del « furore amoroso » (come lo definiva Galluzzi), da un lato, e quello fatale, del dominio del fato, dall'altro; così Segneri illustrava quest'ultimo:

> si deride la Fede, si deifica la Fortuna, si stabiliscono quelle massime che servono di base all'Ateismo, ed ora con equivocazioni disoneste, ora con ereticali amfibologie si dipinge la virtù per vizio, ascrivendo il tutto al Caso e togliendo di mano alla Provvidenza le redini del governo umano per metterle in mano al Fato.[29]

Entrambe le componenti sembrerebbero, insomma, appartenere alla prospettiva più radicalmente opposta a quella della morale cattolica controriformistica, come è infatti interpretata da Segneri.

Ebbene io credo che proprio qui si possa cogliere e verificare una prima specificità (di tipo tematico, in questo caso) del teatro dei Gesuiti, che rimanda alla più generale ideologia e cultura della Compagnia. Nella lettura e ancora più nella messa in scena della storia di Ippolito e Fedra (non importa, per ora, come sia variata), i giovani allievi erano coinvolti (assieme al pubblico dello spettacolo) nella manifestazione di sentimenti e comportamenti che sfidavano tutte le positive convinzioni e convenzioni che animavano la vita educativa del collegio. Dunque l'immersione piena in una dimensione di colpa e di peccato come prova della capacità di resistere all'una e all'altro, evento che si realizzava in una occasione eccezionale com'era la recita di fine anno e in un contesto eccezionale, quello del teatro che, per statuto spaziale e formale, era ed è del tutto fuori dalla norma della quotidianità.

È stata opportunamente sottolineata l'analogia, e anzi il legame organico, tra la pratica teatrale realizzata nei collegi gesuitici e l'ispirazione devozionale degli *Esercizi spirituali* del fondatore della Compagnia di Gesù;[30] come anche la finalità educativa, in senso lato, dell'impegno

---

[29] Paolo Segneri, *Il cristiano istruito*, cit., p. 298.
[30] Cfr. Hermann Joseph Nachtwey, *Die Exerzitien des Ignatius von Loyola in den Dramen Jakob Bidermanns*, Bochum-Lagendreer, Ed. Pöppinghaus, 1937; Jacques Hennequin, *Théâtre et société dans les pièces de Collège au XVII siècle (1641-1671)*, in *Dramaturgie et société*, cit., pp. 457-67 (467); Roland Barthes, *Coment parler à Dieu?*, in « Tel Quel », n. 38, 1969, ora leggibile, in traduzione italiana, in *Sade, Fourier, Loyola. La scrittura co-*

imposto ai giovani studenti nella recitazione. Ha bene sintetizzato questi tratti Fumaroli: « tale gioco delle passioni è stato calcolato dal drammaturgo come psicomachia dell'anima cristiana obbligata a scegliere fra Dio e il Demonio, fra il Bene e il Male: la coscienza dello spettacolo come un tutto, a cui ogni attore deve saper innalzarsi, è quindi generatrice di un senso edificante ».[31] Fumaroli osserva ancora che a queste ragioni di carattere generale si deve aggiungere, nel caso specifico del *Crispus*, una volontà apologetica del padre Stefonio che, mettendo in scena la Roma imperiale di Costantino, celebrava insieme la grandezza della città papale e la figura del primo Imperatore cristiano, autore per di più della presunta donazione della città ai Papi. Ora, tutto ciò ha probabilmente una sua fondatezza, ma non mi sembra sia sufficiente per spiegare il senso effettivo della ripresa proprio del mito di Fedra e l'enorme successo di questa riproposizione, sulle scene dei teatri dei collegi come nelle edizioni a stampa. Al quale successo vanno per l'appunto ascritti i numerosi rifacimenti in area italiana ed europea. Voglio ricordare solo (e mi limito all'Italia) una prima traduzione in italiano del *Crispus* (databile presumibilmente al 1620; e ne seguirono molte altre fino al Settecento), sulla quale tornerò più avanti; un *Chrisanto* del padre Ortensio Scammacca,[32] autore di più di quaranta tragedie sacre e morali (come le definiva lui stesso, distinguendo quelle con soggetto tratto dalle Sacre Scritture da quelle provenienti da altre fonti), il quale Scammacca trasferì il luogo dell'azione a Palermo, e sostituì ai Romani i Goti; ancora un *Crispo* di Giovan Francesco Savaro,[33] nel quale è introdotta una principessa della Pannonia, schiava di guerra, Beronice, della quale Crispo è innamorato (l'anticipazione, insomma, della Aricia della *Phèdre* di Racine), un *Ippolito* di Emanuele Tesauro,[34] esplicito ri-

---

me eccesso, (con il titolo *Loyola*), Torino, Einaudi, 1977, pp. 29-64; Marc Fumaroli, *Eroi e oratori*, cit., p. 210.

[31] Marc Fumaroli, *Eroi e oratori*, cit., p. 219.

[32] Compreso in *Delle Tragedie sacre e morali, dal Sig. Abbate D. Martino La Farina al Sig. Franc. Scammacca e Falcone*, Palermo, s.e., 1632-1648, XIV voll. (vol. I).

[33] Giovan Francesco Savaro, *Crispo*, Bologna, s.e., 1662, « recitato dai convittori del Collegio S. Tommaso a Bologna ».

[34] Emanuele Tesauro, *Ippolito*, Torino, Stamperia Bartolomeo Zavatta, 1661. Assieme al quale si possono ricordare altre versioni drammaturgiche della favola (traduzioni da Euripide o Seneca ovvero rielaborazioni) che conser-

facimento della tragedia di Seneca, con interessanti varianti rispetto al modello, in analogia con l'operazione realizzata con l'*Edipo*, anch'esso ispirato a Seneca.[35] E si potrebbe continuare ancora per il Settecento e l'Ottocento.

Del resto, in tutti i testi citati sopra, le varianti rispetto ai modelli classici sono numerose e presentano, sia pure in misura diversa, elementi degni d'attenzione; ma non è tanto questo, ora, che mi interessa sottolineare, quanto la presenza indifferenziata e insistente di quel mito e la sua forza d'attrazione, evidentemente ritenuta ai fini educativi e persuasori più efficace di tante altre vicende e, comunque, di ogni altra derivata dalla tradizione classica. A conferma della tacita attribuzione di valore educativo alla storia di *Fedra*, nel rimaneggiamento di Stefonio, possiamo fare riferimento ad una assenza piuttosto che a una presenza. Nella *Difesa del Crispo*, alla quale ho accennato sopra, il padre Galluzzi elencava le critiche che il *Crispus* aveva raccolto fin lì, raccogliendole in sei «opposizioni». Noi non conosciamo direttamente la natura e i caratteri di quelle critiche e dobbiamo pertanto ipotizzarle dalle controdeduzioni di Galluzzi, ma, esaminando le sei opposizioni, è

---

vano il titolo *Ippolito*, e sono dovute a Ottaviano Zara (Padova, 1558), Lodovico Dolce (Venezia, 1560), Vincenzo Giacobilli (Roma, 1601), Gregorio De' Monti (Venezia, 1611), Andrea Santa Maria (Napoli, 1619), Ettore Nini (Venezia, 1622), Leopardo Bontempo da Rimini (Venezia, 1659), Benedetto Pasqualigo (Venezia, 1730), Michelangelo Carmeli (Padova, 1747) ecc.; altre versioni con titolo *Fedra*, che hanno per autori Giuseppe Baroncini (1552), Francesco Bozza (Padova, 1577; riproposta recentemente per l'ed. Vecchiarelli, Manziana [Roma, 1996] da Cristiano Luciani che ne ha curato l'edizione, corredandola di un'ampia *Introduzione*), Domenico Ortuso (1601), Domenico Monzio, Francesco Vannarelli (musicista, Spoleto, 1661), Paolo Bissari (Monaco, 1662), ecc.; ed infine molti altri testi che sotto titoli diversi presentano un soggetto identico o molto vicino alle fonti classiche. A tutti questi si unirono, poi, naturalmente, le numerosissime traduzioni o adattamenti della *Phédre* di Racine (cfr. Luigi Ferrari, *Le traduzioni italiane del teatro tragico francese nei secoli XVII e XVIII. Saggio bibliografico*, Paris, Ed. Librairie ancienne E. Champion, 1925).

[35] Pubblicato nello stesso volume con *Ippolito*, cit. Questo *Edipo* di Tesauro è stato recentemente riproposto per la cura di Carlo Ossola e commento e note di Paolo Getrevi (Venezia, Marsilio, 1987), che ne hanno voluto sottolineare il valore, eccedendo forse nell'apprezzamento.

assolutamente evidente che tra esse non compare alcuna critica alla scelta del soggetto, indubbiamente scabroso e implicante l'allusione se non proprio la trattazione di una passione tra le più esecrande.[36]
E allora non risulta affatto infondata la convinzione che si tratti di una intenzione consapevole e meditata, nella direzione di modalità pedagogiche sensibilmente originali nel quadro religioso del cattolicesimo, e specificamente di quello controriformistico. Passa insomma anche per questo canale un'idea fortemente attiva, in qualche modo perfino aggressiva, dell'affermazione della spiritualità nel mondo; l'idea che ci si debba continuamente, energicamente, confrontare con gli aspetti più pericolosi, tentatori, del mondo, per consolidare davvero la propria opzione di fede: una prospettiva, del resto, sottesa ad una delle attività più importanti e distintive dello spirito militante della Compagnia, quale era il missionarismo. È in questo senso che la combinazione di vitalità passionale e di disciplina interiore che dovrebbe essere la misura di una vita piena e, insieme, morale può trovare nel personaggio di Fedra il soggetto per eccellenza da osservare, in quanto stimola l'attenzione alla passione eccessiva e induce quindi alla necessità di disciplinarla. Del resto Fedra appartiene a quella schiera di personaggi (come Edipo, Ulisse, Medea, don Giovanni, Faust, ecc.), trasgressivi per oltranza (*ubris*), i quali nella cultura occidentale hanno continuato a incarnare ognuno, lungo i secoli, qualche specifico aspetto dell'essere umano, nella proiezione al di fuori di ogni misura terrena.

Naturalmente, va ricordato, il protagonista, qui, è Crispo (Ippolito) e non Fausta (Fedra); non solo per la ragione disciplinare che vietava la comparsa sulle scene del teatro di collegio di personaggi femminili; ma per le ragioni più profondamente intrinseche che obbligavano a incardinare la vicenda drammaturgica su un personaggio che subisse la passione (qualunque passione) piuttosto che suscitarla, provocarla. Sulla via dell'illustrazione nella prospettiva cristiana della passione si definiscono i contorni di un personaggio omologo sempre, nella funzione almeno, al martire, a colui che si sottopone coscientemente alla passione,

---

[36] Si trova un buon resoconto delle argomentazioni di Galluzzi in Gualtiero Gnerghi, *Il teatro gesuitico*, cit., pp. 46-47. Ha sottolineato la singolarità del tema scelto da Stefonio Victor R. Yanitelli, *Heir of the Renaissance*, cit., p. 145, scrivendo di un'opera « strangely untouched by criticism of its unnatural theme ».

alla sofferenza fino alla morte gloriosa, nell'imitazione, appunto, della morte per antonomasia gloriosa, quella di Gesù.[37]

È questa la prospettiva anche di Galluzzi, il quale tuttavia, nella *Difesa del Crispo*, propone, prima di affrontare specificamente questo tema, una questione pregiudiziale, e precisamente la sostituzione di Platone ad Aristotele come nume tutelare della precettistica tragica; questo gli permette di legare la finalità della tragedia all'esaltazione e alla difesa della libertà contro la tirannia, anziché al terrore e alla purificazione come prescriveva Aristotele, almeno nella lettura che ne facevano gli umanisti, sia laici che cattolici. Il ridimensionamento di Aristotele o la sua storicizzazione è funzionale, nel ragionamento di Galluzzi, alla risposta alla prima obiezione che si fece al *Crispus* e cioè, appunto, l'essere il protagonista, Crispo, un personaggio troppo integralmente positivo, inadatto, per questo, a sostenere il peso della dilemmatica tragica.

Scrive dunque Galluzzi:

> decretò Aristotele, che il soggetto tragico, cioè colui, che colla miseria
> e col tormento che patisce dovrà movere quella spezial misericordia e

---

[37] « L'atto del martire è un *paschein*, *pati*, e il martirio è un *pathos*, *passio*: questi termini non indicano la sofferenza in generale, ma la sofferenza fino alla morte, compresa la morte. Questa è un'innovazione semasiologica propria del linguaggio cristiano [...]. Proprio in virtù dell'*imitatio*, il martirio rappresenta un combattimento contro il diavolo, dal quale il martire esce vittorioso », Christine Mohrmann, *Introduzione generale* a *Vite dei santi dal III al VI secolo*, Milano, Mondadori, 1985, p. XVIII. Sulla figura e il ruolo del martire nella drammaturgia dell'età controriformistica sono molti gli studi, di varia natura e impostazione. Primo fra tutti Walter Benjamin, *Il dramma barocco tedesco*, Torino, Einaudi, 1971 (in particolare le pp. 61-71). Per gli aspetti toccati qui, sono risultati inoltre utili: Maurice Gravier, *Le théâtre des Jésuites*, cit., il quale si mostra convinto che « la tragédie du martyre est en somme l'inverse de la tragédie de la damnation » (p. 128) e ad essa complementare; Jean-Marie Valentin, *Le théâtre des Jésuites dans les pays de langue allemande (1554-1680). Salut des âmes et ordre des cités*, cit., pp. 366-83; Roberto Mercuri, *La Reina di Scozia di Federico Della Valle e la forma della tragedia gesuitica*, in « Calibano », 4, 1979, pp. 142-61; Ilaria Magnani Campanacci, *Il Procolo di P. J. Martello fra dramma gesuitico e « tragédie chrétienne ». (Dal Polyeucte al Procolo: la crisi di una "forma")*, in « Studi e problemi di critica testuale », n. 33, ott. 1986, pp. 55-96 (in particolare p. 67 e nota).

quel particolare terrore, di cui egli ragiona, non vorrà essere, né per virtù, né per vizio segnalato, e eccedente, ma mezano fra 'l vizio, e fra la bontà. E ne porta a ragione, con dire, che non ci muovono a compassione e terrore se non que' soggetti pazienti, che sono simili a noi: e che simili a noi non sono se non i mezani fra l'innocenza e la colpa, e tra 'l vizio e la virtù.[38]

Tuttavia, se ci si discosta da Aristotele, si può ragionevolmente sostenere che anche personaggi « buonissimi e santissimi » possano ricoprire ruoli nel racconto tragico, in quanto « non sono disdicevoli alla tragedia universale, ma solo a quella in particolarità, che Aristotele con alcune private sue leggi riformò ».[39] Viene così ammesso a fare da protagonista di tragedia ogni genere di personaggio positivo, tanto positivo da poter esser comparato ai martiri, ai santi, ai personaggi tratti dalle Sacre Scritture, « purché di sangue e di nascita sia Principe e grande o in altra maniera riguardevole per alta signoria o per potentato ».[40]

È posto qui un tema di grande rilievo per tutti coloro che, ancora a lungo, si porranno il problema della natura della tragedia, confrontando l'ispirazione e il contesto della tragedia classica con l'analoga forma drammaturgica moderna. In particolare e tipicamente controriformistico è il dilemma relativo alla liceità della tragedia cristiana, ovvero alla plausibilità di un protagonista tragico come il martire cristiano, la cui morte terrena non può che rappresentare la condizione per l'inizio della vita vera, quella che si dispiega pienamente una volta che lo spirito si sia definitivamente separato dal corpo. Il nucleo del problema consiste nel nesso, posto da Aristotele o comunque dai suoi interpreti umanistici, tra eroe della tragedia e catarsi, tra la sua vicenda e l'effetto che deve produrre nello spettatore; non potendosi dare, secondo molti commentatori e teorici, un autentico effetto catartico laddove venga a mancare la catastrofe, la caduta precipitosa dentro l'abisso della colpa e della morte, da un'iniziale elevatezza di esistenza e di fortuna.

---

[38] Tarquinio Galluzzi, *Rinovazione*, cit., p. 49.
[39] *Ibidem*, p. 8.
[40] *Ibidem*, p. 59. Le considerazioni svolte qui da Galluzzi (e altrove da altri trattatisti cattolici, gesuiti e non) trovavano una sponda autorevole nel *Commento* che Castelvetro aveva pubblicato assieme alla traduzione della *Poetica* di Aristotele (*Poetica d'Aristotele vulgarizzata e sposta*, Vienna, s.e., 1570). Questo punto in particolare è trattato da Castelvetro nel par. 1452b.

L'eroe positivo, l'innocente perseguitato, il martire non potrebbe dunque essere oggetto tragico, a meno che non si modificasse, sul terreno teorico, la natura stessa della tragedia, la sua motivazione strutturale. La riproposizione più recente e suggestiva di queste tesi si deve a Steiner che nel suo *Morte della tragedia* attribuisce alla locuzione « tragedia cristiana » un carattere sostanzialmente ossimorico («Il fatto è che non c'è mai stata una tragedia specificamente cristiana, nemmeno quando la fede era in pieno rigoglio. Il cristianesimo esprime una concezione antitragica del mondo »), e fa da qui derivare l'inevitabile conseguenza della sottrazione di tragicità all'eroe cristiano: « Poiché è una soglia verso l'eternità, la morte dell'eroe cristiano può essere causa di dolore, non di tragedia ».[41] Dal momento in cui nell'orizzonte dell'uomo occidentale è apparsa la prospettiva della vita ultraterrena, del giudizio universale, con il ristabilimento finale dell'ordine, la morte ha perso il suo valore tragico, sostiene Steiner; trascurando, però, la possibilità di spostare il senso della tragedia dall'assoluto della morte ad altri terreni e, specificamente, in area cristiana, alla morte nel peccato che è come dire alla vita nel peccato, alla modulazione della vita sulla ricerca del limite e, naturalmente, del suo superamento: qui riposa, almeno in età moderna, la virtù dell'eroe tragico, non di tutti gli eroi tragici, ma certo di loro consistenti e influenti incarnazioni.

Spostando la riflessione dal piano estetico a quello morale, Manzoni aveva posto il problema in altri termini; aveva adottato cioè, in qualche modo, la linea martirologica ma sottoponendo a meticolosa critica quell'idea di catarsi nella quale riconosceva l'ostacolo principale alla modificazione in senso moderno dell'operare tragico, sul terreno teorico come su quello operativamente drammaturgico. Dunque è possibile « la tragedia morale » (vale a dire « cristiana », nel lessico manzoniano) quando si riesca a confutare l'asserzione, condivisa dai sostenitori della naturale immoralità del teatro, che la sua finalità è obbligatoriamente « di eccitare le passioni e di assecondarle ».[42] Ma, obiettava Manzoni, si

---

[41] George Steiner, *Morte della tragedia*, Milano, Garzanti, 1965, p. 256.

[42] Alessandro Manzoni, *Della moralità delle opere tragiche*, in *Tutte le opere*, a cura di Giovanni Orioli, Eugenio Allegretti, Giuliano Manacorda, Lucio Felici, Roma, Avanzini e Torraca, 1965, p. 1183. Ho già scritto qualche nota su questo punto in *Recitare le passioni. Voltaire e i Gesuiti*, in « Micromegas », anno XXIII, n. 1, genn.-giug. 1996, pp. 75-100.

tratta di una «opinione ricantata e falsa: che il poeta per interessare deve movere le passioni. Se fosse così sarebbe da proscriversi la poesia. Ma non è così. La rappresentazione delle passioni che non eccitano simpatia, ma *riflessione sentita*, è più poetica d'ogni altra».[43] E nella *Lettre a M. Chauvet*, sviluppando con grande finezza queste tematiche, fissava i termini dell'operare del poeta:

> Qu' il prétende, il le doit, s'il le peut, à toucher fortement les âmes; mais que soit en vivifiant, en développant l'idéal de justice et de bonté que chacune porte en elle, et non en les plongeant à l'étroit dans un idéal des passions factices; que ce soit en élevant notre raison, et non en l'offusquant, et non en exigeant d'elle d'humilians sacrifices, au profit de notre mollesse et de nos préjugés.[44]

Il ragionamento manzoniano proietta questi motivi nella piena dimensione della modernità, superando una connotazione specificamente religiosa in virtù del dominio conclamato della ragione che garantisca dall'offuscamento delle passioni e, quindi, da un effetto brutalmente catartico inteso nel senso più scolasticamente circoscritto.

L'obiettivo conclamato dei Gesuiti con il loro teatro tragico consisteva precisamente nel «atteindre la raison par l'entremise de l'affectivité»;[45] a questo scopo tendevano gli accorgimenti scenografici e, in genere, le cure degli allestimenti, ma anche le vicende, i personaggi e le frequentissime allegorizzazioni. È questo dunque il contesto di sviluppo di quella linea martirologica che caratterizza in modo forte, sul terreno teorico come su quello compositivo, molta parte della cultura letteraria e teatrale dalla metà del Cinquecento al primo Ottocento, almeno, con una varietà e una ricchezza di argomenti e di esiti del tutto comprensi-

---

[43] Alessandro Manzoni, *Traccia del discorso sulla moralità delle opere drammatiche*, in *Tutte le opere*, cit., p. 1184, il corsivo è dell'Autore.

[44] Alessandro Manzoni, *Lettre a M. Chauvet*, in *Tutte le opere*, cit., p. 1126. Il ruolo fondamentale della ragione è il motivo ispiratore della confutazione condotta nella *Prefazione* al *Conte di Carmagnola* nei confronti dei classicisti; il pilastro dell'argomentazione manzoniana risiede infatti nella convinzione che lo spettatore non è «parte dell'azione», ma è invece «una mente estrinseca che la contempla» (Alessandro Manzoni, *Tragedie*, Torino, Einaudi, 1982, p. 9): il passaggio da una drammaturgia della passione ad una drammaturgia della ragione è governato precisamente da questa considerazione.

[45] Maurice Gravier, *Le Théâtre des Jésuites*, cit., p. 127.

bile se si pensi soltanto ai numerosi e significativi elementi implicati in quell'area di riflessione.

A qualunque sfondo martirologico si voglia connettere la posizione di Stefonio, certo è che il giovane innocente e casto Crispo, opposto per sentimento morale e religioso alla perversa matrigna, non differisce sensibilmente dall'Ippolito senecano, iscritti per l'appunto entrambi in una dimensione tendenzialmente martirologica che è indipendente dalla natura della fede professata (anche se naturalmente assume connotati e implicazioni diverse nella prospettiva pagana e, poi, in quella cattolica): Ippolito, si ricordi, in Euripide come in Seneca è devoto della dea Artemide in una misura così accentuata da farne un esemplare misogino; e, d'altra parte, la *Phèdre* di Racine si stacca decisamente dalla tradizione, proprio in quanto riesce a modulare genialmente l'innovazione (non sua ma solo da lui pienamente compresa e svolta) di un Ippolito innamorato e quindi di una Fedra che aggiunge la gelosia ai suoi eccessivi sentimenti analizzati tutti nello svolgersi dell'interiorità dell'infelice vittima del Fato.

Come si è visto, nel *Crispus* viene dichiarata esplicitamente la filiazione dall'*Ippolito* di Seneca, un tratto che fu utilizzato dai contemporanei per imputare a Stefonio un'attitudine all'imitazione dei classici così accentuata da configurarsi in termini di plagio, sempre secondo quanto leggiamo nella *Difesa* di Galluzzi; il quale riporta infatti il giudizio negativo espresso da coloro che avevano rilevato come «l'Autore molti versi, parte dimezati, e parte interi tolse da Seneca tragico».[46] E si può del resto aggiungere che non solo di Seneca si tratta, ma anche di Virgilio, Ovidio, ecc., in quella prospettiva, anch'essa precisamente pedagogica, che sottoponeva ai giovani allievi impegnati nella recita, come agli altri che vi assistevano (assieme al pubblico), un vero e proprio corso di letteratura classica, con ampio sfoggio di erudizione. Galluzzi dunque rispondeva a questa «opposizione» secondo la più consolidata tradizione umanistica che l'imitazione e le citazioni non sono mai da intendersi come «rubberia e ladroneccio», potendosi appellare alla pratica ampiamente diffusa già tra i classici (Daniello Bartoli intitolerà qualche decennio più tardi un capitolo del suo trattato *Dell'uomo di lettere difeso ed emendato* esattamente così: *Come si possa rubare dagli scritti altrui con buona coscienza e con lode*).

---

[46] Tarquinio Galluzzi, *Rinovazione*, cit., p. 85.

D'altronde sarà solo con il Romanticismo che diventerà acquisizione comune la coscienza del distacco, della non continuità tra mondo antico ed età moderna, tra gli scrittori della classicità e quelli contemporanei, secondo un'idea del moderno che è, in ultima analisi, una forma della frattura. Sicché è chiara, per un verso, la funzione pedagogica della prospettiva umanistica delle citazioni dai classici nella tragedia stefoniana,[47] ed è insieme rilevante l'esplicita assunzione della *Fedra* senecana come modello; pure considerando che, come si è visto, Seneca rappresenta il riferimento drammaturgico (più o meno cogente) della quasi totalità dei tragediografi nell'età controriformistica (del resto non solo in Italia), ed anche, cosa che qui ci interessa di più, dei Padri gesuiti che nei collegi si cimentavano con la scrittura delle tragedie. Dunque da questo punto di vista c'è una assoluta continuità di ispirazione e di poetica che lega il teatro gesuitico alla produzione teatrale coeva nel suo insieme; una continuità che poggia su quel connubio di tradizione classica umanistica e spirito controriformistico sul quale ha richiamato l'attenzione, una ventina di anni fa, Asor Rosa come caratteristico di quelle manifestazioni che definiva « forme del missionarismo specie gesuitico del Seicento »[48] e che, più recentemente, è stata riaffermata da Fumaroli, con preciso riferimento al *Crispus*: « La rappresentazione di *Crispus*, così com'è voluta da padre Stefonio è dunque proprio una *Rappresentazione sacra*. Essa fa fondere valori estetici di origine umanistica — il piacere, commuovere, educare di Quintiliano, l'ammirazione portata fino al *raptus* sublime di Longino — con valori di sensibilità cristiana, zelo e compassione ». Su questa via, per Fumaroli, si può affermare un'analogia o addirittura un'identità tra messa in scena della morte di Crispo e messa in scena della morte di Cristo: « essa è una delle manifestazioni più complete della *rhetorica divina* gesuita, che mette al servizio della devozione le industrie dell'arte oratoria e dell'arte drammatica ».[49]

Naturalmente la finalità edificante e persuasoria era la costante di

---

[47] Anche se rimane da valutare con analiticità il carattere specifico delle citazioni, delle parodizzazioni, degli imprestiti; e vale per il *Crispus* quanto per molti altri testi tragici prodotti dai Gesuiti.

[48] Alberto Asor Rosa, *La cultura della controriforma*, Roma-Bari, Laterza, 1974, p. 4.

[49] Le due citazioni sono a p. 220 e p. 221, rispettivamente, di *Eroi e oratori* di Marc Fumaroli, cit.

tali forme e l'elemento prevalente che le animava; altrettanto naturalmente in questo tipo di programma occupavano un ruolo rilevante quelle rappresentazioni teatrali che coinvolgevano, in occasione degli spettacoli, gli allievi assieme al pubblico in una esperienza che sempre, a giudicare da testimonianze e resoconti, colpiva la mente e i sentimenti di coloro che vi assistevano, e, qualche volta, faceva repentinamente maturare la decisione di prendere i voti. E tuttavia appare, in fondo, piuttosto limitativo esaurire qui la funzione e l'efficacia del teatro dei Gesuiti se non altro perché ha saputo prolungare molto al di là del dominio specificamente religioso una cospicua capacità di influenza sulle forme espressive del teatro e, insieme, ha partecipato a quel progetto di formazione delle classi dirigenti che si è imposto a lungo in parecchi paesi europei.

Certamente una delle più forti ragioni della potenzialità suggestiva della cultura gesuitica e del suo teatro risiedeva in quella duttilità e adattabilità che dai suoi avversari fu sistematicamente indicato come uno dei peggiori vizi morali dell'ordine. Da quanto si è visto fin qui si colgono bene, mi sembra, alcuni dei modi nei quali si manifestava, nel caso del teatro, questa duttilità. È sempre di questo genere la trattazione, nella *Difesa del Crispo*, di una delle critiche indirizzate alla tragedia stefoniana, consistente precisamente nell'affermazione che « non fu lecito al poeta introdurre l'ombra di Fedra con la Furia o col Demonio appresso », ovvero che « il poeta habbia tenuta poca cura di quello che conviene alla nostra religione, mentre molta se ne prese dell'imitazion degl'antichi ».[50]

Come risponde Galluzzi? Invocando la totale libertà del poeta, che può servirsi, a suo piacimento, dell'astratto o del concreto; afferma perciò la pregnanza dell'elemento retorico-letterario, ossia il valore, in questo caso, dell'allegoria; l'ombra di Fedra che compare nel *Prologo* del *Crispus* non va intesa come un personaggio femminile, ma va piuttosto interpretata come

> la forza e la general violenza dell'amorosa passione, la quale quando forte infiammata e molto vigorosa, né da verun governo di ragione ritenuta sia, spezza ogni freno di vergogna e di timore, ogni legge dispreggia e rompe, né più ode quel grido della natura, che richiama ogni impudico affetto, qual'hora voglia trapassar i termini dell'ordinario pecca-

---

[50] Tarquinio Galluzzi, *Rinovazione*, cit., p. 125 e p. 126.

re.⁵¹

Dove, accanto all'ingegnosità della casistica, va segnalata quell'allusione a un « ordinario peccare » che non può che rimandare a un peccare straordinario, anomalo, fuori cioè di ogni norma, di ogni limite fissato in precedenza; alla quale, dunque, corrisponde perfettamente la sottolineatura della passione, dell'eccesso, che è il motivo del *Crispus*. Un motivo ben presente, è vero, in tragedie di argomento e di autori profani; ma che, proprio per questo, maggiormente colpisce nell'ispirazione religiosa di Stefonio, perfettamente congruente con quella prospettiva drammaturgica e ideologica che caratterizza la presenza culturale dei Gesuiti in Italia.

È in questo quadro che si coglie meglio il valore dello straordinario successo della *pièce* stefoniana non solo nei collegi dei Gesuiti, ma più ampiamente nel teatro tragico europeo dei primi decenni del Seicento. Benché Stefonio sia autore di altri testi drammaturgici, come *S. Symphorosa*⁵² e *Flavia*, inserita quest'ultima, assieme al *Crispus*, nella già ricordata antologia (*Selectae Tragoediae*) pubblicata nel 1634, come anche in successive ristampe, tuttavia è indubbiamente al rifacimento della *Fedra* che va assegnata la forza di suggestione di un modello e di un tema che ha affascinato tanto a lungo la cultura religiosa come quella laica.

Per capire a fondo le ragioni e i modi di questo esercizio di attrazione sarebbe necessario passare attraverso un sistematico confronto testuale delle numerosissime varianti della favola, che essa venga intitolata a Ippolito, a Fedra, a Crispo o a qualche loro sinonimico parente. Non è questa la sede per un lavoro di tal genere, che richiede evidentemente uno spazio e un tempo adeguati. Mi limito dunque a qualche rapida osservazione derivata dalla comparazione della tragedia in latino *Crispus* (nell'edizione a stampa del 1601 che è stata fin qui utilizzata) con una delle versioni in italiano, in una edizione a stampa non datata, ma presumibilmente del 1620. Sono davvero sintomatici i numerosi elementi che differenziano il testo originale dalla sua traduzione. La

---
⁵¹ *Ibidem*, p. 135.
⁵² « *Sancta Symphorosa* was produced during Carnival of that year at the Romano, though it was not published until 1655. This play represented the first serious effort at a development of the martyr theme in Jesuit drama » (Victor R. Yanitelli, *Heir of Renaissance*, cit., pp. 142-43).

prima chiara evidenza risiede nell'elenco dei personaggi.

Nel *Crispus*:

> Phaedrae Umbra; Malus Daemon; Chorus Iuvenum Romanorum ex convictu Crispi, & disciplina & educatu S. Helenae; Constantinus Minor; Senator Constantini Minoris Moderator; Costantinus Maior Aug. Imp.; Artemius Tribunus Militum; Senatus; Senex Faustae Custos; Eunuchus Faustae servus; Fidicina intra Proscenium; Nuntius Aulicus; Manipulus Militum Duplex; Crispus Caesar & Consul cum lictoribus laureatis; Fausta intra Proscenium; Nuntius; Praefectus Urbis; Ablavius S. Helenae Aug.; Palatij Comes.[53]

Nel *Crispo*:

> Il Demonio; Crispo console figlio di Costantino; Senatore; Coro di donne; Nutrice di Fausta; Fausta Imperadrice; Elena Madre di Constantino; Constantino Imperadore; Ancella nuntia; Servo nuntio.[54]

È facile osservare come la versione italiana semplifichi contraendo il numero dei personaggi in misura notevole (da diciotto a dieci); ma è ancora più interessante registrare le soppressioni e le trasformazioni. Scompare Costantino minore e quindi il motivo dell'invidia che questi manifesta (atto I, scena I) nei confronti del fratellastro e che svolgerà un suo ruolo nel precipitare degli eventi; scompaiono tutti i personaggi legati al processo al quale, nel *Crispus*, viene sottoposto il giovane console, perché nel *Crispo* non c'è più processo; sono eliminati personaggi e situazioni che richiamano l'esercito, i soldati, la qualità militare di Crispo; sparisce Ablavio, al quale si deve la scoperta della verità e il tentativo *in extremis* di salvare la vita dell'innocente perseguitato. Insieme viene portata in scena Fausta (nonostante il divieto della *Ratio studiorum*), andando oltre l'ingegnoso accorgimento di Stefonio che aveva previsto una Fausta malata e sofferente e perciò relegata nel proscenio;[55] la funzione del Senex Faustae Custos e dell'Eunuchus Faustae Servus viene incanalata in un solo personaggio, la nutrice, di tradizionale statuto. Ancora, viene inserita Elena, madre dell'imperatore Costantino e, infine (per rimanere ai segni più manifesti), al coro di giovani compagni di Crispo corrisponde un coro di donne.

---

[53] Bernardino Stefonio, *Crispus*, cit., p. 13.
[54] Bernardino Stefonio, *Crispo*, s.d. [ma 1620], s.l. [ma Roma], p. 2.
[55] Cfr. Tarquinio Galluzzi, *Rinovazione*, cit., p. 147.

Già solo da questi fattori si ricava agevolmente la conclusione che si tratta di due storie sensibilmente differenti, pure se alimentate dalla medesima radice: dilatata e arricchita, la prima; ricondotta sostanzialmente allo schema della tradizione classica, la seconda, come risulta del resto chiaro dall'esposizione dei due argomenti[56] che evidenzia una profonda discrepanza nello svolgimento dell'intreccio, nel ruolo dei personaggi, negli effetti prodotti sul lettore/spettatore; motivi tutti che meritano di essere analiticamente esaminati, in un'altra occasione.

Ma per chiudere almeno provvisoriamente il ragionamento sul senso

---

[56] *Argumentum* del *Crispus*: «Iulius Flavius Crispus Caesar Flavij Constantini Augusti ex Minervina Filius S. Helenae Augustae Nepos, & Minoris Helenae gemellus, Christianis sacris expiatus, bello clarus, & saepe victor, & ex Germanorum clade triumphalis tertium Consul occiditur iussu Patris, crimine Novercae. Haec est Fausta Maximiani Imperatoris Filia, quae cum illecebris sanctitatem illius, & pudicitiae constantiam expugnare tentasset; reiecta & contemta dolorem repulsae non tulit. Quam ob rem novercali odio instincta, & muliebri levitate, ad perniciem iuvenis innocentissimi animo intento, periculum illi ad virum Constantinum falsa criminatione constat. Quo crimine Crispus & innocentissimus, & Caesar, & tertium Consul, & victor, & triumphalis per summam iniuriam oppressus, iudicij genere par Hippolyto, sanctitate morum, rebus gestis, & mortis contemtione superior, Faustam Phaedrae, Constantinum Theseo simillimos expertus est. Romae gesta res esse dicitur: quo tempore Crispus ipse Consul ex Alemannico bello victor ad Urbem esset cum exercitu, Senatu triumphum illi decernente, Constantino Faustae Filio consule fratris collega Senatum habente, Constantino Imperatore Patre referente» (Bernardino Stefonio, *Crispus*, cit., pp. 11-12). *Argomento* del *Crispo*: «Fausta seconda moglie di Constantino Imperadore lusingata dal Demonio arde tacitamente, e diviene inferma per amor del figliastro Crispo. La sua Nutrice s'adopra tanto seco, che viene a saperlo, e contra il voler di lei lo rivela a Crispo. Crispo se ne sdegna, il che inteso Fausta la sgrida, e discaccia, e consegliata s'induce a pregar Elena sua Suocera, onde voglia dispor Crispo a guardar la sua fama. Ma la Nutrice di ciò non informata per ammendar l'un fallo incorre nell'altro maggiore, & accusa Crispo appresso Constantino del peccato di Fausta, la quale udito questo teme che Elena, per purgar d'infamia il Nipote, non apra la verità a Constantino, e però caduta in disperatione priva la Nutrice de gli occhi, & uccide se stessa. Constantino, che reca la cagion del fatto a castità di lei, cieco dall'ira ordina la morte al figliuolo, la qual tardi poi procura impedire» (Bernardino Stefonio, *Crispo*, cit., p. 1).

della proposta drammaturgica del padre Stefonio, può essere utile richiamare l'attenzione su un passaggio del *Crispus*, all'altezza dell'atto V, quando il coro commenta la scoperta della verità ovvero dell'innocenza di Crispo e della colpa di Fausta: scoperta che qui si deve (e non è certo un dettaglio insignificante) alla determinazione dell'amicizia di Ablavio per Crispo. Dunque così recita il coro: « Verum est quod fidibus docet: / Victum pectus amoribus / Coecas in furias agi: / Nulla cupidos lege teneri: / Facile irasci semper amantes: / Et quos cepit amor, furor / Eosdem praecipites rapit. / Tenui quando limite distat / Furor amentis, fervor amantis ».[57] Che si può tradurre approssimativamente così: « È vero ciò che si insegna con la poesia: / L'animo vinto dalle passioni / Cade nelle furie cieche: / I passionali non sono trattenuti da alcuna legge: / Gli amanti sempre con facilità si infuriano: / E quelli che sono presi dall'amore sono trascinati a precipizio dal furore. / Un sottile limite separa / Il furore del pazzo dalla passione dell'amante ».

La messa in scena della passione, dunque, la più scellerata accanto alle più « ordinarie » per ricordare la parola impiegata da Galluzzi: è questo tipo di messa in scena, che, come in una sorta di moderno psicodramma, materializza le forme del peccato per esorcizzarle e, attraverso una vera e propria psicomachia, decretarne la sottomissione alla ragione. Che per realizzare questo obiettivo pedagogico si siano scelti un tema e un testo classico e una forma come la tragedia, è un'altra prova della straordinaria capacità inventiva degli intellettuali gesuiti che, anche per questo, seppero esercitare tanto a lungo una profonda e pervasiva capacità di attrazione culturale.

LUCIA STRAPPINI
Università per Stranieri di Siena

---

[57] Bernardino Stefonio, *Crispus*, cit., p. 165.

X

SEGNERI
E IL VOCABOLARIO DELLA CRUSCA[1]

La presenza di Paolo Segneri tra le autorità citate dal Vocabolario della Crusca è estesa, perché riguarda gli spogli di tutte le sue opere, e costante, perché, entratovi nella terza Edizione del 1691,[2] vi rimane sia nella quarta (1729-1738), che nella quinta, della quale il primo volume fu stampato nel 1863 e l'undicesimo e ultimo nel 1923, lasciando il Vocabolario alla lettera O per la forzata chiusura dell'Accademia da parte delle autorità fasciste. Ma soprattutto, sia per il momento in cui si produce, di travaglio e rinnovamento per la lessicografia cruscante, sia per le modalità nelle quali si realizza la presenza lessicale di questo scrittore, Segneri finirà col diventare uno dei rappresentanti del nuovo corso del Vocabolario.

I. *L'ambiente e i personaggi della terza Edizione del Vocabolario*

Se non rimane traccia documentabile di eventuali correzioni del Segneri nella revisione dei lemmi, è documentabile invece l'apporto indiretto ma sostanziale al Vocabolario costituito dalle citazioni tratte dallo spoglio delle sue opere poste ad esemplificazione dell'uso letterario nei singoli lemmi. Ma per comprendere il senso dell'accoglimento del Gesuita tra le autorità della terza Edizione del Vocabolario bisognerà fare brevemente il punto dello stato dell'opera e delle nuove esigenze sociali e linguistiche entro le quali maturavano i dibattiti degli studiosi e dei lessicografi.

---

[1] Desidero ringraziare vivamente Davide Conrieri che con la sua nota competenza e la sua meno nota generosità ha ideato e incoraggiato questo lavoro. A lui dedico almeno queste pagine (« si parva licet »).

[2] La terza Edizione del Vocabolario della Crusca si compone di due volumi, più il volume delle Giunte, scaturito evidentemente da una revisione in senso estensivo dei due volumi compiuti.

Dopo la seconda Edizione (1623), che riproduceva sostanzialmente la prima (« una raccolta prevalentemente medievale », per usare le parole di Giovanni Nencioni),[3] l'attività dell'Accademia si ridusse fortemente fino al 1641, anno della elezione a Segretario di Benedetto Buonmattei; ma bisognerà attendere il 1650, anno della elezione a Segretario di Carlo Dati perché venga nominata una nuova Deputazione del Vocabolario e i lavori abbiano un reale impulso.

Sono, questi, gli anni della trasformazione della cultura fiorentina che vede il decadere del proprio primato letterario rinascimentale e il contemporaneo emergere di una cultura scientifica sperimentale che si riassume nel nome di Galileo, ma che vede impegnati uomini come Francesco Redi e Lorenzo Magalotti che gran parte avranno nella concezione del Vocabolario. Sono anche anni influenzati, a Firenze, dalla figura del principe poi cardinale Leopoldo de' Medici, collezionista d'arte e creatore della Galleria degli Uffizi, oltreché protettore dell'Accademia della Crusca, che in un discorso tenuto nel 1663 a un'adunanza degli Accademici si mostrava consapevole del divario tra la lingua del Vocabolario e quella della vita sociale a lui contemporanea.[4]

La reazione della Crusca di fronte a tali trasformazioni fu di apertura assai cauta. Si pose, è vero, il problema dell'immissione di vocaboli tecnici dell'uso scientifico, ammettendo finalmente Galileo tra i citati. Si pose anche il problema dei tecnicismi dell'uso quotidiano su sollecitazione del cardinale Leopoldo che fece raccogliere voci scientifiche, nautiche, delle arti e dei mestieri; ma ve ne entrarono poche[5] e scarso fu l'apporto di Filippo Baldinucci, autore del *Vocabolario toscano delle arti del disegno* (Firenze, 1681) all'opera del Vocabolario, nonostante fosse divenuto Accademico nel 1682.[6] A testimonianza della cautela cruscante, valga questo brano del resoconto redatto da Giovan Battista Zannoni relativo alla riunione tenuta il 20 settembre 1658, nella quale si stabiliva « che fosse bene citare alcuni autori, benché non osservantis-

---

[3] Giovanni Nencioni, *La « galleria » della lingua*, in Id., *Di scritto e di parlato. Discorsi linguistici*, Bologna, Zanichelli, 1983, p. 252.

[4] Cfr. Severina Parodi, *Inventario delle carte leopoldiane*, Firenze, Accademia della Crusca, 1975 e Id., *Quattro secoli di Crusca*, Firenze, Accademia della Crusca, 1983.

[5] Bruno Migliorini, *Storia della lingua italiana*, Firenze, Sansoni, 1978, p. 452.

[6] Severina Parodi, *Quattro secoli di Crusca*, cit., p. 79.

simi delle buone regole, per cavarne i termini delle professioni, delle arti e scienze ec.; e si dovesse fare una nota per trovare i libri che ne trattano. Alcuni però dissero, che fosse bene vederli ma non citargli. Alcuni anche citarli, e protestarsene ne' prolegomeni. Vi fu chi disse, che non era intenzione dell'Accademia fare il nomenclatore; ma bensì spiegare le voci che s'incontrano ne' buoni autori, alcune dell'uso, e anche molti termini principali e necessari ».[7]

Tuttavia, un'attenzione nuova viene rivolta verso gli aspetti contemporanei della lingua, sia pure sotto le specie di quel vernacolo municipale toscano espresso dalla letteratura ribobolaia, mediante l'immissione, tra i citati, di scrittori come Michelangelo Buonarroti il giovane (con la *Fiera* e la *Tancia*) o Lorenzo Lippi (con il *Malmantile*), come anche verso il nuovo lessico scientifico mediante l'acquisizione, oltre a Galileo, di autori come Francesco Redi e Lorenzo Magalotti.[8] È vero anche che il canone delle autorità letterarie non toscane si allarga a comprendere esperienze escluse fino a quel momento, come nel celebre caso del Tasso, ma anche del Sannazzaro dell'*Arcadia*, del Castiglione del *Cortegiano*, del Chiabrera delle *Canzoni* e delle *Poesie*. Presenze significative tra le altre, quella del grammatico forlivese Marc'Antonio Mambelli detto il Cinonio e del romano Pietro Sforza Pallavicino, ambedue espunti poi dalla quarta Edizione. Infine, Paolo Segneri.[9]

Ma come può un Gesuita impegnato nella predicazione urbana e nelle missioni rurali essere coinvolto anche in una intrapresa lessicale come quella del Vocabolario della Crusca?

II. *I rapporti tra Segneri e la Crusca*

Come è possibile ricostruire dalle lettere tra Redi e Segneri, tra questo e Cosimo III de' Medici Granduca di Toscana e tra alcuni Accademici della Crusca, i primi contatti tra Segneri e l'Accademia di cui si ha notizia risalgono agli ultimi anni Settanta. In questi anni il lavoro intorno al vocabolario si trova in una fase delicata: già nel 1664 la terza Edizione risultava definita nei suoi tratti fondamentali, ma ancora nel 1674

---

[7] Giovan Battista Zannoni, *Storia dell'Accademia della Crusca*, Firenze, Tipografia del Giglio, 1848, p. 70.
[8] Maurizio Vitale, *L'oro della lingua. Contributi per una storia del tradizionalismo e del purismo italiano*, Milano-Napoli, Ricciardi, 1986, p. 310.
[9] Cfr. ancora *ibidem*, pp. 311-12.

in una lettera all'etimologista francese Menagio, il Redi parla di un intenso lavoro che si preannuncia ancora lungo. Intanto, se nei primi anni di vita l'Accademia aveva goduto del disinteresse dei governanti, ma anche della libertà che ne conseguiva,[10] ora era diventata un organismo dipendente dallo Stato e il Vocabolario era direttamente sovvenzionato dal Granduca che, pertanto, sollecitava una conclusione dei lavori.[11]

È nota la familiarità del Segneri con il religiosissimo Cosimo III e con la sua Corte, tanto che il Granduca fu compiaciuto ascoltatore delle prediche segneriane a Pisa durante le Quaresime del 1677 e del 1679. Tuttavia, il tramite principale dei contatti del Gesuita con l'Accademia è il Redi: tra i due si stabilisce un rapporto d'amicizia e di stima reciproca testimoniato dalle lettere, basato non solo sull'attività di medico svolta dal Redi presso il Segneri, ma anche su comuni interessi letterari, oltreché sulla familiarità del Redi con l'ambiente dei Gesuiti, testimoniata anche dalla sua amicizia con Daniello Bartoli.[12] Nel 1678 Redi diventa Arciconsolo della Crusca, dando nuovo impulso alla « fabbrica del vocabolario »;[13] in quello stesso anno, Segneri diviene Accademico della Crusca.[14] Sempre in quell'anno, il Redi loda il Segneri in una lettera al Menagio: « Fra due o tre mesi saranno finite di stampare qui in Firenze le prediche del padre Segneri gesuita nostro accademico della Crusca, predicatore famosissimo. Sono scritte con una tutta perfetta pulizia Toscana, corredata dalle più nobili, e dalle più gentili finezze di nostra lingua ».[15] Ancora nel 1678, Segneri scrive a Redi: « Ho mandata a Firenze direttamente la prima predica, e per quanto ho di poi veduto converrà che direttamente là mandi ancora queste altre, perché il P.re D. Ambrogi le possa vedere in tempo, il che non avverrebbe quando io le mandassi prima costì alla ser.ma Granduchessa, com'io pensava di fare. Converrà però che in queste poche prediche che si stamperanno, mentre la Corte seguita a stare in Pisa, V.S. Ill.ma si rimetta al

---

[10] Cfr. Giovanni Nencioni, La « galleria » della lingua, cit., p. 253.
[11] Maurizio Vitale, L'oro della lingua, cit., p. 301 nota 52.
[12] Cfr. Giovanni Ferretti, Francesco Redi e il Padre Paolo Segneri, in « Giornale Storico della Letteratura Italiana », vol. LV, anno XXVIII, 1910, pp. 99-103.
[13] Maurizio Vitale, L'oro della lingua, cit., p. 300 nota 50.
[14] Severina Parodi, Catalogo degli Accademici dalla fondazione, Firenze, Accademia della Crusca, 1983, p. 123.
[15] Maurizio Vitale, L'oro della lingua, cit., p. 312 nota 77.

sig. Cionacci. Tanto più che io le ho rivedute molto puntualmente: quanto alla lingua e posta la censura fattane già dal sig. Avv.° Coltellini, poco altro più di notabile può restarvi ».[16]

Il *Quaresimale* vede però la luce l'anno seguente a Firenze e Venezia; nella parte introduttiva, intitolata *L'autore a chi legge*, Segneri, per parte sua, dichiara pubblicamente la propria scelta linguistica conforme alle norme letterarie cruscanti: « E nella stessa maniera, quanto alla lingua, ho riputato certamente mio debito il sottopormi con rigore non piccolo a quelle leggi che sono in essa le riverite generalmente, e le rette, per non violarla, qual italiano ingiurioso; contuttociò chi non vede che, salvo il mio intendimento, io non ho potuto, nell'abbigliarla di voci splendide e scelte, servire al lusso, proporzionato più a prediche di barriera che da battaglia; ma servire al solo decoro, con amare a ciò quelle voci che godano in uno il credito di sincere[17] in questa Città, che fatica tanto per coglierne ad uso pubblico il più bel fiore e che nelle altre non abbino uopo di chi le divolgarizzi ».[18] Dove appare subito evidente la *captatio benevolentiae* ottenuta mediante la parafrasi del motto della Crusca « Il più bel fior ne coglie ». Ma c'è di più. A voler leggere tra le righe di questa prefazione insieme umile e ossequiente, traluce un ben delineato programma di politica linguistica che oltrepassa l'orizzonte letterario, tendente a una sorta di *medietas* decorosa capace di estendere i confini del linguaggio di comunicazione, quello cioè effettivamente usato in una circolazione sociale più ampia della cerchia dei letterati e dei filologi, al di fuori dell'area fiorentina, in una comunità che vorremmo chiamare nazionale, se non fosse che le vicende storiche e politiche della penisola in quegli anni rendono antistorico l'uso di questo aggettivo. Dunque la lingua proposta dal Segneri si pone all'intersezione tra due coordinate, l'una rappresentata dalla *puritas*, l'altra rappresentata dalla capacità di questa lingua di presentarsi nei vari stati come « moneta unica » italiana. È dunque chiaro che tale lingua dovrà muoversi in una fascia media, tagliando fuori le punte più alte come

---

[16] Giovanni Ferretti, *Francesco Redi e il Padre Paolo Segneri*, cit., p. 101.
[17] « Sincero » è qui l'equivalente del latino *purus*. Sulla *puritas* nella lingua, vedi Aristotele, *Rhet.*, 5, 1407a, 19-20; Cicerone, *De orat.*, III, 37; Quintiliano, *Inst. or.* VIII, Proem. 31.
[18] Paolo Segneri, *Quaresimale*, in Firenze, per Iacopo Sabatini, 1679, p. n.n.

quelle più basse.[19]

Queste le premesse al *Quaresimale* che, lo ricordiamo ancora, viene spogliato per il Vocabolario. Il livello stilistico si abbassa, ma sempre all'interno della già ricordata fascia media, nella composizione del *Cristiano istruito*, il cui spoglio confluirà massicciamente nelle Giunte. È la medesima destinazione dell'opera, rivolta all'istruzione dei parroci di campagna, a determinare un salto di genere stilistico, dall'oratoria del *Quaresimale*, al tono affabulatorio del *Cristiano istruito*. Nella *Dichiarazione dell'Opera a Chiunque legge*, distanziando nettamente il carattere di quest'opera da quello delle *Prediche*, Segneri non rinuncia tuttavia a consigliare espedienti retorici adeguati all'uditorio dei parroci: « Però a rendere sempre attento chi ode, era di mestieri ricorrere ad altro ajuto. E tale si è creduto potere aversi, in una familiare Instruzione, dalle similitudini, dagli esempi, dalle erudizioni, e da altre sì fatte curiosità, che adulando la Fantasia, fanno che l'intelletto si lasci poi da lei tener come legato ad udire in grazia di essa la Verità; la quale troppo riuscirebbegli ancora più volte odiosa, se non gli venisse dinanzi in vestito adorno ».[20]

Di fronte a tale perizia stilistica si comprende allora il tono di divertita complicità con il quale il Redi scriveva al Segneri: « Un altro [predicatore] alla presenza del Granduca volendo raccontare un fatto di Selim Imperatore de' Turchi, chiese licenza a S.A.S. di nominare una certa cosa, e la chiese con tanta premura che gli uditori dubitorno o che fosse qualche laida enormità, o pure volesse entrare in qualche segreto di Stato; ma la cosa fu, che egli voleva nominare una Troja. Io non vi fui presente, ma l'ho sentito dire, che per altro mi parrebbe un Predicator ragionevole, e particolarmente se volesse contentarsi di chiamar le cose co' propri nomi, e di tralasciar tante e tante metafore ec. ec. ec. ».[21]

---

[19] Resta naturalmente sullo sfondo l'importante posizione assunta sulla lingua della predicazione da Francesco Panigarola che attualizza le prescrizioni uscite dal Concilio di Trento e le adegua al normativismo bembiano del Cinquecento (cfr. Claudio Marazzini, *Il predicatore sciacqua i panni in Arno. Questione della lingua e eloquenza sacra nel Cinquecento*, in *Lingua tradizione rivelazione. Le Chiese e la comunicazione sociale*, a cura di Lia Formigari e Donatella Di Cesare, Casale Monferrato, Marietti Università, s.d., pp. 12-20).

[20] Paolo Segneri, *Opere*, Venezia, Baglioni, 1712, vol. III, p. n.n.

[21] Francesco Redi, *Opere*, Milano, Società Tipografica de' Classici Italiani,

A questo punto il nodo si stringe: oltre al *Quaresimale*, vengono spogliati per la terza Edizione del Vocabolario i *Panegirici sacri* (Firenze, 1684) e *Il cristiano istruito nella sua legge* (Firenze, 1686), inviato dal Segneri direttamente a Cosimo III;[22] il *Quaresimale* poi viene ancora caldeggiato in una lettera del 5 gennaio 1682 dal Redi ad Alessandro Segni, segretario dell'Accademia: « Non trascurino di citar le Prediche del P. Segneri. Questo padre in quei giorni, che è stato qui alla corte, ha passati uffizi potentissimi a favore dell'Accademia, e di molti Accademici [...]. Esso P. Segneri avrebbe una brama ardentissima, che nel Vocabolario si citassero le storie del Concilio di Trento del Cardinale Sforza Pallavicino. Io quanto a me crederei, che fosse bene dargli questa consolazione, e di questa mia credenza ne ho molti e molti gagliardissimi motivi ».[23] Ormai il Segneri, consigliere spirituale di Cosimo III, è divenuto l'intermediario tra il Granduca e l'Accademia e, oltre a dover essere tenuto in primaria considerazione come scrittore, può chiedere che venga introdotto fra i citati il proprio maestro, che pure verrà espunto dall'edizione successiva. Con l'incalzare dei tempi, è ancora il Segneri ad essere particolarmente caldeggiato dal Redi al Segni in una lettera del 1684 per affrettare la revisione delle voci già redatte.[24] Cosa realmente avvenuta, come ci attesta il Fabroni nella sua biografia segneriana: « Aliquid et ipse contulisse ad Etruscum Lexicon conficiendum, ut ex litteris Josephi Segnii ad Redium conjicere potui. Elaboravit praesertim in littera E notans latina nomina dicendique modos, qui Italici responderent ».[25]

Ormai alle soglie della pubblicazione del Vocabolario, in un periodo che è facile immaginare di notevole concitazione da parte degli Accademici, di nuovo il Redi si consulta con l'amico perché offra il proprio autorevole consiglio al Granduca. In una lettera a Cosimo III datata 19 novembre 1689, Segneri scrive: « par giusto che prima di dar fuori que-

---

1809-1811, vol. VIII, p. 133.

[22] Dalla lettera di Segneri al Granduca del 30 gennaio 1687 (*Lettere inedite di Paolo Segneri al Granduca Cosimo terzo, tratte dagli autografi*, a cura di Silvio Giannini, Firenze, Felice Le Monnier, 1857, p. 87).

[23] Maurizio Vitale, *L'oro della lingua*, cit., p. 313 nota 77.

[24] *Ibidem*, p. 301 nota 52.

[25] Angelo Fabroni, *Paullus Segnerius*, in *Vitae Italorum doctrina excellentium qui saeculis XVII et XVIII floruerunt*, Pisiis, MDCCLXXXXII, apud Cajetanum Mugnainium, vol. XV, p. 16 nota 1.

sta edizione novella, si raduni l'Accademia con la dovuta pienezza; si ripartiscano a ciascuno degli Accademici una o due lettere dell'alfabeto per uno, come sarà giudicato; si oda sopra quelle il loro giudizio su le difficultà che potrebbono quivi addursi, e si provegga poi di concerto a quanto accadesse secondo che sarà giudicato su questo ancora ».[26] È possibile che questa forte influenza esercitata dal Segneri sul Granduca e, indirettamente, sull'Accademia, possa avere indispettito qualche Accademico. Ne abbiamo sentore in due lettere spedite da Luigi Rucellai al Magalotti in epoca immediatamente successiva alla citata lettera del Segneri al Granduca. Nella prima (17 dicembre 1689), Rucellai scrive: « Ma lasciando ogni cosa da parte, si discorra solamente del negozio del Vocabolario, che io credo dependere da ogni altro che dal Redi, e tengo certo che tutto venga dal Segneri ». E nella seconda (24 dicembre 1689): « ma ho ancora per sospette le critiche del P:re Segneri, perché l'ho per sottili e che forse voglia metterci più mano che non sia necessario ». Ma, nonostante tutto, ritiene che sarà bene « avere 4 duerni criticati e dal Segneri e da voi due [Magalotti e Forzoni] per lettera, e secondo quelli regolarci, considerando e le cose criticate e le critiche ».[27] Tanto più che, secondo una *Lettera scritta da un Padre Gesuita* contenuta in un manoscritto anonimo della Biblioteca Casanatense,[28] « Segneri avrebbe ambizioni di potere illimitate, garantite dal controllo che esercita sulla vita culturale e religiosa di Firenze [...]. La lettera si chiude con un'apostrofe in versi, in cui si invita Cosimo a non "pubblicar a proprie spese / li libri di costui, che schiave e ancelle / in riva d'Arno le buone arti ha rese" ». Anche se il giudizio proviene dalla parte avversa al Segneri nella disputa sul Probabilismo, appare verosimilmente confermata l'eccezionale e forse eccessiva influenza del Gesuita.

III. *Il* corpus

Per dare un'idea della consistenza e della qualità dell'apporto lessicale del Segneri alla terza Edizione del Vocabolario ho considerato un cam-

---

[26] *Lettere inedite di Paolo Segneri al Granduca Cosimo terzo*, cit., pp. 126-27.
[27] Severina Parodi, *Quattro secoli di Crusca*, cit., pp. 79-80.
[28] La lettera è citata in Valerio Marucci, *L'autografo di un'opera ignota: le missioni rurali di Paolo Segneri*, in « Filologia e Critica », anno IV, fasc. I, gennaio-aprile 1979, p. 78 nota 9.

pione del Vocabolario stesso; ma piuttosto che fare sondaggi casuali, ho ritenuto di assumere un *corpus* più omogeneo e dominabile prendendo in considerazione le Giunte (ossia i lemmi aggiunti alla terza Edizione) e procedendo allo spoglio completo di queste. Per stabilire poi un confronto tra la situazione delle Giunte e quella del Vocabolario, ho condotto lo spoglio completo della lettera E, perché la revisione di questa lettera da parte del Segneri è l'unica indicazione specifica che possediamo sul lavoro effettivo svolto dal Gesuita, secondo la citazione del Fabroni. Ho provveduto infine a verificare i singoli lemmi sul *Vocabolario della lingua italiana* dell'abate Giuseppe Manuzzi (1833-1842) che, come è noto, rappresenta un'edizione accresciuta negli esempi e migliorata nelle forme della quarta Edizione del Vocabolario della Crusca, per verificare la fortuna del Segneri (limitatamente al suo ruolo di autorità del Vocabolario) nei secoli successivi.

La presenza del Segneri nella terza Edizione del Vocabolario della Crusca è testimoniata dal largo impiego di brani delle sue opere a esemplificazione dei lemmi; queste citazioni possono comparire secondo vari criteri:

- possono andare ad arricchire l'elenco delle citazioni dei lemmi già presenti nelle edizioni precedenti;
- possono costituire l'unico esempio per lemmi già presenti nelle edizioni precedenti ma privi di esemplificazione;
- possono essere comprese tra altre citazioni in lemmi non contenuti nelle edizioni precedenti;
- possono essere l'unica citazione che va a autenticare lemmi introdotti per la prima volta nel Vocabolario.

È abbastanza evidente che l'ultimo caso è il più interessante per analizzare la qualità dell'apporto al Vocabolario del lessico segneriano. E tuttavia anche gli altri casi potranno talvolta contenere elementi di novità.

Intanto, non andrà ignorato qualche dato quantitativo. Le Giunte al Vocabolario contano 1726 voci; di queste, 234 contengono citazioni del Segneri. Tra queste, 190 sono i lemmi che entrano per la prima volta nel Vocabolario: si tratta dunque di parole nuove rispetto sia alle precedenti edizioni, sia rispetto alla stessa terza Edizione alla quale si aggiungono, per così dire «portate» dal Segneri; le restanti 44 voci sono costituite da citazioni di brani del Gesuita da porre a esemplificazione di lemmi già compresi nel Vocabolario. In quasi tutte le 234 voci «segneriane », Segneri costituisce l'unico citato e le citazioni di questa parte sono tratte generalmente dallo spoglio del *Cristiano istruito*. Come si vede, dunque, una presenza quantitativamente alta (più del 10%) di parole accettate per la prima volta tramite un autore contemporaneo e non toscano.

La lettera E del Vocabolario consta di 715 lemmi; 75 di questi contengono esempi segneriani; dunque, una percentuale leggermente più bassa rispetto a quella delle Giunte, ma pur sempre aggirantesi intorno al 10% del totale. La maggior parte tra questi (52 per l'esattezza) sono voci nuove rispetto all'edizione precedente e 28 vengono autenticate dal solo Segneri. Diversamente dalle Giunte, il materiale esemplificatorio del Vocabolario proviene quasi totalmente dalle *Prediche*.[29]

IV. *L'ingresso di lessico secentesco nel Vocabolario*

Nella terza Edizione, dice Migliorini, « si aggiunsero sistematicamente gli astratti verbali, i diminutivi, gli accrescitivi, i superlativi » a completamento delle famiglie dei singoli vocaboli.[30] Questo aspetto della redazione del Vocabolario sembra mettere in luce l'attenzione degli estensori nei confronti dei nuovi stili letterari di ascendenza barocca, che a livello lessicale tendono a dare due esiti attestati nei nostri spogli, l'uno di natura morfologica, l'altro di natura semantica. Nel primo caso si assiste alla tendenza ad accentuare la duttilità morfologica delle parole, in particolare dell'aggettivo, che rende il senso del grandioso mediante l'impiego dei superlativi assoluti, o anche il senso del grazioso

---

[29] In una nota del suo studio su Segneri, Giulio Marzot riporta il parere di Salvatore Betti, nel *Giornale arcadico 1852-53*, p. 84: « Non tutte le parole che nel Vocabolario son registrate col solo esempio del S. furon da lui inventate, o usate prima degli altri nostri gentili ». Di non poche voci del Segneri si può infatti « trovar riscontro in riputatissimi scrittori fioriti prima di lui: perciò deve essere corretta la persuasione che hanno de' troppi ardiri del S. » (Giulio Marzot, *Un classico della Controriforma: Paolo Segneri*, Palermo, G.B. Palumbo, 1950, p. 233 nota 1). È evidente che non intendo sostenere qui che al Segneri si debba la prima coniazione dei vocaboli ammessi nel Vocabolario; pure mi sembra significativo che, attraverso di lui, facciano il loro ingresso nell'organo ufficiale della lessicografia italiana del tempo.

[30] Bruno Migliorini, *Che cos'è un vocabolario?*, Firenze, Le Monnier, 1961, p. 96.

mediante l'uso di diminutivi o vezzeggiativi; ma è anche il momento del diffondersi dell'uso di sostantivi deverbali. Nel secondo caso si assiste all'ampia divaricazione semantica cui sono sottoposte le parole nel procedimento metaforico.

Alla lettera E del Vocabolario troviamo come prima attestazione un superlativo assoluto avverbiale, *egualissimamente*, e l'aggettivo *eccelsissimo*, questo con due esempi tratti dalle *Prediche*; il primo dei quali desta interesse per la locuzione « eccelsissimi gradi di perfezione » che, alludendo qui alla perfezione spirituale, adombra quel lessico teologico per il quale grande peso avrà il Segneri nel Vocabolario. Ma troviamo esempi del Segneri anche in due superlativi già presenti nelle edizioni precedenti, come *espressissimo* e *evidentissimo*.

Molto più numerosi sono i superlativi immessi nelle Giunte ma anche le voci affettive, come i diminutivi o i vezzeggiativi, quasi a testimoniare la graduale presa di coscienza della nuova voga linguistica negli anni della redazione del Vocabolario.

I superlativi di aggettivi sono: *apprezzabilissimo, bellicosissimo, calunniosissimo, conformissimo, deliziosissimo, fievolissimo, generosissimo, imprudentissimo, indubitatissimo, infaustissimo, luminosissimo, moderatissimo, mortificatissimo, numerosissimo, pensosissimo, rettissimo, rilevantissimo, sublimissimo*. Tutti gli aggettivi qui elencati sono esemplificati dal solo Segneri — e gli esempi delle Giunte sono tratti tutti, come si è detto, dal *Cristiano istruito* — tranne *deliziosissimo*, attestato anche dal Redi, e *rilevantissimo* attestato da Vincenzo Viviani, matematico e accademico della Crusca. Per i superlativi di avverbi troviamo: *comunissimamente, consigliatissimamente, risolutissimamente*.[31]

Quanto alle voci affettive troviamo: *battelletto, femminuccia, bricioletta*. Sarà da notare, per curiosità, che nel Vocabolario anche il diminutivo *briciolino* viene autenticato dal solo Segneri (con esempio però tratto dalle *Prediche*).

---

[31] Secondo l'analisi stilistica che il Marzot conduce sulla lingua del Segneri, « l'uso frequente del superlativo, anche di parole che già di per sé lo contengono » così come « gli avverbi in -ente, spesso di forma superlativa, a indicare azione risentita, gagliarda, protratta, appassionata, intenerita » sono tratti espliciti di secentismo nella lingua del Gesuita (cfr. Giulio Marzot, *Un classico della Controriforma*, cit., pp. 226-27).

Secondo Giulio Marzot « è di origine latina la compiacenza per le voci in -*ione* [...] alcune delle quali di uso assai infrequente prima del Segneri, e per qualche tempo dalla Crusca credute innovamenti portati proprio da lui ».[32] Per quanto riguarda i nomi astratti deverbali in -*ione*, entrano per la prima volta nel Vocabolario col solo esempio del Segneri *esagerazione* (« l'esagerare ») insieme alla sua famiglia composta da *esagerare* e *esagerante* (« a favellar con termini esageranti »), e soprattutto *elezione* nel senso del termine della teologia che equivale a « predestinazione ». Di area giuridica, la parola *estorsione* entra per la prima volta col Segneri come corrispettivo del latino *violenta esactio*, assieme a una citazione del *Trattato de' peccati mortali* dell'accademico Vincenzo Barducci; ed entra per la prima volta anche l'astratto *erudizione*, ma questa volta, insieme a brani del Segneri e del Redi, il termine viene autenticato anche da un autore del « buon secolo » come fra Giordano da Pisa.[33] Quanto agli astratti in -*mento*, troviamo solo *effeminamento*, autenticato anche con un altro esempio moderno tratto dal *Libro della cura di tutte le malattie*, manoscritto del Redi.

Anche in questo caso, più numerosi sono gli ingressi nelle Giunte: *adesione, animazione, condonazione, confabulazione, ponderazione, rassegnazione, ristorazione*, tutti definiti mediante l'articolo *il* seguito dall'infinito del verbo, tranne che nel caso di *animazione*, vocabolo di ascendenza teologica, definito come « l'atto del dare o del ricever l'ani-

---

[32] *Ibidem*, p. 224.
[33] Una circostanza che si impone come ricorrente all'occhio di chi effettua questi spogli è l'abbinamento introdotto all'interno dello stesso lemma dagli estensori del Vocabolario tra esempi del Segneri — e esempi di fra Giordano da Pisa (1260-1311), celebre teologo e predicatore domenicano (sul quale cfr. Rita Librandi, *L'italiano nella comunicazione della Chiesa e nella diffusione della cultura religiosa*, in *Storia della Lingua Italiana*, a cura di Luca Serianni e Pietro Trifone, Torino, Einaudi, 1993, vol. I, p. 343 e sgg.). È il caso di *effettuare* nel senso di « mandare ad effetto, eseguire », *energumeno* nel senso di « indemoniato », *erudizione* nel senso di « ammaestramento, dottrina », *esiziale* « che apporta danno pernizioso », *esule* « che è in esilio ». Questa ricorrenza, della quale si è dato ovviamente solo un esiguo campione, sollecita a porsi il problema di una continuità almeno stilistica tra questi due grandi predicatori. È singolare tuttavia come nel Vocabolario del Manuzzi nella maggior parte dei casi venga mantenuta la citazione di fra Giordano e non quella del Segneri.

ma ». Presenti anche nomi astratti deverbali in -*mento*, come *accumulamento*, *ammazzamento*, *disonoramento*, *invaghimento*, *ribattezzamento*.

E se alcun ti rampogna dicendo: *Cotesta voce non è usitata*: rispondi, *Ella è mia*. Et aggiungendosi: *Ella non è propria*: rispondi: *Ella è figurata*.[34]

Il secondo aspetto dello stile lessicale del Barocco consiste nella tendenza ad un ampliamento dell'area del significato delle singole parole, secondo una gamma di variazioni che va dal senso traslato all'uso metaforico vero e proprio; ma si dovrà aggiungere che, fuori dalla letteratura, nel terreno dell'oralità predicatoria, anche la pressione di un uso comunicativo tendente a imprimere nella memoria e nella fantasia degli ascoltatori il concetto predicato può avere promosso e diffuso la tecnica metaforica e quella para-metaforica del traslato.

Nel Vocabolario troviamo l'esempio del Segneri ad autenticare una particolare accezione dei lemmi *entrante* e *entrata*. Per *entrante* si definisce qui « persona che con maniera e galanteria s'introduce appresso chi che sia » e l'esempio del Gesuita, questa volta tratto dai *Panegirici* è il seguente: « Egli era di sangue nobile, e però entrante e pratico fra le Corti ». Ed è un esempio che ci alza un sipario su tutta un'epoca; un'epoca ancora attuale se ancora usata in questo senso è la parola attestata. Quanto al termine *entrata*, autenticata dall'esempio del Segneri nella locuzione « far l'entrata: entrar con solennità », pare invece in epoca successiva caduta in disuso, se il Manuzzi espunge questa accezione. Più esplicitamente metaforici negli esempi segneriani sono i lemmi *effigiato* e *emolumento*: « E chi non vede effigiato in questo, l'orrore che reca il peccato »; « quando ancora il peccato ne riesca di emolumento ». Alla voce *esalare*, si registra poi la locuzione *esalar lo spirito* con due esempi tratti dalle *Prediche*. Infine, ancora due esempi per i quali lo stesso Manuzzi interviene a segnalare l'uso metaforico fattone dal Segneri: *ecco* (cioè « eco ») e *esule*. Per *ecco* l'esempio è il seguente, tratto dai *Panegirici*: « Or mentre ec. da Roma si pronunziava sentenza così bramata, fino in Lisbona le campane le fecero ec. ecco giocondo ».

---

[34] Emanuele Tesauro, *Il cannocchiale aristotelico*, citato in Maurizio Vitale, *L'oro della lingua*, cit., p. 278.

Il Manuzzi non esita a riproporre lo stesso esempio esplicitando però che si tratta del senso figurato. Per *esule*, già autenticato da esempio segneriano nella terza Edizione, Manuzzi preferisce sostituirvi un brano tratto dalle *Prediche dette nel Palazzo Apostolico* nel quale la locuzione *mandar esule* viene chiaramente esplicitata come metaforica (« Ma grazie alla saggia cura di chi dallo stato ecclesiastico ha mandato già esule un tale abuso [...] »).

Vengono introdotte nelle Giunte con esempio esclusivo del Segneri i seguenti vocaboli in senso traslato o metaforico: *indoratura* (« bellissime indorature ma senza fondo », cui il Manuzzi aggiunge opportunamente, data la brevità della citazione, « qui figuratamente »); *inghiottitore* (« questi sacrileghi inghiottitori di Gesù Cristo »); *innestato* (« un costitutivo intrinseco ed innestato nell'esser suo »); *mascherarsi* (« un semplice mascherarsi da penitente »); *passaporto* (« Come può per tanto avvenire che [...] abbia un passaporto libero di franchigia, quel delitto »); *ponderazione* (« fu antica ponderazione di Tertulliano »); *rialzarsi* (« rialzatevi tosto su, ricorrendo subito alla vostra gran Madre »); *ricalare* (« [...] al primo fischio del cacciatore infernale gli ricalasse subito in pugno »); *ricomporre* (« ricomporre le passioni più sregolate »); *ricopiare* (« il ricopiare dalla vita comune la propria »); *ritiratezza* (« queste sono il rossore onesto e la ritiratezza opportuna »).

Un riscontro di questi lemmi sul Manuzzi mette in luce come quasi tutti (tranne *innestato*) vengono di nuovo confermati dall'autorità del Segneri e come anche il senso figurato che assumono negli esempi di questo scrittore venga ormai codificato con esplicitezza mediante la dizione « qui figuratamente » o « metafora per » che segue l'esempio.

V. *Stranierismi*

Pochi invece sono gli stranierismi attestati, per la nota cautela dei lessicografi cruscanti, e tutti contenuti nelle Giunte: *Alcorano* nella forma più vicina all'originale perché preceduta dall'articolo clitico « al- », con esempio del Segneri accompagnato da un esempio del Berni (non compare la variante *Corano*); *bezzuarro*, parola di origine araba passata attraverso le enciclopedie latine medievali (« sorta di rimedio medicinale molto istimato »), con esempio tratto dalla I *Predica*, confermato anche dal Manuzzi che mantiene lo stesso esempio, ma propone anche la variante *belzuar*; *brio*, iberismo già accolto nel Vocabolario senza esempi e corredato nelle Giunte dall'unico esempio del Segneri (nel Manuzzi, affiancato da un esempio del Redi); *gabinetto* (« stanza intima »), francesismo attestato dal solo esempio del Segneri, al quale il Manuzzi affiancherà esempi del Salvini e del Bellini.

VI. *I lessici settoriali*

Ma, certamente, la questione centrale per la terza Edizione del Vocabolario e forse per tutta la lessicografia italiana in questa fase storica di accesso all'età moderna è la codificazione di un italiano altrettanto moderno, dunque non più solo adeguato alle esigenze dei letterati, ma duttile verso il formarsi di scienze, arti e mestieri che coinvolgono ormai strati sempre più ampi della popolazione e che per tale ragione richiedono con forza la presenza di un volgare sempre più esteso verso le attività sociali. È dunque l'epoca del formarsi dei cosiddetti « lessici settoriali » che esprimono e rispecchiano, codificandole linguisticamente, le nuove esigenze comunicative.

Diciamo subito che la maggior parte dei lemmi attinenti a pratiche o mestieri si trova nelle Giunte, quasi a testimoniare un ripensamento da parte degli estensori del Vocabolario. A questo proposito, come in altri casi analoghi, non va dimenticato il lungo lasso di tempo che intercorre tra le fasi iniziali e quelle finali dell'opera. Alla lettera E del Vocabolario gli unici lemmi di questo tipo autenticati dal Segneri sono *emporio* « piazza ove concorrono le merci, per contrattarsi », e *esploratore*, dove l'esempio tratto dalle *Prediche* recita: « Se non sapevan la strada, facilmente potevano ritrovarlo, o con pagar guide ec. con premettere esploratori ». Ma appare significativo anche l'ingresso di *esperimentale*, di cui può essere interessante riportare l'esempio tratto dalle *Prediche*: « Degli altrui mali ne abbiamo una scienza astratta, de' nostri una sensazione esperimentale »; dove fa riflettere sulla cultura dell'epoca la contrapposizione simmetrica tra le dittologie « scienza astratta » e « sensazione esperimentale ».

Molto più numerosi sono i lemmi di quest'area nelle Giunte: *gomena* (« minore assai che non è fra le tele de' ragni e le gomene delle navi »); *levatrice* (« come farebbe una pietosa levatrice, a tor dalle viscere d'una donna partoriente qualche dragone orribile »), voce già presente nel Vocabolario, ma senza esempi; *locandiere* (« mensa trattata da innumerabili, come se ella fosse una mensa da locandiere »); *mietuto*

(« già le vostre scuse non vagliono più a ricoprirvi, di quel che vagliano a nascondere una lepre fuggiasca i campi mietuti »); *trafila* (« come le angustie della trafila all'argento »).

Andrà notato che gli esempi del Segneri, tutti confermati dal Manuzzi tranne che per *levatrice*, sono costituiti da similitudini entro le quali si trova il termine lemmatizzato; ricordo che questi esempi sono tratti dal *Cristiano istruito*: il lessico dei mestieri accolto dagli estensori del Vocabolario appartiene probabilmente a un registro stilistico di questo autore particolarmente orientato a una comunicazione divulgativa, molto diversa, per destinatari e contesto pragmatico da quelli del *Quaresimale*.[35] Non so se possa essere inserito in questa categoria un lemma che entra nel Vocabolario esclusivamente con due esempi tratti dalle *Prediche*; il lemma è *eculeo* (dal latino *equuleus*) ed è il nome di uno strumento di tortura evidentemente molto noto agli uomini di Chiesa in periodo di Controriforma, dunque non potrà essere considerato nell'ambito del lessico dei mestieri. O forse sì?

VII. *Cultismi di carattere ecclesiastico e giuridico*

La quantità di gran lunga maggiore di prelievi operati dai deputati alla terza Edizione entro l'opera del Segneri pertiene all'area dei cultismi di carattere ecclesiastico e giuridico.

Come si sa, la lingua della Chiesa e la lingua del diritto (come anche, ad esempio, la lingua della scienza) attraversano proprio nel XVII secolo una fase di difficile passaggio dal latino al volgare: quello, impiegato nella quasi totalità della trattatistica accademica; questo, usato per gestire i rapporti sociali con individui non appartenenti al ceto intellettuale. In particolare, a proposito della lingua del diritto, è del 1673 il *Dottor volgare*, 15 libri di Giovan Battista De Luca da Venosa, un ampio trattato di casi giuridici redatto, appunto, in volgare, nel quale l'autore svolge un'appassionata difesa dell'uso della lingua italiana per la trattatistica giuridica.[36]

---

[35] Concordo su questo punto con Donatella Di Cesare quando fa derivare dall'esperienza delle « missioni contadine » l'aspirazione del Segneri « ad attribuire un valore pratico alla parola » (*La selva delle analogie. I canoni della predicazione nell'Italia del Seicento*, in *Lingua tradizione rivoluzione*, cit., p. 147).

[36] Su questo punto e su tutto il problema del linguaggio giuridico è fonda-

D'altra parte, la nota del Fabroni citata sopra non ci dice soltanto che il Segneri curò la lettera E, ma anche che affrontò in questo lavoro il delicato terreno delle corrispondenze tra latino e italiano. Il problema, a ben vedere, è dei maggiori che si possono presentare nella stesura di questa terza Edizione del Vocabolario nella sua duplicità: da un lato c'è l'aspetto prettamente linguistico della trasposizione volgare di voci latine, cioè il grande tema dei volgarizzamenti. Dall'altro, l'aspetto culturale e sociale della codificazione di lessici tecnici nei quali si stabilizzi in forma linguistica moderna il sapere di determinate discipline.[37]

1. Lessico di area liturgico-religiosa

Dato il suo ruolo di religioso di alto livello, entrano con gli esempi del Segneri molti tecnicismi legati alla vita religiosa e alle pratiche liturgiche. Alla voce *entrare* troviamo, attestata dal solo esempio del Segneri, la locuzione *entrare in religione* nel senso di «farsi religioso», che viene affiancata nelle Giunte dal corrispettivo latino *entrare in sacris*. Entrano per la prima volta nel Vocabolario con esempi segneriani anche la parola *etnico* (nel senso di seguace di religioni politeiste) e la parola *energumeno* (nel senso di indemoniato) che è la traduzione diretta dal latino *energumenus*, che a sua volta è la traslitterazione dall'equivalente greco. Entra anche la parola *economo*, ricalcato dal greco mentre l'equivalente latino è *administrator*; la parola avrà seguito proprio in ambito ecclesiastico se per questo lemma nel Manuzzi si introduce anche l'accezione «amministratore dei beni ecclesiastici». Già presente invece nelle precedenti edizioni, ma senza esemplificazione, la parola *ecclesiastico* con esempio del Segneri per l'accezione «Huomo

---

mentale il saggio di Piero Fiorelli, *La lingua del diritto e dell'amministrazione*, in *Storia della lingua italiana*, Torino, Einaudi, 1994, vol. II, p. 581 e sgg.

[37] La natura di tecnicismo o comunque di voce specifica legata a una particolare area culturale è stata verificata sui seguenti vocabolari speciali: Domenico Giuriati e Gabriele Pincherle, *Le voci del diritto civile italiano*, Torino, 1882; Agostino Ceccaroni, *Dizionario Ecclesiastico illustrato*, Milano, Vallardi [1898]; Sebastiano Tringali, *Dizionario legale: diritto civile, commerciale, penale...*, Milano, Hoepli, 1914; oltre che nel *Grande Dizionario Della Lingua Italiana* di Salvatore Battaglia (Torino, UTET, 17 voll., 1961-1994).

dedicato alla Chiesa ».

Al solito, più numerosi sono i lemmi di questo tipo presenti nelle Giunte: *casista* («si dice di Colui che ha perizia ne' casi di coscienza»), con esempio del Segneri mantenuto dal Manuzzi a fianco di un esempio dalla *Fiera* del Buonarroti; *celebrante*, che nel Manuzzi viene scisso nei due sensi, «chi celebra la messa», con esempio del Guicciardini, e in senso assoluto di «sacerdote» col medesimo esempio del Segneri col quale è entrato nella terza Edizione; *claustrale* (con esempio segneriano giunto fino al Manuzzi); *confessionale* («Luogo dove da' sacerdoti s'amministra il Sagramento della Confessione»); *confraternita, crisma* già presenti nel Vocabolario, ma ora con aggiunta di esempio segneriano; *eucaristico*, lemma stranamente scomparso dalla quarta Edizione ma recuperato dal Manuzzi con ben tre esempi tratti dal *Cristiano istruito* e dalla *Manna; pisside* (nell'esempio del Segneri «la sacra pisside»); *missione*, parola chiave della personalità religiosa del Gesuita («si dice propriamente oggi il mandar che si fa de' sacerdoti a predicare la fede di Cristo o ad istruire i cristiani»). Accolto in questo significato anche nella quarta Edizione; solo in una postilla manoscritta degli Accademici il significato viene esteso in senso generale a «il mandare alcuno con qualche commissione». Nel Manuzzi compare anche la locuzione *andare in missione*, traslato per «andare a predicare» con nuovo esempio del Segneri.

2. Lessico di ascendenza teologica

La competenza teologica del Segneri fa sì che molte siano le voci appartenenti a questo tipo di lessico introdotte nella terza Edizione con il solo esempio di questo autore. Alla lettera E entrano col solo esempio del Segneri il nome *Ecclesiaste* e la parola *elezione* nel senso teologico di «predestinazione».

Appare tuttavia interessante in questa parte osservare come ciò che entra nella registrazione della competenza lessicale dell'italiano non siano tanto i singoli lemmi (spesso aggettivi derivati dal sostantivo "capostipite"), quanto le locuzioni, i sintagmi fissi che appartengono alla lingua d'uso della disciplina. È questo il caso di *efficace* nel sintagma *grazia efficace* ossia, in senso teologico, «la Grazia che fa atto di operare»; all'aggettivo *evangelico*, già presente nelle precedenti edizioni, si appongono nella terza due esempi del Segneri contenenti i sintagmi *evangelica legge* e *Predicatore evangelico*.

Più foltamente, troviamo nelle Giunte: *effettivo* (« promessa effettiva »), aggettivo derivato dal sostantivo *effetto*, con esempio tratto dal *Cristiano istruito* nell'accezione derivante dalla teologia tomistica: « che ha effetto e ch'è in sustanzia, in effetto ». Gli accademici ne hanno consapevolezza, perché questo significato viene nella definizione distinto dall'altro, « efficiente cioè che fa che produce ». Per *esplicitamente* (manca nel Vocabolario l'aggettivo *esplicito*) l'esempio del Segneri recita: « e di credere esplicitamente molte più verità ». La locuzione *credere esplicitamente* è la traduzione letterale di *explicite credere* di San Tommaso[38] e fa riferimento all'opposizione tra fede esplicita e fede implicita. Nella quarta Edizione continua a mancare *esplicito* e non viene accolto neppure *esplicitamente*. L'aggettivo *insussistente* (« dottrine insussistenti ») è derivato per prefisso negativo da *sussistente*, che traspone in italiano la versione latina del termine greco *ipostasi* (« sostanza, essere sussistente »). Ancora, troviamo per la prima volta *ipostatico* nella locuzione *unione ipostatica*, *moroso* nella locuzione *dilettazione morosa* (« il peccato di indugiare nel piacere »), *negativo* nella locuzione *pena negativa* (« sottrazione di qualche aiuto maggiore »), ma nel Manuzzi si attesta con esempio del Segneri la locuzione *precetto negativo*. *Proficiente* (che, secondo il Dizionario del Battaglia, sta a indicare il secondo grado della perfezione spirituale) viene così esemplificato: « perché non solo i principianti, non solo i proficienti ma i più perfetti nella vita spirituale [...] ». *Ribattezzamento* rinvia alla questione dei Ribattezzanti sorta nelle chiese d'Africa nel III secolo riguardo al doversi o meno ribattezzare coloro i quali erano stati battezzati dagli eretici. *Soddisfattorio* nel sintagma *opere soddisfattorie* (« quell'unguento odoroso delle opere soddisfattorie ») fa riferimento alla locuzione « soddisfare il peccato » cioè espiare.

3. Lessico del diritto

Importante appare infine il contributo del Segneri al formarsi del lessico del diritto, questione forse meno nota ma di pari rilievo per la storia della lingua di quella del lessico scientifico, al quale contribuì in questa stessa terza Edizione Galileo. In qualche caso, tratto dalla lettera E, c'è

---

[38] *De Veritate*, 9.14, a. 11.

solo un richiamo abbastanza vago a un lessico che oggi diremmo « burocratico », come nel caso delle entrate *emolumento* e *esentare / esentato*; quanto a *esentare* il Manuzzi sostituisce a quello del Segneri un esempio di Galileo; quanto invece a *esentato*, resta fisso il Segneri come unico esempio. Più esplicitamente giuridici sono *ergastulo* (accanto alla forma *ergastolo*) e *estorsione*, che entrano per la prima volta, e *ereditare*, già presente nella precedente edizione.

Nelle Giunte, al solito, i lemmi di questa area sono più numerosi: *aggravante* nell'esempio del Segneri nella locuzione « circostanze più aggravanti »; *arrogato* (« adottato », voce proveniente dal latino *arrogare* del Diritto Romano) notato nella terza Edizione come aggettivo, più correttamente dal Manuzzi come sostantivo; *cessante* nella locuzione « lucro cessante » contenuta nell'esempio segneriano; lo stesso brano del *Cristiano istruito* viene apposto al lemma *emergente* per la locuzione opposta e simmetrica « danno emergente ». L'esempio di Segneri scomparirà nel Manuzzi e resterà quello di fra Giordano. Ancora, troviamo *concubinato*, *derogabile* nella locuzione « leggi non derogabili » e *derogatorio* che nell'esempio del Segneri riportato dal Battaglia viene qui interpretato nel significato di « offensivo ». Ma ricordiamo anche l'esistenza nel lessico giuridico del sintagma « clausola derogatoria », riferito a una norma testamentaria. E ancora, *intimato* nella locuzione « legge intimataci »; *intruso* qui in senso estensivo nella locuzione « amore intruso »: ma è termine del diritto canonico nel significato di « entrato in possesso di un benefizio senza un titolo canonico », come ci ricorda il Manuzzi con esempio del Borghini. E infine *mandante / mandatario*, due termini recepiti dai moderni dizionari giuridici, ma stranamente espunti dalla quarta Edizione; *reato* per il quale l'esempio del Segneri viene espunto dalla quarta Edizione a favore di fra Giordano; *recidivo*; *rilassativo* nella locuzione « rilassative delle pene temporali »: l'esempio del Segneri, che viene ripreso dal Battaglia, scompare con il lemma dalla quarta Edizione.

L'opera di volgarizzamento svolta dal Segneri nel campo del lessico del diritto, in particolare di quello relativo all'area religiosa, giustifica il ricorso degli estensori del Vocabolario agli scritti del Gesuita. Valga per tutti quelli che potrebbero trovare luogo in una apposita ricerca, l'esempio di una parola fondamentale per il lessico ecclesiastico moderno, *parroco*. Come si sa, una delle opere del Segneri si intitola appunto *Il parroco istruito* (1692), ma la parola compare già nel *Cristiano istruito* nella forma latineggiante *parocho*; il lemma non viene accolto però nel Vocabolario, dove invece troviamo *parrocchiano* nel senso di « Il Prete rettor della parrocchia, e Parrocchiani i Popoli »; e si soggiunge poi: « I Canonisti dicono *parochus*, da' *parochi* de' Latini ».

VIII. Uno scartafaccio manoscritto

A questo punto, può essere interessante leggere un foglio manoscritto conservato nell'Archivio dell'Accademia della Crusca, che contiene uno spoglio effettuato forse da Vincenzo d'Ambra sul *Parroco istruito* del Segneri (come recita l'*incipit* del foglio), ormai per la quarta Edizione del Vocabolario.[39] Molte parole purtroppo sono illeggibili, ma l'elenco è comunque abbastanza lungo per consentirci alcuni riscontri. Molti anche qui sono i superlativi assoluti tratti dalle pagine del Gesuita: *augustissimo, facilissimamente, necessarissimo, dolcissimo, bastevolissimo, maliziosissimo, bruttissimo, savissimo, reconditissimo, sublimissimo, sceltissimo, pessimo*. Svariate anche le cosiddette forme affettive (diminutivi, vezzeggiativi, dispregiativi): *bambolino, meschinello, ignorantaccio, bocconcino*. Tutto questo ci conferma sia quella importante funzione di allargamento dell'area morfologica del lessico, già svolta dalle citazioni del Segneri nella edizione precedente, sia quella capacità tutta italiana di moltiplicare i derivati mediante la suffissazione, ma anche mediante i prefissi: *disattenzione, disapplicazione*. Lo stesso avviene per i sostantivi deverbali in -*mento: adiuvamento, atterrimento, surrogamento*. Quanto all'uso figurato dei termini, il sostantivo *bivio* e l'aggettivo *inalienabile* permangono in tale accezione anche nel Vocabolario del Manuzzi. E torniamo in area giuridica e teologica con *taglione* (o *talione*) dal latino *talio* nella locuzione « pena di talione », con *condanna*, forma più moderna dei più frequenti *condannagione* (dal latino *condemnatio*) e *condannamento*; infine con *impeccabile* derivato da *impeccabilità*, termine teologico che significa « impotenza al peccare ».

In realtà, molte delle voci elencate nel foglio sono già presenti nella terza Edizione, e di queste una buona metà erano già presenti nella pri-

---

[39] Archivio dell'Accademia della Crusca, Miscellanee, Scatola N. 2, cart. N. 4.3, Vocabolario. Ringrazio Severina Parodi per avermi cortesemente messo a disposizione questo documento.

ma; dunque il foglio ha davvero, anche per la grafia poco curata e le numerose cancellature, il carattere di un primo scartafaccio sul quale gli estensori del Vocabolario hanno ulteriormente lavorato. Le voci comprese in questo elenco che entrano nella quarta Edizione non sono molte. Alcune di queste, come *condanna*, vi entrano senza la citazione del Segneri; altre invece sono attestate dal Segneri, ma non dallo spoglio del *Parroco istruito*, bensì (tranne che per un caso) dagli spogli della anteriore *Manna dell'anima*: sono i consueti superlativi assoluti (*bastevolissimo, infamissimo, sceltissimo*); l'aggettivo *impeccabile* nel senso detto sopra; l'aggettivo *condonabile* riferito a « peccato » (« Non vorrei che vi deste a credere che il peccato d'un cristiano fosse più condonabile di quello degl'infedeli »); il sostantivo *bivio* usato in senso traslato («questo è quel bivio, se così piace chiamarlo, a cui si troveranno già pronti gli angeli»). Dunque non possiamo che trarre alcune conferme al panorama lessicale già delineato nel quale si configura il contributo al Vocabolario dato dalla lingua del Segneri. Ma forse il nostro scartafaccio ci dice anche qualcosa d'altro, questa volta più che sul Segneri, sul modo di lavorare degli estensori. Il fatto che il foglio che abbiamo in mano rappresenti il rapido appunto fatto nel corso della lettura del *Parroco istruito* (ogni voce è seguita dall'indicazione della pagina), ben al di qua dunque di qualsiasi verifica sul Vocabolario, sembra rivelarci che lo scrivente sa che cosa può e vuole trovare nel lessico segneriano; sa che questo lessico è una riserva certa per determinate aree lessicali che già nella terza Edizione sono state alimentate dagli scritti del Gesuita. Ci rivela insomma che già al termine del Seicento si possiede forse inconsapevolmente un'idea critica del linguaggio e dello stile di Paolo Segneri.

IX. *Conclusioni*

Negli anni nei quali si decide di accogliere tra gli esempi del Vocabolario il volgare della lingua scientifica di Galileo, l'intensa attività di predicazione del Segneri condotta nelle diverse regioni italiane, di frequente rivolta alle popolazioni rurali, deve aver rappresentato agli occhi di alcuni cruscanti un incomparabile banco di prova per il tentativo di allargare i confini del Vocabolario.

Intanto, acquistano diritto di cittadinanza alcuni processi morfologici in atto nella cultura secentesca, come l'ampliamento delle famiglie di parole mediante prefissi e suffissi, con particolare attenzione al superlativo assoluto, tratto stilistico legato alla tendenza iperbolica tipica di quella cultura; per non parlare dell'ampliamento della estensione semantica della parola ottenuto mediante il traslato e la metafora. Ma, poi, il lessico segneriano si apre a forbice toccando da un lato le parole concrete legate ai mestieri e alle attività note alle popolazioni rurali che frequentava nelle sue missioni; dall'altro, toccando un'area lessicale di cultismi relativi al processo di volgarizzamento di termini ecclesiastici, teologici, giuridici, legati alla sua profonda cultura gesuitica.

Sotto quest'ultimo aspetto va notata la continuità di questa posizione linguistica rispetto a quella del Panigarola nell'accettare il latinismo « perché mutare i termini "della Teologia e della Chiesa è quasi empietà" »;[40] mentre, nella già citata parte introduttiva del *Quaresimale*, Segneri appare più determinato del suo predecessore sulla proposta di voci che insieme siano usate a Firenze ma « che nelle altre [città] non abbino uopo di chi le divolgarizzi ». È ciò che Vitale tratteggia (riferendosi in generale al Vocabolario della Crusca) come « il riconoscimento di una cultura, e quindi della sua espressione linguistica, di dimensione in certo senso *italiana* »,[41] nella vicenda storica di una lingua di comunicazione in fase di espansione orizzontale tra le varie realtà regionali, e verticale tra le varie classi sociali.

STEFANIA STEFANELLI
Scuola Normale Superiore di Pisa

---

[40] Cfr. Claudio Marazzini, *Il predicatore sciacqua i panni in Arno. Questione della lingua ed eloquenza sacra nel Cinquecento*, in *Lingua tradizione rivoluzione*, cit., p. 17.

[41] Maurizio Vitale, *L'oro della lingua*, cit., p. 311.

XI

IL « MARAVIGLIOSO » NEI *PANEGIRICI SACRI*

Nella lettera dedicatoria al suo maestro Sforza Pallavicino, scritta il 1° gennaio 1664 a Bologna e premessa alla prima edizione dei *Panegirici Sacri*, Paolo Segneri, non ancora quarantenne, definiva, con sincera modestia — di fronte a colui che egli considerava la « penna maggiore del secolo »,[1] appunto lo Sforza Pallavicino — queste sue composizioni « sconciaturelle misere [e] meschine »,[2] degne solo di essere nascoste. Vent'anni più tardi, nel 1684, nella lettera dedicatoria al cardinal Gregorio Barbarigo premessa alla seconda edizione della sua opera, nell'elaborare, a proposito dei suoi *Panegirici*, il concetto di « galleria »,[3] in cui chi avesse voluto avrebbe potuto profittare spiritualmente dei tanti « ritratti »,[4] delle tante « pitture sacre »,[5] ribadiva, senza mezzi termini, i limiti artistici delle sue composizioni definendole, questa volta, « rozze ».[6] Però subito precisava che tali « pitture », tali composizioni, nonostante fossero rozze formalmente, proprio perché sacre avevano il privilegio di essere amate e apprezzate, anche perché — come aveva scritto venti anni prima al suo maestro — egli aveva tessuto panegirici solo di quei giusti che, avendo compiuto felicemente « il loro arringo », si potevano lodare francamente senza sospetto « ne' lodati di fasto o nel lodator di adulazione »[7] e che, quindi, avrebbero potuto essere d'esempio in un secolo « senile » e « superbo »,[8] quale era il '600, il secolo appunto in cui gli era toccato in sorte di vivere.

Dalle due dedicatorie in questione mi sembra di poter evincere alcu-

---

[1] Paolo Segneri, *Panegirici Sacri*, in Id., *Opere*, tomo I, *Prediche e Panegirici*, Milano, Società Tipografica di Classici Italiani, 1837, p. 523.
[2] *Ibidem*.
[3] *Ibidem*, p. 527.
[4] *Ibidem*.
[5] *Ibidem*.
[6] *Ibidem*.
[7] *Ibidem*, p. 526.
[8] *Ibidem*, p. 524.

ni aspetti che ritengo fondamentali per la comprensione dell'operazione di scrittura segneriana e, quindi, della poetica dei *Panegirici Sacri*: un primo di carattere storico-morale, un secondo artistico-culturale, e però saldamente e dialetticamente uniti tra loro. Tali aspetti costituiscono quella che, con linguaggio ramsonian-wimsattiano, mi piace definire la *structure*, ovvero lo scheletro, l'impalcatura, l'ossatura, non solo ideale, ma anche morale, ideologica, retorica, in una parola storico-culturale dei *Panegirici Sacri*. Elemento, questo, certo non marginale ai fini di un'esatta comprensione delle predilezioni, delle scelte, delle opzioni artistico-estetiche di Segneri. Difatti se è vero che la *structure*, da sola, non può garantire l'artisticità, il proprio *in sé* estetico dei *Panegirici*, è altrettanto vero che è la sua presenza a rendere ragione del determinarsi e dell'attuarsi della poetica che sottintende ai *Panegirici Sacri*, quale risultato finale della capacità personale-storica di Segneri di relazionarsi criticamente con il plesso di poetiche, gli indirizzi di gusto e, in senso più lato, gli indirizzi estetico-culturali del proprio tempo. E dove pure le ragioni di una polemica storico-morale s'intrecciano, si tramano, con quelli di una polemica storico-culturale. La prima investe lo stesso XVII secolo, definito da Segneri ora come « senile » e « superbo », ora come « corrotto »,[9] « amico delle apparenze »,[10] di « pomposa comparsa »[11] e di una « sontuosità artificiosa ».[12] La seconda investe in gene-

---

[9] *Ibidem*, p. 661.

[10] *Ibidem*, p. 728. Certo la spietata analisi che Segneri fa del suo tempo assume toni e accenti polemici ancora più forti. Quegli anni venivano da lui definiti « lubrici » proprio perché caratterizzati da un « popolo scorretto », da « uomini effeminati » che « in vane pompe collocar sempre usano ogni lor gloria in fasti, in abbigliamento, in divise »; da « giovani irriverenti » che « ogni dì più cercano di gale onde comparir più lampanti »; da « donne vane » che « ogni dì inventano di più di lisci onde comparir più vezzose ». Ma i guasti morali non si arrestavano qui. Essi investivano l'intera Cristianità che era « combattuta da tanti vizi », la stessa Gentilità che era « ingombrata da tanti errori », le stesse Corti che vivevano in uno « splendor lusinghevole ». Cosicché « morbidezze », « lussi », « gozzoviglie », « ricchezze », « fasto », « vita fiorita e lusinghevole », costituivano — a parere di Segneri — la cifra morale di quel secolo. (Cfr. *ibidem*, pp. 635, 636, 637, 641, 661, 671, 691, 727).

[11] *Ibidem*, p. 728.

[12] *Ibidem*. E dove è regola « vestir seta [...], mantener cavalli, [...] metter cocchio [...], condur servi a livrea [...] farsi più povero [...] per parer ricco »

rale gli orientamenti artistici dominanti e in particolare quelli letterari ai quali ultimi Segneri contrappone come modello da imitare quello rappresentato dallo Sforza Pallavicino, scrittore da lodare — a suo parere — non tanto per la « chiarezza », che pure gli era congeniale, quanto piuttosto per la « robustezza » ovvero per la « sodezza »[13] del pensiero, della dottrina, della scrittura; « sodezza » che, unita alla prudenza, all'integrità, all'acutezza, alla veracità, alla modestia, alla religione, proprie di un animo sciolto da ogni interesse, tutto benevolenza, tutto gratitudine, tutto beneficenza,[14] facevano del Pallavicino il maggiore scrittore del secolo.

Aspetti questi che costituiscono — come dicevo — la *structure*, ovvero elementi che, seppure non marginali ai fini di un'esatta comprensione delle scelte segneriane di poetica, certo sono — per servirmi di una proposizione critico-teorica di Wellek e Warren — estrinseci e non, come al contrario dovrebbero essere, intrinseci all'arte. Altri luoghi, altri passi dei *Panegirici Sacri* è allora necessario prendere in considerazione a tal fine.

Penso soprattutto a quel lacerto in cui Segneri non esita ad affermare che così come alle pitture non viene il pregio dal numero, ma dall'arte, ma dall'artefice,[15] ossia dall'essere esse opera d'arte, similmente deve considerarsi per le opere letterarie. Lacerto che — a ben guardare — è, pur nella sua semplicità, starei per dire ovvietà di contenuto, significativo, in quanto fa scivolare il discorso su un primo fondamentale nucleo di riflessioni teorico-culturali segneriane intorno alla natura dell'arte letteraria; ovvero, in primo luogo, sulla necessità che nell'opera d'arte, per quanto riguarda il suo oggetto, non vi debba essere la minima presenza di « fasto »[16] e che l'artista consequenzialmente non debba cede-

---

(*ibidem*); e dove è gloria tenere nei palazzi « superbamente addobate le camere dell'udienza » con « i broccati più splendidi », con « i tavolini più figurati », con « le trabacche più fini », con « le argenterie più magnifiche » (*ibidem*); e dove persino giardini, boschetti e ville appaiono di una sontuosità artificiosa « con prospettive fallaci, con metalli fittizj, con marmi finti, e con altre mille guise d'inganni deluditori, in cui [...] trionfa più che mai mirabile ogni arte » (*ibidem*).

[13] *Ibidem*, p. 524.
[14] Cfr. *ibidem*, p. 525.
[15] *Ibidem*, p. 527.
[16] *Ibidem*, p. 526.

re, nel suo lavoro, all'« adulazione »;[17] in secondo luogo, sulla necessità di rifuggire dai « colori rettorici » quando questi cedano il passo a un « eccesso di figure e di formule »,[18] proprio perché tali « colori rettorici » servono soprattutto a offuscare le verità per sé belle piuttosto che a illustrarle[19] e che quindi, al contrario, è necessario, al fine di « acquistare una sincera notizia de' fatti », preferire la « nuda semplicità del dire »;[20] in terzo luogo, infine, sulla necessità di liberare l'arte dalla « mera favola »,[21] dalla menzogna,[22] soprattutto se si consideri come « certi nomi effeminati di Fillidi e di Clori, di Veneri e di Amoretti, indegni di comparire [...] tra le ragunanze cristiane » fossero allora i soli che risuonavano nelle Accademie, i soli di cui si avvalevano i Teatri, i soli di cui si componevano le musiche.[23] Liberare l'arte da queste e altre « laidissime oscenità »[24] non voleva solo dire, per Segneri, schierarsi nel dibattito artistico-culturale di quegli anni dalla parte della contemporaneità, ma anche e soprattutto voleva dire recuperare l'arte alla verità, ossia ai dettami teologici e morali e ai capitoli di fede della religione cattolica. Aspetto quest'ultimo non senza rilevanza ai fini della esatta e piena comprensione di quale fosse la reale collocazione di Segneri nell'arengo artistico-estetico dell'epoca. Difatti, a un'arte siffatta non servivano il fasto, l'adulazione, i « colori rettorici » esasperati, ovvero non serviva l'eccesso di figure, formule, metafore sonanti e strepitose, tipiche della poetica o meglio del plesso di poetiche allora in voga, quanto piuttosto la semplicità del dire, dello scrivere che mai però era caduta di

---

[17] *Ibidem.*
[18] *Ibidem.*
[19] *Ibidem*, p. 538.
[20] *Ibidem.*
[21] *Ibidem*, p. 580.
[22] *Ibidem*, p. 609.
[23] *Ibidem*, p. 573.
[24] *Ibidem*, p. 574. Riferendosi a tali oscenità Segneri così precisava: « come quelle di un Giove infellonito dietro un'Europa », di « un Apollo perduto per una Dafne », di « un Plutone involatore d'una Proserpina » o ancora come quelle di non sapere trattare sulle scene « se non rozzi innamoramenti », di non sapere proferire « se non disoneste facezie », di non sapere celebrare nelle Accademie « se non bellezze impudiche » (*ibidem*, pp. 573-74).

stile,²⁵ in quanto tale semplicità non poteva e non doveva essere disgiunta dall'« acutezza delle argomentazioni »,²⁶ dall'« acutezza d'ingegno »²⁷ e dall'« altezza di erudizione ».²⁸ Tutto ciò al fine di non « stuccare » gli uditori con argomenti non adeguati.²⁹ Del resto era quanto aveva fatto Francesco Saverio nella sua predicazione nelle Indie, allorché si era servito di una eloquenza meravigliosa, piena di passione e arricchita, non soverchiata, di termini figurati.

L'accenno a termini e concetti di ascendenza pellegriniana e gracianiana, quali « acutezza delle argomentazioni », « acutezza d'ingegno », « altezza di erudizione », oppure ancora l'avvertenza a non « stuccare » gli uditori sono la testimonianza più concreta del suo schierarsi, nel campo dell'arte letteraria in generale e dell'arte oratoria sacra in particolare, tra le file di quelli che nel linguaggio secentesco si dicevano « hoggidiani », ovvero sono la testimonianza del debito che Segneri pagava al proprio tempo e quindi al Barocco, come del resto è ulteriormente attestato dal ricorso che egli fa, nei *Panegirici Sacri*, alle metafore,³⁰ alle similitudini³¹ e alle figure composite.³²

---

[25] *Ibidem*, p. 573.
[26] *Ibidem*.
[27] *Ibidem*, pp. 629 e 669.
[28] *Ibidem*, p. 629. Un'arte siffatta, proprio perché si esemplava anche sul modello della retorica classico-cristiana di Lattanzio e Tertulliano, doveva altresì guardarsi dall'assumere a suo contenuto tutto ciò che non fosse in linea con le verità morali del cristianesimo, ovvero — come scrive Segneri — non doveva prestare fede ad « alcune penne malediche, il cui inchiostro è come quello della seppia, che, posto nelle lampare accese, fa tutte comparire schifose ed orride anche le più belle figure » (*ibidem*, pp. 573 e 682).
[29] *Ibidem*, p. 573.
[30] Si legga a mo' di esempio quanto scrive Segneri: « questo è l'oggetto al quale in questo mio solenne discorso io drizzerò tutti i dardi per essere più sicuro di dar nel segno »; e ancora: « Oh povera Chiesa [...] che farai con un lupo tale assegnatoti per custode? [...] Questa è la volta che rimarrà per lo meno l'ovile aperto agl'insulti di tutti i ladri; che nessun cane fedele oserà più latrare per atterrirli » (*ibidem*, pp. 584 e 684-85).
[31] Si legga in proposito: « Perciocché quindi più chiaramente scorgea di venir ell'amata dal suo consorte con un affetto di benevolenza celeste, non di concupiscenza brutale, mentr'egli si era contentato per lei di far come l'olmo, il quale si sposa alla vite, ma non per altro che per reggere i pesi del matrimonio, non se la sposa per ricavarne i profitti » (*ibidem*, p. 598).

Per altro verso, però, il suo continuo invito ad astenersi dall'uso di « colori rettorici » esasperati, dall'eccesso di figure, di formule e metafore sonanti e strepitose, e quindi il suo additare come modello di arte letteraria più alto e compiuto dell'epoca quello rappresentato dallo Sforza Pallavicino, testimoniano altresì come quello che egli pagava al proprio tempo fosse in effetti un contributo temperato, moderato; insomma testimoniano di fatto come egli finisse per collocarsi nel variegato panorama delle poetiche del '600 — dal Marino al Tesauro all'Achillini — in quella linea di moderato barocco di area romana, che, passando per la Toscana, arrivava sino a Venezia e in Liguria, e che è, del resto, un'acquisizione critico-storiografica consolidata e definitiva degli studi secenteschi più recenti (penso per tutti a Franco Croce e a Mario Costanzo Beccaria). E a Roma, allora centro di diffusione mondiale della cultura, fortunata ma non casuale coincidenza, aveva da poco conclusa la sua attività pittorica un altro nettunese, Andrea Sacchi, che, allievo di Francesco Albani e formatosi sulle opere di Raffaello e Annibale Carracci, era stato tra i pittori che avevano opposto all'irrazionalismo barocco una ricerca di ordine compositivo e di chiarezza delle forme, come dimostrano da un lato il *Miracolo di San Gregorio* (1626) e la *Visione di San Romualdo* (1631, Roma, Musei Vaticani), e, dall'altro, gli affreschi di Villa Chigi (1628 ca.) a Castelfusano, nonché quelli di Palazzo Barberini (1629-1633), della sacrestia di S. Maria sopra Minerva (1637-1638) e di San Carlo ai Catinari (1648-1649), a Roma.

L'anteporre — da parte di Segneri — all'osservanza dei precetti retorici la capacità di grandi concezioni, l'ardente *pathos*, la qualità delle figure, la nobiltà intesa come adeguatezza e moderatezza dell'espressione, il ricorrere a elementi fantastici — si veda il suo continuo richiamarsi al mondo del favoloso Oriente — è *signal* di una concezione e pratica dell'arte che, attraverso la mediazione di quella linea di moderato barocco di cui detto, lo faceva di fatto avvicinare, anche se in modo trasversale, alla poetica del *Sublime*. Poetica, del resto, all'epoca favorita in primo luogo dalla riscoperta e dalla pubblicazione che nel 1554 Robortello aveva fatto di un vecchio trattato ellenistico attribuito

---

[32] Valga tale esempio: « Essendo i Religiosi [...] coloro, contro de' quali hanno gli eretici degrignati più i denti, e quai rabbiosi mastini dati più urli, avventati più morsi, e vomitata più stomacosa la bava de' loro inchiostri » (*ibidem*, p. 606).

nel passato allo Pseudo Longino ma in realtà scritto nel I secolo da un seguace della scuola retorica di Teodoro di Gadara e intitolato appunto *Del Sublime*, in secondo luogo e consequenzialmente dal rinnovato interesse che tale scoperta alimentò per i questionari *De sublimitate*, anche grazie alle numerose volgarizzazioni del trattato ellenistico, di cui la più celebre fu quella di Boileau e di cui un esempio concreto in Italia è rappresentato da Benedetto Menzini, che nel 1688 nel suo trattato *Arte poetica* a proposito del Sublime così scriveva:

> Sublime è quel, ch'altri in leggendo desta
> ad ammirarlo, e di cui fuor traluce
> beltà maggior di quel che 'l dir non presta.
> Ond'è che l'alma a venerarlo induce,
> e l'empie di se stesso, e la circonda
> d'una maravigliosa amabil luce.
> E quanto in lui più e più si profonda,
> più e più diletta: e per vigore occulto
> la mente del lettor fassi feconda.
> So ben, che puote anche in sermone inculto
> chiudersi un gran pensiero; e si appresenta
> talvolta in creta anche un gran Nume insculto.
> E v'ha talun, ch'ebbe la cura intenta
> solo al concetto, e l'ornamento esterno
> sprezzò la mano e neghittosa e lenta.
> Quindi sovente un tal costum'io scerno
> in quei che, ratto immaginando, al cielo
> vide far di tre giri un giro eterno.
> Ma tu d'un doppio e generoso zelo
> vorrei che ardessi; e che le grandi idee
> ricco avesser per te pomposo velo.
> [...]
>
> Così le basse forme e sì l'oscure
> fuggir tu dèi; e all'arte, all'ornamento
> volger l'ingegno e le fugaci cure.
> E far che splenda il non volgar talento
> ne' gran sensi non sol, ma in quello ancora
> onde si spiega un nobil argomento.
> Che se l'un tu riserbi, e l'altro fuora
> negletto lasci, non avrai per certo
> la doppia palma, onde lo stil s'onora.
> [...]

> Talvolta udrai dentro gli scritti altrui
> alto rimbombo, e strepitoso il suono;
> ma ve', che inganna, e non è fondo in lui.
> Perché l'alta del grande origin sono,
> i gran pensieri, e di febéa faretra
> fulmine i sensi, e le parole il tuono.[33]

Se nella posizione di Menzini si colgono alcune differenze non solo di contenuto ma anche di modo rispetto a quella segneriana (nel primo emerge una maturata, pensata, elaborata, consapevole e diretta adesione al *Sublime*, nel secondo, al contrario, tale adesione è mediata, trasversale e si configura quasi come partenogenesi della poetica moderato-barocca; nel primo è chiaramente esplicitata l'attenzione all'ornamento, alla forma, nel secondo, invece, è maggiormente accentuato il discorso sul contenuto), poi tali differenze non finiscono con l'avere — al di là delle sfumature legate a una diversa temperie culturale e/o a differenti affermazioni e codificazioni del gusto tipiche di una mutata situazione temporale — un peso determinante e tale da incidere nella sostanza sulla natura della poetica del *Sublime*. Difatti mi sembra di poter senz'altro affermare che comunque in tale poetica, sia che si tratti di Menzini sia che si tratti di Segneri, il contenuto finisce con l'essere centrale e prioritario rispetto alla forma, perché proprio per quel contenuto sublime si arriva ad avere una forma altrettanto sublime e non solo quindi ricercato, pomposo artificio stilistico fine a se stesso.

---

[33] Cfr. Benedetto Menzini, *Il Sublime*, in Id., *Arte poetica*, vv. 112-32, in *Poesia italiana. Il Seicento*, a cura di Lucio Felici, Milano, Garzanti, 1978, pp. 540-42. I due elementi estetici valorizzati dal vecchio trattato ellenistico, ovvero la portata dell'entusiasmo nelle arti e la soggettività di quel che si denomina Sublime, saranno ripresi e approfonditi — soprattutto il secondo che vuole appunto il Sublime essere nell'anima non già nelle cose, nel soggetto non già negli oggetti — dalle nuove filosofie. Difatti mentre Home nei suoi *Elementi di critica* connetteva il Sublime con le emozioni forti, Burke più analiticamente riteneva fonte del Sublime tutto ciò che è terribile, o ancora, quel qualcosa che, isolato in altro contesto, appare come brutto, ma che, in appropriato contesto estetico ci dà un « orrore dilettevole ». Queste considerazioni che Burke svolse nel suo libro del 1756, *Ricerca filosofica sull'origine delle nostre idee del Bello e del Sublime*, influenzarono Kant, il quale ne trattò sia nelle *Osservazioni sul sentimento del Bello e del Sublime* del 1764, sia nella *Critica del giudizio* del 1790.

Per questa strada, e non solo per questa in verità, Segneri poteva teorizzare persino una sorta di recupero del « deforme », in linea, seppure con finalità ed esiti artistici diversi, con quanto allora s'andava elaborando e producendo in campo letterario e figurativo. In tal senso c'è tutta una casistica da considerare. A livello artistico, si ricordino certe figure iperrealistiche di Caravaggio, oppure alcune figure popolari delle bambocciate di Pieter Van Laer e del suo seguace Michelangelo Cerquozzi, o ancora quelle di Micco Spadaro (cfr. *I mangiatori di maccheroni*, Roma, galleria Nazionale), o taluni disegni di Andrea Sacchi (cfr. *Una festa in casa Falconieri*, Windsor, Collezioni reali) e di Annibale Carracci (cfr. *Lo storpio*, Londra Collezione Oppé), oppure certe incisioni di Johann Heinrich Schönfeld (cfr. *Saul dalla strega di Endor*); insomma si ricordi quel gusto dell'orrido derivato dall'iconografia fiamminga e nordica che tanto influenzò persino Salvator Rosa della fase « morale »; ma ancora si ricordi lo studio delle deformazioni prospettiche o anamorfosi allora tanto di moda cui si ricorreva sia per virtuosismo, sia per il gusto della sorpresa, sia per nascondere ai profani immagini simboliche o oscene.[34] A livello letterario si pensi, invece, a certe figure femminili di zoppe, nane, spiritate, vecchie orribili, brutte donne « putride e malsane », di cui è popolata la fantasia di poeti quali Giovan Leone Sempronio, Bernardo Morando, Ludovico Tingoli, Claudio Achillini, Giuseppe Salomoni, Pietro Michiele, Fulvio Testi, Giulio Cesare Croce, Giambattista Basile;[35] e alle altre maschili di nani gobbi,

---

[34] Anamorfosi di cui lo storico dell'arte francese di origine lituana, Jurgis jr. Baltrušaitis, ha dato un'accurata analisi nel suo libro *Les Perspectives fausées. Aberrations*, vol. II, Paris, Olivier Perrin, 1957 [*Prospettive distorte. Aberrazioni*, vol. II, trad. di Anna Bassan Levi, Milano, Adelphi, 1983].

[35] Si leggano in proposito i seguenti versi: « Move zoppa gentil piede ineguale »; « La bella nana mia dal ciel discese » (cfr. Giovan Leone Sempronio, *La bella zoppa*, v. 1, e *La bella nana*, v. 4, in *Poesia italiana. Il Seicento*, cit., pp. 78 e 79); « Mostra ella fuor qual sia lo scempio interno, / sparsa il crin, bieca gli occhi, orrida il viso » (cfr. Bernardo Morando, *Bellissima spiritata*, vv. 3-4, in *Poesia italiana. Il Seicento*, cit., p. 98); « Costei cui sol di tenebre e d'orrori / natura acherontea veste e circonda [...] / Spargon le chiome e 'l labbro ombre e squallori, [...] / La perla, onde la bocca orba notteggia, / a l'orecchia plebea, quasi per scherno / pende, ed intorno al nero collo albeggia » (cfr. Ludovico Tingoli, *Brutta donna ador-*

di vecchi canuti e cascanti, di storpi, di zoppi di Bernardo Morando, Pier Francesco Paoli, Giulio Cesare Croce.[36] Ma pure si pensi a quelle figure di donne, se certo non deformi, almeno con difetti e/o imperfe-

---

na di gran gioie, vv. 1-2, 5, 9-11, in *Poesia italiana. Il Seicento*, cit., p. 77); « Grave quantunque d'anni [...] / in quella età cadenti [...] » (cfr. Claudio Achillini, *Donna vecchia vestita di color acqua di mare*, vv. 1 e 6, in *Poesia italiana. Il Seicento*, cit., p. 66); « Crespa hai la gola e crespe / le guance e crespo il petto » (cfr. Giuseppe Salomoni, *La Bella Vecchia*, vv. 73-74, in *Poesia italiana. Il Seicento*, cit., p. 89); « Così con rughe al volto e neve al crine fia ch'a me scuopra ancor l'età importuna / di tua beltà le misere rovine » (cfr. Pietro Michiele, *Ricorda alla sua donna che invecchierà*, vv. 12-14, in *Poesia italiana. Il Seicento*, cit., p. 217); « Importuna vecchiezza [...] / cangeran qualità la guancia e 'l crine » (cfr. Fulvio Testi, *A Cinzia. Le Sirene*, vv. 51-54, in *Poesia italiana. Il Seicento*, cit., p. 280); « Poi quando vecchie, putride e malsane » (cfr. Giulio Cesare Croce, *La girandola dei Pazzi*, v. 60, in *Poesia italiana. Il Seicento*, cit., p. 393). E infine si ricordino le dieci orribili vecchie di Gianbattista Basile che nel *Pentamerone* raccontano in cinque giorni cinquanta fiabe. E solo a titolo di cronaca si ricordi anche l'affacciarsi di una sorta di poetica delle rovine, della decadenza, adombrata in poeti quali Giordano Preti, Antonio Basso, Giovan Leone Sempronio. Di costoro si leggano a mo' di esempio i seguenti versi: « Voltò sossopra il mondo, e 'n polve è volta: / e tra queste ruine a terra isparte / su se stessa cadeo morta e sepolta » (cfr. Giordano Preti, *Ruine di Roma antica*, vv. 12-14, in *Poesia italiana. Il Seicento*, cit., p. 72); « Tu de la forma tua vivi idolatra, / né vedi or come il predator fallace / renderla tenta un dì pallida e atra » (cfr. Giovan Leone Sempronio, *Mostra d'orologio*, vv. 9-11, in *Poesia italiana. Il Seicento*, cit., p. 80); « Che vòlte in polve onde fûr pria formate, / mostran di noi vil fasto esser natura » (cfr. Antonio Basso, *All'incenerite ossa d'un umano cadavere*, vv. 3-4, in *Poesia italiana. Il Seicento*, cit., p. 185). Da tale poetica non sono lontani per temi trattati e sensibilità poeti come Pietro Michiele di cui ho già accennato e Pier Francesco Paoli di cui accennerò nella nota seguente.

[36] « Novo Encelado compose / e mi pose / su le spalle un monte adosso. / [...] picciol son ne la sembianza / [...] corpo nano ha cor gigante / [...] Ben è ver che corto ho il braccio » (cfr. Bernardo Morando, *Nano, gobbo, bravo, innamorato, di nome 'amico'*, vv. 10-12, 22-24 e 31, in *Poesia italiana. Il Seicento*, cit., p. 100); « Ei così rappresenta / il Tempo, oltraggiator della bellezza » (cfr. Pier Francesco Paoli, *Vecchio canuto amante*, vv. 4-5, in *Poesia italiana. Il Seicento*, cit., p. 193); « chi è storpiato, [...] / chi va gobbo e chi va zoppo » (cfr. Giulio Cesare Croce, *La girandola de' cervelli*, vv. 78-79, in *Poesia italiana. Il Seicento*, cit., p. 386).

zioni fisiche, come la bellissima donna cui manca un dente di Bernardo Morando, o la bella balbuziente di Scipione Errico; o ad eventi umani e naturali come la morte che tutto corrompe e deturpa di Antonio Basso, o come l'aborto di cui parla Bartolomeo Dotti. Infine, a conclusione di questi esempi, si pensi al caos quale « macchina mal composta » di Giuseppe Battista; oppure ai « leporeambi » di Ludovico Leporeo, componimenti dalla complicata struttura metrica basata sull'uso degli artifici stilistici e ritmici più bizzarri: rime al mezzo, allitterazioni, bisticci vari, manovrati con intenti di *deformazione* caricaturale e giocosa,[37] quasi una sorta di specola letteraria dell'anamorfosi pittorica. Comunque, per ritornare a Segneri, mi sembra — e, certo, non poteva essere diversamente — che questa teorizzata « forma del deforme » assuma, nella sua poetica, un valore singolare rispetto al gusto medio del secolo, proprio perché si configura come una delle tante facce di quella sorta di analitica del « maraviglioso » che egli elabora nei suoi *Panegirici*. Avrò modo di dimostrare ciò. Ora mi preme chiarire il discorso segneriano sul deforme, così come esso si evince dal *Panegirico Ventesimosecondo* in onore della Santa Sindone e dal *Discorso* sopra il Santissimo Sagramento, con il quale termina quest'opera del '64 del Gesuita nettunese.

Nel primo, dopo aver parlato degli aspetti « assai riguardevoli » e « assai vezzosi »[38] di alcuni quadri di tono e soggetto classico, che, sep-

---

[37] « Là da l'ordine eburneo un dente tolse / onde stassi in agguato e i dardi scocca » (cfr. Bernardo Morando, *Bellissima donna cui manca un dente*, vv. 12-13, in *Poesia italiana. Il Seicento*, cit., p. 99); « Del tuo mozzo parlare ai mozzi detti / mozzar mi sento [...] / [...] quella annodata lingua annoda i petti! / Tu tronco, io tronco il suon mando [...] » (cfr. Scipione Errico, *Bella balbuziente*, vv. 1-2 e 4-5, in *Poesia italiana. Il Seicento*, cit., p. 113); « Embrione morì, scheletro nacque, / fatto parto immortal d'aborto esangue » (cfr. Bartolomeo Dotti, *Per un aborto conservato in un'ampolla d'acque artificiali dal signor Giacopo Grandis fisico anatomico eccellentissimo*, vv. 10-11, in *Poesia italiana. Il Seicento*, cit., p. 223); « Macchina mal composta, a cui non porse / beltà la forma onde ogni cosa è bella » (cfr. Giuseppe Battista, *Il caos*, vv. 1-2, in *Poesia italiana. Il Seicento*, cit., p. 181). Per quanto riguarda infine Antonio Basso, cfr. i suoi versi già citati nella nota 35.

[38] *Ibidem*, p. 722.

pur lontani da ogni « aspetto deforme »,[39] erano privi però di sodi contenuti,[40] e dopo aver dimostrato, con l'esempio di Agesilao, re di Sparta, saggio e valoroso ma laido nel volto,[41] che l'uomo si preoccupa di essere ricordato più per la sua bellezza esteriore che non per le sue imprese valorose, Segneri sostiene che per Cristo, grande dispregiatore « d'ogni beltà corporale »[42] e sempre lontano da ogni « altera pompa »,[43] la deformità non ha importanza, anche perché quella di Cristo non è una deformità che non attrae, o che aliena gli animi; al contrario, è una deformità che innamora.[44] Innamora per il *sublime* che dietro di essa si cela. Simile concetto Segneri ribadisce nel *Discorso*. Qui afferma che Dio è « inimicissimo d'ogni comparsa vana »,[45] cosicché « dove gli uomini sono avvezzi a tenere il più vile dentro, e il più bello fuora, Iddio fa l'opposito; tien egli il più vile fuora, e il più bello dentro ».[46] Similmente deve fare l'arte letteraria: essa deve guardare più alla verità del contenuto, alla sostanza, che non alla frivolezza della forma esteriore. Deve soprattutto riempirsi di contenuti belli, *sublimi*, piuttosto che ammantarsi di esteriore artificiosità, anche se poi deve mirare ad essere formalmente « vezzosa e riguardevole ». In tal senso appare ovvio che per Segneri è possibile innamorarsi solo di opere di grande contenuto piuttosto che di quelle che, al contrario, privilegiano esclusivamente l'aspetto formale. Purità, sincerità, schiettezza, rettitudine, pietà,[47] sono alcuni dei contenuti di cui l'arte deve sostanziarsi; certamente non delle

---

[39] *Ibidem*, pp. 722-23.
[40] Alcuni rappresentavano Proserpina « la quale sen va per un prato cogliendo fiori », altri una Europa « la quale sen va sopra un lito cercando perle », oppure un Narciso « il quale si sta [...] specchiando al fonte » (*ibidem*, p. 722). Mi sembra di poter cogliere qui una sorta di polemica contro il « maraviglioso » della classicità in quanto solo ed unicamente vuota forma. Quanto da me ora affermato si chiarirà nei suoi contenuti allorché, più avanti, tratterò del *topos* del meraviglioso.
[41] *Ibidem*, p. 722.
[42] *Ibidem*, p. 723.
[43] *Ibidem*.
[44] *Ibidem*.
[45] *Ibidem*, p. 728.
[46] *Ibidem*.
[47] *Ibidem*, p. 584.

favole o delle menzogne.⁴⁸

La natura di tali contenuti mi sembra possa darci la possibilità di risalire ad uno dei nuclei teorico-filosofici che compongono la struttura narrativa dei *Panegirici*, ovvero a quel *corpus* teologico-morale proprio di un cattolicesimo post-tridentino che, propugnando una visione della vita fondata sull'amore,⁴⁹ sulla rassegnazione,⁵⁰ sulla povertà,⁵¹ sulle perfezioni relative,⁵² forniva a Segneri gli strumenti-valori per combattere e fustigare i mali del tempo, quali l'« avarizia »,⁵³ la « lascivia » o le follie carnali,⁵⁴ « le sregolate licenze del Carnevale »⁵⁵ ecc.; ai quali — come rimedio salvifico — veniva opposto, quasi una sorta di pratica cattolico-cristiana dei doveri, la penitenza rimediatrice.⁵⁶

---

⁴⁸ *Ibidem*, p. 655.
⁴⁹ *Ibidem*, p. 677: « rendere ben per male, onori per onte, ed applausi per villanie ».
⁵⁰ In proposito si legga questo passo segneriano: « [...] se Dio vi vuol poveri, vi contentiate della [...] mendicità, se infermi, il benedichiate ne' vostri mali; se afflitti, lo ringraziate nelle vostre tribolazioni; e [...] senza punto invidiare l'altrui fortuna, vediate volentieri precedervi quei vostri concittadini i quali ha Dio collocati in grado maggiore o di dignità, o di ricchezza, o di podestà » (*ibidem*, p. 677).
⁵¹ In linea con ciò Segneri invitava a vantare « per gloria i dispregi, per tesoro la nudità, per sollazzo i tormenti, per potenza la debolezza, per grazia gli oltraggi, per riso le lagrime, per contentezza gli affanni », e insisteva sulla « purità » sulla « fede », sulla « carità », sulla « sincerità », sulla « schiettezza, sulla rettitudine, sulla pietà » (*ibidem*, pp. 535, 577, 447, 665, 584, 647, 584).
⁵² Segneri distingueva tra perfezioni assolute, in quanto proprie di Dio, e relative, in quanto proprie delle creature se non attuali almeno possibili. Tra le prime annoverava l'*infinità* da cui derivano l'*immensità*, l'*eternità* e l'*immutabilità*. Tra le seconde annoverava: la *potenza*, la *provvidenza*, la *sapienza*, la *giustizia*, la *misericordia*, la *bontà*, la *benignità*, l'*amore*, la *liberalità*, la *padronanza* (*ibidem*, p. 567).
⁵³ *Ibidem*, p. 576.
⁵⁴ *Ibidem*, p. 664. Particolarmente duro era Segneri nei confronti del peccato carnale che così, con disprezzo, definiva: « concupiscenza brutale », « vomito sessuale », « dissoluzioni di senso » (*ibidem*, pp. 598, 600, 732, 630).
⁵⁵ *Ibidem*, p. 641.
⁵⁶ *Ibidem*, p. 727. Così in proposito scriveva: « La beltà d'un Cristiano dovrebbe tutta essere posta in aver le carni livide da flagelli, afflitte da cilicj, macere da catene, consunte da patimenti » per cui « ogni piaga [...] fatta

Tale visione del mondo e della vita mal sopportava quelli che erano gli altri mali, le altre deviazioni dell'epoca, ovvero l'alchimia e la magia,[57] da una parte, l'empietà maomettana[58] e l'alterigia dei luterani e dei calvinisti,[59] dall'altra.

Il tutto veniva filtrato attraverso un'ideologia che si nutriva di un non mai celato aristocraticismo che portava Segneri a considerare con distacco, se non addirittura con disprezzo, la plebe[60] e lo induceva anche e soprattutto a vedere la propria classe con ammirazione;[61] ideologia — a ben guardare — in cui non era assente neppure un acceso antisemitismo: « popolaccio giudaico »[62] Segneri chiamava con disprezzo gli Ebrei e li definiva « protervi, maligni, perfidi ».[63]

Questi aspetti — come dicevo — compongono la *structure*, l'ossatura narrativa dei *Panegirici*, ed essi sono gli aspetti morali e ideologici propri di una cultura composita, complessa, stratificata su più livelli, qual era appunto la cultura segneriana: qui conoscenze astrologiche,[64]

---

per tal cagione, pregiar [...] si dovrebbe qual cara gioia! » (*ibidem*, p. 727).

[57] Ovvero combatteva tutti coloro al mondo che « si sono di Mercurio valuti a [...] fine [...] per cui si vagliono i chimici del mercurio, ch'è per trar l'oro », e, in modo particolare, combatteva « la magia con i suoi trattati occulti [...] » definita « fucina di stregherie, epilogo di incantesimi » (*ibidem*, pp. 576, 543, 643, 694).

[58] *Ibidem*, p. 721; cfr. pure pp. 638, 686, 717.

[59] *Ibidem*, pp. 606, 607, 681.

[60] *Ibidem*, pp. 540, 683. Si legga in proposito questo passo: « ma chi è nato vile, difficilmente egli può co' propri talenti arrivare a nobilitarsi [...] È vero ch'egli può con essi ascendere a gradi anche sublimissimi; ma sempre in lui rimane indelebile quella nota: egli è di schiatta plebea, di sangue putente, di vil prosapia servile » (*ibidem*, p. 540).

[61] *Ibidem*, pp. 576, 690. Certamente diversi rispetto a quelli usati per descrivere la plebe sono i toni e gli accenti di cui Segneri si serve per descrivere la nobiltà. Si legga in proposito: « era egli [Tommaso] nato da prosapia ricchissima, nobilissima, splendidissima; e però troppo si sarebbe egli sdegnato di avvilire il suo ingegno a raccor denaro » (*ibidem*, p. 576).

[62] *Ibidem*, p. 672.

[63] *Ibidem*, pp. 670, 671, 672.

[64] *Ibidem*, p. 622. In proposito si legga anche questo passo: « De' pianeti dicon gli astrologhi, che se mai copiosi diffondono i loro influssi, ciò avviene quand'essi soggiornano in propria casa. Così fa la Luna, quando abita nel suo Cancro, così Mercurio ne' suoi Gemini, così Venere nel suo Tauro,

sapere teologico, erudizione e competenza classica, si intessevano, si intrecciavano fra loro e si incontravano dialettizzandosi con elementi e aspetti di un mondo esotico mutuati da Segneri dalla lunga frequentazione di testi che parlavano di luoghi geografici lontani e in un certo senso da lui vagheggiati per vocazione missionaria, cosicché il fascino del mondo delle Indie, del Giappone, della Cina, dell'Oriente tutto, diveniva l'aspetto fantastico, se non addirittura fantasmatico, starei per dire persino letterario, di tale cultura e di essa rappresentava la zona del sogno e, insieme, la tensione al reale agognato.

Dunque, se, come ho sin qui dimostrato, tutti questi aspetti formano nel loro insieme la *structure* dei *Panegirici*, la *texture*, ovvero il corpo artistico di essi, è da ricercare e da trovare nel *topos* particolare, pur nella sua complessità, del « maraviglioso », di cui appunto uno degli elementi costitutivi è da individuarsi nell'esotismo orientale di cui ho parlato.

Appare chiaro allora come il *topos* del « maraviglioso » sia la cerniera che lega e unisce, proprio perché ne è la sintesi, aspetti fra loro allotri ma pur sempre interni, costitutivi, della composita, variegata cultura segneriana; e come esso finisca poi per porsi in maniera del tutto propria rispetto al plesso delle poetiche del Barocco.

Il « maraviglioso » — come si sa — fu il *topos* che caratterizzò nel loro insieme le poetiche letterarie del Barocco, quale estrema conseguenza del culto della bellezza intesa come pura forma e della ricerca della raffinatezza, aspetti questi che già avevano distinto il classicismo cinquecentesco. Esasperata abilità tecnica nel poetare, esasperata ingegnosità nell'esprimere concetti, esasperata capacità di sorprendere il lettore, sono queste le componenti del gusto dominante nel '600, oscillante tra marinismo e concettismo, ossia tra la predilezione per la metafora e quella per l'acutezza, vale a dire per il modo nuovo di dire le cose. Da una parte, la linea di Marino; dall'altra, quella di Tesauro e di Pellegrini, per intenderci. È chiaro, allora, come il « maraviglioso » fosse, per speculare conseguenza, anche il *topos* centrale e irrinunciabile della predicazione barocca e specificamente concettista.

Si ricordi quanto scriveva in proposito Francesco Panigarola nel suo *Del modo di comporre una predica*, dove raccomandava di collocare la

---

così il Sole nel suo Leone, così Marte in suo Ariete, così Giove ne' suoi Pesci, e così Saturno [...] nel suo Acquario » (*ibidem*, p. 718).

parte di « maraviglia » alla fine della prima metà della predica; e si ricordi anche Tesauro che nel *Cannocchiale aristotelico* aveva teorizzato i cosiddetti « concetti predicabili », ovvero quegli argomenti ingegnosi per mezzo dei quali alcuni intellettuali spagnoli trovarono « questa novella maniera di insegnar dilettando e dilettare insegnando ».[65] Però il « maraviglioso », nonostante fosse anche il *topos* preponderante della predicazione segneriana, non portò il Gesuita nettunese — come al contrario avvenne per i più — alle degenerazioni e agli eccessi in cui erano caduti i rimatori e i prosatori profani e contro i quali non aveva polemizzato solo l'Achillini, ma lo stesso Tesauro. E ciò per più motivi. In primo luogo, perché Segneri si muoveva nell'alveo sì del Barocco, ma di un Barocco moderato, temperato, di area romana: penso al suo maestro Sforza Pallavicino, l'autore della *Storia del Concilio di Trento*, che, nel suo *Trattato dello stile e del dialogo*, aveva messo in guardia contro i concetti esasperati e riteneva che il concetto, definito « osservazione maravigliosa raccolta in un detto breve », era elemento fondamentale dello stile, perché « la principal dilettazione dello intelletto consiste nel maraviglioso »; e penso al gesuita ferrarese Daniello Bartoli, vissuto lungamente a Roma come storiografo della Compagnia, e ai suoi trattati storico-letterari (*L'uomo di lettere difeso ed emendato*, forse del 1645, e *Il torto e il diritto del non si può*, del 1655), in cui chiarisce la sua concezione pedagogico-gesuita dello scrivere: *docere delectando*, dove il primo termine è tutto nello spirito della Controriforma e il secondo è tutto nel gusto barocco, ma di un barocco moderato, temperato appunto. In secondo luogo, perché Segneri concepiva il « maraviglioso » in modo del tutto proprio e originale rispetto alla concezione e all'uso generalizzato e comune dell'epoca, ascrivendolo non tanto al piano della forma quanto piuttosto a quello del contenuto; posizione teorico-programmatica quest'ultima cui certo non erano estranee

---

[65] Cfr. Emanuele Tesauro, *Il cannocchiale aristotelico o sia idea delle argutezze eroiche vulgarmente chiamate imprese e di tutta l'arte simbolica e lapidaria, contenente ogni genere di figure e inscrizioni espressive di arguti e ingegnosi concetti, esaminata in fonte co' rettorici precetti del divino Aristotele, che comprendono tutta la rettorica e poetica elocuzione, Settima impressione accresciuta dall'autore di due nuovi trattati, cioè De' Concetti Predicabili e Degli Emblemi, con un nuovo Indice Alfabetico oltre a quello delle Materie*, Bologna, per Gioseffo Longhi (con licenza de' Superiori), MDCLXXV, pp. 332-58, soprattutto p. 333.

le suggestioni e le indicazioni della poetica del Sublime. Del resto la teorizzazione e l'applicazione che del *topos* Segneri dà e realizza nei *Panegirici Sacri* dimostrano proprio ciò.

La prerogativa di compiere « maraviglie » — scrive Segneri nel *Panegirico Primo* —, ossia di compiere « azioni inusitate », è propria di Dio e della sua potenza.[66] Cosicché *maraviglia*, oppure la virtù di operare prodigi, e *divinità* sono due termini fra loro congiunti, anche perché Dio la prima volta in cui donò a qualcuno diverso da sé la virtù di operare prodigi, *maraviglie*, gli diede anche la facoltà di chiamarsi Dio. Proprio questo fatto spiega il motivo per cui Dio raramente concede all'uomo una tal potenza e se pur la concede, in alcuni casi, non suole concederla, tranne che eccezionalmente, tutta in una stessa persona. Con la stessa gelosa parsimonia del Sole che non comunica mai ad una stella tutta la sua luce ma la distribuisce fra molte, Dio concede tale potenza ripartita tra più uomini. Ad alcuni dà la virtù di curare malattie incurabili, ad altri di penetrare pensieri nascosti, ad altri ancora di possedere linguaggi sconosciuti, ecc. E questo sempre per ragione di « esemplo ».[67] In tal senso la *maraviglia*, in quanto dono divino, è sinonimo di prodigio e quindi di miracolo,[68] vale a dire di atto o di opera fuori dalle leggi conosciute della natura, dovuto a una potenza soprannaturale che si manifesta però nella natura per mezzo di un uomo eletto da Dio e al quale Dio ha conferito tale potenza, tale virtù, il Santo appunto, che diventa pertanto *exemplum*, modello che, per il prodigioso, il meraviglioso del suo *in sé*, suscita *stupor*,[69] stupisce. Il *maraviglioso* quindi

---

[66] *Ibidem*, p. 529.
[67] *Ibidem*.
[68] *Ibidem*.
[69] Del resto il Santo per la sua natura di eccezionalità interiore, ovvero per il suo *in sé* sublime, è ascrivibile — per quanto ha teorizzato Segneri — alla categoria delle « maraviglie nascoste » piuttosto che a quella delle « maraviglie palesi ». Solo attraverso il *miracolo* tali « maraviglie nascoste » diventano palesi. E poiché gli uomini ricercano avidamente più le prime che non le seconde, sono proprio esse — le « maraviglie nascoste » —, una volta scoperte, a suscitare maggiore stupore (*ibidem*, p. 544). Inoltre per il *topos* della « maraviglia » e per quello ad esso strettamente collegato dello stupore cfr. *ibidem*, pp. 529, 530, 531, 532, 533, 534, 538, 542, 543, 548, 551, 553, 554, 555, 561, 562, 568, 578, 579, 583, 585, 590, 595, 604, 605, 612, 617, 618, 620, 627, 628, 629, 631, 639, 640, 641, 643, 649, 650, 651,

per Segneri è tutto ciò che attiene al campo delle meraviglie, dei prodigi, dei miracoli, e, suscitando stupore,[70] diventa egli stesso esempio della Santità.

A questa prima definizione del *maraviglioso* come dono divino di compiere azioni inusitate, prodigi, miracoli e nella quale il Santo stesso si erge ad *exemplum* o meglio ancora, per servirmi di una formula barthesiana, a *imago*, vale a dire a incarnazione di una virtù;[71] a questa prima definizione — dicevo — segue l'altra che si legge nel *Panegirico Decimosesto* in onore di San Giovanni Battista:

> Iddio non vuole da noi, se non quello ch'è in potere nostro: e però in Cielo *si stiman le virtù*, non le *maraviglie*; e si premiano i *meriti non i doni*.[72]

Qui la *maraviglia* è sempre un dono di Dio ed è svincolata dalla virtù la quale diventa essa stessa invece un merito. Allora si ha da una parte il piano della *maraviglia* come *dono* e dall'altro quello della *virtù* come *merito*. E ciò non contraddice quanto Segneri ha teorizzato precedentemente ma lo chiarisce e lo specifica. Difatti lì virtù era sinonimo di capacità, capacità di operare prodigi, qui è un abito morale, un valore che si possiede e, in quanto tale, non è una meraviglia, ma può e deve essere *maravigliosa*, deve suscitare meraviglia, ovvero stupore:

> [...] con maravigliosa provvidenza dovevano aprire per tutto il mondo la strada alla predicazione evangelica [...].[73]
>
> [...] ella [la Santissima Nunziata] insin dal seno materno possedette [...] prudenza massima, sapienza maravigliosa [...].[74]
>
> [...] virtù corteggiata da maraviglia [...][75]

652, 655, 656, 657, 659, 661, 662, 663, 664, 665, 667, 668, 669, 670, 671, 672, 673, 674, 675, 677, 680, 681, 683, 687, 688, 689, 692, 694, 695, 696, 697, 701, 705, 710, 711, 716, 718, 725, 729, 730.

[70] *Ibidem*, p. 683.
[71] Francesco Saverio, il predicatore delle Indie (cfr. *ibidem*, p. 529), Santo Stefano, il primo martire della cristianità che ha dato la vita per Cristo (cfr. *ibidem*, p. 547), ecc.
[72] *Ibidem*, p. 677.
[73] *Ibidem*, p. 563.
[74] *Ibidem*, p. 620.
[75] *Ibidem*, p. 669.

> Ma qual maraviglia che avessero tanta forza le sue parole [...].[76]
>
> Qual maraviglia è però s'egli custodisse un'innocenza sì pura [...].[77]
>
> Qual maraviglia però, che per esser tale si ricercasse in lui quel congiungimento di tutte le perfezioni [...].[78]

Come è possibile vedere, Segneri concepisce le meraviglie alcune volte come sostanze (essenze) e distingue tra meraviglie palesi e/o nascoste[79]; altre, come attributi delle sostanze (delle virtù), ovvero come proprietà essenziali della virtù che attengono quindi alla sfera divina e morale; altre volte, infine, come accidenti, ovvero come carattere non necessario di un essere, di una sostanza cui appunto sopravviene. In questo ultimo caso, siamo nella sfera del naturale, del fisico, dello storico:

> Non aveva forse il Nilo altre maraviglie?[80]
>
> Vediamolo in un successo sommamente maraviglioso.[81]
>
> Oh atto maraviglioso![82]

Oppure, ancora, « maraviglioso » può essere perfino la mancanza della facoltà del dono di operare « maraviglie », miracoli, che, come avviene in San Giovanni Battista che *signum fecit nullum* (*Gv.* 10, 41), non sminuisce minimamente la santità:

> Vengo a formarvi proposizione maravigliosa, ma vera; ed è che se in altri l'eminenza della santità suole essere comunemente cagione ch'abbiano facoltà di operare gran maraviglie, in Giovanni l'eminenza della Santità fu cagione ch'ei non l'avesse [...]. Che sarebbe stato se alla purità della vita avesse parimenti congiunta la podestà de' miracoli?[83]

Ma ancora il meraviglioso è l'aurea di esotismo di un mondo lontano non conosciuto direttamente ma solo vagheggiato anche se per spi-

---

[76] *Ibidem*, p. 531.
[77] *Ibidem*, p. 662.
[78] *Ibidem*, p. 568.
[79] *Ibidem*, p. 543.
[80] *Ibidem*, p. 542.
[81] *Ibidem*, p. 554.
[82] *Ibidem*, p. 584. (L'« atto maraviglioso » è quello di Sant'Anselmo che rifiuta l'investitura vescovile da Enrico re di Germania.)
[83] *Ibidem*, p. 673.

rito missionario, ossia il mondo delle Indie, dell'Oriente: « tempestissimi golfi », « inaccessibili rupi », « popolose città », « impraticabili solitudini », « ultime falde del mondo », Segneri definisce quei luoghi, e gli abitanti: « popoli abbandonati dalla natura, ne' confini più impraticabili d'Oriente », « genti sì disgiunte di luogo, sì varie di usanze, sì contrarie di religione »; e le Indie luoghi « da noi disgiunti con tanta vastità di monti e di mari » dove ci sono almeno trenta paesi di linguaggi differentissimi insieme al Giappone, più incognito, più remoto, con i suoi sei regni: Sazzuma, Firando, Suvo, Meaco, Figen, Bungo. I « mercatanti e le loro merci », le tre più celebrate Accademie d'Oriente (da quella dei Brammani a quella degli Imani, a quella dei Bonzi), le monarchie di quelle terre (dal re di Candia, al re di Ulate, al re delle Maldive, al re del Macazarre, al re di Nuliagen, al re di Travancorre), i loro « fastosi diademi », nonché la savia Mora, moglie del re di Ternate, e il gran Principe di Rosolao, tutto è visto da Segneri come un mondo lontano, remoto, mostruoso e insieme affascinante (« ultimi termini della terra » definisce quei luoghi che vanno dal Giappone « più remoto » alla Cina « vastissima e più inaccessibile »). E in questa atmosfera fantastica e per certi aspetti — come ho già detto — addirittura fantasmatica, inserisce persino la figura di Francesco Saverio:

> All'ingresso di Francesco nelle Indie [...] il mare, a poco a poco avanzatosi a quei confini, pareva [...] qual umile pellegrino che [...] arrivato al bramato tempio, baciasse reverente la soglia e sciogliesse il voto [...]. Tornava egli dal Giappone, nell'India, quando a un'improvvisa burrasca che si levò, fu la sua nave trasportata in un mare nuovo ed incognito.[84]

Insomma questi luoghi, proprio per essere, per la loro estrema lontananza, ascrivibili alle meraviglie nascoste piuttosto che a quelle palesi, suscitano grande stupore sia che si tratti della metropoli dell'Oriente, Goa definita « rocca, cuore della barbarie », sia della « barbara costa » di Pescheria, sia del reame di Travancorre, sia delle « isole selvagge » delle Molucche, o di quelle « spaventose » del Moro, o delle secche di Ceilano, o dell'isola di Sancino, o della città di Malacca. Ed è sufficiente solo nominarli per evocare tutta la loro aura di esotismo, di mistero: da Coccino, a Sanciano, al Tornai, ad Amboino, al Mozambico, a

---

[84] *Ibidem*, pp. 532, 534 *et passim*.

Melinda, a Comorino, a Cambaja, a Cioromandello, a Goa, a Manapar, a Magapatan ecc.[85]

E ancora il « maraviglioso » è dato da certi squarci, certe atmosfere naturalistiche di serenità, di limpida lucentezza e pace:

> Dotò la natura quel fiume [il Nilo] di perfezioni e di proprietà singolari [...]. Fra tutti i fiumi lui [è] il favorito. Perocché dove nelle estati ella scemi agli altri le acque, a questi le accresce [...] ed egli ampiamente innondando fuori del letto, scorre per le campagne, cuopre le valli, e cambiando i villaggi tutti in tante isole fortunate [...].[86]

> Così parimenti, qualor ornava di tante piante la terra, di cedri, di cipressi, di ulivi, di palme, di platani [...].[87]

> L'ape, la quale [...] in un fiorito orticello si appiglia [...] al citiso, al timo, alla santoreggia, al sermollino, alla persa [...].[88]

> V'ha delle rose che son le delizie degli orti più signorili. V'ha de' cedri che sono la gloria de' Libani sì famosi [...].[89]

E altresì è da ritrovare pure nel « *deforme* », di cui ho già detto, proprio perché il deforme, alla luce di tutto il discorso segneriano sin qui svolto, mi sembra possa e debba essere inserito nella categoria delle meraviglie nascoste quale *signal* della presenza di una poetica del *Sublime*, che, puntando l'attenzione soprattutto sul contenuto, finisce per inglobare in sé persino lo stesso *topos* del meraviglioso con cui appunto si confonde, essendo l'altra faccia della stessa medaglia, soprattutto quando il *topos* in questione, di natura teologico-dottrinale, è ascrivibile al campo delle essenze.

Questo è quanto Segneri ha teorizzato e, insieme, quanto si è costruito circa il meraviglioso, quasi una sorta di « galleria », di « numeroso catalogo »,[90] di repertorio, cui attingere e di cui servirsi per tessere i suoi *Panegirici Sacri*. Proprio in tale *topos* risiede la *texture* di quest'opera segneriana. Difatti, è dal « maraviglioso » che parte la spinta, l'*input* affabulatorio, narrativo. E ciò si determina su due piani: quello

---

[85] *Ibidem*, pp. 535, 536, 537, 559, 606, 609, 691.
[86] *Ibidem*, p. 542.
[87] *Ibidem*, p. 619.
[88] *Ibidem*, p. 620. Cfr. anche *ibidem*, p. 619.
[89] *Ibidem*, p. 662.
[90] *Ibidem*, p. 539.

che produce il macrotesto narrativo, ovvero il genere panegirico che, nel campo ecclesiastico, si configura come discorso pubblico ai fedeli in cui si esalta un santo o un'altra figura del culto cristiano nella festività ad essa consacrata, con il fine di edificare l'uditorio proponendo l'esempio delle sue virtù; e l'altro, dei tanti microtesti che dal macrotesto scendono a grappolo e che, pur essendo a questo strettamente legati, si possono configurare a livello estetico e narrativo come microtesti autonomi, conchiusi e perfetti in sé. Qui il ritmo narrativo improvvisamente cambia rispetto al registro della narrazione media dell'intero Panegirico: meraviglia e impreziosimento stilistico del testo tutto.

> Tornava egli [Francesco Saverio] dal Giappone nell'India, quando a un'improvvisa burrasca che si levò, fu la sua nave trasportata in un mar nuovo ed incognito, anche all'audacia medesima Portoghese. Adoperarono i marinai ogni industria per assicurare il battello [...] ma nel più orrido della notte [...].[91]

> Nerone [...] imperadore del mondo, dispone una memorabile spedizione. Per ordine suo si apprestano da più parti cavalcature, si radunano genti, si raccolgon denari, si compongono carriaggi, e si preparano provvigioni grossissime [...]. Si spargono preghiere per la partenza, si fanno voti per il ritorno. E frattanto spiccasi la famosa comitiva da Roma, capo del mondo. Tutti i popoli, per mezzo ai quali ella passa, domandano curiosi dove ne vada. A tutti rispondesi: va a cercar l'origine del Nilo [...].[92]

> Stava questa gran principessa, nominata Sarolta, vicina al parto, quando le apparve santo Stefano in abito da diacono, e con volto allegro e con parole amorevoli: sappi, le disse, che arrivata è già l'ora della salute dei tuoi vassalli [...].[93]

> Nel tempo che le Spagne erano infestate dai Mori, l'anno 1147, andò il re don Alfonso con un poderosissimo esercito sotto Almaria, città di Granata, per conquistarla. E perché l'impresa era molto ardua, aveva unito seco le forze di altri potentati e di altre provincie. Tra questi erano i Catalani con molte pronte squadre, sì terrestri come marittime, delle

---

[91] *Francesco Saverio e il battello alla deriva* (*ibidem*, p. 532). Per l'intero microtesto, come del resto per tutti gli altri che sono presenti nell'opera segneriana, rimando il lettore all'*Appendice* di questo mio saggio.
[92] *Nerone manda a cercare l'origine del Nilo* (*ibidem*, p. 542).
[93] *Santo Stefano appare alla madre di Stefano I d'Ungheria* (*ibidem*, p. 553).

quali era ammiraglio Galzerano de' Pini, baron di Baga [...].[94]

Aveva egli [San Giovanni Evangelista] in una città dell'Asia scorto un giovane di indole generosa e di abilità singolare al culto divino. Lo diè pertanto in serbo ad un vescovo, perch'egli stesso di persona allevasselo ne' costumi. Ma in progresso di tempo cominciò il giovane, qual cavallo sboccato, ad odiare il morso e a scuotere il direttore. Si diede ai giuochi, a crapole, a passatempi [...].[95]

Era egli [Gregorio il taumaturgo] da' romitori salito per opera di Fedimo, alla sedia di Neocesarea, città in quel tempo tanto ingombrata di errori, che non vi si arrivava bene a discernere se quivi gli Etnici fosser finti Cristiani, o se i Cristiani finti Etnici.[96]

Andavane il ladrone infernale tutto superbo, ed a guisa di quell'incirconciso gigante de' Filistei insultava alla terra, insultava al cielo [...].[97]

Aveva Anselmo ricevuta dapprima Matilda in cura sotto Alessandro, quando era questa nel fior di sua giovinezza [...] ma per fuggirsene al chiostro l'aveva lasciata già non meno assodata nella virtù che adulta negli anni [...].[98]

A questi otto microtesti si debbono aggiungere altri sedici, di cui due presenti nel *Panegirico Settimo* in onore di Sant'Anselmo,[99] uno presente nel *Panegirico Nono* sugli ordini regolari,[100] due nel *Panegirico Undecimo* per la festa della Santissima Nunziata,[101] due nel *Panegi-*

---

[94] *Santo Stefano libera dai Mori l'ammiraglio Galzerano de' Pini* (*ibidem*, pp. 554-55).
[95] *San Giovanni convince un giovane a mutare vita* (*ibidem*, pp. 558-59).
[96] *Come Gregorio il taumaturgo cancellò le eresie di Neocesarea* (*ibidem*, p. 560).
[97] *Le imprese del demonio* (*ibidem*, pp. 568-69).
[98] *Sant'Anselmo contro i Lombardi scismatici* (*ibidem*, pp. 587-88).
[99] *La sepoltura di Sant'Anselmo e il vescovo di Sutri Bonizzone* (*ibidem*, pp. 591-92); *Il Battista* (*ibidem*, p. 593). I titoli di questi microtesti, come del resto di tutti gli altri che appaiono nelle note che vanno dal numero 90 al 97 o quelli che seguiranno, non si trovano nel testo segneriano. Sono titoli fittizi dati da me per meglio rintracciare i microtesti in questione nel Panegirico che li contiene. Di essi do riproduzione fedele nell'*Appendice* di questo mio lavoro.
[100] *Giuliano l'Apostata contro i Persi* (*ibidem*, p. 615).
[101] *Fidia e il saccente* (*ibidem*, p. 625); *Leone il Trace* (*ibidem*, pp. 632-33).

rico Duodecimo in onore di San Filippo Neri,[102] uno nel *Panegirico Decimoterzo* in onore di San Pietro di Parenzo,[103] uno nel *Panegirico Decimoquarto* in onore di Sant'Antonio da Padova,[104] uno nel *Panegirico Decimosettimo* sulla cattedra di San Pietro,[105] due nel *Panegirico Decimottavo* in onore di Sant'Ignazio di Lojola,[106] uno nel *Panegirico Decimonono* del Santo Angelo custode,[107] uno nel *Panegirico Ventesimo* in onore di tutti i Santi,[108] due nel *Panegirico Ventesimoprimo* in onore della Santa casa di Loreto.[109]

Due di questi microracconti (*Fidia e il saccente* e *Il giovane ateniese che si innamora di una statua*) hanno la caratteristica di aprire il Panegirico e, seppure assai brevi, sono due perle formali; sono di argomento classico, come sono, al contrario, di argomento storico-religioso quello di *Giuliano l'Apostata contro i Persi*, quello di *Teodora moglie di Giustiniano e il diacono Vigilio*, quello bellissimo per struttura narrativa di *Leone il Trace* e l'altro dell'*Assedio di Orvieto da parte di Enrico figlio di Barbarossa*, la cui struttura narrativa è direttamente funzionale all'intero Panegirico cui si riferisce, come lo sono tutti gli altri di argomento prettamente religioso. Tali microtesti, seppure interamente funzionali ai Panegirici in cui si trovano, in quanto proprio da quel macrotesto si originano, sono, come quelli che sembrano generarsi autonomamente, in sé conchiusi e perfetti, per cui al di fuori del loro valore e della loro funzione esemplare sono in una certa misura anche esornativi a livello formale dei singoli Panegirici; di essi rappresentano l'aspetto estetico più riuscito e più valido, proprio perché, come ho già

---

[102] *Il patrizio romano prossimo alla morte* (*ibidem*, p. 636); *Il cardinale Gabriello Paleotto* (*ibidem*, p. 639).

[103] *L'assedio di Orvieto da parte di Enrico figlio di Barbarossa* (*ibidem*, pp. 643-45).

[104] *Sant'Antonio e gli animali* (*ibidem*, p. 655).

[105] *Teodora moglie di Giustiniano e il diacono Vigilio* (*ibidem*, pp. 683-84).

[106] *Sant'Ignazio tentato dal demonio* (*ibidem*, p. 692); *Estasi di Sant'Ignazio* (*ibidem*, p. 694).

[107] *Mosè e l'Angelo armato* (*ibidem*, pp. 698-99).

[108] *Proclo vescovo di Costantinopoli che ricorda San Giovanni Grisostomo* (*ibidem*, pp. 711-13).

[109] *Un giovane ateniese che si innamora di una statua* (*ibidem*, p. 715); *Una luce apparsa improvvisamente nella casa di Loreto mentre vi predica un sacerdote* (*ibidem*, p. 719).

scritto, hanno un diverso ritmo e timbro narrativo rispetto al registro della narrazione media dei singoli Panegirici. Un esempio valga per tutti; nel *Panegirico Undecimo* per la festa della Santissima Nunziata, parlando dell'umiltà, così Segneri scriveva:

> Pare strana cosa, uditori, che si pretende favellar d'umiltà presso a' secolari, i quali mai non dirizzano ad altro fine tutti i loro pensieri, se non a questo, di comparire, di avanzarsi, di avvantaggiarsi, ad emulazione del coccodrillo, il quale solo fra tutti gli altri animali, non ha mai stato alcuno di consistenza, ond'è che tanto egli seguita a crescere, quanto vive [...]. E questo potrei io mostrarvi sulle persone di un San Bonito vescovo, di un Santo Ermanno prete, e di altri, i quali, mercé la loro umiltà, riceverno dalla Vergine onori tali, che mai non sarebbero lor caduti in pensiero. Ma per addur l'esempio di un uom di mondo, ascoltate quello che avvenne ad un tal Leone, Trace di Patria, capitano di professione.[110]

A questa prosa dal timbro argomentativo e razionale, propria dell'eloquenza epidittica e dimostrativa del panegirico, segue poi, allorché deve dimostrare, una prosa di tono e di timbro narrativo. Insomma, qui Segneri non dimostra ma narra, o meglio, narra dimostrando:

> Camminava egli un dì per un certo bosco, non so se a cagione o di viaggio, o di caccia, o di passatempo, quando udì da lungi una voce, come di uomo lagrimoso e languente. S'arrestò egli per comprendere meglio donde uscisse quel suono.[111]

Dunque, questi microtesti in cui Segneri narra, racconta, sono al di fuori dei moduli narrativi dell'eloquenza religiosa barocca, fondata sulla retorica, e s'inseriscono in un registro di meraviglioso meno teologico-dottrinale e più storico-reale. Questo, presi in sé, al di fuori di quel macrotesto di cui pur fanno parte. All'interno di esso, al contrario, partecipano di quella sezione dimostrativa, esemplare, di un discorso retorico che si fondava certo sulla *inventio* e sulla *dispositio*, piuttosto che sulla *elocutio*.

Difatti, quando Segneri ammetteva che al fine della educazione e quindi della persuasione era necessario basarsi su di un « discorso so-

---

[110] *Ibidem*, p. 632.
[111] *Ibidem*, pp. 662-63.

lenne »,[112] certamente, per tutto quanto ho dimostrato, il solenne era riferito più al contenuto che alla forma, in quanto la prima cosa da bandire era giusto il ricorso alle favole, alla menzogna:

> Soglionsi gli oratori comunemente procacciare la benevolenza e lusingar la credulità di chi gli ode con dissimulare per via di occulti artificj ciò ch'eglino hanno o di speciale affezione, o di privata utilità nella causa e con ispacciarsi tutti carità, tutti zelo. Ma lungi lungi da me precetti mal confacevoli a un cuor leale. Io mi dichiaro apertissimamente, sicché ognun sappialo, di voler trattare una causa in cui son tutto passione, tutto interesse. Provar vi voglio che a qualsiasi Religioso portar conviensi un'altissima riverenza. Però guardatevi di non prestar niuna fede, se non a quello che io farò vedervi con gli occhi e toccar con mano. Non avete a tenere in pregio veruno il peso della mia autorità, ma solamente il valor delle mie ragioni.[113]

Nonostante, o proprio per tale avvertimento, i *Panegirici* non sono spogli, privi di bellezza e, tra i molti, primeggiano quello per *La festa di tutti i Santi* e l'altro in onore di *Santo Stefano Protomartire*, essendo tutti scritti con qualche finezza stilistica che deriva loro non tanto da un'esasperata attenzione di Segneri a, diciamo così, una retorica della forma, quanto piuttosto da una maturata adesione a una retorica del contenuto, che è come dire dalla prioritaria fedeltà alle ragioni di una poetica di moderato barocco, e da questa a quelle di una poetica del *Sublime*, mediante la quale poteva moderare gli eccessi stilistico-formali propri del secolo. Ma ciò non è stato sempre del tutto sottolineato dalla critica, a discapito di una giusta e complessiva comprensione di quest'opera segneriana.

Difatti strana e singolare fortuna è toccata, sin dal loro apparire, nel '64, ai *Panegirici Sacri*, se lo stesso loro autore li ha definiti « sconciaturelle rozze » e la critica, nonostante la « Crusca » li abbia citati, seppure non frequentemente, li ha giudicati opera non riuscita. Si pensi ad Antonio Meneghelli che, nel suo *Elogio di Paolo Segneri*, fra le opere del Gesuita nettunese non reputa degno di ricordare i *Panegirici* « perché, dettati in sull'aprile degli anni, precedono di molto l'epoca fortunata in cui [egli] si accinse a riformare se stesso e l'eloquenza dei suoi giorni »; e, da ultimo, si pensi a Quinto Marini che, nell'introdu-

---

[112] *Ibidem*, p. 584.
[113] *Panegirico Nono, ibidem*, pp. 605-06.

zione a una recentissima riedizione delle ottocentesche *Novelle morali eloquentissime*,[114] parla di « ingenue e rozze inarcature stilistiche » dei *Panegirici*.[115] Non si accorge Marini che « la dura sostanza degli ideali segneriani di riforma » dell'eloquenza sacra realizzata con il *Quaresimale*, ovvero con quell'opera della maturità tutta nutrita di dottrina e tutta impegnata culturalmente nei grandi dibattiti del *quietismo* e del *probabilismo* e nella quale si evitano le stranezze di una predicazione barocca e concettista, dicevo, non si accorge Marini che la riforma dell'eloquenza sacra inizia proprio da qui, dai *Panegirici* e, specificamente, dalla teorizzazione e dall'uso segneriani, davvero personalissimi, del *topos* secentesco del « maraviglioso ».

ROCCO PATERNOSTRO
Università di Roma, La Sapienza

APPENDICE

Riporto qui, in appendice, i 24 microtesti da me individuati nell'opera segneriana e di cui ho dato notizia in questo saggio.

1. *Francesco Saverio e il battello alla deriva*

> Tornava egli [Francesco Saverio] dal Giappone nell'India, quando a un'improvvisa burrasca che si levò, fu la sua nave trasportata in un mare nuovo ed incognito, anche all'audacia medesima Portoghese. Adoperarono i marinari ogni industria per assicurare il battello, necessarissimo in quelle navigazioni; ma nel più orrido della notte fu dall'onde e da' venti, che più rabbiosi imperversarono all'armi, trabalzato nell'alto per farne strage. Quindici persone v'erano dentro, e tra queste il nipote

---

[114] Paolo Segneri, *Novelle morali eloquentissime*, a cura di Quinto Marini, Nettuno, Ugo Magnanti Editore, 1994.
[115] *Ibidem*, p. 12.

del capitano: che però, perduti tutti di vista, furono pianti amaramente per morti, confondendosi, per maggior orrore, in un tempo, i singhiozzi de' naviganti co' fremiti de' tifoni. Allora Francesco, compassionando il capitano afflittissimo, il consolò con accertarlo che in termine di tre giorni sarebbe da sé medesimo ritornato il figliuol ramingo alla madre; che volea dire il navicello alla nave. E com'egli promise, così mantenne. Sul fine del terzo giorno, quando gli altri già non avevano più speranza di riveder mai lo schifo, da lor creduto o lacero per le scosse, o assorto fra' gorghi, un garzoncello alzò improvviso la voce dalla veletta, e gridò: miracolo, miracolo, ecco il battello. Corse a quella voce tutta la gente, e videsi orgogliosetto venire il piccolo legno che, a onta di più naufragj, attraversava con dirittissimo corso or valli, or montagne, di spumanti marosi. Vollero i marinari lanciargli un canapo; ma Francesco nol consentì, perché si avverasse che quello con avidità filiale veniva a ricercare il seno materno. Chi può spiegare lo stupore, le lagrime, l'allegrezza con cui que' miseri furono quasi da morte a vita raccolti dentro la nave? E già v'erano essi montati tutti, quando veggendo che un marinajo discostava il battello vuoto, cominciarono a gridar fortemente, che si porgesse innanzi mano a Francesco dentro rimastovi. Che Francesco? (replicò il marinajo) Francesco è stato nella nave finora con esso noi. Come? (ripigliarono quelli) Francesco è stato con esso noi nel battello. Ma se noi l'abbiamo qui sentito prometterci il vostro arrivo? Ma se noi l'abbiam là veduto reggere il nostro corso? Che più? Non si poté decidere la contesa in altra maniera, che con chiarirsi, aver lui per comun soccorso prestata la sua presenza negli stessi giorni in due luoghi: per la qual novità due Saracini, salvatisi in quel legnetto, si convertirono. (*Panegirico Primo, In onore di S. Francesco Saverio Apostolo delle Indie*, detto in Milano, p. 532)

2. *Nerone manda a cercare l'origine del Nilo*

Nerone istesso, imperador del mondo, dispone una memorabile spedizione. Per ordine suo si apprestano da più parti cavalcature, si radunano genti, si raccolgon denari, si compongono carriaggi, e si preparano provvigioni grossissime per viaggi sì terrestri come marittimi. Capi della spedizione son destinati alcuni nobili senatori romani. Si spargono preghiere per la partenza, si fanno voti per il ritorno. E frattanto spiccasi la famosa comitiva da Roma, capo del mondo. Tutti i popoli, per mezzo ai quali ella passa, domandano curiosi dove ne vada. A tutti rispondesi: va a cercar l'origin del Nilo. Non v'è provincia, non v'è città, non v'è terra, ove non ne arrivi la fama. Se n'empion i fogli, ne volano le novelle, e per tutto ognun dice: non sapete, eh? Roma manda a cercar l'origin del Nilo. Roma manda a cercar l'origin del Nilo. (*Panegirico Secondo*, *Per l'immacolata concezione di Maria Vergine*, detto in Ravenna, p. 542)

3. *Santo Stefano appare alla madre di Stefano I d'Ungheria*

Stava questa gran principessa, nominata Sarolta, vicina al parto, quando le apparve santo Stefano in abito da diacono, e con volto allegro e con parole amorevoli: sappi, le disse, che arrivata è già l'ora della salute de' tuoi vassalli. Però al bambino che nascerà dal tuo seno poni il nome di Stefano. Starà egli sempre sotto la mia protezione: pacificherà questi popoli; né solamente li reggerà col consiglio, ma gli ammaestrerà con la Fede. Sarà egli il primo che cinga nell'Ungheria corona reale: ma corona più bella ancora di quella che porterà in terra già gli è lavorata nel cielo. Restò la donna attonita a questa vista ed a queste voci, e dimandando al Santo, chi egli si fosse: io (le rispose quegli) sono Stefano protomartire. E ciò detto disparve, come un veloce ma luminoso baleno. Quanto il Santo predisse, tanto seguì. Partorì la principessa un figliuolo, il quale fu battezzato e chiamato Stefano, e fu quello Stefano primo re d'Ungheria, così chiaro per celebrità di vittorie e per gloria di santità, il quale, meritando anche il nome di apostolo del suo regno, seppe il primo unire fra loro questi due titoli per lo innanzi tanto discordi, di re e di apostolo. (*Panegirico Terzo*, *In onore di Santo Stefano Protomartire*, detto in Vicenza, p. 553)

4. *Santo Stefano libera dai Mori l'ammiraglio Galzerano de' Pini*

Nel tempo che le Spagne erano infestate da' Mori, l'anno 1147 andò il re don Alfonso con un poderosissimo esercito sotto Almaria, città di Granata, per conquistarla. E perché l'impresa era molto ardua, aveva unite seco le forze di altri potentati e d'altre provincie. Tra questi erano i Catalani, con molte fiorite squadre, sì terrestri come marittime, delle quali era ammiraglio Galzerano de' Pini, baron di Baga. Fu battuta la città per terra e per mare: ma quantunque gli assalitori mostrassero gran coraggio, tuttavia furono ributtati e disfatti: tanto che l'istesso Ammiraglio, avanzatosi nell'assalto troppo oltre, fu sopraggiunto, fu preso, ed essendo, con somma festa de' Mori, condotto nella città, fu ivi racchiuso in una sicurissima torre fra stretti ceppi. Volò tosto in Baga la fama della sua prigionia alle orecchie de' genitori, i quali tutti dolenti mandarono a supplicare il re di Granata per lo riscatto. Questi, procedendo da barbaro, qual egli era, chiese molt'oro, molte chinee, molti drappi; ma quel che più rilevavagli, erano cento fanciulle di beltà rara, che venissero a suo servigio. Chi può spiegare con qual sentimento d'indegnazione fosse da' miseri genitori ascoltata una tale inumanità di richieste? Pure, non veggendo aperta altra strada alla libertà del figliuolo, fecero tanto, e tanto si adoperarono, che arrivarono a porre insieme il riscatto, salvo che le cento fanciulle. Nel trovar queste era la maggiore difficultà: che però il padre, chiamati i suoi vassalli a consiglio, propose loro il bisogno, trattò del modo. Questi, come amantissimi del giovane Galzerano loro signore, con rado, non so però se lodevole, al certo non imitabile esempio di lealtà, offersero le loro propie figliuole con questa legge, che chi ne avea tre, dessene due, chi n'aveva due, ne desse una, chi n'aveva una sola, mettessela alla sorte con qualcun altro che pur ne avesse sol una. Così, quantunque con molte difficultà, furono adunate insieme le misere verginelle, ed incamminate fuor delle case paterne. Ora io lascio giudicare a voi quali fossero in questa dipartenza le grida, quali le lagrime e quale la confusione. Piagnevano le miserabili madri, che così andassero le figliuole innocenti in terre infedeli. Strepitavano contra i mariti, dicendo che questo era un mandar le agnelle nelle zanne de' lupi, e le colombe tra l'ugne degli sparvieri. Maledicevano l'ora nella qual esse le avevano generate, si scarmigliavano i crini, battean le palme, si graffiavan le gote, e invano sospirando, e invano abbracciando le sfortunate donzelle, furono costrette a lasciarle in fine partire. Dall'altra parte non potevano queste appena parlare, per la gravità dell'affanno; ma dileguandosi tutte in lagrime ed in singhiozzi, supplivano con gli occhi all'ufficio compassionevole che negava loro la lingua. In questa forma ne andarono camminando alla volta di Tarracona, verso il porto di Salo, dove attendevale il legno a ciò preparato. Frattanto l'innocente prigione don Galzerano, nulla sapendo di quanto altrove trattavasi a suo favore, attendea fra durissimi ceppi e sotto gravi catene a rendersi il Ciel propizio. E siccome egli era incredibilmente divoto dell'inclito protomartire santo Stefano, protettore della sua città e del suo Stato, a lui specialmente inviava di giorno e di notte infocatissime supliche. Né tardò molto il Santo ad udirle. Perocché, mentre una notte fra le altre egli veniva invocato dall'Ammiraglio con maggior fervore di spirito ed umiltà di preghiere, egli comparve in un abito splendidissimo di diacono: lo consolò, l'animò, lo prese per mano, e gli comandò che lo seguitasse. Udirono i custodi del carcere lo strepito de' ferri e 'l suon delle voci; e correndo armati alla porta della segreta, nudan le spade, impugnano le alabarde, piglian le chiavi, e fanno forza d'aprire per entrar dentro; ma tutto indarno. Fremono, contendono, rompono, fracassano, gettano finalmente a terra le porte; ma già il Santo per altra incognita strada avea tratto fuori di carcere il suo divoto, quantunque involto, per maggior maraviglia, ne' medesimi ceppi e nelle istesse catene; né l'abbandonò, finché presso allo spuntare dell'alba lo lasciò salvo sopra il porto di Salo. Dovevano quella mattina appunto far vela dal medesimo porto le infelici donzelle, condannate ai servigi del Barbaro, per la liberazion del padrone; e già, più che mai malcontente, più che mai meste, si avvicinavano, riempiendo l'aria di gemiti, e confondendo il fremito delle voci col suon dell'onde. Restò l'Ammiraglio stupito a quella comparsa, e tirando in disparte un quivi presente, gli addimandò, verso dove s'incamminasse quella sì miserabile comitiva. Rispose quegli ch'ell'era destinata al re di Granata, e minutamente gli riferì con qual occasione ed a quale effetto. Non poté allora più contenersi il giovane intenerito: onde incontanente inoltrandosi fra la turba, la trattenne, e gridò: quegli, del quale si pretende il riscatto, sta qui presente, non più prigione ma libero, l'Ammiraglio; ed io son quel desso. Mirate, o fedeli sudditi, il vostro desiderato padrone, ch'altro non ha di servitù che le insegne. Con quali termini si potrebbe spiegare bastantemente lo stupore, la sospension, lo sbalordimento, con cui tutti rimasero a tali voci! Correano tutti, e si affollavano a gara, per chiarirsi con gli occhi proprj, se doveano fidarsi de' proprj orecchi; e quantunque vedessero il loro padrone, quantunque il riconoscessero e lo toccassero, ancora nondimeno temevano di sognare. Ma tolse egli loro, se non accrebbe piuttosto, la maraviglia, raccontando distintamente il soccorso ricevuto dal protomartire santo Stefano: come questi, invocato, era venuto cortesemente a trovarlo, a pigliarlo per mano, a trarlo di carcere, a trasportarlo in quel lito. Pensate voi che voci allora di affetto, di riverenza, di divozione levaronsi verso il cielo! Si cambiaron le lagrime di dolore in lagrime d'allegrezza, le grida di lamenti in grida di giubilo, e si prostrarono tutte quelle vergini in terra divotamente, a ringraziare il celeste lor Protettore, che in un medesimo tempo, col salvar uno, avea salvate ancor tante, e con trarre il lor padrone di servitù, aveva a tutte lor mantenuta la libertà, anzi la riputazione, la patria, l'innocenza, la vita. Furono pertanto subito tratte d'attorno di Galzerano le vesti squallide e le pesanti catene; e così rivestito onorevolmente, ripigliò esso con tutti gli altri il cammino di quivi a Baga. Donde iscoprendosi mezza lega lontano la chiesa del Protomartire, s'inginocchiarono tutti, e la riverirono: ma l'Ammiraglio, di più, volle compire, così ginocchione com'era, tutta la strada, con tanto patimento e con tali piaghe, che non poté poi per un anno uscir più di casa. Era frattanto già precorsa la fama nella città a preconizzarne l'arrivo; onde tutta uscitagli incontro festosamente, lo ricevé, ed egli rendé alle madri dolenti le loro figliuole, prima liberate che schiave. Né contento di questo, le volle dotar tutte abbondevolmente, usando di vantaggio a' lor padri molte dimostrazioni di gratitudine, ed ammettendogli a molti gradi di onore. Alla chiesa di santo Stefano donò, con facoltà di suo padre, la metà delle decime che traea di tutta la baronia; e indi a qualche tempo ancora sdegnando di menar più nel secolo quella vita che riconosceva dal Cielo, volle rendersi monaco Cisterciense, e tale visse e tal morì santamente. (*Panegirico Terzo, In onore di Santo Stefano Protomartire*, detto in Vicenza, pp. 554-55)

5. San Giovanni convince un giovane a mutare vita

Aveva egli [San Giovanni Evangelista] in una città dell'Asia scorto un giovane d'indole generosa e di abilità singolare al culto divino. Lo diè pertanto in serbo ad un vescovo, perch'egli stesso di persona allevasselo ne' costumi. Ma in progresso di tempo cominciò il giovane, qual cavallo sboccato, ad odiare il morso e a scuotere il direttore. Si diede ai giuochi, a crapole, a passatempi; né molto andò che, scappato ancora in campagna capitano di fuorusciti, infestò tutte le convicine boscaglie di ladronecci, di tradimenti, di sangue. Ritornò dopo alcuni anni Giovanni in quella città, e udì dal vescovo l'infelice riuscita del tristo giovane. Or chi può esprimere, come caddegli il cuore a sì rea novella! Subito domanda una guida pratica del paese, e a dirittura incamminasi sopra un monte, fido nascondiglio a quei ladri. Fu da lungi veduto e riconosciuto ancora dal giovane; il quale, vergognoso di sé medesimo, si diè tosto a fuggire per quei dirupi. Non si disanimò il santo vecchio; ma, come meglio potea, tenendogli dietro, incominciò coi prieghi insieme e coi pianti a studiarsi di trattenerlo. Fermate, gli diceva: perché fuggite, figliuolo amato, dal vostro misero padre? E di che temete, di che? Non vi accorgete che voi siete giovane ed io vecchio; voi robusto ed io debole; voi provvisto ed io disarmato? Sogliono i passeggieri fuggire dagli assassini, e non gli assassini dai passeggieri. Per vostro bene vengo io, non vi dubitate. Io renderò di voi conto a Cristo; io addossorommi le vostre colpe; io sconterò le vostre pene; pronto a dar per voi la mia vita, se o in cielo o in terra ritrovisi tribunale il qual me lo chiegga. Intenerissi alle parole del Santo il cuore del giovane; si fermò, si precipitò da cavallo, gli cadde a' piedi, e, divenuto come di fuoco, nascose per vergogna in seno la destra, lorda di tanti assassinj da lui commessi, e di tante stragi. Nol sofferse Giovanni; ma inginocchiatosi gli stese al collo teneramente le braccia, lo strinse, lo sollevò, lo baciò, e poi cavandogli per forza fuora la destra: dov'è, dov'è, dicevagli, questa mano? Datela qui, ch'io la voglio lavare con le mie lagrime, s'ella è sozza. Che dubitate? Non mi posso io promettere dal mio Dio la vostra salute? Andianne insieme alla chiesa, andianne, andianne; ch'io là per voi non cesserò d'impiegarmi: supplicherò, sospirerò, farò tanto, che al fine rimarrò certo di avere riguadagnato in un punto stesso voi al Cielo ed il Cielo a voi. Che più? Trasformossi con la divina grazia a tal segno d'uno in un altro il cuore del giovane, ch'indi a pochi giorni partendosi, non dubitò l'Apostolo di fidargli il governo di una chiesa, o perché lo scorgesse già abile a reggere altrui, o perché il necessitare uno a reggere altrui, riesce spesso la maniera più certa di necessitarlo a ben reggere sé medesimo. (*Panegirico Quarto, In onore di S. Giovanni Evangelista*, detto in Firenze, pp. 558-59)

6. *Come Gregorio il taumaturgo cancellò le eresie di Neocesarea*

Era egli [Gregorio il taumaturgo] da' romitorj di Ponto salito, per opera di Fedimo, alla sedia di Neocesarea, città in quel tempo tanto ingombrata di errori, che non vi si arrivava bene a discernere se quivi gli Etnici fosser finti Cristiani, o se i Cristiani finti Etnici. Ond'egli, diffidato del suo sapere, umilmente pregò la Madre di Dio a voler dettargli ella stessa il tenor di quella dottrina ch'insegnar doveva a quel popolo. Esaudì la gran Vergine il suo divoto, come colui che non chiedea notizie per credere, al che basta una riverente semplicità; ma per insegnare a credere, al che si richiederebbe un sapere angelico. Non però volle esercitar ella le parti più principali in simile magistero, forse per confermare fin dal cielo alle donne quello che loro ell'avea dimostrato in terra, quando lasciò di usare i doni men proprj del loro sesso: *docere autem mulieri non permitto* [Paolo, *2 Tm.*, 2, 12]. Chi pensate pertanto ch'ella scegliesse? Non mancavano certamente nel cielo gran personaggi stati nella Chiesa dottori di molto grido. V'eran di quei che, versatissimi nelle controversie più astruse di religione, le aveano più volte o spiegate nelle accademie, o disputate ne' concilj, o difese ne' tribunali, o stabilite ne' libri. Eppure la Vergine, lasciato ogni altro, condusse solamente seco Giovanni. Col quale entrata, tutta folgorante di maestà e di modestia, nella camera di Gregorio: Giovanni (disse), tu che sul petto del mio Figliuolo bevesti alla sorgente di una sapienza increata, distillane ora qualche parte nell'animo del mio servo. E così quegli obbedendo subito, dettò al santo vescovo una forma di credere sì sublime, sì chiara, sì compendiosa, che non vi fu poi la più celebrata in tutto l'Oriente. Questa, come un antidoto potentissimo, preservò tutta la città di Neocesarea da quelle contagioni di errori ch'indi infettarono tanta parte di mondo. E però Gregorio morendo lasciolla a' suoi figliuoli per unica eredità; e poté animosamente affermare che in vigor d'essa egli avea tolto di modo tale nella sua chiesa ogni credito al Gentilesimo, che siccome diciassette soli Cristiani vi avea trovati nel pigliarne il possesso, così diciassette soli Gentili egli vi veniva a lasciar nell'abbandonarla. (*Panegirico Quarto, In onore di S. Giovanni Evangelista*, detto in Firenze, p. 560)

7. *Le imprese del demonio*

Andavane il ladrone infernale tutto superbo, ed a guisa di quell'incirconciso gigante de' Filistei insultava alla terra, insultava al cielo, quasi che niuno avesse poter d'opporsegli, per torgli di mano un mondo fatto suo schiavo. Chi verrà, dicea l'arrogante, a pigliarla meco? Io solo ho popolati i templi di Dei bugiardi, ho empiti gli altari di sacrifizj sacrileghi. E quanti secoli sono, che tutti i popoli non riconoscono quasi altro Nume che me? Vilipeso Dio delle stelle! Dentro un angolo di Giudea sono confinati i suoi squallidi adoratori: *notus in Judaea Deus* [*Sal.*, 76, 2]. Io sotto nome di Giove ricevo in Campidoglio le spoglie da' romani trionfatori; io sotto nome di Apollo rendo in Delfo gli oracoli a' popoli pellegrini; io sotto nome di Diana mi godo in Efeso i tesori dell'Asia dominatrice. E chi potrà mai levarmi dal possesso di tante glorie? Sono anguste negli abissi le carceri alla turba de' condannati, sono manchevoli le catene al numero degli schiavi ch'io mi son guadagnati con la mia forza. E che serviva discacciarmi dal cielo, se poi lontano io gli dovea suscitare guerra più atroce, che non gli mossi presente? Non mi volle il suo Dio per collega nel trono, m'abbia per emolo. Così il demonio insultava audace e fastoso, ad onta di colui, dal qual erasi ribellato. (*Panegirico Quinto, In onore del Nome Santissimo di Gesù*, detto in Ancona, pp. 568-69)

8. *Sant'Anselmo contro i Lombardi scismatici*

Aveva Anselmo ricevuta dapprima Matilda in cura sotto Alessandro, quando era questa nel fior di sua giovinezza [Fiorentino nella di lei vita]: ma per fuggirsene al chiostro l'avea lasciata già non meno assodata nella virtù, che adulta negli anni. Dipoi, rapito che dal chiostro egli fu, gli convenne di nuovo tornare a reggerla, per ordine di Gregorio: né più da essa si dipartì, se non ove, presso a tre lustri, egli fu dalla terra chiamato al cielo. Fremevano tutti i tristi di un tal custode dato alla nobile donna; e a guisa di tanti lupi, urlando, ululando, glielo avrebbono in ogni modo voluto staccar d'attorno. Ma tanto più vicino a lei lo bramavano tutti i buoni, ben intendendo che levare Anselmo a Matilda sarebbe stato levare appunto al paradiso terrestre il suo Cherubino, se non piuttosto alla nave il piloto, alla vite il pioppo, e quasi al sole l'intelligenza assistente. *Olim felicem illam* (così esclamò quello scrittore, più fedele che culto, a cui dobbiamo principalmente memorie così vetuste [negli atti di sant'Anselmo]), *oh felicem illam, cui tam providus semper assidebat paedagogus, non tamquam homo quilibet, sed ut magni consilii angelus. Illa potestatem exercebat, ille regebat; illa praeceptum dedit, ille consilium: excellebat tamen ille in omnibus.* Quindi non fu mai che vinto Anselmo o da stanchezza o da turbazione o da tedio l'abbandonasse; né solamente l'era sollecito allato, quando quasi tutte le notti le concedeva nel maggior silenzio di sorgere a lodar Dio, ma allato ne' consigli, allato nelle cause, allato fra i tribunali, e quel ch'è più, fin allato tra le battaglie. E quante volte sepp'egli in queste, con la sua mano, anche renderla vincitrice! Si erano un dì mossi, ad instigazione di Arrigo, contra Matilda i popoli quasi tutti di Lombardia, divenuti infami scismatici; e costituito un esercito formidabile, già ne volavano ad assaltarla furiosi su 'l propio trono, non diffidando di poter tutto orribilmente anche mettere a ferro e a fuoco. La sollevazione improvvisa non avea dato a' Cattolici verun agio di antivederla; che però, non ritrovandosi pronte le soldatesche, bisognò porre insieme qual si poté piccola mano di gente, turbata, timida, e poco men che io non dissi tumultuante. Oh Dio! Qual argine potrà però mai contrapporsi alla piena che, già altamente inondando per le campagne, minaccia strage? quale opposizion? quale ostacolo? Sapete quale? la benedizione di Anselmo. Non prima quei sì pochi Fedeli, con la riverenza dovuta a quell'uomo santo, la riceverono che, sentitosi infondere nelle vene un vigor celeste, parvero tanti leoni: si spinsero ad incontrar quella moltitudine, e quasi fosse una folta mandra vilissima di conigli, la scompigliarono: fecer prigione il condottier dell'esercito con tutto il fiore più scelto di nobiltà; fugarono, ferirono, uccisero, e finalmente, rimasti signori del campo, non vi trovarono tra gl'infiniti cadaveri de' nemici, giacer de' suoi, se non tre, morti per ventura ancor essi, perché nessuno, veduta sì gran vittoria, dovesse ascriverla a squadre più che mortali. Fu questa appunto quella sconfitta fatale che più di tutte mise gli scismatici a fondo. Da indi innanzi restarono ogni dì più inferiori di forze; e perduta la stima, e perduto il seguito, tornarono a poco a poco all'antica fede, riconoscendo il Vicario vero di Cristo. E però piacemi che si dia bene in ogni fatto a Matilda il dovut'onore, ma si consideri quanto pur ne tocchi ad Anselmo. Certa cosa è che Gregorio, considerando allora il numero grande di quei che, quasi pecorelle ravviste, si riducevano da sé stessi all'ovile, diede a lui la cura di ammetterli; e conferitagli con tale occorrenza una insolita podestà, lo dichiarò suo Legato sommo per tutta la Lombardia. (*Panegirico Settimo, In onore di Sant'Anselmo Vescovo di Lucca e protettore di Mantova*, detto in Mantova, pp. 587-88)

9. *La sepoltura di Sant'Anselmo e il vescovo di Sutri Bonizzone*

Fu egli [Anselmo] fin all'estremo qual fu Mosè, alloraché discese tutto luminoso dal monte. Non conosceva i suoi meriti, ed era solo a ignorar quegli alti splendori della sua faccia, a cui gli altri si abbarbagliavano. Però morendo ordinò d'esser sotterrato nel luogo consueto de' suoi sì diletti monaci, perché, confuso così tra gli altrui cadaveri, non ne rimanesse più nome. Ma grazie a te, santo vescovo Bonizzone, che, alzato un grido là su la pubblica piazza, fermasti quei che con processione funebre andavano ad eseguire una tal sentenza, e dimostrandola ingiusta, persuadesti non solo alla moltitudine, ma ai Prelati, ai Porporati, ed a quanti gran personaggi erano quivi da varie parti concorsi affollatamente alla mesta pompa, che un tal deposito collocar si dovesse, come un tesoro, nell'urna appunto più splendida. Così non solo si venne ad ottener che non si occultasse, ma si diè campo ad un numero innumerabile di attratti, di monchi, di mutoli, di lebbrosi, e brevemente di languidi d'ogni sorte, di venir quivi, come a pubblico erario, per provvedersi di ciò che vale assai più di quant'oro è al mondo, volli dir di intera salute: tantoché, crescendo giornalmente i miracoli a dismisura, non solo inondavano infermi dal Mantovano, ma da Brescia, da Piacenza, da Parma, e da tutta ampiamente la Lombardia. Senonché non sia chi si pensi che a riportare ad Anselmo sublimi grazie fosse necessità di giugner sempre a trovarlo nella sua tomba, come in sua casa. Più d'una volta si degnò egli di uscir con virtù benefica ad incontrare quei pellegrini divoti, i quali a lui ne venivano per soccorso. Così pruovò quella felicissima cieca, la quale, fattasi porre sopra d'un carro per recarsi qua da Verona, non ebbe appena camminato due miglia, che cominciò da principio tutta festosa a scernere il carro; poi tra non molto anche i buoi che lo tiravano; poi i campi; poi gli alberghi; poi le persone, secondo che più accostavasi verso Mantova; e giunta finalmente alla Cattedrale, fu tutta sana, e poté vedere anche ciò per cui, più che per altro, prezzò la vista, che fu il propio liberatore. Che dirò di quel popolo, il qual, tornato dal sepolcro del Santo, trovò la nave all'opposta ripa d'un fiume che gli attraversava il viaggio, e non vi trovò i navichieri? Restò da prima assai povero di consiglio; chiamò, cercò, mise grida: nessun comparve. Al fin temendo la notte, oramai imminente, s'inginocchiò e con viva fede ricorse al favor di Anselmo. Credereste? Subito quella barca, quasi animata, si spiccò di là dove stavasi a riposare, e con veloce corso venuta a trovar quel popolo, lo servì di tragitto, tanto più caro, quanto più ancora gratuito. E allorché i lupi così rabbiosi comparvero qui una volta ad infestare le più popolose campagne, qual fu quel nome che gli atterrì, che gli arrestò? non fu quello parimente di Anselmo, sì buon pastore? Anselmo, Anselmo (gridò affannosa una madre, tostoché vide a giorno chiaro rapirsi una piccola figliuolina), Anselmo, Anselmo: e ciò bastò, perché il lupo la ributtasse di subito dalle zanne. Ma che? Non prima l'ingordo l'ebbe così ributtata, che si pentì; e benché più non osasse toccar la preda, si mise in atto di volere almeno difenderla. Non si disanimò già la donna: ma con portare sempre il nome medesimo su le labbra, glie l'andò costante a ritogliere; restando il lupo, suo mal grado, sì immobile a tanto insulto, che se non fosse stato al furore, al fremito, agli urli, avresti giurato essersi cambiato in un sasso. (*Panegirico Settimo, In onore di Sant'Anselmo Vescovo di Lucca e protettore di Mantova*, detto in Mantova, pp. 591-92)

10. *Il Battista*

Andavano molti già a trovare il Battista, e compunti alla vita che gli vedevano sì costantemente menare tra le caverne, gli addimandavano: *quid faciemus et nos?* [*Lc.*, 3, 14] Che pensate però? ch'egli rispondesse: spogliatevi tosto ignudi, e, come me, cingetevi solo i lombi di pelli irsute, dormite in terra, assuefatevi alle più schifose locuste, abbeveratevi alle più sozze lacune? Tutto il contrario. Siete voi soldati? diceva: orsù, *contenti estote stipendiis vestris* [*Lc.*, 3, 14], e non vogliate da ora innanzi far onta al prossimo vostro né con percosse, né con parole. Voi pubblicani fate atti di cortesia, e non ricercate per voi ciò che non vi fu stabilito; voi popolari fate atti di carità, e non ritenete per voi ciò che v'è superfluo. E così, con discretezza ammirabilissima in uomo tanto avvezzato alla tolleranza, usava di addossare a ciascuno il peso, ma nulla superiore alle forze. (*Panegirico Settimo, In onore di Sant'Anselmo Vescovo di Lucca e protettore di Mantova*, detto in Mantova, p. 593)

11. *Giuliano l'Apostata contro i Persi*

Allorché Giuliano l'apostata guerreggiava co' Persi divoti a Cristo (Baron. an. 336): perocché volendo di là egli sapere ciò che frattanto operavasi in Occidente, vi spedì, siccome era solito, per ispia un di que' corrieri volanti che egli tenea salariati per tali affari, voglio dire un maligno spirito, con dargli commessioni sollecite di affrettare, di vedere, di nuocere, d'impedire quello che forse venisse là contra il Principe macchinato. Ma giunto per viaggio il demonio all'abitazione di Publio, divoto monaco, non gli fu mai possibile passar oltre, mercé le assidue e le affettuose preghiere che quegli quivi spargeva a pro del paese. Onde il reo messo, dopo avervi aspettato indarno due dì, se ne tornò tutto confuso a Giuliano, il quale sgridatolo della soverchia dimora, quando udì gl'intoppi e gli arresti da lui patiti per un fraticello cencioso, n'arrabbiò tanto, che giurò togliere dall'universo ogni razza di simil gente e di perderne ogni memoria. Ma sciocco ch'egli si fu! Piuttosto è quindi avvenuto che le città tutte abbiano fatto a gara per aver dentro le loro mura alcun numero di sì possenti avvocati; e dalle orazioni di essi hanno impetrato continuamente ogni bene: fertilità a' lor poderi, prosperità a' lor negozj, vantaggi alle lor famiglie, vittorie de' lor nemici, sanità a' lor corpi; e ciò che monta assai più, salute anche all'anime. (*Panegirico Nono, In onore insieme e in difesa de' venerabili Ordini Regolari*, detto in Piacenza, p. 615)

12. *Fidia e il saccente*

Avea Fidia, scultor famoso, compita una certa statua di gran beltà, ma di non minor eminenza; perché, fra l'altre sue doti, ella era d'una statura sì gigantesca, che, benché stesse non diritta, ma assisa, toccava quasi col capo la sommità della stanza in cui fu formata. E già essendo ella scoperta la prima volta, concorrevano molti a considerarla, com'è costume; né mancavano di ammirare, chi la maestà del sembiante, chi la naturalezza del gesto, chi la espressione de' muscoli, chi la bizzarria del panneggiamento e chi la proporzion delle membra, vieppiù stimabile in corpo sì smisurato. Quando un cert'uomo, più saputello degli altri, disse che Fidia avea molto errato nell'arte, perché quando quella sua statua venisse mai per ventura a rizzarsi in piè, sicuramente o spezzerebbesi il capo, o fracasserebbe la vôlta. Udì Fidia l'accusa dell'uom saccente, e con faceta risposta: o amico (disse), non dubitate di ciò, ch'io vi ho provveduto, formando però la statua, se nol sapete, d'una materia sì greve, che per quanto ella voglia levarsi in alto, mai non potrà. Con che eccitatosi un piacevole riso ne' circostanti, restò vergognosamente mutolo il momo, e agevolmente giustificato l'artefice. (*Panegirico Undecimo, Per la festa della Santissima Nunziata*, detto in Venezia, p. 625)

13. Leone il Trace

Camminava egli [Leone il Trace] un dì per un certo bosco, non so se a cagione o di viaggio, o di caccia, o di passatempo, quando udì da lungi una voce, come di uomo lagrimoso e languente. S'arrestò egli per comprendere meglio donde uscisse quel suono, ed osservò ch'egli veniva dal mezzo appunto della boscaglia più folta. Contuttociò, qual animoso ch'egli era, si fece cuore, ed inoltratosi addentro, giunse finalmente a trovare un povero cieco che, smarrita la via, tanto più si andava aggirando fra quegli orrori, quanto più procurava di svilupparsene. Consolollo Leone quando lo vide, ed animatolo a non temere, non fu contento di metterlo solamente fuor di pericolo, ma oltre a ciò, non isdegnando di porgergli ancora il braccio per lungo tratto di strada, andava con grand'eccesso, non solo di carità, ma di sommissione, disgombrando frattanto con l'altra mano tutto il sentiero, e rimovendo fin dal terreno que' pruni, quegli sterpi o que' sassi che potevano al cieco oltraggiar le piante. Così dopo gran fatica condussselo ultimamente a sedere nella via pubblica. E già voleva lasciarlo, quando quel meschino, non pago di quel servizio, prese doglioso a chiedergli un sorso di acqua, onde ristorare le fauci riarse dal gridare e dallo scalmarsi. Ma come potea fare Leone? Era la contrada diserta, il suolo arenoso, la stagion arida. Contuttociò, per confortare quel misero sitibondo, tornò di nuovo a girare con molta sollecitudine dentro il bosco per vedere se a sorte vi ritrovasse qualche vestigio o di sorgente limpida, o se non altro di palude fangosa. Ma tutto indarno. Se non che, dappoi d'essersi un pezzo affaticato con molta sommissione per servire a quel miserabile, udì dall'alto improvvisamente una voce che lo chiamò: Leone, Leone. Alza egli attonito il guardo, ma nulla vede. Pure sentendosi richiamare, si ferma per udir che voce è, ed ode soggiugnersi: vieni un poco più addentro, che qui troverai dell'acqua insieme e del loto. Con l'acqua smorzerai la sete a quel misero, col loto renderaigli la vista. Tu sappi poi, che per quest'atto sarai signor dell'Imperio; e però voglio che allora tu, ricordevole del favore, erghi a me, Maria, che te 'l feci, un solenne tempio dov'or è questo loto e dov'è quest'acqua. Pensate voi come rimase Leone a sì strane voci. Non so se più sbalordito per la novità del miracolo, o attonito per l'altezza delle promesse, o intenerito per la pietà di Maria: s'inoltra nella macchia, ed ivi ritruova come un piccolo pantanetto. Prende però l'acqua nell'elmo, ed il loto in mano. Ritorna al cieco; gli applica il loto agli occhi, e glieli rischiara; gli accosta l'acqua alle fauci, e gliele conforta. Quindi, esaltando la benignità della Vergine, torna a casa; ed ecco ch'indi a non gran tempo morendo l'imperatore Marciano senza legittimo erede, fu per consenso di tutti gli elettori, di tutti i popoli, di tutte le soldatesche assunto Leone all'imperial dignità. E fu questi quel gran Leone, il primiero di questo nome, il quale poi e con salutevoli leggi e con religiosissimi esempj recò alla Religione cattolica grandissimo accrescimento, e mantenendo nella grandezza di principe l'umiltà di privato, non isdegnavasi di montare sovente su la colonna di Daniello Stilita, ed ivi ginocchione baciargli, con riverenza profonda, i piè verminosi. (*Panegirico Undecimo, Per la festa della Santissima Nunziata*, detto in Venezia, pp. 632-33)

14. *Il patrizio romano prossimo alla morte*

Stava un patrizio Romano vicino a morte; e come quegli che portava al sant'uomo un immenso amore, determinò di lasciarlo erede universal di tutti i suoi beni. A questo avviso, per cui tanto altri fatto avrebbon di festa, si turbò Filippo di modo, che fece intendere privatamente all'infermo di non più volere né assistergli, né vederlo, se non cambiava pensiero. Ma non facendo con quell'apparenza di sdegno profitto alcuno, va a ritrovarlo quando, ricevuti già gli ultimi sacramenti, non altro omai rimanevagli che spirare; e con ragioni, con doglienze, con prieghi fa quanto può, perché annullisi il testamento. Ma tutto è indarno. Allora egli, in un sembiante compostosi più che umano: or fa, disse, pur ciò che vuoi, ch'a tuo dispetto tu non mi avrai per erede. Si ritira in diversa parte, si raccoglie in breve orazione, e dipoi tornato, piglia per mano il moribondo, e gli dice: tu non morrai. Cosa maravigliosa! Fuggì a quel tuono sbigottita la morte, cessò ogni doglia, disparve ogni languidezza; e quegli, a cui già disponevasi per quel dì stesso la pompa del funerale, dopo un leggerissimo sonno si levò sano. (*Panegirico Duodecimo, In onore di San Filippo Neri*, detto in Roma, p. 636)

15. *Il cardinale Gabriello Paleotto*

Il cardinal Gabriello Paleotto, nel suo elegante ed erudito volume *De bono senecutis*, volendo al mondo rappresentare l'idea di un lodevolissimo vecchio (qual era quegli che formar egli voleva co' suoi precetti), lasciato ogni altro da parte, scelse Filippo, quantunque ancora vivente; né dubitò che verun gli rimproverasse, non doversi un nocchiero chiamar beato, infino a tanto che raccolte non abbia le vele in porto. Federigo Borromeo, Agostino Cusano ed Ottavio Paravicino, tutti e tre cardinali di eccelso merito, furono a lui tutti di amore così congiunti, ch'erano nominati l'anima sua: lo corteggiavano sano, lo servivano infermo, ed a piena bocca affermavano, non vedere che poter più disiderarsi in Filippo di perfezione. Il cardinal parimente Ottavio Bandini lasciò di lui questa illustre testimonianza: fu Filippo in tale opinione di santità, che non solo era venerato da tutti, ma i più credevano di non poter giammai fare acquisto di spirito, se non soggettavansi sotto la sua disciplina: ond'è che ad esso da per tutto correvasi come a oracolo. Gregorio XIII, Gregorio XIV, e finalmente a par d'ogni altro, ancor esso Clemente VIII, oltre a' consigli che da lui spesso prendevano negli affari più rilevanti del principato, lo rispettavano in modo, che lo facevano alla loro presenza seder coperto; lo abbracciavano, lo strignevano, lo accarezzavano, né dubitavano di abbassar quelle labbra, per cui Dio promulgava i suoi gran decreti, a riverentemente baciargli eziandio la mano. (*Panegirico Duodecimo, In onore di San Filippo Neri*, detto in Roma, p. 639)

16. *L'assedio di Orvieto da parte di Enrico figlio di Barbarossa*

Aveva questa città [Orvieto] (Monald. Com. hist. lib. 5) con valore indicibile sostenuto un assedio fierissimo di tre anni, avea prevaluto, avea vinto; e però, rendutasi degna di maraviglia fin al suo regio medesimo assediatore, ch'era Enrico, figliuolo di Barbarossa, avea con esso stabilita amicizia, non che sopita, anzi spenta ogni nimistà. Ma che? Quel danno ch'ella non avea ricevuto dagl'Imperiali, fin che le furon contrarj, lo ricevé quando le divennero amici. Perciocché dal loro avvelenato commerzio venne inavvedutamente la misera a trar nel seno una orribile contagione, qual era quella dell'eresia Manichea, dalla qual subito divisa in parti e lacerata in fazioni, cominciò quasi frenetica a far di sé più funesto scempio, ch'altri mai ne avesse bramato. Avresti veduto, al serpeggiar che tosto fe' quel rio tossico per le case, allividire i cuori, gonfiarsi gli animi, intorbidarsi le menti; e quei che dianzi tra lor sì uniti attendevano al comun bene, non altro già macchinarsi insieme, ch'eccidj, che distruzione; sollevarsi fratelli contra fratelli, amici contr'amici, parenti contra parenti: quindi vilipesa la pubblica autorità, schernito il Sacerdozio, depresso il Clero, perduta ogni riverenza alle sacre leggi; e già introdotta la pubblica invocazion del demonio stesso (conforme al perfido rito di quella setta), ciascuno darsi allo studio della magia, cercar con arti sagrileghe di spiare o gli avvenimenti futuri o i trattati occulti; né però altro risonare omai sulle lingue già sagrosante, che laidezze, che bestemmie, che incanti, che stregherie. Tal era già divenuto, Orvieto, il tuo stato, sul fine appunto del dodicesimo secolo dopo la riparazione del mondo: quando, in ascoltare che fe' così ree novelle Innocenzo III, allor sovrano pontefice della Chiesa, stimò suo debito spedir tosto da Roma chi qua, fornito d'autorità, sen volasse a troncare il capo alla nuova idra nascente, innanzi ch'ella, divenuta più adulta, disprezzasse indomabile e ferro e fuoco. Ecco però che, senza molto deliberar, gli occhi ferma in Pier di Parenzo, e questo elegge, e questo appruova, ed ingiugne a questo l'impresa. Ma io mi avviso stimar qui voi facilmente che questo Pietro esser dovesse qualche maturo Ecclesiastico, il quale, esercitato in governi e provato in cariche, si fusse già paragonato più volte a cimenti sì disastrosi; uom che potesse in fin da lungi spaventare gli eretici con la fama del solo nome, non altrimente che un Davide, non mai vinto, i suoi Filistei; ed uomo almeno, a cui la canutezza del crine accrescesse venerazione, e la severità del sembiante acquistasse ossequio. Ma oh quanto andreste a ferir lungi dal vero se ciò credeste! Era anzi Pietro un amabilissimo giovane, non solamente non arrolato nell'ordine clericale, ma secolare, ma laico, ma quel ch'è più, di breve tempo anche sposo; inclito bensì di lignaggio, ma non però sperimentato per innanzi in affari di eccelsa fama, nuovo alle cure, non usato a' contrasti, e tale insomma, che non avea con l'eresia mai provato di stare a fronte, non che di provocarne i latrati o sfidarne i morsi. Quanto grand'uomo dovea pertanto esser egli, mentre, tutto ciò non ostante, un Innocenzo III, ch'è quanto il dire un de' più savi pontefici della Chiesa, non dubitò di confidargli una impresa sì malagevole, e di promettersi tanto della sua intrepidezza, della sua diligenza, del suo valore? De' Cimbri, barbari assai famosi, si legge ch'eran tutti uomini di gigantesca statura. Però un capitano accortissimo, qual fu Mario, non ebbe ardire di cimentare i suoi Romani con essi a campal giornata, se non ov'ebbegli avvezzati prima a vederli in frequenti incontri, ed a superarli con picciole scaramucce. Che gran fiducia fu quella dunque che il Papa mostrò di Pietro; mentre non avendo questi a' suoi dì mai veduti eretici, ch'è come dire, uomini astuti, viziosi, audaci, maligni, non dubitò di mandarlo a pugnar con essi; né già a pugnar, come dicesi, a primo sangue, ma a battaglia finita? Ho io certamente letto che Pietro infin dalla sua tenera fanciullezza avea dati saggi d'una virtù prima robusta, che adulta; che fra gli studi nudrito, egli aveva fatti mirabili avanzamenti nella eloquenza; che non per altro stimate avea le ricchezze che per consolarne i mendici, o la nobiltà che per calpestarne le pompe; che fra le penitenze, fra le austerità, fra i rigori studiato avea di difendersi da ogni colpa, con quel riguardo con cui gli usignuoli, per assicurarsi dagli aspidi, cautamente dimorano tra le spine; che ne' più immondi spedali era stato uso d'impiegar tutto quel tempo il qual con santa avarizia rubar potea giornalmente alle propie cure; e finalmente, che nello stato di cavalier professando con raro ardire la cristiana umiltà, superate aveva le pubbliche dicerie, ed aveva lieto, in compagnia di coloro che son dal mondo derisi, deriso il mondo. Ho io, nol nego, tutto ciò letto di Pietro: ma certamente altri talenti, altre doti dir si conviene, oltre a queste, che in lui splendessero, mentre il poterono in tal grado, in tal abito, in tal età rappresentar pari a tanto. E vaglia la verità, ben conobbe egli qual carica fosse quella che sotto splendido nome di dignità gli veniva imposta. Smorbare infetti, soddisfar malcontenti, domar ribelli, compor tra cittadini litigi pertinacissimi, minacciar tormenti, dar pene. Chi potea però dubitar ch'altro ciò non era ch'esporsi a cimenti orribili, con isperanza incertissima di riuscita, e con pericolo manifesto d'insulto? Ma questo fu, che unicamente a lui fece accettar l'onore. Sen volò Pietro in Orvieto, e (chi 'l crederebbe?) non andò molto, che necessitò i turbolenti a chinare il collo ed a ricevere il freno. Non però crediate che tanto conseguir egli potesse a leggier suo costo. Udite, ed inorriditevi: Tra le abbominevoli usanze carnovalesche introdotte in questa città, una erane la seguente: solean gli eretici invitare spesso i Cattolici a giostrar seco; e come se ciascun dovesse con la spada provare la verità della sostenuta sua Fede, così le più volte in una guerra finta sfogavasi un furor vero; se pure finta si potea dir quella guerra, in cui non ad altro si anelava, che a sangue, che a macello, che a strage, benché per giuoco. Vietò bentosto con severissimi editti il nuovo Governatore sì fier trastullo: onde inveleniti gli eretici (siccome quelli ch'avean con tale opportunità congiurato di esterminare interamente i Cattolici, o meno numerosi, o men forti, oppur meno arditi), ciò che non ottennero nel carnoval per amore, tentarono di Quaresima per dispetto. Ed ecco appunto il primo dì delle Ceneri, tutti di concerto si levano tosto in arme, e gridando contra i lor emoli: ammazza, ammazza, obbligan questi, quantunque in giorno lor sì per altro divoto, a pigliar le spade; si assediano le vie, si appostano i passi; e già crescendo impetuoso per ogni parte il tumulto a guisa d'un fiume, al quale ognora dan più d'orgoglio o più d'animo quelle nevi che liquefatte discendono giù da' monti, tutto è confusion, tutto è strepito, tutto è grida. Che farà pertanto a tal nuova il Governatore? Andrà a cacciarsi sollecito in fra tant'armi? Ma senza che contro di lui spezialmente son elle mosse, ch'altro fia ciò, che un cimentar la riputazione, che un arrisicare l'autorità, che un inutilmente trascorrere a certa morte? Sia ciò che si vuole, uditori: già Pietro è ito. Conciossiaché, commosso egli all'improvviso romore, non scese no, precipitò di palazzo; e là correndo dove appariva più presente il pericolo e dove più serrata la mischia, s'innoltra intrepido in mezzo alle nude spade, minaccia, prega, consiglia, sgrida, comanda, ed al fine ottiene, che ritirati nelle lor case i Cattolici, diano, secondo l'insegnamento Apostolico, luogo all'ira: quindi agli eretici rimproverando con volto eccelso l'orribile fellonia, l'impietà verso la lor patria, l'inumanità verso il loro sangue, l'ingiuria contro le stesse leggi più amabili di natura, gli spaventò, gli stordì, gli scorò per modo, che si rimiravano attoniti gli uni gli altri; e lasciandolo intatto in così gran sete che avevano del suo sangue, ciascuno si vergognava di non ardire, e nessuno ardì. (*Panegirico Decimoterzo, In onore del martire San Pietro di Parenzo*, detto in Orvieto, pp. 643-45)

17. *Sant'Antonio e gli animali*

Allora Antonio, non uso a tali ripulse, se n'andò tutto infocato al lido del mare, e alzata la voce: o pesci, o pesci, esclamò, venite ad udire quella divina parola a cui non voglion questi uomini, o, per dir meglio, questi aspidi dare orecchie. Avreste veduto a quell'animoso comando scuotersi ed incresparsi tutte in un punto l'onde pur dianzi placide e abbonacciate: indi a poco a poco salire a galla con maravigliosa ordinanza tutti quei greggi marini, e piccoli e grandi ripartiti secondo le spezie loro, e schierati lungo la riva formare un ampio ed un attento teatro. Fe' loro il Santo un ben lungo ragionamento in commemorazione de' beneficj che, fra tutti gli altri animali, avevano ricevuti da Dio, mentre egli avea soli salvati nell'alta strage dell'universale diluvio, e singolarmente avevagli eletti or ad albergare nel ventre un Profeta naufrago, or a restituire la luce ad un Giusto cieco, or a somministrare il denaro a un Dio tributario; e con questi ed altri argomenti eccitatigli alle lodi del lor Fattore, diè per fine a tutti paterna benedizione. Non credo che a quei muti animali mai dispiacesse esser muti, più che in quell'ora. Avrebbon pure voluto troncar i nodi delle loro stupide lingue, ed articolare parole e scolpire accenti. Ma non potendo giugnere a tanto, chinarono umilmente le teste in segno di riverenza, e battendo l'ale attuffaronsi nel profondo. (*Panegirico Decimoquarto, In onore di Sant'Antonio di Padova*, detto in Lucca, p. 655)

18. *Teodora moglie di Giustiniano e il diacono Vigilio*

Teodora Augusta moglie dell'imperador Giustiniano, avea pigliato a favorir malvagiamente un tal Antimo eretico Eutichiano, e come tale condannato nel Concilio Calcedonese, e deposto della sedia Costantinopolitana, nella qual egli con violenza tirannica s'era assiso. Non potendo però la malvagia femmina impetrar né prima da Agapito, né poi da Silverio, ambidue sovrani pontefici della Chiesa, che gli restituissero tal onore, chiamò Vigilio, diacono assai potente; e come già lo conoscea per un uomo oltre maniera ambizioso, ardito, sacrilego, sì gli promise di farlo tosto costituire nel soglio da lui già prima bramato del Vaticano, purch'egli, ciò conseguendo, le promettesse di annullare il Concilio, di riporre Antimo, di favorire gli Eutichiani, e di approvare con apostoliche lettere la lor fede. A sì scellerata proposta, Vigilio, invece di tramortire o d'inorridirsi, l'accetta e la sottoscrive; e senza punto indugiare, ne vola a Roma con ordini a Belisario di dover con l'armi proteggerlo, dove non potesse promuoverlo col favore. Belisario, il qual dianzi trionfatore de' Goti, forse non avea, come avviene nella propizia fortuna, tanta pietà, quanta poi mostrò nell'avversa, parte per le commessioni mandategli da Teodora, parte per l'oro offertogli da Vigilio, con tradimento vilissimo fa prigione Silverio gran sacerdote, e sotto finti colori, ch'egli tenesse alcun trattato segreto con gl'inimici, lo fa spogliare del pallio pontificale, lo fa vestire d'una cocolla monastica, e così nascosolo, esce a convocare il clero Romano, e con l'esercito a fronte, e con l'armi in mano, lo richiede ch'eleggasi un nuovo Papa. Ma chi non sa che richieste armate equivagliono ad ordinazioni violente? Stabilito così Vigilio nel trono, ebbe in suo potere Silverio, e lo rilegò nell'isoletta Palmaria, dove sostentandolo con pane di tribolazione e con acqua d'angoscia, fra breve tempo il condusse a morir di fame. Mostrò nondimeno Silverio nel vile esiglio ch'egli avea perduta la potenza, ma non l'autorità, e la libertà, ma non il coraggio. Perciocché prima di morire, adunato un piccol concilio di quattro vescovi, rimastigli più fedeli del Terracinese, del Fondano, del Fermano, e del Minturnense, scomunicò lo scellerato Vigilio; e narratane l'impietà, e detestatane le violenze, dichiarò ch'egli, quantunque assiso nell'eccelsissima sede sacerdotale, non rappresentava Simon Pietro, ma Simon Mago, e che però nessun dovea riconoscerlo come Pontefice vero, ma come un idolo nella Chiesa, e come un'abbominazione nel santuario. Non temé punto Vigilio, quando a lui giunse la scomunica fulminata, anzi vieppiù per la grand'ira inasprissi ed invelenì: ma quando poi sentì che il Santo era morto, o fosse orror del delitto, oppur fosse potenza della censura, parve che il fellone ad un tratto cadesse d'animo; onde, quasi pentito, se ne calò spontaneamente dal soglio, depose la dignità, lascionne le insegne. Attribuiscono alcuni questo al timore ch'ei concepette, quando con la morte di Silverio sentì i miracoli di Silverio. Ma quei più fini politici, i quali s'internarono addentro nel cuor di lui, dissero che il malvagio scaltritamente per allora pigliò quella maschera di modestia. Perocché, certo del favore di Teodora e dell'ombra di Belisario, ben si avvedeva che nessun altro gli verrebbe antiposto nella novella elezione; e dall'altro lato per renderla più legittima, e così ancor più sicura, desiderava che tutti vi concorressero ancora i buoni: però volle o mitigarli, o deluderli, o guadagnarli con quell'apparenza ingannevole di pietà. E certamente, come egli avea divisato, così successe. Conciossiaché, parte contenti di sì pubblica umiliazione, parte timorosi di più implacabile scisma, parte ancor per mostrare di donar quello a cui prevedevano di dover altramente venir costretti, tutti finalmente convennero a dichiarare Vigilio papa, e come tale lo riconobbero con le debite adorazioni, e co' debiti riti lo consacrarono. Or bene. Ecco legittimamente costituito nel trono del Vaticano l'uom più scorretto che forse allor soggiornasse nell'universo; uno dianzi scismatico, simoniaco, traditore, omicida, scomunicato; uno che aveva ad una imperadrice impegnata la sua parola a piacere dell'ingiustizia, in servigio dell'eresia; uno che aveva solennemente promesse maligne annullazion di Concilj, inique restituzioni di vescovadi, ingiuriose depravazioni di Canoni; ed un finalmente che dato avea, quasi per caparra di tante malvagità, un Pontefice assassinato. (*Panegirico Decimosettimo, In onore della Cattedra di San Pietro*, detto in Bologna, pp. 683-84)

19. *Sant'Ignazio tentato dal demonio*

Qualunque volta lo scolare novello su que' principj entrava nella sua classe, tosto l'astuto nimico, trasfiguratosi in angelo luminoso, pareva che spalancassegli il paradiso. Gli dipingeva incontanente nell'animo quelle celesti visioni ch'egli avea godute in Manresa, quelle estasi, que' riposi, que' rapimenti; indi facevagli scaturire dagli occhi due dolci fiumicelli di lagrime; e quando il vedeva aprire il libro per rimemorar la primiera conjugazione, a quelle voci, *amo, amas*, quivi arrestavalo; e non già gli proponeva al pensiero sembianti impuri, o gli attizzava nel petto amori impudici, com'egli forse a qualcun altro avria fatto; ma tutto lo dileguava in dolci disfacimenti di amor divino, che gli dicevano al cuore: chiudi, Ignazio, chiudi quel libro; ché a saper ben amare, miglior maestro trovar non puoi di quel Dio che tanto t'amò, ancora quando tu gli eri ingrato e ribelle. T'insegneranno ad amar gli uccelli del bosco, che a Dio su l'alba pagan tributo di lode; t'insegneranno ad amar le stelle del cielo, che a Dio di notte rendono omaggio di gloria; i fiori, l'erbe, le piante, i fonti, le fiere, tutte ancor esse in lor muta favella ad amare t'insegneranno, mentre son tutte sì fedeli e sì docili al lor Fattore. Così il nimico parlava al cuore d'Ignazio; ed a poco a poco invogliandolo degli antichi ritiramenti, lo invitava a lasciar gli strepiti pel silenzio, lo studio per l'orazione, la scuola pel romitaggio. E vaglia il vero, non si accorgendo il Santo dapprima delle arti occulte, era in procinto di ripigliare da Barcellona il cammino verso Manresa, e di rivestire i suoi sacchi, e di ricaricarsi di sue catene: se non che, illuminato a tempo da Dio, ravvidesi del gran fallo, e tanto se ne arrossì, che con solenne giuramento obbligossi a proseguire indefesso tutti gli studj; e chiamato il suo maestro a tal fine dentro una chiesa, gli cadde a' piedi, gli scoperse l'inganno, gli domandò perdonanza, e pregollo che da quell'ora, ov'ei mancasse a' debiti della scuola, il facesse subito soggiacer più d'ogni altro all'ammenda delle sferzate. Bastò quest'atto di sì profonda umiltà, perché il demonio confuso più non osasse tornar alle arti primiere. Svanirono d'indi innanzi tutte ad Ignazio nel tempo dello studiare quelle nuove estasi e quelle importune dolcezze; ed egli cominciando frattanto a rendersi ogni dì più strumento opportuno a propagare la maggior gloria divina, non solo nella propia persona, ma nell'altrui, qual mezzo poté mai tentare a tal fine, ch'egli lasciasse? Fece egli tosto come il sole, che apparso su l'emispero, non già successivamente lo illumina a parte a parte, ma tutto insieme. Così egli cominciò subito; e nelle chiese, e nelle piazze, e nelle università, e nelle case, e nelle campagne a spander raggi d'insegnamenti celesti, a sterpare abusi, a riformar monisterj, a tor pratiche, a levar giuochi, e soprattutto a richiamar nella Chiesa la salutare frequenza de' sacramenti già quasi dimenticatavi. (*Panegirico Decimottavo, In onore di Sant'Ignazio di Lojola*, detto in Parma, p. 692)

20. *Estasi di Sant'Ignazio*

Andava Ignazio co' suoi primieri compagni alla città reina del mondo, per ivi dare a quel concorde drappello una insolubile unione; e già era non lungi dalle sue mura, quando prima d'entrarvi si ritirò dentro una chiesicciuola diserta, affine di orare. Ma non fu quella orazione, fu estasi. Vid'egli il Padre Eterno, che al suo Figliuolo umanato raccomandava con eccessiva caldezza i disegni nuovi d'Ignazio. Ma che poteva il Figliuolo rispondere a sì gran raccomandazione? Si rivolse ad Ignazio con volto amabile, e fattolo avvicinare, seco lo strinse ad una croce sanguinosa e pesante ch'egli tenea fra le braccia; e con piacevol sorriso: andate, disse, ch'io sarovvi propizio nelle città, *ego vobis Romae propitius ero*. O fosser questi presagi di traversie rappresentate in quell'orribile tronco, o fossero augurj di prosperità figurate in quel sembiante sereno; certo è che con l'une e con l'altre si mostra Cristo, s'io non erro, propizio a questa sua Religione, mentr'egli va temperando sempre in tal guisa ad util di lei persecuzioni e favori, dispregi e glorie, ch'ella non abbia occasione di diventare né per le avversità pusillanima, né per le prosperità baldanzosa. (*Panegirico Decimottavo, In onore di Sant'Ignazio di Lojola*, detto in Parma, p. 694)

21. *Mosè e l'Angelo armato*

> Se ne andava Mosè per divin comandamento in Egitto, ad eseguir la sua celebre ambasceria, e seco si conduceva la sua moglie Sefora, e due figliuoletti, Gersa ed Eliezerre: quando al voltar di una strada, ecco si fa loro incontro un Angelo armato, il qual, tenendo nudo in mano un pugnale, minaccia morte. Che fa a tal vista sbigottita la donna? Piglia di presente una pietra aguzza e affilata, e circoncidendo con esso il minor de' bambini che aveva al petto, placa l'Angelo in modo, che quegli a un tratto si dilegua, e li lascia, e senza aver loro fatta veruna offesa. È curiosa a sapersi fra' sacri interpetri la intelligenza più candida e più sincera di questo fatto: ma secondo i migliori passò così. Era Eliezerre nato a Mosè poco innanzi ch'egli imprendesse quel viaggio all'Egitto: onde, entrato questi in timore che i disagi e i sinistri di lunga strada non riuscissero disadatti alla cura del bambinello, ne avea trascurata la presta circoncisione, differendola a tempo men importuno e in luogo più stabile: mercecch'essendo stato egli allora da Dio collocato in grado di sovrano legislatore, non temea che alcuno del popolo osar dovesse di dirgli: perché ciò fai? Ma giudicava di poter anzi interpretrare benignamente le leggi a propio favore, e (siccome i principi fanno) o dispensarle, o allargarle com'ei volesse, non servarle più strettamente. Sì? (disse allora il suo Angelo) che niuno s'attenterà a rinfacciarti, l'udrai da me; e così comparsogli in quel sembiante feroce, ma profittevole, gli fe' riconoscere l'errore e compir il debito. (*Panegirico Decimonono, In onore di Sant'Angelo Custode*, detto in Perugia, pp. 698-99)

22. *Proclo vescovo di Costantinopoli che ricorda San Giovanni Grisostomo*

> Era già morto san Giovanni Grisostomo nell'ignominioso esilio di Ponto, quando trentun anno dappoi, recitando un'orazion solenne in sua lode il vescovo Proclo nella [...] città di Costantinopoli, seppe sì vivamente rammemorare i suoi meriti, sì degnamente esaltare le sue virtù, che tutto il popolo alza una voce, ed esclama, che gli sia renduto Giovanni. Prende allora Proclo le parti del popolo concitato, e rivolto all'imperadore Teodosio, quivi presente, esortalo a soddisfar sì giusta dimanda, ed a ricuperar sì ricco tesoro. Già per sé stesso avidamente il

bramava l'imperadore; onde vieppiù allora infiammato da quelle voci, ordina di presente una legazione, per ricondurre il desiderato cadavero di Cumana in Costantinopoli. Sono eletti a tale ufficio i più nobili senatori; s'inviano soldatesche per guardia, cortigiani per comitiva, ingegneri per macchine, carriaggi per apparati: ma non prima giunti in Cumana, voglion alzare il prezioso deposito dal suo luogo, che lo ritrovano a ciò ritroso ed immobile. Applicano cento braccia, sottopongono cento lieve; ma tutto è indarno. Però confusi riscrivono mestamente all'imperadore, come Grisostomo niega di ritornare. A questo avviso, sbalordito Teodosio, si conturba prima e s'inquieta: quindi con più che umana risoluzione dimanda subito penna, dimanda carta; e prostratosi ginocchione, prende a scrivere tutta di propio pugno una lunga lettera al Santo, come s'egli ancor fosse vivo, nella quale parte lo persuade, parte lo supplica al desiderato ritorno: poi sottoscrive il foglio, il piega, il sigilla, e lo consegna ad un frettoloso corriere. Pensate voi quanto stupore concepissero i senatori, quando, pigliato in mano il regio dispaccio, vi rimirarono in fronte questa inaspettata soprascrizione: *Al Padre spirituale delle anime, e dottore universale del mondo, Giovanni Grisostomo*. Tosto n'andarono unitamente alla tomba; e mentre gli altri divoti stavan d'intorno chi con fumanti turiboli chi con fiammeggianti doppieri, si fe' più innanzi de' senatori il più vecchio, e baciata riverentemente la lettera: questo foglio, disse, presenta a vostra paternità il vostro servo e mio signore Teodosio. Quindi, quasi ricevuta licenza, l'apre, e gliel legge, e poi così aperto ponendoglielo sopra 'l petto, s'inginocchia a ripregarlo insieme con gli altri, che gradir voglia l'umiltà delle istanze con la benignità della degnazione. Parve che l'istesso volto del Santo vieppiù sereno desse lor animo; onde provatisi a muoverlo, lo ritruovano così agevole, che incontanente tutti festosi dispongonsi alla partenza. Lungo è spiegare la magnificenza, la divozione, la calca, con cui su le spalle di nobili senatori fu portato fino in Calcedone. E già in Calcedone era opportunamente arrivato l'imperadore con un'intera armata di navi, e piccole e grandi, adornate pomposamente; quando appressatosi con la sua splendidissima capitana, vi ricevette a ginocchia piegate il sacro deposito, e tra un giocondissimo strepito di trombe, di vivole, di cetere e di tamburi, fe' dirizzare immantinente le prode a Costantinopoli. Dica l'Oceano medesimo, s'egli altra volta avea mirato giammai trionfo più bello. Splendeano d'ogn'intorno tutte le spiagge, ancor più rimote, di fiaccole e di fanali; rideva il ciel più sereno, il mare più placido; e solo alcuni venticelli battendo maestrevolmente su l'acque le loro penne, parea che s'ingegnassero d'accordare con l'armonia delle voci il suono dell'onde. Ogni navilio folgorava di oro, ogni antenna era inghirlandata di fiori, ed ogni poppa incoronata di fiamme. Precedevano prima i legni men nobili, appresso i più signorili, ed in fine seguiva la capitana, vieppiù ancora d'ogni altra più riguardevole per la maestà della mole, per la ricchezza de' lumi, per la sontuosità degli addobbi. E omai non lungi rimiravasi il porto della città, quando ad uno stesso momento conturbandosi il cielo, ed il mar corrucciandosi, levossi una burrasca sì formidabile, che squarciate le vele e rotte le sarte, dissipò tutta improvvisamente l'armata. Figuratevi voi, se a un tratto cambiaronsi i salmeggiamenti di giubilo in gemiti di spavento. Chi temea della sua vita e chi dell'altrui, e più anche molti temevano della perdita di quel sagrosanto deposito, quasi che quel mare medesimo, il quale rigetta stomacato e sdegnoso, gli altri cadaveri, fosse di questo divenuto famelico ed invidioso. Ma dileguossi ogni timor, quando videro aver il Santo stesso eccitata sì gran procella per venir così trasportato a salutare la memorabile vigna di quella Vedova, per cui tanto avea tollerato. Perocché arrivata che fu la sua capitana vicino a quella riviera, rasserenossi l'aria, tacquero i venti, si tranquillarono l'acque; e ricongiuntisi insieme tutti i vascelli, seguirono lietamente il loro viaggio all'imperiale città. E qui di nuovo comincian pure altre pompe ed altri stupori. Scendono tutti sul lido i cavalieri, i sacerdoti, i soldati, e sino al tempo degli Apostoli s'ordina una solennissima processione, dietro la quale a guisa di trionfante siegue sul carro imperiale il sacro cadavero. Quindi qual credete che sia l'accompagnamento di sì nobile funerale? Muti che snodan la lingua; sordi che racquistan l'udito; zoppi che disciolgono il passo; ciechi che riaprono i lumi; infermi che riguadagnano la salute: e in un con questi inonda un mare sì smisurato di popolo, che Costantinopoli stessa nol cape in seno. Né già fu alcuno, a cui quel dì fossero oggetti di oziosa curiosità o gli archi trionfali che incontravansi in ogni strada, o le inscrizioni eleganti che pendeano d'ogni parete, o i nembi fioriti che pioveano d'ogni balcone. Tutti a gara affollavansi per entrare nel sacro tempio, dove, posato il venerabil deposito, fu dal Patriarca aperta la cassa per mostrare al popolo il Santo. Non si poté contenere il popolo intenerito a tale spettacolo; onde con affetto concorde tosto esclamò: sul vostro trono tornate, o Padre, a sedere sul vostro trono. E già ossequiosi i ministri ve lo adattavano, quando il santo Vescovo aprendo visibilmente le morte labbra, con voce chiara, maestosa e distinta, proferse queste parole: *Pax vobis*. Crescono a queste voci le acclamazioni, si rinnuovano i pianti, e l'imperadore Teodosio, proteso a piè del suo santissimo Padre, non sa finire o di bagnarli di lagrime, o di stamparli di baci, fin che non gli fu quasi a forza tratto davanti, per collocarlo in una maestevole tomba sotto l'altare. (*Panegirico Ventesimo, Per la festa di tutti i Santi*, detto in Modena, pp. 711-13)

23. Un giovane ateniese che si innamora di una statua

Fra quanti strani amori si leggano nelle Istorie, o antiche o moderne, mirabilissimo, per mio credere, è quello di cui rimase già sorpreso in Atene non so qual giovane di sangue illustre e di facultà dovizioso. S'abbatté egli a mirare un dì casualmente nel Pritaneo (ch'era un de' più celebri luoghi della città), s'abbatté, dico, a rimirare una statua rappresentante, come parlavasi già, la Buona Fortuna; e tutto a un tempo n'invaghì di maniera, ch'arrivò a quegli eccessi ch'or esporrovvi, perché gli abbiate, non so s'io dica a compatire, o a deridere. Non passava quasi mai dì (Cael. Rod. l. 7, c. 32), ch'egli non tornasse sollecito a corteggiarla: or la inghirlandava di fiori, or la ingemmava di anella; andava a farle di mezzanotte afflittissime serenate; le esagerava la vampa de' suoi desii, le dedicava la devozion del suo spirito, e finalmente, anteponendola a quante belle Greche lo ambivano per marito, andò in senato, ed ivi supplicò di potersela come sposa condurre a casa con magnifica pompa, offerendo a titolo o di pagamento o di dote il suo patrimonio. Risero i senatori del folle innamoramento, e gliel contraddissero. Allora egli ritornò sulla sera alla statua amica, e con dirotti singhiozzi e con calde lagrime deplorò lungamente la sua sventura; indi tratto fuori uno stilo: non sia mai vero, le disse, ch'ad altre nozze io mi serbi, dacché mi vengono ritardate le tue; e così, datasi una ferita nel cuore, le cadde a' piedi, e tutta la spruzzò del suo sangue. (*Panegirico Ventesimoprimo, In onore della Santa Casa di Loreto*, detto in Fermo, p. 715)

24. Una luce apparsa improvvisamente nella casa di Loreto mentre vi predica un sacerdote

Predicava, ha già molt'anni, un de' Padri in quel sacro tempio, essendo ancora il dì chiaro e l'udienza folta; quando dall'alto della cupola scese un improvviso splendore a guisa di stella, ma sì lieta e sì luminosa, che fu creduta poter contendere di bellezza col sole, ancorché presente. Si posò questa da prima sopra la volta dell'Alloggiamento divino: indi spiccato un volo, se ne passò a ricercare ad una ad una le pubbliche residenze de' sacri penitenzieri, e con eguali dimore andò sostenendo su le teste d'ognun di loro; sinché, già quasi soddisfatto al suo debito, sen tornò sopra la santa Cappella, donde rivolatane al cielo svanì dagli occhi del popolo sbalordito, lasciando più colmi gli animi di dolcezza, che le ciglia non erano di stupore (Tursell. in hist. Laur.). (*Panegirico Ventesimoprimo, In onore della Santa Casa di Loreto*, detto in Fermo, p. 719)

XII

SULLA STRUTTURA DEL *QUARESIMALE*

I.

> Un funestissimo annunzio son qui a recarvi, o miei reveriti Uditori: e vi confesso che non senza una estrema difficultà mi ci sono addotto, troppo pesandomi di avervi a contristar sì altamente fin dalla prima mattina ch'io vegga voi, o che voi conosciate me. Solo in pensare a quello che dir vi devo, sento agghiacciarmisi per grand'orrore le vene. Ma che gioverebbe il tacere? il dissimular che varrebbe? ve lo dirò. Tutti quanti qui siamo, o giovani, o vecchi, o padroni, o servi, o nobili, o popolari, tutti dobbiamo finalmente morire. *Statutum est hominibus semel mori* [Paolo, *Eb.*, 9, 27]. Oimè, che veggo? non è tra voi chi si riscuota ad avviso sì formidabile? nessuno cambiasi di colore? nessun si muta di volto? Anzi già mi accorgo benissimo che in cuor vostro voi cominciate alquanto a rider di me, come di colui che qui vengo a spacciar per nuovo un avviso sì ricantato. E chi è, mi dite, il quale oggi mai non sappia che tutti abbiamo a morire? *Quis est homo, qui vivet, et non videbit mortem* [*Sal.*, 88, 49]? Questo sempre ascoltiamo da tanti pergami, questo sempre leggiamo su tante tombe, questo sempre ci gridano, benché muti, tanti cadaveri: lo sappiamo. Voi lo sapete? Com'è possibile? Dite.

Così si apre la prima predica del *Quaresimale*.[1] Facciamo un balzo alla parte finale della predica conclusiva del *Quaresimale*:

> eccoci qui, Signori miei, giunti al termine, io della mia fatica in discorrere, voi della vostra noia in udire. [...] Pur troppo ho io desiderato servirvi come avrebbono meritato e un Uditorio così saggio, e un Uficio così sublime, e non meno ancora un affetto così benevolo da voi con-

---

[1] Predica I, I, pp. 1-2. Il *Quaresimale* è qui citato dalla *princeps*, *Quaresimale di Paolo Segneri della Compagnia di Giesù dedicato al Serenissimo Cosimo III Granduca di Toscana*, In Firenze, Per Iacopo Sabatini, MDCLXXIX, con indicazione dei numeri della predica, dei paragrafi e delle pagine.

cordemente mostrato alla mia persona. Ma che? Rare volte le forze corrispondono a' desiderii. [...] Io per farvi desistere dal peccato ho procurato di usare, in presso a quaranta prediche, tutte le arti che son potute sovvenirmi al pensiero. Ora vi ho ammoniti con le ragioni, ora consigliati con le autorità, ora confortati con gli esempi, or atterriti con le minacce, or allettati con le promesse, ed ora ancor supplicati, genuflesso a' piè vostri, con gli scongiuri. [...] Mi giova credere che in questa chiesa non ci sien peccatori, o se pur ci sono, ci sieno già penitenti, e non più ostinati.[2]

Tra i due brani citati s'interpone un percorso a senso unico, irreversibile. L'ordine delle prediche non può essere invertito, e non, o non solo, in ragione degli argomenti trattati, del passo evangelico commentato; ma in ragione del fatto che il tempo interno del *Quaresimale* è trascorso, ha lasciato traccia sui personaggi, il Predicatore e gli Uditori, e sul loro rapporto.

Notiamo in particolare alcuni aspetti oppositivi. Subito il contrasto tra esplicite indicazioni d'inizio e di fine: « fin dalla prima mattina ch'io vegga voi, o che voi conosciate me »; « giunti al termine, io della mia fatica in discorrere, voi della vostra noia in udire ». Poi, che il Predicatore, inizialmente sconosciuto, riesce alla fine individuato per gli Uditori in conseguenza del suo vario agire: « Ora vi ho ammoniti con le ragioni, ora consigliati con le autorità, ora confortati con gli esempi, or atterriti con le minacce, or allettati con le promesse, ed ora ancor supplicati, genuflesso a' piè vostri, con gli scongiuri ». Mentre, a sua volta, l'Uditorio si è mutato agli occhi del Predicatore. All'inizio è visto come una massa pervicacemente e quasi bestialmente peccatrice: « voi non ostante sì gran motivo di ravvedervi [il pensiero della morte], avete atteso più tosto a prevaricare: non vergognandovi, quasi dissi, di far come tante pecore, ingorde, indisciplinate, le quali allora si aiutano più che possono a darsi bel tempo, crapolando per ogni piaggia, carolando per ogni prato, quando antiveggono che già sovrasta la procella ».[3] Alla fine come un insieme di persone redente o almeno in via di redenzione: « Mi giova credere che in questa chiesa non ci sien peccatori, o se pur ci sono, ci sieno già penitenti, e non più ostinati ». E ancora che tra l'Uditorio e il Predicatore si è stabilito un rapporto determinato: « un af-

---

[2] Predica XXXVIII, VII-IX, pp. 707-11 *passim*.
[3] Predica I, I, pp. 2-3.

fetto così benevolo da voi concordemente mostrato alla mia persona ».

La scena del *Quaresimale* ha come altri attori non occasionali i personaggi del Paradiso: Angeli, Santi, la Vergine, e soprattutto Dio, specialmente nella persona del Figlio. Eccoli nella prima predica:

> Angeli che sedete custodi a lato di questi a me sì onorevoli Ascoltatori; Santi che giacete sepolti sotto gli altari di questa a voi sì maestosa Basilica, voi da quest'ora io supplichevole invoco per ogni volta ch'io monterò in questo pergamo, affinché vogliate alle mie parole impetrare quel peso e quella possanza che non possono avere dalla mia lingua. E tu principalmente, o gran Vergine, che della divina parola puoi nominarti con verità genitrice: tu che di lei sitibonda, la concepisti per gran ventura nel seno; tu che di lei feconda, la partoristi per comun benefizio alla luce; e tu che di nascosta ch'ella era ed impercettibile, la rendesti nota e trattabile ancora a' sensi, tu fa che io sappia maneggiarla ogni dì con tal riverenza [...].[4]

Al termine della predica l'azione si volge verso un Cristo presente: « Lasciate ch'io corra a' piedi di questo Cristo, e che qui mi sfoghi »; e segue una tirata che incomincia « Giesù mio caro ».[5]

Torniamo ora alla predica conclusiva del *Quaresimale*, e precisamente al suo paragrafo finale. Dopo aver detto ch'egli non crede che vi siano peccatori fra i suoi Uditori, il Predicatore volge il discorso a Cristo: « a voi tocca, amatissimo Redentore, di stendere su i lor colli le vostre braccia, e qual amoroso Padre accogliere pietosamente i figliuoli ravvisti, strignerli al vostro seno, accostarli alla vostra faccia, ammetterli al vostro bacio [...] ».[6]

Il testo impone dunque una scenografia ben precisa; nella solennità della « maestosa Basilica » tre ordini di personaggi: gli Uditori, Dio con la corte celeste, e il Predicatore, che è in una posizione mediana, che si rivolge agli uni e agli altri. Una posizione che con significativa corrispondenza è subito fissata nel primo paragrafo della predica iniziale, quando il Predicatore si presenta in qualità di « banditore divino »,[7] e ribadita per l'ultima volta nella parte conclusiva della predica finale, quando egli parla dei discorsi da lui rivolti agli Uditori come discorsi

---

[4] Predica I, I, p. 3.
[5] Predica I, XII-XIII, p. 18.
[6] Predica XXXVIII, IX, p. 711.
[7] Predica I, I, p. 2.

nei quali Cristo ha impartito loro i suoi insegnamenti « per bocca di un suo vil servo ».[8]

Ho parlato di *scena*, di *attori*, di *azione*, di *personaggi*. Non a caso ho fatto ricorso a un ambito terminologico teatrale; né vi ho fatto ricorso come a mera fonte di metafore. Vi ho fatto ricorso per annunciare l'ipotesi interpretativa che ora dichiaro. L'ipotesi è che il *Quaresimale*, nel suo complesso, quale testo unitario risultante dalla successione delle prediche, abbia una struttura di tipo drammatico. Alla quale struttura corrisponde, in varie maniere, l'organizzazione e la natura delle subordinate unità testuali (a incominciare dalle maggiori, ossia le singole prediche), e molti atteggiamenti e caratteri del discorso.

II.

Prima ancora di tentare una verifica, che qui riuscirà necessariamente sommaria, dell'ipotesi, conviene circoscriverla con qualche precisione e insieme indicare per essa taluni presupposti.

Innanzi tutto sia chiaro che l'ipotesi verte sulla qualità del *Quaresimale* come testo scritto, non sui modi della predicazione di Segneri. Che quella predicazione avesse carattere teatrale, anche nel senso generico del termine, sappiamo per certo; del resto, il carattere teatrale della predicazione secentesca è attestato da numerose fonti, ed è un luogo comune della storiografia, sul quale non interessa ora insistere. Riconnettere quel carattere, per un verso, in una prospettiva ristretta, a moduli del teatro religioso, e, per un altro verso, in una prospettiva di grande ampiezza, all'indole teatrale della vita sociale secentesca, appare legittimo.

Importa qui anche ricordare la relazione tra mondo oratorio e mondo del teatro. Per ciò che concerne l'*actio*, tale relazione è attestata fin dall'antichità classica: non solo affermando la comune appartenenza dell'*actio* agli attori e agli oratori (Cicerone, *De or.*, III, 56, 214; Quintiliano, *Inst. or.*, XI, 3, 4), ma anche il reversibile rapporto di magistero e discepolato tra gli uni e gli altri (Quintiliano, *Inst. or.*, XI, 3, 7 ricorda che Demostene « aput Andronicum hypocriten studuit », e Valerio Massimo, *Fact. et dict. mem.*, VIII, 10, 2 che gli attori Esopo e Roscio andavano ad assistere alle orazioni legali di Quinto Ortensio « ut foro

---

[8] Predica XXXVIII, VII, p. 707.

petitos gestus in scaenam referrent »). Ma la relazione tra oratoria e teatro è stata posta — e con speciale riferimento al XVII secolo — in termini ben più radicali. Nella Prefazione al suo volume *Eroi e oratori. Retorica e drammaturgia secentesche*,[9] che raccoglie saggi in cui ottica e strumenti retorici sono adibiti a interpretare opere del teatro classico francese e del teatro gesuitico, Marc Fumaroli vede la retorica « in un rapporto di totale omologia con l'arte drammatica ».

Dagli elementi appena richiamati appare come l'ipotesi che sopra ho avanzata circa la struttura del *Quaresimale* non ripugni ai dati storici. Ossia, per dirla in modo diretto, come essa sia a pieno compatibile con la mente, con la formazione e con l'esperienza di Segneri, uomo del Seicento, gesuita e predicatore.

Esistono però elementi che in maniera più stringente, più individuale, autorizzano, in via per così dire preliminare, ossia anteriormente alla conferma che può offrire una estesa ricognizione nel testo del *Quaresimale*, la formulazione dell'ipotesi.

Nel 1679, nel medesimo anno in cui si pubblicava a stampa il *Quaresimale* segneriano, usciva a Lisbona il primo volume dei *Sermões* del gesuita Antonio Vieira, uno dei più grandi predicatori del Seicento, oltre che uno dei massimi prosatori portoghesi. Nato una quindicina d'anni prima e morto tre anni dopo Segneri, Vieira (Lisbona 1608 - Bahia 1697), è nella sostanza suo contemporaneo; e per altezza d'intelletto e pregi di predicatore ben degno di essere evocato come termine di riferimento o di raffronto per posizioni. Non sarà forse fuor di luogo ricordare che Vieira intrattenne, a partire dal 1669, rapporti personali e fitta corrispondenza epistolare con Cosimo III de' Medici, estimatore e collezionatore dei suoi sermoni; che dal 1669 al 1675 soggiornò a Roma, ove fu predicatore di Cristina di Svezia; che predicò in italiano e che sue prediche furono tradotte in italiano.[10]

---

[9] Marc Fumaroli, *Eroi e oratori. Retorica e drammaturgia secentesche*, Bologna, Il Mulino, 1990, p. 17.

[10] Tra le edizioni di prediche italiane: *Sermone delle stimmate di S. Francesco del P. Antonio Vieira della Compagnia di Giesù detto nell'Archiconfraternita delle Stimmate di Roma Dedicato alla medesima Archiconfraternita dal Sig. Marchese Gio. Battista Strozzi*, Roma, Varese, 1672; *Sermoni detti da Gian Paolo Oliva e da Antonio Vieira della Compagnia di Giesù nella Solennità del B. Stanislao*, Roma, Varese, 1675. Traduzione precoce di sue prediche (dall'infida edizione spagnola) fu fatta da Bartolomeo San-

Nel presentare quel primo volume dei suoi *Sermões* al Lettore, Vieira spiegava che per ordine del suo re, Pietro II, e del Generale della Compagnia, Giovan Paolo Oliva (Genova 1600 - Roma 1681, Generale dei Gesuiti dal 1664; come superiore dei novizi ebbe sotto di sé Segneri), incominciava con esso a cavare dal sepolcro quei suoi scarabocchi, che, privi della voce che li animava, ancorché resuscitati, erano cadaveri.[11] Lasciava intendere insomma che solo per obbedienza si sottoponeva a un compito che non gli era grato, perché contrastante con la visione della predicazione come oralità, come parola pronunciata e destinata a un uditorio. Ribadiva così autorevolmente un motivo di origine paolina (*Rm.*, 10, 14 e sgg.: *Fides ex auditu*) ben vivo negli ambienti gesuitici del Seicento.

Preoccupazione analoga — con un'accentuazione, forse, più retorico-letteraria — manifestava Segneri nel discorso rivolto al Lettore, premesso al suo *Quaresimale*. Con un esito però diverso da quello di Vieira: « Non tengo [...] per regola così certa, come par forse ad alcuni, che ciò ch'è grato ad udire non sia grato a leggere ». A sostegno della sua posizione argomentava per analogia: « Non legge l'occhio tutto dì con diletto ciò che si rappresenta su tante scene, o scurrili, o satiriche, o maestose? E pure non son opere quelle, di lor primaria intenzione, ordinate a leggersi; son ordinate ad udirsi ». E concludeva, in relazione tanto alle opere teatrali che al suo *Quaresimale:* « Basta che chi legge figurisi, non di leggere, ma di udire ».

Questo passo della citatissima introduzione al *Quaresimale* è stato trascurato. Eppure appare importante per diversi motivi. Per l'inscrizione della predica nell'area medesima dei testi destinati al teatro. Per l'indicazione di un modo di lettura, che fa trasparire anche il modo di concepire — ideare, comporre — il testo da parte dell'autore, ove si abbia

---

tinelli: *Prediche varie del Padre Antonio Vieira della Compagnia di Giesù*, Roma, Hercole, 1668; altrimenti sicura e ampia la traduzione dal portoghese, eseguita — sull'edizione curata dall'autore — dal gesuita Annibale Adami: *Prediche del P. Antonio Vieira della Compagnia di Giesù*, Roma, Giuseppe Corvo, 1683, II[a] parte, Venezia, Pezzana, 1687.

[11] Cfr. *Sermoens do P. António Vieira, da Companhia de Iesu, Pregador de Sua Alteza. Primeira Parte. Dedicada ao Principe, N. S.*, Lisboa, João da Costa, 1679, premessa al Leitor (« começo a tirar da sepultura estes meus borrões, que sem a voz que os animava, ainda resuscitados são cadaveres », pp. n.n.).

presente che le prediche segneriane non nascono come trascrizioni di parole pronunciate, ma nascono come testi scritti destinati a essere detti: «io non ho mai predicato a braccia, sempre ho dette Prediche composte, e il comporle mi han portato comunemente da un mese l'una», dichiara Segneri al Granduca di Toscana.[12]

Se il passo della Premessa al *Quaresimale* è significativo dell'impostazione teatrale della predica in termini generali, un altro passo di Segneri fissa una precisa equivalenza tra figure retoriche e artifici e movimentazioni teatrali. Nella *Dichiarazione dell'Opera a chiunque legge* anteposta a *Il Cristiano istruito nella sua legge* (1686), l'autore avverte che «non si è potuto in questi Ragionamenti scuotere l'Uditorio con figure, con interrogazioni, con ironie, con reticenze, e con altre simili mutazioni di scene, e quasi di personaggio, abili da se stesse a tenerlo desto, come si fa nelle prediche di eloquenza». Il testo delle «prediche di eloquenza» è dunque atteggiato mediante certi strumenti retorici come una rappresentazione teatrale. Di complessità drammaturgica tale, a giudizio di Segneri, da pretendere un esecutore all'altezza d'inscenarla. Prosegue infatti il passo citato: «atteso che per le Prediche si richiede un talento proporzionato, qual non può presupporsi in qualunque paroco, che s'inclini a valersi de' miei Sudori».[13]

III.

1. Volgiamoci ora nuovamente al testo del *Quaresimale* per verificare e determinare concretamente l'ipotesi interpretativa avanzata. In maniera schematica e a soli fini strumentali — per articolare il discorso intorno a pochi punti — enuncio alcune condizioni essenziali per un testo drammatico:

   a) i personaggi sono legati da un rapporto dialogico: ossia parlano, ascoltano, riparlano;
   b) attraverso parole e azioni i personaggi appalesano i loro caratteri;
   c) attraverso parole e azioni dei personaggi la situazione data si modifica.

Vediamo come in rapporto ai tre ordini di personaggi per così dire per-

---

[12] *Lettere inedite di Paolo Segneri al Granduca Cosimo III tratte dagli autografi*, a cura di Silvio Giannini, Firenze, Le Monnier, 1857, lettera n. 225 (Firenze, 6 febbraio 1692, p. 184).
[13] Cfr. Paolo Segneri, *Opere*, Venezia, Baglioni, 1712, vol. III, pp. n.n.

manenti indicati nel *Quaresimale* (Predicatore, Uditorio, Dio) si attuano le condizioni sopra enunciate.

2. Incomincerò dall'ultima di esse. Del modificarsi della situazione ho già riportato i termini estremi, iniziale e finale: Uditori come peccatori tanto incalliti e incoscienti da avere perfino perduta la consapevolezza di vivere nel peccato; Uditori ridotti a pentiti o a penitenti. Seguire la dinamica del processo che conduce dall'uno all'altro di quei termini vorrebbe dire seguire la dinamica, soggetta a oscillazioni e andirivieni, del rapporto, qual è rappresentato nel testo del *Quaresimale,* tra azione persuasiva del Predicatore e resistenze dell'Uditorio. Ciò che qui non è possibile né necessario. Si può invece notare che vi sono punti di snodo di tale dinamica, nei quali sono esplicitamente rilevati gli acquisti fatti dal Predicatore e quelli ch'egli giudica ancora da farsi. Ne porto due esempi.

Nel principio della predica undicesima il Predicatore si pone la domanda se gli Uditori, in occasione della sua predicazione, abbiano fatto la pace con Dio, e si risponde:

> S'io pongo mente alla frequenza, al fervore, alla compunzione vedutasi questi giorni ne' più di voi, mi giova credere facilmente che sì; ma perché sempre si ritrovano alcuni più contumaci i quali trascurano così opportune occasioni di rappacificarsi con Dio, dicendo che avran tempo a ciò fare quando morranno, m'impone Cristo questa mattina ch'io dicavi apertamente che v'ingannate, e che se voi non vorrete la pace con esso lui, or ch'egli la chiede a voi, non la vorrà né men egli con esso voi, allorché voi la domanderete a lui.[14]

Se qui è in questione la renitenza di una limitata fascia del pubblico (« alcuni più contumaci ») alla conversione, altrove, più avanti nel *Quaresimale,* sono in questione la solidità e la durevolezza della conversione, data per conseguita, della gran parte del pubblico:

> Io so che in questo sacratissimo tempo quaresimale non è gran fatto che i più di voi, o per l'esortazioni gagliarde ch'hanno sentite, o per gli esempi giovevoli ch'hanno scorti, vadano già di mano in mano campando dal naufragio infaustissimo del peccato. Contuttociò credete voi ch'io però mi fidi di voi, almen pienamente? Non già, non già. Più tosto io temo che voi tra poco mirando questo peccato medesimo con altr'oc-

---

[14] Predica XI, I, pp. 182-83.

chio non immitiate (ahi troppo incauti) coloro i quali appena usciti ignudi da' gorghi, ov'erano assorti, si mettono su le spiagge a raccor gli avanzi delle lor lacere vele, ed a racconciarli, per fidar di nuovo la vita ad un elemento di cui ben sanno, per così fresca esperienza, l'infedeltà. Vengo qui però questa volta per esortarvi a voler chiudere tutte quelle finestre le quali guardano il mare. Parliamo fuor di metafore. Vengo per esortarvi a tenervi lungi da tutte quelle occasioni le quali possono facilmente allettarvi alle antiche colpe; perché fin tanto che ve ne resti pur una, questa è bastante a farvi cader di nuovo, di nuovo perdervi, di nuovo prevaricare.[15]

3. Passiamo alla prima condizione, concernente il dialogo tra i personaggi e le modalità della sua attuazione.

Il problema di parlare in persona propria ad altri ovviamente non si pone per il Predicatore: egli istituzionalmente è detentore della parola rivolta ad ascoltatori. Se ritorniamo al brano iniziale del *Quaresimale* vediamo, però, che immediatamente s'instaura un regime dialogico tra lui e l'Uditorio (« E chi è, mi dite, il quale oggi mai non sappia che tutti abbiamo a morire? »), un regime stabilito mediante un artificio retoricamente codificato: la *sermocinatio* dialogica. Attraverso di essa principalmente l'Uditorio interloquisce nel *Quaresimale*. Significativo non è il suo impiego; è la frequenza con cui viene impiegata, e l'ampiezza del testo che investe. Essa garantisce una insistente ed estesa presenza della voce dell'Uditorio.

Tale voce è a volte introdotta da quella del Predicatore, come nel caso seguente: « Veggo che non vi potete più contenere d'una gagliarda opposizione, la quale vorreste addurmi. Parlate dunque animosamente, sfogatevi. O Padre (voi mi direte) se fosse vera la dottrina da voi predicata finora, poveri noi! ne seguirebbe che noi dovessimo vivere in un assiduo sgomento, ed in una angosciosa sollecitudine. Perocché (sentiteci bene) se noi sapessimo per appunto [...] ».[16] Altre volte sorge senza preannuncio in replica a una domanda del Predicatore, come nell'esordio puramente dialogico e vivacissimo della seconda parte della predica quinta:

> Orsù, ditemi ora un poco alla buona, Signori miei, non vi pare una bella favola quella che abbiam raccontata questa mattina? O Padre, e che ina-

---

[15] Predica XVI, I, pp. 275-76.
[16] Predica XXI, VI, p. 379, *incipit* della II[a] parte.

spettata interrogazione è cotesta che voi ci fate? Parlate voi da scherzo o da senno? S'io parlo da senno? così voleste voi dirmelo. Non vi vergognate no: confessate schiettamente; non è stata una bella favola questa dianzi? dite su, non è stata una bella favola? Favola? ma voi ci volete far incollorir daddovero. Come favola? come favola? Noi la teniamo per istoria evangelica, per verità eterna, e se voi ci aveste aggiunta, che non sappiamo, qualche tintura del vostro, tal sia di voi. Certo è che noi non teniamo per favola doverci essere il Giudizio universale del Mondo, lo crediamo per fede. Sì eh? oh quanto felice nuova sarebbe questa, se fosse vera. Perché, a dirla sinceramente, io credeva che, se non tutti, almeno molti di voi, lo teneste per favola, come lo tiene la maggior parte degli uomini. Ma non de' cristiani. De' cristiani dich'io. Ma non de' cattolici. De' cattolici dico, Signori sì.[17]

Ma anche attraverso altri artifici retorici s'introduce la presenza dialogica dell'Uditorio. Abbastanza spesso attraverso la *refutatio* o la *concessio* del Predicatore, in forme che prevedano o presuppongano la voce degli ascoltatori: « Che mi state dunque a dir voi: Se quel rimorso ch'io sentirò negli estremi sarà sì grave, farà che ancora più facilmente io convertami? Falso, falso: farà che più facilmente vi disperiate »;[18] « Ma su, sia così come voi desiderereste. Diamo che a casa vostra nulla debba arrecare di pregiudizio l'inimicizia divina. Diamo che co' malvagi conquistamenti voi la dobbiate eternare. Diamo che le dobbiate accrescere credito, aggiugnere autorità, acquistare aderenze ».[19]

4. Vediamo ora in che maniere Dio entra nel regime dialogico del *Quaresimale*.

In qualità di locutore, innanzi tutto attraverso le citazioni bibliche, specificamente nei ricorrenti casi in cui Segneri ne indica in forma esplicita l'emittente in Dio e i destinatari negli Uditori e in sé stesso, attualizzando così la comunicazione. Sia che nomini l'intermediario della parola divina: « quelle sì belle parole ch'egli [Dio] già ci disse per bocca di Geremia. Le volete sapere? uditele, uditele, che sono veramente divine: *Ecce ego fingo contra vos malum* [*Ger.*, 18, 11] ».[20] Sia che non nomini l'intermediario e introduca assolutamente la parola di-

---

[17] Predica V, IX, pp. 85-86.
[18] Predica XXIV, VII, p. 439.
[19] Predica XIII, V, p. 224.
[20] Predica XXVII, VIII, p. 491.

vina: « Com'egli [Dio] si è protestato che sue saranno le nostre offese, così dall'altra parte si è dichiarato che si riserbino a lui le nostre vendette: *Mihi vindictam, et ego retribuam* [Paolo, *Eb.*, 10, 30] ».[21]

Ma poi anche attraverso discorsi diretti di ampia estensione composti da Segneri interpretando e dilatando passi biblici. Ad esempio, proponendo una spiegazione « scelta » e « spiritosa » del versetto dei *Salmi*, 58, 7, *Convertentur ad vesperam, et famem patientur ut canes*, stabilita l'equivalenza tra il convertirsi alla morte e il serbare a Dio gli avanzi, inventa questa intemerata divina:

> Sì? Dice Dio al peccatore: Hai trattato da cane me? Bene, bene. E io tratterò da cane te. *Converteris ad vesperam.* Verrà la sera, verrà quell'estrema angustia, verrà quell'estrema agonia. Ti vedrò inchiodato dal male sopra il tuo letto, come un cane legato alla catena, ti sentirò mandare latrati altissimi, dimandandomi aiuto, strepitare, schiamazzare. Che credi però tu? Ch'io ti debba dar quegli aiuti a cui nessun ostinato cuore resiste? quegli aiuti più penetranti? quegli aiuti più poderosi? Questo saria darti il meglio. Non gli aspettare. Ti darò quegli aiuti che puramente si chiamano sufficienti, cioè quegli aiuti co' quali è vero che potresti assolutamente risorgere dalla colpa, ma essendo tanto mal avvezzo, ma essendo tanto mal abituato, non ne risorgerai. Questi aspettati: il peggio, il peggio. Hai trattato da cane me, e io tratterò da cane te. *Converteris ad vesperam, et famem patieris ut canis.*[22]

Dove è da notare non solo, com'è ovvio, l'amplificazione, ma l'attualizzazione dialogica, in vista di un « tu » destinatario, del passo biblico (*Convertentur ad vesperam, et famem patientur ut canes* / *Converteris ad vesperam, et famem patieris ut canis*).

Divenendo a sua volta destinatario del discorso, Dio riceve sovente allocuzioni del Predicatore secondo modalità conformi a quelle viste nella prima e nell'ultima predica. Per esempio, nella seconda predica il Predicatore si rivolge a Dio così: « Perdonatemi dunque, o Signor mio caro, ch'io questa volta sono costretto a farvi un torto infinito da questo luogo [...] »;[23] nella terza si rivolge a Dio per ben due volte: « Povero mio Redentore! Perché starvi tanto a stancare con questa gente, intimando, raccomandando, pregando che per amor vostro perdonino a' lor

---

[21] Predica III, IV, p. 42.
[22] Predica XI, VIII, p. 197.
[23] Predica II, I, p. 20.

nemici [...] », e « Io, Signore, per quell'uficio che indegnamente sostengo su questo luogo, a nome di questo popolo vi dichiaro [...] »;[24] e così via.

Nell'ultima delle allocuzioni a Dio del Predicatore riferite, egli parla per conto degli Uditori (« a nome di questo popolo vi dichiaro »). Ma Dio è destinatario anche di allocuzioni dirette degli Uditori suggerite loro dal Predicatore, come quella che incomincia « Dite pur a Dio francamente: *Deus meus in te confido, non erubescam* [*Sal.*, 24, 2]. Di che, Signor mio caro, ho da vergognarmi? Confido in voi. Mi beffin altri, mi spregino, mi scherniscano; bastami piacere a voi solo [...] »;[25] o quell'altra che incomincia « Alzerai le mani alle stelle per tenerezza, gemerai, piangerai, ed O benedetto Dio, griderai, benedetto Dio, ch'io non mi lasciai trasportar da quel furor pazzo che sì m'istigava ad offendervi! [...] ».[26]

Se Dio è il principale destinatario dei discorsi del Predicatore e degli Uditori, non resta isolato il caso esemplificato in riferimento alla prima predica in cui il Predicatore si rivolge ad altri componenti della corte celeste. Eccolo, per esempio, rivolgersi agli Angeli nella quinta predica: « Su date fiato alle vostre trombe, o voi Angeli destinati per banditori del giorno orrendo, e dimostrate a' proterrvi s'io dica il vero »;[27] come nella sedicesima: « O Angeli delle stelle, voi dite, voi, che gran male sia quello, che tanta parte di gente oggidì non cura. E non fuste voi quegli che apriste già le cateratte del Cielo, affine di scaricare un diluvio sopra la terra? ».[28]

5. Passando alla manifestazione dei caratteri, bastino in riguardo a Dio e all'Uditorio poche osservazioni intese non tanto a descrivere quei caratteri (per il che occorrerebbe troppo lungo esame), quanto ad accertare che essi si manifestano e a indicare in quali modi si manifestano.

Un Dio cortese, benevolo, paziente, ma pure giudice temibile, geloso del proprio onore, capace di prendersi vendetta, viene fuori dalla sua voce e dai suoi comportamenti biblicamente attestati, interpretati dal

---

[24] Predica III, VIII, p. 49 e XI, p. 54.
[25] Predica VIII, VI, pp. 139-40.
[26] Predica XXIV, VI, p. 438.
[27] Predica V, I, p. 72.
[28] Predica XVI, VII, p. 291.

Predicatore in forma esplicita quali tratti dell'atteggiamento divino. A volte lapidariamente: « È Dio clemente, ma egli è parimente giusto: *Dulcis et rectus Dominus* [*Sal.*, 24, 8] ».[29] Altre volte attraverso discorsi ampi e circostanziati:

> Uno de' maggiori argomenti che forse abbiamo della misericordia immensa di Dio sono a mio credere le minacce orrendissime con le quali egli è stato sempre solito di tonare sopra de' peccatori. E che altro mai ha preteso egli con esse, se non dare agio a' peccatori medesimi di salvarsi? Non ha volontà di ferire chi molto prima si stanca nel minacciare. [...] niun gastigo quasi leggiamo aver esso mandato al mondo innanzi di minacciarlo, non solo in genere, ma ancora in particolare. Tanto che questa una fu delle principali cagioni per cui spedì varii profeti al suo popolo in varii tempi. Sentite. Volle dinunziare al suo popolo l'universale saccheggiamento de' beni; e che fece? Fece andare per la città Isaia tutto ignudo de' vestimenti. Volle dinunziare al suo popolo la cattività lagrimosa delle famiglie; e che fece? Fece andare per la città Geremia tutto carico di catene. [...] E nella stessa maniera ha poi seguitato a predire diversi flagelli in diverse forme. Il che non è altro che un intimare a' popoli che si guardino, che piangano le lor colpe, che riformino la lor vita, che fuggano dalla faccia del suo furore [...]. E pure ch'il penserebbe? Non poté Dio conseguir con tante proteste che gli uomini gli credessero. Onde quanto più egli stancavasi in minacciare che *Malos male perdet* [*Mt.*, 21, 41], tanto più essi attendevano ad oltraggiarlo [...].[30]

L'Uditorio è un soggetto collettivo: manifesta il suo carattere come tale, oppure per sue parti: aspetti del suo carattere risultano da suoi discorsi, come da suoi atteggiamenti riflessi nel discorso del Predicatore. Manifestazioni di carattere dell'Uditorio quale soggetto collettivo sono continue nel *Quaresimale*, a incominciare da quella che si legge nel citato esordio della prima predica. Parti dell'Uditorio con specifici tratti di carattere vengono individuate secondo criteri variabili a seconda delle occorrenze. Così una volta può essere impiegato un criterio dettato da un determinato abito peccaminoso (la tendenza alla mormorazione): « Bella gloria invero è la vostra, o Mormoratori, mentre così francamente ve la sapete voi prendere contro d'uno il quale è lontano

---

[29] Predica VI, V, p. 103.
[30] Predica XV, II, pp. 257-58.

[...] »;³¹ altra volta un criterio che fa riferimento all'acume intellettuale: « Odo alcuni di voi, i quali come più acuti d'intendimento, così mi dicono [...] »;³² altra volta ancora criteri legati a sesso, età, classe sociale, professione o mestiere: « Sapreste dirmi per avventura Uditori, qual sia la tribolazione maggior di tutte? S'io lo chieggo a questi più vecchi, mi risponderan senza dubbio, ch'ella è la morte; sì come quei che se la sentono importunamente picchiare già da alcun anno all'uscio di casa, e non sanno omai come farsi a mandarla in pace. Se a questi signori cavalieri, mi diranno che è 'l disonore. Se a queste signore dame, mi diran ch'è la gelosia. Se a questi miserabili artisti, mi replicheranno ch'è l'essere tutto dì fraudato da' gentiluomini crudelmente delle dovute mercedi: se a' cortigiani, l'emulazione: se a' famigli, la servitù [...] ».³³

Incidentalmente vale la pena di rilevare che l'ultimo brano propone una casistica etico-psicologica che è uno degli indizi dell'attenzione di Segneri al secondo libro della *Retorica* aristotelica.³⁴ E dunque di una sua lettura di quell'opera tutt'altro che concentrata esclusivamente sulla parte relativa all'elocuzione; una lettura in maniera significativa differente da altre letture secentesche della *Retorica*.

6. Intorno alle manifestazioni del carattere del Predicatore, protagonista del *Quaresimale* e perno del circolo dialogico in esso instaurato, converrà fare un discorso un poco più ampio, quantunque incentrato su pochi dati fondamentali e confortato da una esemplificazione limitata.

Nel non troppo benevolo articolo dedicato a Segneri nel *Dizionario estetico*, Niccolò Tommaseo commentando il passo del paragrafo iniziale della prima predica del *Quaresimale*, nel quale il Predicatore dichiara « mi era qual banditore divino fin qui condotto, per nebbie, per pioggie, per venti, per pantani, per nevi, per torrenti, per ghiacci », giudica che in esso, rispetto alla parte antecedente, non solo « cresce l'affettazione rettorica », ma che questa « diventa quasi menzogna in bocca d'un uomo italiano ».³⁵ Ora del passo si potrebbe tentare anche una di-

---

[31] Predica XIX, II, p. 330.
[32] Predica XXIII, XI, p. 420.
[33] Predica XXVII, XI, pp. 495-96.
[34] Cfr. in particolare: II, 5, 1382a, 20 e sgg., sul timore; 10 e 11, 1387b, 21 e sgg., sull'invidia e sull'emulazione; 13, 1389b, 13 e sgg., per i vecchi.
[35] Niccolò Tommaseo, *Dizionario estetico*, Milano, Reina, 1852, p. 339.

fesa, per così dire, psicologico-realistica, supponendo che in esso Segneri trasferisse, compendiasse, e magari un poco amplificasse, disagi di viaggio incontrati durante le sue missioni rurali (attestati dalle sue lettere). Ma è più adeguato un altro tipo di considerazione. Ai realistici rilievi di Tommaseo va opposta l'osservazione che il passo riferito fa corpo unico con ciò che immediatamente segue, « alleggerendomi ogni travaglio con dire: Non può far che qualche anima io non guadagni », e che l'insieme vale a delineare subito agli Uditori un aspetto fondamentale del carattere del personaggio che a loro si presenta: l'aspetto di predicatore apostolico, di zelante missionario.[36] Qui non è questione della persona biografica di Paolo Segneri, ma del carattere (*ethos*) dell'oratore, non come dato presupposto all'orazione, ma come prodotto dell'orazione; di quel carattere che arreca quasi la prova più forte al discorso. Che è purissima dottrina aristotelica.[37]

Nel corso del *Quaresimale* tale aspetto è insistentemente esibito e riaffermato in maniera esplicita: per esempio, con dichiarazioni di fedeltà alla parola di Dio, o di rifiuto a lusingare gli ascoltatori, attenuando la severità dell'atteggiamento; ovvero in maniera implicita, ossia per il contenuto del messaggio (di salvazione, di dannazione), e per l'intonazione (d'autorevolezza suprema) con cui viene espresso.

Né mancano gli atteggiamenti più strettamente profetici. Sparsi nel *Quaresimale*, si manifestano compattamente nella predica quindicesima, nella quale Segneri predicatore, per volontà del Signore, prende le vesti di Giona, annunciando, come Giona fece a Ninive, l'incombere del furore divino alla città in cui si trova a predicare. Ricostruito abilmente secondo modelli veterotestamentari, il profetismo di Segneri trova limiti invalicabile nelle condizioni di fatto e nella qualità dell'Uditorio. È un profetismo, per così dire, dimidiato: pieno di empito retorico, magari anche sincero; ma privo di sostanza storico-politica e di rispondenza adeguata negli ascoltatori. Qui non può non venire alla mente, per paragone, il diverso profetismo di Antonio Vieira, ispirato e visionario, vissuto al prezzo di una compromissione personale (Vieira fu processato e condannato dal Santo Uffizio, 1665-1667); nutrito della precisa e convinta aspettazione del Quinto impero giudaico-cristia-

---

[36] Per una commossa esaltazione dei « magnanimi Missionari » anche secenteschi, cfr. la predica XX, VI, pp. 354-55.
[37] *Retorica*, I, 2, 1356a, 4-13.

no-lusitano. Quello di Vieira è, però, un profetismo radicato in una storia e in una psicologia nazionale che avevano conosciuto le *Trovas* del Bandarra, che si alimentavano del mito sebastianista, che vivevano l'ebbrezza della restaurazione di una dinastia portoghese, e di un espansionismo oltremarino di proporzioni gigantesche. Il saldo radicamento storico-psicologico di quel profetismo è provato dalla sua vitale permanenza, sia pure con svolgimento di forme, fino a Novecento inoltrato: fino, per citare un nome emblematico, a Fernando Pessoa.

Il Predicatore è pure il *vir christianus dicendi peritus*, imbevuto dei precetti e degli esempi della retorica classica. Di qui un imponente armamentario argomentativo, ostentato anche nelle articolazioni del discorso (per esempio, cita l'autorità di san Tommaso in merito a un problema, «Ora io discorro così. Quanto alla prima cagione [...]. Che se miriamo alla seconda cagione [...] »);[38] e nelle scelte lessicali: cerca la «ragione», «suppone», porta «prove», «argomenta», «dimostra», «inferisce», fa «induzioni», «deduce», «concede», «nega», denuncia «paralogismi», propone «soluzioni», «conchiude», «perora».

Dire della vocazione e della competenza retorica di Segneri, e soprattutto delle forme in cui esse si esprimono, richiederebbe un discorso a parte, da rinviare ad altra occasione. Qui preme rilevare un solo punto, per le implicazioni d'ordine generale che comporta. Sulla scena del *Quaresimale,* a coinvolgere e a dilettare gli Uditori, al di là di tutte le altre più circoscritte soluzioni retoriche, non solo vengono evocate rappresentazioni vivissime, storiche, sacre, fantastiche, costruite secondo una raffinata applicazione della tecnica del «predicar a los ojos» (per usare una formula frequente nella predicazione controriformistica spagnola); ma vengono anche istituite delle situazioni retoriche fittizie. Mi spiego con qualche esempio.

Nel primo paragrafo della predica undicesima si legge: «perché non crediate ch'io questa volta pretenda forse convincervi con le grida, statemi anzi ad udire con attenzione, perché ho risoluto di tenervi qui non a predica, ma a consulta. Io voglio metter in campo sì gran trattato qual'è questo della vostra conversione, ed esaminarlo con ordine assai distinto. Se vi parrà di operare prudentemente con differirla, come forse voi disegnate, fino agli estremi della vita vostra, io non vi voglio punto

---

[38] Predica IX, XI, pp. 159-60.

forzare ad accelerarla ».³⁹ È creata qui la situazione dell'orazione deliberativa (« non a predica, ma a consulta »).

Nella predica diciassettesima, sull'ingratitudine, dopo aver richiamato esempi biblici, il Predicatore prosegue: « Ma io voglio arrecarvi un altro successo non tanto noto, e quasi che voi segghiate qui come Giudici in tribunale, per dar sentenza, io voglio prender le parti di Accusatore, e condurvi innanzi un Imperador per Reo. Date voi frattanto udienza all'accusa »; racconta un episodio d'ingratitudine da parte dell'imperatore Basilio; e conclude: « Ecco il fatto. Su ditemi, qual sentimento a voi pare di concepirne [...]. Se aveste il Reo qui dinanzi, che supplizio voi gli dareste? ».⁴⁰ Gli Uditori trasformati in Giudici di tribunale, il Predicatore in Accusatore, un Reo su cui sentenziare: ecco creata la situazione dell'orazione giudiziaria.

Il momento della commutazione della situazione retorica forse ancora più immediatamente si lascia cogliere in un paragrafo della predica quindicesima: il Predicatore premette « Finora voi siete stati, come Uditori, ad attendere, non è vero? Ora vi vorrei come Giudici a sentenziare. Ma contentatevi di voler prima ascoltar un successo illustre »; racconta il « successo », e conclude: « Ora che avete, o Signori, udito il successo, contentatevi un poco di sentenziare ».⁴¹ È palese qui la conversione dalla situazione dell'orazione epidittica (« come Uditori, ad attendere ») alla situazione dell'oratoria giudiziale (« come Giudici a sentenziare »).

In questi e in casi analoghi siamo di fronte a un gioco illusionistico, nel quale la situazione retorica reale viene fittiziamente sostituita da un'altra. Questo gioco ha un fondamento storico-istituzionale nella difficile collocazione dell'oratoria sacra nello schema tripartito dell'oratoria classica in giudiziale, deliberativa ed epidittica. Tra le due oratorie, sacra e profana, c'è una tensione secolare, che non è risolta dalla tendenza cinquecentesca a unificare i tre tipi di orazioni nell'oratoria epidittica, e a questa ridurre pure l'oratoria sacra.⁴² In particolare sono nei fatti irresolubili i problemi della fisionomia istituzionale dei parte-

---

[39] Predica XI, I, p. 183.
[40] Predica XVII, V, p. 300.
[41] Predica XV, IX, pp. 271, 273.
[42] Cfr. Lina Bolzoni, *Oratoria e prediche*, in AA.VV. *Letteratura italiana*, vol. III, *Le forme del testo*, tomo II, *La prosa*, Torino, Einaudi, 1984, pp. 1057 e sgg.

cipanti alla situazione della predicazione sacra, ove si vogliano seguire i parametri della retorica classica. I ruoli del Predicatore, degli Uditori, di Dio non sono determinabili con costanza a norma della retorica classica: gli Uditori sono giudici dell'oratore, nella condizione epidittica, ma anche suoi accusati; egli è loro accusatore, ma anche loro difensore davanti a Dio, e davanti a Dio si fa anch'egli accusato; Dio è giudice, ma anche oggetto della lode.

Questo statuto retoricamente ambiguo dell'oratoria sacra, congiunto con il classicismo gesuitico e con la passione retorica di Segneri, porta a stabilire all'interno della predica segneriana situazioni classicamente atteggiate sotto il profilo retorico, ma prodotte attraverso una dinamica illusionistica. Che è il rovescio barocco del classicismo di Segneri.

Nei casi richiamati, come anche in altri che non si possono qui ricordare, insieme con gli Uditori, cambia fisionomia il Predicatore. Ma occorre dire più generalmente che l'*ethos* del Predicatore appare proteiforme, capace di continui cambiamenti, eseguiti talvolta con ritmo incalzante. Esemplare il paragrafo finale della predica quattordicesima, nel quale in rapida successione, con passaggi repentini, egli da aspro inquisitore dei suoi uditori si trasforma in peccatore che si confessa ai piedi di Dio, in anima tremebonda al pensiero dell'inferno cui s'immagina destinata, in supplice della pietà divina, in esortatore degli ascoltatori alla penitenza, in predicatore esausto, in detestatore dei peccatori ostinati:

> Che mi rimarrà dunque a fare questa mattina, se non che versare due torrenti di lagrime inconsolabili su tante anime, le quali veggonsi innanzi l'inferno aperto, né però ritirano il piede, ma vanno audaci a lanciarsi tra le sue fiamme? Ah no, fermate infelici, fermate un poco, e prima di spiccare in quel baratro un sì gran salto, lasciate ch'io vi addimandi con le parole pur dell'istesso Isaia *Quis ex vobis poterit habitare cum ardoribus sempiternis? Quis ex vobis poterit habitare cum ardoribus sempiternis* [*Is.*, 33, 14]? Perdonami popol mio. Tu non ti hai questa volta a partir di qui, se non avrai sodisfatto prima al quesito ch'io ti propongo: *Quis ex vobis poterit habitare cum ardoribus sempiternis?* Che dici, o donna sì delicata in accarezzar le tue carni? *poteris habitare cum ardoribus sempiternis?* Tu non puoi ora sofferire una punta d'ago il qual t'insanguini leggiermente la pelle nel maneggiarlo. Che ti par dunque? Potrai tu resistere a quelle orrende mannaie, dalle quali dovrai sentirti smembrare, disossare, tritare con eterna carnificina? Che dici, o uomo sì diligente in procacciarti i tuoi comodi? *poteris*

habitare cum ardoribus sempiternis? Tu non puoi ora patire il puzzo di un povero, il qual ti offenda leggiermente le nari in avvicinartisi. Che ti par dunque? Potrai tu reggere a quelle fetide fogne, dalle quali dovrai sentirti appestare, soffogare, aggravare d'eterna ambascia? E tu che dici, o sacerdote sì trascurato in adempire i tuoi debiti? *poteris habitare cum ardoribus sempiternis*? Tu non puoi stare per lo spazio di un'ora a uficiare in quel coro della tua chiesa modestamente, senza vagare con gli occhi, senza scomporti ne' piedi, senza dar frattanto alla lingua ogni libertà ne' cicalamenti. Che ti par dunque? Potrai tu stare per tutti i secoli eterni, non dirò assiso sopra un bel seggio di noce, ma ben sì stretto sopra eculei di ferro, sopra letti di fuoco, a sentirti urlare i demonii intorno agli orecchi? Che dici ingordo? che dici linguacciuto? che dici libidinoso? che dici giovane sì sfrenato in cavarti ogni tuo capriccio? *Poteris habitare cum ardoribus sempiternis*? Ah *Quis ex vobis poterit, quis*? Quantunque, che sto a dire io degli altri sì lungamente? Perdonatemi. Di me, di me devo io dire, di me miserabile, religioso bensì non posso negarlo, perch'io n'ho l'abito, ma nel resto sì immortificato, sì impaziente, sì vano, e sì poco disposto a far quella vera penitenza ch'io dovrei per li miei peccati. S'io non so stare ora a piangerli qualche spazio di tempo divotamente ai piedi del mio Signore, e se tanto amo i miei proprii comodi, e se tanto curo ancor io la mia propria stima, come potrò dipoi stare, meschino me, a' piè di Lucifero per tutta un'eternità? giacché i piè di Lucifero sono il luogo destinato ai simili a me, cioè a coloro che avendo professato di rendere buoni gli altri, e però avendo ricevuto a questo fine da Dio tanti lumi, tante notizie, tanti favori, non hanno poi corrisposto con le opere alle parole. Ah pietà, Signore, pietà, che non è tra noi chi si prometta di poter mai patir tanto. Abbiamo peccato, lo conosciamo, lo confessiamo. *Peccavimus, impie egimus, inique gessimus in omnibus justitiis tuis* [*Bar.*, 2, 12]. E però né meno siamo arditi di chiedervi che lasciate di gastigarci. Gastigateci pure, che il meritiamo, gastigateci pure: *Redde retributionem superbis* [*Sal.*, 93, 2]; ma solamente siate contento per vostra immensa bontà di non ci sentenziare all'inferno. O inferno! o inferno! Questo solo è col suo nome bastevole a farci tutta colmar la mente di orrore, questo è quello, o mio Dio, che vi supplichiamo, non per li meriti nostri, ma per quei de' vostri sudori, ma per quelli del vostro sangue, di non incorrere. *Corripe nos Domine, verumtamen in judicio, et non in furore tuo* [*Ger.*, 10, 24]. Eccoci pronti in questa vita a pagare tutto quel più di supplizio che piace a voi! Qui affliggeteci, qui puniteci, qui batteteci: *Hic ure, hic seca, ut in aeternum parcas*. Mandateci povertà, *ut in aeternum parcas*; mandateci ignominie, *ut in aeternum parcas*; mandateci infirmità, *ut in aeternum parcas*; mandateci quanti mali volete al mondo, purché ci risparmiate gli eterni, *ut in aeternum parcas, ut in aeternum parcas*. E noi trattanto che faremo, o Cristiani, per meritare da questo Principe offeso sì rara grazia? Non accade stancarsi, vel dirò subito. Penitenza richiedesi, penitenza. Metter freno a' giuochi, por termine alle lascivie, deporre a piè di un legittimo sacerdote le nostre colpe, cancellarle con lagrime, compensarle con digiuni, redimerle con limosine: questo basta. V'è però chi mi nieghi di ciò eseguire, v'è chi ricusi, v'è chi ripugni? Su, non si faccia. Mi basterà di voltarmi al Cielo, e di dirgli d'aver io già sodisfatto alle parti mie. Che posso io più? A me non resta più sapere, onde muovervi maggiormente. Ho consumato ogni fiato, ho spesa ogni forza, e già mi sento tutto stillarmisi in gran sudore la vita. Se però qui rimane ancor peccatore, che qual frenetico sia risoluto perire; su, gli sia fatta la grazia, perisca pure: *Intereat in seculum seculi* [*Sal.*, 91, 8]; lasci cadersi sempre in più reprobo senso, come a lui piace, si lasci ridere, insolentire, imperversare, gioire fino alla morte: e se allor egli verrà per sorte a conoscere l'error fatto, non gli suffraghi. Gridi allora a te l'infelice, e tu Cielo adirato non gli rispondere; ti chiegga tempo, e tu duro non gliene dare; ti chiegga compassione, e tu sordo non gliene concedere. Hai tu forse bisogno per popolarti di andar perduto dietro a certe anime di te nulla curanti? Lasciale pure, lasciale andare in malora, com'esse meritano, che non sono degne di te: *In tempore furoris tui abutere eis* [*Ger.*, 18, 23]. E se pur tu hai voglia grande di spargere le tue grazie, mira più tosto con volto amico tanti altri de' miei divoti Uditori, che a te si volgono, e ti domandano perdonanza e pietà de' loro peccati. Fa che in essi cresca qual mare la contrizione, la qual comincia impetuosa a sgorgare già da' lor occhi, esaudisci i lor prieghi, accetta le loro suppliche. E così fa con altro esempio palese che veramente tu hai riposto nelle mani degli uomini e l'acqua e 'l fuoco: *Apposui tibi aquam et ignem* [*Eccli.*, 15, 17]. Che resta dunque se non che ognuno si appigli a ciò ch'egli vuole? *Ad quod volueris porriges dexteram*. O pianger per breve tempo coi Penitenti: ecco l'acqua. O arder per tutti i secoli coi Dannati: ecco il fuoco.[43]

---

[43] Predica XIV, X, pp. 252-53. Noto incidentalmente che anche in questo brano, come in tanti altri del *Quaresimale*, avviene quell'attualizzazione dialogica del testo biblico in funzione dell'uditorio che ho sopra segnalato. Così *corripe nos* corrisponde al biblico *corripe me*; *intereat* al biblico *intereant*; *apposui* al biblico *adposuit*. Il mutamento della seconda parte di *Eccli.* 15, 17, « adposuit tibi aquam et ignem, ad quod voles porrige manum tuam », in « Ad quod volueris porriges dexteram » è probabilmente prodotto da interferenza mnemonica di un altro luogo biblico, *Gb.* 14, 15:

Virtuosistico pezzo teatrale, che richiede per l'esecuzione grande capacità nell'*actio*. Ma che nell'insieme del *Quaresimale* non è più che un episodio minimo dell'esibizione drammatica del carattere del Predicatore come di un carattere dalle inesauribili risorse di metamorfosi. Un carattere dotato di un dinamismo metamorfico e teatrale che possiede una indiscutibile carica barocca. La quale va tuttavia circoscritta entro i termini che le si addicono.

Daniello Bartoli, deplorando, nel capo V della Parte Prima dell'*Eternità Consigliera* (1653), « i pulpiti fatti scene, le chiese teatri, e la predicazione commedia »,[44] ripeteva in forma concisa una diffusa constatazione o lamentela. E offre a noi un troppo generico riferimento per situare la posizione di Segneri, in merito soprattutto al carattere del Predicatore.

Assai più pertinenti indicazioni vengono dal paragrafo IX del sermone della Sessagesima del 1655, recitato sul tema *Semen est verbum Dei* da Antonio Vieira nella Cappella Reale di Lisbona. Il sermone ha per oggetto l'arte del predicare, e per l'argomento e per il valore programmatico fu da Vieira, quando col primo volume dette l'avvio alla raccolta dei suoi *Sermões*, messo in posizione iniziale, come prologo degli altri (« em primeiro lugar, como prólogo dos demais »).[45]

Nel paragrafo IX del sermone è affrontato il problema della teatralizzazione della predicazione. Vieira incomincia dicendo che le commedie sono passate dai teatri ai pulpiti: vi sono uditori che vengono alla predica come alla commedia; e vi sono predicatori che vengono al pulpito come commedianti. Ma poi si corregge: è poco dire le prediche commedie, perché molte di esse sono farse. A volte sale sul pulpito un predicatore vestito in abito di mortificazione e di penitenza, il momento è

« vocabis et ego respondebo tibi, operi manuum tuarum porriges dexteram ».

[44] Daniello Bartoli, *Opere*, Venezia, Niccolò Pezzana, 1716, 3 tomi, tomo II, p. 214.

[45] Il sermone ebbe un'autonoma edizione in italiano nel 1668: *Maravigliosa predica per fare veri predicatori del P. Antonio Vieira* [per errore: VVIEIRA] *della Compagnia di Giesù. Sopra le parole di S. Luca a gl'otto* Semen est verbum Dei. *D'onde avvenghi che predicandosi tanto, e da tanti nel tempo di Quaresima, si vede così poco frutto*, in Napoli, per Luc'Antonio di Fusco, 1668; fu poi compreso nel I vol. (1683) delle *Prediche* di Vieira tradotte da Adami sopra citato.

grave, c'è aria di compunzione, silenzio e attesa: si aspetta, in quel luogo, con quell'abito, che egli sia tromba del Cielo, che dica parole che siano raggi per i cuori, che, come un Elia, con la voce, con il gesto, con le azioni, riduca in polvere e in cenere i vizi. E invece ecco uscir di bocca a quell'uomo, in quell'abito, una voce tutta affettata e galante, che leggiadramente prende a dare in sottigliezze e vanità, a lusingare precipizi, a liquefare cristalli, a tramortire gelsomini, a infiorettare primavere, e altre mille indegnità come queste. Il discorso di Vieira, qui giunto, prosegue testualmente: «Non è questo farsa più degna di riso, se non fosse tanto da piangere? Nella commedia il re veste come re, e parla come re; il lacchè veste come lacchè, e parla come lacchè; il villano veste come villano, e parla come villano; ma un predicatore, vestire come religioso, e parlare come... non voglio dirlo per riverenza al luogo. Dal momento che il pulpito è teatro, e la predica commedia, almeno non interpreteremo bene il personaggio? Non si addiranno le parole al vestito e all'ufficio? ».[46]

L'obbiezione di Vieira si svolge secondo due linee diverse. Una linea religiosa: il predicatore che si comporta come quello descritto tradisce la sua missione, è moralmente indecoroso. Una linea di teoria retorica e di poetica teatrale: quel predicatore non osserva il *decorum* retorico-teatrale, parla un linguaggio che non si conviene all'abito, all'ufficio del carattere che impersona. La soluzione non viene indicata nel rifiuto della teatralità; ma nell'esigenza di far bene il personaggio. Un bene che è insieme morale e retorico-teatrale.

Nei termini di questa soluzione collocherei l'*ethos* del Predicatore come Segneri lo disegna e lo fa vivere nel *Quaresimale*. Un *ethos* che ha sì inesauribili risorse di metamorfosi, ma entro un ambito non illimitato: un ambito che esclude il farsesco, il buffonesco, il volgare, il ridicolo, tutto ciò che può ledere la dignità dell'oratore sacro. Per il quale Segneri pretendeva da parte degli uditori non solo «attenzione», ma anche «riverenza», dovendosi riconoscere nel suo ministero Iddio e

---

[46] «Não è isto farsa mais digna de riso, senão fora tanto para chorar? Na comédia o rei veste como rei, e fala como rei: o lacaio veste como lacaio, e fala como lacaio: o rústico veste como rústico, e fala como rústico: mas um pregador, vestir como religioso, e falar como: não quero dizer por reverencia do lugar. Já que o púlpito é teatro, e o sermão comédia, se quer, não faremos bem a figura? Não dirão as palavras com o vestido e com o officío? » (*Sermoens*, cit., coll. 76-77).

nella sua voce l'autorità del Giudice.[47]

Le osservazioni fatte da ultimo credo che possano giovare a intendere il senso e la portata della riforma segneriana dell'oratoria sacra. Se da un punto di vista letterario una formula come quella di « classicismo barocco » può essere sufficientemente approssimata, non deve essere dimenticata, nel caso specifico, la motivazione etico-religiosa di quel « classicismo barocco ».

DAVIDE CONRIERI
Scuola Normale Superiore di Pisa

---

[47] Paolo Segneri, *Il Cristiano istruito*, Ragionamento primo, *Sopra la necessità di udire la Parola di Dio*, capo XXI, in *Opere*, cit., vol. III, p. 8.

XIII

LA RETORICA E LA GRAZIA: PREDICAZIONE E PERSUASIONE IN PAOLO SEGNERI

Nella premessa al lettore posta in apertura del *Quaresimale*, il Segneri dichiara di non aver, nel comporre le prediche raccolte nel volume, « potuto metter piede in quella selva vastissima dalla qual tanti predicatori si sogliono giornalmente fornir di assunti o speculativi o scolastici, ben intendendo essi a pruova che tali assunti, mercé la pompa di quelle alte dottrine con cui si spiegano, sono forse i più validi ad eccitare nel popolo men perito la maraviglia ».[1] Con questa decisa affermazione preliminare l'autore pare prendere programmaticamente le distanze dagli eccessi retorici e linguistici caratteristici di parte dell'oratoria sacra contemporanea, evocando immediatamente il pericolo che quella « maraviglia », la cui ricerca esasperata può apparire come il frutto di un non innocente connubio con la coeva letteratura profana, possa finire per sovrapporsi alla fedele esposizione dell'autentico dettato delle Scritture, facendosi essa stessa, in un'inaccettabile commistione tra parola umana e parola divina (e, anzi, nel prevalere della prima sulla seconda), scopo primario della predicazione, nell'ambizione di accattivarsi i favori e le simpatie di quel « popolo men perito » di cui il Bartoli già aveva scritto che « forma i predicatori quali egli vuole che siano »[2] e frequenta le chiese attirato unicamente dalla « curiosità avida di vaghezze, di bella e ornata dicitura, di novità, di bizzarrie ingegnose, di satire, di sottigliezze academiche, di buffonerie ».[3] Il Segneri ribadisce invece il carattere eminentemente pratico dell'eloquenza sacra, il suo essere indirizzata unicamente verso un *docere* per tendere al quale non fa bisogno di ri-

---

[1] Paolo Segneri, *Quaresimale*, Firenze, Sabatini, 1679, c. 7, n.n.
[2] Daniello Bartoli, *Dell'eternità consigliera*, parte I, Torino, Marietti, 1835, p. 53.
[3] *Ibidem*, p. 51.

correre ad un apparato di ornamenti retorici che avrebbero il risultato non solo di distogliere l'animo del fedele da quello che dev'essere il suo unico e autentico obiettivo, ma anche quello di confondere totalmente quest'ultimo, di velarlo dietro una fumosa cortina di parole, che riempiono (per poi essere subito dimenticate) le orecchie, lasciando freddi i cuori, sino a renderlo del tutto indiscernibile. Ecco allora l'annuncio della decisione di discostarsi dal costume ormai invalso di inserire nelle prediche, a puro scopo di abbellimento, citazioni dirette di autori classici, facendo ricorso unicamente a fonti bibliche e patristiche, e di attenersi il più fedelmente possibile al senso letterale delle Scritture, considerato il più vicino alla loro autentica essenza, rinunciando a tutte le ingegnose interpretazioni, sottili talora sino al limite della capziosità, « curiose sì, ma sregolate o stravolte, che di là passano a trionfar poi su' pergami, con applauso sensibilissimo benché ingiusto »,[4] a tutte le argomentazioni che, « a mirar bene, sono più vivaci che sode e più vaghe che sossistenti »,[5] facendosi in ciò simile a Cristo (a cui il predicatore viene spesso assimilato), « il quale mai non curò di tirare i popoli al Cielo per altra strada che per la regia di ragioni veraci ».[6]

L'ideale stilistico e insieme fortemente etico di una prosa sacra nella quale la parola dell'uomo si faccia a tal punto tersa e trasparente, sin quasi ad annullarsi, da lasciar splendere in tutto il suo fulgore e la sua pienezza la luce abbagliante del verbo divino trova però una remora insuperabile proprio nel gusto e nella sensibilità del popolo, il quale ben poco apprezza l'aspetto severo e disadorno con il quale viene presentata una verità di per sé difficile da accettare e quasi scandalosa, « ripugnante al senso »,[7] come il Segneri scrive nel *Cristiano instruito nella sua legge*, una verità che trova il suo fondamento e il suo significato più profondo nella radicale negazione dei valori e dei piaceri mondani e che promette, a chi vorrà raggiungere la salvezza, una dura milizia, fatta di rinunce e sofferenze, sotto le insegne di Cristo, poiché « la virtù de' cristiani è una virtù di croce, di contradizione e di violenza usata agli appetiti ribelli », così che « il regno de' cieli non si darà se non a chi

---

[4] Paolo Segneri, *Quaresimale*, cit., c. 8, n.n.
[5] *Ibidem*, c. 9, n.n.
[6] *Ibidem*.
[7] Paolo Segneri, *Il cristiano instruito nella sua legge*, parte III, Firenze, Stamperia di S.A.S., 1686, p. 479.

l'ottiene a forza e l'espugna con l'arme in mano ».⁸ La predicazione è dunque lo strumento privilegiato che dovrà servire a spingere il credente ad intraprendere questa ardua conquista, è la spada (l'immagine, di origine biblica,⁹ è del Segneri stesso) che dovrà essere tanto acuminata da poter penetrare nel cuore per infondere in esso la parola di salvezza e di redenzione. Tale opera da parte del sacerdote sarebbe però totalmente inutile se lo strumento di cui egli si serve non fosse adeguato alle esigenze di coloro ai quali è destinato, per cui la necessità di presentare la parola divina nella sua pura essenza non può non venire a patti, pur cedendo il meno possibile al suo rigore, con le regole della retorica e dell'*ornatus*, sulle quali, intese come armi di persuasione e quindi di controllo sociale, tanto insisteva la dottrina gesuitica.¹⁰ La dichiarazione stessa, contenuta nella premessa al *Quaresimale*, circa l'assenza di citazioni da fonti classiche, del resto, non poteva che suonare solo in parte veritiera, in quanto è sin troppo noto come il patrimonio letterario dell'antichità fosse utilizzato dai Gesuiti per lo più non in modo diretto, ma come deposito e repertorio di luoghi retorici e quindi con una funzione eminentemente tecnica, in conformità con quelle che erano state le indicazioni fornite, ad esempio, nella *Bibliotheca selecta* del Possevino circa l'uso dei testi classici e le precauzioni da adottare nella loro lettura, o con la generale impostazione metodologica dei manuali di retorica più diffusi nei collegi gesuitici,¹¹ così come, d'altra parte, la memoria di temi ed episodi appartenenti al patrimonio cultu-

---

⁸ *Ibidem*.

⁹ L'immagine della predicazione come spada ricorre in vari passi della Bibbia, e in particolare nelle lettere paoline; nel caso specifico, Segneri potrebbe aver pensato a *Ebr.* 4, 12: « Vivus est enim Dei sermo et efficax et penetrabilior omni gladio ancipiti ».

¹⁰ Su tale argomento cfr. Gian Mario Anselmi, *Per un'archeologia della « Ratio »: dalla « pedagogia » al « governo »*, in *La « Ratio studiorum ». Modelli culturali e pratiche educative dei Gesuiti in Italia tra Cinque e Seicento*, a cura di Gian Paolo Brizzi, Roma, Bulzoni, 1981, pp. 11-42.

¹¹ Sulla *Bibliotheca selecta* del Possevino e sui manuali di retorica in uso nei collegi gesuitici cfr. rispettivamente Albano Biondi, *La « Bibliotheca selecta » di Antonio Possevino. Un progetto di egemonia culturale*, e Andrea Battistini, *I manuali di retorica dei Gesuiti*, entrambi in *La « Ratio studiorum ». Modelli culturali e pratiche educative dei Gesuiti in Italia tra Cinque e Seicento*, cit., pp. 43-75 e 77-120.

rale e letterario della classicità è spesso ben presente, seppur occultata, nelle pagine dell'opera. Il Segneri, dunque, nella premessa al *Quaresimale*, si trova costretto a mediare tra le opposte esigenze della fedeltà assoluta alla parola di Dio e del ricorso all'artificio da parte della parola umana per far sì che un discorso troppo severo e disadorno non generi noia e fastidio negli uditori, risultando totalmente inefficace e provocando un effetto altrettanto controproducente che uno sfoggio di eloquenza ridondante. Ha quindi dovuto, come ammette egli stesso, dedicare particolari cure all'« elocuzione », distinguendo tra la lodevole e irrinunciabile semplicità e linearità stilistica e linguistica e la biasimevole trascuratezza e imperizia, « perché l'esperienza c'insegna che il parlar nitido a nessuno antico oratore scemò credenza, là dove l'imperito e l'inculto continuamente ingenera vilipendio ».[12] In questa sua cura per la forma dell'espressione, per la ricerca di un sobrio decoro che escluda ogni eccessiva ricercatezza e affettazione nella scelta dei vocaboli, l'autore si è sforzato di mantenersi « dentro i limiti di quella facilità sì difficultosa che rende il dire quasi simile ad un cammino, fiorito no, ma bensì agiato ed andante »,[13] dove l'uso della figura retorica dell'ossimoro diviene la cifra più evidente del difficile tentativo di conciliazione compiuto. La predica dovrà perciò risultare compatta da un punto di vista stilistico, unitaria e serrata nella struttura, in modo tale che tutte le sue parti concorrano funzionalmente al raggiungimento di quel « solido giovamento » che essa si pone per scopo, senza inutili e fuorvianti digressioni che indulgano al « diletto vano »,[14] ordinata secondo un *climax* che renda lo sviluppo delle argomentazioni sempre più serrato e stringente:

> Vero è che sempre si dee tal causa andar dipoi promovendo di mano in mano con argomenti più forti, or accrescendo le ragioni a favore, or abbattendo le opposizioni che sono facili a sovvenire in contrario, affinché in ultimo, con un perpetuo guadagno, i discorsi riescano come il torcolo, che quanto più cammina, tanto più strigne.[15]

La costante presenza di similitudini, come quella del « torcolo », che punteggiano il discorso del Segneri finisce dunque per evidenziare co-

---

[12] Paolo Segneri, *Quaresimale*, cit., c. 10, n.n.
[13] *Ibidem*.
[14] *Ibidem*, c. 11, n.n.
[15] *Ibidem*.

me anche la più seria e risentita delle denunce contro la debordante invadenza della retorica e le degenerazioni, in particolare nel campo dell'oratoria sacra, dello stile concettoso, se intende raggiungere con successo il proprio bersaglio, debba inevitabilmente finire per servirsi della forza delle immagini e, quindi, venire a sua volta retoricamente concepita ed espressa. È dunque necessario che il religioso si faccia simile a quel « perfetto predicatore » che è Cristo anche nelle doti (che l'autore desume nel commentare un passo giovanneo) che egli deve possedere, tra cui quella del « dilettare », sia pur finalizzata al « muovere » e all'« insegnare »:

> Tre sono le doti richieste in un predicatore perch'egli sia non solo buono, ma ottimo: insegnare, muovere e dilettare. E queste tre sono quelle che di sé Cristo tacitamente qui insinua, mentr'egli dice: « *Ego sum via, veritas et vita* », perché come via insegna, come verità muove, come vita diletta.[16]

Un discorso analogo viene svolto dal Segneri, e ancora a maggior ragione, nei due capitoli dedicati alla predicazione di quella sorta di trattato didattico sulla missione sacerdotale che è *Il parroco istruito*. I parroci ai quali il Segneri si rivolge sono per lo più quelli che si trovano in rapporto diretto con le masse misere e ignoranti delle campagne, ben conosciute — grazie all'esperienza delle missioni rurali, di cui le opere segneriane recano spesso traccia — dall'autore, che sa perfettamente, dunque, quali siano i mezzi più idonei per influire su di esse e determinarne l'orientamento morale. L'attenzione del Segneri si appunta decisamente sulla *dispositio* e sull'*elocutio*, rimandando, per quanto riguarda la scelta dei temi, che dovranno comunque essere o di ordine speculativo o di ordine pratico, ai « più laudevoli catechismi ».[17] Per ciò che concerne le materie speculative, il parroco non potrà esporle nella loro nudità concettuale, a pena di non venire capito e di vedere quindi vanificata la propria fatica, ma dovrà ricorrere a esempi e similitudini (con una funzione non dissimile da quella delle parabole evangeliche) che siano in grado di suggestionare la fantasia dell'uditorio in modo tale che anche concetti astratti di altrimenti difficile comprensione possano

---

[16] Paolo Segneri, *La manna dell'anima*, in *Opere*, tomo I, Venezia, Baglioni, 1773, p. 147.
[17] Paolo Segneri, *Il parroco istruito*, Firenze, Stamperia di S.A.S., 1692, p. 106.

imprimersi nella mente dei fedeli:

> Ho da avvertirvi che nell'esporre certe verità, utili ma sottili, non le portiate in astratto, perché il volerle insegnar così è un voler pascere la respirazione di un aere così puro, così purgato che l'alito non vi regga. Pertanto, siccome nel valicare montagne altissime fa di mestieri per vivervi addensar l'aria con frequenti spugne bagnate, così con gli esempi, con le espressioni e con le simiglianze più popolari fa d'uopo che voi rendiate sensibili le istruzioni di tali cose intellettuali, che sempre al vostro popolo sarann' ardue e pure è necessarissimo che le sappia.[18]

Ancora una volta risulta evidente l'estremo pragmatismo del Segneri, che, comprendendo lucidamente la basilare funzione comunicativa svolta dalla predicazione, aliena da ogni gratuito sfoggio retorico, intuisce l'assoluta necessità di stabilire un rapporto dialettico con i propri destinatari, che si definisca di volta in volta, a seconda del variare dell'uditorio, con modalità diverse e specifiche. L'*ornatus* che qui si propone è puramente funzionale all'intento parenetico dell'orazione, non ha alcun fine esornativo né intende, attraverso l'uso di complessi artifici e figure, scatenare l'applauso che certifichi la bravura del predicatore. Le sue caratteristiche, al contrario, lo pongono sul livello di un'eloquenza umile, modesta, elementare, che intende adeguare il tono del discorso alla natura e alle necessità di chi lo ascolta, perseguendone la massima semplificazione mediante l'uso delle «espressioni» e delle «simiglianze più popolari», un'eloquenza che, nella sua semplicità, ricalca quella di cui, parallelamente, si serve il Segneri stesso nel proprio trattato, volta anch'essa unicamente a facilitare il raggiungimento dello scopo che l'opera si prefigge, quello di istruire parroci, sovente dalla modesta preparazione culturale, ai quali, anche a costo di disgustare qualche uditore dal palato eccessivamente fine, «non si richiede un dire oratorio (più tosto disconverrebbe); si richiede un dire facile e familiare, qual è quel di padre a' figliuoli, né si richieggiono parole scelte, ma vive, quali son quelle che pone su la lingua un amor cordiale, di cui è proprio rendere anche facondo uno scilinguato».[19]

È forse opportuno però, a questo punto, osservare come il modello retorico, apparentemente elementare, che il Segneri propone sia comunque pur sempre esemplato sulla cultura «alta» dei Gesuiti, anche

---
[18] *Ibidem.*
[19] *Ibidem*, p. 97.

nel momento in cui si prospetta di esso un abbassamento di livello dettato da esigenze specifiche e contingenti, come nel caso della raccolta delle massime popolari che viene suggerita al sacerdote, sorta di equivalente dell'operazione compiuta, su un piano intellettualmente assai più elevato, dall'oratoria gesuitica con lo sfruttamento della letteratura classica come deposito di *topoi* retorici:

> Quando però ne' libri buoni incontrate di tali similitudini popolari, notatele a vostro pro, sì per averle pronte al bisogno e sì per abilitare la vostra mente a produrne di altre conformi ad esse.[20]

Se da un lato, dunque, il parroco sarà tenuto ad eliminare ogni eccessiva difficoltà di ordine concettuale, dall'altro, in particolare per quanto concerne la predicazione delle materie che più direttamente riguardano l'edificazione morale dei fedeli e tendono, quindi, ad avere influenza sulla loro vita quotidiana e i loro comportamenti, per dare la massima efficacia alla propria orazione dovrà, pur senza fare riferimenti troppo specifici a qualche singola persona, scendere dall'universale al particolare, ai dettagli che maggiormente possano toccare quello specifico uditorio al quale si sta rivolgendo, alle conseguenze concrete che ciascuno potrà applicare, in tal modo, al proprio singolo caso, così da giungere quasi — ciò a cui il Segneri annette una fondamentale importanza — a esercitare un vero e proprio controllo individuale sulle coscienze dei parrocchiani. Ed è per questo che il Segneri deplora l'abitudine di taluni parroci di invitare nei propri villaggi, nel periodo della quaresima, predicatori di professione, poiché essi, non conoscendo i fedeli, corrono il rischio, parlando in termini eccessivamente astratti e generali, di non essere compresi e, quindi, di fallire proprio in tale essenziale opera di controllo, mancando così il raggiungimento di quello che doveva essere il loro scopo primario.

Bisogna inoltre porre una particolare attenzione ad ogni accorgimento diretto a far sì che l'uditorio, già di per sé non certo particolarmente propenso all'attenzione e al raccoglimento (e del cui comportamento durante l'omelia il Segneri fornisce una realistica descrizione, invitando il parroco a non adirarsi e a non inveire contro « chi attende poco, chi discorre, chi dorme, chi fa romore »),[21] non si annoi eccessi-

---

[20] *Ibidem*, pp. 108-09.
[21] *Ibidem*, p. 88.

vamente, avendo perciò cura di eliminare dalle prediche tutte quelle materie che potrebbero tediare o infastidire oltre misura gli ascoltatori, e badare che esse non risultino eccessivamente lunghe, per evitare che l'attenzione finisca per rivolgersi altrove. Non per questo, però, il predicatore dovrà astenersi dal ripetere frequentemente e con « santa importunità »[22] i dogmi e le verità basilari della fede, affinché possano imprimersi più profondamente nella memoria, né, per quanto ciò possa risultare sgradevole e fastidioso, dal minacciare i fedeli, per il bene della loro salute spirituale, di castighi oltremondani e dal riprenderli aspramente per i loro peccati.

Il religioso deve dunque compiere ogni sforzo per assolvere nel modo migliore quella che è la parte essenziale della propria missione, comunicare agli altri la parola di Dio, e adempiere in tal modo a quel precetto « e positivo, e naturale, e divino »[23] che è la predicazione, l'importanza fondamentale della quale è uno degli argomenti sui quali il Segneri più frequentemente ritorna nelle sue opere (e non a caso ad esso dedica i primi due ragionamenti del *Cristiano instruito*). Dio, se volesse, avrebbe il potere di parlare direttamente all'animo di ciascun uomo, senza servirsi d'alcun intermediario e svelando il proprio verbo nella sua più immediata e abbagliante evidenza, nella sua assoluta e icastica purezza, ma ha invece deciso di affidare tale compito ai sacerdoti, che dovranno operare perciò una mediazione retorica tra le due lingue, quella di Dio e quella degli uomini, travestendo la prima di concetti tali che possano restituirla in tutta la sua pienezza. La Chiesa, in tal modo, perfeziona e fortifica l'anima umana, dissipando le tenebre dell'ignoranza che gravano su di essa, destinata altrimenti a cadere irrimediabilmente preda dei vizi e delle tentazioni, poiché « il vizio entra nell'anima per tante porte quanti sono i sensi, ma la virtù non v'entra se non per una porta sola, cioè per l'udito: e però, dove non si truovi chi parli bene, non si troverà né meno chi viva bene ».[24]

Il Segneri istituisce qui un rapporto di stretta dipendenza tra persuasione e comportamento, che rivela, oltre all'assoluta necessità di un controllo morale e sociale da parte delle autorità ecclesiastiche sulla comunità, una concezione profondamente pessimistica della natura del

---

[22] *Ibidem*, p. 116.
[23] *Ibidem*, p. 93.
[24] Paolo Segneri, *Il cristiano instruito nella sua legge*, parte II, cit., p. 25.

popolo che, schiavo dei propri sensi e delle proprie cieche e incontrollabili passioni, è totalmente incapace — di per se stesso — di discernimento e potrà quindi volgersi alla virtù non per qualità proprie, ma solamente perché indirizzatovi dalla predicazione (anche se, nel *Parroco istruito*, viene operata una distinzione tra le masse rurali e gli abitanti della città, i quali meno hanno bisogno di ascoltare la voce dei sacerdoti, poiché « non sogliono essere sì ignoranti di ciò che si appartiene al vivere cristiano, e più anche al credere »).[25] L'oratore sacro, pertanto, avrà la pesantissima responsabilità di trattare « le materie maggiori che sieno al mondo »,[26] e dovrà avvertire come un preciso dovere morale la ricerca, nelle sue omelie, del difficile equilibrio tra parola umana e parola divina, quella ricerca che ha contribuito ad attirare al Segneri, e in particolare al Segneri del *Quaresimale*, l'accusa (condivisa, tra gli altri, anche dal Croce) di tendere non verso un rinnovamento della prosa, ma alla sterile restaurazione di un classicismo cinquecentesco ormai tramontato e privo di vitalità.[27] Accusa perlomeno riduttiva, in quanto la preoccupazione del Segneri, in realtà, va ben oltre il mero aspetto stilistico, radicandosi in un più profondo sostrato ermeneutico, e nasce dal timore che la verità e la semplicità del dettato sacro possano smarrirsi irreparabilmente nei meandri della parola fatta figura retorica, una retorica realmente avvertita nella sua necessità come « frutto del peccato d'Adamo »,[28] timore che era già stato manifestato piuttosto esplicitamente anni prima, a proposito della poesia, dal Bartoli nell'*Uomo di lettere difeso ed emendato*, quando aveva constatato come, nell'irrefrenabile moltiplicarsi delle metafore e dei traslati, il valore originario della parola finisse inevitabilmente per smarrirsi in una foresta di sovrasensi, in una caleidoscopica rifrazione semantica che lo dissolveva in

---

[25] Paolo Segneri, *Il Parroco istruito*, cit., pp. 99-100.
[26] Paolo Segneri, *Quaresimale*, cit., c. 10, n.n.
[27] Il Croce, nella *Storia dell'età barocca in Italia*, Bari, Laterza, 1929, imputa al Segneri di aver in realtà attuato nel campo dell'oratoria sacra una « restaurazione di superficie, simile a quella onde alla prosa barocca si sostituiva la prosa di tradizione cinquecentesca » (p. 438). Di Benedetto Croce cfr. anche *I predicatori italiani del Seicento e il gusto spagnuolo*, in *Saggi sulla letteratura italiana del Seicento*, Bari, Laterza, 1948³, pp. 155-81.
[28] Andrea Battistini e Ezio Raimondi, *Le figure della retorica*, Torino, Einaudi, 1990, p. 175.

una miriade di svariate ed eterogenee significazioni.[29]

Il pericolo che si profilava all'orizzonte dell'oratoria sacra era quindi tanto più grave, dal momento che non più di «favole» e fantasie umane si trattava, ma della parola stessa di Dio, e che non più lo svago e la ricreazione erano in gioco, ma la salvezza spirituale, ed era implicitamente reso ancora maggiore dal fatto che ai rischi di natura strettamente morale e religiosa si accompagnavano quelli di una riduzione del potere di controllo sulle masse popolari e sui loro orientamenti, che la diminuita efficacia della predicazione inevitabilmente comportava. Ecco allora il senso profondo delle critiche rivolte agli altri predicatori e l'insistenza sull'esegesi letterale della Scrittura, non dettate da facile moralismo o da aridità e freddezza intellettuale, ma dalla lucida constatazione che ormai la parola stava finendo per prevaricare sul contenuto, il significante sul significato, il mezzo sul fine.[30]

Certo il Segneri espresse sempre le sue critiche con prudenza e moderazione, come è dimostrato dal secondo ragionamento della prima parte del *Cristiano instruito*, *Donde avvenga che non si cavi gran frutto della Parola di Dio*, dedicato perlopiù a riprendere severamente l'atteggiamento distratto o indifferente degli uditori e la loro scarsa disponibilità a cogliere e fare proprio l'insegnamento morale impartito dalla predicazione, ma che non nasconde, nell'introdurre l'argomento, le gravi colpe che per tale situazione ricadono sugli oratori:

> Io non nego che buona parte del poco frutto delle prediche possa talora provenire perché la parola divina non è più parola divina, ma umana, tanto è corrotta; e però, siccome l'acque minerali, per altro sì salutevoli, se si mescolano nel decorso coll'acque comuni non son più quelle, così la parola di Dio mescolata o, dirò meglio, profanata da un linguaggio

---

[29] Su questo punto cfr. almeno le osservazioni formulate in Ezio Raimondi, *Polemica intorno alla prosa barocca*, in *Letteratura barocca. Studi sul Seicento italiano*, Firenze, Olschki, 1961, pp. 175-248.

[30] Non va dimenticato, a questo proposito, che la polemica segneriana si rivolge, oltre che contro la moda del concettismo, anche contro quegli esperimenti di «illusionismo sintattico» prediletti da un certo numero di predicatori, che giungono a stravolgere la struttura grammaticale tradizionale del discorso, analizzati da Giovanni Pozzi, sulla base del *Quaresimale* dell'Orchi, in *Saggio sullo stile dell'oratoria sacra nel Seicento esemplificata sul padre Emmanuele Orchi*, Roma, Institutum Historicum ord. fr. min. cap., 1954.

tutto di terra, non è maraviglia se non fa quelle cure ch'ella è solita fare da chi la bee pura pura nella sua fonte. *Qui habet sermonem meum*, dice Dio, *narret sermonem meum vere*. Chi predica la mia parola, la predichi come mia, non come sua, spiegando le Scritture nel loro vero senso e non stiracchiandole con interpretazioni alterate.[31]

La limitazione di responsabilità implicita nell'« io non nego che » iniziale non attenua minimamente la severità del giudizio su coloro che, per amore del successo personale, non esitano ad imbrattare la parola divina col fango di quella umana, mistificandola, rendendola inintelligibile e vanificandone ogni effetto. Addirittura, prosegue il Segneri, questo pervertimento dell'oratoria sacra è stato « un'arte grandissima del demonio, affinché la semenza vitale della predicazione non pulluli più ne' cuori », quel demonio che « procura di togliere alla predicazione quel principio di verità dove risiede tutta la forza, affinché non germogli e non dia mai frutto ».[32]

La voce del Segneri non era certo la sola a far risuonare parole di condanna contro la diffusione di tale costume, e i timori che egli esprimeva erano condivisi da tutti quei religiosi che vedevano in esso la causa principale della decadenza della predicazione. Il Bartoli, ad esempio, nell'*Eternità consigliera*, lamentava di come si vedessero ormai « i pulpiti fatti scene, le chiese teatri e la predicazione commedia »,[33] mentre un altro Gesuita come il Casalicchio abbandona anche quel minimo di prudenza che nel *Cristiano instruito* era stato usato. Nonostante la distanza che lo separa dalle rigorose premesse intellettuali del Segneri, data la propensione, che appare sin dal titolo della sua opera, *L'utile col dolce*, ad un tipo ammaestramento morale non disgiunto dal motto arguto di ascendenza novellistica, dalla facezia, dall'ironia, e che anzi proprio attraverso tali mezzi potesse essere più facilmente impartito, fino a ridursi e a richiamarsi talvolta alla semplice dimensione del buon senso quotidiano (tutto ciò che appunto il Segneri, nel nome della di-

---

[31] Paolo Segneri, *Il cristiano instruito nella sua legge*, parte I, cit., p. 14. La citazione che compare in questo passo è tratta da *Ger.* 23, 28, che recita letteralmente: « Propheta qui habet somnium narret somnium et qui habet sermonem meum loquatur sermonem meum vere »; con tutta probabilità, il *narret* della prima parte del versetto originale è stato usato dal Segneri al posto di *loquatur* per un semplice automatismo mnemonico.
[32] *Ibidem*.
[33] Daniello Bartoli, *Dell'eternità consigliera*, parte I, cit., p. 53.

gnità e della gravità con cui dovevano essere trattate le materie di carattere sacro, esplicitamente respingeva), è infatti estremamente preciso e diretto:

> Chi non sa che il mondo è perduto per mancamento de' ministri della parola di Dio, i quali in luogo di *frangere panem parvulis*, lor danno a mangiare paglia di certe parole affettate, di concetti i quali, perché sono sconnessi in ordine al fine che si pretende di convertir l'anime a Dio, forse si chiamano spezzati, di descrizioni tutte intente a descrivere *exercite* la lor bella memoria et insieme il lor poco giudizio, e *signate*, *verbi gratia*, la coda del cavallo, la nascente aurora, il pavone e simili, empiendo l'orecchio di chi sente di parole poco utili e lasciando il cuore digiuno del santo verbo di Dio.[34]

Sono parole, queste, non dissimili da quelle usate dal Segneri (analogia rimarcata dalla ricorrenza dell'espressione biblica del *frangere panem parvulis*, desunto da *Lam.* 4, 4, che già compare, citata letteralmente, nella premessa al *Cristiano instruito*),[35] che individuano lucidamente il male che mina l'eloquenza sacra contemporanea nel passivo e colpevole accoglimento di tutte quelle immagini e quei *topoi* (come il pavone e la nascente aurora) tanto cari al concettismo e così diffusi nella letteratura e nella poesia contemporanee.[36] La parola divina è ormai ricoperta,

---

[34] Carlo Casalicchio, *L'utile col dolce*, Venezia, Baglioni, 1723, p. 13.

[35] Cfr. Paolo Segneri, *Il cristiano instruito nella sua legge*, parte I, cit., c. 8, n.n.: « Doppio potrà dunque essere l'uso di queste carte, se nulla vagliono. L'uno sarà quando il sacerdote, leggendole da sé prima con attenzione, non si sdegnerà di riempirsi la memoria e la mente di quelle verità che gli somministri il ragionamento a lui grato per poterle poi, quale spugna ben inzuppata, versar con lieve fatica sull'uditorio. E questo primo uso sarà il migliore. L'altro, non affatto disutile, sarà pure quando egli dall'altare legga alcun punto del ragionamento suddetto e lo dilati e lo dichiari e lo renda sempre più intelligibile ai men capaci. Il legger solo dall'altare il discorso, senza spiegarlo, sarebbe dare il pane a quei miserelli, ma darlo intero, con inasprire però sugli occhi le lagrime a chi si lagna che i figliuoletti nelle chiese oggigiorno, se pure han pane, non hanno chi lo sminuzzi. *Parvuli petierunt panem, et non erat qui frangeret eis* ».

[36] Il Bartoli ha buon gioco a esercitare la propria ironia, bonaria solo in apparenza, su questa commistione tra letteratura sacra e profana nella descrizione di quelle prediche « tutte divisate a una medesima foggia, tutte stampate con un medesimo conio », alla cui composizione attendono oratori che, per pigrizia e mancanza d'ingegno, rubano le descrizioni « da poeti, da roman-

incrostata da tali scorie, prosegue il Casalicchio, al punto che la sua fisionomia non è quasi più riconoscibile:

> Questo è il male d'oggidì (sempre parlando con riverenza de' predicatori apostolici), che non si predica più la parola di Dio, e se questa si predica, si veste con tante sopravesti di vanità, d'ingegnosi bischizzi e modi di dire affettati, di belli paralleli, di figure rettoriche, di fiori di eloquenza, di tirate longhissime di memoria. Insomma, esce dalla lor bocca mescolata con tanta vanità di dire che più non la conoscete s'è parola divina o poetica, se dire sacro o profano, se è parola di predicatore o di vano e superbo dicitore, se di uomo che cerca la gloria di Dio o la sua medesima, verificandosi *ad litteram* ch'eglino siano i chiamati dal gran Predicatore delle genti *adulterantes verbum dei* [2 *Cor.* 2, 17, e 4, 2], e che come tali in luogo di riprendere adulano, invece di muovere il cuore a chi l'ascolta a fare un atto di contrizione e dire: « Oh, come ho fatto male! » gli muovono solo a fargli applauso et a dire: « Oh, come ha detto bene il predicatore, che bella lingua tosca, che bella memoria, che bel passare che fa da una lingua all'altra! »[37]

È estremamente grave, dunque, il pensare di poter impunemente mescolare, per amore della gloria personale e per vano compiacimento della propria abilità oratoria, letteratura ed eloquenza sacra, poiché ciò significa mettere a repentaglio, per il più futile dei motivi, la salute del-

---

zi, da discorsi academici, de' quali se ne han su la tavola le cataste; e questi sono i Basilj, i Nazianzeni, i Girolami, i Crisostomi, gli Agostini. Or l'arte e l'ingegno starà in trasformare o almen travestire queste descrizioni, tal che quella che nel poeta è una Venere, diventi nella predica una Maddalena [...]. Apparecchiate le descrizioni, seguirà appresso il trovare un paio d'imprese, o d'emblemi di peregrina invenzione, che spiegandole, aprano all'ingegno campo da pompeggiare e agl'intendenti porgano materia di diletto. E se ben di loro prima origine fossero in fatti d'amore, non per ciò si lascino, ché diversamente appropriandole, il cavaliere che levò l'impresa si farà che sia Cristo, e la dama oggetto de' suoi desideri l'anima [...]. Finalmente v'hanno ad essere tre o quattro paradossi, che a prima giunta paiano eresie, ma poi dichiarandosi, a poco a poco si scuoprano esser misterj [...]. Così apparecchiata la materia, ella si ordina, intrecciando l'una cosa con l'altra, perché se la novità cagiona maraviglia, la varietà renda diletto: e se n'esprime ciascuna col più florido e concettoso dir che si possa, a continue metafore trasportate da più lontano che i mondi che sognava Democrito » (Daniello Bartoli, *Dell'eternità consigliera*, parte I, cit., pp. 69-70).

[37] Carlo Casalicchio, *L'utile col dolce*, cit., p. 14.

l'anima di coloro che Dio ha affidato alla cura spirituale del sacerdote, non rendersi conto che l'uomo è perennemente in bilico tra la salvezza e la dannazione, e basta un nulla, un'inezia, a far imboccare l'una piuttosto che l'altra via, come il Segneri mostra nella predica XXI del *Quaresimale*: « L'udire o 'l non udire una predica, il leggere o 'l non leggere un libro, il parlare o 'l non parlare con una persona, l'andare o 'l non andare a una veglia può esser quello che o c'incammini al Cielo, o c'incammini all'inferno ».[38]

In nessun modo, pertanto, con una posta in gioco così alta come il destino escatologico dell'individuo, si potrà pensare di affidare l'efficacia di quel fondamentale strumento di persuasione e di salvezza che è la predica unicamente alla forza di suggestione che può esercitare su persone più o meno incolte un discorso ricco di immagini e figure elaborate sovente fino ai limiti della stranezza e a tratti anche fascinose, ma destinate comunque, per la loro scarsa comprensibilità, a non rimanere infisse nel cuore e nell'intelletto. Il tentativo del Segneri sarà dunque quello di inserire la potenza suggestiva che indubbiamente le sue prediche possiedono all'interno di un impianto rigoroso, lucidamente costruito, dominato da un sottile intellettualismo che riconduce le immagini e le figure retoriche (impedendo la loro degenerazione verso gli esiti più bizzarri) sotto il controllo di una logica indefettibile che si propone di trasmettere all'uditorio una serie di verità di fede percepibili come verità assolutamente razionali, e, quindi, razionalmente persuasibili (e basti pensare, a questo proposito, al ragionamento *Sopra la fede* del *Cristiano instruito*), in modo tale che il rispetto di esse appaia come un qualcosa di perfettamente ovvio e naturale,[39] e la trasgressione un venir meno ai dettami della ragione, quella ragione in cui, come il Segneri scrive nella dichiarazione proemiale a *La manna dell'anima*, la

---

[38] Paolo Segneri, *Quaresimale*, cit., pp. 250-51.
[39] Circa la propensione del Segneri alla disamina razionale delle verità della fede, che si colloca nel più vasto ambito della tendenza gesuitica a sottoporre al controllo dell'intelletto anche ogni apparente, limitato abbandono all'esercizio della fantasia e della suggestione, cfr. Mario Scotti, *Introduzione* a Daniello Bartoli e Paolo Segneri, *Prose scelte*, Torino, UTET, 1967, e Id., *Paolo Segneri*, in *Dizionario critico della letteratura italiana*, a cura di Vittore Branca, vol. IV, Torino, UTET, 1986², pp. 153-55. Sempre sull'« intellettualismo » segneriano cfr. ancora Giulio Marzot, *Un classico della Controriforma: Paolo Segneri*, Palermo, G.B. Palumbo, 1950.

parola divina trova la sua conferma e « consonanza ».[40]

Il discorso del Segneri riguardo alla predicazione subisce però parziali correzioni quando la destinazione di quest'ultima e della retorica che ne costituisce l'ossatura non sia più eminentemente orale, quando cioè il *medium* non sia più la parola e la gestualità dell'oratore sacro, ma la pagina scritta. Se le prediche del *Quaresimale*, come dice l'autore, pur con una certa affettazione di modestia, furono pubblicate « tali appunto quai furono da me dette, senza veruna alterazion dipoi fattavi, almeno considerabile, per la stampa, o sia nell'abbellirle, o sia nell'accrescerle »[41] (e non ci è dato in effetti di dubitare che le modifiche subite da tali prediche al momento della pubblicazione siano state realmente minime), e se viene ribadita in questo caso, data la loro originaria destinazione, la preminenza delle modalità della comunicazione orale, con le sue particolari caratteristiche, su quelle della comunicazione scritta, in quanto « quantunque sappia ancor io molto bene che l'orecchio e l'occhio son giudici diversissimi, contuttociò non so intendere come l'occhio non sia tenuto a deporre assai dell'innata severità qualora incontrisi in ciò ch'è fatto per sottoporre principalmente all'orecchio, censore men avveduto e così men aspro »,[42] tuttavia in un'opera destinata invece alla lettura e rivolta, per stessa dichiarazione dell'autore, a un destinatario mediamente colto come *Il Cristiano instruito* l'*ornatus* non può non assumere una ben diversa funzione, oltre a rivestire una maggiore importanza.

Se, evidentemente, la parola scritta deve possedere un decoro ben più elevato di quella orale, allora l'opera — pur nel suo fine eminentemente pratico (e sostanzialmente analogo a quello delle prediche del *Quaresimale*) di fornire al cristiano ammaestramenti riguardanti, in modo particolare, il suo comportamento e i suoi costumi, e pur ribadendo, nella scelta di vocaboli « piani e propri »,[43] la volontà di privilegiare ancora una volta la capacità del discorso di giungere al proprio scopo rispetto al suo ornamento esteriore — dovrà comunque essere composta in uno stile « se non illustre [...], almanco non ignudo di ogni abito e di

---

[40] Cfr. Paolo Segneri, *La manna dell'anima*, cit., p. 5.
[41] Paolo Segneri, *Quaresimale*, cit., c. 12, n.n.
[42] *Ibidem*.
[43] Paolo Segneri, *Il cristiano instruito nella sua legge*, parte I, cit., c. 13, n.n.

ogni arredo che alletti i guardi ».[44] Ecco, è lo sguardo che qui entra in gioco, non più l'orecchio, e lo sguardo va allettato: se l'elocuzione, dice Segneri con sant'Agostino, è una chiave, certo l'importante è che apra la porta a cui è destinata, indipendentemente dal materiale di cui è fatta, ma se ci si troverà a poter scegliere tra una chiave di ferro e una d'oro, entrambe ugualmente funzionali, allora « nessun si ritroverà che a qualunque chiave di ferro non anteponga la chiave d'oro »[45] (ed è piuttosto significativo, da questo punto di vista, il non infrequente ricorso, nel *Cristiano instruito*, non solo a citazioni di autori classici, respinte invece nel *Quaresimale*, ma anche, seppure in misura assai più limitata, a quelle di autori moderni).

Non si deve però pensare che la necessità di « allettare i guardi » derivi semplicemente da un desiderio di compiacere anche i sensi del lettore, oltre ad edificarne lo spirito: essa, anzi, nasce da una ben più profonda motivazione, intrinsecamente connessa alla natura stessa del testo scritto e alle peculiari modalità della sua percezione da parte del lettore. In esso, infatti, non possono essere sfruttate tutte quelle risorse dell'*actio* e della *pronunciatio* sulla cui fondamentale importanza ai fini della persuasione tanto insisté la didattica dei Gesuiti, dai quali furono curate e perfezionate a tal punto da giungere a stabilire una sorta di autentica osmosi con le tecniche di recitazione teatrale:[46]

---

[44] *Ibidem*.
[45] *Ibidem*.
[46] Sul rapporto tra retorica e teatro gesuitico cfr. Andrea Battistini, *I manuali di retorica dei Gesuiti*, cit. Sul teatro dei Gesuiti come strumento pedagogico e come elemento integrante del progetto di egemonia culturale perseguito dall'ordine, inoltre, cfr. almeno Gian Paolo Brizzi, *La formazione della classe dirigente nel Sei-Settecento*, Bologna, Il Mulino, 1976, in partic. le pp. 248-52 e la vasta bibliografia citata, oltre a Marc Fumaroli, *Le « Crispus » et la « Flavia » du P. Bernardino Stefonio, s.j. Contribution à l'histoire du théâtre au Collegio Romano (1597-1628)*, in *Les Fêtes de la Renaissance*, tomo III, « Colloque international d'études humanistes, Tours, 10-22 Juillet 1972 », Paris, C.N.R.S., 1975, pp. 505-24, e a Id., *Une pédagogie de la Parole: les « Progymnasmata latinitatis » du P. Jacobus Pontanus*, in *Acta conventus neo-latini amstelodamensis. Proceedings of the Second International Congress of Neo-latin Studies. Amsterdam, 19-24 August 1973*, Munich, W. Fink, 1979, pp. 410-25. Entrambi i saggi sono stati tradotti in italiano, col titolo *Il « Crispus » e la « Flavia » di Bernardino Stefonio* e *I « Progymnasmata » di Giacomo Pontano*, in Marc Fumaro-

È da considerare che non si è potuto in questi ragionamenti scuotere l'uditorio con figure, con interrogazioni, con ironie, con reticenze e con altre simili mutazioni di scena e quasi di personaggio abili da se stesse a tenerlo desto, come si fa nelle prediche di eloquenza.[47]

Per ottenere tale risultato, ecco allora il bisogno di ricorrere a una più profonda e articolata elaborazione retorica del discorso, che dovrà svolgere una funzione analoga a quella dell'*actio* e della *pronunciatio* nella predica, al sostegno che si può trarre « dalle similitudini, dagli esempi, dalle erudizioni e da altre sì fatte curiosità che adulando la fantasia fanno che l'intelletto si lasci poi da lei tenere come legato ad udire in grazia di essa la verità, la quale troppo riuscirebbegli ancora più volte odiosa se non gli venisse dinanzi in vestito adorno ».[48] A maggior ragione, naturalmente, la pagina scritta dovrà rispondere a quel lucido dettato logico, a quello stringente procedere argomentativo che già avrebbero dovuto costituire la struttura portante del discorso parlato, ma che all'interno di esso non potevano non venire almeno in parte compromessi (sia pure a vantaggio dell'immediata efficacia della comunicazione) dai « tuoni propi del pergamo »,[49] da quell'inevitabile enfasi e concitazione alla quale il predicatore è costretto a improntare la propria orazione. Lo scritto favorisce invece la lenta lettura, e con essa la meditazione, il raccoglimento, quella lunga e continuata rielaborazione interiore della parola divina che il Segneri raccomanda nella *Manna dell'anima*,[50] e, quindi, anche in considerazione del particolare tipo di pubblico a cui è rivolto, potrà, con i suoi toni pacati e pur convincenti, far leva ancora di più sulla persuasione razionale, sull'argomentazione logica e lineare, rinunciando in parte a quella carica di suggestione, a quei toni altisonanti caratteristici della predicazione. Chi dorme, dice il Segneri, potrà sì essere destato con lo strepito, ma, assai meglio, con la

---

li, *Eroi e oratori. Retorica e drammaturgia secentesche*, Bologna, Il Mulino, 1990, rispettivamente alle pp. 197-232 e 233-47. Fondamentale su questo argomento è infine *I Gesuiti e i primordi del teatro barocco in Europa. Atti del XVIII Convegno Internazionale organizzato dal Centro Studi sul Teatro Medievale e Rinascimentale (Roma-Anagni, 26-30 ottobre 1994)*, a cura di Maria Chiabò e Federico Doglio, Roma, Torre d'Orfeo, 1995.

[47] Paolo Segneri, *Il cristiano instruito nella sua legge*, parte I, cit., c. 13, n.n.
[48] *Ibidem*, cc. 13-14, n.n.
[49] *Ibidem*, c. 14, n.n.
[50] Cfr. Paolo Segneri, *La manna dell'anima*, cit., pp. 5-6.

luce: « e questa è quella maniera che si è desiderato ancor di tenere su queste carte: risvegliare chi dorme nel suo peccato, ma risvegliarlo a forza di puro lume che a lui si mostri, non di fracasso ».[51] E maggior giovamento — scrive nel fervore antilibertino dell'*Incredulo senza scusa* — apporteranno nel persuadere della superiorità e dell'autenticità del credo cattolico gli scrittori sacri che i predicatori, « attesoché quelle ragioni dotte che son le proprie di sì giovevole tema molto meglio si apprendono a vista fissa che ad udito fuggente, onde nessuno vi sarà che in leggendole non ne divenga più facilmente padrone che in ascoltandole poco men che di furto »,[52] ed è per questo motivo che gran merito va a coloro che composero testi di carattere religioso « in lingua materna, perché chi non era atto ad apprenderli dalle estranee (quale per molti nel Lazio stesso può correre la latina), gli apprendesse dalla dimestica ».[53]

Nonostante ciò, però, la circolazione dei testi scritti rimane necessariamente limitata a una cerchia piuttosto ristretta di fedeli, per cui i predicatori potranno più utilmente servirsene come una sorta di deposito di spunti e materiali da usare, semplificandoli e rendendoli accessibili a tutti, nelle loro prediche, dando loro quella vividezza e quella capacità di far presa su più ampi strati di popolazione che solo la parola pronunciata può conferire:

> In ogni caso che non dimorasse quest'opera in altre mani, spero che non sarà ella mai ributtata da quelle di molti fervidi missionari, i quali, come fra tutti i predicatori van provveduti di zelo sommo nel dire, *evangelizant virtute multa* [*Sal.*, 67, 12], così non si rimarranno mai dalla tiepidezza di questi ragionamenti a non gli aver cari, tanto ben eglino li sapranno avvivare col loro fiato, quasi languidi tizzi, in accese faci.[54]

Nessuna capacità oratoria o stilistica, però (e sarebbe inammissibile peccato di superbia il pensarlo), potrà mai possedere la menoma efficacia se non sarà sostenuta dall'aiuto operante e decisivo della grazia divina. Il mondo è stato già redento dal Cristo, dice il Segneri nella *Man-*

---

[51] Paolo Segneri, *Il cristiano instruito nella sua legge*, parte I, cit., c. 14, n.n.
[52] Paolo Segneri, *L'incredulo senza scusa*, Venezia, Baglioni, 1690, p. 5.
[53] *Ibidem*.
[54] Paolo Segneri, *Il cristiano instruito nella sua legge*, parte I, cit., c. 15, n.n.

na dell'anima,⁵⁵ e non lo è certo dal predicatore, al quale altro non resta da fare che esortare gli uomini a seguire una via già tracciata. Quello di curare le anime è, ribadisce nel *Parroco istruito*, compito di Dio, non del sacerdote, suo semplice strumento, così come è la voce di Dio che opera la conversione, non la voce dell'uomo.⁵⁶ Questo severo richiamo all'umiltà della missione sacerdotale è complementare al sentimento di una profonda e intrinseca debolezza e insufficienza della parola umana quando essa non sia sostenuta dalla grazia, di una sua radicale mancanza di ogni autentico fondamento ontologico, di ogni legame profondo e necessario con una verità ultima e inconfutabile, tanto che il predicatore non dovrà in alcun modo confidare nella forza di essa:

> Quantunque sia vostro debito il procurare più che si può quelle doti che vi rendano abile a dir con frutto, contuttociò non avete da collocare in esse una minima confidenza, siccome fanno i dicitori profani, ma l'avete da mettere tutta in Dio, adoperando anche voi le industrie umane bensì fino a segno giusto di eloquenza e di erudizione, ma solamente quali condizioni da Dio volute al conseguimento del fine, non mai quali cagioni da sé bastevoli a conseguirlo.⁵⁷

Ancora una volta ritorna l'ammonizione contro un'oratoria vana e fine a se stessa, a difesa della quale non può certamente essere addotta l'autorità degli antichi, in quanto i campi d'azione e gli scopi dell'oratoria sacra e di quella profana non potrebbero divergere in modo più netto. Se una lunghissima tradizione retorica ha fatto sì che si potesse riporre una fiducia pressoché assoluta nelle capacità di persuasione possedute dagli strumenti sempre più affinati da essa messi a punto, ciò è dovuto al fatto che la verità di cui occorreva persuadere gli altri era semplicemente una verità contingente e calata nel mondo della storia, una fra le tante verità possibili, parziali e sempre passibili di contraddizione, come ben la poetica e l'estetica del Barocco insegnavano, e non la Verità assoluta e definitiva che la parola divina, attraverso la voce del predicatore, pronuncia una volta per tutte:

> Il fine de' dicitori profani è persuader cose tutte che non trascendono l'ordine naturale, come sarebbono assolvere un reo da morte o dannar-

---

⁵⁵ Cfr. Paolo Segneri, *La manna dell'anima*, cit., p. 213.
⁵⁶ Cfr. Paolo Segneri, *Il parroco istruito*, cit., p. 90.
⁵⁷ *Ibidem*, pp. 117-18.

velo, sedare un tumulto, sborsare un tributo, conchiudere un'alleanza, e però non è da stupire se quelli tanto si fondino su' precetti della loro arte. Il fine dei dicitori sacri, all'incontro, è persuader tutte cose trascendentissime, come sono le massime della fede, non pure incognite ai sensi, ma fin opposte.[58]

Il sacerdote dovrà quindi implorare la grazia divina, affinché essa, se la predica è una spada temprata dalla perizia retorica, divenga ciò che a questa spada dà la forza di colpire:

> Conviene che l'industria del sacerdote vi contribuisca dal canto suo sì la scelta delle materie e sì la maniera di esporle, che è la tempera della spada, e conviene che la grazia vi aggiunga la sua virtù, imprimendo altamente nel cuore degli uditori quelle verità che da sé sole non passerebbono punto di là dagli orecchi: e questa è la forza del braccio.[59]

Dio, in questo modo, rende divina la parola umana stessa, riscattandola dalla propria fragilità e donandole un'inimmaginabile forza, capace di fare breccia anche nelle anime più inveterate nel peccato. È come se due predicatori parlassero nello stesso momento, « uno esterno, che parla all'orecchie, e l'altro interno, che parla al cuore. Se Dio non parlasse al cuore, potrebbono bensì gli uomini far romore, ma non potrebbono già far colpo »,[60] e il vuoto « romore » delle parole umane, se non sostenuto dalla grazia, correrebbe inevitabilmente il rischio di ogni altro genere di comunicazione, quello di vedere il proprio autentico senso distorto e frainteso dalle passioni alberganti nell'animo:

> Oh, che zeffiro salutevole ch'è la grazia dello Spirito Santo! Essa è che porta a' nostri cuori le parole della predicazione, ed essa è che, purificando i cuori medesimi, fa che le parole tali ricevansi quali sono, senza che vengano alterate in noi dagli affetti mal regolati.[61]

È un'insufficienza, quella della parola, che si rivela anche nella costante necessità da parte del predicatore — per poter essere credibile e costituire un esempio di virtù per i fedeli, infervorandoli di passione religiosa — di conformare la propria vita al proprio parlare. In caso contrario sarebbe come se i fatti stessi infirmassero quella dottrina celebra-

---

[58] *Ibidem*, p. 118.
[59] *Ibidem*, p. 105.
[60] Paolo Segneri, *Il cristiano instruito nella sua legge*, parte I, p. 10.
[61] *Ibidem*.

ta con le parole, parole che resterebbero solamente tali, prive di ogni carattere di autenticità, di ogni interna luce, parole che altre parole potrebbero contraddire e confutare:

> Alle parole v'è replica, v'è risposta, all'esempio non ve n'è niuna, perché le parole, quando sieno ancora fondate in ragioni dotte, pruovano al più che dee farsi ciò che si predica; l'esempio pruova non solo che dee farsi, ma che si può.[62]

Vi è pertanto una tensione continua, che il Segneri non si stanca mai di sottolineare, tra la parola e l'azione, tra la verità, che dev'essere comprovata anche dai fatti, e la retorica, di per sé vana, quando non colpevole e menzognera, tra la teoria che si può acquisire sui libri e il concreto possesso di quelle doti spirituali che si vorrebbero trasmettere agli altri, una tensione che potrà sciogliersi solamente nel momento in cui si realizzerà nel proprio intimo una perfetta e armonica concordia tra una vita e un linguaggio illuminati dalla grazia, comprendendo allora che tutte le formule della retorica, tutti i precetti dell'oratoria sono destinati a vanificarsi, ad annullarsi di fronte alla più umile e alla più semplice delle preghiere:

> Perché non puoi tu pregar per quei travviati medesimi, e ottenere da Dio la lor riduzione? Questo è il modo di ridurli più certo, se non è parimente il più meritorio. Perché chi tratta la conversione co' peccatori bene spesso fatica invano, chi la tratta con Dio secondo le leggi debite, l'ottiene sempre.[63]

La parola umana, nel suo vano orgoglio, cede definitivamente il passo a quella divina; quella luce che essa inevitabilmente offuscava è finalmente libera di rifulgere pienamente nel raccoglimento della preghiera.

FULVIO PEVERE
Dott. di Ricerca, Università di Torino

---

[62] Paolo Segneri, *Prediche dette nel Palazzo Apostolico*, Venezia, Agnelli, 1694, p. 36.
[63] Paolo Segneri, *La manna dell'anima*, cit., p. 599.

XIV
LA PROSA DI PAOLO SEGNERI

Il cardinale Sforza Pallavicino, maestro di Paolo Segneri, « definiva l'operazione letteraria "la più nobile, come la più simile alla vita de' beati, anzi pur a Dio", per il potere ch'essa ha, di rasserenare; e intendeva i grandi scrittori quali "eroi" ».[1] Evidentemente, il Pallavicino riproponeva la teoria aristotelica della *catharsis* e paragonava l'azione dell'artista, che quella *catharsis* era in grado di procurare, all'azione di Dio che rasserena gli animi purificandoli da quanto di torbido può ristagnare in essi. Com'è noto, Aristotele formulava questo concetto mettendolo in relazione soprattutto con la tragedia, in cui ad agire sono travolgenti passioni e violenti sentimenti, la cui rappresentazione, senza il filtro dell'arte per sua stessa natura rasserenatrice, nonché procurare loro quel piacere (*hedonè*) che dell'arte è fine irrinunciabile, li sconvolgerebbe e li devasterebbe. Per questo, appunto, lo scrittore è un « eroe », perché esso (come dice Luciano nel terzo dialogo dei morti) « è per metà uomo e per metà dio, e l'uno e l'altro insieme ». L'arte, infatti, non altro è se non identificazione e recupero dell'ordine divino che soggiace al fondo del de-ordinamento causato dalla peccaminosità degli uomini; né questo risultato può raggiungere se non perché essa, strutturando retoricamente la propria materia, è come se ripetesse l'operazione compiuta da Dio quando dal caos primigenio evocò l'ordine del cosmo.

Ebbene: se il Segneri, come tutto lascia ritenere, fece tesoro di questo e di pensieri simili a questo, lo studioso dovrebbe proporsi come terreno privilegiato della ricerca l'indagine intorno alle strutture retoriche che regolano e governano la sua pagina. D'altra parte, proprio il Segneri fu autore di un cospicuo volume *Dell'arte di predicar bene*, con i cui cinque trattati, mettendo a frutto in special modo gl'insegnamenti di Quintiliano, ma guardando anche, e con attenta sensibilità, all'esempio

---

[1] Cfr. Giulio Marzot, *Un classico della Controriforma: Paolo Segneri*, Palermo, G.B. Palumbo, 1948, p. 169. Le parole del Pallavicino sono tratte dall'*Arte della perfezione cristiana*, Milano, 1839, p. 50.

del Tasso, attestò la cura con cui egli andava costruendo le sue prediche. E in effetti, anche ad apertura di uno qualunque fra i suoi libri, si vede bene come proprio la sapienza retorica connoti il discorso del Segneri; con questo, tuttavia, che la ricchezza della lavorazione non tende ad accrescerne la frondosità barocca, bensì ad inquadrare e ad ordinare appunto, pur conservandone la grandiosa maestà, il tumulto della materia. È vero: nessuno può non accorgersi, accostandosi al *Quaresimale* o ai *Panegirici*, del costante ricorso alle figure di quella amplificazione (soprattutto dell'amplificazione orizzontale), alla quale, nel terzo tra i cinque trattati or ora ricordati, il Segneri dedicò i cinque capitoli che vanno dal XIII al XVII; ma ben presto si accorge anche che esse sono usate in obbedienza ad una precisa legge che non tanto magniloquenza quanto ritmo e *concinnitas* — anzi, a ben guardare, questi e quella insieme — tende a conferire alla sua oratoria sacra.

Prova e, ad un tempo, chiarimento dell'assunto, potrebbe assicurarci la ricerca intorno ad una di queste figure, e precisamente, come fondamentale nella prosa del Segneri, all'*expolitio* (o, come la chiama il Segneri, « amplificazione rappresentativa »).[2] Questa figura, come tutti sanno, può realizzarsi nella sostanza in due modi: o attraverso la ripetizione della medesima idea (ripetendo o no la medesima parola o parte della medesima parola), o attraverso la dieresi dell'idea nei suoi dettagli. Concentrerò la mia attenzione sul secondo di questi due modi. Nel-

---

[2] Cfr. *Opere sacro-morali del Padre Paolo Segneri della Compagnia di Gesù*, vol. I, Torino, Giacinto Marietti, 1881, pp. 37-38 [da questa edizione, con la semplice indicazione a testo del volume, della pagina e della colonna, ma tenendo presente che ogni opera ha una numerazione a parte, le successive citazioni]: « L'amplificazione rappresentativa si suol fare nelle seguenti maniere: 1. Per la enumerazione delle parti; che si avvera quando ciò che si potrebbe dire in una sola parola, si dice con l'andar discorrendo diverse parti di quella cosa, e con andarla descrivendo con molte parole, come fa Davide nel salmo 113, che potendo dire con una sola parola generale degl'idoli de' gentili che avevano i membri ed i sensi, ma non l'ufficio loro, enumerò, amplificando, tutti i sensi uno per uno ». Quanto a *Ps.* 113, se ne vedano i versetti 4-7: « Simulacra gentium argentum et aurum, Opera manuum hominum. Os habent et non loquentur, oculos habent et non videbunt, Aures habent et non audient, Nares habent et non odorabunt, Manus habent et non palpabunt, Pedes habent et non ambulabunt, Non clamabunt in gutture suo »: in cui gli otto membri elencati da *os* a *guttur* fungono da dettaglio rispetto alla somma *opera manuum hominum*.

la predica XII del *Quaresimale*, il Segneri parla del delitto di Caino e delle precauzioni da lui prese perché la cosa andasse segreta. Ma egli proprio di queste misure si meraviglia; e, una volta chiesto ai suoi ascoltatori: « E qual delitto potea commettersi al mondo più impunemente di quel che commise Caino? », li invita a riflettere: « Non erasi aperto ancora alcun tribunale affine di riconoscere l'altrui cause ». Poi quest'idea generale — relativa all'assenza di tribunali — viene distinta negli elementi particolari che la costituiscono (o, a titolo di esemplificazione, in alcuni di essi); e, variando tutte le altre parole, ma conservando costante (in anafora, una figura che demarca parallelamente — e, quindi, ordinando — simmetrici gruppi di parole) l'avverbio *non*, aggiunge e specifica: « Non si sospettava di accusatori, non si trattava di giudici, non si favellava di manigoldi » (I, 126b).

Di norma, il Segneri organizza la dieresi su tre elementi. Attingo ancora alla XII predica. Vi si parla del peccatore: « Non essendo ancor la coscienza indurata nel male, non è credibile quali furie racchiuda che la tormentano »; e subito il predicatore ha cura di enumerare tre dei modi — inquietudine, vergogna, sospetto — in cui queste furie tormentano la coscienza, anche questa volta mantenendo inalterato un elemento in anafora (« quanto ») e variando il resto: « quanto sia agitata dalla inquietudine, quanto accesa dalla vergogna, quanto lacera dal sospetto » (I, 127a). Ancora: parla il Segneri del caso di Mosè (I, 127b-131b); il quale, pur avendo commessi analoghi e più gravi falli d'incredulità, fu punito soltanto per quello in cui incorse, quando dubitò che Dio potesse far scaturire l'acqua dalla pietra, e questo perché esso, a differenza dagli altri, fu commesso in pubblico; e degli altri peccati dice: « erano rimasti segreti [idea generale]: niuno li aveva veduti, niuno uditi, niuno saputi [triplice suddivisione in dettaglio] » (I, 131a). Si prenda, infine, un brano più lungo, e si constati come, pur non pronunciando la parola, il Segneri rilevi la stessa struttura retorica di fondo, anche se la dieresi si prolunga ben al di là dei tre membri, in un'epistola paolina (la prima *ad Corinthios*) e collabori a svilupparla; quando cioè egli vede come l'Apostolo, dopo aver enunciato l'idea generale, scenda ai particolari, ognuno dei quali egli determina ulteriormente, quasi collaborando all'ordinato arricchimento dell'*ornatus*:

> Fa Cristo dinunziare pubblicamente per bocca dell'Apostolo Paolo, che *iniqui regnum Dei non possidebunt* [I *Cor.*, 6, 9]; eppure quanto pochi

son però quei che rimangonsi dalle colpe! Discende egli più minutamente ai particolari, ed esclama: *neque fornicarii* — eppure, quanta libertà nelle pratiche? *neque adulteri:* eppure quanta infedeltà ne' matrimoni? *neque molles*: eppure quanta dissoluzione nel senso? *neque masculorum concubitorum*: eppure quanti abusi nella libidine? *neque fures*: eppure quante fraudi ne' pagamenti? *neque avari*: eppure quante sozzure negl'interessi? *neque ebriosi*: eppure quante voracità nelle crapole? *neque maledici*: eppur quanta intemperanza nelle calunnie? *neque rapaces*: eppure quanta sfacciatezza ne' ladronecci? (I, 134a-b)

Poi, sviluppando lo spunto, egli continua: non il regno di Dio; basterebbe che un principe, assumendo questo medesimo testo paolino, sancisse di non ammettere nella sua amicizia se non i giusti, ed otterrebbe risultati eccezionalmente positivi, riducendo ad incredibile onestà di costumi il suo regno. Così argomenta il Segneri; e ricorrendo allo stesso schema (1 + 3) distingue, alla conclusione del passo, quali elementi costituiscano quella regale amicizia:

Se un principe non facesse altro, se non che pigliare di peso questo testo medesimo dell'Apostolo, e riscrivendolo tutto di proprio pugno, il facesse affiggere sopra i principali cantoni delle vie pubbliche, con questa unica varietà, che dove l'Apostolo dice: *regnum Dei non possidebunt*, egli cancellasse quel *regnum Dei*, e vi scrivesse invece: *amicitiam meam non possidebunt*: non dicesse, non possederanno il regno di Dio, ma dicesse non possederanno la mia grazia, non possederanno i miei carichi, non possederanno i miei guiderdoni: quanto maggiore emendazione del pubblico si vedrebbe in ciascuno di quei! (I, 134b)

Come dire: *amicitia principis* [somma o idea generale], *idest: illius favor, illius officia, illius praemia* [dettaglio o enumerazione rappresentativa]. Lo schema fa precedere la somma e seguire il dettaglio. Altra volta, invece, lo schema dell'*expolitio* è quello inverso, precedendo il dettaglio e seguendo la somma. In uno dei *Panegirici sacri*, quello intitolato *La virtù del chiostro emulata nel cuor del secolo* e pronunciato in Roma in onore di San Filippo Neri, Paolo Segneri, narrando dei mistici rapimenti del santo e del miracolo per cui gli si svelò ripetutamente la gloria del Paradiso, evoca, dapprima, le manifestazioni esternamente visibili che quelle estasi avevano su di lui con queste parole: « Quindi continue le lagrime, quindi infocati i sospiri, quindi profondi i singhiozzi »; poi, compendiando ad un tempo e spiegando la causa, ed allargando il periodo in un'ampia similitudine, conclude:

XIV: LA PROSA DI PAOLO SEGNERI

> Quindi nel suo spirito un impeto sì impaziente di andare al Cielo, che, non potendo bastare il corpo a reprimerlo col suo peso, faceva finalmente egli ancora come fan l'acque, che più non possono su 'l mattin ritenere nel grembo il sole, già deliberatissimo di partirsi; ch'è quanto dire, accordavasi a seguitarlo: e così, quasi trasformato ancor esso in una materia tutt'agile, tutta lieve, lasciavasi stranamente portar per l'alto. (I, 104a)

Quello che mi chiedo è se questa similitudine — per cui l'estasi viene assimilata all'evaporazione delle acque — sia stata suggerita all'oratore dall'osservazione del fenomeno naturale, o non piuttosto la trovasse egli in qualche testo della grande esegesi medievale, tra Agostino e Bernardo, tra Giovanni Crisostomo e Gregorio Magno. Il gusto, in effetti, è quello, tipico dei padri e dei commenti alla Scrittura, dell'interpretazione mistica di tutti gli aspetti del cosmo e della loro riduzione ad uno, alla cosa cioè che non rinvia ad altra cosa e che non può essere che Dio.

Leggiamo, da questo stesso panegirico, un brano un po' più lungo di quelli finora prodotti, e si consideri — spostando ora la nostra attenzione dall'*expolitio* alla similitudine — il procedimento per cui albero ed uomo divengono, in qualche modo, simboli di una stessa sostanza. Il Segneri, sopra ogni altra virtù di San Filippo Neri, celebra — come dice il titolo del panegirico — ed ammira la capacità che egli ebbe di raggiungere e di conservare la santità, non ritirandosi in una aspra solitudine che ne facilitasse l'acquisizione e il possesso, ma rimanendo nel secolo e continuando a praticare quegli uomini che costituiscono una continua occasione di peccato. In Filippo il Segneri vede verificarsi la parola dell'*Ecclesiastico* (50, 5) « Adeptus est gloriam in conversatione gentis », che viene quindi assunta come una sorta di *Leitmotiv* dell'intera predica; ed aggiunge le ragioni della sua ammirazione:

> E primieramente son certo niuno essere tra voi, che ben non intenda quanto alla santità conferisca la solitudine. Vedete un albero piantato lungo la strada? Abbia pur fecondo il terreno, benigna l'aria, sollecita la cultura, correnti l'acque; troppo nondimeno è difficile che mai conduca i suoi frutti a maturità; ma, quanto più gli partorirà belli all'occhio o grati al palato, tanto ancora più presto gli perderà mercé l'ingiurie or de gli avidi passeggeri, or delle bestie indiscrete cui sta soggetto. Come poss'io non ammirare oggi pertanto un Filippo, mentre il considero ottant'anni intieri piantato, per così dire, su la via pubblica, in mezzo a'

secolari, in mezzo a' mondani, in *conversatione gentis*; e nondimeno aver serbata sì intera ogni sua virtù, che non solamente niun frutto perdé già mai, ma né pure li fiori, né pur le frondi, ch'è quanto dire né pur quei pregi di esterna composizione, che sono i primi a perir nell'età più adulta? (I, 101a-b)

A volte i due tratti — quello dell'accumulazione organizzata su tre membri e quello della similitudine che riduce ad uno aspetti diversi dell'esistente — si sommano a produrre un effetto di alta *concinnitas* in cui si riflette l'ordine armonioso che struttura, emanando da Dio, il cosmo. Nel panegirico pronunciato in Siena in onore di San Giovanni Battista, preso a suo tema il passo dell'evangelo giovanneo (10, 41): « Iohannes quidem signum fecit nullum », Paolo Segneri recisamente affermava che miracoli e santità non s'identificano; e citava, onde testimoniasse in favore dell'assunto, Cristo stesso, il quale, constatando che i suoi discepoli si rallegravano come di eccelsa prova del fatto che in loro fosse potestà di « incontrarsi in un zoppo, e dirgli "sii ritto"; in un febbricitante, e dirgli "sii sano"; in un indiavolato, e dirgli "sii sgombro" » (e si osserverà come nei tre elementi si ripetano, costanti, nella stessa posizione i soli due sintagmi « in un » ed « e dirgli »), nonostante che essi in effetti godessero « d'un bene ch'era dono divino, profitto pubblico, utilità universale » (e si osservi come ciascuno dei tre sintagmi faccia allitterare i due elementi che lo compongono: *d*-, « *d*ono *d*ivino »; *p*-, « *p*rofitto *p*ubblico »; *u*-, « *u*tilità *u*niversale »), nonostante questo, dicevo, egli tuttavia « gli compresse, gli sgridò, gli riprese », diffidandoli (*Luc.*, 10, 20): « In hoc nolite gaudere », confortandoli a rallegrarsi piuttosto d'essere stati annoverati nel numero degli eletti (*ibidem*: « gaudete autem, quod nomina vestra scripta sunt in caelis »). Poi l'oratore (ed è appunto qui, dopo le altre già osservate, la triplice similitudine che c'interessa) così continua:

> Quinci io deduco una conseguenza, che sembrami assai spedita; ed è che l'operare prodigi non sia segno certo di essere scritto in cielo, perocché se ciò fosse, chi non vedrebbe che a gran ragione n'avrebbono potuto goder gli apostoli, come gode il convalescente di ricuperar l'appetito, perché è segno di sanità; come gode il contadino di alloggiar la rondinella, perch'è segno di primavera; o come gode il sollecito marinaio di rimirar nel mar turbato i delfini versar grand'acqua dalle ondose lor nari, perché ciò è segno di lieta tranquillità. (I, 145a)

Ora, io credo che proprio da questa sostanza tipica della cultura medievale in genere e, in special modo, della grande esegesi patristica e dottorale discenda un aspetto caratterizzante la prosa del Segneri, vale a dire la tendenza a trasformare la similitudine in metafora. Lo abbiamo visto sopra: egli non diceva di Filippo Neri « *come* un albero è piantato ai margini della pubblica via, *così* San Filippo conversò con gli uomini », ma, fondendo in uno solo i due oggetti e solo inserendo un « per così dire », procedeva per traslato, e vedeva direttamente un San Filippo « ottant'anni intieri piantato su la via pubblica ». E poco dopo, avendo indugiato sulla sua castità e sulla sua resistenza alle tentazioni della carne, assimilava, non per via di similitudine, ma — se così posso dire — di giustapposizione, la moderata difficoltà di quella virtù alla facilità con cui, non piantato, il giglio cresce nei campi:

> Ma che? l'astenersi sol da' piaceri di senso parrà a taluno una gloria di leggier pregio: quasi che molto alla castità talor operi la natura per se medesima, e ancor ne' campi e ancor ne' prati si veggano, senza alcuna industria di provvido giardiniere, fiorire i gigli. (I, 102b)

Più difficile, continuava, che non a quelle della lussuria, resistere « alle ree suggestioni dell'interesse o agli splendidi assalti dell'ambizione ». Piaceri, dunque, ricchezze e onori. Né il Segneri enumerava a caso, obbedendo alla fantasia che andasse disordinatamente suggerendogli. Varrebbe, di per se stesso, a farcelo concludere con notevole sicurezza, il fatto che egli torni spesso su questa tripartizione. Nella *Manna dell'anima*, ad esempio (Maggio, XXXI), dopo aver raccomandato ai suoi lettori di adorare non gl'idoli, ma il solo Dio, chiarisce:

> Qual è la somma difficultà che si sperimenti, massimamente da chi è costretto per carità, per ufficio, per ubbidienza, a trattar con la moltitudine? È tener forti le massime della fede, a vista di tanti che parlano o che procedono contro d'esse, aderendo alle vanità. Chi idolatra il diletto, chi idolatra il danaro, chi idolatra la gloria. E come, dunque, hai tu da fare ogni volta per istar saldo a spettacolo sì nocivo? (III, 259a)

Non diversamente nel capitoletto della medesima opera dettato per il 1° d'agosto (un testo fra l'altro di altissimo interesse per la trattazione della vera libertà intesa come volontaria servitù alla legge), egli dice: « E qual obbrobrio maggiore che cedere, come un bruto, a quella violenza che ti fan la libidine, l'avarizia, l'ambizione? » (III, 406a); e torna a parlare delle tre sfrenate furie (com'egli le chiama) — « l'avarizia, l'animosità, la libidine » — nella parte II, ragionamento XIV, cap. I de *Il cristiano istruito nella sua legge*. Perché, dunque, tanta costanza in una simile tripartizione? Il fatto è che il Segneri si rifaceva ad una sorta di *topos*, sul quale mi sembra opportuno indugiare un momento. Lorenzo de' Medici — cominciamo da lui, capovolgendo in qualche modo l'ordine cronologico — scriveva di un suo sonetto (il XXI del *Comento*), nel quale egli proclamava di rifiutare e di lasciare ad altri pompe ed onori, delizie e tesori, e di aspirare soltanto alla visione della sua donna, contemplata nell'idea e quindi in quella che doveva essere considerata immagine, per quanto imperfettissima, della bellezza divina:

> Dice adunque [il sonetto] lasciare a chi le vuole le pompe e gli alti onori e le publiche magnificenzie, come piazze, templi e gli altri edifizi publici, e per questo denota gli ambiziosi e quelli che con sommo studio cercano l'onore; dice dipoi che cerchi ancora chi vuole le civili dilicatezze, e per questo denota tutti i piaceri e lascivie umane; agiugne il tesoro, mostrando l'amore e lo studio della pecunia. Perché l'appetito nostro solamente circa queste tre cose si estende, cioè l'ambizione, voluttà corporale e avarizia, perché l'onore, il piacere e l'utile impedisce ogni altra nostra operazione.[3]

Cristoforo Landino, nelle *Disputationes Camaldulensis*, si chiedeva dal canto suo: « Quomodo enim aut corporeis voluptatibus deliniti aut avaritia oppressi aut ambitione turgidi quicquam altum aut egregiun cogitare poterimus? »,[4] come cioè, se infiacchiti dalle volutà dei sensi, o oppressi dall'avarizia, o gonfiati dall'ambizione, potremo mai darci a pensieri nobili ed alti? E Feo Belcari, il famoso autore quattrocentesco di sacre rappresentazioni, diceva alla fine della più nota di esse, quella di *Abraam e Isac*:

> E similmente chi cerca ricchezze,
> Onor', piacer' sensuali e terreni,
> Non può gustar di queste gran dolcezze,
> Ché 'l mondo non può dar questi gran beni.

---

[3] Cfr. Lorenzo De' Medici, *Comento de' miei sonetti*, a cura di T. Zanato, Firenze, Olschki, 1991 [Istituto Nazionale di Studi sul Rinascimento, « Studi e Testi », XXV], pp. 248-49, §§ 15-17.

[4] Cfr. Cristoforo Landino, *Disputationes Camaldulensis*, a cura di Peter Lohe, Firenze, Sansoni, 1980 [Istituto Nazionale di Studi sul Rinascimento, « Studi e testi », VI], pp. 17-18.

> E veri lumi e le somme allegrezze
> El signor dona a' cuor di fede pieni.[5]

Il *topos* risale indietro nel tempo fino ad Aristotele e compare già nei primi esegeti cristiani. Origene sa bene che l'amore è dato all'uomo da Dio perché, spintovi da esso, egli a lui si rivolga, ma osserva anche che molti dirigono malamente questo amore: che alcuni l'orientano verso il desiderio di danaro e le occupazioni dell'avarizia (« ad amorem pecuniae trahunt et avaritiae studium »), altri al raggiungimento della gloria, e divengono cupidi della vana gloria (« erga gloriam captandam et fiunt inanis gloriae cupidi »), altri ancora all'inseguimento delle meretrici, e finiscono per ritrovarsi prigionieri dell'impudicizia e della libidine (« erga scorta sectanda et inveniuntur impudicitiae libidinisque captivi »).[6]

In effetti, queste tre « occasioni di peccato » corrispondono ai tre affetti che San Giovanni, nella prima epistola (2, 15-16), dice appartenere al mondo e non provenire dal Padre: « Si quis diligit mundum, non est caritas Patris in eo: quoniam omne quod est in mundo concupiscentia carnis est et concupiscentia oculorum et superbia vitae: quae non est ex Patre ». Ed a questa tripartizione — concupiscenza della carne, concupiscenza degli occhi, superbia della vita —, che trasferiva in area cristiana la tripartizione aristotelica, si rifecero quanti parlarono delle tre (come le chiamò il Belcari) « volpi », che fanno dilungare la pecora dal gregge e dal pastore: il *mondo* (con cui s'identifica più specificamente l'amore delle ricchezze), il *demonio* (che adombra l'ambizione) e la *carne* (che indica i piaceri dei sensi):

> Tre nimici ha l'alma nostra,
> *Mondo, carne e demon rio*:
> Chi con lor vince la giostra
> Diventa figliuol di Dio;[7]

dice Feo Belcari in una lauda, un tempo attribuita al Savonarola, ed ora

---

[5] Cito secondo la lezione del codice *Magl.* VII 690 (c. 116*r*) della Biblioteca Nazionale Centrale di Firenze.

[6] Cfr. Migne, *PG*, XIII, 30, 71.

[7] Per questa e per la successiva citazione dalle laudi belcariane, cfr. la mia edizione delle *Poesie* di Girolamo Savonarola (Roma, Belardetti, 1968, pp. 105-06 e 108-09).

restituita a lui; e in un'altra:

> Dal buon pastor la pecora smarrita
> Si dilungava per sue prave colpe,
> Credendo alle tre volpe:
> *Falso demon, traditor mondo e carne.*

Ma già San Bernardo da Chiaravalle aveva scritto nel sermone XI *In Cantica Canticorum* « de *carnis* illecebris, de *mundi* spectaculis et de pompis *Satanae* », (« delle lusinghe della carne, degli spettacoli del mondo, delle pompe del demonio »). Così nel primo di questi stessi sermoni possiamo analogamente leggere dei cristiani che quotidianamente vengono esercitati dalle guerre mosse loro « a carne, a mundo, a diabolo », e nel LXI, con bellissimo adeguamento dei verbi ai soggetti: « Fremit mundus, premit corpus, diabolus insidiatur ».[8]

Potremmo continuare, su questo tema particolare, a nostra volontà. Ma quanto ho scritto varrà a chiarire come e da che cosa nasca la tripartizione cui il Segneri procede parlando delle tentazioni alle quali San Filippo Neri dovette soggiacere: esse sono, anche per lui, quelle della lussuria, dell'avarizia, dell'ambizione (o, se si preferisce, della « carne », del « mondo » e del « demon rio »: e cioè, la *concupiscentia carnis*, la *concupiscentia oculorum* e la *superbia vitae*). Ebbene, quanto dell'imponente tradizione, che or ora abbiamo intravvisto dietro i pochi rinvii che ho suggerito, fu presente nella sua memoria quando parlò delle tre insidie — « piaceri di senso », « ree suggestioni dell'interesse », « splendidi assalti dell'ambizione » —, che la *conversatio gentis* tese per interi ottant'anni alla santità di Filippo Neri? Certo non poco, dovremo concludere, ripensando allo sterminato patrimonio di letture, sacre e profane, che costituisce il fondamento della sua oratoria.

D'altra parte, un chiaro rinvio alla più diffusa e vulgata strumentazione della cultura medievale non viene soltanto di qui. Si pensi, ad esempio, al gusto tutto medievale dell'*interpretatio nominis*: « O padre suo veramente Felice! / O madre sua veramente Giovanna, / Se, interpretata, val come si dice! », aveva scritto Dante (per limitarmi ad un caso fra mille) dei genitori di San Domenico (*Par.*, XII, 79-81); e il Segneri, a sua volta, di Sant'Ignazio di Loyola:

---

[8] I tre passi bernardiani in Migne, *PL*, CLXXXIII, rispettivamente alle pp. 827, 788 e 1072.

E certamente parv'egli avere del fuoco, siccome il nome, così questa proprietà, ch'a null'altro forse conviene se non al fuoco, di convertire ogni cosa in propria sostanza. Perciocché quanti intimamente trattavano con Ignazio non solamente lasciavano d'esser empi, non solamente aspiravano a farsi santi, ma divenivano anch'essi zelanti al pari della comune salvezza. Ed ecco qual fu l'occasione, dond'egli venne ad arricchire la Chiesa d'uno stuolo novello di religiosi, i quali per quanto fossero o disuniti di patria, o varj di lingua, o diversi di occupazioni, tutti fosser però d'uno stesso cuore, tutti d'uno spirito, tutti d'un desiderio, tutti d'un zelo di far tutto ardere il mondo di amor celeste. (I, 163b)

Dove i lettori apprezzeranno anche l'implicita similitudine istituita tra lo zelo religioso e l'azione del fuoco, tra l'oggetto di quello zelo e quel che è divorato dalle fiamme. Ma, a parte questo, si è visto come io citassi Dante. E si direbbe che il Segneri in questo preciso sacro suo panegirico avesse appunto in mente il poeta della *Commedia*, se almeno non sono casuali gli echi che, provenienti di lì, mi sembra ben di cogliere in due passi: l'uno quando, parlando delle pene fisiche a cui si era sottoposto nell'eremo di Manresa e chiedendo ai suoi ascoltatori: « Come pensate voi dunque, che del suo corpo facess'egli governo punto pietoso? » (I, 160b), va forse ricordandosi del V del *Purgatorio* e di Buonconte da Montefeltro, là dove (v. 108), salvatasi la sua anima per la lagrimetta di pentimento versata in punto di morte, il demonio si duole di dovere rinunciare alla parte eterna del defunto e grida: « Ma io farò dell'altro altro governo! »; l'altro, quando, meravigliandosi che riuscisse a sconvolgere tante città principali un uomo come Sant'Ignazio, « secolare ancora, ancor laico e così male in arnese, che mendicava frusto a frusto anche il viver cotidiano » (I, 163a), pare che alla sua memoria sia presente il penultimo verso del VI del *Paradiso*, dove Romeo di Villanuova va anche lui « mendicando sua vita a frusto a frusto ». E, in verità, la cultura profana — piegata all'abbellimento della verità — è continuamente messa a frutto dal Segneri; che ora cita espressamente i suoi autori, ora ne suggerisce tacitamente al lettore la presenza: come quando apre la *Manna dell'anima*, anzi la stessa « Dichiarazione dell'opera » premessa al libro, con la stessa parola e con lo stesso movimento con cui il Petrarca aveva aperto il più celebre libro di liriche che abbia la nostra letteratura: « Voi che pigliate in mano questo piccolo libro [...] » (III, 8); e non ci sarà bisogno di ricordare l'*incipit* petrarchesco: « Voi che ascoltate in rime sparse il suono ».

È la cultura della grande tradizione cattolica che, come si vede, sta alla base delle scelte retoriche e stilistiche che connotano l'opera del Segneri. Il che, tuttavia, più ancora che in quanto di pur vistosissimo ho fin qui sottolineato, è avvertibile nel continuo abbinamento di cultura cristiana e, reinterpretata alla luce della rivelazione, cultura pagana. In uno dei brani che ho citato poco fa, quello su San Giovanni Battista e sulla mancanza di miracoli a lui attribuiti, i miei lettori si saranno accorti che, nel quadro dei *signa* che rinviano ad altro da sé (tema di chiara ascendenza agostiniana, affrontato con forza particolarmente suggestiva nel secondo libro *de Doctrina Christiana*), trova posto anche quello dei delfini che, versando in mezzo al « mare turbato » « grand'acqua dalle ondose lor nari », annunciano il ritorno della « tranquillità ». La notizia è in Plinio, *Nat. Hist.*, 18, 361: « Praesagiunt et animalia: delphini tranquillo mari lascivientes flatum, ex qua venient parte, item spargentes aquam, iidem turbato tranquillitatem ». E di una tale prerogativa dei delfini parlano molti altri, da Lucano, quando (*Bellum civile*, V, 552) induce Amiclate preoccupato dell'imminente tempesta anche perché vede incerto il delfino nell'affrontare il mare, a Cicerone, il quale, assicurando come i delfini si rifugiassero nei porti quando ci fosse minaccia di tempesta (*de Divinatione*, II, 70, 145: « cum viderint delphinos se in portua coniicientes tempestatem significari putant ») e si sottraessero quindi alla vista dei marinai, sembrava autorizzare in qualche modo, se non esplicitamente certo implicitamente, la deduzione dell'opposto, che cioè, quando essi tornavano a farsi vedere, era imminente il ritorno della calma.[9] Ma non è il recupero della fonte donde il Segneri attingeva la notizia, quello che, almeno in questo punto, interessa. D'altronde, la mia conoscenza della letteratura latina (e tanto meno della greca) è ben lontana dall'essere quella d'uno specialista; sicché in altri casi mi troverei senz'altro costretto a confessare la mia incapacità di reperire l'autore e il luogo donde al Segneri provenisse questa o quella informazione. Nell'esordio, ad esempio, della predica VIII del

---

[9] Anche la tradizione volgare, d'altra parte, fa un gran parlare delle premonizioni dei delfini; e basterà citare Dante (*Inf.*, XXII, 19-21: « Come i dalfini, quando fanno segno / A' marinar con l'arco de la schiena / Che s'argomentin di campar lor legno »). Un secolo dopo il Segneri, Lorenzo Mascheroni riprendeva il *topos* ne *L'invito a Lesbia Cidonia*, 167-68: « Te, delfin vispo, cui del vicin nembo / Fama non dubbio accorgimento diede ».

Quaresimale si legge:

> Milone Crotoniate, uomo dei più robusti, che vanti l'antichità, solea tra le altre, ad ostentare la sua mirabilissima forza, far questa prova. Pigliava un pomo, e tenendolo in mano stretto, sfidava chi che fosse a levarglielo, se poteva. Ma chi poté? Niuno mai, se non una certa debole femminella da lui diletta. Perché laddove a tutti gli altri egli resisteva fortemente, a questa sola finalmente egli arrendevasi, e gliel cedea. (I, 80)

Nessuna tra le fonti classiche registrate dai repertori, che io ho consultato, parla di questa debole femminella: non Ovidio, non Cicerone, non Aulo Gellio, non Valerio Massimo; e, quanto al pomo (o, per essere esatti, alla melagrana) stretto nel pugno, la notizia è trasmessa da Pausania (VI, 14, 6)[10] e, fra i latini, dal solo Plinio, (*Nat. Hist.*, VII, 83) con cinque rapide parolette. Egli, infatti, dopo aver detto che nessuno, quando l'atleta Milone s'era piazzato in un certo luogo, riusciva a smuoverlo di lì, aggiunge: « malum tenenti modo digitum educebat » (« se stringeva un pomo, nessuno riusciva ad aprirgli sia pure un solo dito »). Con tutto questo, non mi sentirei di affermare che il Segneri andasse ampliando di sua iniziativa quanto trovava nei classici, magari ispirandosi a quello che, se non a un Milone, era accaduto ad un Ercole con Iole, alla quale, nonché un pomo, ma tutto se stesso e la stessa sua dignità il figlio di Giove e di Alcmena aveva concesso.

A Plinio, invece, VII, 174 (ma ne parlano anche Apollonio, Luciano, Origene e, tra i latini, Tertulliano) risale l'aneddoto su Ermotimo, al quale — dice il Segneri — era stata concessa una prerogativa, pur paganamente favolosa, che tuttavia nella verità del fatto un grande santo cristiano possedette. Il passo deduco dal panegirico in onore di San Tommaso d'Aquino, un panegirico importantissimo anche per la presa di posizione contro l'identificazione della *rusticitas* con la *sanctitas*:

> Fu scritto già da Plinio che l'anima di un tal uomo, chiamato Ermotimo, possedea questa gran virtù, che abbandonando velocemente il suo corpo qualor voleva, se ne trascorreva a pellegrinare in paesi anche remo-

---

[10] Tutto quello che si ricorda di Milone ci è, in effetti, trasmesso da questo luogo di Pausania (VI, 14, 5-8), che, oltre a questo della melagrana (« Punicum malum ita manu compressa tenebat, ut neque qui conatus esset extorqueret, neque ipse tamen illud elideret »), cita altri aneddoti, che qui non è il caso di ricordare.

tissimi, a veder varj popoli, a notar varj costumi, ad apprender varie usanze; sicché, quando poi volle una volta tra l'altre tornare al corpo, se lo ritrovò già bruciato. Ma ciò che, letto in Plinio, per lungo tempo giustamente avea mossi gli animi a riso qual mera favola o qual solenne follia, convenne poscia in un Tommaso ammirare qual verità. Tornava spesso la sua anima al corpo, e lo ritrovava ora piagato, ora lacero, ora scottato, senza ch'ella né pure se ne fosse avvista, siccome quella che, scorsa in tanto pellegrinar su le stelle, non altro fatto aveva fin allor che trattar con gli angeli e che conversar co' beati. (I, 62a-b)

A questa favola, com'è noto, si sarebbe riferito anche il Leopardi in un passo dell'operetta morale intitolata *Dialogo d'Ercole e di Atlante*, quando il primo dei due interlocutori diceva del mondo, che l'altro credeva essersi trasformato in muta ed immobile pianta, ritenerlo piuttosto dormente e di un sonno simile o a quello d'Epimenide o, appunto, d'Ermotimo: «che l'anima gli usciva dal corpo ogni volta che voleva, e stava fuori molti anni, andando a diporto per diversi paesi, e poi tornava, finché gli amici, per finire questa canzona, abbruciarono il corpo; e così lo spirito ritornato per entrare, trovò che la casa gli era disfatta, e che se voleva alloggiare al coperto, gliene conveniva pigliare un'altra a pigione, o andare all'osteria».

Ma, lasciando da parte il Leopardi e tornando al nostro discorso, è evidente come il Segneri, attenendosi ad una gloriosa tradizione che il Petrarca legittimava rinviando alla cura stilistica con cui un Girolamo o un Agostino avevano redatto le loro opere, da una parte abbellisca esteriormente con le risorse dei classici gentili la verità cristiana, ma, dall'altra, scopra la verità che pur Dio si era compiaciuto di nascondere al fondo delle favole dei Gentili:

> Uno degli uomini più invidiati che avesse l'antichità, fu, s'io non m'inganno, quel Gige, il quale per la virtù, più magica certamente che naturale, di un certo anello tenuto in dito, si rendea talmente invisibile a' circostanti, ch'egli poté francamente commettere ogni delitto senza rossore di volto, o timor di cuore. Invidiatissimo dovette egli esser, dico, perciocché, se è proprio di ogni malvagio l'amare di star ascosto, quanto avrebbe ciascun di loro pagato di avere in mano quasi una notte portatile a suo comando? Certo, io m'immagino che, se Gige, allettato da quella opportunità, violò una regina consenziente, trucidò un re spensierato, e di vil pastore ch'era, giunse anche a farsi, come Platone narrò [*Rep.* II, III, 359c-360b], signor della Lidia, altri più di lui scellerati non avrebbono lasciata castità intatta, non tesoro sicuro, non emolo invendi-

cato, ma soddisfacendo ogni voglia, ma sfogandosi ogni capriccio, tutto il mondo avrebbono sfrenatamente ammorbato d'impudicizie, di ladronecci, di sangue. (I, 124b-125a)

Così Paolo Segneri va favoleggiando sul limitare della predica XII del *Quaresimale*. E, certo, la favola — che, tra gli altri, anche Cicerone (*de Officiis*, III, 9, 38) riferisce per esteso citando la fonte platonica (e alla quale anche l'Ariosto, d'altronde sulla scia del Boiardo s'ispirò per l'anello di Brunello) — doveva guadagnare subito al predicatore la divertita attenzione del pubblico; ma al di là di un tale pratico scopo, quello che dobbiamo leggere in questo, come in mille altri punti, dell'oratoria segneriana è appunto il gusto per cui la verità cristiana viene abbellita con i « fabularum integumenta Gentilium ». Dai quali a quell'oratoria vengono a volte spunti di intensa poesia. Ognuno di noi ricorda il divampare nel cuore di Didone della passione amorosa, quale ce la descrive Virgilio nel IV dell'*Eneide* (vv. 68-73):

> Uritur infelix Dido totaque vagatur
> Urbe furens, qualia coniecta cerva sagitta,
> Quam procul incautam nemora inter Cresia fixit
> Pastor agens telis liquitque volatile ferrum
> Nescius: illa fuga silvas saltusque peragrat
> Dictaeos, haeret lateri letalis harundo.

Arde, dunque, l'infelice Didone e va delirando per tutta la città; e Virgilio la paragona ad una cerva trafitta dalla saetta, con cui il pastore che la inseguiva nei boschi di Creta la colpì, sorprendendola: corre la bestia attraverso i boschi e le macchie del Dicte, e intanto il dardo mortale le resta fitto nel fianco. Si torni ora al Segneri. Il quale, nella VII predica del *Quaresimale* va rimproverando i cristiani che lo ascoltano di non preoccuparsi abbastanza della salute della loro anima: alcuni di essi, è ben vero, si recano non di rado in qualche chiostro di solitari, ma solo per diportarsi « o per discorrere con qualcuno di essi » (e si faccia caso, di passaggio, al riemergere della solita struttura tripartita) « delle vittorie del Tartaro, delle rotte del Transilvano, delle novelle che vengono a noi d'Irlanda; ma », aggiunge « per rintracciar seriamente qual sia la strada, che per voi trovisi più opportuna a salvarvi, non so se mai scomodato abbiate di camera un religioso. Ma qual maraviglia, che ne trattiate sì poco, o sì poco ne discorriate, mentre neppure tra voi stessi avete in costume di talor fissarvi la mente? Chi ha gran sollecitudine di un negozio, non può da esso, benché voglia, distogliersi col pensiero ». E, ricordatosi d'un tratto della regina che non riusciva a distogliersi col pensiero dall'amore di Enea, ricorre allo stesso paragone con cui Virgilio lo metteva davanti agli occhi del lettore in tutta la sua terribile violenza, e conclude: « Pare appunto un cervo ferito, che dovunque va, porta seco affannosamente la sua saetta: vi pensa il giorno, vi ripensa la notte, e l'ha fin presente nell'animo allor ch'ei giace sepolto in alto sonno » (I, 71a-b).

Altrove — precisamente nella parte III, ragionamento XVI, cap. XV de *Il cristiano istruito nella sua legge* — parla di coloro che sono incalliti nel male:

> Eppure questa sì lunga permanenza nell'iniquità, non solo ha per costume d'indebolire a gran segno le forze della volontà, poco franca di sua natura in resistere al male; ma anche ha di proprio l'impedire le forze della mente a conoscerlo. È avvenuto talora che un prigione, lungamente chiuso in un'oscura segreta, vi perdesse la vista di tal maniera, che anche cavato fuori alla luce non vedea nulla. Né più né meno interviene a quei miserabili che hanno lungamente giaciuto nelle tenebre del peccato. Anche dappoiché la confessione apre loro gli occhi, si può dire che non veggan punto. (II, 749a)

Può darsi che il Segneri pensasse davvero al caso dei prigionieri tratti dopo lunghissimo tempo dalla loro oscura segreta; quanto a me, ritengo molto più probabile che alla mente gli tornasse il celebre mito con cui Platone apre il settimo libro della *Repubblica*, quando un altro prigione viene anche lì tirato fuori dalla caverna e costretto a fissare gli occhi nella luce accecante (515e-516a):

> E se lo si costringesse a guardare la luce stessa, non sentirebbe male agli occhi e non fuggirebbe volgendosi verso gli oggetti di cui può sostenere la vista? e non li giudicherebbe realmente più chiari di quelli che li fossero mostrati? Se poi lo si trascinasse via di lì a forza, per l'ascesa scabra ed erta, e non lo si lasciasse prima di averlo tratto alla luce del sole, non ne soffrirebbe e non s'irriterebbe di essere trascinato? E giunto alla luce, essendo i suoi occhi abbagliati, non potrebbe vedere nemmeno una delle cose che sono dette vere.

Giulio Marzot definì Paolo Segneri, nello stesso titolo della sua monografia, « un classico della Controriforma ». Approvo e condivido la definizione. Mi piacerebbe soltanto sostituire a *Controriforma* qualcosa che non chiudesse entro limiti cronologici non veritieri l'opera di chi, in sostanza, sembra aver guardato ed essersi rifatto, continuandone l'opera, all'insegnamento della grande esegesi patristica. Una formula più congruente potrebbe essere: « Un classico della tradizione cristiana: Paolo Segneri ».

MARIO MARTELLI
Università di Firenze

XV
LA LETTERATURA RELIGIOSA ITALIANA NEL SETTECENTO UNGHERESE DA SEGNERI A MURATORI

In seguito all'assedio di Vienna (1683) fu creata la Lega Santa per cacciare definitivamente i Turchi dall'Europa Centrale; nel 1686 venne liberata Buda, e poi tutto il territorio del Regno ungarico, compresa la Transilvania. Dopo le guerre di liberazione e le guerre d'indipendenza dei « kuruc » guidati dal principe Ferenc Rákóczi II (1703-1711) e dopo la pace di Szatmár (1711), che sancì il compromesso tra gli Asburgo e la nobiltà ungherese, la prima metà del XVIII secolo in Ungheria fu contrassegnata dalla ricostruzione materiale, sociale e culturale del Paese. Le città ed i villaggi dell'Ungheria centrale, comprese le antiche sedi culturali, come Esztergom, Buda, Székesfehérvár (Alba Regia), Veszprém e Kalocsa erano state quasi completamente distrutte durante il dominio turco di un secolo e mezzo, la popolazione uccisa o cacciata via. Era necessaria una vera ricostruzione e un ripopolamento della zona centrale del Paese dal lago Balaton al Tibisco, da Buda fino alla frontiera, cioè fino a Belgrado, liberata da Eugenio di Savoia nel 1717. Questa ricostruzione materiale e culturale dell'Ungheria venne determinata dalla grande attività della Chiesa cattolica ungherese.[1]

In seguito alla liberazione dell'Ungheria dai Turchi, il Regno d'Ungheria divenne parte integrante (con autonomia giuridica) dell'Impero asburgico. Accanto al riconoscimento degli antichi privilegi della nobiltà ungherese, tutte le questioni politiche ed economiche più importanti vennero giudicate dal punto di vista degli interessi dell'Impero, mentre la riorganizzazione della vita culturale del paese fu affidata alla Chiesa cattolica. La prima metà del XVIII secolo fu caratterizzata dalla rico-

---

[1] Cfr. Péter Sárközy, *Roma e il rinnovamento culturale del XVIII secolo*, in *Storia religiosa dell'Ungheria*, a cura di Angelo Vaccaro, Varese, Matriona 1992, pp. 213-32.

struzione delle città più importanti. Così a Buda, ad Esztergom, Eger, Vác, Veszprém Kalocsa — ma in quasi tutte le grandi città sedi vescovili furono ricostruite le chiese, sorsero sontuosi palazzi barocchi (come il Castello Reale di Buda rifatto dall'architetto imperiale di Vienna, Venerio Ceresola), nuove chiese e seminari, biblioteche, scuole e collegi. Questa ricostruzione dell'Ungheria in gran parte venne determinata dall'attività della Chiesa cattolica ungherese, in strettissimo legame con l'aristocrazia e l'alta nobiltà ungherese. Essendo il più alto clero ungherese legato alla Chiesa Romana della vincente Controriforma, così anche il grande rinnovamento culturale della prima metà del Settecento ungherese ebbe un timbro decisamente italianeggiante.

Il « timbro italianeggiante » si rispecchia anche nell'architettura e nell'arte barocca ungherese, perché la costruzione dei nuovi palazzi e delle nuove chiese venne affidata ai più famosi architetti di Vienna, che allora erano in maggioranza italiani.[2] Così erano italiane le famiglie di capomastri, stuccatori, pittori e scultori attivi in Ungheria nel corso del XVIII secolo. Così i palazzi vescovili di Eger, le chiese barocche di Vác, Veszprém, Pécs ecc. sorgono seguendo lo stile barocco italianeggiante delle chiese secentesche di Vienna, e per lo più anche i costruttori e gli artisti furono le stesse persone che avevano operato in precedenza nella città imperiale. Quasi in ogni città ungherese si formarono delle vere corporazioni artistiche italiane: a Nagyszombat e a Kassa (oggi Trnava e Kosice) i Canevale, a Sopron i Conti ed i Finali, Francesco Martinelli a Pest, Davide Antonio Fossati a Pozsony (Bratislava) e a Pannonhalma, i Galliardi a Nyitra (Nitra). L'aspetto architettonico e urbanistico delle città della diocesi di Eger fu dovuto all'attività di Giovan Battista Carlone, a Gyöngyös gli architetti dei conti Grassalkovich furono i Quadri e Giacomo Brera, e così via. Questa vasta attività degli artisti italiani garantì una sfumatura italianeggiante al barocco ungherese, nonostante la presenza notevole di alcuni grandi pittori austriaci come il Maulbertsch o il Dorfmeister.

Anche nella vita culturale la Controriforma cattolica avanzò a grandi passi: più di 140 chiese passarono dalle mani dei protestanti a quelle dei cattolici. I diversi ordini religiosi si riorganizzarono e nel 1765 in Un-

---

[2] Cfr. Klára Garas, *Maestri italiani e veneziani nell'Ungheria del secolo XVIII*, in *Venezia, Italia, Ungheria fra Arcadia e Illuminismo*, a cura di Béla Köpeczi e Péter Sárközy, Budapest, Akadémiai 1982, pp. 265-74.

gheria funzionavano 62 ginnasi cattolici (accanto a quelli dei protestanti) tra i quali 31 dei Gesuiti, 21 degli Scolopi, 6 dei Francescani, 2 dei Paolini e 1 rispettivamente di Domenicani, di Premontrensi e di Benedettini. Ai Gesuiti venne affidato il compito della riorganizzazione e della modernizzazione della vita religiosa e della formazione di una nuova coscienza storico-morale della società ungherese. A tal fine ebbero grandissima importanza l'Università e la tipografia universitaria di Nagyszombat (Trnava) fondate dal cardinale Péter Pázmány già nel 1635, le quali furono trasferite nella capitale ricostruita, a Buda, nel 1777. Accanto ai Gesuiti anche l'ordine degli Scolopi, dei Padri Pii (in ungherese « piaristák »), ebbe un ruolo fondamentale nella vita culturale del Settecento ungherese, perché la loro opera fu incentrata soprattutto sulla riforma dell'educazione scolastica e sulla diffusione delle nuove scoperte scientifiche naturali, prima di tutto quelle della nuova fisica newtoniana e della filosofia di Leibniz e Wolff.

La formazione dell'alto clero ungherese è stata legata alla Chiesa romana. Già tradizionalmente per gli intellettuali ungheresi, come per quelli di una grande parte dell'Europa centrale, « Studium fuit Bononiae », cioè dal Trecento in poi le Università di Bologna e di Padova furono la vera « alma mater » per la formazione dei giovani intellettuali ungheresi.[3] Nei secoli XIV-XV la presenza degli studenti ungheresi presso le università italiane si intensificò a tal punto che all'epoca del Rinascimento si può parlare di una vera « calata degli Ungheresi in Italia ». A cominciare però dalla metà del Cinquecento, in seguito alla presa di Buda da parte del Turco (1541) e all'avanzata della Riforma tedesca in Ungheria, si verificò un sensibile calo del numero degli studenti ungheresi nelle università italiane, almeno per quello che riguarda gli studenti laici, i quali scelsero o le università più vicine austriache o quelle di Nagyszombat (Trnava, fondata nel 1635), o quelle dei paesi protestanti (Wittenberg, Heidelberg e Gottinga). Ma il vuoto creato dalla mancanza degli studenti laici e protestanti fu ben presto colmato dalla presenza dei giovani ecclesiastici presso i nuovi collegi universitari fondati nel corso del Cinquecento dalla Controriforma cattolica in

---

[3] Cfr. *Roma e l'Italia nel contesto della storia delle Università ungheresi*, a cura di Carla Frova e Péter Sárközy, Roma, Edizioni dell'Ateneo, 1985; Péter Sárközy, *« Studium fuit Bononiae »*, in « Il Veltro » 1-2, 1993, pp. 241-49.

Italia, prima di tutto a Roma. Nella seconda metà del Cinquecento era già stata formulata la proposta di opporre per i giovani clerici l'Università di Roma a quella di Padova (Antonio Possevino scrisse al futuro arcivescovo Ferenc Forgách di scegliere Roma al posto dello studio patavino per i suoi seminaristi « percioché in Padova et ungheri et altri dissimulano l'heresia et guastano il mondo »).[4]

Il primo a formulare l'idea di costruire a Roma dei collegi anche per i giovani dell'Europa centrale fu lo stesso Ignazio di Loyola, in seguito alla fondazione del Collegio Germanico accanto al famoso Collegio Romano della Compagnia di Gesù. Il Collegio Ungarico di Roma fu creato nel 1579 presso il monastero dei Paolini ungheresi di Santo Stefano Rotondo sul Monte Celio, per iniziativa di István Szántó Arator, seguace di Antonio Possevino.[5] Il Collegio autonomo ungherese non operò a lungo, poiché Gregorio XIII nel 1580 decise l'unificazione di tale Collegio con quello Germanico, istituendo così il famoso Collegio Germanico-Ungarico di Roma e fissando un contingente di 12 posti per studenti provenienti dal Regno d'Ungheria. Contemporaneamente, per iniziativa del penitenziere ungherese della Basilica di San Pietro, Paolo Szondy, nel 1553 venne fondato un altro Collegio Ungarico a Bologna per garantire « un porto sicuro » nella città dotta per i giovani ecclesiastici ungheresi e croati.[6] Nei due collegi, in quello Germanico-Ungarico di Roma ed in quello Ungaro-Illirico di Bologna, fino alla loro soppressione in seguito al decreto imperiale di Giuseppe II del 1781, studiarono centinaia e centinaia dei più importanti esponenti della Chiesa cattolica ungherese (e croata).[7]

---

[4] Ágnes Szalay-Ritoók, *Perché un gruppo di studenti ungheresi scelsero come meta dei loro studi l'Archiginnasio di Roma*, in *Roma e l'Italia nel contesto della storia delle Università ungheresi*, cit., pp. 85-96, p. 95.

[5] Cfr. István Bitskey, *Il Collegio Germanico-Ungarico di Roma e la formazione della Controriforma ungherese*, in *Roma e l'Italia nel contesto della storia delle Università ungheresi*, cit., pp. 115-26.

[6] Cfr. Péter Sárközy, *Il ruolo dell'Università di Bologna e del Collegio Ungaro-Illirico nella storia culturale ungherese*, in *Annali del Collegio Ungaro-Illirico di Bologna, 1553-1664*, a cura di Maria Antonia Accorsi e Gian Paolo Brizzi, Bologna, CLUEB, 1988, pp. 43-63.

[7] Cfr. Endre Veress, *Matricula et acta Hungarorum in Universitatibus Italiae studentium (1221-1864)*, Budapest, Akadémiai, 1941; Id., *Matricula et acta..., Collegium Germanicum-Hungaricum*, Budapest, 1917.

Questa continua presenza dei giovani intellettuali ungheresi nelle u-
niversità italiane, protrattasi dal Medioevo fino alla fine del Settecento,
ebbe una parte notevole nella formazione della cultura ungherese attraverso i secoli, perché questi studenti, tornati dalle università italiane dopo lunghi anni trascorsi in Italia, ebbero un ruolo significativo nella diffusione e nell'irradiazione del modello culturale italiano in Ungheria.

Un'importanza singolare ebbe il Collegio Germanico-Ungarico nella
formazione del nuovo clero ungherese, tanto per il grande numero dei
suoi membri (solo nel XVIII secolo 296 seminaristi ungheresi compirono i loro studi al famoso collegio di Roma), quanto per il loro rango
nella società ungherese di allora. Infatti la maggioranza dei « germani-
sti » ungheresi furono rampolli delle più importanti famiglie aristocratiche ungheresi, e molti di loro dopo il rientro in patria ebbero un ruolo
importante nella vita religiosa e culturale del Paese. Dopo Péter
Pázmány tutti gli Arcivescovi primati dell'Ungheria del Sei e Settecento furono precedentemente seminaristi del Collegio Germanico. Questi
magnati, durante il loro lungo soggiorno romano, oltre ad effettuare i
loro studi presso La Sapienza e presso il Collegio Romano, ebbero contatti con i ceti più alti di Roma: frequentavano i salotti e le accademie
fondate dal clero romano, ne divennero membri (come il cardinale
Zsigmond Kollonich e l'arcivescovo di Kalocsa, Ádám Patachich, che
furono acclamati membri dell'Accademia dell'Arcadia), e poterono conoscere da vicino l'attività culturale della Chiesa e dell'aristocrazia romana proprio nel momento della fondazione di nuovi musei e biblioteche nell'ambito del rinnovamento culturale del grande movimento del-
l'Arcadia.[8] Con « l'esempio romano » si può spiegare l'attività mecena-
tizia degli arcivescovi Ferencz Barkóczy e di Károly Eszterházy prima
ad Eger poi ad Esztergom, quella di Pál Forgách e del trentino Kristòf
(Cristoforo) Migazzi a Vác; quella di Ignácz Batthyany a Gyulafe-
hérvár (Alba Julia), di Adám Patachich a Nagyvárad (Oradea) e a Kalocsa, i quali fondarono biblioteche e seminari, tipografie e teatri d'ope-

---

[8] Cfr. Péter Sárközy, *Intellettuali ungheresi nell'Italia del Settecento*, in *Miscellanea di studi in onore di Vittore Branca*, vol. IV, *Tra Illuminismo e
Romanticismo*, Firenze, Olschki, 1983, tomo I, pp. 221-43; Id., *Letteratura
ungherese - Letteratura italiana. Momenti e problemi dei rapporti letterari
italo-ungheresi*, Roma, Carucci, 1990; Id., *Ungheresi nell'Arcadia Romana*, in Id., *Da I Fiumi di Ungaretti al Danubio di Attila József. Saggi di
comparatistica italo-ungherese*, Roma, Sovera, 1994, pp. 51-66.

ra e mandarono i loro giovani religiosi di talento in Italia per viaggi di studio. Tutta questa attività dell'alto clero ungherese nella prima metà del Settecento iniziò come diretta conseguenza del loro soggiorno romano. (Bisogna aggiungere che il mecenatismo « all'italiana » della gerarchia cattolica ungherese venne seguito ben presto dagli altri magnati ungheresi, spesso membri delle stesse famiglie aristocratiche: basti pensare al mecenatismo artistico e teatrale dei principi Esterházy ad Eszterháza e a Kismarton [Eisenstadt] dove per trent'anni, dal 1762, il direttore del teatro dell'opera italiana fu Joseph Haydn.)[9]

Nella formazione dei nuovi propagatori del modello culturale italiano in Ungheria ebbe un ruolo determinante anche il Collegio Nazareno dell'ordine degli Scolopi. Gli Scolopi ungheresi, dopo la formazione della loro provincia ungherese, dal 1736 mandarono i loro migliori professori e studenti presso le famose accademie italiane, a Pisa, a Napoli e prima di tutto al Collegio Nazareno di Roma, per ascoltare i famosi professori dell'ordine, Paolo Chellucci, Alessandro Politus, il polacco Stanislaw Konarski e soprattutto il grande divulgatore delle nuove idee newtoniane, Edoardo Corsini.[10] Tra i professori ungheresi del Collegio Nazareno troviamo alcuni dei più famosi personaggi della letteratura neolatina del Settecento ungherese, come ad esempio Ignácz Desericzky, il quale in un trattato difese la cultura latina ungherese contro le invettive del gesuita Raimondo Cecchetti (*Pro cultu litterarum in Hungaria vindicatio*, Roma, 1743), e durante il suo soggiorno romano raccolse una grande quantità di documenti storici riguardanti la storia ungherese (*De initiis ac majoribus Hungarorum commentaria*, Roma, 1748-1760). Tra gli alunni ungheresi più eminenti di Edoardo Corsini vi furono i fratelli Körver, Elek Körver, poi preside del Collegio di Pest

---

[9] Cfr. Mátyás Horányi, *The Magnificence of Eszterháza*, London, 1962; Péter Sárközy, *Les spectacles à la cour des Esterházy comme modèle du thèatre europèen*, in *Le thèatre et l'opera sous le signe de l'histoire*, par Irene Mamczarcz, Paris, Klincksieck, 1994, pp. 143-54.

[10] Cfr. Pasquale Vannucci, *Il Collegio Nazareno 1630-1930*, Roma, 1930; Domokos Kosáry, *L'influence de l'Italie sur l'education en Hongrie au milieu du XVIII siècle*, in *Venezia, Italia, Ungheria fra Arcadia e Illuminismo*, cit., pp. 201-11; Péter Sárközy, *« Ognor l'util cercando ». Poesia e scienza nella cultura arcadica ungherese*, in *Letteratura italiana e industria (Atti del XV Congresso AISLLI)*, a cura di Carlo Ossola e Giorgio Bárberi Squarotti, Firenze, Olschki, in corso di stampa.

e János Körver, prima professore di matematica poi provinciale dell'ordine in Ungheria, János Antal Bajtay, poi professore dell'Accademia Liechtenstein di Vienna, precettore del futuro imperatore Giuseppe II, Norbert Conradi, traduttore latino delle opere corsiniane, Elek Horányi, autore delle prime enciclopedie letterarie in Ungheria (*Memoria Hungarorum*, Vienna 1775-1777; *Nova Memoria Hungarorum*, Pest, 1792; *Scriptores Piarum Scholarum*, Buda, 1808-1812), e non ultimo il famoso poeta neolatino, « l'Orazio del secolo », János Krizostom Hannulik, eletto membro dell'Accademia dell'Arcadia romana col nome Seralbis Erimanticus, insieme al penitenziere ungherese della Basilica di San Pietro, il gesuita Ferenc Faludi, il quale venne accolto in Arcadia nel 1743 col nome Carpato Dindimeio, per diventare il primo poeta moderno della nuova letteratura ungherese del Settecento con le sue canzoni scritte in lingua ungherese sotto l'influenza della poesia arcadica e dei melodrammi metastasiani.[11]

Grande e fertile terreno per l'irradiazione del « modello culturale » italiano nella letteratura latina ed ungherese del Settecento in Ungheria fu la grande fioritura delle rappresentazioni scolastiche. Abbiamo conoscenza di ben quattromila spettacoli teatrali che ebbero luogo dal 1561 fino al 1773 nei quarantotto licei gesuiti dell'Ungheria, e una parte notevole di queste rappresentazioni seguì modelli di rappresentazioni latine dei Collegi italiani.[12] Nel Settecento anche le rappresentazioni delle scuole degli Scolopi ebbero una grande fioritura. Uno degli autori preferiti di queste rappresentazioni scolastiche fu Pietro Metastasio, poeta cesareo di Vienna, 17 melodrammi del quale furono tradotti in latino e tredici in lingua ungherese. La fortuna del Metastasio in Ungheria si protrae fino alla fine del secolo, quando il maggior poeta del tempo, Mihály Csokonai Vitéz formerà il suo linguaggio poetico originale e

---

[11] Cfr. Péter Sárközy, *Il classicismo arcadico e la rinascita della poesia ungherese*, in Id., *Letteratura ungherese - Letteratura italiana*, cit., pp. 145-65; József Szauder, *Ispirazioni italiane nella cultura ungherese del Settecento*, in *Sensibilità e razionalità nel Settecento*, a cura di Vittore Branca, Firenze, Sansoni, 1967, pp. 215-25.

[12] Cfr. Péter Sárközy, *Il teatro ungherese moderno*, in *Il teatro contemporaneo*, a cura di Mario Verdone, Roma, Lucarini 1983, vol. II, pp. 503-22; Géza Staud, *A magyarországi jezsuita iskoladrámák címjegyzéke*, [*Le rappresentazioni scolastiche dei Gesuiti in Ungheria*], Budapest, Akadémiai, 1984, voll. I-III.

moderno in seguito ad un'esperienza molto profonda della traduzione delle cantate e dei melodrammi metastasiani.[13]

Ma la prima conseguenza degli intensi rapporti culturali della Chiesa cattolica ungherese con Roma e con l'Italia fu la fiorente letteratura latina (neolatina) del Sei e Settecento ungherese, in cui prevaleva « il modello ed il gusto » italiano, tanto nella scelta delle opere morali, quanto negli indirizzi della storiografia e della poesia storico-epica dei Gesuiti ungheresi.[14] In questo periodo possiamo constatare da una parte le varie ristampe delle opere latine e la traduzione, prima in lingua latina, poi in lingua ungherese, delle opere morali più famose della letteratura religiosa italiana: le opere dello Scupoli, del Segneri, del Pinamonti e poi di Ludovico Antonio Muratori, il quale influenzerà non solo la letteratura della « regolata divozione », ma anche gli indirizzi e la metodologia della storiografia ungherese — in lingua latina — del XVIII secolo.

Nella cultura ungherese del Sei e Settecento hanno un posto e un ruolo importante le varie raccolte di discorsi ecclesiastici; possiamo dire con lo studioso István Bitskey, che la predicazione fu uno dei generi principali della letteratura barocca ungherese e di tutta l'area dell'Europa Centrale dopo il Concilio di Trento.[15] Nel XVI secolo, questo genere letterario, coltivato dai Francescani Osservanti e dagli Oratoriani era rappresentato prima di tutto dalle prediche in piazza.[16] Una delle figure più eminenti di questo « genere letterario » fu Francesco Panigarola, guardiano del convento di Aracoeli in Roma, i cui discorsi sono portati dalla critica letteraria italiana come esempio tipico del primo barocco, tanto più che fu proprio lui a sintetizzare il suo metodo nell'opera *Modo di comporre una predica* (Venezia, 1603). Tra gli Oratoriani, San Fi-

---

[13] Cfr. József Szauder, *Metastasio in Ungheria*, in AA.VV., *Studi in onore di Natalino Sapegno*, Roma, Bulzoni, 1975, vol. III, 309-34.

[14] Cfr. Lázló Szörényi, *L'Arcadia latina nell'Ungheria del XVIII secolo*, in *Venezia, Italia, Ungheria fra Arcadia e Illuminismo*, cit., pp. 295-301.

[15] Cfr. István Bitskey, *La predicazione: uno dei generi principali della letteratura barocca dell'Europa centrale*, in *Venezia e Ungheria nel contesto del barocco europeo*, a cura di Vittore Branca, Firenze, Olschki, 1979, pp. 287-304.

[16] Cfr. Emilio Santini, *L'eloquenza italiana dal Concilio tridentino ai nostri giorni: gli oratori sacri*, Milano, Remo Sandron, 1923.

lippo Neri conquistò la fama maggiore a Roma nella seconda metà del Cinquecento, anche se prima di morire bruciò tutti i suoi scritti. Nel secolo successivo gli Oratoriani ormai pubblicavano regolarmente i loro discorsi. Erano molto popolari nel Seicento anche le prediche del canonico lateranense Gabriele d'Inchino, che poi vennero tradotte anche in ungherese da Bálint Lépes, vescovo della città di Győr.

Rispetto alle prediche in piazza significò un nuovo stile, quell'oratoria ecclesiastica che si diffuse in Italia dopo il Concilio di Trento, rappresentata dalle cosiddette predicazioni episcopali-sacerdotali, nate nello spirito della restaurazione cattolica postconciliare. Tra i maggiori rappresentanti di questa variante del genere letterario troviamo i famosi arcivescovi di Milano e di Bologna, i cardinali Carlo Borromeo e Gabriele Paleotti. L'ordinanza del Concilio che sollecitava le prediche pontificali proibiva la discussione dei dogmi decretati dal Concilio, e proponeva al posto di questa la spiegazione delle questioni etiche in uno stile più semplice affinché fossero comprese dai fedeli. Ci sono rimasti circa settecento discorsi del cardinale Paleotti, raccolti e pubblicati a Bologna nel 1582, ed anche i discorsi del Borromeo saranno raccolti e pubblicati, sia pure con un secolo e mezzo di ritardo, nel 1747-1748. Sarà lo stesso Borromeo a proporre l'uso del volgare al posto del latino per l'Arcivescovo bolognese, cosicché anche le donne e gli ignoranti potessero capire il senso delle prediche, ma a questo proposito Paleotti gli rispose che a Bologna c'erano numerosi studenti stranieri e per questi bisognava parlare in latino.[17] Dal carteggio dei due Cardinali si vede chiaramente che alla fine del Cinquecento esistevano già due modelli dell'arte oratoria, cioè le prediche in piazza e la predicazione dotta, ancora prevalentemente in lingua latina.

Anche per la fortuna di questo genere letterario di arte sacra, la comparsa dei Gesuiti portò un elemento nuovo. L'ordine era stato organizzato nel segno della lotta al protestantesimo, così era necessario rendere più efficace anche la predicazione, secondo le ammonizioni del generale Acquaviva: evitare i punti di attrito, mettendo un accento particolare sulla preparazione delle prediche, per garantire la trasmissione della morale con l'uso di uno stile semplice e comprensibile. La maggioranza dei predicatori gesuiti doveva predicare in Paesi dove i protestanti era-

---

[17] Paolo Prodi, *Il Cardinale Gabriele Paleotti, 1522-1597*, Roma, Edizioni di Storia e letteratura 1967, vol. II, p. 90.

no in maggioranza, così dovevano utilizzare anche i metodi dell'oratoria di piazza.

Le prediche dei Gesuiti italiani del XVI secolo ci sono pervenute, in maggioranza, in forma manoscritta, come le prediche di Giacomo Lainez, Benedetto Palmio e Salmeron. All'inizio del XVII secolo si animò sempre più la pubblicazione delle prediche che culminò indubbiamente nell'attività oratoria di Paolo Segneri nella seconda metà del secolo. Nelle sue opere si uniscono felicemente la profonda preparazione teologica e la sensibilità verso le questioni etico-pratiche, nonché l'erudizione e la credibilità artistica che garantirono al Segneri la fama di « principe dell'oratoria italiana ».[18]

In Ungheria nel Cinquecento l'avanzata della Riforma aveva trovato quasi del tutto impreparata la Chiesa cattolica, decapitata sul campo di battaglia di Mohács e divisa dalle discordie tra i due re eletti contemporaneamente nel 1527, Ferdinando d'Asburgo e János Szapolyai, il cui figlio diventerà il primo principe della Transilvania, stato in bilico tra i due Imperi. Così la Riforma per diversi decenni poté diffondersi senza ostacoli. Il contrattacco da parte cattolica divenne più efficace solo verso la fine del XVI secolo, per riuscire poi a riconquistare gradualmente le proprie posizioni politico-culturali prima nelle parti occidentali, poi in quelle settentrionali del Regno d'Ungheria appartenente all'Impero asburgico.

Nella formazione degli avversari dei predicatori protestanti ebbe una funzione primaria e decisiva la possibilità della formazione dei clerici ungheresi presso le università straniere, a Vienna, a Graz, ma prima di tutto nei più famosi Collegi della Controriforma romana. Così i primi avversari dei protestanti in Ungheria sono quasi tutti reduci dalle università italiane, tra i primi lo stesso István Szántó Arator, fondatore del Collegio Ungarico di Roma, o Miklós Telegdy, vescovo di Pécs, fondatore della prima stamperia cattolica dell'Ungheria (1577). Fra gli studenti ungheresi in Italia troviamo la maggiore figura della Controriforma ungherese, Péter Pázmány, futuro arcivescovo primate d'Unghe-

---

[18] Cfr. Nicola Risi S.I., *Il principe dell'eloquenza sacra in Italia, Padre Paolo Segneri. Note biografiche a ricordo del terzo centenario della nascita, 1624-1694*, Bologna, Stamperia de' Sordomuti, 1924.

ria.[19] Anche lui compì i suoi studi a Roma, al Collegio Romano, e sulla sua formazione ebbe grande influenza Roberto Bellarmino che fece da stimolo per le straordinarie capacità morali e spirituali del futuro Cardinale ungherese. Non solo la sua attività per la riorganizzazione della Chiesa cattolica ungherese, e la fondazione dell'Università Cattolica di Nagyszombat (Trnava) nel 1635, ma tutta la sua opera moralistico-letteraria e i suoi scritti teologici e oratori in lingua ungherese produssero un'epoca nuova nella letteratura ungherese. Senza dubbio fu proprio lui uno dei primi e maggiori artefici della moderna prosa in lingua ungherese. Fu lui a rinnovare la lingua oratoria ungherese e quella scientifica. Nelle sue opere spariscono le povertà dell'oratoria volgare cattolica, le incertezze tra sintassi latina e volgare, la pesantezza dello stile. Accanto agli scritti polemici in lingua ungherese e alla monumentale sintesi apologetica dell'*Az isteni igazságra vezető kalauz* (*Guida alla verità divina*, Pozsony [Bratislava], 1613), egli pubblicò anche un centinaio delle sue prediche, e dal punto di vista artistico è indubbiamente questa raccolta la sua opera letteraria più riuscita. L'etica di questi discorsi si basa su una solida struttura teologica sviluppata nel corso della trattazione regolare dei poli contrastanti delle virtù e dei peccati. Il suo stile si adegua al contenuto, non utilizza gli eccessi della prosa barocca e nemmeno gli eccessi delle prediche popolari, ma abbellisce moderatamente il suo discorso, mettendo l'accento sulla logica del contenuto. Come affermò lo studioso ungherese István Bitskey: « Nei suoi discorsi, la disciplina ferrea della neoscolastica gesuitica e la comprensione delle possibilità insite nella situazione sociale ungherese si uniscono per costruire una nuova concezione del mondo e l'etica, venuta a crearsi evitando le polemiche e tenendo conto delle tradizioni nazionali, si era dimostrata idonea a incidere sulla divisione confessionale del Paese ».[20]

Con la sua opera il cardinale Pázmány in soli due decenni riuscì ad annientare i successi culturali raggiunti dalla Riforma in Ungheria nel corso di più di un secolo, e con la riorganizzazione della struttura delle

---

[19] Cfr. Paolo Ruzicska, *Storia della letteratura ungherese*, Milano, La Nuova Accademia, 1963; Ferenc Szabó S.I., *In memoria di Péter Pázmány. Per un ritratto del polemista e del teologo nel 350° anniversario della morte*, in « Rivista di Studi Ungheresi », 2, 1987, pp. 41-55; Id., *La teologia del cardinale Pázmány*, in *Storia religiosa dell'Ungheria*, cit., 201-13.

[20] István Bitskey, *La predicazione*, cit., p. 298.

istituzioni culturali della Chiesa cattolica ungherese riuscì ad assicurare la durata e lo sviluppo della riconquistata superiorità della cultura cattolica in Ungheria. Fondò a Vienna una tipografia ed un Collegio per i Gesuiti ungheresi (Pázmaneum), per sua iniziativa sorsero le Università ed i Collegi di Nagyszombat (Trnava), e la tipografia universitaria, e fu lui a sollecitare i Vescovi ungheresi perché mandassero i giovani clerici di talento a Roma e nei collegi più famosi d'Italia.

Sulla scia dell'attività del cardinale Pázmány procedettero anche i suoi successori, gli arcivescovi primati del XVII secolo, Imre Lósy, György Lippay e György Szelepcsényi, tutti ex-alunni del Germanico-Ungarico. Grazie alla loro attività cominciò a fiorire la letteratura religiosa cattolica in Ungheria nel Seicento e nel secolo successivo in ambedue le lingue, seguendo per lo più modelli letterari conosciuti durante i soggiorni di studio in Italia. Così Benedek Kisdy, vescovo di Eger, dopo i suoi studi al Germanico e al Conservatorio di Sant'Apollinare a Roma pubblicò nel 1651 la preziosissima raccolta di canti ecclesiastici ungheresi e latini *Cantus Catholici*. A Roma entrò nell'ordine dei Gesuiti anche György Káldy, autore della prima traduzione integrale della Bibbia in lingua ungherese (1637).

Nella diffusione della letteratura religiosa italiana in Ungheria — in riedizioni, o in traduzioni latine e poi in lingua ungherese — ebbe un ruolo di primaria importanza la tipografia universitaria di Nagyszombat (Trnava).[21] Qui vennero stampate l'antologia *Lyra Coelestis* del canonico di Esztergom György Náray (1695), l'opera in cinque volumi di András Illyés (canonico di Poszony, poi vescovo di Transilvania) *A keresztényi életnek példája vagy tüköre* (*Specchio della vita cristiana, cioè vite dei santi*, 1682-1683), una specie di compilazione dei leggendari di tre opere gesuitiche spagnole, sulla base di una traduzione italiana, e la traduzione della *Pratica della carità e della perfezione cristiana* di Alfonso Rodriguez (*A keresztényi jóságos cselekedeteknek és tökéletességnek gyakorlatossága*, 1688-1708), nella versione italiana di Tiberio Putignano. Similmente i Gesuiti ungheresi tradussero anche opere religiose francesi ed inglesi, con la mediazione italiana; lo stesso Ferenc Faludi durante il suo soggiorno romano tradusse l'opera del gesuita inglese William Darrell sulla base della traduzione italiana di Giuseppe

---

[21] Cfr. Domokos Kosáry, *Művelődés a XVIII. századi Magyarországon* [*La civiltà ungherese nel XVIII secolo*], Budapest, 1980.

Morelli (*Il gentiluomo istruito nella condotta d'una vita virtuosa e felice,* — *Istenes jóságos és szerencsés boldog életre oktatott nemes ember. Irta anglus nyelven Dorell József. Forditotta Olaszból Faludi Ferenc,* Nagyszombat [Trnava], 1748).[22] Similmente la tipografia di Nagyszombat rendeva accessibili in edizione anonima latina la *Corona misteriosa* di Giovanna Maria della Croce (1688, 1694), in traduzione, ed un'altra opera di edificazione morale, la *Praxis Geminae Devotionis in Magnum Indiarum Apostolum D. Franciscum Xaverium... Olim ex Hispanico et Italico idiomate...,* Tyrnaviae, 1695).

Dopo la liberazione del Paese dal Turco e dopo la sconfitta della guerra d'indipendenza del principe Rákóczi II (grande ammiratore della religiosità del padre Segneri), la restaurazione cattolica trionfò completamente in Ungheria, sotto la direttiva spirituale dei Gesuiti, e sotto la loro guida lavorò la più produttiva stamperia del Regno, quella di Nagyszombat (Trnava), pubblicando per lo più trattati teologici, prediche, ammaestramenti morali, letture devote ed opere storiografiche in lingua latina. È percettibile una maggiore presenza di opere religiose straniere, pubblicate in lingua originale o tradotte in latino, anche grazie al ragguardevole numero dei prelati ungheresi che compirono in questo secolo gli studi superiori all'estero. Così anche in Ungheria il *Catechismo* del Bellarmino, il *Combattimento spirituale* dello Scupoli, il *Quaresimale* del Segneri, *Il Paradiso in Terra* di Antonio Natale, gli ammaestramenti morali del Pinamonti, furono per intere generazioni nel corso del XVIII secolo fonti inesauribili dell'insegnamento religioso cattolico e dell'oratoria sacra.

La traduzione di queste opere morali costituisce nella prima metà del secolo il canale più importante per il quale le influenze italiane pe-

---

[22] Cfr. József Szauder, *Settecento ungherese - Settecento italiano,* in AA.VV., *Problemi di lingua e letteratura italiana del Settecento,* Wiesbaden, Steiner, 1965, 188-92; Id., *Ispirazioni italiane nella cultura ungherese del Settecento,* cit.; Id., *Faludi Ferenc és Itália,* in Id., *Olasz irodalom - magyar irodalom,* Budapest, 1963, pp. 368-88; M. Szauder, *Ferenc Faludi, membro dell'Arcadia romana,* in *Venezia, Italia, Ungheria fra Arcadia e Illuminismo,* cit., pp. 283-93; Roberto Ruspanti, *La svolta romana di un illustre gesuita ungherese,* in « Archivio della Società romana di Storia Patria », 12, 1979, pp. 347-59; Péter Sárközy, *La poesia arcadica ungherese, Ferenc Faludi e Csokonai Vitéz,* in Id., *Letteratura ungherese - Letteratura italiana,* cit., pp. 152-65.

netrano in Ungheria.²³ Fra i libri più celebri della letteratura religiosa italiana tradotti in lingua ungherese fu *Il combattimento spirituale* di Lorenzo Scupoli, tradotto in latino dal francescano Adorján Telekessy (Pozsony [Bratislava], 1722), che poi avrà ancora altre traduzioni in ungherese fino a quella moderna di János Nogáll in due edizioni successive nel 1880 e nel 1893.

Dagli anni Venti del XVIII secolo in poi l'attività letteraria ed editoriale dei Gesuiti in Ungheria prende un maggiore slancio. Essi cercarono di provvedere all'educazione spirituale del clero e di venire in suo aiuto mettendogli in mano dei materiali utilizzabili nelle prediche, opere di oratori famosi, degni di essere imitati. Prima si accontentarono della ristampa delle opere scritte in latino, poi, dopo la grande fioritura delle opere in lingua nazionale, cominciarono a tradurle in ungherese.

Vennero così pubblicate a cominciare dagli anni Venti quelle edizioni della tipografia universitaria di Nagyszombat (Trnava), i cui autori, in grande maggioranza, sono Gesuiti italiani che scrivevano in latino, o che erano già stato tradotti in latino all'estero. Tra queste opere possiamo menzionare: *Rev. Patris Julii Fatii liber de mortificatione nostrorum passionum, pravorumque affectum ex italica lingua in latinum translatus...*, Tyrnaviae, 1720; *Luca Pinelli de perfectione religiosa libri quattuor... Nunc demum recusi*, Tyrnaviae, 1727; *Joan. Petrus Pinamonti: Sanctissimum cor Mariae...*, Tyrnaviae, 1730; *Domenico Viva: Trutina theologica... propositum ab Alexandro VIII. damnatarum Pars prima*, Cassoviae, 1731; *Damnatarum thesium trutina...*, Cassoviae, 1743; *De jubileo Anni Sancti*, Tyrnaviae, 1750.²⁴

L'opera delle riedizioni e ritraduzioni latine venne seguita anche da altre tipografie ecclesiastiche. Così gli Scolopi nella loro tipografia di Buda pubblicarono molte opere di famosi professori del loro ordine, come il Politus (*Politi Alexandri Pisanae accademiae publici eloquentiae professoris, orationes habitae, ad eundem accademiam Pisanam*, 1740), o la famosa opera di retorica di Orazio Trusellini riveduta da Jacopo Facciolati, che ebbe tre ristampe negli anni Settanta sotto il titolo *Particulae latinae orationis ab H.T. collectae, et a Iacob. Facciolato*

---

²³ Cfr. Emerico Várady, *La letteratura italiana e la sua influenza in Ungheria*, Roma, Istituto per l'Europa Orientale, 1934, vol. I, 234-61.

²⁴ Cfr. Emerico Várady, *La letteratura italiana e la sua influenza in Ungheria*, cit., vol. II, *Bibliografia*, pp. 405.

purgatae auctaeque (Nagyszombat [Trnava], 1777; Buda, 1781; Kalocsa, 1781).

Nel 1742 i Gesuiti ungheresi pubblicarono la diffusissima opera di Pietro Pinamonti, *La religiosa in solitudine...* accresciuta da una versione latina de *La via del cielo appianata con esporre gli impedimenti che vi s'attraversano, e la maniera di superarli*. Tra queste traduzioni troviamo anche la prima versione latina del famoso *Parroco istruito* di Paolo Segneri dovuta al gesuita tedesco Maximilian Rassler, accanto all'opera di Paolo Medici sui *Riti e costumi degli ebrei confutati* nella traduzione di Miklós Rosthy, ex-alunno del Collegio Romano, mentre la tipografia dei Gesuiti di Kassa (Cassovia, oggi Kosice) pubblicò due volte la traduzione latina de *L'idea di un vero penitente* di Alessandro Diotallevi, nella versione di Ignác Kistler.[25]

L'attività dei Gesuiti nella diffusione delle opere moraleggianti e oratorie italiane in Ungheria trovò nella seconda metà del secolo non pochi seguaci anche fra i membri degli altri ordini religiosi. Così Andreas Franciscus Schupanzigh, cancelliere «ungherese» della nunziatura apostolica di Vienna e poi parroco di Pozsony (Bratislava), nel 1763 pubblicò ad Esztergom la sua traduzione latina del famoso *Trattato della carità cristiana* di Ludovico Antonio Muratori. Norberto Conradi, dopo il suo tirocinio al Collegio Nazareno di Roma, tradusse in latino la *Vita del Beato Giuseppe Calasanzio* del famoso predicatore degli Scolopi italiani Vincenzo Talenti, opera che ebbe nell'arco di breve tempo due edizioni. I Francescani ripubblicarono in latino la vita di San Bonaventura, mentre i Domenicani diffondevano le opere anti-illuministe di Antonio Valsecchi (*Scipionis ecclesiarum Pistoiensis et Pratensis... episcopi littera encyclica ad clerum suum data fine indicandae synodi diocesanae hortatu summi principis Magnae Etruriae ducis... Ex italico in latinum sermonem versa, versio haec dedicatur ven. clero ecclesiae Hungaricae*, Posonii, Pestinii, Cassoviae et Viennae, 1786).[26]

---

[25] Cfr. Emerico Várady, *La letteratura italiana e la sua influenza in Ungheria*, cit., vol. I, pp. 241-45.

[26] Cfr. Jenö Koltay-Kastner, *XVII és XVIII. századi olaszból forditott vallási műveink*, [*Opere religiose ungheresi dei secoli XVII-XVIII tradotte dall'italiano*], in «Irodalomtörténet», 1923; Emerico Várady, *La letteratura italiana e la sua influenza in Ungheria*, cit., vol. I, pp. 244-60; László Tóth, *A XVIII. századi olasz és magyar theologusok harca a felvilágosodás ellen*, [*Attività anti-illuministica dei religiosi italiani ed ungheresi del*

Le opere più lette e più popolari di questa letteratura religiosa settecentesca in Ungheria senza dubbio erano quelle dello Scupoli e di Paolo Segneri. Il *Combattimento spirituale* di Lorenzo Scupoli fu prima tradotto in latino da A. Telkessy (Pozsony [Bratislava], 1722), poi negli anni Settanta apparvero due traduzioni (anonime) in lingua ungherese della prima parte dell'opera. La traduzione integrale moderna dell'opera dello Scupoli è dovuta a János Nogáll, ed ebbe due ristampe alla fine dell'Ottocento. Con la popolarità dello Scupoli nel Settecento ungherese poteva competere solo quella del padre Paolo Segneri. La sua lingua ricca e limpida, la bellezza plastica del suo stile volutamente semplice e comprensibile, l'abbondanza e la profondità dei suoi pensieri contribuirono notevolmente alla sua grande popolarità anche all'estero e alla diffusione in tutta l'Europa di uno stile di predicazione più sobrio, meno artificioso. Il suo *Parroco istruito* fu pubblicato la prima volta nel 1746 a Nagyszombat (Trnava), nella traduzione latina di Maximilian Rassler, e ripubblicato a Pest nel 1749, mentre *Le meditazioni per tutti i giorni del mese* vennero tradotte in lingua ungherese e pubblicate da un Gesuita anonimo a Kassa (Kosice): *Igazán való bölcsesség avagy mindennapi idvösséges gondolkodás az isteni félelemről és a bűnök büntetéséről*, Kassán, 1740, pp. 110.

Emerico Várady nella sua monografia riporta la notizia che queste opere erano così popolari nella Chiesa cattolica ungherese, che Gábor Zerdahelyi, vescovo di Besztercebánya (oggi Banska Bistrica) inviò a tutti i sacerdoti della sua diocesi una copia della traduzione latina del *Parroco istruito*, chiamato « libriccino aureo » di quest'uomo di Chiesa il cui nome anagrammato indicava: « purus angelus es ».[27]

Nel 1779 apparve a Eger la traduzione latina de *Il penitente istruito* e de *Il confessore istruito* (*Instructio poenitentis... Italico primum idiomate conscriptum dein vero latinitate donatum*, Agriae, 1779, pp. 81; *Instructio confessarii... Italico primum idiomate conscriptum deinde vero ab alio sacerdote latinitate donatum*, Agriae, 1779, pp. 79). Nel

---

XVIII secolo], in « Katholikus Szemle », 1932, pp. 182-95.
[27] Cfr. Emerico Várady, *La letteratura italiana e la sua influenza in Ungheria*, cit., vol. I, pp. 246-47. Secondo Giuseppe Massei S.I., *Vita di Paolo Segneri*, a cura di Quinto Marini, Roma, Ugo Magnanti editore, 1995, p. 25, « il padre Sforza Pallavicino [...] compose quel gentilissimo anagramma ».

1795 vennero ristampate ad Eger le sue considerazioni divise in sette giorni, raccolte nel volume *Speculum non fallax, seu doctrina speculativa et pratica de cognitione ipsius* (reimpressa Agriae, 1795), che vennero tradotte e pubblicate quattro anni dopo anche in lingua ungherese (*Igazat mutató tükör vagy a magunk esmeretéről való tudomány, és annak gyakorlása. Hét elmélkedésekre felosztva, a hétnek napjai szerént. Írta olasz nyelven Pater Segneri, most deákból magyarra fordittatott Vátczon*, Vác, 1799, pp. 94).

È emblematico che la «fortuna» del padre Segneri non cessasse in Ungheria nemmeno alla fine del XVIII secolo, anzi continuò ancora per tutto il secolo successivo. L'opera sul servizio della Santa Messa fu pubblicata in traduzione ungherese come manuale del Seminario di Pest nel 1839 (*A sz.mise szolgálatról*), mentre il *Quaresimale* avrà varie ristampe, in traduzione ungherese, a cavallo dei secoli XIX-XX (*Paolo Segneri Nagybőjti szentbeszédei*, Pest, 1894, Sátoraljaujhely, 1901).

Solo un altro autore ecclesiastico riuscì ad avvicinarsi alla grande fama e popolarità delle opere morali di Paolo Segneri nella cultura ungherese del Settecento, il grande storico modenese Ludovico Antonio Muratori, sulla cui fortuna abbiamo l'eccellente saggio del mio maestro defunto, József Szauder, *La fortuna dei trattati Della carità cristiana e Della regolata divozione in Ungheria nel '700*.[28]

Il primo a richiamare l'attenzione sull'importanza dell'opera del Muratori in Ungheria fu l'erudito storico Mátyás Bél, pastore luterano della comunità tedesca della città di Pozsony (Bratislava), il quale introducendo i volumi di storia letteraria di Johannes Schwandtner (*Scriptores rerum Hungaricarum*, Vindoboniae, 1766) consigliò agli storici ed ai letterati ungheresi di seguire il metodo critico-letterario del grande erudito modenese. Ma in quest'epoca le opere del Muratori tradotte in lingua tedesca erano già conosciute nell'Impero asburgico, e dunque non erano sconosciute nemmeno in Ungheria. La prima opera muratoriana pubblicata in Ungheria fu la traduzione latina della *Regolata divozione dei cristiani* (*De recta hominis christiani devotione, opus Lamindi Pritani, seu celeberrimi L.A. Muratori*), stampato a Buda nel 1756 sotto l'egida dei Padri Paolini ungheresi. La traduzione ungherese

---

[28] Cfr. József Szauder, *La fortuna dei trattati Della carità cristiana e Della regolata divozione in Ungheria nel '700*, in AA.VV., *La fortuna di L.A. Muratori*, Firenze, Olschki, 1975, pp. 143-51.

del trattato *Della regolata divozione* fu pubblicata ad Eger nel 1763 (con la falsa data di Vienna 1759: *Lamindus Brutaniusnak avagy Muratorius Lajos Antalnak... a keresztény embernek valóságos áhitatosságáról költt munkája, melly először olaszból deákra fordíttatott Lamé Bernárd által, most pedig magyar nyelven kibotsáttatott*, Eger, 1763, pp. 332, traduzione dal latino di B. Lamé), nel momento dell'elezione dell'arcivescovo Ferencz Barkóczy come primate di Esztergom; mentre la traduzione latina dell'altra opera muratoriana fu pubblicata in traduzione latina proprio ad Esztergom in occasione dell'insediamento del nuovo Arcivescovo (*Ludovici Antonii Muratori Bibliothecarii Serenissimi Domini Ducis Mutinensis de charitate christiana, prout fertur in proximum Tractatus Moralis. Ex Italico sermone in Latinum versus*, Schupanzigh Andrea Federico, Strigonii, 1763, pp. 744).

La pubblicazione di queste opere morali del Muratori, secondo József Szauder, si inseriva consapevolmente nell'attività culturale dei due grandi vescovi mecenati della città di Eger, Ferencz Barkóczy (1745-1762) e Károly Eszterházy (1762-1799), ambedue ex-studenti del Germanico di Roma, i quali hanno trasformato la loro diocesi in un vero centro culturale dell'Ungheria di allora, raccogliendo ad Eger un piccolo gruppo di letterati (tra questi anche i poeti più rinomati, come Lőrinc Orczy, Ferenc Verseghy e Gábor Dayka), fondando il famoso Lyceum e la Biblioteca vescovile. Secondo Szauder « È indubbio [...] l'intento di Barkóczy di lasciare al suo successore e alla cerchia intellettuale di Eger l'insegnamento muratoriano sulla devozione e sulla carità ».[29] Significativo per la sensibilità creata dalla propaganda muratoriana dell'arcivescovo Barkóczy il gesto dei prelati di Pécs, M. Kertiza e G. Nunkovits, i quali diffusero nel 1765 il *De naevis in religionem incurrentibus* nell'edizione veneziana del 1760 con l'aggiunta la copertina consueta delle tesi scelte dalle lezioni di teologia dei professori del Seminario di Pécs, come regalo per gli esami di teologia.

Una nuova fase della penetrazione del pensiero muratoriano si verificò agli inizi degli anni Settanta, quando Ferenc Ozdi di Gálfalva pubblicò la sua traduzione ungherese del trattato *Della carità cristiana* (*A nagy parancsolatnak tudniillik a felabaráti szeretetnek igaz magyarázatja, mellyet hajdan írt Muratorius Lajos Antal... most pedig fordított Gálfalvi Ozdi Ferenc, Bétsben*, Vienna, 1776, pp. 375). L'ele-

---

[29] *Ibidem*, p. 145.

gante volume pubblicato a Vienna è dedicato alla regina Maria Teresa e secondo l'*Approbatio* del 1763 l'opera è «Gentique Hungaricae perutile plane necessarium, dignum sane opus quod et in alias orientales linguas transferatur».

Secondo József Szauder la traduzione del trattato *Della carità* dell'Ozdi «è fedele testimonianza degli influssi subiti dal traduttore nell'ambito laico e illuministico che venne a formarsi a Vienna negli anni 1770, intorno alla grande figura del poligrafo e filosofo ungherese György Bessenyei, e che si adoperava a reinterpretare i documenti del passato e riflettere sul nuovo programma culturale della civiltà letteraria ungherese in cammino».[30] La traduzione dell'Ozdi, senza alterare la fisionomia dell'opera originale conferì al trattato muratoriano una voce e un'interpretazione nuova e moderna, profondamente imbevuta dello spirito illuministico dei tempi nuovi. Secondo l'interpretazione dello Szauder «In questo fermento di idee le opere del Muratori contribuirono al dissolvimento della visione statica del mondo, rinnegando l'immobilismo etico della chiesa e della nobiltà feudale ungheresi, e preparando il terreno non solo al giuseppinismo di una parte del clero e della nobiltà, ma, per le strane interferenze già avvertite nella traduzione dell'Ozdi, anche all'avvento dell'illuminismo».[31]

Le edizioni delle opere del Segneri e del Muratori in lingua ungherese alla fine del XVIII secolo segnarono nello stesso tempo anche la fine della grande fioritura della letteratura religiosa di «timbro italiano» nella cultura ungherese. Con l'ascesa al trono di Giuseppe II ebbe fine anche la grande stagione degli studi italiani dei religiosi ungheresi, in seguito allo scioglimento della Compagnia di Gesù (1773) e al decreto imperiale del 1781 che impedì la frequenza delle Accademie e dei seminari fuori dai confini dell'Impero. Ma in questo periodo ormai anche in Italia le vere novità culturali non si trovavano più tra le mura dei seminari, bensì nei Caffè e nei circoli dei riformatori illuministi. Così l'attenzione degli intellettuali ungheresi, negli ultimi decenni del secolo, dalle opere moraleggianti del padre Segneri e di Ludovico Antonio Muratori si rivolge verso i trattati degli illuministi italiani della generazione dei fratelli Verri, di Cesare Beccaria, di Gaetano Filangieri ed altri, le cui opere vengono tradotte in ungherese, alla fine del secolo, con lo

---

[30] *Ibidem*, p. 149.
[31] *Ibidem*, p. 150.

stesso entusiasmo.[32] Verso la fine del secolo si formarono e si consolidarono ormai definitivamente le strutture della vita culturale e si formò anche un nuovo pubblico di coscienza borghese che era necessario ad assicurare il successo del diffondersi del nuovo pensiero dell'Europa dei Lumi anche in Ungheria. Arricchita dalle opere letterarie di una intera generazione di poeti, da Ferenc Faludi a Mihály Csokonai Vitéz a Ferenc Kazinczy, la letteratura e la cultura ungherese non era più costretta a subire l'influenza diretta di nessuna letteratura straniera. Nel corso dell'Ottocento non più modelli stranieri ma grandi scrittori nazionali come Ferenc Kazinczy, Mihály Vörösmarty e Sándor Petőfi determineranno la formazione delle nuove tendenze letterarie della cultura ungherese. Nello stesso tempo non possiamo dimenticare che l'inizio del rinnovamento culturale e letterario ungherese avvenuto nel corso del XVIII secolo è dovuto in prima istanza alla tenace attività dei « precursori », a quei professori e scrittori religiosi, i quali traducendo e scrivendo cercarono di trapiantare quel modello di vita religiosa e culturale che ebbero occasione di conoscere durante i loro lunghi soggiorni in Italia. Come disse József Szauder, « nel tardo Settecento ungherese prevale sempre più l'insegnamento del romanticismo tedesco ma l'esordio come tale [...] spetta all'influsso della cultura italiana »,[33] ripresa dagli intellettuali ungheresi — dopo gli strettissimi. contatti del Rinascimento — proprio con la traduzione e diffusione delle opere morali italiane, tra le quali spetta un ruolo particolare ai due grandi letterati religiosi, Paolo Segneri e Ludovico Antonio Muratori.

PÉTER SÁRKÖZY
Università di Roma, La Sapienza

---

[32] Péter Sárközy, *Az olasz művelődés szerepe a magyar felvilágosodás kiformálódásában*, [*Il ruolo delle influenze culturali italiane nella formazione dell'Illuminismo ungherese*], in *A felvilágosodás fordulata a magyar irodalomban*, a cura di A. Debreceni, Debrecen, Csokonai, in corso di stampa.

[33] József Szauder, *Ispirazioni italiane nella cultura ungherese del Settecento*, cit., pp. 223-24.

XVI

SEGNERI IN POLONIA NELL'OTTOCENTO E NEL NOVECENTO[1]

Il più grande predicatore dell'antica Polonia fu indubbiamente il gesuita Piotr Skarga (1536-1612), ardente fautore della Controriforma, autore delle raccolte *Kazania na niedziele i święta* (*Sermoni domenicali e festivi*, 1595) e *Kazania sejmowe* (*Sermoni di Dieta*, 1597), considerato maestro dai contemporanei e dai posteri praticamente fino alla fine del XVIII secolo. Skarga, predicatore alla corte di Sigismondo III Vasa per oltre vent'anni, era molto impegnato sul piano politico e civile, il che non mancò di influenzare l'oratoria sacra in Polonia soprattutto nel periodo barocco. Sulla scia di Skarga si mettono infatti i padri Fabian Birkowski (1566-1636) e Szymon Starowolski (1588-1656), cui spetta un posto di rilievo tra i nostri predicatori secenteschi. Né si scostano molto da lui, almeno quanto ai contenuti, gli esponenti minori dell'oratoria sacra più legati al concettismo barocco, come il domenicano Jacek Mijakowski (1597-1647) e il carmelitano scalzo Andrzej Kochanowski (1618-1667). Nel Settecento l'arte predicatoria decade: sarebbe difficile citare nomi di qualche importanza. Con la fine dell'indipendenza nazionale viene meno il fattore politico-patriottico, e nell'Ottocento i predicatori cattolici polacchi, specie nelle parti del Paese soggette ormai alla Prussia protestante e alla Russia ortodossa, avranno uno spazio di manovra piuttosto ristretto. La loro situazione sarà migliore nella Polonia austriaca, appartenente a uno stato cattolico; il governo imperiale di Vienna, poi, nella seconda metà del secolo concesse ai suoi sudditi polacchi un margine di libertà abbastanza ampio. Cracovia, dove la vita religiosa era fiorita da sempre, fu anche allora il centro più importante del cattolicesimo polacco. Non c'è da meravigliarsi, quindi, che proprio

---

[1] Purtroppo non mi è stato possibile prendere in considerazione le traduzioni polacche di Segneri anteriori al 1800, che furono numerose (specie nel Settecento): cfr. Karol Estreicher, *Bibliografia polska* [*Bibliografia polacca*], vol. XXVII, Cracovia, 1929, pp. 343-47.

lì vengano pubblicate, rispettivamente nel 1883 e nel 1896, le versioni polacche di due opere di Segneri, *Il penitente istruito a ben confessarsi*[2] e *L'esposizione del Pater Noster* tratta dalla *Manna dell'anima*.[3] La prima versione in ordine cronologico uscì invece, per la verità, non già nella Polonia austriaca, ma in quella prussiana, nei pressi di Danzica, a Pelplin, cittadina che fu all'epoca un baluardo dei Polacchi nella lotta contro la germanizzazione: è la traduzione anonima del *Confessore istruito*[4] del 1870.

Quanto però alla versione del *Quaresimale*, occorre tornare nella provincia di Cracovia, a Tarnów, dove essa fu pubblicata nel 1902 e ristampata poco più tardi.[5] Il traduttore, il sacerdote dott. Jakub Górka (1864-1917), godeva di una certa notorietà: figlio di contadini, dopo aver studiato al Seminario vescovile di Tarnów e all'Università di Vienna, ritornò al Seminario per insegnarvi storia della Chiesa per ben 25 anni, dal 1892 fino alla morte; autore di libri su Sant'Angela Merici e su Giovanna d'Arco, collaborò a giornali e riviste e soggiornò per qualche tempo in Francia, tra operai polacchi emigrati.[6]

Della versione del *Quaresimale* di Górka (complessivamente 703 pagine, più una introduzione di 30 pagine contenente la vita dell'autore), nonché di alcune opere tedesche,[7] si servì il sacerdote dott. Ildefons Bobicz, parroco del villaggio di Hermanowicze in quel di Przemyśl (nella Polonia sudorientale, già austriaca) per scrivere il suo articolo sulle prediche di Segneri, pubblicato in una rivista specializzata nel 1925,[8] che qui intendo presentare.

---

[2] Paolo Segneri, *O sakramencie pokuty*, [trad. anonima], Cracovia, 1883 [ristampe: 1892, 1901, 1902].

[3] Paolo Segneri, *Wykład Modlitwy Pańskiej « Ojcze nasz »*, trad. Klemens Baudiss, Cracovia, 1896.

[4] Paolo Segneri, *Nauka o dobrej spowiedzi*, [trad. anonima], Pelplin, 1870.

[5] Paolo Segneri, *Kazania wielkopostne*, trad. Jakub Górka, 2 voll., Tarnów, 1902 [rist. 1906].

[6] Cfr. *Polski Słownik Biograficzny [Dizionario Biografico dei Polacchi]*, vol. VIII, Wroclaw, 1959-1960, s.v. « Górka, Jakub ».

[7] Franz Krus S.I., *Fragen der Predigt-Ausarbeitung*, Innsbruck, 1916; Josef A. Jungmann S.I., *Theorie der geistlichen Beredtsamkeit*, Freiburg im Breisgau, Herder, 1908[4].

[8] Ildefons Bobicz, *Twórczość kaznodziejska o. Pawła Segneri'ego T.J. [Le prediche di p. Paolo Segneri S.I.]*, « Przegląd Homiletyczny » [« Rassegna

Fin dalle prime righe Bobicz chiama Segneri « il più grande predicatore italiano e uno dei più grandi dell'intera Chiesa ». Seguono alcune notizie biografiche, tratte dall'Introduzione di Górka, basata a sua volta sull'Introduzione all'edizione torinese delle *Opere* del Nostro.[9] Segneri, nato a Nettuno « in riva al Mar Tirreno » da pii genitori, primo di 18 figli, amava predicare fin da piccolo: riuniva intorno a sé altri bambini e rivolgeva loro lunghi discorsi moraleggianti. A quattordici anni entrò a far parte della Compagnia di Gesù, e per un certo tempo fu predicatore alla corte pontificia. Estremamente laborioso e di santa vita, faceva volentieri penitenza ricorrendo al cilicio e all'autoflagellazione, spesso in pubblico, davanti ai fedeli. La santità di Segneri va tenuta presente da chi studia le sue prediche: essa garantisce infatti l'autenticità del suo impegno missionario, estraneo a ogni tentativo di lusingare il pubblico per strappargli un facile applauso, che l'omelista aveva in orrore.

Segneri — continua l'autore polacco — è considerato un classico della letteratura italiana grazie ai pregi della sua lingua, ma soprattutto perché « egli seppe opporsi all'influenza allora imperante del poeta Marino, che aveva introdotto il cattivo gusto in letteratura »; il giudizio negativo di Bobicz su Marino è chiaramente ispirato a quello del noto polonista Ignacy Chrzanowski, la cui *Storia della letteratura della Polonia indipendente* (leggi: *antica*) egli adduce in nota.[10] Bobicz volle dunque presentare Segneri come il campione dell'antimarinismo, ripetendo senza dubbio l'opinione di altri.

Secondo l'autore polacco, i testi raccolti nel *Quaresimale* appartengono piuttosto, malgrado il titolo, alla predicazione missionaria, perché riguardano — salvo qualche rara eccezione (il n. XXXV sulla Passione di Gesù Cristo, il n. XXXIX su San Giuseppe, il n. XL sulla Vergine Maria) — le verità fondamentali della fede e della morale cristiana, che vengono trattate abitualmente in occasione delle missioni nelle campagne. Il contenuto di queste prediche è ricchissimo; tant'è vero che il traduttore polacco — ribadisce Bobicz — in un'appendice alla sua versione, è riuscito ad assegnarne una a ogni domenica e a ogni giorno fe-

---

omiletica »], anno III, 1925, pp. 161-75.

[9] Paolo Segneri, *Opere*, Torino, Marietti, 1856, 4 voll.

[10] Ignacy Chrzanowski, *Historia literatury niepodległej Polski*, Cracovia, 1908 [numerose ristampe].

stivo dell'intero anno ecclesiastico. Alla base dell'oratoria segneriana stanno, oltre alle Sacre Scritture, gli scritti dei Padri della Chiesa e i discorsi degli oratori profani antichi (soprattutto Cicerone) e moderni. Il pubblico di Segneri proveniva da vari ceti sociali, ma era prevalentemente composto — e qui Bobicz si contraddice un po', avendo parlato prima di missioni nelle campagne — di persone appartenenti alle classi più alte, perché l'omelista parla di « un uditorio così saggio » nella predica XXXVIII, par. VII. Il successo che il predicatore riscuoteva era enorme, anche perché molti lo ritenevano un santo. A questo punto Bobicz cita la biografia redatta dal traduttore del *Quaresimale*:

> In verità, le sue [di Segneri] vittorie spirituali, i suoi trionfi sull'inferno e sul peccato, furono più belli delle vittorie militari che riportavano allora i capitani di Luigi XIV, Turenne, De Condé, Catinat. Infatti i loro eserciti causavano pianto, orrore, morte e distruzioni, mentre il nostro missionario arrecava pace, concordia e felicità alle tormentate coscienze.[11]

Sul piano tecnico, il pregio principale dell'oratoria sacra di Segneri consiste nell'abilità con cui egli riesce a far concentrare l'attenzione degli uditori sul pensiero fondamentale che ogni sua predica contiene. L'oratore ci ricorda uno stratega che schiera le sue truppe e le fa manovrare in modo da conquistare la posizione nemica che ha per lui la maggiore importanza. Le prediche di Segneri sono molto lunghe; ciascuna di esse si divide in due parti ineguali, suddivise a loro volta in vari paragrafi che, nella prima parte del sermone, possono essere anche più di dieci. Sembrerebbe che, avendo da trattare una materia tanto vasta e variegata, il predicatore, nel fervore dell'eloquenza, potesse facilmente smarrirsi, perdere di vista il tema principale del suo discorso, e poi faticare parecchio prima di ritrovarlo. Ebbene, nel caso di Segneri ciò non succede mai. Egli sapeva sempre controllarsi, benché fosse dotato di un temperamento focoso e di una immaginazione molto vivace. Nei suoi testi ogni frase sta al proprio posto, tutto è concatenato in maniera da illustrare nel migliore dei modi ciò che egli si era proposto di provare. Soprattutto questo lo rende potentissimo.

La struttura delle quaranta prediche del *Quaresimale* è abbastanza uniforme. All'inizio della prima parte di ogni predica viene indicato

---

[11] Jakub Górka, in Paolo Segneri, *Kazania wielkopostne*, Tarnów, 1906², *Przedmowa* [*Prefazione*], vol. I, p. XII.

l'obbiettivo da raggiungere, il pensiero fondamentale, formulato in maniera chiara e incisiva. Fa seguito una serie di paragrafi dedicati ai moventi che dovrebbero spingerci a raggiungere l'obiettivo proposto; il pensiero fondamentale viene così sviluppato e motivato. La composizione della seconda parte del sermone è meno rigorosa, i contenuti sono meno impegnativi, spesso molto vicini alla realtà quotidiana e improntati a una certa cordialità. La seconda parte del discorso non sempre è organicamente legata alla prima, formando una specie di aggiunta alla tesi principale; talvolta potrebbe costituire un sermone a sé stante. Tra le due parti della predica si faceva abitualmente una pausa durante la quale l'omelista si riposava un po'.

Segneri — prosegue Bobicz — approfondisce gli argomenti presi in esame con la massima accuratezza. Qualche volta tratta lo stesso argomento in più sermoni, ma sempre da un punto di vista diverso. Così abbiamo nel *Quaresimale* ben sei prediche relative al peccato e al peccatore, e ciò nonostante nessuna delle sei somiglia all'altra. Vi sono dunque queste prediche: sulla spensieratezza del peccatore (I), sulla sua stupidità (VI), su coloro che si vantano dei loro peccati (XII), sulle angosce del peccatore perseguitato dai rimorsi (XXIV), sulla triste condizione di coloro che si rallegrano peccando mortalmente (XXVIII), sui peccatori recidivi (XXXVII). Ecco com'è strutturata la predica VI sulla stoltezza del peccatore che si mette contro Dio:

- riferimento biblico: Gesù scaccia i mercanti dal tempio (*Mt.*, 21, 10);
- obiettivo: impedire al peccatore di peccare dimostrandogli quanto sia tremenda l'ira del Signore;
- pensiero fondamentale (*status*): Peccatori, Iddio non è così debole come voi credete;
- premessa (*propositio*): Riflettete oggi assieme a me su quanto sia stupido il peccatore che non teme di mettersi in certo senso contro lo stesso Dio (par. I);
- esposizione (*expositio*): movente primo (par. II): Iddio con piccoli mezzi ottiene grandi effetti; che cosa può il peccatore contro la sua potenza? L'uomo dipende da Dio completamente quanto al patrimonio (par. III) e quanto alla salute (par. IV); movente secondo (par. V): la punizione divina è sicura, sebbene non se ne conosca l'ora; movente terzo (par. VI): la caduta di Gerico, esempio della punizione divina e della stoltezza del peccatore; da

quell'esempio risulta chiaramente (par. VII) che la punizione divina colpisce i peccatori quando meno se l'aspettano.

Occorre ribadire la stringente e persuasiva logica delle prediche di Segneri, scrive l'autore polacco; gli ascoltatori venivano per così dire costretti ad accettare le sue argomentazioni e a trarne conclusioni pratiche. Non è sorprendente che egli fosse chiamato il Bourdaloue italiano, avendo effettivamente le stesse qualità del celebre omelista francese. Bobicz cita a questo punto, per illustrare l'impegno di Segneri, le parole tolte dalla nota predica XXXVIII, par. VIII (la fanciulla e il crocifisso):

> Amatissimi peccatori. Io, per farvi desistere dal peccato, ho procurato di usare, in presso a quaranta prediche, tutte le arti che son potute sovvenirmi al pensiero. Ora vi ho ammoniti con le ragioni, ora consigliati con le autorità, ora confortati con gli esempi, or atterriti con le minacce, or allettati con le promesse, ed ora ancora supplicati, genuflesso a' piè vostri, con gli scongiuri.[12]

Segneri — sottolinea l'autore polacco — si serve egregiamente delle Sacre Scritture, che conosce a fondo. Sa scegliere esempi nuovi o poco conosciuti, commenta e interpreta in maniera originale quelli più noti. Non è mai banale; qualche volta rischia però di travisare un poco il testo biblico per renderlo conforme alle sue tesi. Meno spesso attinge ai Padri della Chiesa, tra i quali predilige San Giovanni Boccadoro; stima moltissimo San Tommaso d'Aquino. Gli autori classici ai quali si richiama, sono innanzi tutto: Cicerone, Seneca, Plutarco, Platone, Tacito, Terenzio, Plauto. Le citazioni inserite nei suoi testi sono piuttosto brevi, la fonte è sempre indicata.

Nelle prediche segneriane abbondano in particolare esempi tratti dalla storia sacra e profana, tra cui qualcuno relativo alla Polonia che, nel XVII secolo, era ancora una grande potenza europea. Bobicz ne segnala due, che chi scrive ha esaminato da vicino. Nel par. III della predica XV leggiamo che basta « passeggiare un poco pel mondo » per vedere ovunque guerre, distruzioni, ecc., e, tra l'altro, « [...] ancora stampate per le campagne polacche l'orme di ben trecentomila soldati tra turchi e tartari condotti là dal Sultano; e pure peggiori ancora de' turchi e de' tartari sono di poi stati a' polacchi i polacchi stessi, che non sola-

---

[12] Paolo Segneri, *Opere*, cit., vol. I, p. 420.

mente i cosacchi ribelli altieri ».[13]

Come sappiamo, le prediche del *Quaresimale*, pubblicate nel 1679, furono stese, con ogni probabilità, nel decennio 1655-1665.[14] Segneri si riferisce pertanto con certezza alle « guerre cosacche » (l'insurrezione di Chmielnicki, alleatosi poi con la Russia) degli anni 1648-1655, e, mentre accenna al male che i Polacchi fecero a se stessi, al tradimento di una parte dei magnati all'epoca dell'invasione svedese (il cosiddetto « diluvio », 1655-1656), che portò la Polonia sull'orlo della rovina, è verosimile anche un'allusione alle lotte fratricide degli anni 1665-1666 (la ribellione del magnate Jerzy Lubomirski contro il re Giovanni Casimiro che condusse all'abdicazione di quest'ultimo). Il riferimento molto concreto alla marcia dell'esercito turco pone invece un problema di datazione. Deve trattarsi infatti dell'invasione voluta dal sultano Maometto IV nel 1672, quando le truppe turche e tartare, al comando del visir Ahmed pascià Köprülü occuparono gran parte della Polonia sudorientale, minacciando Leopoli; per salvarsi, la Polonia fu allora costretta a concludere con la Turchia il vergognoso trattato di Buczacz (1672), che ne fece — per poco tempo — quasi uno stato vassallo del sultano.[15] Ne risulterebbe che la predica XV, o almeno il paragrafo citato sopra, fosse stato scritto dopo questa data.

Con il secondo esempio ci trasferiamo nella Polonia medievale. Nella predica XXX, par. V, Segneri scrive:

> Tanto niuna eccelsa maestà da verun estremo ludibrio fu mai sicura. Casimiro II, re di Polonia, mentre in dì solennissimo, convitati tutti i principali del regno, non altro udiva che applausi alle sue prodezze, encomi al suo nome, augurj di lunga vita, dimandò da bere per rendere a tutti grazie: ma non sì tosto appressò le labbra alla tazza, che si morì, e fé que' tanti lieti augurj ad un'ora restar bugiardi.[16]

In questo caso non è difficile indicare la fonte che l'autore non nomina. È la *Chronica Polonorum* di Wincenty (Vincenzo) detto Kadłubek (c.

---

[13] *Ibidem*, vol. I, p. 158.
[14] Cfr. Mario Santoro, *Disegno storico della civiltà letteraria italiana*, Firenze, Le Monnier, 1985, p. 203; Ugo Dotti, *La letteratura italiana*, Roma-Bari, Laterza, 1993, p. 307.
[15] Cfr. AA.VV., *Historia Polski [Storia della Polonia]*, vol. I, tomo II, Varsavia, 1957, p. 706.
[16] Paolo Segneri, *Opere*, cit., vol. I, p. 322.

1150-1218), vescovo di Cracovia all'inizio del XIII secolo, dove al re — o piuttosto principe di Cracovia, cioè il primo tra i principi polacchi dell'epoca — Casimiro II il Giusto (1138-1194), è riservato un ampio spazio; Kadłubek gli era infatti molto devoto e lo considerava un sovrano modello. Nel libro IV della *Chronica* così viene descritta l'ultima giornata di Casimiro:

> Fuit autem semper illi sollempne, sanctorum venerari sollempnia. Unde cum beati Floriani diem[17] nunc in divinis officiis, nunc in oracionibus, nunc in graciarum accionibus, totum domino inpendisset, sollempnes in crastinum [cioè il 5 maggio] principibus ac satrapis et primis regni convivium epulis instituit, illis multa super epulas leticia. Primo de hostibus undique triumphus. Secundo, post tanta laborum discrimina principis incolumitas. Tercio, tam propria quam amicorum securior tranquillitas. Quarto et rerum et temporum festivior ammenitas. Nec deerat omnibus deliciis suavior, serenissima principis alacritas; omnibus exultandi animos excultancius infundens. Cumque omnimode vox exultacionis inter omnes celotenus atollitur; tante glorie serenitas repentina subito tempestate obruitur. Nam tanti extrema gaudii, proh dolor, luctus occupat et meror iocunditatem rapit, opprimit et in suum concatenat ancillatum. Omnibus enim undique versum exultantibus, illud unicum et singulare sidus patrie, cum quasdam de salute anime questiones pontificibus proponeret, permodico hausto poculo[18] humi prolabitur et expirat.[19]

Segneri riassunse quindi abbastanza fedelmente, adattandolo un poco ai suoi fini (ad es., nella sua versione il Re brinda per ringraziare gli ospiti degli auguri di lunga vita, invece di bere conversando con i Vescovi) il testo di Kadłubek, la cui opera, edita per la prima volta a Dobromil, nella Polonia meridionale, nel 1612, sotto il titolo *Historia Polonica Vincentii Kadlubkonis episcopi cracoviensis*, doveva essergli ben nota, il che dimostra, caso mai ce ne fosse bisogno, la sua vastissima e solida erudizione.

Chiusa questa parentesi storica, forse non priva di interesse, ritorniamo all'articolo di Bobicz. Il temperamento focoso di Segneri — scri-

---

[17] Il 4 maggio: la festa di San Floriano, le cui reliquie erano state portate a Cracovia dall'Italia nel 1184, veniva celebrata con particolare solennità.

[18] Probabilmente morì avvelenato.

[19] *Magistri Vincentii [...] Chronica Polonorum*, a cura di Aleksander Przezdziecki, Cracovia, 1862, p. 204 e sg. Nella citazione è conservata l'ortografia dell'originale.

ve il sacerdote polacco —, la sua emotività mista a una certa irruenza si notano benissimo nei suoi sermoni che, da quel punto di vista, vanno paragonati alle *Filippiche* e alle *Catilinarie*, alle prediche di San Bernardo propagatore della seconda Crociata, o a quelle di Savonarola. Tra i predicatori polacchi ottocenteschi colui che, quanto a temperamento, si avvicina di più a Segneri — senza tuttavia uguagliarlo — è, secondo Bobicz, il gesuita Karol Bołoz Antoniewicz (1807-1852) che si rivolgeva alle popolazioni rurali della Polonia austriaca intorno al 1846, cioè nel periodo di violenti disordini sociali, contribuendo a pacificare gli animi sconvolti dall'odio di classe.[20]

L'autore polacco rimane colpito dalla chiusa della predica III in cui vengono maledetti a varie riprese coloro che cercano vendetta sul prossimo:

> Pera il miserabile, pera chi niega a Cristo una domanda sì giusta; e questo sangue che lo doveva salvare, questo lo condanni. Non trovi pietà, non impetri misericordia. Cada egli, prevalgano i suoi nimici, rimanga vedova la sua sposa [...]. Vendetta gridino tutte le creature contro di esso, gridino vendetta gli angeli, vendetta i santi, vendetta le sante, vendetta i demonj, tutti vendetta [...].[21]

Non è giusto, afferma Bobicz, che un predicatore chiuda il suo discorso con una imprecazione. Segneri avrebbe almeno dovuto aggiungere una benedizione per coloro che perdonano i loro nemici. Così del resto fece nella predica XXXV sulla Passione di Cristo: dopo l'invettiva contro i peccatori, la benedizione ai buoni. Bobicz ha qualcosa da obiettare anche su alcuni esordi che gli sembrano troppo impetuosi, come quello della predica V sul Giudizio Universale, di ispirazione chiaramente ciceroniana: « E fino a quando ardirassi più di abusare tanta pietà, quanta Dio fin qui si è degnato di dimostrarci? ».[22] Bellissimo, invece, veramente estatico è, a suo parere, l'esordio della predica X: « Al cielo, al cielo, fedeli miei divotissimi, al cielo, al cielo. Èvvi alcuno di voi, il qual sia vago di ascendere a tanta gloria? ».[23] Del resto tutta la predica X è eccezionalmente bella, fa pensare a una visione dantesca e poteva

---

[20] Cfr. *Encyklopedia Katolicka* [*Enciclopedia cattolica*], vol. I, Lublin, 1973, s.v. « Antoniewicz, Karol Bołoz ».
[21] Paolo Segneri, *Opere*, cit., vol. I, p. 38.
[22] *Ibidem*, p. 48.
[23] *Ibidem*, p. 161.

esser composta soltanto da un uomo il cui spirito veleggiava negli spazi celesti.

Bobicz vede in Segneri un grande cultore e maestro di retorica dal quale ogni omelista ha molto da imparare. Le figure che il « focoso » italiano predilige sono: comparazione, antitesi, apostrofe, domanda retorica, dialogismo; esse convengono di più al suo temperamento e alla sua vivace immaginazione. Egli non abusa peraltro dei mezzi stilistici, e soltanto in rari casi indulge al marinismo cui era decisamente contrario.

Le prediche di Segneri, osserva infine il sacerdote polacco, non sono scevre di piccoli difetti. Egli tende talvolta a far sfoggio di erudizione, conformemente alla moda dell'epoca; ciò si nota in particolare nelle prediche VI e IX. Inoltre attinge volentieri i suoi esempi — sempre seguendo la moda dell'epoca — alla mitologia pagana; nella versione polacca, ci comunica con soddisfazione Bobicz, tali esempi per lo più mancano, eliminati giustamente dall'accorto traduttore. Nei testi di Segneri si possono trovare poi dei frammenti troppo realistici e di cattivo gusto, come nella predica IV, par. V (vi è detto tra l'altro che, durante l'assedio di Totila, « Roma [...] mangiò i cani quali saporosi mannerini di prato »), e nella predica IX, par. II (dove si menzionano le piaghe « fracide e fetenti » di Giobbe), nonché delle voci che un predicatore non dovrebbe usare, come « cagna », « abbaiare », e « rospo »; nella predica III, par. V, un cavaliere, benché ammogliato, frequenta « oscenissimi lupanari », ecc.

Sono però tutte inezie a confronto degli squisiti pregi del *Quaresimale* dal quale si potrebbe forse togliere qualcosa — vista la lunghezza delle prediche segneriane — ma al quale non si può aggiungere nulla, tale è la sua eccellenza. Si potrebbe eventualmente levare qualche esempio, perché ce ne sono tanti, qualche confessione personale dell'autore, qualche dialogismo. Tuttavia, ribadisce Bobicz, ciò non è affatto indispensabile, perché tutto, nei testi di Segneri, contribuisce ad arricchirli e a renderli più persuasivi.

Le prediche segneriane vanno studiate assiduamente dagli omelisti, specie da coloro che si dedicano alla predicazione missionaria che — conclude l'autore polacco — assume grande importanza ai tempi nostri (cioè suoi). Evidentemente, essendo state composte nel Seicento, non si potrebbe ripeterle oggi tali e quali dal pergamo; occorre studiarle per comprendere il loro spirito, che dovrebbe animare anche i predicatori odierni. Segneri, dichiarato venerabile subito dopo la morte, è per loro non solo un chiarissimo esempio di oratore sacro, ma anche un modello di zelo apostolico, di umiltà, di amore e di ogni altra virtù cristiana.

Dopo aver presentato il contributo di Bobicz che è, a quanto mi risulta, l'unico lavoro pubblicato in polacco su Segneri, vorrei soffermarmi brevemente sulle traduzioni del *Penitente istruito* e della parte della *Manna dell'anima* che ho già avuto modo di menzionare.

La versione del *Penitente* (1883, seguita da 3 ristampe)[24] non si allontana molto dall'originale. Il traduttore, anonimo padre gesuita (così leggiamo sul frontespizio), tende tuttavia ad abbreviare e a semplificare i complessi periodi di Segneri, e ciò si può anche comprendere. Purtroppo, gli capita anche di prendere qualche granchio. Vediamo alcuni esempi.

Il titolo del cap. I dell'originale suona: « Invito al penitente perché si accosti alla confessione »; nel testo polacco si legge: « Pobudka do spowiedzi », vale a dire « Invito alla confessione » *tout court*.[25] Fin qui, poco male; però, continuando la lettura, troviamo subito: « Un povero peccatore, il quale col *laccio al collo* aspettasse d'ora in ora di andar al supplizio, ecc. »; mentre nel testo polacco il condannato ha al collo una *catena* (« z łańcuchem na szyi »); è senz'altro una inesattezza, perché così sarebbe stato perlomeno difficile impiccarlo.[26]

I tagli sono certe volte molto consistenti. Dal cap. X sono stati eliminati gli otto precetti che riguardano il comportamento dei sacerdoti, forse perché alcuni di essi sono giudicati ormai superati o troppo crudi, come il quarto che si riferisce a « Quelli che fanno pubblicamente all'amore, che ballano pubblicamente e che pubblicamente vanno alle bettole con vilipendio dello stato sacerdotale », e il quinto relativo a « Quelli che tengono in casa donne sospette con mormorazione del popolo ».[27]

Altrove il traduttore aggiunge invece ciò che ritiene opportuno. Così Nabucodonosor mutato in bue diventa un bue « che mangiava erba e fieno »,[28] mentre i padri di famiglia che « consumano in giuochi quel

---

[24] Cfr. la nota 1.
[25] Paolo Segneri, *Opere*, cit., vol. IV, p. 186, e Id., *O sakramencie*, cit., 1902, p. 9.
[26] *Ibidem*.
[27] *Ibidem*, p. 192 e sg., p. 36.
[28] *Ibidem*, p. 186 e p. 10.

che si deve al sostentamento de' loro figliuoli », lo consumano « in giuochi, spese voluttuarie e gozzoviglie »,[29] alla maniera dei Polacchi usi a mangiare e soprattutto a bere smoderatamente. Infine, laddove Segneri accenna alla decapitazione di un Re d'Inghilterra (Carlo I, nel 1649), il traduttore polacco aggiunge un Re di Francia,[30] giustiziato ben dopo la morte dell'autore italiano.

Il traduttore inserisce poi nel testo polacco tutto un capitolo di cinque pagine, il XVII, che è un interrogatorio rivolto alle persone che si confessano raramente (evidentemente ai tempi suoi esse erano già piuttosto numerose). Mancano invece « le preghiere devote da dirsi ogni giorno della settimana »,[31] probabilmente ritenute superflue.

Abbastanza fedele è anche la traduzione dell'*Esposizione del Pater Noster*,[32] che corrisponde ai giorni XVI-XXVIII del mese di ottobre della *Manna dell'anima*.[33] Il traduttore, padre Klemens Baudiss della Compagnia di Gesù, sostituì semplicemente la suddivisione in giorni con una in capitoli (che sono pertanto tredici); osserveremo che egli non indica da nessuna parte (neanche nella sua Introduzione di due pagine) che il testo da lui tradotto è tratto da una opera più ampia, sicché il lettore rimane convinto che Segneri scrisse un'operetta intitolata *Esposizione del Pater Noster*, il cui titolo ricorderebbe evidentemente l'*Esposizione del Miserere*. Ogni capitolo reca un titolo aggiunto dal traduttore in sostituzione delle citazioni latine tratte dal *Pater Noster*, preposte dall'autore ai singoli giorni di ottobre; tali titoli si riallacciano del resto anch'essi alla preghiera presa in esame. Tutte le citazioni latine dell'originale sono tradotte in polacco, com'era già avvenuto nella versione del *Penitente istruito*.

Dei quattro testi di Segneri messi a disposizione dei lettori polacchi tra Otto e Novecento, la diffusione più ampia l'ebbe certamente il *Penitente* che, in una ventina d'anni, raggiunse ben quattro edizioni; alla sua popolarità accenna infatti il traduttore dell'*Esposizione del Pater Noster* nella sua Introduzione, dove si legge che grazie ad esso « migliaia di persone hanno conosciuto la vera penitenza, e per lo stesso, la

---

[29] *Ibidem*, p. 193 e p. 36.
[30] *Ibidem*, p. 221 e p. 141.
[31] Paolo Segneri, *Opere*, cit., vol. IV, p. 232.
[32] Cfr. la nota 3.
[33] Paolo Segneri, *Opere*, cit., vol. III.

beata pace dell'animo che il mondo non può dare ».[34] Possiamo quindi concludere dicendo che Paolo Segneri appartiene alla vasta schiera degli scrittori italiani che hanno avuto in Polonia una fortuna tutt'altro che trascurabile.

KRZYSZTOF ŻABOKLICKI
Accademia Polacca delle Scienze di Roma

---

[34] Paolo Segneri, *Wykład Modlitwy*, cit., p. 2.

XVII
PER LA BIOGRAFIA DI PAOLO SEGNERI: DOCUMENTI DELL'ARCHIVIO ROMANO DELLA COMPAGNIA DI GESÙ (ARSI)[1]

I. *Premessa*

Una biografia del padre Paolo Segneri che si alimenti esaurientemente a documenti editi e inediti non esiste ancora. Quanto si offre vuol essere un semplice contributo alla raccolta di quei documenti d'archivio, in parte o in tutto inesplorati, che possano condurre ad elaborarla, giungendo, per tappe e redazioni successive, ad una meno incompiuta.

II. *I documenti dell'ARSI*

Procediamo al censimento dei documenti dell'ARSI, organizzandoli sotto diversi titoli. Vari di questi documenti risultano già editi: non mancheremo di segnalarlo.

1. *Cataloghi brevi (o annuali) e triennali*

1.1 *I cataloghi brevi (o annuali)*

CB[2] 1638   manca CB *Rom.*

---

[1] ARSI è la sigla del nome latino dell'archivio: Archivum Romanum Societatis Iesu. Conservato fino al 1873 nella Casa Professa del Gesù — un tempo residenza del Generale —, dopo varie vicende, si trova ora presso la Curia Generalizia in Borgo S. Spirito 8, a Roma. Lo citeremo abitualmente con tale sigla. Avvertiamo preliminarmente che, quando il documento è edito, viene esplicitamente segnalato; in caso contrario è da ritenersi inedito.

[2] Indichiamo i cataloghi brevi con la sigla CB. Si tratta di documenti in parte citati da chiunque abbia intrapreso a ricostruire la biografia del Segneri (altrettanto si dica dei cataloghi triennali che seguono). Noi qui ne diamo il quadro sistematico e completo. Questi cataloghi offrono, di una provincia

CB 1639	manca CB *Rom.*			
CB 1640	manca CB *Rom.*			
CB 1641	manca CB *Rom.*			
CB 1642	*Rom.* 80, f. 296*v*	1641 s.f.a.	ROMA	C. Romanum
CB 1643	manca CB *Rom.*			
CB 1644	manca CB *Rom.*			
CB 1645	*Rom.* 80, f. 317*v*	1644 s.f.a.	ROMA	C. Romanum
CB 1646	*Rom.* 80, f. 342*v*	1645 s.f.a.	ROMA	C. Romanum
CB 1647	manca CB *Rom.*			
CB 1648	manca CB *Rom.*			
CB 1649	manca CB *Rom.*			
CB 1650	manca CB *Rom.*			
CB 1651	*Rom.* 81, f. 5	1650 s.f.a.	ROMA	C. Romanum
CB 1652	*Rom.* 81, f. 52	1651 s.f.a.	PISTOIA	C. Pistoriense
CB 1653	*Rom.* 81, f. 78	1652 s.f.a.	FIRENZE	D.P. Florentina
CB 1654	*Rom.* 81, f. 99*v*	[1653 ex.]	FIRENZE	C. Florentinum

gesuitica, casa per casa, il quadro organizzativo-operativo di un determinato anno. In essi si dà l'elenco delle persone residenti nella casa e dell'attività che svolgono o degli uffici che ricoprono, e anche del movimento dei soggetti da una provincia all'altra, dei defunti, dei dimessi dall'Ordine, ecc. Questi cataloghi venivano composti tra la fine di un dato anno e l'inizio dell'anno seguente, come abitualmente si dice in apertura di catalogo: *sub fine*[m] *anni* [*vertentis in*] o *exeunte anno* o *initio anni*. Avvertenze: dei cataloghi brevi, posti in successione cronologica, si danno i seguenti dati: 1. l'anno cui il catalogo si riferisce; 2. la segnatura d'archivio (*Rom.* sta per Provincia Romana; *Med.* per Prov. Mediolanensis; *Ven.* per Prov. Veneta); 3. la data di composizione (tra parentesi quadre, se presunta); 4. la città e la casa ove il Segneri ufficialmente risiedeva. Con la sigla C. si intende «Collegium»; con D.P. «Domus Probationis» («secundae probationis»: noviziato; «tertiae»: Terz'anno: nel solo CB 1653). Come appare evidente, mancano non pochi cataloghi brevi o annuali; altre volte, il Segneri risulta assente — non registrato — in catalogo. Si noti che i cataloghi annuali offrono un quadro assai parziale della movimentata vita del Segneri a partire dal 1653. Come predicatore e missionario popolare era frequentemente «fuori sede» per lunghi periodi, a differenza di altri suoi confratelli legati ad un ministero residenziale. Una ricostruzione adeguata degli spostamenti può avvenire solo attraverso altri documenti, in particolare gli epistolari: cfr., ad esempio, Ezio Bolis, *L'uomo tra peccato, grazia e libertà nell'opera di Paolo Segneri sj (1624-1694). Emblema di un approccio «pratico-morale» alla teologia*, Roma, Pontificio Seminario Lombardo; Milano, Glossa, 1996, pp. 24-28.

CB 1655	*Rom.* 81, f. 132v	1654 s.f.a.	MACERATA	C. Maceratense
CB 1656	*Rom.* 81, f. 163	1655 s.f.a.	SIENA	C. Senense
CB 1657	*Rom.* 81, f. 190v	1656 s.f.a.	PERUGIA	C. Perusinum
CB 1658	manca CB *Rom.*			
CB 1659	manca CB *Rom.*			
CB 1660	manca CB *Rom.*			
CB 1661	manca CB *Rom.*			
CB 1662	manca CB *Rom.*			
CB 1663	manca CB *Rom.*			
CB 1663	*Med.* 2, f. 342	[1662 ex.]	Prov. Mediolanensis[3]	
CB 1663	*Ven.* 73a, f. 63	1663, 1 g.	Prov. Veneta[4]	
CB 1664	manca CB *Rom.*			
CB 1665	manca CB *Rom.*			
CB 1666	manca CB *Rom.*			
CB 1666	*Ven.* 73a, f. 90	1665 ex.	PIACENZA	C. Placentinum
CB 1667	manca CB *Rom.*			
CB 1668	*Rom.* 82: assente	1667 s.f.a.		
CB 1669	*Rom.* 82: assente	1668 s.f.a.		
CB 1670	manca CB *Rom.*			
CB 1671	manca CB *Rom.*			
CB 1672	manca CB *Rom.*			
CB 1673	manca CB *Rom.*			
CB 1674	manca CB *Rom.*			
CB 1675	*Rom.* 82: assente	1674 s.f.a.		
CB 1676	manca CB *Rom.*			
CB 1677	manca CB *Rom.*			
CB 1677	*Ven.* 73, f. 104v	[1676 ex.]	MANTOVA	C. Mantuanum
CB 1678	*Rom.* 82, f. 91v	1677 s.f.a.	Prov. Veneta[5]	
CB 1679	*Rom.* 82: assente	1678 s.f.a.		
CB 1680	*Rom.* 82, f. 143v	1679 s.f.a.	FIRENZE	C. Florentinum
CB 1681	*Rom.* 88, f. 20v	1680 s.f.a.	FIRENZE	C. Florentinum
CB 1682	*Rom.* 88, f. 51	1681 s.f.a.	FIRENZE	C. Florentinum
CB 1683	manca CB *Rom.*			

---

[3] Non si precisa città e casa di residenza. Si annota solo che il 16 gennaio 1663 il Segneri è venuto nella Provincia di Milano, provenendo da quella Veneta. Nessun dato nel CB 1662 [1661, 1 gennaio], *Ven.* 73, f. 53.

[4] Si tratta di fascicolo separato con numerazione propria. Non si precisa città e casa di residenza. È detto provenire dalla Provincia di Milano in quella Veneta nel mese di aprile [1663]. Nessun dato nel CB 1662 [1661 ex.], *Med.* 2, f. 302.

[5] Non si precisa città e casa di residenza.

CB 1684	*Rom.* 88, f. 78v	1683 s.f.a.	FIRENZE	C. Florentinum
CB 1685	*Rom.* 88, f. 110v	1684 s.f.a.	FIRENZE	C. Florentinum
CB 1686	*Rom.* 88, f. 144	1685 s.f.a.	FIRENZE	C. Florentinum
CB 1687	*Rom.* 88, f. 180v	1686 s.f.a.	FIRENZE	C. Florentinum
CB 1688	manca CB *Rom.*			
CB 1689	*Rom.* 91, p. 35	1688 s.f.a.	FIRENZE	C. Florentinum
CB 1690	*Rom.* 94, f. 18	[1689 ex.]	FIRENZE	C. Florentinum
CB 1691	*Rom.* 94, f. 54	[1690 ex.]	FIRENZE	C. Florentinum
CB 1692	*Rom.* 94, f. 91v	[1691 ex.]	FIRENZE	C. Florentinum
CB 1693	*Rom.* 94, f. 118	[1692 ex.]	ROMA	D.P. Romana
CB 1694	*Rom.* 94, f. 160v	[1693 ex.]	ROMA	D.P. Romana
CB 1695	*Rom.* 94, f. 248v	[1694 ex.]	ROMA	[D.P. Romana]

1.2 *I cataloghi triennali*

CT1[6] 1639 *Rom.* 57, f. 168v, n. 33   ROMA   D.P. S. Andreae

---

[6] Composti di norma ogni tre anni, i cataloghi triennali offrono lo *status* dei singoli soggetti di una provincia gesuitica, casa per casa, e la situazione finanziaria delle singole case. Ogni catalogo infatti si distingue in tre sottocataloghi, o catalogo primo, secondo e terzo (li indichiamo con la sigla CT1, CT2, CT3). Nel catalogo triennale primo (CT1) si informa sinteticamente sulle persone: nome e cognome (*Nomen*), luogo (*Patria*) e anno di nascita (*Aetas*), condizioni fisiche (*Vires*), anno di ingresso nella Compagnia (*Tempus Societatis*), studi compiuti prima di entrare nell'Ordine e dopo (*Tempus studiorum*), titoli già acquisiti (*Gradus in litteris*), ministeri esercitati e uffici ricoperti con la loro durata (*Ministeria*), data degli ultimi voti con il grado di appartenenza all'Ordine (professo di quattro o di tre voti, coadiutore spirituale formato, coadiutore temporale formato: *Gradus*). Nel catalogo triennale secondo (CT2) è riportata una valutazione essenziale delle persone, con brevi annotazioni, stilate di norma sotto le seguenti voci: intelligenza (*ingenium*), capacità di giudizio (*iudicium*), prudenza (*prudentia*), esperienza pratica (*experientia rerum*), temperamento (*complexio*), attitudini (*talenta*). In questo catalogo — detto anche « segreto » — non compaiono i nomi delle persone. Ad essi si rimanda attraverso il numero d'ordine che s'accompagna al nome nel CT1. Nel catalogo triennale terzo (CT3), — che omettiamo perché non fa al nostro caso — si prospetta lo stato economico e il bilancio di ogni singola casa, indicando le persone che ogni casa mantiene e può mantenere, le rendite, i « pesi » o gravami finanziari, il reddito netto, i debiti, le disponibilità per far fronte ai debiti, unitamente ai crediti esistenti. Di ogni catalogo triennale si danno qui in successione gli stessi dati dei cataloghi brevi; non si dà però l'anno

CT2 1639	*Rom.* 57, f. 224v, n. 33		
CT1 1642	*Rom.* 58, f. 22v, n. 152	ROMA	C. Romanum
CT2 1642	*Rom.* 58, f. 77, n. 152		
CT1 1645	*Rom.* 58, f. 215, n. 138	ROMA	C. Romanum
CT2 1645	*Rom.* 58, f. 272, n. 138		
CT1 1649	*Rom.* 59, f. 19, n. 144	ROMA	C. Romanum
CT2 1649	*Rom.* 59, f. 99v, n. 144		
CT1 1651	*Rom.* 59, f. 201v, n. 65	ROMA	C. Romanum
CT2 1651	*Rom.* 59, f. 281, n. 65		
CT1 1655	*Rom.* 60, f. 50v, n. 10	SIENA	C. Senense
CT2 1655	*Rom.* 60, f. 100, n. 10		
CT1 1658	*Rom.* 60, f. 170, n. 6	ANCONA	C. Anconitanum
CT2 1658	*Rom.* 60, f. 220, n. 6		
CT 1661	*Rom.* 61 - Non in elenco		
CT1 1665	*Rom.* 61, f. 192, n. 4	PERUGIA	C. Perusinum
CT2 1665	*Rom.* 61, f. 235, n. 4		
CT1 1669	*Ven.* 42, f. 123v, n. 14 20 mag.	PIACENZA	C. Placentinum
CT2 1669	*Ven.* 42, f. 160v, n. 14		
CT1 1672	*Ven.* 43, f. 30, n. 31 20 mag.	MODENA	C. Mutinense[7]
CT2 1672	*Ven.* 43, f. 73v, n. 31		
CT 1675	*Rom.* 63 - Non in elenco		
CT1 1678	*Rom.* 64, f. 55, n. 10	SIENA	C. Senense
CT2 1678	*Rom.* 64, f. 105, n. 10		
CT1 1681	*Rom.* 64, f. 186v, n. 15	FIRENZE	C. Florentinum
CT2 1681	*Rom.* 64, f. 229v, n. 15		
CT1 1685	*Rom.* 65, f. 55v, n. 19	FIRENZE	C. Florentinum
CT2 1685	*Rom.* 65, f. 142v, n. 19		
CT1 1690	*Rom.* 65, f. 313v, n. 14	FIRENZE	C. Florentinum
CT2 1690	*Rom.* 65, f. 379v, n. 14		
CT1 1693	*Rom.* 66, f. 24, n. 7	ROMA	D.P. S. Andreae
CT2 1693	*Rom.* 66, f. 79, n. 7 1 apr.		

di composizione (che è quello del catalogo), ma solo il giorno e il mese, quando sono indicati.

[7] Compare il solo nome (cui segue quello di Giovanni Pietro Pinamonti) senza le usuali informazioni del CT1. Invece, il CT2 riporta tutti i dati.

2. *Lettere del padre Paolo Segneri*[8]

---

[8] Le lettere del Segneri presenti nell'ARSI sono state quasi tutte pubblicate da Giuseppe Boero, *Lettere inedite del Padre Paolo Segneri della Compagnia di Gesù*, Napoli, Presso G. Nobile Libraio-Editore, 1848 (abbrev. = Boero). L'edizione del Boero, che consta complessivamente di 138 lettere (l'ultima lettera chiude con il numero 139, ma nella numerazione è stato stranamente omesso il numero 6), ne contiene tuttavia anche altre, come il curatore stesso precisa nella dedica dell'edizione: « Or avendone [di lettere del Segneri] io in brevissimo tempo riunite insieme tra dagli originali dell'Autore, e da copie autentiche, che noi qui [in ARSI] conserviamo, più di centoventi, aggiuntevi altre sei già stampate, e alcune poche ricevute da vari luoghi, mi rendo finalmente alle istanze degli amici, e senza più aspettare le mando fuori alla luce ». Vengono indicate come lettere già edite solo quelle pubblicate dal Torreggiani: Boero, n. 11 (cfr. nota 1 a p. 59), 14 (cfr. p. 63), 32, 33 (cfr. p. 101); dall'abate Francesco Carrara, Boero, n. 91 (cfr. p. 160); da Isaia Carminati: Boero, n. 97 (cfr. p. 166). La trascrizione delle lettere del Segneri fatta dal Boero necessita di revisione per letture inesatte o erronee del manoscritto (testo e date) e per alcune omissioni. Per quanto riguarda le date vanno corrette quelle delle seguenti lettere (che indichiamo con il loro numero d'ordine): n. 12 (21 novembre 1682 e non 21 novembre 1662); n. 13 (26 dicembre 1682 e non 26 dicembre 1662); n. 15 (24 dicembre 1689 e non 24 dicembre 1663); n. 22 (13 marzo 1688 e non 17 marzo 1666); n. 31 (25 dicembre 1667 e non 25 ottobre 1667); n. 45 (13 luglio 1671 e non 10 luglio 1671); n. 56 (10 maggio 1676 e non 10 giugno 1676); n. 82 (9 dicembre 1684 e non 9 dicembre 1685); n. 93 (13 dicembre 1687 e non 13 dicembre 1667); n. 100 (15 novembre 1689 e non 13 novembre 1689); n. 107 (22 agosto 1690 e non 21 agosto 1690); n. 113 (23 luglio 1692 e non 27 luglio 1692); n. 118 (1 novembre 1692 e non 5 novembre 1692); n. 119 (10 dicembre 1692 e non 10 novembre 1692); n. 124 (12 gennaio 1693 e non 17 gennaio 1693); n. 126 (17 agosto 1693 e non 17 giugno 1693); n. 127 (27 luglio 1693 e non 27 giugno 1698 [l'8 è un evidente refuso]); n. 128 (1 aprile 1693 e non 1 agosto 1693). Si avverte che questi errori di datazione non saranno più segnalati. L'edizione delle lettere curata dal Boero è riproposta a Milano, Giovanni Silvestri, 1851 [Biblioteca scelta di opere italiane antiche e moderne, vol. 560], con gli stessi errori. La sola correzione riguarda il numero d'ordine. Risultano così 138 lettere e muta la numerazione delle stesse a partire dalla n. 6. Una successiva edizione delle stesse lettere, sempre con gli stessi errori, è quella di Torino, Giacinto Marietti, 1856, nel volume IV di Paolo Segneri, *Opere, Lettere varie*, pp. 386-437 (abbrev. = Marietti). Alle lettere dell'edizione napoleta-

XVII: Documenti dell'Archivio Romano della Compagnia di Gesù 459

2.1 ARSI, *Epp. NN.* 104 [*Epp. NN.* = *Epistolae Nostrorum*][9]

ff. 11-18v[10]
f. 19r-v   P. S., Mantova, 13 dicembre 1668, ad Alessandro Personale S.I. (Piacenza)[11]
ff. 20-30v[12]
ff. 31-32r   P. S., Corese, 17 luglio 1677, senza destinatario[13]
ff. 33-36v[14]
f. 36a r   P. S., Firenze, 18 aprile 1687, a [Buoncompagni], [Siena][15]
ff. 37-46v[16]
ff. 47-48r   P. S., Roma, 31 ottobre 1693, a Cosimo III, granduca di Toscana [con documento annesso]
f. 48r-v   P. S., Roma, 18 aprile 1693, a Cosimo III[17]

---

na ne vengono però aggiunte alcune altre, come si dichiara a p. 447: «La lettera del p. Paolo Segneri iuniore a p. 393 [intorno alla morte dello zio, Paolo Segneri *senior*, scritta da Roma nel gennaio 1695] e quelle sotto i numeri XI, XXXIV, CXVI, CXXXVII, CXLI, sono ora pubblicate per la prima volta». Preciseremo tuttavia meglio al luogo opportuno. Complessivamente, le lettere di questa edizione sono 145. Sulle edizioni dell'epistolario segneriano: cfr. Carlos Sommervogel, *Bibliothèque de la Compagnie de Jésus*, tome VII, Bruxelles-Paris, Oscar Schepens, Alphonse Picard, 1896, coll. 1087-88, n. 27 e n. 22 (*Opere*).

[9] In *Epp. NN.* 104 le lettere autografe del Segneri sono 22.
[10] Autografe. Edite in Boero, nn. 7, 26, 29, 30, 31.
[11] Autografa. Edita in Marietti, n. XXXIV, p. 412. Abbreviamo «Paolo Segneri» in P. S.
[12] Autografe. Edite in Boero, nn. 49, 50, 53, 54, 56, 55.
[13] Copia. In una nota in calce alla lettera (f. 32) si legge: «Io sottoscritto ho regalato l'autografo di questa lettera a Mons. Magnani, Rettore del Seminario di Bologna, ai 7 di aprile del 1849. — L'autografo proveniva dal p. Emmanuele Azevedo morto in Piacenza. Francesco Minieri S.I.». In aggiunta: «Lettera de P.V. Paolo Segneri scritta di propria mano e copiata da Bortolotti Didimo, alunno del Seminario di Bologna, L'anno 1850». Edita in Marietti, n. LIX, p. 419.
[14] Autografe. Edite in Boero, nn. 12, 72.
[15] Copia. «Buoncompagni di Siena», compare in alto come nota archivistica, senza ulteriori precisazioni. Al suo corrispondente, il Segneri si rivolge con i titoli di «Ill.mo S.r mio P.on [Padron] Col.mo [Colendissimo]» e premette alla firma questi termini di ossequio: «U.mo e Obb.mo Servo».
[16] Autografe. Edite in Boero, nn. 93, 22, 105, 111, 112, 121.
[17] Si tratta di copia di due delle 333 lettere a Cosimo III, granduca di Tosca-

ff. 54-55v   P. S., Roma, [1694], a papa Innocenzo XII[18]

2.2 ARSI, *Epp. NN.* 105[19]

ff. 1-8v[20]
ff. 9-10v   P. S., Firenze, 29 novembre 1687, a Felice Barnabei S.I. [?], Viterbo [?][21]
ff. 11-14v[22]
ff. 15-16v P. S., Firenze, 14 febbraio 1688, a Felice Barnabei S.I. (Viterbo)[23]
ff. 17-18v[24]
ff. 19-20v P. S., dalle missioni di Genova, 5 giugno 1688, a Cristoforo Segneri S.I. (Ancona)[25]

---

na, pubblicate da Silvio Giannini: *Lettere inedite di Paolo Segneri al Granduca Cosimo Terzo tratte dagli autografi,* Firenze, Felice Le Monnier, 1857, pp. 300-02 (n. 315), p. 268 (n. 287). In parte e per estratti, le 333 lettere edite dal Giannini (comprese fra il 19 dicembre 1679 e il 4 dicembre 1694) furono già trascritte prima del 1773, ricavandole dagli originali un tempo esistenti presso il collegio di Firenze, ove il Segneri fu ufficialmente residente dal 1679 al 1692. Si veda più sotto la nota 65. Sull'edizione curata dal Giannini si veda la recensione anonima [Carlo Curci] in « Civiltà Cattolica », s. III, vol. VIII, 1857, pp. 454-69, utile, anche se volta a controbattere, con enfasi polemica, l'anticlericalismo del curatore, cui si riconosce tuttavia un merito: « gli originali sono stati riprodotti nella stampa con fedeltà scrupolosa, se non fosse in qualche nome proprio sbagliato [cfr. p. 456 nota 1], come noi abbiam potuto verificare in altra copia accuratissima che abbiamo trovato in Roma di quelle lettere » (p. 456). Quale sia e dove questa copia non sono in grado di dire.

[18] Autografa. Edita in Boero, n. 137. La risposta del card. Gian Francesco Albani (futuro papa Clemente XI) è del 6 dicembre 1694: in Boero, p. 199 nota 1. Il 9 dicembre il padre Segneri moriva.

[19] È un gruppo compatto di 44 lettere, di cui una del 1659 e le altre comprese fra 1682 e il 1694.

[20] Autografe. Edite in Boero, nn. 10, 80, 82, 13, 92.

[21] Autografa. La lettera è mutila nella parte finale ed è priva di indirizzo. *Incipit*: « Ho letta anch'io con mia consolazione... ».

[22] Autografe. Edite in Boero, nn. 94, 95.

[23] Autografa. *Incipit*: « Già so l'affetto che V.R.... ».

[24] Autografa. Edita in Boero, n. 96.

[25] Autografa. Mutila nella parte iniziale, si avvia con le parole: « che ci aggiunge il P. Rettore... » (f. 19). Bianchi i ff. 19v e 20; indirizzo al f. 20v.

ff. 21-38v^{26}
ff. 39-40v P. S., Roma, 7 maggio 1692, a Felice Barnabei S.I. (Viterbo)^{27}
ff. 41-70v^{28}
ff. 71-72v P. S., Roma, 20 marzo 1694, a Camillo Ettorri S.I. (Bologna)^{29}
ff. 73-76v^{30}
ff. 77-78v P. S., Tivoli, 29 settembre 1694, a Nicolò Maria Piscicelli S.I. (Roma)^{31}
ff. 79-80v^{32}
ff. 81-83v^{33}

2.3 ARSI, *Opp. NN.* 133

ff. 35-60v Lettere diverse scritte dal P. Paolo Segneri della Compagnia di Gesù a Suor Umilia Garzoni, monaca di S. Nicolao in Lucca^{34}

---

[26] Autografe. Edite in Boero, nn. 97, 99, 102, 103, 104, 106, 108, 109. La lettera 97 (P. S., Firenze, 9 novembre 1688, a Giuseppe Bruno S.I. [studente], Milano) reca al f. 22 un codicillo: « Lettera autografa del P. Paolo Segneri il vecchio donatami dal can. Cottolengo di Chieri nel 1837. Genova, 4 dicembre 1844, J. Carminati S.I. ».

[27] Autografa. *Incipit*: « A servire Mons. Inghirami... ».

[28] Edite in Boero, nn. 101, 114, 113, 115, 116, 117, 118, 120, 119, 122, 123, 124, 128, 127, 126, 131. La n. 101 è copia di lettera del Segneri, indirizzata al padre Felice Barnabei S.I., e da lui inclusa e spedita in una sua lettera da Parma, 15 luglio 1695, al padre Orazio Oliveri S.I. (Roma): ARSI, *Epp. NN.* 104, ff. 57-58v.

[29] Edita in Marietti, p. 436 (n. CXXXVII).

[30] Autografe. Edite in Boero, nn. 133, 135.

[31] Autografa. Edita in Marietti, p. 437 (n. CXLI). Da correggere « Pisticelli » in « Pissicelli », come risulta dall'indirizzo autografo del Segneri, anche se propriamente è « Piscicelli » (secondo firma autografa in ARSI, *Ital.* 18, ff. 370, 371: « Nicolaus Maria Piscicellus »).

[32] Autografa. Edita in Boero, n. 138.

[33] Autografe. Edite in Boero, nn. 139, 138. La lettera n. 139, indirizzata al padre Felice Barnabei (Viterbo) è gravemente mutila. Il f. 81r-v (l'intero testo) risulta tagliato a metà. Manca la firma. Indirizzo al f. 82v. Nella lettera n. 138 non è trascritta la frase finale (anche se sospesa), essendo la lettera mutila e priva di firma: « Ho ricevuta su lettera stessa da V.R. » (f. 85v).

[34] Copia calligrafata. Sono complessivamente 63 lettere, non ordinate crono-

2.4 ARSI, *F.G.* 743 [*F.G.* = *Fondo Gesuitico*][35]

    n. 89   P. S., [Roma], 5 luglio 1641, al generale Muzio Vitelleschi

2.5 ARSI, *F.G.* 744

    n. 73   P. S., [Roma], 18 maggio 1643, al generale Muzio Vitelleschi (Roma)

    n. 74   P. S., Roma, 2 giugno 1643, allo stesso

2.6 ARSI, *F.G.* 746

    n. 309   P. S., Firenze, 11 aprile 1654, a Goswin Nickel, generale (Roma)

2.7 ARSI, Med. 78

    ff. 175v-176 La lettera del Segneri è inserita in una *Copia d'una lettera ad un amico in Roma, nella quale gli si dà ragguaglio d'altre missioni fatte da due Padri della Compagnia di Gesù nell'autunno dell'anno prossimo trascorso e nella primavera con qualche parte dell'estate dell'anno corrente 1717*[36]

---

logicamente, comprese fra il 10 febbraio 1665 e il 16 maggio 1694. Le lettere sono edite in Boero, distribuite con le altre secondo l'ordine cronologico. Si tratta solo di una parte delle lettere spedite dal Segneri a suor Umilia, come essa stessa ebbe a dichiarare, quando, accompagnandole con sua lettera (autografa: ARSI, *Epp. NN.* 104, f. 56r-v, San Nicolao di Lucca, 27 febbraio 1695), le destinava al padre Giuseppe Massei, biografo del Segneri, cui scriveva: « Se bene ho tardato um [*sic*] poco a render resposta alla sua conpitissima [*sic*] è stato per riveder le lettere che potevo mandare a V.S. Ne posso mandare circa 60, ma se le potessi riavere, nui sarem grate darle alle persone che ne chiedono per devotione. Se non si potranno, Patiensa [*sic*]. Ne ho dato a tutte le monache e fuori di convento ancora, e ne ho bruciate molte. [f. 56v]. Delle lettere, non le dico altro, le lascio in mano di V.S., e se ce [*sic*] cose da non mostrare, le levi ».

[35] Sono raccolte, sciolte, in questo e nei due faldoni seguenti del *F.G.*, le quattro lettere *Indipetae* del Segneri. Sono dette *Indipetae* le lettere di coloro che chiedevano le missioni delle « Indie » (orientali e occidentali). Edite in Boero, nn. 1, 2, 3, 4. Notiamo come, negli originali di queste lettere, la firma autografa sia « Paolo Segnere ».

[36] Copia di lettera autografa inviata al parroco di Porto Maurizio da Marina di Diano, 17 giugno 1690. Edita in Marietti, p. 429 (n. CIX).

2.8 ARSI, *Rom.* 134

ff. 316-317v P. S., Mantova, 4 aprile 1671, a Torquato Parisiani S.I. (Goa)[37]

3. Lettere dei Padri Generali della Compagnia di Gesù[38] al padre Paolo Segneri[39]

3.1 ARSI, *Rom.* 30

f. 192   Francesco Piccolomini, generale, Roma, 15 gennaio 1650, a fratel P. S. (Nettuno)

3.2 ARSI, *Rom.* 31, II

f. 362v   Goswin Nickel, generale, Roma, 23 maggio 1654, a P. S. (Fi-

---

[37] Edita in Boero, n. 43.

[38] Questi sono i generali che hanno governato la Compagnia dal 1637 al 1694 (dall'anno di ingresso del Segneri alla sua morte): 1. Muzio Vitelleschi, italiano, romano, eletto il 16 novembre 1615, morto il 9 febbraio 1645, a 82 anni; 2. Vincenzo Carafa, italiano, napoletano, eletto il 7 gennaio 1646, morto l'8 giugno 1649, a 65 anni; 3. Francesco Piccolomini, italiano, senese, eletto il 21 dicembre 1649, morto il 17 giugno 1651, a 69 anni; 4. Alessandro Gottifredi, italiano, romano, eletto il 21 gennaio 1652, morto il 12 marzo 1652, a 57 anni; 5. Goswin Nickel, tedesco, di Jülich, vicario generale dal 17 giugno 1651 al 21 gennaio 1652, ed eletto generale il 17 marzo 1652, morto il 31 luglio 1664, a 82 anni; 6. Gian Paolo Oliva, italiano, genovese, eletto vicario generale il 7 giugno 1661 (vicario con diritto di successione), generale il 31 luglio 1664, morto il 26 novembre 1681, a 81 anni; 7. Charles de Noyelle, belga, di Bruxelles, vicario generale dal 26 novembre 1681 al 5 luglio 1682, ed eletto generale il 5 luglio 1682, morto il 12 dicembre 1686, a 71 anni; 8. Tirso González, spagnolo, di Santalla, eletto il 6 luglio 1687, morto il 27 ottobre 1705, a 84 anni.

[39] Queste lettere sono tratte dal copialettere dei generali, ove è contenuta la corrispondenza intrattenuta per ragioni di governo con Gesuiti e non Gesuiti. Sono stilate da vari amanuensi e catalogate per province religiose (ma se ne trovano anche altre fuori di questo raggruppamento), in ordinata cronologia annua e giornaliera, portando indicato sul lato sinistro il nome della città, ove la lettera è spedita, e del destinatario. Tutte le lettere dei generali provengono normalmente da Roma: per questo evitiamo di segnalarlo ogni volta. Un gruppo particolare di queste lettere sono le cosiddette lettere « Soli », riservate cioè al solo Generale (vedi: ARSI, *Epp. NN.* 41, p. 578).

renze)
f. 486   16 settembre 1656, a P. S. (Perugia)

3.3 ARSI, *Rom.* 33, I-II[40]

f. 97v   Gian Paolo Oliva, generale, Roma, 28 novembre 1665, a P. S. (Piacenza)
f. 287v   22 ottobre 1667, a P. S. (s.l.)
f. 303v   31 dicembre 1667, a P. S. (Lucca)
f. 305v   7 gennaio 1668, a P. S. (Ancona)

3.4 ARSI, *Rom.* 35, I-II

f. 20v   Gian Paolo Oliva, generale, Roma, 15 giugno 1675, a P. S. (Ancona)
f. 185v   22 marzo 1677, a P. S. (Pisa)
f. 342v   19 dicembre 1678, a P. S. (Firenze)
f. 399r-v   12 giugno 1679, a P. S. (Firenze)

3.5 ARSI, *Rom.* 36

ff. 95v-96r Gian Paolo Oliva, generale, Roma, 13 gennaio 1681, a P. S. (Firenze)
f. 204v   5 ottobre 1681, a P. S. (Firenze)
f. 216v   3 novembre 1681, a P. S. (Firenze)
f. 252r-v   Charles de Noyelle, vicario generale, Roma, 19 gennaio 1682, a P. S. (Firenze)

---

[40] Alcune lettere del generale Gian Paolo Oliva al Segneri furono già da lui stesso pubblicate, senza data: *Lettere di Gian Paolo Oliva*, Tomo primo-Tomo secondo [con una parte aggiunta, incompleta, pp. 1-96, senza frontespizio e senza indice: lettere nn. 1001-84], In Roma, presso il Varese, 1681. Sono indirizzate al Segneri nel tomo primo la lettera n. 444 (p. 402), a Bologna: « Mi guardi Iddio... »; nel tomo secondo le lettere n. 662 (pp. 90-91), a Firenze: « Il libricciuolo dell'instruito Penitente... »; n. 830 (pp. 285-86), a Firenze: « I caratteri di V.R. trasmettono la santità di quegli ardori... »; n. 934 (pp. 387-88), a Spoleto: « Come benedissi a V.R. il fine dato a' suoi discorsi nel Duomo di Spoleto... »; nella parte aggiunta al tomo secondo, la n. 1025 (pp. 29-30), a Faenza: « Al P. Paolo Segneri, non predicatore, ma Apostolico Missionario e Predicatore... » (ARSI, *Epp. NN.* 11, f. 106v).

3.6 ARSI, *Rom.* 37

ff. 68v-69	Charles de Noyelle, generale, Roma, 29 ottobre 1684, a P. S. (Firenze)
f. 145r-v	30 novembre 1685, a P. S. (Firenze)
f. 185	13 maggio 1686, a P. S. (Firenze)
ff. 195v-196	12 giugno 1686, a P. S. (Firenze)
ff. 220v-221	31 agosto 1686, a P. S. (Firenze)
f. 236v	4 novembre 1686, a P. S. (Firenze)
f. 239r-v	9 novembre 1686, a P. S. (Firenze)
ff. 262v-263v	Domenico Maria de Marinis, vicario generale, Roma, 27 gennaio 1687, a P. S. (Firenze)
f. 365	Tirso González, generale, Roma, 24 novembre 1687, a P. S. (Firenze)
f. 365v	27 novembre 1687, a P. S. (Firenze)
f. 378	15 dicembre 1687, a P. S. (Firenze)
f. 379v	18 dicembre 1687, a P. S. (Firenze)

3.7 ARSI, *Rom.* 38

f. 10	Tirso González, generale, Roma, 19 gennaio 1688, a P. S. (Firenze)
ff. 44v-45v	27 marzo 1688, a P. S. (Firenze)
f. 50	5 aprile 1688, a P. S. (Firenze)
f. 116v	15 gennaio 1689, a P. S. (Firenze)
f. 120	22 gennaio 1689, a P. S. (Firenze)
f. 208	2 gennaio 1690, a P. S. (Firenze)
f. 219	18 febbraio 1690, a P. S. (Firenze)
f. 224	20 febbraio 1690, a P. S. (Firenze)
f. 227	6 marzo 1690, a P. S. (Firenze)
f. 276	20 novembre 1690, a P. S. (Firenze)
f. 278	3 dicembre 1690, a P. S. (Firenze)
f. 288	11 gennaio 1691, a P. S. (Firenze)
f. 289v	22 gennaio 1691, a P. S. (Firenze)
f. 296	5 febbraio 1691, a P. S. (Firenze)
f. 362	3 dicembre 1691, a P. S. (Firenze)

3.8 ARSI, *Rom.* 39

f. 16r-v	Tirso González, generale, Roma, 21 marzo 1692, a P. S. (Roma, Noviziato)
f. 23v	15 maggio 1692, a P. S. (Roma, Noviziato)

3.9 ARSI, *Epp. NN.* 10

    ff. 163*v*-164   Gian Paolo Oliva, generale, Roma, 15 dicembre 1663, a P. S. (Bologna)
    f. 294   20 maggio 1677, a P. S. (Bologna)

3.10 ARSI, *Epp. NN.* 11

    f. 71*v*   Gian Paolo Oliva, generale, Roma, 5 maggio 1679, a P. S. (Firenze)
    f. 106*v*   22 febbraio 1676, a P. S. (Faenza)[41]
    f. 107*r-v*   28 febbraio 1676, a P. S. (Faenza)
    f. 118   18 aprile 1676, a P. S. (Brescia)
    f. 209*r-v*   16 agosto 1679, a P. S. (Brescia)

3.11 ARSI, *Epp. NN.* 13

    f. 127   Charles de Noyelle, generale, Roma, 16 gennaio 1683, a P. S. (Firenze)

3.12 ARSI, *Epp. NN.* 41

    p. 578   Tirso González, generale, Roma, 3 febbraio 1692, a P. S. (Firenze)

3.13 ARSI, *Epp. NN.* 104

    f. 52*r-v*   G.P. Oliva, generale, Roma, 22 febbraio 1676, a P. S. (Faenza)[42]

4. *Lettere dei Padri Generali a vari in cui si parla del Segneri*[43]

4.1 ARSI, *Rom.* 33, I

    f. 41   G.P. Oliva, generale, Roma, 9 maggio 1665, al p. G.P. Pinamonti (Pistoia)
    f. 115   30 gennaio 1666, al p. G.P. Pinamonti (Lucca)

---

[41] Vedi sotto § 3.13 e nota 42.
[42] La lettera reca la firma autografa dell'Oliva, ed è munita di indirizzo e di sigillo del Generale. La stessa è riprodotta in ARSI, *Epp. NN.* 11, f. 106*v*, ma fa parte del copialettere del Generale e, ovviamente, non è sottoscritta.
[43] Sono della stessa natura delle precedenti: vedi sopra nota 38.

4.2 ARSI, *Rom.* 35, I

f. 6*r-v*	6 aprile 1675, al card. Ascanio Piccolomini (Siena)
f. 6*v*	6 aprile 1675, a Sebastiano Conti S.I., rettore (Siena)
ff. 8*v*-9	20 aprile 1675, al card. Piccolomini (Siena)
f. 13	4 maggio 1675, allo stesso (Siena)
f. 13*v*	4 maggio 1675, al Conti, rettore (Siena)
f. 17*r-v*	15 maggio 1675, al card. Piccolomini (Siena)
ff. 18*v*-19	1 giugno 1675, al Conti, rettore (Siena)
f. 19	1 giugno 1675, al card. Piccolomini (Siena)

4.3 ARSI, *Med.* 34, II

ff. 344*v*-345	28 ottobre 1680, a Girolamo M. Cattaneo S.I. (Como)
f. 346*v*	28 ottobre 1680, a Giovanni M. Visconti, prov. (Milano)

4.4 ARSI, *Epp. NN.* 10

f. 164*r-v*   15 dicembre 1663, a G.B. Aldrovandi, prov. (Bologna)

4.5 ARSI, *Epp. NN.* 11

f. 115*r-v*   9 aprile 1676, a Carlo Rossetti, cardinale (Faenza)

4.6 ARSI, *Epp. NN.* 40

« Copiae fragmentorum epistolarum R.P. Generalis [Tyrsi Gonzalez] ad P. Didacum de Valdes Ser.mae Reginae Matri Regis Catholici a Confessionibus [...]. Ex registro secreto »[44]

ff. 372*v*-373 [estratto della lettera del] 23 maggio 1693[45]

---

[44] Questo frammento di lettera, come gli altri documenti in cui sia in causa il padre generale Tirso González, riguarda le sue personali vicende connesse al probabiliorismo e al libro con cui egli intese difendere tale dottrina. Il Segneri, in opposizione a tale dottrina e alla pubblicazione del libro, ne fu direttamente coinvolto. Cfr. sull'intera vicenda e sul Segneri, Antonio Astráin, *Historia de la Compañia de Jesús en la Asistencia de España*, vol. III, Madrid, 1920, pp. 241-338 (*sub indice* vedi « Segneri ») e, più brevemente, William V. Bangert, *Storia della Compagnia di Gesù*, Genova, Marietti, 1990, pp. 296-301.

[45] Il Segneri compare al f. 373.

4.7 ARSI, *Epp. NN.* 41

« Literae Soli scriptae a Patre Tyrso Gonzalez Praeposito Generali ab an. 1689 ad 1695 tum manu propria tum manu Secretarii Societatis »

p. 167 Roma, 15 aprile 1693, a Gregorio Sarmiento S.I., rettore (Salamanca)

pp. 174-176 Roma, 20 giugno 1693, a Gregorio Sarmiento [Segneri: p. 175]

pp. 181-182 Roma, 26 settembre 1693, a Gregorio Sarmiento [Segneri: p. 182]

4.8 ARSI, *Epp. NN.* 44

f. 274*v* Gian Paolo Oliva, generale, Roma, 20 maggio 1677, al Gran Duca Ferdinando [Firenze]

5. *Lettere di vari in cui si parla del Segneri*[46]

5.1 ARSI, *Epp. NN.* 40

ff. 413-414*v* « Lettre du Card. d'Aguirre au Roy d'Espagne », Roma, 26 aprile 1693[47]

5.2 ARSI, *Epp. NN.* 104

f. 50 Niccolò Pallavicino S.I., Genova, 11 giugno 1667, a G.P. Oliva, generale (Roma)[48]

f. 53*r-v* [Biglietto anonimo, s.l, s.d., firmato « Veritas », indirizzato] a

---

[46] La ricerca di tali lettere non è compiuta. Lo stesso Boero osserva di passaggio, difendendo l'arte del porgere del Segneri (Boero, p. 183 nota 1): « Abbiamo nell'archivio nostro [ARSI] lettere dei Duchi di Toscana, di Modena e di Parma, di molti Vescovi e Cardinali, e di altre persone di senno, nelle quali si leva a cielo l'eloquenza del Segneri » o si fanno commenti o si porgono richieste e ringraziamenti per quaresimali e missioni.

[47] Copia in francese, con varianti testuali non di sostanza rispetto al testo spagnolo riprodotto da Astráin (cit. sopra alla nota 44), pp. 267-68 e nota, dove precisa: « Esta carta, publicada por primero por Patuzzi, fué incluida en la Biblioteca de Ribadeneira *Epistolario español*, tomo II, p. 140. Döllinger y Reusch la publicaron traducida al italiano (tomo II, p. 115) ». Riguarda la vicenda di Tirso González di cui ancora alla nota 44.

[48] Riportata da Boero, p. 85 nota 1.

	Paolo Segneri (Firenze)[49]
f. 56r-v	Sr. Umilia Garzoni, S. Nicolao, Lucca, 17 febbraio 1695, al [p. Giuseppe Massei S.I., Roma][50]
ff. 57-58v	Felice Barnabei S.I., Parma, 14 luglio 1695, a Orazio Oliveri S.I. (Roma)[51]
f. 59r-v	Cristoforo Segneri S.I., Ancona, 8 ottobre 1709, a [Curzio Sesti], provinciale
f. 67r-v	Fulvio Fontana S.I., Roma, 24 dicembre 1701, a Tirso González, generale (Roma)
ff. 78-79v	G.P. Pinamonti S.I., Dulcedo, 4 luglio 1690, ad Andrea Grimaldi S.I. (Genova)
f. 83r	G.P. Pinamonti S.I., Modena, 11 [gennaio] 1697, a [G. Massei S.I., Roma][52]
ff. 85-86v	G.P. Pinamonti S.I., Modena, 6 maggio 1698, a G. Massei S.I. (Roma)
ff. 90-92v	G.P. Pinamonti S.I., Firenze, 19 novembre 1701, a [Domenico Bernardini, provinciale?] (f. 92)
ff. 105-106v	Paolo Segneri iun. S.I., s.l., s.d. [ma ante 1698], a [G. Massei S.I., Roma]

5.3 ARSI, *Epp. Ext.* 5 [*Epistolae Cardinalium*]

f. 280r-v	Ascanio Piccolomini, card., Siena, 24 aprile 1675, a Gian Paolo Oliva, generale (Roma)
f. 281r-v	*id.*, 8 maggio 1675, *eid.*
f. 282r-v	*id.*, 22 maggio 1675, *eid.*
f. 283r-v	Giovanni Nicola Conti, card., Ancona, 6 giugno 1675, *eid.*

Mancano le lettere dal 1687 al 1700.

---

[49] Poche righe in forma di profezia: « M. R.o P. nel S.e / Scilicet et tempus veniet cum Mystica canet: *Salutem ex inimicis nostris*, principaliter ex Patre Paulo Segnero. Cuncta haec dulcissima sunt. Crudiora venient. Noli tenacior esse, quiesce et sile, si flagella irae Dei non experiri optas visibiliter in hac vita, ut experientur qui hoc facere volent. Vale, et ora pro enuncianti tibi haec. Veritas » (f. 53r).

[50] Riportata in parte da Boero, p. 64 nota 1. Vedi sopra la nota 34.

[51] In essa è anche trascritta una lettera del Segneri inviata al Barnabei in occasione dell'ingresso del nipote Paolo nella Compagnia il 15 giugno 1689 (in Boero, pp. 169-70: vedi sopra nota 28).

[52] Citata da Boero, p. 94 nota 1, che trae da essa le informazioni sulle missioni predicate dal Segneri.

5.4 ARSI, *Epp. Ext.* 6

f. 6*r-v*   Carlo Rossetti, card., Faenza, 28 maggio 1681, a Gian Paolo Oliva, generale (Roma)

5.5 ARSI, *Epp. Ext.* 19 [*Epistolae Episcoporum*]

ff. 55-58*v*   Tommaso Salviati, vesc., Arezzo, 9 giugno 1664, a Gian Paolo Oliva, vicario generale (Roma)
ff. 74-75*v*   *id.*, Dalla Villa di Sant'Agata di Mugello, 8 ottobre 1664, a Gian Paolo Oliva, generale (Roma)
ff. 142-143*v*   Marco Antonio De Oddis, vesc., Perugia, 25 aprile 1667, *eid.*
f. 191*r-v*   Ettore Molza, vesc., Modena, 29 agosto 1670, *eid.*
f. 203*r-v*   Carlo Nembrini, vesc., Parma, 26 maggio 1671, *eid.*
f. 224*r-v*   Giovanni Agostino Marliani, vesc., Reggio Emilia, 26 aprile 1672, *eid.*
f. 225*r-v*   Marino Giovanni Zorzi, vesc., Brescia, 26 maggio 1672, *eid.*

5.6 ARSI, *Epp. Ext.* 20

f. 79*r-v*   Alessandro Strozzi, vesc., Arezzo, 24 giugno 1680, a Gian Paolo Oliva, generale (Roma)
f. 235*r-v*   Lorenzo Gherardi, governatore, Fermo, 26 giugno 1689, a Tirso González, generale (Roma)

5.7 ARSI, *Epp. Ext.* 34 [*Epistolae Principum*]

ff. 255-257*v*   Isabella d'Este, duchessa, Parma, 11 settembre 1663, a Gian Paolo Oliva, vicario generale (Roma)

5.8 ARSI, *Epp. Ext.* 35

f. 12*r-v*   Ranuccio II Farnese, duca, Parma, 9 marzo 1665, a G.P. Oliva, generale (Roma)
ff. 201-202*v*   Cosimo III, granduca, Firenze, 7 maggio 1672, *eid.*
ff. 203-204*v*   *id.*, 17 maggio 1672, *eid.*

5.9 ARSI, *Epp. Ext.* 36

ff. 4-5*v*   Cosimo III, granduca, Firenze, 4 maggio 1677, a Gian Paolo Oliva, generale (Roma)
f. 6*r-v*   *id.*, 27 maggio 1677, *eid.*
ff. 14-15*v*   *id.*, 21 dicembre 1677, *eid.*
ff. 105-106*v*   Ranuccio II, duca, Parma, 6 gennaio 1682, a Carlo De

Noyelle, vicario generale (Roma)
ff. 113-115v *id.*, 17 febbraio 1682, *eid.*
ff. 162-163v *id.*, 24 dicembre 1683, a Carlo De Noyelle, generale (Roma)
ff. 235-236v Luca Spinola, doge, Genova, 5 marzo 1688, a Tirso González, generale (Roma)

5.10 ARSI, *Vitae* 135

ff. 46v-47   Cosimo III, granduca di Toscana, Firenze, 18 dicembre 1694, a mons. Bernardino Inghirami (Firenze)[53]
f. 47   Cosimo III, granduca di Toscana, Firenze, 21 dicembre 1694, a fratel Andrea Pozzo (Roma)[54]
f. 48r-v   Cristoforo Segneri S.I., Ancona, s.d. [1694], a Felice Barnabei S.I. (Roma)[55]

6. *Biografia e testimonianze*

6.1 ARSI, *Rom.* 171

ff. 64-65v   *Vocatione di Paolo Segnere entrato nel novitiato a dì 2 del mese di decembre del anno 1637* (f. 65v)

6.2 ARSI, *Rom.* 173

Ingressus novitiorum ab anno 1631 usque ad 1675

f. 34   Paolo Segneri, dicembre 1637

6.3 ARSI, *Rom.* 209

Libro d'esami litterarii da conservarsi dal P. Provinciale Romano, dove saranno notati tutti quelli, che s'esaminano nella Provincia Romana, con li giuditii di ciascheduno esaminato da gl'esaminatori deputati conforme al nuovo decreto della 7 Congregatione Generale. Et incomincia dal mese di luglio del 1616 fino al luglio del 1773.

f. 11r   (1642, settembre) [Logica]
f. 35v   (1643)   [Fisica]
f. 64r   (1644)   [Metafisica]
f. 98v   (1648)   [Teologia 1]

---

[53] Copia inclusa in lettera di Felice Barnabei S.I., Roma, 31 dicembre 1694: vedi § 6.6.
[54] *Ibidem.*
[55] *Ibidem.* Estratto della lettera.

f. 109bis (1649) [Teologia 2]
f. 138r (1650) [Teologia 3]
f. 151r (1650) [Eletto per fare l'« atto piccolo »]
f. 177v (1651) [Eletto per fare l'« atto grande »][56]

6.4 ARSI, *Ital.* 131

ff. 258, 261 Autografo della « formula » sottoscritta (« Ego Paulus Segnerus manu propria ») dei voti solenni di professo di 4 voti (Roma, 20 maggio 1657)

6.5 ARSI, *Vitae* 114

Breve Ragguaglio della Vita del Venerabil Padre Paolo Segneri della Compagnia di Gesù descritta dal P. Giuseppe Massei della medesima Compagnia [ff. 2v-113r] coll'aggiunta dell'*Espositione del Magnificat, che compose lo stesso P. Paolo Segneri e non poté terminare, prevenuto dalla morte* [ff. 114-144r][57]

6.6 ARSI, *Vitae* 135[58]

ff. 1-526v *Notitie de due Padri Segneri*
ff. 1-320 [Paolo Segneri *sn.*][59]

Segnaliamo:

ff. 37-48v Felice Barnabei S.I., Roma, 31 dicembre 1694, senza desti-

---

[56] « Atto piccolo » e « atto grande » di teologia: cfr. *Monumenta Paedagogica Societatis Iesu*, vol. V, Romae, 1986, p. 375 nota 7; *Institutum Societatis Iesu*, vol. II, Florentiae, 1893, p. 383 nota 5.
[57] Edita a cura di Quinto Marini, da Ugo Magnanti Editore, Nettuno 1995. Dalle pagine introduttive a questa edizione, in cui il testo originale è confrontato con la prima edizione a stampa (Parma, Paolo Monti, 1701), si potranno attingere informazioni sulle altre edizioni del *Ragguaglio* (pp. 17-18).
[58] *Vitae* 135 è una copiosa raccolta di testimonianze brevi sulla vita, opere, santità « miracolosa » del Segneri, nel contesto della sua attività di predicatore e di missionario popolare, rese prima e dopo la sua morte (dal 1664 al 1714). Parte di queste testimonianze sono autorevolmente autenticate.
[59] Incerta l'attribuzione al Segneri *sn.* dei ff. 313-320. Ma sicuramente anche i ff. 181-184v riguardano il Segneri *iunior* (vedi f. 182r ove si parla dello zio Segneri *senior*).

natario⁶⁰

ff. 148-155v Don Giuseppe Bianchi, Firenze, 13 luglio 1696, in risposta ad «alcuni quesiti» postigli da Roma su «alcune notizie» da lui deposte «su la vita et azioni» del p. Paolo Segneri e là trasmesse (21 maggio 1696)

ff. 156-160v Giuseppe Bianchi, Firenze, 13 luglio 1696. «Attestatione di Don Giuseppe Bianchi di varie cose prodigiose, penitenze, sentimenti e detti del P. Paolo [Segneri]»

ff. 278-285v [Testimonianza di Nicola Piscitelli S.I. sugli atteggiamenti spirituali del Segneri.] Verso Dio. Verso se stesso. Verso altri.

6.7 ARSI, *Opp. NN.* 164

Iosephi Mariani Parthenii [Giuseppe Maria Mazzolari, 1712-1786] *de vita et sancta conversatione septem venerabilium Patrum e Societate Jesu ad Patres et Fratres eiusdem Societatis*⁶¹

pp. 5-14   *Pater Paulus Segnerus Senior* [*ibidem*, pp. 11-28]

---

⁶⁰ Ignoto il destinatario per il quale, in «atto di obbedienza [...] prestato ai suoi cenni» (f. 48), il Barnabei mette per iscritto la sua testimonianza sulle virtù del padre Paolo Segneri. Il destinatario è probabilmente il provinciale della Provincia Romana, padre Felice Rotondo (eletto a tale incarico il 24 giugno 1694). Il Barnabei si rivolge a lui come «Molto Reverendo in Cristo Padre» e si dichiara «suo suddito fedelissimo» (f. 37v), mentre a fine lettera ribadisce che il suo è stato «atto di obbedienza» (f. 48). Nel testo della lettera si trovano trascritte quattro lettere (cfr. § 5.10 per la prima, seconda e quarta). Tre sono di Cosimo III, granduca di Toscana, e sono indirizzate da Firenze: la prima (ff. 46v-47), il 18 dicembre 1694, a mons. Bernardino Inghirami, a Firenze: a lui, congiunto con il Segneri da legami di parentela, esprime il dolore per la grave perdita; la seconda (f. 47), il 21 dicembre 1694, al fratel Andrea Pozzo, a Roma, in ringraziamento dell'eseguito e inviato «ritratto» del padre Segneri; la terza (f. 48v), in risposta a lettera scrittagli da Paolo Segneri *iunior* S.I. Infine una quarta (f. 48r-v) è l'estratto di una lettera di Cristoforo Segneri S.I., da Ancona, senza data, indirizzata al Barnabei. I ff. 49-58 sono altra copia della stessa lettera del Barnabei.

⁶¹ Ms. edito a cura di Giuseppe Boero S.I., *Iosephi Mariani Parthenii e Societate Iesu commentarii et ellogia*, Romae, Typis Civilitatis Catholicae, 1855.

6.8 ARSI, *Opp. NN.* 227

n. 1, pp. 1-29 G.P. Pinamonti, *Lettera scritta al P. Rettore del Collegio di Firenze dal P. Gio. Pietro Pinamonti sopra le virtù del P. Paolo Segneri (Roma, 18 dicembre 1694)*[62]

6.9 ARSI, *Congr.* 31

ff. 4-5, 6r-v *Status praesens famosi negotii. 18 aprilis 1693*[63]

6.10 ARSI, *Epp. NN.* 40

ff. 403-412 « Scriptura italica concinnata a P.re Julio Negri Societatis Jesu Romae, dum, anno 1693, conciones haberet in Domo Professa Romana, ad informandum Abbatem sibi amicum, qui habebat aures Pontificis, nempe Abbatem Baiani, qui erat intimus Patri Paulo Segneri, et multum cooperatus fuerat ut a sua Sanctitate eligeretur in suum concionatorem, ut mediante illo Abbate obtineretur a Pontifice, ut mandaret examinari librum Praepositi Generalis, cum historica narratione eorum, quae P. Thyrsus egit in hac causa »[64]

---

[62] Copia. Edita in Boero, pp. 7-28, con poco rispetto del testo manoscritto e con data erronea. La data esatta è 18 dicembre e non 19. A questa trascrizione si attiene il Marietti. Come testimoniava il Barnabei a fine dicembre 1694 (ARSI, *Vitae* 135, f. 47v), della lettera o relazione del Pinamonti sulle virtù del Segneri si fecero subito copie, mandate « non sol per l'Italia, ma ancora in Francia, in Ispagna et in altre parte ». Cfr. anche Sommervogel, *Bibliothèque de la Compagnie de Jésus*, tome VI, cit., 1895, s.v. « Pinamonti Giampietro », coll. 775-76, n. 8.

[63] Altra copia in *Congr.* 29, ff. 95-96r. Riguarda la controversia tra il generale Tirso González e i Padri Assistenti circa la stampa del suo trattato *De recto usu opinionum probabilium*. Chi scrive parteggia per il Generale e controbatte con forza il Segneri e le sue iniziative volte a neutralizzare i propositi del Generale. Sull'intera vicenda, vedi Astráin e Bangert, citt. sopra alla nota 44.

[64] Il titolo-postilla è di mano del generale Tirso González, come le tante altre postille, identiche per grafia, apposte su lettere a lui indirizzate e su documenti, raccolti in *Epp. NN.* 40. Se pur non firmate, lo indicano per autore espressioni come: « Accepi has [litteras] 5. martii. respondi manu propria die 6ª » (su lettera del padre Carlo Maurizio Vota, dalla Polonia, 1 febbraio 1694, *ibidem*, p. 131). L'autore della « Scrittura », il padre Giulio Negro,

6.11 ARSI, *Hist. Soc.* 5c

ff. 285-291r *Notizie sopra il libro del P. Tirso Gonzalez e le cose accadute nella insorta controversia tra lui e la Compagnia, cavate dalle lettere originali scritte dal P. Paolo Segneri all'Alt. Ser.ma di Cosimo III Gran Duca di Toscana*[65]

---

apparteneva alla Provincia Veneta. Il Segneri scrive di lui a Cosimo III, il 21 marzo 1693, quando si tratta di provvedere il pulpito fiorentino di un quaresimalista per il 1695: « Per il 1695 pensai al Padre Negro, che ha predicato nel Gesù di Roma questa quaresima [del 1693] con soddisfazione anche grande. Piacque in Firenze ancora, dove fu graditissimo al signor Principe » (Silvio Giannini, *Lettere inedite di Paolo Segneri al Granduca Cosimo terzo*, cit., p. 262, lettera n. 281). — La « Scrittura » è copia calligrafata di amanuense, senza data e senza firma, all'indirizzo dell'abate « Baiani » [Vaiani]: « All'Ill.mo Sig.re ». Il nome del Segneri vi ricorre ai ff. 404, 406v, 409, 412. Rispecchia, nei contenuti, lo stesso atteggiamento del documento registrato al § 6.9 (*Status praesens famosi negotii*), ma con più discrezione e ragionata pacatezza, essendo indirizzata a persuadere, a favore del González, un notorio amico del Segneri. Il nome dell'abate « Baiani » [Vaiani] ricorre nelle lettere del Segneri a Cosimo III, con riferimento al canonicato concessogli. Ne esprime ampia stima: « Credo che il canonicato del signor Abate Vaiani si possa già dir conchiuso [...]. Il signor Abate è tanto amato da tutti, che tutti se ne rallegrano. [...] il papa mi ha chiamato per altro affare, ma io ho preso quindi il campo per rallegrarmi del Canonicato destinato al signor abate Vaiani » (lettera del 4 luglio 1693, *Lettere inedite di Paolo Segneri al Granduca Cosimo terzo*, cit., pp. 281-82). Il Vaiani, stimato da Innocenzo XII, era frequentemente in udienza da lui (vedi ancora *ibidem*, p. 280: « nell'ultima udienza il Papa tenne tanto il signor Abate in altri discorsi più premurosi, che questi non ebbe il tempo di ragionargli sopra il governo di Fermo. Io insisto che faccialo nella prima », lettera del 27 giugno 1693).

[65] A conclusione delle lettere trascritte si legge: « Le lettere originali del P. Segneri si conservano nel Collegio di Firenze. Il P. Segneri scriveva da Roma » (f. 291). La trascrizione è anteriore al 1773. Le lettere trascritte corrispondono alle seguenti date (tra parentesi i numeri d'ordine dell'ed. Giannini: cfr. sopra, nota 17): 28 febbraio 1693 (n. 277); 11, 18, 25 aprile (nn. 286, 287, 288); 9 maggio (n. 290); 6 giugno (n. 295); 25 luglio (n. 301); 1, 15, 22 agosto (nn. 302, 303, 304, 305); 15, 26 settembre (nn. 309, 310); 3, 10, 17, 24, 31 (con foglio annesso) ottobre (nn. 311, 312, 313, 314, 315); 8 gennaio 1694 (n. 316); 6, 20 febbraio (nn. 317, 318); 20 marzo (n. 320); 6, 19, 26 giugno (nn. 321, 322, 323); 3, 31 luglio (nn. 324,

6.12 ARSI, F.G. 434

« De controversia anno 1693 et 1694 super articulo cogendae vel non Congregationis Generalis, cum Indice in principio et Relatione in fine. Compactus Anno 1695 »

ff. 667-683   *Breve racconto di ciò che è occorso di tempo in tempo intorno la controversia tra il R.P.N. Generale Tirso Gonzalez et i PP. Assistenti sovra la validità o invalidità del Decreto de cogenda Congregatione generali, 19 novembre 1693, fino alla risoluzione e decisione fattane dalla Congregatione de Cinque Eminentissimi Cardinali, gli 3 agosto 1694, per l'invalidità di esso Decreto, con che fu imposto fine a tale controversia*[66]

6.13 ARSI, F.G. 508

ff. 521-552, § 1-148   *Historica enarratio eorum quae acciderunt circa editionem libri « De recto usu opinionum probabilium » Patris Tyrsi Gonzalez, Praepositi Generalis Societatis Iesu, ab eadem concinnata*[67]

7. Scritti

7.1 ARSI, Opp. NN. 16

ff. 1-177v   *Scritture del P. Paolo Segneri intorno all'opinione più probabile*[68]

---

326); 7 agosto (n. 327).

[66] Tutto il documento serve a creare l'opportuno contesto a quanto del Segneri, sia pur brevemente, si dice. Il più ampio riferimento al Segneri è ai ff. 670v-671r. Altro riferimento al f. 678v, in cui si fa cenno alla scrittura da lui composta a favore della convocazione della Congregazione generale: vedi § 7.4 di questa silloge di documenti.

[67] Circa Segneri si vedano: f. 545, § 121; f. 546r-v, §§ 125, 126, 127; f. 547, § 130; ff. 548v-549, § 137; f. 549v, § 141; ff. 549v-550, § 143; f. 550, § 145; ff. 550v-551, § 146.

[68] Copia di amanuense. La « prima Scrittura » del ms. è divisa in 10 paragrafi e in 56 punti (per un errore di numerazione il ms. passa dal punto 55 al 58). La « II Scrittura » si interrompe al § 1 (neppure indicato), a un terzo del punto 4 (alle parole: « che la sentenza benigna... »). Stando all'edizione a stampa, Colonia, 1732 [data falsa] (vedi sotto), essa dovrebbe constare di 29 paragrafi, in 82 punti. La « III Scrittura » apre con un « Proemio » ed è

f. 1	Titolo
f. 1v	[bianco]
ff. 2-53	Scrittura prima
f. 53v	[bianco]
ff. 54-56v	Scrittura II in cui si manifesta l'insussistenza della relazione d'autore incerto che finse farla al favore del P. T. G. [padre Tirso González] e la fece in biasimo
f. 56a r-v	[bianco]
ff. 57-177v	Scrittura III, nella quale si abbattono i fondamenti d'un nuovo libro che, discacciata finalmente la probabilità della regola delle opinioni morali, vorrebbe sostituirvi la verità, e la verità indubitabile

divisa in 10 paragrafi, ciascuno suddiviso in punti con numerazione indipendente. Queste « Scritture » furono edite più volte nei primi decenni del '700 (cfr. Sommervogel, *Bibliothèque de la Compagnie de Jésus*, tome VII, cit., col. 1086, n. 25): *Lettera di Paolo Segneri della Compagnia di Giesù... Su la materia del Probabile*, Colonia, Presso Baldassare d'Egmond, 1703; Napoli, Presso Stefano Abbate, 1726; *Lettere del P. Paolo Segneri Sulla materia del probabile*, Colonia, Presso Guglielmo Metternich, 1732, e ristampate a Benevento nel 1736. Quest'ultima (Colonia, 1732) è l'edizione da noi consultata. Essa — a differenza del manoscritto — presenta varianti nel titolo e nella parte introduttiva, che apre con l'indirizzo « Al lettore » e con la lettera del Segneri al p. Tirso González, Roma, 8 giugno 1692, e prosegue, il punto 1 della « prima Scrittura », in una sorta di lettera propositiva e dedicatoria a un non identificato « Illustrissimo Signore e Padrone Colendissimo », cui il Segneri, all'inizio della « II Scrittura », riconosce possedere nei suoi riguardi un'« autorità » che dura « da sì lungo tempo » (f. 54). Citando il Melzi (I, 20), il Sommervogel (*Bibliothèque de la Compagnie de Jésus*, tome VII, cit., col. 1086) riporta un'edizione col seguente titolo: Massimo degli Afflitti [Paolo Segneri], *Lettere sulla materia del Probabile*, Colonia, 1732 [data falsa]. Riferisce quindi quanto gli ebbe a comunicare il padre Angelo Manganotti S.I., già curatore dell'Archivio della Provincia Veneta: « Lungo referato di Massimo degli Afflitti dettato il 6 ottobre 1693 intorno all'opera: *Breve relazione di quel che il P. Tirso Gonzales ha fatto fino all'anno 1670* [su tale « relazione » verte la « II Scrittura »: cfr. ff. 54-55r] — Autografo. — Biblioteca Palatina Parmense, 1031, (12) HH, III, 64 ». Notiamo, infine, che contrariamente a quanto si afferma in Marietti, p. 447, la lettera del Segneri dell'8 giugno 1692 al González non può dirsi da lui pubblicata per la prima volta (pp. 431-32, lettera n. CXVI).

7.2 ARSI, *Opp. NN.* 133

ff. 1-34v *Alcuni sentimenti spirituali avuti nell'orazione dal Ven. P. Paolo Segneri della Compagnia di Gesù*[69]

ff. 61-78v *Parere del Padre Paolo Segneri della Compagnia di Gesù sopra « La vita interiore » di Monsignor Giovanni di Palafox*[70]

7.3 ARSI, *Vitae* 114

ff. 114-144 *Espositione del Magnificat* (f. 114: « Magnificat anima mea Dominum »)[71]

7.4 ARSI, *F.G.* 434

« De controversia anno 1693 et 1694 super articulo cogendae vel non Congregationis Generalis, cum Indice in principio et Relatione in fine. Compactus Anno 1695 »[72]

ff. 234-237, n. 19 *Ex Iure praecise Societatis, si prova non essere dubbiosa la validità del Decreto dell'ultima Congregazione de Procuratori de cogenda Congregatione Generali*[73]

---

[69] Copia calligrafata. Editi: cfr. Sommervogel, *Bibliothèque de la Compagnie de Jésus*, cit., tome VII, col. 1081.

[70] Copia calligrafata. Edito: Boero, pp. 201-40. Cfr. anche Sommervogel, *Bibliothèque de la Compagnie de Jésus*, cit., tome VII, col. 1084, n. 23. Sul Palafox, cfr. Gregorio Bartolomé Martínez, *Controversia y sátiras sobre la « Vida interior » de don Juan Palafox y Mendoza*, « Hispania sacra », 37 (1985), pp. 54-94, specie pp. 61-66 (« Censura » del p. Paolo Segneri).

[71] Vedi sopra al § 6.5: *Ragguaglio*. Edita: cfr. Sommervogel, *Bibliothèque de la Compagnie de Jésus*, cit., tome VII, col. 1086, n. 24.

[72] Tutto il volume, che contiene 82 documenti, verte intorno a questa sola questione.

[73] In testa al f. 234 è notato: « Huius scripturae author [*sic*] videtur fuisse P. Paulus Segneri » [di mano del padre generale Tirso González: cfr. sopra, nota 64]. A un primo giudizio, ritengo che siano altre tre redazioni, con correzioni, quelle contenute in *Congr.* 29, ff. 125-126v, 127-128v, 129-130v.

8. Sugli scritti del Segneri

8.1 ARSI, *Vitae* 135

ff. 18-19*r*   [In difesa del libro del padre Paolo Segneri intitolato « Concordia fra la fatica e la quiete nella meditazione », 1680]

8.2 ARSI, *Rom.* 138

ff. 82-83*v*   [Di mano archivistica: f. 83*v*] « Astrologia giudiciaria, P. Segneri, P. Burgundio, Sig.r Bettucci » [in risposta al sig. Paolo Bettucci che aveva presentato « al P. Maestro del Sacro Palazzo alcune scritture, in cui pretendeva impugnare lo scritto del P. Paolo Segneri contra gl'Astrologi nell'*Incredulo senza scusa* »][74]

ff. 84-89*v*   Paolo Bettucci, di casa [Roma], 4 ottobre 1718, a Michelangelo Tamburini, generale [Roma][75]

---

[74] « La scrittura da me [padre Orazio Borgondio S.I. del Collegio Romano] ora scorsa in forma di memoriale pare un sommario di quanto egli ha scritto più diffusamente nelle destinate alle stampa » (f. 82). Fa notare il Borgondio come il Bettucci lamenti la non restituzione delle sue scritture, date a rivedere ai censori per la stampa, da cui, oltretutto, non aveva ottenuto « licenza di stampa ».

[75] La lettera è a difesa dell'« impegno » che il Bettucci ha preso « di far conoscere al mondo che li tre capitoli dello *Incredulo senza scusa* contro gli Astrologi non hanno alcun fondamento di verità [...] ». Al Tamburini scrive: « [f. 85] L'ossequio che io professo verso di Vostra Paternità e della sua inclitissima Religione è così grande che mi sento trafiggere il cuore in udire che loro altri rev.di Padri si raffigurino che io verso di loro non conservi nell'animo la venerazione che devo » per l'impegno preso di difendere gli astrologi contro l'*Incredulo*, per essere contrario alle Sacre Scritture, ai SS. Padri e a « tutti i maestri della sua venerabilissima Compagnia e tra tutti gli altri al suo consanguineo Tamburino [...] ». Il Bettucci, su pagina verticalmente tripartita, dispone in prima colonna, sotto il titolo di « Proposta », le proposizioni segneriane in materia, nella seconda la « Risposta » ad esse, lasciando libera la terza colonna per la « Replica » del suo lettore. E conclude: « [f. 89*v*] Dunque haverà gran campo V[ostra] P[aternità] R.ma con tutti i di lei Rev.mi Padri di patire il mio zelo e come veri amici di verità di unirsi tutti a procurare appo la Santità di Nostro Signore non solo di farmi rihavere le mie scritture che tiene, ma di levarmi ancora tutti li pregiudizi che lo istesso Incredulo senza scusa col medesimo mi ha fatto. Mentre intanto attendo da loro tal grazia, con umilissimo inchino a

9. *Relazioni di missioni del Segneri*[76]

9.1 ARSI, *Rom.* 132, II

ff. 441r-451r Paolo Segneri [?], 1653, senza destinatario. [Sulla missione in Val d'Arno da Miransù a Castelfranco dei padri Paolo Segneri e Carlo Bonamoneta][77]

9.2 ARSI, *Rom.* 134, I

ff. 153-162v Senza mittente, [Lucca, 1665], a [Giovanni Oliva, generale, Roma]. [*Alia manu*: *Relatione delle missioni fatte nella diocesi di Lucca l'anno 1665* dai padri Paolo Segneri e G.P. Pinamonti]

ff. 163-173r Senza mittente [Paolo Segneri?], Lucca, 15 agosto 1665, al sig. [manca il nome del destinatario, cui ci si rivolge con « V.S. », « Vostra Signoria »]. [Sulla missione nel vescovado di Lucca dei padri Paolo Segneri e G.P. Pinamonti][78]

---

tutti mi sottoscrivo / Di V.ra Pat.à R.ma / Umilissimo devotissimo servitore vero / Paolo Bettucci / Di casa, quattro di 8 obre 1718 ».

[76] Registriamo solo le relazioni o resoconti di missioni, tralasciando, per ora, le informazioni registrate nelle « litterae annuae ». Vedi, ad esempio, ARSI, *Ven.* 106, II, f. 305 (1674).

[77] Relazione anonima. Edita in Boero, pp. 37-52. Può essere di mano del Segneri, come afferma il Boero, p. 37 nota 1: si confronti la grafia di questa relazione con quella della lettera autografa dell'11 aprile 1654 (*F.G.* 746, n. 309). Per la data 1653 cfr. *Rom.* 132, f. 453. In nota a margine a f. 441r si leggono i nomi dei padri Segneri e Bonamoneta, predicatori della missione.

[78] Edita in Boero, pp. 68-85, lettera n. XIX. Scrive il Boero (p. 85 nota 1): « Di questa lunga narrazione non ho trovato che una copia antichissima, riveduta però e corretta in molti luoghi dal P. Segneri » (è quella con la segnatura da noi indicata). Per questo e per differenze di stile che vi si riscontrano, il Boero inclina — ma è fatto evidente — a non ritenerla scritta di proprio pugno dal Segneri. Con ogni probabilità, fu invece dettata da lui, a più riprese, a diversi copisti. A questa missione, la cui relazione è datata 15 agosto 1665, il Boero collega la lettera del p. Niccolò Pallavicino, da Genova, 11 giugno 1667, al generale G.P. Oliva (*Epp. NN.* 104, ff. 50-51v; edita da Boero, p. 85 nota 1). Ma non s'intende, per la disparità di date, come possano correlarsi.

9.3 ARSI, *Ven.* 106, II

1672, Missioni nel Modenese de' Padri Segneri e Pinam[on]ti, [Provincia] Veneta [f. 232v: nota di segreteria; altra nota a f. 229, in alto: [Provincia] Veneta, Missione nel Modanese, P. Segnari, 1672]

ff. 229-232v Antonio Rochetti, Rocca Malatina [Roccamalatina, Modena], 19 maggio 1672, a D. Giovanni Bonini, rettore di Villa Calomandrina [Villa Collemandina, Lucca]

9.4 ARSI, *Epp. NN.* 104

f. 49r-v   *Breve relazione della missione fatta in Pistoia da i P.P. Paolo Segnero e Giovanni Pietro Pinamonti* [1664][79]

ff. 50-51v   Niccolò Pallavicino, Genova, 11 giugno 1667, al generale G.P. Oliva[80]

9.5 ARSI, *Med.* 80

Annue memorie del Collegio di Genova [...] *raccolte da Nicolò Gentile* [S.I.] *nel 1686*

ff. 92v-93r   [Sulla missione dei padri Segneri e Pinamonti nel Genovesato]

9.6 ARSI, *Med.* 81

Historia Domus Professae Societatis Iesu Genuae institutae in Ecclesia S. Ambrosii sub nomine sanctissimo Iesu [ab anno 1603 ad annum 1773][81]

pp. 197-197^(bis)   [Sulla missione dei padri Segneri e Pinamonti nel Genovesato]

Diamo termine a questa rassegna archivistica, che avrà un suo prossimo seguito editoriale nella pubblicazione di una parte dei documenti elencati.[82]

MARIO ZANARDI S.I.
Archivio Romano della Compagnia di Gesù

---

[79] Relazione anonima. Una nota archivistica la data 1664.
[80] Autografa. Edita in Boero, p. 85 nota 1. Vedi sopra nota 78.
[81] La *Historia Domus Professae* è edita: *I Gesuiti a Genova nei secoli XVII e XVIII. Storia della Casa Professa di Genova della Compagnia di Gesù dall'anno 1603 al 1773*, introd. e trad. del manoscritto latino [non riportato] di Giuliano Raffo S.I., Genova, 1996, pp. 328-30, note 424-25.
[82] Sulla rivista « Archivum Historicum Societatis Iesu » nel 1998.

INDICE

ROCCO PATERNOSTRO, *A mo' di Prefazione*   p. 3

ANDREA FEDI, *Avvertenza*   p. 7

Sommario   p. 9

I
ANTONIO FRANCESCHETTI, *La fortuna critica del Segneri*   p. 11

II
GENNARO SAVARESE, *Avventure segneriane tra Sette e Ottocento: Parini, Leopardi, De Sanctis*   p. 47

III
QUINTO MARINI, *Le biografie di Paolo Segneri*   p. 63

IV
AULO GRECO, *La spiritualità inquieta di suor Umilia Garzoni*   p. 105

V
MARTINO CAPUCCI, *Paolo Segneri « recensito »*   p. 119

VI
ARMANDO GUIDETTI S.I., *Paolo Segneri grande apologeta*   p. 129

VII
VALERIO MARUCCI, *Paolo Segneri e le missioni rurali*   p. 141

VIII
ANDREA FEDI, *Le* Lettere *di Paolo Segneri a Cosimo III de' Medici*   p. 155

    I. *« Frugando in questi mirabili emporii delle Biblioteche fiorentine »*   p. 155

II. « Di V.A.S.ma Umiliss.o Divotiss.o Obblig.mo Servitore Paolo Segneri »   p. 162
    1. Riferimenti alla vita e alle opere di Segneri   p. 171
    2. Notizie sulla storia della Chiesa e della Compagnia di Gesù   p. 180
    3. Segneri a servizio del Granduca: mediatore, informatore, consigliere   p. 187
III. « Una maliziosa ragion di stato »   p. 238

IX

LUCIA STRAPPINI, *Esercizi dello spirito: qualche nota sul teatro dei Gesuiti tra fine Cinquecento e metà Seicento*   p. 243
  I.   p. 243
  II.   p. 256

X

STEFANIA STEFANELLI, *Segneri e il Vocabolario della Crusca*   p. 279
  I. *L'ambiente e i personaggi della terza Edizione del Vocabolario*   p. 279
  II. *I rapporti tra Segneri e la Crusca*   p. 281
  III. *Il* corpus   p. 286
  IV. *L'ingresso di lessico secentesco nel Vocabolario*   p. 288
  V. *Stranierismi*   p. 292
  VI. *I lessici settoriali*   p. 293
  VII. *Cultismi di carattere ecclesiastico e giuridico*   p. 294
    1. *Lessico di area liturgico-religiosa*   p. 295
    2. *Lessico di ascendenza teologica*   p. 296
    3. *Lessico del diritto*   p. 297
  VIII. *Uno scartafaccio manoscritto*   p. 299
  IX. *Conclusioni*   p. 300

XI

ROCCO PATERNOSTRO, *Il « maraviglioso » nei* Panegirici Sacri   p. 303
  Appendice   p. 329
    1. *Francesco Saverio e il battello alla deriva*   p. 329
    2. *Nerone manda a cercare l'origine del Nilo*   p. 330
    3. *Santo Stefano appare alla madre di Stefano I*

  d'Ungheria   p. 331
4. *Santo Stefano libera dai Mori l'ammiraglio Galzerano de' Pini*   p. 331
5. *San Giovanni convince un giovane a mutare vita*   p. 334
6. *Come Gregorio il taumaturgo cancellò le eresie di Neocesarea*   p. 335
7. *Le imprese del demonio*   p. 336
8. *Sant'Anselmo contro i Lombardi scismatici*   p. 336
9. *La sepoltura di Sant'Anselmo e il vescovo di Sutri Bonizzone*   p. 338
10. *Il Battista*   p. 339
11. *Giuliano l'Apostata contro i Persi*   p. 339
12. *Fidia e il saccente*   p. 340
13. *Leone il Trace*   p. 341
14. *Il patrizio romano prossimo alla morte*   p. 342
15. *Il cardinale Gabriello Paleotto*   p. 342
16. *L'assedio di Orvieto da parte di Enrico figlio di Barbarossa*   p. 343
17. *Sant'Antonio e gli animali*   p. 346
18. *Teodora moglie di Giustiniano e il diacono Vigilio*   p. 346
19. *Sant'Ignazio tentato dal demonio*   p. 348
20. *Estasi di Sant'Ignazio*   p. 349
21. *Mosè e l'Angelo armato*   p. 350
22. *Proclo vescovo di Costantinopoli che ricorda San Giovanni Grisostomo*   p. 350
23. *Un giovane ateniese che si innamora di una statua*   p. 353
24. *Una luce apparsa improvvisamente nella casa di Loreto mentre vi predica un sacerdote*   p. 353

XII
DAVIDE CONRIERI, *Sulla struttura del* Quaresimale   p. 355
 I.   p. 355
 II.   p. 358
 III.   p. 361

1.	p. 361
2.	p. 362
3.	p. 363
4.	p. 364
5.	p. 366
6.	p. 368

XIII
FULVIO PEVERE, *La retorica e la grazia: predicazione e persuasione in Paolo Segneri*   p. 379

XIV
MARIO MARTELLI, *La prosa di Paolo Segneri*   p. 401

XV
PÉTER SÁRKÖZY, *La letteratura religiosa italiana nel Settecento ungherese da Segneri a Muratori*   p. 419

XVI
KRZYSZTOF ŻABOKLICKI, *Segneri in Polonia nell'Ottocento e nel Novecento*   p. 439

XVII
MARIO ZANARDI S.I., *Per la biografia di Paolo Segneri: documenti dell'Archivio Romano della Compagnia di Gesù (ARSI)*   p. 453

    I. *Premessa*   p. 453
    II. *I documenti dell'ARSI*   p. 453
        1. *Cataloghi brevi (o annuali) e triennali*   p. 453
            1.1 *I cataloghi brevi (o annuali)*   p. 453
            1.2 *I cataloghi triennali*   p. 456
        2. *Lettere del padre Paolo Segneri*   p. 458
            2.1 ARSI, *Epp. NN.* 104   p. 459
            2.2 ARSI, *Epp. NN.* 105   p. 460
            2.3 ARSI, *Opp. NN.* 133   p. 461
            2.4 ARSI, *F.G.* 743   p. 462
            2.5 ARSI, *F.G.* 744   p. 462
            2.6 ARSI, *F.G.* 746   p. 462
            2.7 ARSI, *Med.* 78   p. 462
            2.8 ARSI, *Rom.* 134   p. 463

3. *Lettere dei Padri Generali della Compagnia
   di Gesù al padre Paolo Segneri*   p. 463
   3.1 ARSI, *Rom.* 30   p. 463
   3.2 ARSI, *Rom.* 31, II   p. 463
   3.3 ARSI, *Rom.* 33, I-II   p. 464
   3.4 ARSI, *Rom.* 35, I-II   p. 464
   3.5 ARSI, *Rom.* 36   p. 464
   3.6 ARSI, *Rom.* 37   p. 465
   3.7 ARSI, *Rom.* 38   p. 465
   3.8 ARSI, *Rom.* 39   p. 465
   3.9 ARSI, *Epp. NN.* 10   p. 466
   3.10 ARSI, *Epp. NN.* 11   p. 466
   3.11 ARSI, *Epp. NN.* 13   p. 466
   3.12 ARSI, *Epp. NN.* 41   p. 466
   3.13 ARSI, *Epp. NN.* 104   p. 466
4. *Lettere dei Padri Generali a vari in cui si
   parla del Segneri*   p. 466
   4.1 ARSI, *Rom.* 33, I   p. 466
   4.2 ARSI, *Rom.* 35, I   p. 467
   4.3 ARSI, *Med.* 34, II   p. 467
   4.4 ARSI, *Epp. NN.* 10   p. 467
   4.5 ARSI, *Epp. NN.* 11   p. 467
   4.6 ARSI, *Epp. NN.* 40   p. 467
   4.7 ARSI, *Epp. NN.* 41   p. 468
   4.8 ARSI, *Epp. NN.* 44   p. 468
5. *Lettere di vari in cui si parla del Segneri*   p. 468
   5.1 ARSI, *Epp. NN.* 40   p. 468
   5.2 ARSI, *Epp. NN.* 104   p. 468
   5.3 ARSI, *Epp. Ext.* 5   p. 469
   5.4 ARSI, *Epp. Ext.* 6   p. 470
   5.5 ARSI, *Epp. Ext.* 19   p. 470
   5.6 ARSI, *Epp. Ext.* 20   p. 470
   5.7 ARSI, *Epp. Ext.* 34   p. 470
   5.8 ARSI, *Epp. Ext.* 35   p. 470
   5.9 ARSI, *Epp. Ext.* 36   p. 470
   5.10 ARSI, *Vitae* 135   p. 471
6. *Biografia e testimonianze*   p. 471
   6.1 ARSI, *Rom.* 171   p. 471

6.2 ARSI, *Rom.* 173   p. 471
6.3 ARSI, *Rom.* 209   p. 471
6.4 ARSI, *Ital.* 131   p. 472
6.5 ARSI, *Vitae* 114   p. 472
6.6 ARSI, *Vitae* 135   p. 472
6.7 ARSI, *Opp. NN.* 164   p. 473
6.8 ARSI, *Opp. NN.* 227   p. 474
6.9 ARSI, *Congr.* 31   p. 474
6.10 ARSI, *Epp. NN.* 40   p. 474
6.11 ARSI, *Hist. Soc.* 5c   p. 475
6.12 ARSI, *F.G.* 434   p. 476
6.13 ARSI, *F.G.* 508   p. 476
7. *Scritti*   p. 476
    7.1 ARSI, *Opp. NN.* 16   p. 476
    7.2 ARSI, *Opp. NN.* 133   p. 478
    7.3 ARSI, *Vitae* 114   p. 478
    7.4 ARSI, *F.G.* 434   p. 478
8. *Sugli scritti del Segneri*   p. 479
    8.1 ARSI, *Vitae* 135   p. 479
    8.2 ARSI, *Rom.* 138   p. 479
9. *Relazioni di missioni del Segneri*   p. 480
    9.1 ARSI, *Rom.* 132, II   p. 480
    9.2 ARSI, *Rom.* 134, I   p. 480
    9.3 ARSI, *Ven.* 106, II   p. 481
    9.4 ARSI, *Epp. NN.* 104   p. 481
    9.5 ARSI, *Med.* 80   p. 481
    9.6 ARSI, *Med.* 81   p. 481

Indice   p. 483